CURSO DE DIREITO CIVIL BRASILEIRO

Sobre a autora

Detentora de inúmeros prêmios desde os tempos de seu bacharelado na PUCSP, Maria Helena Diniz tem brilhante carreira acadêmica, com cursos de especialização em Filosofia do Direito, Teoria Geral do Direito, Direito Administrativo, Tributário e Municipal.

Além de parecerista, é autora de mais de trinta títulos publicados pela Editora Saraiva, tendo traduzido consagradas obras do direito italiano e escrito mais de 150 artigos em importantes revistas jurídicas nacionais e internacionais. Todas as suas obras têm alcançado excelente aceitação do grande público profissional e universitário, como a consagrada coleção *Curso de direito civil brasileiro* (8 volumes), que é maciçamente adotada nas faculdades de Direito de todo o País. Igual caminho têm seguido seus outros títulos:

- *A ciência jurídica*
- *As lacunas no direito*
- *Atualidades jurídicas* (em coordenação — 7 volumes)
- *Código Civil anotado*
- *Código Civil comentado* (em coautoria)
- *Comentários ao Código Civil*, v. 22
- *Compêndio de introdução à ciência do direito*
- *Conceito de norma jurídica como problema de essência*
- *Conflito de normas*
- *Dicionário jurídico* (4 volumes)
- *Dicionário jurídico universitário*
- *Lei de Introdução às Normas do Direito Brasileiro interpretada*
- *Lei de Locações de Imóveis Urbanos comentada*
- *Lições de direito empresarial*
- *Manual de direito civil*
- *Norma constitucional e seus efeitos*
- *O estado atual do biodireito*
- *Sistemas de registro de imóveis*
- *Tratado teórico e prático dos contratos* (5 volumes)
- *Sucessão do cônjuge e do companheiro e outras histórias* (em coordenação)
- *O direito civil no século XXI* (em coordenação — esgotado)
- *Direito fundacional*
- *Direito à integridade físico-psíquica*: novos desafios — e-book
- *Função social e solidária da posse* (em coautoria)
- *Desconsideração da personalidade jurídica: uma análise interdisciplinar* (em coautoria).

É incontestável a importância do trabalho desta autora, sem dúvida uma das maiores civilistas do nosso tempo.

A Editora

Maria Helena Diniz

Mestre e Doutora em Teoria Geral do Direito e Filosofia do Direito pela PUCSP. Livre-docente e Titular de Direito Civil da PUCSP por concurso de títulos e provas. Professora de Direito Civil no curso de graduação da PUCSP. Professora de Filosofia do Direito, de Teoria Geral do Direito e de Direito Civil Comparado nos cursos de pós-graduação (mestrado e doutorado) em Direito da PUCSP. Coordenadora do Núcleo de Pesquisa em Direito Civil Comparado nos cursos de pós-graduação em Direito da PUCSP. Professora Emérita da Faculdade de Direito de Itu. Membro benemérito do Instituto Silvio Meira. Sócia honorária do IBDFAM, Membro da Academia Paulista de Direito (cadeira 62 – patrono Oswaldo Aranha Bandeira de Mello), da Academia Notarial Brasileira (cadeira 16 – patrono Francisco Cavalcanti Pontes de Miranda), do Instituto dos Advogados de São Paulo e do Instituto de Direito Comparado Luso-Brasileiro, Membro honorário da Federação dos Advogados de Língua Portuguesa (FALP). Presidente do Instituto Internacional de Direito.

CURSO DE DIREITO CIVIL BRASILEIRO

Teoria Geral das Obrigações

2

41ª edição

revista, atualizada e reformulada

gen | saraiva jur

- A autora deste livro e a editora empenharam seus melhores esforços para assegurar que as informações e os procedimentos apresentados no texto estejam em acordo com os padrões aceitos à época da publicação, e todos os dados foram atualizados pela autora até a data de fechamento do livro. Entretanto, tendo em conta a evolução das ciências, as atualizações legislativas, as mudanças regulamentares governamentais e o constante fluxo de novas informações sobre os temas que constam do livro, recomendamos enfaticamente que os leitores consultem sempre outras fontes fidedignas, de modo a se certificarem de que as informações contidas no texto estão corretas e de que não houve alterações nas recomendações ou na legislação regulamentadora.

- Fechamento desta edição: 29.10.2025

- A autora e a editora se empenharam para citar adequadamente e dar o devido crédito a todos os detentores de direitos autorais de qualquer material utilizado neste livro, dispondo-se a possíveis acertos posteriores caso, inadvertida e involuntariamente, a identificação de algum deles tenha sido omitida.

- **Atendimento ao cliente: (11) 5080-0751 | faleconosco@grupogen.com.br**

Publicada pelo selo **Saraiva JUR**
Uma editora integrante do GEN | Grupo Editorial Nacional
Travessa do Ouvidor, 11
Rio de Janeiro – RJ – 20040-040
www.grupogen.com.br

- Capa: Tiago Dela Rosa

- **CIP – BRASIL. CATALOGAÇÃO NA FONTE.**
SINDICATO NACIONAL DOS EDITORES DE LIVROS, RJ.

D612c
41. ed.

Diniz, Maria Helena, 1956-
Curso de direito civil brasileiro : teoria geral das obrigações / Maria Helena Diniz. – 41. ed., rev. e atual. de acordo com a Lei n. 14.905/2024. – Rio de Janeiro : Saraiva Jur, 2026.
(Curso de direito civil brasileiro ; 2)

Inclui bibliografia
ISBN 978-65-8400-432-0

1. Direito civil – Brasil. 2. Obrigações (Direito) – Brasil. I. Título. II. Série.

25-101033.0 CDU: 347.41(81)

Carla Rosa Martins Gonçalves – Bibliotecária – CRB-7/4782

Aos saudosos Profs. Drs.
Goffredo da Silva Telles Jr.
e Washington de Barros Monteiro,
aos quais devo as linhas mestras da Teoria Geral
do Direito e do Direito Civil, a minha sincera homenagem.

Índice

Capítulo I
Introdução ao Direito das Obrigações

1. *Conceito de direito das obrigações* 3
2. *Importância dos direitos obrigacionais na atualidade* 5
3. *Natureza dos direitos creditórios* 7
   A. Caracteres dos direitos obrigacionais 7
   B. Traços distintivos entre direitos de crédito e direitos reais 8
   C. Categorias jurídicas híbridas 10
      c.1. Generalidades 10
      c.2. Obrigações *propter rem* 10
         c.2.1. Conceito e caracteres 10
         c.2.2. Natureza jurídica 12
      c.3. Ônus reais 13
      c.4. Obrigações com eficácia real 15
4. *Conteúdo do direito das obrigações* 16

Capítulo II
Noções Gerais de Obrigação

1. *Conceito de obrigação* 21
2. *Elementos constitutivos da relação obrigacional* 25
3. *Fontes das obrigações* 33
4. *Classificação das obrigações* 37

Capítulo III
Modalidades das Obrigações

1. *Obrigações consideradas em si mesmas* 43
   A. Obrigações em relação ao seu vínculo 43
      a.1. Noções gerais 43
      a.2. Obrigação civil e empresarial 43
      a.3. Obrigação moral 44
      a.4. Obrigação natural 44
         a.4.1. Conceito, caracteres e efeitos 44
         a.4.2. Obrigação natural no direito brasileiro 47
         a.4.3. Natureza da obrigação natural 51

B. Obrigações quanto ao seu objeto ... 56
b.1. Obrigações atinentes à natureza do objeto ... 56
b.1.1. Obrigação de dar ... 56
b.1.1.1. Espécies de prestação de coisa ... 56
b.1.1.2. Obrigação de dar coisa certa ... 59
b.1.1.2.1. Noção ... 59
b.1.1.2.2. Consequências da perda ou da deterioração da coisa certa ... 60
b.1.1.2.3. Cômodos na obrigação de dar coisa certa ... 62
b.1.1.3. Obrigação de dar coisa incerta ... 62
b.1.1.3.1. Conceito ... 62
b.1.1.3.2. Preceitos legais que a disciplinam ... 63
b.1.1.4. Obrigação de solver dívida em dinheiro ... 66
b.1.2. Obrigação de fazer ... 76
b.1.2.1. Conceito e objeto ... 76
b.1.2.2. Diferenças entre a obrigação de dar e a de fazer ... 77
b.1.2.3. Espécies de obligatio *ad faciendum* ... 82
b.1.2.4. Consequências do inadimplemento da obrigação de fazer ... 83
b.1.3. Obrigação de não fazer ... 86
b.1.3.1. Conceito ... 86
b.1.3.2. Descumprimento da *obligatio ad non faciendum* ... 87
b.2. Obrigações quanto à liquidez do objeto ... 89
b.2.1. Obrigação líquida ... 89
b.2.2. Obrigação ilíquida ... 90
C. Obrigações relativas ao modo de execução ... 94
c.1. Obrigação simples e cumulativa ... 94
c.2. Obrigação alternativa ... 95
c.2.1. Conceito e caracteres ... 95
c.2.2. Concentração do débito na obrigação alternativa ... 96
c.2.3. Consequências da inexequibilidade das prestações ... 99
c.3. Obrigação facultativa ... 101
D. Obrigações concernentes ao tempo de adimplemento ... 103
d.1. Obrigação momentânea ou instantânea ... 103
d.2. Obrigação de execução continuada ou periódica ... 104
E. Obrigações quanto aos elementos acidentais ... 105
e.1. Generalidades ... 105
e.2. Obrigação condicional ... 105
e.2.1. Definição ... 105
e.2.2. Efeitos das várias modalidades de obrigação condicional ... 106
e.3. Obrigação modal ... 109
e.3.1. Conceito e objeto ... 109
e.3.2. Consequências jurídicas ... 109
e.4. Obrigação a termo ... 110
e.4.1. Noção ... 110
e.4.2. Exigibilidade da obrigação a termo ... 110
F. Obrigações em relação à pluralidade de sujeitos ... 112
f.1. A pluralidade de sujeitos na relação obrigacional ... 112
f.2. Obrigação divisível e indivisível ... 113
f.2.1. Conceito de obrigação divisível e indivisível ... 113

f.2.2. A questão da divisibilidade e da indivisibilidade nas várias modalidades de obrigação 116
f.2.3. Efeitos da obrigação divisível e indivisível 117
f.2.4. Perda da indivisibilidade 120
f.3. Obrigação solidária 121
f.3.1. Conceito, caracteres e espécies de obrigação solidária 121
f.3.2. Princípios comuns à solidariedade 123
f.3.3. Fontes da obrigação solidária 125
f.3.4. Distinção entre obrigação solidária e obrigação indivisível 127
f.3.5. Solidariedade ativa 128
f.3.5.1. Definição 128
f.3.5.2. Efeitos jurídicos 129
f.3.6. Solidariedade passiva 133
f.3.6.1. Conceituação 133
f.3.6.2. Consequências jurídicas 134
f.3.7. Solidariedade recíproca ou mista 142
f.3.8. Extinção da solidariedade 142
G. Obrigações quanto ao conteúdo 149
g.1. Obrigação de meio 149
g.2. Obrigação de resultado 150
g.3. Obrigação de garantia 151
2. *Obrigações reciprocamente consideradas* 152
A. Obrigação principal e acessória 152
B. Efeitos jurídicos dessas modalidades de obrigação 153

Capítulo IV
Efeitos das Obrigações

1. *Introdução ao estudo dos efeitos das relações obrigacionais* 157
A. Efeitos decorrentes do vínculo obrigacional 157
B. Pessoas sujeitas aos efeitos das obrigações 157
2. *Modos de extinção das obrigações* 159
A. Meios de solver as obrigações 159
B. Pagamento ou modo direto de extinguir a obrigação 160
b.1. Conceito e natureza jurídica do pagamento 160
b.2. Requisitos essenciais ao exato cumprimento da obrigação 161
b.3. Tempo do pagamento 169
b.4. Lugar do pagamento 171
b.5. Prova do pagamento 173
b.6. Pagamento indevido 176
b.6.1. Conceito e espécies de pagamento indevido 176
b.6.2. Requisitos necessários à sua caracterização 177
b.6.3. Repetição do pagamento 179
b.6.4. Exclusão da restituição do indébito 181
C. Pagamento indireto 183
c.1. Generalidades 183
c.2. Pagamento em consignação 183
c.2.1. Origem, conceito e natureza jurídica 183
c.2.2. Casos legais de consignação 186

c.2.3. Requisitos subjetivos e objetivos ... 188
c.2.4. Direito do consignante ao levantamento do depósito ... 190
c.2.5. Processo de consignação ... 191
c.2.6. Efeitos do depósito judicial ... 192
c.2.7. Consignação extrajudicial ... 193
c.3. Pagamento com sub-rogação ... 195
c.3.1. Histórico ... 195
c.3.2. Conceito ... 196
c.3.3. Natureza jurídica ... 197
c.3.4. Modalidades de sub-rogação pessoal ... 198
c.3.5. Efeitos ... 201
c.4. Imputação do pagamento ... 203
c.4.1. Definição ... 203
c.4.2. Requisitos ... 204
c.4.3. Espécies ... 205
c.4.4. Efeito ... 206
c.5. Dação em pagamento ... 207
c.5.1. Breve notícia histórica ... 207
c.5.2. Conceito, objeto e natureza jurídica ... 208
c.5.3. Requisitos ... 211
c.5.4. Analogia com outros institutos ... 212
c.5.5. Efeito ... 212
c.5.6. Nulidade ... 213
c.6. Novação ... 215
c.6.1. Considerações históricas ... 215
c.6.1.1. Função da novação no direito romano ... 215
c.6.1.2. Caráter da novação no direito moderno ... 216
c.6.2. Conceito ... 217
c.6.3. Requisitos essenciais ... 218
c.6.4. Espécies ... 222
c.6.5. Efeitos ... 227
c.6.5.1. Generalidades ... 227
c.6.5.2. Efeitos da novação quanto à obrigação extinta ... 227
c.6.5.3. Efeitos da novação em relação à nova obrigação ... 228
c.7. Compensação ... 230
c.7.1. Histórico ... 230
c.7.2. Conceito e natureza jurídica ... 231
c.7.3. Espécies ... 233
c.7.3.1. Generalidades ... 233
c.7.3.2. Compensação legal ... 233
c.7.3.2.1. Conceito e efeitos ... 233
c.7.3.2.2. Requisitos ... 234
c.7.3.3. Compensação convencional ... 240
c.7.3.4. Compensação judicial ... 240
c.8. Transação ... 242
c.8.1. Histórico ... 242
c.8.2. Definição e elementos constitutivos ... 243
c.8.3. Caracteres ... 245
c.8.4. Modalidades e formas de transação ... 246
c.8.5. Objeto ... 247

c.8.6. Natureza jurídica ... 248
c.8.7. Nulidade ... 248
c.8.8. Efeitos ... 249
c.9. Compromisso ... 251
c.9.1. Notícia histórica ... 251
c.9.2. Conceito e natureza jurídica ... 252
c.9.3. Espécies ... 253
c.9.4. Pressupostos subjetivos e objetivos ... 254
c.9.5. Compromisso e institutos afins ... 256
c.9.6. Efeitos do compromisso ... 257
c.9.7. Nulidade do laudo arbitral ... 258
c.9.8. Extinção do compromisso ... 258
c.10. Confusão ... 260
c.10.1. Histórico ... 260
c.10.2. Conceito e requisitos ... 261
c.10.3. Espécies ... 263
c.10.4. Efeitos ... 264
c.10.5. Extinção ... 264
c.11. Remissão das dívidas ... 266
c.11.1. Origem histórica ... 266
c.11.2. Conceito e natureza jurídica ... 266
c.11.3. Modalidades ... 268
c.11.4. Casos de remissão presumida ... 268
c.11.5. Efeitos ... 269
D. Extinção da relação obrigacional sem pagamento ... 271
d.1. Generalidades ... 271
d.2. Prescrição ... 271
d.3. Impossibilidade de execução sem culpa do devedor ... 272
d.3.1. Noções gerais ... 272
d.3.2. Caso fortuito e força maior ... 272
d.3.3. Efeitos da inexecução da obrigação por fato inimputável ao devedor ... 274
d.4. Advento de condição resolutiva ou de termo extintivo ... 275
E. Execução forçada por intermédio do Poder Judiciário ... 276
3. *Consequências da inexecução das obrigações por fato imputável ao devedor* ... 283
A. Inadimplemento voluntário ... 283
a.1. Normas sobre inadimplemento da obrigação ... 283
a.2. Fundamento da responsabilidade contratual do inadimplente ... 285
B. Mora ... 287
b.1. Mora e inadimplemento absoluto ... 287
b.2. Conceito e espécies de mora ... 287
b.3. Mora do devedor ... 288
b.3.1. Noção e modalidades ... 288
b.3.2. Requisitos ... 289
b.3.3. Efeitos jurídicos ... 290
b.4. Mora do credor ... 291
b.4.1. Conceito e pressupostos ... 291
b.4.2. Consequências jurídicas ... 293
b.5. Mora de ambos os contratantes ... 294
b.6. Juros moratórios ... 294

b.6.1. Conceito e classificação dos juros 294
b.6.2. Juros moratórios 298
b.6.2.1. Noção e espécies 298
b.6.2.2. Extensão dos juros moratórios 303
b.6.2.3. Momento da fluência dos juros de mora 303
b.7. Purgação da mora 304
b.8. Cessação da mora 305
C. Perdas e danos 308
c.1. Noção de perdas e danos 308
c.2. Fixação da indenização das perdas e danos 309
c.3. Modos de liquidação do dano 311
D. Cláusula penal 313
d.1. Conceito e funções 313
d.2. Caracteres 315
d.3. Modalidades 318
d.4. Requisitos para sua exigibilidade 318
d.5. Paralelo com institutos afins 319
d.6. Efeitos 320

Capítulo V
Transmissão das Obrigações

1. *Noções gerais sobre a transmissão das obrigações* 325
A. Conceito de cessão 325
B. Espécies de cessão 325
2. *Cessão de crédito* 327
A. Conceito e modalidades 327
B. Cessão de crédito e institutos similares 330
C. Requisitos 330
D. Efeitos 334
3. *Cessão de débito* 339
A. Conceito e pressupostos 339
B. Modos de realização 341
C. Efeitos 343
4. *Cessão de contrato* 347
A. Conceito 347
B. Requisitos 348
C. Efeitos 348

Bibliografia 351

Prefácio

O cerne desta obra é dar, aos que se iniciam nas matérias jurídicas, uma visão de conjunto da obrigação jurídica, tendo por objeto três pontos básicos: oferecer uma noção da relação obrigacional, de suas fontes e de sua classificação; estudar as particularidades de seus efeitos, visto que a obrigação não é, em regra, passível de execução imediata, surgindo, então, para os interessados, um período de incerteza, que procuram sanar estabelecendo certas garantias ou lançando mão de outros meios de direito; e discutir os problemas de sua transmissão.

É a Teoria Geral das Obrigações que constrói um sistema analítico contendo uma explicação jurídica desses três temas.

O direito das obrigações está quase que suficientemente regulado pelas normas jurídicas, não tendo sofrido grandes alterações, pois os princípios que o norteiam vêm-se repetindo de longa data. Porém, mesmo assim não se poderia prescindir, atendendo-se às exigências da vida moderna, do exame das diversas correntes formadas não só pela doutrina nacional como também pela alienígena, tomadas como auxiliares na interpretação dos textos legais referentes à obrigação à luz das novas tendências do direito, de forma a possibilitar uma exposição sistemática, ordenada e coerente do assunto.

É inegável a importância da sistematização jurídica voltada para o dinamismo do direito, que, sendo uma realidade, está sempre acompanhando as relações humanas. Destarte, as normas, por mais completas que sejam, são apenas uma parte da experiência jurídica, que contém uma imensidão de dados. Por essas razões, seria inócuo um estudo que somente se limitasse à superfície dos fenômenos jurídicos, sem procurar atingir seus fundamentos. Desse modo, interpretar não seria fazer uso de abstrações, mas perscrutar as necessidades da vida e a realidade social, porque o fim da norma não deverá ser a cristalização da vida social, mas o acompanhamento de sua evolução.

O caráter predominantemente didático desta obra levou-nos a identificar e a interpretar as normas atinentes às relações obrigacionais com o firme propósito de sistematizá-las sob critério lógico e objetivo, voltado à realidade social.

Maria Helena Diniz

CAPÍTULO I

Introdução ao Direito das Obrigações

1. CONCEITO DE DIREITO DAS OBRIGAÇÕES

O direito das obrigações consiste num complexo de normas que regem relações jurídicas de ordem patrimonial, que têm por objeto prestações de um sujeito em proveito de outro[1]. Visa, portanto, regular aqueles vínculos jurídicos em que ao poder de exigir uma prestação, conferido a alguém, corresponde um dever de prestar, imposto a outrem, como, p. ex., o direito que tem o vendedor de exigir do comprador o preço convencionado ou o direito do locador de reclamar o aluguel do bem locado[2]. Infere-se daí que esse ramo do direito civil trata dos vínculos entre credor e devedor, excluindo de sua órbita relações de uma pessoa para com uma coisa[3]. O direito obrigacional ou de crédito contempla as relações jurídicas de natureza pessoal, visto que seu conteúdo é a prestação patrimonial, ou seja, a ação ou omissão da parte vinculada (devedor) tendo em vista o interesse do credor, que por sua vez tem o direito de exigir aquela ação ou omissão, de tal modo que, se ela não for cumprida espontaneamente, poderá movimentar a máquina judiciária para obter do patrimônio do devedor a quantia necessária à composição do dano[4].

---

1. Conceito baseado em Clóvis Beviláqua, *Código Civil comentado*, v. 4, p. 6.
2. J. M. Antunes Varela, *Direito das obrigações*, Rio de Janeiro, Forense, 1977, p. 15-6.
3. Paulo Salvador Frontini, Direito das obrigações: por uma atualização autenticadora, *Revista da Fundação Instituto de Ensino para Osasco*, n. 1, 1973, p. 101.
4. Orlando Gomes, *Obrigações*, 4. ed., Rio de Janeiro, Forense, 1976, p. 17, 19 e 21. *Vide*, ainda, sobre o assunto: Larenz, *Derecho de obligaciones*, t. 1, p. 18; Enneccerus, Kipp e Wolff, *Tratado de derecho civil;* derecho de obligaciones, v. 1, p. 5; Bassil Dower, *Curso moderno de direito civil*, São Paulo, Nelpa, v. 2, p. 5; Gaudemet, *Théorie générale des obligations*, Paris, Sirey, 1965, p. 9 e 12; Savigny, *Le droit des obligations*, v. 1, p. 11; Luiz A. Scavone Jr., *Obrigações*, São Paulo, Ed. Juarez de Oliveira, 2000; Giselda Maria Fernandes Novaes Hironaka, Direito das obrigações: o caráter de permanência dos seus institutos, as alterações produzidas pela lei civil brasileira de 2002 e a tutela das gerações futuras, in Delgado e Figueirêdo Alves, *Novo Código Civil – questões controvertidas*, São Paulo, Método, 2005, v. 4, p. 15-32; Bruno Miragem, *Direito civil – direito das obrigações*, São Paulo, Saraiva, 2017; Anderson Rocco, *Direito civil – obrigações*, Porto Alegre, Síntese, 2004; Fábio V. Figueirêdo, *Direito civil – direito das obrigações*, São Paulo, Rideel, s/data; Mário A. Konrad e Sandra L. N. Konrad, *Direito civil 1*, Coleção Roteiros Jurídicos, São Paulo, Saraiva, 2008, p. 93-152; Nehemias Domingos de Melo, *Obrigações e responsabilidade civil*, São Paulo, Atlas, 2014, p. 1-118; Paulo Lôbo, *Direito civil – Obrigações*, São Paulo, Saraiva, 2011; Fernando Gaburri, *Direito das obrigações*, Curitiba, Juruá, 2012. Sobre as recentes reformas do BGB: Claus-Wilhelm Canaris, O novo direito das obrigações na Alemanha, *Revista Brasileira de Direito Comparado*, *25*:3-26; Diogo Leonardo Machado de Melo e Ênio Santarelli Zuliani, *Curso de direito civil* – parte geral e direito das obrigações, São Paulo, RT, 2025, v. 1. STJ autoriza arresto executivo *online* se devedor não for encontrado para citação. Logo poderá haver apreensão judicial dos bens do devedor (3ª T., REsp 1.822.034, rel. Min. Nancy Andrighi).

O STF (4ª T., REsp 2063.145, rel. Min. Isabel Galloti, 2024) entendeu que negativação de devedor pode ser notificada por *e-mail*, mas, em 2023 (3ª T., REsp 2056.285, rel. Min. Nancy Andrighi) proibiu tal notificação por *e-mail* ou SMS (mensagem de texto celular) devendo ser realizada mediante envio de correspondência ao endereço do devedor, pois não se pode ignorar, que, ante desigualdades econômicas, o consumidor não possua endereço eletrônico. Sobre isso há, portanto, discordância jurisprudencial.

O STJ (3ª T., REsp 2026.925, rel. Min. Nancy Andrighi) entendeu que o devedor não pode ser citado e intimado por redes sociais, mas, sim, pessoalmente ou via edital.

2. IMPORTÂNCIA DOS DIREITOS OBRIGACIONAIS NA ATUALIDADE

Desse conceito fácil é vislumbrar a grande importância do direito das obrigações nos dias atuais, ante a frequência de relações jurídicas obrigacionais. Deveras, o homem moderno vive numa "sociedade de consumo", onde os bens ou novos produtos da tecnologia moderna lhe são apresentados mediante uma propaganda tão bem elaborada, que o leva a sentir necessidades primárias ou voluptuárias nunca antes experimentadas, como, p. ex., a de substituir um carro novo por um "zero-km" que, embora supérfluo, virá satisfazer um anseio de *status*. A ânsia de atender aos mais variados requintes de bem-estar e de vaidade transforma-o num autômato, que age em função da ganância de novos mercados, de maiores lucros e da satisfação de seus desejos e ambições, justificáveis ou artificiais, fazendo-o desenvolver uma atividade econômica intensa[5].

Essa intensificação da atividade econômica, provocada pela urbanização, pelo progresso tecnológico, pela comunicação permanente, causou grande repercussão nas relações humanas, que por isso precisaram ser controladas e regulamentadas por normas jurídicas[6], que compõem o direito das obrigações.

Realmente, é na seara do direito creditório que a atividade econômica do homem encontra sua ordenação, visto que esse ramo do direito civil tem por escopo equilibrar as relações entre credor e devedor, mediante as quais o indivíduo exerce seu direito de contrair certas obrigações para atender às suas necessidades, buscando os bens e os serviços que lhe deem satisfação[7]. É indubitável que o direito das obrigações intervém na vida econômica não só na produção (compra de matéria-prima; associação da técnica e da mão de obra ao capital, mediante contrato de trabalho ou de locação de serviço; reunião do capital da empresa por meio de contrato de sociedade etc.), mas também no consumo dos bens (por meio de compra e venda, de troca etc.) e na distribuição ou circulação (mediante contratos de venda, feitos aos armazenistas ou revendedores)[8].

Como se vê, nele se contêm as normas reguladoras das relações entre credor e devedor, que delineiam, p. ex., certos conceitos jurídicos de obrigações, das várias espécies de contrato, de cessão, de responsabilidade civil etc., possibilitando a formulação de contratos válidos, a apreciação da responsabilidade civil etc.[9].

---

5. Ernani Vieira de Souza, Obrigação, in *Enciclopédia Saraiva do Direito*, v. 55, p. 263-4; Frontini, op. cit., p. 102-4.
6. Frontini, op. cit., p. 103-4. *Vide* Lei n. 8.078/90, que dispõe sobre a proteção e defesa do consumidor.
7. Ernani Vieira de Souza, op. cit., p. 264-5.
8. Antunes Varela, op. cit., p. 23; Orlando Gomes, op. cit., p. 10.
9. Antunes Varela, op. cit., p. 25; Savatier, *La théorie des obligations*, Paris, Dalloz, 1967, p. 6-7.

Josserand[10] vai mais longe, pois entende que o direito das obrigações constitui a base não só do direito civil, mas de todo direito, por ser seu arcabouço e substrato, visto que todos os ramos jurídicos funcionam à base das relações obrigacionais.

10. Josserand, *Cours de droit civil positif français*, v. 2, p. 2; R. Limongi França, Direito das obrigações, in *Enciclopédia Saraiva do Direito*, v. 26, p. 85.

3. NATUREZA DOS DIREITOS CREDITÓRIOS

A. Caracteres dos direitos obrigacionais

Os direitos patrimoniais consistem no conjunto de bens, direitos e obrigações de uma pessoa natural ou jurídica, sendo suscetíveis de estimação pecuniária, dividindo-se em pessoais e reais[11]. Assim sendo, como vimos anteriormente, é preciso deixar bem claro que, se os direitos obrigacionais disciplinam relações jurídicas patrimoniais[12], que visam prestações de um sujeito em proveito de outro, evidente está que incluem tão somente os *direitos pessoais*. Deveras, os direitos de crédito regem vínculos patrimoniais entre pessoas, impondo ao devedor o dever de dar, fazer ou não fazer algo no interesse do credor, que passa a ter o direito de exigir tal prestação positiva ou negativa[13]. Desse modo, como nos ensina Emilio Betti[14], na obrigação o vínculo do devedor constitui a premissa do direito do credor. O direito de crédito realiza-se por meio da exigibilidade de uma prestação a que o devedor é obrigado; logo, sempre requer a colaboração de um sujeito passivo[15]. Portanto, o direito das obrigações trata dos direitos pessoais, ou seja, do vínculo jurídico entre sujeito ativo (credor) e passivo (devedor), em razão do qual o primeiro pode exigir do segundo uma prestação[16].

Daí afirmar-se que os direitos de crédito são[17]:

1º) direitos *relativos*, uma vez que se dirigem contra pessoas determinadas, vinculando sujeito ativo e passivo, não sendo oponíveis *erga omnes*, pois a prestação apenas poderá ser exigida do devedor;

2º) direitos a uma *prestação positiva* ou *negativa*, pois exigem certo comportamento do devedor, ao reconhecerem o direito do credor de reclamá-la.

---

11. Bassil Dower, op. cit., p. 7.
12. Sobre o caráter patrimonial da obrigação, *vide* Savigny, *Le obbligazioni*, trad. Pacchioni, Torino, 1912, v. 1, § 2º, p. 9; Carboni, *Dell'obbligazione*, Torino, 1912; Scuto, *Teoria generale delle obbligazioni con riguardo al nuovo Codice Civile*, p. 77-83; Ihering, *Oeuvres choisies*, v. 2, p. 145; Ibarguren, *Las obligaciones y el contrato*, Buenos Aires, p. 31.
13. Bassil Dower, op. cit., p. 7.
14. Emilio Betti, *Teoria generale delle obbligazioni in diritto romano*, Milano, 1953, v. 1, p. 17.
15. Caio M. S. Pereira, *Instituições de direito civil*, 6. ed., Rio de Janeiro, Forense, 1981, v. 2, p. 42; Silvio Rodrigues, *Direito civil*, 3. ed., São Paulo, Max Limonad, 1968, v. 2, p. 17.
16. Silvio Rodrigues, op. cit., p. 19.
17. Serpa Lopes, *Curso de direito civil*, 4. ed., Freitas Bastos, 1966, v. 2, p. 19-28; Antunes Varela, op. cit., p. 26-44; Bassil Dower, op. cit., p. 7-8.

B. Traços distintivos entre direitos de crédito e direitos reais

A determinação dos direitos obrigacionais traz um grande número de controvérsias atinentes às suas relações com os direitos reais, no sentido de se saber se constituem dois institutos idênticos ou de natureza diversa. É imprescindível uma análise nesse sentido para delinear a natureza dos direitos de crédito. Contudo, trata-se de uma questão recente, já que no direito romano clássico não havia quaisquer preocupações em elaborar uma teoria dos direitos reais, pois não se falava em direitos, mas em ações; consequentemente, a *actio* precedeu o *jus*[18], tanto que os termos *jus in re* e *jus ad rem,* utilizados para distinguir os direitos reais dos pessoais, apareceram no século XII por influência do direito canônico. Com isso consolidou-se a noção de *jus in re* como algo diverso da *obligatio* e o *jus ad rem* passou a ser considerado como uma figura híbrida, por interpor-se entre aquela e o *jus in re,* criando uma espécie de zona cinzenta entre as duas relações[19]. O direito moderno passou, então, a consagrar essa distinção, assinalando as seguintes diferenças entre direitos reais e pessoais[20]:

1ª) Em relação ao *sujeito de direito*:

Nos direitos pessoais há dualidade de sujeitos, pois temos o ativo (credor) e o passivo (devedor). A presença do credor e do devedor é vital para a própria existência de uma relação obrigacional, uma vez que inexistirá pretensão sem o sujeito que a sustente, do mesmo modo que não há prestação se não existir devedor para dela reclamar.

Nos direitos reais há um só sujeito, pois disciplinam a relação entre o homem e a coisa, contendo três elementos: o sujeito ativo, a coisa e a inflexão imediata do sujeito ativo sobre a coisa[21].

2ª) Quanto à *ação*:

Quando violados, os direitos pessoais atribuem ao seu titular a ação pessoal, que se dirige apenas contra o indivíduo que figura na relação jurídica como sujeito passivo, ao passo que os direitos reais, no caso de sua violação, conferem ao seu titular ação real contra quem indistintamente detiver a coisa[22].

3ª) Relativamente ao *objeto*:

O objeto do direito pessoal é sempre uma prestação do devedor e o do direito real pode ser coisa corpórea ou incorpórea.

---

18. Serpa Lopes, op. cit., v. 6, p. 9 e 14; Cogliolo, *Filosofia do direito privado,* Lisboa, 1915, § 10, p. 118; Puig Brutau (*Fundamentos de derecho civil;* derecho de cosas, Barcelona, Bosch, 1953, v. 3, p. 7) pondera: "A '*actio*' é a atividade autorizada que se desenvolve na busca de um interesse. Este é suscetível de consistir na dominação total ou parcial de um objeto determinado, caso em que a '*actio*' opera e atua '*in rem*', ou pode exercitar-se em face de outro sujeito de direito".

19. Serpa Lopes, op. cit., v. 6, p. 15.

20. M. Helena Diniz, *Curso de direito civil brasileiro;* direito das coisas, Saraiva, 1981, v. 4, p. 11-3; Goffredo Telles Jr., *Iniciação na ciência do direito*, São Paulo, Saraiva, 2001, p. 305-10, 323-30.

21. W. Barros Monteiro, *Curso de direito civil,* v. 3, p. 11; Demolombe (*Cours de Code Napoléon;* traité de la distinction des biens, Paris, v. 9, n. 464) escreve que o direito real "*est celui qui crée entre la personne et la chose une rélation directe et immédiate; de telle sorte qu'on n'y trouve que deux éléments: la personne, qui est le sujet actif du droit, et la chose, qui en est l'objet*". Sobre os sujeitos da relação obrigacional, *vide* Alberto Trabucchi, *Istituzioni di diritto civile,* 7. ed., Padova, CEDAM, 1953, p. 459-60.

22. Daibert, *Direito das coisas,* 2. ed., Forense, 1979, p. 18-9; Silvio Rodrigues, op. cit., v. 5, p. 18-9.

4ª) Em relação ao *limite*:

O direito pessoal é ilimitado, sensível à autonomia da vontade, permitindo a criação de novas figuras contratuais que não têm correspondente na legislação; daí a categoria dos contratos nominados e inominados.

O direito real, por sua vez, não pode ser objeto de livre convenção; está limitado e regulado expressamente por norma jurídica, constituindo essa especificação legal um *numerus clausus*[23]. Eis por que é comum falar-se que no direito real há *imposição de tipos*, com o que se quer dizer que as partes não podem, por si mesmas, mediante estipulação, criar direitos reais com conteúdo arbitrário, mas estão vinculadas aos *tipos jurídicos* que a norma jurídica colocou à sua disposição.

5ª) Quanto ao *modo de gozar os direitos*:

O direito pessoal exige sempre um intermediário, que é aquele que está obrigado à prestação. Assim, o comodatário, para que possa utilizar a coisa emprestada, precisa que, mediante contrato, o proprietário do bem (comodante) lhe entregue este, assegurando-lhe o direito de usá-lo com a obrigação de restituí-lo dentro de certo prazo[24]. Já o direito real supõe o exercício direto, pelo titular, do direito sobre a coisa, desde que esta possa estar à sua disposição.

6ª) Em relação à *extinção*:

Os direitos creditórios extinguem-se pela inércia do sujeito; os reais conservam-se até que se constitua uma situação contrária em proveito de outro titular[25].

7ª) Quanto à *sequela*:

O direito real segue seu objeto onde quer que se encontre, devido à sua eficácia absoluta. O direito de sequela é a "prerrogativa concedida ao titular do direito real de pôr em movimento o exercício de seu direito sobre a coisa a ele vinculada, contra todo aquele que a possua injustamente ou seja seu detentor". O mesmo não se pode dizer do direito pessoal ante a eficácia relativa das obrigações, que consiste no poder de exigir certa prestação que deve ser realizada por determinada pessoa, não vinculando terceiros[26].

8ª) Em relação ao *abandono*:

O abandono é característico do direito real, podendo seu titular abandonar a coisa nos casos em que não queira arcar com os ônus. Tal não pode ocorrer quanto ao direito de crédito[27].

9ª) Quanto à *usucapião*:

Pode-se afirmar que é modo aquisitivo de direito real e não de direito pessoal[28].

---

23. Antunes Varela, op. cit., p. 42-4; Espínola, *Posse e propriedade*, Rio de Janeiro, 1956, p. 16-7. Inadmissível é a teoria de Roca Sastre (*Derecho hipotecario*, Barcelona, 1948, v. 2, p. 203), que pretende transportar do direito obrigacional para o real a imitação da categoria dos contratos nominados e inominados: direitos reais nominados e inominados.
24. Orlando Gomes, *Direitos reais*, 6. ed., Rio de Janeiro, Forense, 1978, p. 14.
25. Caio M. S. Pereira, op. cit., v. 4, p. 11.
26. Serpa Lopes, op. cit., v. 6, p. 29; Rigaud (*Le droit réel*, Toulouse, 1912, p. 264) destaca o direito de sequela como um atributo do direito real, ao afirmar: "*Pour nous, le droit de suite c'est le droit qui suit et vincule la chose entre quelques mains qu'elle soit, partout où elle se trouve. Il est évident que le droit personnel ayant son point immédiat d'incidence sur la personne même du débiteur et non sur la chose, ne peut pas lui même suivre cette chose, à laquelle le créancier n'a pas un droit direct*"; Antunes Varela, op. cit., p. 33-8; Calastreng, *La relativité des conventions*, Toulouse, 1939, p. 389.
27. Caio M. S. Pereira, op. cit., v. 4, p. 11; Serpa Lopes, op. cit., v. 6, p. 30.
28. Caio M. S. Pereira, op. cit., v. 4, p. 11.

10) Em relação à *posse*:

Sabemos que só o direito real lhe é suscetível, por ser a posse a exteriorização do domínio[29].

11) Quanto ao *direito de preferência*:

É próprio do direito real, visto que, como ensina Antunes Varela, consiste no poder atribuído ao titular de afastar todos os direitos incompatíveis com o seu, que posteriormente se tenham constituído sobre a mesma coisa. P. ex.: se sobre o mesmo prédio se tiverem duas ou mais hipotecas (CC, art. 1.476), o titular da primeira terá o direito de ser pago, preferencialmente, não só em relação aos credores quirográficos ou comuns, mas também relativamente ao titular de hipoteca posteriormente constituída sobre o prédio[30].

Ante o exposto, é indubitável que os dois direitos – o creditório e o real – distinguem-se nitidamente. Os direitos obrigacionais têm eficácia relativa, sendo que as obrigações poderão ser livremente assumidas entre as partes, tendo por objeto uma prestação positiva ou negativa do devedor em favor do credor, ao passo que os direitos reais gozam de eficácia absoluta, estando sujeitos ao *numerus clausus,* consistindo tão somente num poder imediato do sujeito sobre uma coisa[31].

C. Categorias jurídicas híbridas

c.1. Generalidades

É preciso não olvidar que certas situações especiais e de ordem prática podem exigir a reunião dos direitos obrigacionais aos direitos reais[32]. Realmente, os direitos reais não criam obrigações para terceiros, porém em alguns casos importam, para certas pessoas, a necessidade jurídica de não fazer algo. Ante essa sua fisionomia, indaga-se a possibilidade de existência de direitos reais *in faciendo*, ou seja, de categorias intermediárias entre o direito real e o pessoal. É o que ocorre com as obrigações *propter rem,* com os ônus reais e as obrigações com eficácia real, que são figuras híbridas ou ambíguas, constituindo, na aparência, um misto de obrigação e de direito real[33].

c.2. Obrigações *propter rem*

c.2.1. Conceito e caracteres

A obrigação *propter rem* passa a existir quando o titular do direito real é obrigado, devido à sua condição, a satisfazer certa prestação. É uma espécie jurídica que fica entre o direito real e o pessoal, consistindo nos direitos e deveres de natureza real que emanam do domínio. Tais obrigações só existem em razão da detenção ou propriedade da coisa. A força vinculante das obrigações *propter rem* manifesta-se conforme a situação do devedor ante uma coisa, seja como titular do domínio, seja como possuidor. Assim, nesse tipo de obrigação, o devedor é determinado de acordo com sua relação em face de uma coisa, que é conexa com o débito. Infere-se daí que essa obrigação provém sempre de um direito real, impondo-se ao seu titular de tal forma que, se o direito que lhe deu origem for transmitido, por meio de cessão de crédito,

---

29. Serpa Lopes, op. cit., v. 6, p. 31; Carvalho de Mendonça, *Introdução aos direitos reais,* Rio de Janeiro, 1915, p. 85.

30. Orlando Gomes, *Direitos,* cit., p. 17-8; Antunes Varela, op. cit., p. 34-5.

31. Antunes Varela, op. cit., p. 32.

32. Serpa Lopes, op. cit., v. 2, p. 50.

33. Antunes Varela, op. cit., ns. 13 e 14.

de sub-rogação, de sucessão por morte etc., a obrigação o seguirá, acompanhando-o em suas mutações subjetivas; logo, o adquirente do direito real terá de assumi-la obrigatoriamente, devendo satisfazer uma prestação em favor de outrem[34].

Adepto desse ponto de vista é Hassen Aberkane[35], ao sustentar que na obrigação *propter rem* é titular de um direito real tanto o devedor como o credor, pois ambos os direitos – o do credor e o do devedor – incidem sobre a mesma coisa. Entretanto, essas obrigações se diferenciam dos direitos reais: estes são oponíveis *erga omnes* e aquelas contêm uma oponibilidade que se reflete apenas no titular do direito rival. As obrigações *propter rem* não interessam a terceiros, como acontece nos direitos reais. Todavia, dizer que a obrigação *propter rem* é uma manifestação do direito real não significa que ela venha a ser um direito real autônomo ou *sui generis*. Esse mesmo autor esclarece essas suas ideias ao dizer que, como "modo de solucionar um conflito de direitos reais, a obrigação *propter rem* destina-se a permitir o exercício simultâneo de direitos, recaindo sobre a mesma coisa ou sobre duas coisas vizinhas, exprimindo a oponibilidade do direito em relação ao terceiro titular de um direito concorrente. O direito real ordinariamente só impõe ao terceiro uma atitude passiva; já a obrigação *propter rem* pode impor prestações positivas ao terceiro titular de um direito rival".

São obrigações *propter rem*: a do condômino de contribuir para a conservação da coisa comum (CC, art. 1.315; CPC, 784, VIII; *RT*, *821*:209, *808*:297, *769*:419, *767*:362, *784*:444, *774*:306, *797*:311, *799*:321, *757*:220); as do proprietário de apartamento, num edifício em condomínio (CC, art. 1.336, III; *RT*, *497*:157, *498*:118), de não alterar a forma externa da fachada ou de não decorar as partes e esquadrias externas com tonalidades ou cores diversas das empregadas no conjunto da edificação, ou, ainda, de não destinar a unidade a utilização diversa da finalidade do prédio ou a não usá-la de forma nociva ou perigosa ao sossego, à salubridade e à segurança dos demais condôminos e a de não embargar o uso das partes comuns; a do proprietário de imóveis confinantes de concorrer para as despesas de construção e conservação de tapumes divisórios (CC, art. 1.297, § 1º; CP, art. 161); as que emanam dos arts. 1.277 a 1.313 do Código Civil, atinentes aos direitos de vizinhança; a do enfiteuta de pagar o foro (CC de 1916, art. 678, ora vigente, por força do atual art. 2.038 do Código Civil; STF, Súmula 326); a do adquirente de um imóvel hipotecado de pagar o débito que o onera, se o quiser liberar; a do proprietário de coisas incorporadas ao patrimônio histórico e artístico nacional de não destruí-las, de não realizar obras que lhes modifiquem a aparência (Dec.-lei n. 25/37, art. 17). Como se vê, em todos esses exemplos percebe-se que o devedor está ligado à obrigação devido à sua situação relativamente a um bem, do qual é proprietário ou possuidor, de modo que, se abandonar a coisa, liberado estará da dívida, visto que estava vinculado à obrigação em razão de sua condição de proprietário ou de possuidor, da qual não mais desfruta[36].

---

34. Planiol, *Traité élémentaire de droit civil*, 7. ed., Paris, 1915, v. 1, n. 2.368, p. 735-6; M. Helena Diniz, op. cit., v. 4, p. 11-2, 159-60; Serpa Lopes, op. cit., v. 2, p. 50; Orlando Gomes, *Direitos*, cit., p. 32-3; Fábio H. Podestá, Obrigações *propter rem*, *Revista da Faculdade de Direito das Faculdades Metropolitanas Unidas*, *12*:245 e 246, 1995; Teresa C. G. Pantoja, Breves notas sobre obrigações *propter rem*. *Revista Brasileira de Direito Comparado*, 43:177-200.

35. Hassen Aberkane, *Essai d'une théorie générale de l'obligation "propter rem" en droit positif français*, Paris, 1957, ns. 21, 28, 29 e 36; Serpa Lopes, op. cit., v. 6, p. 402-7; Fábio H. Podestá, Obrigações *propter rem*, *Revista da Faculdade de Direito das Faculdades Metropolitanas Unidas*, *12*:245.

36. Silvio Rodrigues, op. cit., v. 2, p. 119-21; *RT*, *757*:220: "As despesas condominiais, por serem obrigações *propter rem*, devem ser suportadas pelo titular do domínio, sendo irrelevante o fato de o imóvel estar sendo ocupado por terceiro". Também é obrigação *propter rem* a do proprietário do imóvel

Três são seus caracteres[37]:

1º) vinculação a um direito real, ou seja, a determinada coisa de que o devedor é proprietário ou possuidor;

2º) possibilidade de exoneração do devedor pelo abandono do direito real, renunciando o direito sobre a coisa;

3º) transmissibilidade por meio de negócios jurídicos, caso em que a obrigação recairá sobre o adquirente. P. ex.: se alguém adquirir, por herança, uma quota de condomínio, será sobre o novo condômino que incidirá a obrigação de contribuir para as despesas de conservação da coisa.

Do exposto poder-se-á dizer que obrigação *propter rem* é a que recai sobre uma pessoa por força de um determinado direito real, permitindo sua liberação pelo abandono do bem[38].

c.2.2. Natureza jurídica

A obrigação *propter rem* encontra-se na zona fronteiriça entre os direitos reais e os pessoais, visto que por um lado vincula o titular de um direito real e por outro tem caracteres próprios do direito de crédito, consistindo num liame entre sujeito ativo e passivo, que deverá realizar uma prestação positiva ou negativa[39].

Não é ela nem uma *obligatio,* nem um *jus in re*[40]. É uma figura transacional entre o direito real e o pessoal, consistindo num artifício técnico que qualifica uma categoria jurídica que tenha atributos tanto de um como de outro[41]. Configura um direito misto, de fisionomia autônoma, constituindo um *tertium genus,* por revelar a existência de direitos que não são puramente reais nem essencialmente obrigacionais[42]. Alfredo Buzaid assevera, acertadamente, que a obrigação *propter rem* constitui um direito misto, por ser uma relação jurídica na qual a obrigação de fazer está acompanhada de um direito real, fundindo-se os dois elementos numa unidade, que a eleva a uma categoria autônoma[43]. Realmente, não é ela um direito real,

---

rural de proteger a vegetação nativa para preservação do meio ambiente (Código Florestal, Lei n. 12.651/2012, com as alterações da Lei n. 12.727/2012; LRP, art. 217).

37. Antunes Varela, op. cit., p. 46-7; Silvio Rodrigues, op. cit., p. 122; Betti, op. cit., v. 1, p. 22.

38. Para Giovanni Balbi (*Le obbligazioni "propter rem",* Memorie delle Istitute Giuridici della Università di Torino, 1950, série II, p. 111) seria a "obrigação em que o devedor é o titular de um direito real de gozo e que, extinto ou transmitido tal direito, se extingue ou se transmite contemporaneamente a qualidade de devedor". Hassen Aberkane (op. cit., p. 18, n. 21) define-a como a obrigação que se transmite ao cessionário a título particular, de um lado, e que se pode liberar, por abandono, de outro. Já para Paulo Carneiro Maia (Obrigação "propter rem", in *Enciclopédia Saraiva do Direito,* v. 55, p. 360) seria "um tipo de obrigação ambulatória, a cargo de uma pessoa, em função e na medida de proprietário de uma coisa ou titular de um direito real de uso e gozo sobre a mesma coisa".

Vide Lei n. 6.015/73, art. 167, I, n. 45, que requer registro de contrato de pagamento por serviços ambientais, quando este estipular obrigações de natureza *propter rem* (com redação da Lei n. 14.382/2022).

39. Silvio Rodrigues, op. cit., p. 123.

40. Caio M. S. Pereira, op. cit., v. 2, p. 43.

41. San Tiago Dantas, *O conflito de vizinhança e sua composição,* Rio de Janeiro, Borsoi, 1939, p. 275 e s.; Serpa Lopes, op. cit., v. 2, p. 55.

42. Paulo Carneiro Maia, op. cit., p. 361 e 371. No mesmo sentido: Trabucchi, op. cit., p. 459, n. 216; Antônio Chaves, *Lições de direito civil;* direito das obrigações, São Paulo, Bushatsky, 1973, v. 1, p. 122 e s.; Giulio Venzi, *Manuale del diritto civile italiano,* Firenze, Fratelli Cammelli, 1922, p. 351-2, n. 399.

43. Alfredo Buzaid, *Ação declaratória no direito brasileiro,* São Paulo, Saraiva, ns. 63 e s.

pois este se desnatura pela obrigação de um *facere* que o acompanha, pois seu objeto não é uma coisa, mas a prestação do devedor. Também não é um direito obrigacional pela autorização, concedida ao credor, de exigir a prestação de quem quer que se encontre em relação com a coisa gravada mediante ação real, e pelo fato de o direito pessoal não se extinguir pelo abandono, não se transmitir a sucessor a título singular e de exigir a anuência do credor na cessão de débito, o que não ocorre na obrigação *propter rem*. Essas considerações erigem a obrigação *propter rem* em uma categoria jurídica autônoma, que não se enquadra nem na seara dos direitos reais nem no âmbito dos direitos obrigacionais, porque participa de ambos[44].

A obrigação *propter rem* é uma figura autônoma, situada entre o direito real e o pessoal, já que contém uma relação jurídico-real em que se insere o poder de reclamar certa prestação positiva ou negativa do devedor. É uma *obrigação acessória mista*, por vincular-se a direito real, objetivando uma prestação devida ao seu titular. Daí seu caráter híbrido, pois tem por objeto, como as relações obrigacionais, uma prestação específica, e está incorporada a um direito real, do qual advém[45]. Só poderá ser devedor dessa obrigação quem se encontrar, em certas circunstâncias, em relação de domínio ou posse sobre alguma coisa[46].

c.3. Ônus reais

Os ônus reais (*Reallasten*) são obrigações que limitam a fruição e a disposição da propriedade. Representam direitos sobre coisa alheia e prevalecem *erga omnes*[47]. São direitos onerados cuja utilidade consistiria em gerar créditos pessoais em favor do titular. Distinguem-se dos direitos reais de fruição e dos direitos reais de garantia, sendo similares a estes, que são, taxativamente, definidos por lei. São, portanto, obrigações de realizar, periódica ou reiteradamente, uma prestação, que recaem sobre o titular de certo bem; logo, ficam vinculadas à coisa que servirá de garantia ao seu cumprimento[48]. Exemplo típico é a renda constituída sobre móvel ou imóvel, que é um direito temporário que grava determinado bem, obrigando seu proprietário a pagar prestações periódicas de soma determinada (CC, art. 804)[49]. O que lhe caracteriza é sua vinculação a um bem móvel ou a um prédio urbano ou rural, e é um

---

44. *Vide* Paulo Carneiro Maia, op. cit., p. 365; Silvio Rodrigues, op. cit., p. 123. *Vide RT*, *745*:310.

45. Caio M. S. Pereira, op. cit., p. 44-5; Barassi, *Teoria generale delle obbligazioni*, v. 1, p. 93.

46. Serpa Lopes, op. cit., p. 57. Sobre a problemática da natureza jurídica das obrigações *propter rem*, *vide* Ripert, De l'exercise du droit de propriété dans ses rapports avec les propriétés voisines, in J. Bonnecase, *Supplément au traité de B. Lacantinerie*, v. 5, ns. 161 e s.; Derrupé, *La nature juridique du droit de preneur à bail et la distinction des droits réels et des droits de créance*, Paris, 1952, ns. 290 a 297, p. 334 e s.; Juglart, *Obligations réelles et servitudes en droit privé français*, Bordeaux, 1937; Rigaud, op. cit.; Eduardo Espínola, *Sistema do direito civil brasileiro*, v. 2, § 1º, p. 4; Fulvio Maroi, Obbligazione, in *Dizionario pratico del diritto privato*, Milano, Vallardi, 1934, v. 4, p. 247, §§ 5º e s.; Andrea Torrente, *Manuale di diritto privato*, Milano, Giuffrè, 1965, p. 329, nota 1; Grosso, Servitù ed obbligazioni "propter rem", *Rivista di Diritto Commerciale*, *1*:217, 1939; Butera, *Codice Civile italiano commentato*, v. 1, p. 4.

47. *Vide* Ônus reais, in *Enciclopédia Saraiva do Direito*, v. 56, p. 104; Ceccopieri Maruffi, Servitù prediale ed oneri reali, *Rivista di Diritto Commerciale*, *2*:205 e s., 1946; Manuel Henrique Mesquita, *Obrigações reais e ônus reais*, Coimbra, Livr. Almedina, 1997; Martinho Garcez Neto, *Temas atuais de direito civil*, Rio de Janeiro, Renovar, 2000, p. 155-94. Para Chironi (*Trattato dei privilege della ipoteca e del pegno*, Torino, 1894, v. 1, p. 128, n. 65): "*l'onere reale è figura più ampia della vera obbligazione ob rem, che vi è compresa: il rapporto di garanzia reale non può avere questo secondo carattere, per le ragioni enunciate. Se si vuol propriamente determinare il significato della obbligatio 'ob rem': e concorre invece in molta parte a construire il contenuto dell'onere reale*".

48. Antunes Varela, op. cit., p. 47.

49. Clóvis Beviláqua, op. cit., v. 3, p. 310.

simples contrato, regulado pelos arts. 803 a 813 do Código Civil, constituindo, então, um direito de crédito. E, se tal contrato for oneroso, o credor poderá exigir que o rendeiro lhe preste garantia fidejussória ou real (CC, art. 805)[50].

Fácil é denotar que nos ônus reais a obrigação também recai sobre quem for o titular da coisa. No entanto, nítidas são as diferenças entre obrigação *propter rem* e *ônus real*. Na obrigação *propter rem* o devedor responde somente pelo débito atual, isto é, pela prestação constituída durante sua relação com a coisa; pela obrigação precedentemente vencida só pode ser responsabilizado pessoalmente o próprio devedor, sendo inadmissível sua transmissão ao atual detentor do bem, ao passo que no ônus real este é responsável pela constituída antes da aquisição de seu direito. P. ex.: o condômino, que adquiriu seu direito em 2000, não responderá por despesas de conservação da coisa comum atinentes ao ano de 1999. Além disso, o ônus real tem sempre como conteúdo uma prestação positiva, enquanto a obrigação *propter rem* pode consistir em obrigação de não fazer. Messineo e Torrente ensinam-nos, ainda, que no ônus real é a coisa que se encontra gravada; logo, o proprietário não responderá além dos limites do valor da coisa onerada; portanto, quem deve é a coisa e não a pessoa; na obrigação *propter rem* é a pessoa que se encontra vinculada, respondendo, portanto, o devedor com todos os seus bens. Para que exista ônus real é preciso que o titular da coisa seja realmente devedor, sujeito passivo de uma obrigação, e não apenas proprietário ou possuidor de determinado bem, cujo valor garante o adimplemento de débito alheio[51].

Essas ideias se aplicam à obrigação de pagar impostos relativos a imóveis (imposto sobre propriedade territorial rural, imposto sobre propriedade predial e territorial urbana), que também se transmite ao adquirente do imóvel, quer eles se refiram a rendimentos posteriores ou anteriores à aquisição[52].

---

50. Outrora, quando se admitia o direito real de constituição de renda sobre imóvel (CC de 1916, arts. 749 a 754), era imprescindível sua transcrição no registro respectivo. Era, sem dúvida, um direito real, pois havia uma garantia real, afetada ao pagamento de uma renda. E, como todo ônus real, revestia-se do atributo da sequela; acompanhava-o onde quer que se encontrasse. O adquirente continuava a suportar o encargo, visto que ele aderia ao bem imóvel. A constituição de renda podia ser gratuita ou onerosa; o imóvel podia ser doado, hipótese em que a renda era um ônus imposto ao donatário, ou vendido, caso em que a referida renda constituía uma contraprestação a que o adquirente se obrigava. Se o donatário não pagasse essa renda, revogava-se a renda constituída sobre o imóvel, e se o adquirente, igualmente, não cumprisse o seu dever, tinha-se resolução com perdas e danos. Percebia-se que esse direito real só se aperfeiçoava, por exemplo, pela entrega do imóvel, que passava a integrar o patrimônio do rendeiro ou censuário, com o dever de pagar prestação periódica estipulada, em favor do beneficiário ou censuísta. Portanto, dois eram os seus titulares: o *censuário* ou rendeiro, que recebia o imóvel gravado, com o encargo de pagar certa renda – era o devedor da renda e o adquirente do imóvel; e o *censuísta*, que constituía a renda em benefício próprio ou alheio – era o credor da renda. *Vide* M. Helena Diniz, op. cit., v. 4, p. 298-9; W. Barros Monteiro, op. cit., v. 3, p. 331; Silvio Rodrigues, op. cit., v. 5, p. 337-8; Clóvis Beviláqua, *Direito das coisas,* v. 1, § 87; Orlando Gomes, *Direitos,* cit., p. 317-20; Espínola, *Direitos reais limitados e direitos reais de garantia,* p. 292; Daibert, op. cit., p. 434; Caio M. S. Pereira, op. cit., 1978, v. 4, p. 257-9.

51. Usamos como exemplo, apenas didaticamente, o direito real de constituição de renda sobre imóvel, não mais existente no direito brasileiro, por força do art. 1.225 do atual Código Civil. Trabucchi, op. cit., p. 488; Antunes Varela, op. cit., p. 47-51; Paulo Carneiro Maia, op. cit., p. 361; W. Barros Monteiro, op. cit., v. 4, p. 16, nota 16; Messineo, *Istituzioni di diritto privato,* p. 311; Andrea Torrente, op. cit., p. 300, nota 1. É preciso ressaltar que tanto na doutrina como na legislação há uma grande imprecisão sobre os caracteres e a conceituação da obrigação *propter rem,* do ônus real e do direito real de garantia.

52. Baleeiro, *Direito tributário brasileiro,* 5. ed., 1973, p. 143; Antunes Varela, op. cit., p. 48-9. *Vide* Código Civil de 1916, art. 1.137 e Decreto n. 22.866/33 (revogado pelo Dec. s/n. de 25-4-1991), sobre pagamento preferencial dos impostos devidos à Fazenda Pública.

c.4. Obrigações com eficácia real

As obrigações com eficácia real situam-se no terreno fronteiriço dos direitos de crédito para os direitos reais. A obrigação terá eficácia real quando, sem perder seu caráter de direito a uma prestação, se transmite e é oponível a terceiro que adquira direito sobre determinado bem. Exemplificativamente, é o que se dá com a locação quando oponível ao adquirente da coisa locada, nos termos do Código Civil, art. 576, que assim reza: "Se a coisa for alienada durante a locação, o adquirente não ficará obrigado a respeitar o contrato, se nele não for consignada a cláusula da sua vigência no caso de alienação, e não constar de registro"[53]. As obrigações do locador, contra a regra da eficácia relativa dos direitos de crédito, se transmitem ao novo titular do domínio, havendo, portanto, uma transmissão *ex vi legis* da posição daquele (locador), pois a lei estende a terceiro (novo adquirente) os efeitos de uma obrigação constituída entre determinadas pessoas, sem que tal obrigação faça parte do conteúdo do direito real adquirido pelo terceiro[54].

O compromisso de compra e venda é um contrato em que não se pactuou arrependimento pelo qual o compromitente-vendedor se obriga a vender ao compromissário-comprador determinado imóvel, pelo preço, condições e modo avençados, outorgando-lhe a escritura definitiva assim que ocorrer o adimplemento da obrigação; por outro lado, o compromissário-comprador, por sua vez, ao pagar o preço e satisfazer todas as condições estipuladas no contrato, tem direito real sobre o imóvel, podendo reclamar a outorga da escritura definitiva, ou sua adjudicação compulsória, havendo recusa por parte do compromitente-vendedor, ou de terceiros, a quem os direitos deste forem cedidos (CC, art. 1.418)[55]. E uma vez registrado o referido compromisso no Cartório de Registro de Imóveis, o direito do compromissário passará a gozar de eficácia real em relação às posteriores alienações da coisa, pois o direito real só surge a partir do registro; antes dele, tem-se contrato de promessa de venda que gera apenas direitos obrigacionais[56]. Realmente, com essa averbação, desde que não haja cláusula de arrependimento, segundo o art. 1.417 do Código Civil, o compromissário passará a ter direito real oponível a terceiros, não sendo mais possível o assento de qualquer venda posterior que beneficie outra pessoa. Perde, portanto, o proprietário o poder de dispor do bem compromissado, pois sobre ele se liga, imediatamente, o direito do compromissário-comprador de torná-lo seu, uma vez pago, integralmente, o preço avençado. É o compromisso de compra e venda oponível *erga omnes*, por se haver unido a ele um direito de aquisição e porque sua disposição está limitada em proveito do credor (*RT, 490*:187)[57]. Esclarece Antunes Varela que não se pretende afirmar que a obrigação de outorgar escritura definitiva de venda, assumida pelo compromitente, se transmita ao posterior adquirente do imóvel, mas sim que, uma vez feita a escritura definitiva (ou obtida a sentença de adjudicação compulsória) e levada a registro, a transmissão da propriedade para o compromissário produzirá seus efeitos retroativamente, isto é, retroagirá ao momento do registro do compromisso, sendo as alienações posteriores a essa data tidas como operações *a non domino*[58].

---

53. *Vide* Lei n. 6.015/73, arts. 129, 1º, e 167, I, n. 3 e Lei n. 8.245/91, art. 8º.
54. Antunes Varela, op. cit., p. 51-2.
55. M. Helena Diniz, op. cit., v. 4, p. 390; Daibert, op. cit., p. 455; W. Barros Monteiro, op. cit., v. 3, p. 335.
56. Caio M. S. Pereira, op. cit., v. 4, p. 384; Antunes Varela, op. cit., p. 52.
57. M. Helena Diniz, op. cit., p. 394; Caio M. S. Pereira, op. cit., v. 4, p. 385; Orlando Gomes, *Direito das coisas*, p. 334.
58. Antunes Varela, op. cit., p. 52.

4. CONTEÚDO DO DIREITO DAS OBRIGAÇÕES

O direito das obrigações, de natureza patrimonial, que vincula pessoas entre si, compreende conceitos e princípios (CC, arts. 233 a 480) a que se subordinam quase todas as obrigações, pois são concernentes à natureza das obrigações, às suas modalidades, aos seus efeitos, ao seu cumprimento, à sua transmissão, à sua extinção etc. Tudo isso será objeto de estudo da Teoria Geral das Obrigações. O direito das obrigações traça, ainda, os princípios basilares das relações creditórias particulares, estabelecendo as normas reguladoras de cada categoria, ou melhor, indicando as normas especificadoras das fontes das obrigações, ou seja, das várias espécies de contrato, das declarações unilaterais da vontade e das obrigações por atos ilícitos. Essa parte especial fica a cargo da *doutrina das obrigações contratuais* (CC, arts. 481 a 886) e da *teoria das obrigações extracontratuais* (CC, arts. 887 a 954)[59].

Nesta obra faremos tão somente uma *teoria geral das obrigações*, enquanto a *teoria das obrigações contratuais e extracontratuais* estará exposta no volume 3 deste *Curso*.

QUADRO SINÓTICO

INTRODUÇÃO AO DIREITO DAS OBRIGAÇÕES

1. CONCEITO DE DIREITO DAS OBRIGAÇÕES	• O direito das obrigações consiste num complexo de normas que regem relações jurídicas de ordem patrimonial, que têm por objeto prestações de um sujeito em proveito de outro.	
2. IMPORTÂNCIA ATUAL DO DIREITO OBRIGACIONAL	• O direito creditório equilibra as relações entre credor e devedor, pois é nele que a atividade econômica do homem encontra sua ordenação, visto que delineia, p. ex., certos conceitos jurídicos, como as várias espécies de contrato, a transmissão das obrigações etc., intervindo na produção, no consumo de bens e na distribuição ou circulação de riquezas.	
3. NATUREZA DOS DIREITOS CREDITÓRIOS	• Caracteres dos direitos obrigacionais	• Direitos relativos, por vincularem sujeito ativo e sujeito passivo e não serem oponíveis *erga omnes*. • Direitos a uma prestação positiva ou negativa, pois exigem certo comportamento do devedor, ao reconhecerem o direito do credor de reclamá-la.

59. Orlando Gomes, *Obrigações*, cit., p. 9 e 13; Bassil Dower, op. cit., v. 2, p. 11; Fábio V. Figueiredo e Brunno P. Giacoli, *Direito civil*, São Paulo, Saraiva, 2009, p. 68-99 (Coleção OAB Nacional, v. 1); Sílvio Luís F. da Rocha, *Obrigações*, São Paulo, Malheiros, 2010.

<table>
<tr><td rowspan="9">3. NATUREZA DOS DIREITOS CREDITÓRIOS</td><td rowspan="7" colspan="2">• Traços distintivos entre direito real e direito pessoal</td><td>a) Quanto ao sujeito de direito</td><td>• Direito pessoal: tem sujeito ativo e passivo.
• Direito real: segundo a teoria clássica, tem apenas o ativo.</td></tr>
<tr><td>b) Quanto à ação</td><td>• Direito pessoal: ação pessoal contra determinado indivíduo.
• Direito real: ação real contra quem detiver a coisa, sendo oponível erga omnes.</td></tr>
<tr><td>c) Quanto ao objeto</td><td>• Direito pessoal: prestação.
• Direito real: coisa corpórea ou incorpórea.</td></tr>
<tr><td>d) Quanto ao limite</td><td>• Direito pessoal: é ilimitado.
• Direito real: é limitado.</td></tr>
<tr><td>e) Quanto ao modo de gozar o direito</td><td>• Direito pessoal: exige intermediário.
• Direito real: supõe o exercício direto, pelo titular, do direito sobre a coisa.</td></tr>
<tr><td>f) Quanto à extinção</td><td>• Direito pessoal: extingue-se pela inércia.
• Direito real: conserva-se até que haja uma situação contrária em proveito de outro titular.</td></tr>
<tr><td colspan="2">g) Quanto ao direito de sequela, é uma prerrogativa do direito real.
h) Quanto ao abandono, este é característico do direito real.
i) Quanto à usucapião, é modo de aquisição de direito real.
j) Quanto à posse, somente o direito real é suscetível a ela.
k) Quanto ao direito de preferência, este é restrito aos direitos reais de garantia.</td></tr>
<tr><td rowspan="2">• Categorias jurídicas híbridas</td><td rowspan="2">• Obrigações propter rem</td><td>a) Conceito</td><td>• São as que recaem sobre uma pessoa por força de um determinado direito real, permitindo sua liberação pelo abandono do bem.</td></tr>
<tr><td>b) Caracteres</td><td>• Vinculação a um direito real.
• Possibilidade de exoneração do devedor pelo abandono do direito real.
• Transmissibilidade por meio de atos jurídicos, caso em que a obrigação recairá sobre o adquirente.</td></tr>
</table>

<table>
<tr><td rowspan="3">3. NATUREZA DOS DIREITOS CREDITÓRIOS</td><td rowspan="3">• Categorias jurídicas híbridas</td><td>• Obrigações propter rem</td><td>c) Natureza jurídica</td><td>• São figuras transacionais entre o direito real e o pessoal, de fisionomia autônoma, constituindo um tertium genus, ou seja, obrigações acessórias mistas, por serem uma relação jurídica na qual a prestação está vinculada a um direito real.</td></tr>
<tr><td>• Ônus reais</td><td colspan="2">• São obrigações que limitam a fruição e a disposição da propriedade. São obrigações de realizar periodicamente uma prestação, que recaem sobre o titular de certo bem; logo, ficam vinculadas à coisa, que servirá de garantia ao seu cumprimento.</td></tr>
<tr><td>• Obrigação com eficácia real</td><td colspan="2">• A obrigação terá eficácia real quando, sem perder seu caráter de direito a uma prestação, se transmite e é oponível a terceiro que adquira direito sobre determinado bem.</td></tr>
</table>

<table>
<tr><td rowspan="2">4. CONTEÚDO DO DIREITO DAS OBRIGAÇÕES</td><td>• Parte geral</td><td>• CC, arts. 233 a 480: será objeto da teoria geral das obrigações.</td></tr>
<tr><td>• Parte especial</td><td>• CC, arts. 481 a 886: é matéria da doutrina das obrigações contratuais.
• CC, arts. 887 a 954: será examinada pela teoria das obrigações extracontratuais.</td></tr>
</table>

Capítulo II
Noções Gerais de Obrigação

1. CONCEITO DE OBRIGAÇÃO

O nosso Código Civil escusou-se em definir *obrigação,* no que andou bem, pois definir não é tarefa do legislador, mas da doutrina.

O termo *obrigação* contém vários significados, o que dificulta sua exata delimitação na seara jurídica. Na linguagem corrente, obrigação corresponde ao vínculo que liga um sujeito ao cumprimento de dever imposto por normas morais, religiosas, sociais ou jurídicas[1]. Juridicamente, emprega-se esse vocábulo em acepções diferentes; afirma-se, p. ex., que o inquilino tem a obrigação de pagar o aluguel; que o mandatário é obrigado a aceitar a revogação do mandato ordenada pelo mandante; que os cidadãos são obrigados a pagar imposto de renda, conforme sua capacidade contributiva; que o réu tem obrigação de contestar o pedido formulado pelo autor ou os fatos em que a pretensão se funda; que os rapazes, em certa idade, são obrigados a cumprir serviço militar. O termo *obrigação,* nessas relações jurídicas, indica conceitos muito diferentes, de modo que a ciência jurídica deverá ressaltar essas diferenças, para estabelecer o seu exato sentido técnico[2].

Em primeiro lugar deverá examinar o conceito de *dever jurídico.* O *dever jurídico* é o comando imposto, pelo direito objetivo, a todas as pessoas para observarem certa conduta, sob pena de receberem uma sanção pelo não cumprimento do comportamento prescrito pela norma jurídica. É, p. ex., o dever de não danificar a coisa alheia, o de pagar as dívidas, o de respeitar a vida, o do pai de zelar pela educação dos filhos etc. Se o dever jurídico não for cumprido, o lesado pela sua violação está autorizado pela norma jurídica a exigir, por meio dos órgãos competentes do poder público ou de processos legais, o seu cumprimento ou a reparação do mal causado. Logo, o proprietário da coisa danificada ou o credor têm o *direito subjetivo* de defender seus direitos, visto que têm autorização, decorrente da norma, de coagir o violador a cumprir o preceito infringido, a reparar o dano que causou; têm, enfim, o direito de providenciar a aplicação das sanções legais[3]. Do exposto percebe-se que *dever jurídico* é expressão mais ampla do que *obrigação,* por abranger não só os deveres oriundos de relações creditórias, mas também os advindos dos direitos reais, dos direitos familiares, dos direitos

---

1. Ernani Vieira de Souza, Obrigação, in *Enciclopédia Saraiva do Direito,* v. 55, p. 265. Consulte sobre o assunto: Orlando Gomes, *Transformações gerais do direito das obrigações,* 1967, p. 148.
2. Antunes Varela, *Direito das obrigações,* Rio de Janeiro, Forense, 1977, p. 53; Sebastião José Roque, *Direito das obrigações civis-mercantis,* São Paulo, Ícone, 1994, p. 13 a 30.
3. Antunes Varela, op. cit., p. 54; João Bosco Cavalcanti Lana, *Teoria geral das obrigações,* p. 10. Sobre a noção de direito subjetivo, *vide* Goffredo Telles Jr., *O direito quântico,* 5. ed., Max Limonad, 1980, p. 408-9.

de personalidade, bem como os resultantes do direito constitucional, administrativo, penal, tributário etc.[4].

Antunes Varela ressalta a diferença entre *dever jurídico, obrigação* e *estado de sujeição.* Na obrigação ter-se-á, ao lado do dever jurídico de prestar, um direito à prestação. No estado de sujeição haverá tão somente uma subordinação inelutável a uma modificação na esfera jurídica de alguém, por ato de outrem. Assim, no estado de sujeição uma pessoa não terá nenhum dever de conduta, devendo sujeitar-se, mesmo contra a sua vontade, a que sua esfera jurídica seja constituída, modificada ou extinta pela simples vontade de outrem, ou melhor, do titular do direito potestativo. O titular do direito potestativo, eventualmente coadjuvado pela autoridade pública, tem a permissão de alterar a esfera jurídica de outrem. Com base nessas ideias, não se pode dizer que o mandatário tem obrigação de aceitar a revogação do mandato ou que o mandante tem obrigação de aceitar a renúncia do mandatário[5].

Sob o prisma técnico-jurídico seria errôneo dizer-se que o réu tem obrigação de contestar ou que o adquirente de um imóvel tem obrigação de registrá-lo, pois nesses casos estamos diante de um *ônus jurídico* e *não* de uma *obrigação.* Deveras, o ônus jurídico consiste na necessidade de observar determinado comportamento para a obtenção ou conservação de uma vantagem para o próprio sujeito e não para a satisfação de interesses alheios. Desse modo, o réu tem o ônus jurídico de contestar, se quiser que os fatos contra ele articulados pelo autor não sejam tidos por verdadeiros, e o adquirente de bem imóvel o ônus de registrar, se pretender que sua aquisição possa valer contra terceiros[6].

O vocábulo *obrigação* pode designar, ainda, o documento que a comprova, como, p. ex., quando se diz o instrumento da obrigação (CC, art. 221; Lei n. 14.195/2021; Lei n. 6.015/73, art. 148, parágrafo único; CPP, art. 236), obrigações portuárias (Dec.-lei n. 9.681/46), obrigações ao portador, obrigações da dívida pública, obrigações emitidas pelos Estados ou Municípios (CF, art. 151, II), obrigações do Tesouro (Lei n. 3.337/57 e Lei n. 4.357/64) etc.[7].

O Código Civil, ao se referir, no Livro I da Parte Especial, ao direito das obrigações, e ao empregar, nos arts. 233 e seguintes, o termo *obrigação,* usa-o em sentido técnico-jurídico, que não se identifica de maneira alguma com dever jurídico, ônus jurídico ou estado de sujeição[8]. É esse significado específico que se quer apreender, e na busca desse conceito técnico formularam os juristas inúmeras definições de relação obrigacional.

Os autores modernos têm por base o conceito de obrigação formulado pelos romanos, pois, como pondera Saleilles[9], o direito obrigacional, em virtude de seu caráter especulativo, foi a obra-prima da legislação romana.

Pelas Institutas[10] de Justiniano, a "obrigação é um vínculo jurídico, pelo qual somos compelidos pela necessidade de pagar a alguém qualquer coisa, segundo os direitos de nossa

---

4. Antunes Varela, op. cit., p. 54; Caio M. S. Pereira, *Instituições de direito civil,* Rio de Janeiro, Forense, 1981, v. 2, p. 8; Ruggiero e Maroi, *Istituzioni di diritto privato,* v. 2, § 125. José Souto Maior Borges, *Obrigação tributária;* uma introdução metodológica, São Paulo, Saraiva, 1984.

5. Antunes Varela, op. cit., p. 55; Ernani Vieira de Souza, op. cit., p. 271-2.

6. *Vide* Antunes Varela, op. cit., p. 56-7.

7. Butera, *Codice Civile italiano commentato*; delle obbligazioni, v. 1, p. 4; W. Barros Monteiro, *Curso de direito civil,* 17. ed., São Paulo, Saraiva, 1982, v. 4, p. 3.

8. Antunes Varela, op. cit., p. 57; W. Barros Monteiro, op. cit., p. 3.

9. Saleilles, *Étude sur la théorie générale de l'obligation,* Paris, ns. 1 e 2.

10. Inst. de obl. III, 13: *"Obligatio est iuris vinculum, que necessitate adstringimur alicuius solvendae rei, secundum nostra iura civitatis".*

cidade". Nessa definição há falhas relativas ao objeto, não só porque há obrigações que não têm por fim o pagamento de uma coisa, mas também porque não se especifica se esse objeto é material ou imaterial[11]. Paulo, por sua vez, assevera que a substância da obrigação não consiste em fazer nosso um corpo qualquer, ou nossa uma servidão, mas em levar outrem em relação a nós a dar, fazer ou prestar qualquer coisa. Essa definição, além de descrever com precisão o conteúdo e o objeto do vínculo, possibilita concluir que a obrigação é direito pessoal, pois há um ato que exige do devedor uma prestação de dar ou de fazer[12].

O moderno conceito de *obrigação* gira em torno dessas ideias do direito romano. Pothier[13] define-a como sendo um vínculo de direito, que nos obriga para com outrem a dar-lhe, fazer-lhe ou não fazer-lhe alguma coisa. Nesse mesmo sentido, Lacerda de Almeida[14] considerou-a como "o vínculo jurídico pelo qual alguém está adstrito a dar, fazer ou não fazer alguma coisa". Para Dernburg[15] a obrigação é uma relação jurídica consistente num dever de prestação, tendo valor patrimonial, do devedor ao credor. Semelhantemente, Polacco[16] apresenta a obrigação como uma relação jurídica patrimonial, por força da qual uma pessoa (que se diz devedora) é vinculada a uma prestação (positiva ou negativa), em face de outra pessoa (que se diz credora).

Em todas essas conceituações vislumbramos que na obrigação há uma pessoa, designada sujeito passivo ou devedor, adstrita a uma prestação positiva ou negativa em favor de outra, denominada sujeito ativo ou credor, que está autorizada a exigir seu adimplemento[17].

A mais completa dessas definições é a de Clóvis: "Obrigação é a relação transitória de direito, que nos constrange a dar, fazer ou não fazer alguma coisa economicamente apreciável, em proveito de alguém, que, por ato nosso, ou de alguém conosco juridicamente relacionado, ou em virtude de lei, adquiriu o direito de exigir de nós essa ação ou omissão"[18]. Todavia, por não mencionar a questão da responsabilidade do devedor inadimplente, preferimos o

---

11. Orlando Gomes, *Obrigações*, 4. ed., Rio de Janeiro, Forense, 1976, p. 17; Serpa Lopes, *Curso de direito civil*, 4. ed., Freitas Bastos, 1966, v. 2, p. 9; Allara, *Nozioni fondamentali di diritto civile*, v. 1, p. 422; Pacchioni, *Diritto civile italiano*, v. 1, p. 4; Enneccerus, Kipp e Wolff, *Tratado de derecho civil;* derecho de obligaciones, v. 1, p. 5.

12. D., Liv. 44, Tít. 7, frag. 3: "*Obligationum substantia non in eo consistit, ut aliquod corpus nostrum aut servitutem nostram faciat, sed ut alium nobis obstringat ad dandum aliquid vel faciendum vel praestandum*". *Vide* observações de Ruggiero e Maroi, op. cit., v. 2, p. 2.

13. Pothier (Traité des obligations, in *Oeuvres*, Paris, 1861, v. 2, p. 1) escreve que a obrigação é "*un lien de droit, qui nous astreint envers un autre à lui donner quelque chose, ou à faire ou à ne pas faire quelque chose*". Neste mesmo teor de ideias está a definição de Coelho da Rocha (*Direito civil*, § 112), pois para ele "obrigação é o vínculo jurídico pelo qual alguém está adstrito a dar, fazer ou não fazer alguma coisa".

14. Lacerda de Almeida, *Obrigações*, 2. ed., § 1º, p. 7, n. 6.

15. Dernburg, *Diritto delle obbligazioni*, § 1º, p. 1.

16. Polacco, *Le obbligazioni nel diritto civile italiano*, 2. ed., 1915, n. 1, p. 7, e n. 4.

17. *Vide* Caio M. S. Pereira, op. cit., v. 2, p. 9; Manuel Andrade, *Teoria geral da relação jurídica*, n. 2; Giovanni Ettore Nanni, Responsabilidade patrimonial do devedor: conceito e evolução histórica, *Revista do Direito Privado*, v. 123, p. 149-88, 2025.

Já se decidiu que: É possível penhora de ativos virtuais pertencentes a devedores (STJ – REsp 2.127.038) tendo por base a Lei n. 14.475/2023, art. 44, e a IN da Receita Federal n. 1.888/2019, CPC, art. 789. A impenhorabilidade tem por escopo garantir o respeito à dignidade humana, assegurando bens necessários à sobrevivência do devedor (salários, aposentadorias etc.). Daí ser um direito do executado (CPC, art. 833, e STJ, EREsp 1.582.475-MG). Embargos de divergência n. 1.874.222/DF. TJSP mantém penhora de valores abaixo de 40 salários mínimos (TJSP, 14ª Câm. de Direito Privado – Processo 2.137931-74.2024.8.26.0000).

18. Clóvis Beviláqua, *Obrigações*, § 1º.

conceito de Washington de Barros Monteiro, segundo o qual "a obrigação é a relação jurídica, de caráter transitório, estabelecida entre devedor e credor e cujo objeto consiste numa prestação pessoal econômica, positiva ou negativa, devida pelo primeiro ao segundo, garantindo-lhe o adimplemento através de seu patrimônio"[19]. Deveras, a obrigação é uma relação jurídica, excluindo deveres alheios ao direito, como o de gratidão ou cortesia, visto que o devedor pode ser compelido a realizar a prestação. Possui caráter transitório, porque não há obrigações perpétuas; satisfeita a prestação prometida, amigável ou judicialmente, exaure-se a obrigação. O objeto da obrigação consiste numa prestação pessoal; só a pessoa vinculada está adstrita ao cumprimento da prestação. Trata-se de relação jurídica de natureza pessoal, pois se estabelece entre duas pessoas (credor e devedor), e econômica, por ser necessário que a prestação positiva ou negativa (dar, fazer ou não fazer) tenha um valor pecuniário, isto é, seja suscetível de aferição monetária. Tem o credor à sua disposição, como garantia do adimplemento, o patrimônio do devedor (CC, art. 391); assim, embora a obrigação objetive uma prestação pessoal do devedor, na execução por inadimplemento desce-se aos seus bens[20]. Desse modo, a essência da obrigação consiste no poder exigir de outrem a satisfação de um interesse econômico, isto é, no direito de obter uma prestação do devedor inadimplente pela movimentação da máquina judiciária, indo buscar no seu patrimônio o *quantum* necessário à satisfação do crédito e à composição do dano causado[21]. Daí a grande importância, no direito moderno, desta responsabilidade patrimonial, a ponto de haver quem afirme que a obrigação é uma relação entre dois patrimônios, de forma que o caráter de vínculo entre duas pessoas, sem jamais desaparecer, vem perdendo, paulatinamente, sua importância e seus efeitos[22]. A obrigação funda-se no fato de o devedor obrigar-se, p. ex., num contrato, a realizar uma prestação ao credor; essa autovinculação é expressão da responsabilidade patrimonial do promitente, nela descansando a confiança que o credor lhe tem[23].

---

19. W. Barros Monteiro, op. cit., p. 8.

20. W. Barros Monteiro, op. cit., p. 8-11. Não é possível a inclusão automática do cônjuge, ou companheiro, de sócio devedor em ação de execução. Assim decidiu a seção Especializada do TRT da 9ª Região, segundo o qual a inclusão só é permitida se houver comprovação de que o cônjuge, ou companheiro, beneficiou-se das operações comerciais.

21. *Vide* Ferrara, *Diritto civile*, n. 79, p. 375; Larenz, *Derecho de obligaciones*, t. 1, p. 18; Enneccerus, Kipp e Wolff, op. cit., v. 1, p. 5; Serpa Lopes, op. cit., v. 2, p. 11.

22. Gaudemet, *Théorie générale des obligations*, p. 12; Orlando Gomes, *Obrigações*, cit., p. 21.

23. Karl Larenz, *Metodología de la ciencia del derecho*, Barcelona, Ed. Ariel, 1966, p. 375-6. Consulte: Rosa M. B. B. de Andrade Nery, As consequências do inadimplemento do dever de conduta e o poder do credor, *Direito em debate* (coord. M. H. Diniz), São Paulo, Almedina, 2020, v. 1, p. 349 a 362. TJSP – decidiu que credor não deve incluir nome de devedor no Serasa durante pandemia (Proc. 1008213-74.2020.8.26.0196). Cláudia M. de A. Rabelo Viegas, Adriano S. R. de Souza e Vitor K. R. Ferreira. A impenhorabilidade das verbas salariais: uma análise sob a égide da jurisprudência do STJ e a ponderação de Robert Alexy, *Revista Síntese – Direito Civil e Processual Civil*, v. 153, p. 19-36, 2025.

2. ELEMENTOS CONSTITUTIVOS DA RELAÇÃO OBRIGACIONAL

Com base no conceito de obrigação poder-se-á examinar a estrutura dessa relação jurídica, ressaltando os seus elementos constitutivos essenciais, que são:

1º) O *pessoal* ou subjetivo, pois requer duplo sujeito – o ativo e o passivo (embora um deles possa ser determinado apenas posteriormente) – não sendo indispensável a permanência dos sujeitos originários na relação obrigacional, pois é permitida a mudança subjetiva, por transmissão da obrigação ou por sucessão, salvo na hipótese de obrigação personalíssima, sem que isso desnature o vínculo obrigacional, que se desloca da esfera jurídica do antigo para a do novo sujeito (CC, arts. 286 e s., 346 e s., 1.997, §§ 1º e 2º, 2.000; CPC, arts. 642 e 646). Os sujeitos precisam ficar individuados para que se saiba a quem o devedor há de prestar ou de quem o credor há de receber; contudo, um deles pode estar indeterminado, caso em que é necessária sua determinabilidade, isto é, sob pena de não se ter vínculo obrigacional, exige-se que a indeterminação subjetiva seja apenas momentânea. O sujeito indeterminado no momento da constituição da obrigação deverá ser determinável posteriormente, por ocasião do adimplemento, e se porventura perdurar a incerteza, certas providências serão tomadas, como, p. ex., no caso de o devedor não saber quem é o credor, poderá consignar em juízo a *res debita,* para que o magistrado decida quem tem o direito a levantá-la (CC, art. 335, III e IV). Qualquer pessoa natural (maior ou menor, capaz ou incapaz, casada ou solteira, nacional ou estrangeira, nascituro) ou jurídica (não só as de direito privado ou público, de fins econômicos ou não, mas também as sociedades irregulares ou de fato – CPC, art. 75, IX) pode apresentar-se ativa ou passivamente numa relação obrigacional[24].

O *sujeito ativo* é o credor, ou seja, é aquele a quem a prestação, positiva ou negativa, é devida, tendo por isso o direito de exigi-la. O credor pode ser único ou coletivo; nesta última hipótese terá direito a uma quota-parte ou à totalidade da prestação, conforme a natureza da relação creditória[25], como mais adiante demonstraremos. Por outro lado, há permissão jurídica de que se tenha um credor no início da relação jurídica e outro na sua execução, por ser a transmissão da obrigação um fator de sua função econômica, exceto nas obrigações personalíssimas, por serem inerentes à pessoa do credor[26]. Não há exigência

---

24. Polacco, op. cit., n. 31; Caio M. S. Pereira, op. cit., p. 19; W. Barros Monteiro, op. cit., p. 12-3; Bassil Dower, *Curso moderno de direito civil,* São Paulo, Nelpa, v. 2, p. 16; Antunes Varela, op. cit., p. 69-70; Hedemann, *Derecho de obligaciones,* p. 39.

25. R. Limongi França, Direito das obrigações, in *Enciclopédia Saraiva do Direito,* v. 26, p. 79; Domingues de Andrade e Rui de Alarcão (*Teoria geral das obrigações,* 3. ed., Coimbra, Livr. Almedina, 1966, p. 17) ensinam-nos que o sujeito ativo é designado *credor*, porque acreditou no devedor, na sua lealdade e na sua capacidade de pagamento.

26. W. Barros Monteiro, op. cit., p. 13.

jurídica de que o credor seja sempre individuado ou determinado; basta que seja determinável, identificando-se no momento do adimplemento da prestação ou na ocasião em que se exigir o seu cumprimento. P. ex.: em todos os títulos ao portador (CC, art. 905), o credor será sempre aquele que tiver a sua posse, de forma que o sujeito ativo é pessoa incerta, que se determina pela apresentação do título (*AJ, 111*:270; *RT, 356*:179, *358*:350)[27]. Carmelo Scuto[28] salienta que, mesmo que não exista qualquer documento cuja detenção possibilite a identificação do credor, a obrigação será juridicamente perfeita com a sua individualização posterior. É o que se dá, p. ex., com bolsa de estudos em favor do aluno de um colégio que mais se distinguir durante o curso; logo, aquele que sobressair será o credor da bolsa. Igualmente, numa promessa de recompensa, anunciada em jornal, o credor será o que, tendo prestado o serviço reclamado, assim se apresentar para receber o prêmio prometido (CC, art. 855)[29]. O credor, por ser titular de um direito subjetivo, terá autorização de exigir o cumprimento da prestação (CC, art. 331) ou a execução da obrigação (CPC, arts. 778 e 786), bem como terá permissão para ceder (onerosa ou gratuitamente) seu crédito (CC, art. 286), para aceitar coisa diferente da devida (CC, arts. 356 e s.), para perdoar, no todo ou em parte, a dívida (CC, arts. 385 e 386) etc.[30].

O *sujeito passivo* é o que deverá cumprir a prestação obrigacional, limitando sua liberdade, pois deverá dar, fazer ou não algo em atenção ao interesse de outrem, que, em caso de inadimplemento, poderá buscar, por via judicial, no patrimônio do devedor, recursos para satisfazer seu direito de crédito (CPC, arts. 779 e 789)[31]. Pode ser único ou plural. Se houver mais de um devedor, a prestação devida consistirá quer em uma fração do objeto, quer na totalidade; neste último caso, uma vez paga, competirá ao que a cumpriu direito regressivo em relação aos codevedores quanto à parte proporcional que lhes cabe[32]. Não é preciso que o devedor esteja rigorosa ou perfeitamente individuado, embora a indeterminação do sujeito passivo não seja muito comum; exige-se que seja determinável, isto é, que haja a simples possibilidade de sua ulterior determinação[33], como ocorre nas obrigações *propter rem*, nas quais será devedor o que estiver investido de um direito real; identifica-se, portanto, o sujeito passivo segundo a posição da pessoa ante uma coisa. P. ex., no condomínio sobre parede (CC, art. 1.327 c/c o art. 1.297), o comunheiro responde proporcionalmente pelas despesas de conservação, mas essa responsabilidade subsiste apenas enquanto ele for proprietário; se, por acaso, vender o imóvel em que se encontre a parede, transferirá ao adquirente a obrigação de contribuir para

27. Demogue, *Traité des obligations*, v. 1, p. 15; Clóvis Beviláqua, *Código Civil comentado*, v. 5, p. 263.

28. Scuto, *Istituzioni di diritto privato*, v. 2, parte 1, p. 15.

29. W. Barros Monteiro, op. cit., p. 14.

30. Antunes Varela, op. cit., p. 66. Sobre o cumprimento da prestação *vide* Código Civil, arts. 127, 954, 960, 1.264, 1.530; Lei n. 5.172/66, art. 160. A respeito de cessão de crédito, *vide* Código Civil, arts. 347, I, 348, 358, 498 e 1.749, III; Decreto-lei n. 70/66, art. 16; a Consolidação das Leis da Previdência Social, arts. 152 a 155, foi aprovada pelo Decreto n. 77.077/76, que por sua vez foi revogado pelo Decreto n. 89.312/94 (revogado pelo Decreto n. 3.048/99); Leis n. 8.212/91, 8.213/91, 8.444/92, 8.540/92, 8.619/93, 8.620/93, 8.861/94, 8.870/94 e Decretos n. 2.172/97 e 1.197/94 – ora revogados pelo Decreto n. 3.048/99. Relativamente à remissão de crédito tributário consulte a Lei n. 5.172/66 (CTN), art. 172.

31. *Vide* Silvio Rodrigues, *Direito civil*, 3. ed., São Paulo, Max Limonad, 1968, v. 2, p. 16-7; Alfredo Buzaid, *Do concurso de credores no processo de execução*, São Paulo, 1952, p. 43 e s.

32. R. Limongi França, op. cit., p. 79.

33. Trabucchi, *Istituzioni di diritto civile*, 7. ed., Padova, CEDAM, 1953, p. 449 e 488.

a sua manutenção. O sujeito passivo não é determinado, porque transeunte, variável; porém, em dado instante, individualiza-se[34].

É preciso ressaltar que o importante é a presença de ambos os sujeitos – ativo e passivo – na relação obrigacional; se, p. ex., houver fusão desses sujeitos numa só pessoa, ter-se-á a extinção da obrigação (CC, art. 381), sem que haja qualquer cumprimento da prestação. É o que sucederá se, em virtude de testamento, o herdeiro receber do *de cujus* um título de crédito contra si mesmo[35].

2º) O *material*, atinente ao objeto da obrigação, que é a prestação positiva ou negativa do devedor, ou melhor, a atuação do sujeito passivo, que consiste em dar, fazer ou não fazer algo. A prestação sempre se constitui na prática de um ato humano positivo, como, p. ex., o transporte de uma mercadoria, a realização de um trabalho, a entrega de uma coisa ou de seu preço, ou negativo, como, p. ex., a não construção de uma obra. O objeto da obrigação, para a maior parte dos autores, consiste na prestação, isto é, na prática do ato que o credor pode exigir do devedor. Logo, na obrigação de entregar uma joia, o objeto da obrigação é o ato do sujeito passivo de efetuar a entrega e não a joia. A joia é objeto da prestação. O credor não dispõe de um direito sobre o bem devido, mas tão somente de um direito à sua prestação[36]. Deveras, Antunes Varela pontifica, com muita propriedade, que "uma coisa é o ato, a *prestação* a que o obrigado se encontra vinculado; outra a *coisa material*, em si mesma considerada, sobre a qual o ato incide"[37]. Em que pese tal opinião, entendemos que o poder do sujeito ativo incide sobre um objeto imediato, que é a prestação devida pelo sujeito passivo, por ter a autorização de exigir uma prestação de dar, fazer ou não fazer, e sobre um objeto mediato, que é o bem móvel, imóvel ou semovente sobre o qual recai o direito, devido à permissão que lhe é dada por norma jurídica de ter alguma coisa como sua[38].

Há quem ache – ante o fato de que um terceiro (CC, arts. 304 e s.), sem necessidade de anuência do sujeito passivo e do ativo, pode realizar a prestação devida – que o objeto da obrigação não consiste na ação ou omissão do devedor, individual ou concretamente considerada, mas na ação ou omissão abstratamente concebida no bem devido. Tal entendimento não é exato, pois o fato de terceiro, observa Giusiana, poder efetuar a prestação não afasta a ideia de que só o devedor é destinatário do comando jurídico, que exige a observância de certo comportamento para proporcionar ao credor o objeto da obrigação. Dessa forma, só o devedor deve e só dele o credor pode exigir a prestação; logo, a prestação de terceiro poderá realizar o fim da obrigação, preenchendo a função do vínculo, mas a obrigação não se cumpre com ela[39].

A *prestação*, para que possa ser cumprida pelo devedor, precisará ser[40]:

---

34. W. Barros Monteiro, op. cit., p. 15-7; Orlando Gomes, *Obrigações*, cit., p. 25.
O STJ (3ª T., REsp 2026.925, rel. Min. Nancy Andrighi) já decidiu que devedor não pode ser citado ou intimado por redes sociais.

35. Bassil Dower, op. cit., p. 17; Álvaro Villaça Azevedo, *Teoria geral das obrigações*, São Paulo, Atlas, 2004, p. 35-7.

36. Enneccerus, Kipp e Wolff, op. cit., v. 2, p. 1-5; Ernani Vieira de Souza, op. cit., p. 279; Caio M. S. Pereira, op. cit., p. 21.

37. Antunes Varela, op. cit., p. 72.

38. M. Helena Diniz, *Curso de direito civil brasileiro*, São Paulo, Saraiva, 1982, v. 1, p. 72; Ernani Vieira de Souza, op. cit., p. 279.

39. Giusiana, L'atto di terzo, il diritto di credito e l'adempimento dell'obbligazione, *Rivista di Diritto Privato*, ns. 6 e s., 1937, apud Antunes Varela, op. cit., p. 72.

40. Sobre os requisitos do objeto da obrigação, *vide* Trabucchi, op. cit., p. 478-9; W. Barros Monteiro, op. cit., p. 17-22; Antunes Varela, op. cit., p. 72-3 e 90-4; Ernani Vieira de Souza, op. cit., p. 279-82; Crome,

a) *lícita*, isto é, conforme ao direito, à moral, aos bons costumes e à ordem pública, sob pena de nulidade da relação obrigacional (CC, arts. 104 e 166, II e III). Será ilícita a obrigação de convencionar um casamento em troca de vantagens materiais; de fabricar notas falsas; de órgão público conceder a um particular o direito de explorar jogos de azar (*RT, 119*:367); de realizar um contrabando; de prometer um assassinato; de fomentar o lenocínio etc.;

b) *possível* física e juridicamente, isto é, poder ser realizada quando a natureza permitir e não ser proibida por lei. Logo, não só não poderá contrariar as leis físico-naturais (p. ex., transportar o mar para Campinas), ultrapassar as forças humanas (p. ex., executar uma viagem à China em vinte minutos) ou ser irreal (p. ex., capturar um centauro), mas também não poderá estipular prestações proibidas por lei, como, p. ex., alienar bens públicos (CC, arts. 100 e 101) ou ceder herança de pessoa viva (CC, art. 426). Quando a prestação for inteiramente impossível, nula será a obrigação; porém, se parcialmente impossível, não invalidará a relação obrigacional (CC, arts. 106 e 166, II), porquanto a parte possível pode ser útil ao credor, que poderá exigir a prestação, não se impedindo a formação do vínculo. É preciso não olvidar que se a impossibilidade absoluta for temporária e cessar antes do implemento da condição, não será causa de nulidade da obrigação;

c) *determinada* ou *determinável*, sob pena de não haver obrigação válida. Quando houver perfeita individuação do objeto da prestação, p. ex., entrega da casa situada na Rua Monte Alegre, n. 180, esta será *determinada*, pois desde a constituição da relação creditória já está indicada. Será *determinável* quando sua individuação for feita no momento de seu cumprimento, mediante critérios estabelecidos no contrato ou na lei, baseados em caracteres comuns a outros bens, seja pela indicação do gênero e da quantidade (CC, art. 243), denominando-se, por isso, obrigação genérica. A prestação de obrigação genérica deve ser individualizada para que possa ser cumprida. A determinação dependerá da escolha do devedor ou de terceiro, como veremos logo mais, convertendo-se, então, a obrigação genérica em obrigação específica. A passagem da indeterminação relativa para a determinação designa-se *concentração da prestação devida*. P. ex., ao se contratar a venda de um automóvel de marca nacional, tipo *sedan*, fabricado em 2008, sem acrescentar o número do motor, do chassi ou da matrícula, a prestação é determinável, visto que o devedor se obriga a entregar qualquer veículo com aquelas características, sendo, portanto, o objeto da prestação representado pelo gênero. Podem ser objeto de obrigação não só prestações presentes, mas também futuras (CC, arts. 458 e 459), como, p. ex., a entrega dos peixes que vierem na rede do pescador ou do ativo e passivo de uma sociedade para o sócio que sobreviver;

d) *patrimonial*, pois é imprescindível que seja suscetível de estimação econômica, sob pena de não constituir uma obrigação jurídica, uma vez que, se for despida de valor pecuniário, inexiste possibilidade de avaliação dos danos. Deveras, as obrigações morais, em regra, não se convertem em perdas e danos, a não ser quando do seu descumprimento resulte dano moral com reflexos patrimoniais (*RT, 368*:181), como, p. ex., quando se difama a honorabilidade profissional de um advogado, visto que sua reputação constitui parte de seu patrimônio. Na venda de um grão de arroz nenhum interesse terá o credor de exigir o

---

Teorie fondamentali del diritto civile, p. 118-9; Saiget, *Le contrat immoral*, p. 78 e s.; Orlando Gomes, *Obrigações*, cit., cap. 4, p. 46-50; Larenz, *Derecho*, cit., t. 1, p. 160 e s.; Caio M. S. Pereira, op. cit., p. 22-6; Clóvis Beviláqua, *Obrigações*, cit., § 7º; Von Tuhr, *Tratado de las obligaciones*, t. 1, p. 42; Vicente Ráo, *Ato jurídico*, 2. tir., Max Limonad, 1961, p. 154; Pacchioni, *Obbligazioni e contratti*, p. 7; Bassil Dower, op. cit., p. 17-8; *RT, 507*:63.

adimplemento dessa prestação, que não representa nenhum valor econômico. A prestação obrigacional deve conter em si mesma um valor; o fato a ser praticado deve ser de conteúdo pecuniário, porque o descumprimento da obrigação implica perdas e danos; logo, a natureza econômica da prestação deve estar presente, sob pena de o objeto da obrigação ser insuscetível de execução.

3º) O *vínculo jurídico*, que sujeita o devedor à realização de um ato positivo ou negativo no interesse do credor. Três teorias[41] procuraram explicá-lo:

a) a *monista*, que vislumbra na obrigação uma só relação jurídica vinculando credor e devedor, cujo objeto é a prestação. Na obrigação há o dever de prestar do devedor e o direito de exigir do credor; porém, o direito de exigir está inserido no dever de prestar; assim, o direito do credor insatisfeito de exigir execução do patrimônio do devedor não integra a essência da obrigação, por ser questão, dizem uns autores, meramente processual, não havendo qualquer diferença entre o cumprimento voluntário da prestação pelo devedor e sua execução forçada, no caso de inadimplemento[42];

b) a *dualista*[43], segundo a qual a relação obrigacional contém dois vínculos: um atinente ao dever do sujeito passivo de satisfazer a prestação positiva ou negativa em benefício do credor (*debitum*), e outro relativo à autorização, dada pela lei ao credor que não foi satisfeito, de acionar o devedor, alcançando seu patrimônio (*obligatio*), que responderá pelo inadimplemento da prestação. O vínculo jurídico, para tal concepção, une dois sujeitos, abrangendo o dever da pessoa obrigada (*debitum*) e sua responsabilidade, em caso de inadimplemento (*obligatio*). Mas essa teoria, ao sublinhar o *debitum* e a *obligatio*, relega a plano secundário o *debitum*, ressaltando a importância da *obligatio*, colocando em primeiro plano a responsabilidade, valorizando-a demasiadamente, esquecendo-se de que o adimplemento da obrigação é a regra, e o seu descumprimento, a exceção. Para essa teoria, em regra, os dois elementos estão reunidos numa mesma pessoa, pois o devedor *deve* e *responde* pelo adimplemento da prestação; porém, há hipóteses em que coexistem em pessoas diferentes, como, p. ex., quando há responsabilidade sem débito, como ocorre com a fiança em relação ao fiador, pois nesta relação jurídica uma pessoa tem o dever de prestar (*debitum*), ao passo que outra responderá, havendo inadimplemento, sem estar obrigada por uma prestação própria (*obligatio*). Por outro lado, pode ocorrer que se tenha apenas o *debitum*, sem a *obligatio*. É o caso, p. ex., das obrigações naturais, que explicam essa hipótese em que se tem uma dívida sem responsabi-

---

41. Serpa Lopes, op. cit., v. 2, p. 12 e s.; W. Barros Monteiro, op. cit., p. 22-7; Marco Aurélio Greco, *Dinâmica da tributação e procedimento*, Revista dos Tribunais, 1979, p. 182-6; Ernani Vieira de Souza, op. cit., p. 276-8; Espínola, *Sistema do direito civil brasileiro*, v. 2, t. 1, p. 94.

42. Perozzi, La distinzione fra debito ed obbligazione, *Rivista di Diritto Commerciale, 1*:48 e s. 1917; Polacco, op. cit., p. 91; José Alberto dos Reis, *Processo de execução*, n. 8, p. 12-3; Enrico Tullio Liebman, *Processo de execução*, p. 62 e s.; Carnelutti, Obbligo del debitore e diritto del creditore, *Rivista di Diritto Commerciale, 25*:295-325, parte 1.

43. Brinz foi o primeiro a apontar na noção de obrigação esses dois elementos. Fábio Konder Comparato (*Essai d'analyse dualiste de l'obligation en droit privé*, Paris, Dalloz, 1964, p. 19) afirma: "*Le grand rapport de la théorie dualiste de l'obligation à la doctrine juridique contemporaine a été de démonstrer que l'obligation n'est pas un rapport simple e unitaire, mais qu'elle se compose de deux éléments: la relation de créance et de dette (Schuld), que nous appelerons devoirs, et la relation de contrainte et de responsabilité (Haftung), que nous appelerons engagement*". Sobre essa teoria, consulte Barassi, *Teoria generale delle obbligazioni*, v. 1, p. 43; Pacchioni, *Elementi di diritto civile*, p. 485, e *Delle obbligazioni in generale*, 3. ed., 1941, v. 1, p. 15 e s.; Alcino Pinto Falcão, Conceito de obrigação, *RF, 128*:23; Betti, *Teoria generale delle obbligazioni*, Milano, 1953, v. 2, ns. 13 e s.; Dusi, *Istituzioni di diritto civile*, v. 2, p. 4.

lidade. Poder-se-á ter, ainda, duplo débito e uma só responsabilidade, quando houver *electio creditoris*, como se dá nas obrigações alternativas[44];

c) a *eclética*, na qual os dois elementos – *debitum* e *obligatio* – são essenciais. Na obrigação reúnem-se e se completam, constituindo uma unidade, o dever primário do sujeito passivo de satisfazer a prestação e o correlato direito do credor de exigir judicialmente o seu cumprimento, investindo contra o patrimônio do devedor, visto que o mesmo fato gerador do débito produz a responsabilidade[45].

Filiamo-nos a essa última teoria, ante o fato de o vínculo obrigacional expressar o direito do credor de impor ao devedor uma prestação positiva ou negativa, dando lugar a uma diminuição da liberdade do sujeito passivo[46], pois não poderá libertar-se da relação obrigacional sem cumpri-la, visto que o credor, insatisfeito, está autorizado a acioná-lo,

---

44. *Vide* Serpa Lopes, op. cit., p. 14; W. Barros Monteiro, op. cit., p. 24; Bonfante, *Lezioni sulle obbligazioni*, p. 172-3. Pacchioni afirma existir na obrigação duas relações, que contêm quatro situações jurídicas, ao escrever (*Trattato delle obbligazioni*, Torino, Fratelli Bocca, 1927, p. 16-8): "*Il primo rapporto, dunque, quello dal quale occorre prendere le mosse, è il puro rapporto di debito, il quale è costituito da due termini correlativi, cioè: 1°) dal dovere del debitore, che può essere definito come uno stato di pressione psicologica in cui il debitore stesso si trova per il semplice fatto della esistenza di una norma giuridica che gli impone di eseguire una data prestazione ad una data persona; e 2°) da una legittima aspettativa di questa data persona, che può essere definita come uno stato di fiducia giuridica, nel quale essa si trova, di ricevere una data prestazione, per il solo fatto di essere tale prestazione ad essa giuridicamente dovuta.*

Il secondo rapporto è il rapporto di rispondenza, il quale può innestarsi ad ogni rapporto di dovere giuridico, e che dà luogo esso pure a due termini correlativi, cioè: 1°) a uno stato di assoggettamento (che, come tosto vedremo, può essere della più svariata natura) sia di una persona, che di una o più cose, o di un intero patrimonio e; 2°) al corrispondente diritto di colui a cui sia dovuta una prestazione, di far valere tale assoggettamento allo scopo di rendere più probabile l'adempimento della prestazione dovuta da parte di colui che la deve, o di ottenere l'oggetto o il valore dell'oggetto della prestazione stessa, ove essa non venga spontaneamente eseguita.

Mentre dunque allo stato di puro debito giuridico in cui una persona si trovi, non corrisponde che una legittima aspettativa, allo stato di rispondenza corrisponde un vero e proprio diritto. Ma questo diritto, che è il solo che il creditore abbia, non è punto, come generalemente si rittiene dai più, termine correlativo del debito del debitore, ma è termine correlativo della rispondenza, e colpisce non il debitore, ma ciò che per il debitore risponde, cioè i beni suoi o di altri che per lui cosi li abbia vincolatti".

45. *Vide* W. Barros Monteiro, op. cit., p. 25-7; Ruggiero e Maroi, op. cit., v. 2, p. 5; Agostinho Alvim, *Da inexecução das obrigações e suas consequências*, São Paulo, Saraiva, p. 14.

46. Caio M. S. Pereira, op. cit., p. 27. Por isso, Larenz (*Derecho de obligaciones*, cit. p. 37). considera a obrigação como complexa, ou como um processo: "*Hemos examinado los elementos esenciales de la relación de obligación: el deber de prestación y los deberes de conducta; el crédito como derecho a la prestación y la posibilidad de realizarlo por vía jurídica, así como la garantía del acreedor a virtud de la responsabilidad patrimonial general del deudor normalmente conectada a la deuda. Pasaremos, pues, ahora a estudiar la relación de obligación como un todo. Bajo este concepto entendemos la 'relación de obligación' no sólo como lo hace la ley (p. ej., en el § 362), es decir, como la relación de prestación aislada (crédito y deber de prestación), sino como la relación jurídica total (p. ej.: relación de compraventa, de arrendamiento, de trabajo) fundamentada por un hecho determinado (p. ej.: ese contrato concreto de compraventa, de arrendamiento o de trabajo) y que configura como una relación jurídica especial entre las partes. En este sentido la relación de obligación comprenderá una serie de deberes de prestación y conducta, y además de ellos puede contener para una u otra de las partes derechos de formación (p. ej.: un derecho de denuncia o un derecho de opción) u otras 'situaciones jurídicas' (p. ej., competencia para recibir una denuncia). Es, pues, un conjunto no de hechos o de acontecimiento del mundo exterior perceptibles por los sentidos, sino de 'consecuencias jurídicas', es decir, de aquellas relaciones y situaciones que corresponden al mundo de la validez objetiva del orden jurídico*" (...) E continua ele (*Derecho de obligaciones*, p. 39):

promovendo a execução de sentença, penhorando seus bens e levando-os à praça, para obter com o produto o valor correspondente à prestação devida[47]. Percebe-se que o patrimônio do devedor (CPC, art. 789) é, portanto, a única garantia do credor, de modo que não haverá prisão por dívida (CF, art. 5º, LXVII). É preciso lembrar que a responsabilidade abrange a *garantia* (CC, art. 391) – sujeitando o patrimônio do sujeito passivo ao direito do credor de exigir o adimplemento da prestação – e a *sujeição* – concedendo ao sujeito ativo o direito de exigir, que se exerce por meio de processo de execução. A responsabilidade, vista pelo lado do devedor, indica a sujeição de seus bens para responder pelo cumprimento da prestação, e, vista pelo lado do credor, revela a garantia que o arma com medidas processuais idôneas para a obtenção da satisfação de seu interesse (CPC, arts. 786, 806 a 810, 811 a 813, 814 a 823, 824 a 909). Assim, para satisfazer o crédito não basta o *debitum,* consistente no dever de prestar; é indispensável a *obligatio,* que possibilita ao sujeito ativo a realização de prestação, independentemente da vontade e de qualquer ato do devedor[48]. O art. 5º, XXVI, da nova Carta apresenta uma *exceção,* pois ao dispor que "a pequena propriedade rural, assim definida em lei, desde que trabalhada pela família, não será objeto de penhora para pagamento de débitos, decorrentes de sua atividade produtiva, dispondo a lei sobre os meios de financiar o seu desenvolvimento", teve por escopo, além da aplicação do princípio da função social da propriedade, consagrado constitucionalmente, garantir ao pequeno proprietário rural os instrumentos econômicos para a consecução de sua finalidade produtiva, fixando-o à terra.

Graficamente, temos:

"Ahora bien, por el hecho mismo de que en toda relación de obligación late el fin de la satisfacción del interés en la prestación del acreedor, puede y debe considerarse la relación de obligación como un proceso. Está desde un principio encaminada a alcanzar un fin determinado y a extinguirse con la obtención de ese fin. Y precisamente la obtención del fin puede exigir alguna modificación; así acontece cuando la prestación debida se haya hecho imposible, pero el interés del deudor en la prestación pueda ser satisfecho de otra forma, mediante indemnización. La satisfacción del acreedor se produce normalmente mediante cumplimiento del deber de prestación; pero puede producirse de otra forma, p. ej., mediante compensación (de modo que el acreedor compensado extingue una deuda propia) o mediante prestación subsidiaria consentida por el acreedor. La relación de obligación como un todo se extingue cuando su fin haya sido alcanzado totalmente, es decir, cuando el acreedor (o todo el que participa como acreedor) haya sido totalmente satisfecho en su interés en la prestación".

47. W. Barros Monteiro, op. cit., p. 23.

48. Consulte Ernani Vieira de Souza, op. cit., p. 277; Antunes Varela, op. cit., p. 102-3.

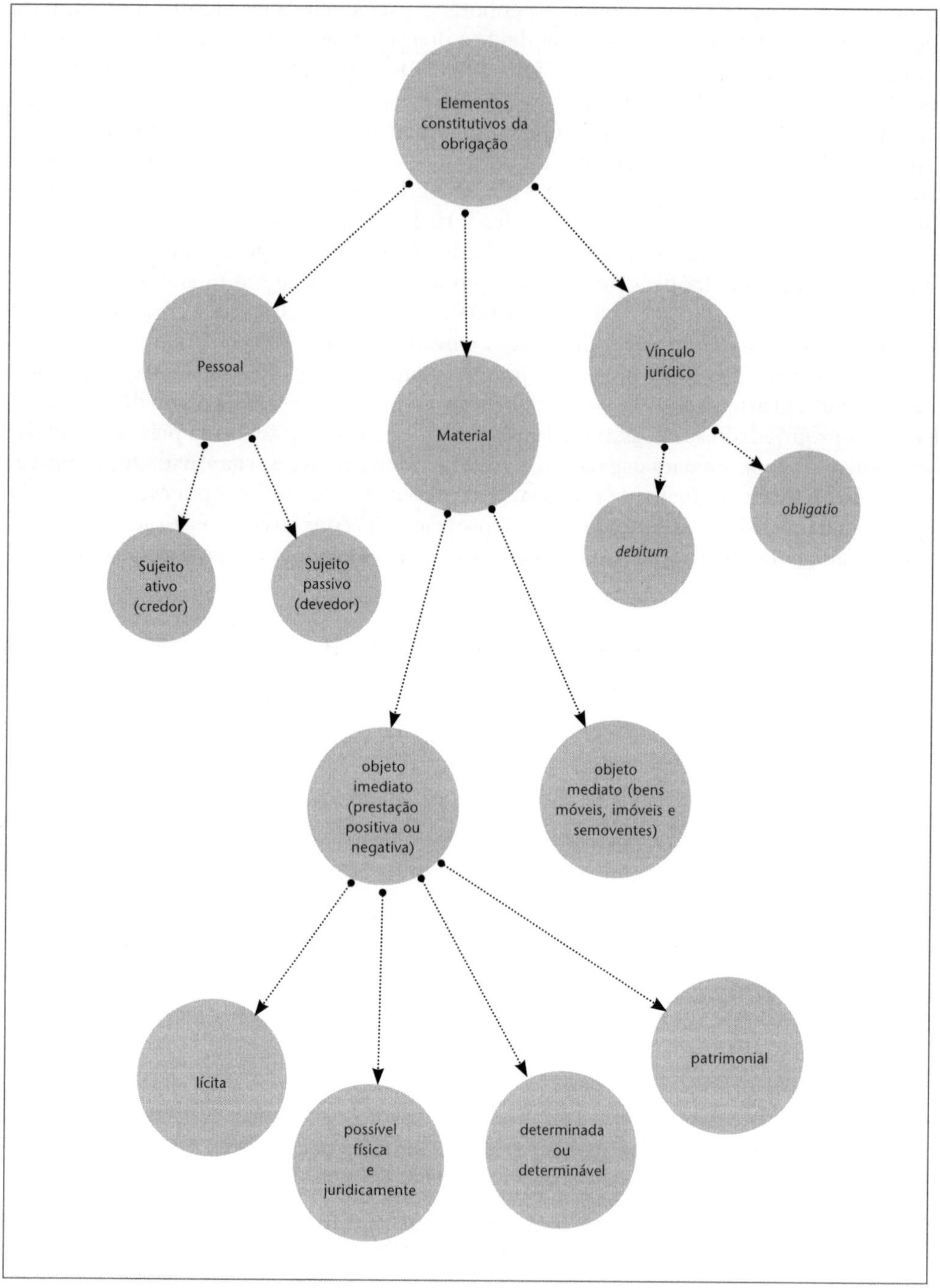
Elementos constitutivos da obrigação
Pessoal
Material
Vínculo jurídico
Sujeito ativo (credor)
Sujeito passivo (devedor)
debitum
obligatio
objeto imediato (prestação positiva ou negativa)
objeto mediato (bens móveis, imóveis e semoventes)
lícita
possível física e juridicamente
determinada ou determinável
patrimonial

3. FONTES DAS OBRIGAÇÕES

A expressão *fonte do direito* é empregada metaforicamente, pois em sentido próprio – fonte – é a nascente de onde brota uma corrente de água. Nelson Saldanha[49] ensina-nos que: "A sugestiva expressão latina 'fons et origo' aponta para a origem de algo; origem no sentido concreto de causação e ponto de partida. *Fonte*, na linguagem corrente, pode aludir a um local ou a um fator, ou à relação entre um fenômeno e outro, do qual o primeiro serve de causa". Dessa forma, *fonte jurídica* seria a origem primária do direito, ou seja, seu elemento gerador ou o fato que lhe dá nascimento[50]. Aplica-se a expressão *fonte das obrigações* no mesmo sentido de *fonte do direito*, embora, como pondera Scuto, haja diferenças entre ambas, uma vez que da fonte do direito emergem os preceitos disciplinadores da vida social e da fonte das obrigações os reguladores de relações particulares, entre duas ou mais pessoas, tendo por objeto determinada prestação. Assim, poder-se-á dizer que constituem *fonte das obrigações* os fatos jurídicos que dão origem aos vínculos obrigacionais, em conformidade com as normas jurídicas[51], ou melhor, os fatos jurídicos que condicionam o aparecimento das obrigações.

Desse conceito infere-se que a *lei* é a *fonte primária* ou *imediata* de todas as obrigações, pois, como pudemos apontar em páginas anteriores, os vínculos obrigacionais são relações jurídicas; logo, é o direito que lhes dá significação jurídica, por ser ele que opera a transformação dos vínculos fáticos em jurídicos[52]. Boffi Boggero[53] chega até a afirmar que é a fonte comum de todas as espécies de obrigações, pois fonte é o fato reconhecido como gerador de relação creditória pela lei. Todavia, ao lado da fonte imediata (lei), temos as *fontes mediatas*, ou melhor, as condições determinantes do nascimento das obrigações. São aqueles fatos

---

49. Nelson Saldanha, Fontes do direito – I, in *Enciclopédia Saraiva do Direito*, v. 38, p. 47.

50. Nelson de Souza Sampaio, Fontes do direito – II, in *Enciclopédia Saraiva do Direito*, v. 38, p. 51 e 53; M. Helena Diniz, op. cit., v. 1, p. 16, *Compêndio de introdução à ciência do direito*, São Paulo, Saraiva, 2. ed., 1989, p. 255 e s.; Caio M. S. Pereira, op. cit., p. 37.

51. Conceito baseado em Antunes Varela, op. cit., p. 113; Colagrosso, *Libro delle obbligazioni*, p. 11. Sobre o assunto, *vide* Scuto, op. cit., v. 2, p. 125.

52. Orlando Gomes, *Obrigações*, cit., p. 36; Bassil Dower, op. cit., p. 30; Pugliatti, *Introducción al estudio del derecho civil*, p. 192; Von Tuhr, *Teoría general del derecho civil alemán*, v. 1, p. 155; M. Helena Diniz, op. cit., v. 1, p. 71.

53. Luis M. Boffi Boggero, *La declaración unilateral de voluntad como fuente de las obligaciones*, Buenos Aires, 1942, p. 37-8. Este foi o critério do Código Civil italiano (art. 1.173), que estatui: "*Le obbligazioni derivano da contratto, da fatto illecito, o da ogni altro atto o fatto idoneo a produrle in conformità dell'ordinamento giuridico*". Consulte, ainda, a opinião de Scialoja, in B. Lacantinerie e Barde, *Delle obbligazioni* – I, apêndice de Bonfante, p. 806-7; Caio M. S. Pereira, op. cit., p. 39.

constitutivos das relações obrigacionais, isto é, os fatos que a lei considera suscetíveis de criar relação creditória[54].

Essas condições determinantes das obrigações nada mais são do que os fatos jurídicos *lato sensu*. Deveras, o fato jurídico *lato sensu* dá origem ao direito subjetivo, impulsionando a criação da relação jurídica, concretizando as normas jurídicas[55]. R. Limongi França pondera que o fato jurídico, estribado no direito objetivo, dá azo a que se crie a relação jurídica, que submete certo objeto ao poder de determinado sujeito. Esse poder se denomina direito subjetivo. Vislumbra Caio Mário da Silva Pereira dois fatores constitutivos do fato jurídico: um *fato*, isto é, qualquer eventualidade que atue sobre o direito subjetivo, e uma *declaração* da *norma jurídica*, que confere efeitos jurídicos àquele fato. Desse modo, da conjugação da eventualidade e do direito objetivo é que surge o fato jurídico[56]. Fatos jurídicos seriam os acontecimentos, previstos em norma de direito, em razão dos quais nascem, se modificam, subsistem e se extinguem as relações jurídicas[57].

O fato jurídico pode ser natural ou humano. O fato natural ou fato jurídico *stricto sensu* advém de fenômeno natural, sem intervenção da vontade humana, que produz efeito jurídico. O fato humano é o acontecimento que depende da vontade humana, podendo ser: 1) *voluntário*, se produzir efeitos jurídicos queridos pelo agente, caso em que se tem o ato jurídico em sentido amplo, que abrange: *a*) o *ato jurídico em sentido estrito*, se objetivar a mera realização da vontade do agente, como, p. ex., o perdão, o pagamento indevido, a interpelação (ato do credor em atenção ao devedor, para obter o pagamento, não constituindo o devedor em mora, embora haja efeito secundário, determinado por lei, conducente à constituição em mora, mesmo não havendo o propósito de provocá-la), a notificação (ato pelo qual alguém cientifica a outrem fato que a este interessa conhecer, como na hipótese, p. ex., de cessão de crédito, em que o cedente notifica o devedor que transmitiu o crédito, comunicando-lhe, assim, o ato que praticou, tratando-se de simples participação de ocorrência) etc. Logo, o ato jurídico em sentido estrito é o que gera consequência jurídica prevista em lei e não pelas partes interessadas, não havendo regulamentação da autonomia privada, e *b*) o *negócio jurídico*, se procura criar normas para regular interesses das partes, harmonizando vontades aparentemente antagônicas (testamento, contratos etc.) e que se subordinam a algumas disposições comuns. O negócio jurídico funda-se na *autonomia privada*, ou seja, no poder de autorregulação dos interesses que contém a enunciação de um preceito, independentemente do querer interno; 2) *involuntário*, se acarretar consequências jurídicas alheias à vontade do agente, hipótese em que se configura o *ato ilícito*, que produz efeitos previstos em norma jurídica, como a aplicação de sanção, porque viola mandamento normativo; é o caso, p. ex., da indenização por perdas e danos. Como se vê, o ato ilícito não origina direito subjetivo a quem o pratica, mas sim deveres que variam de conformidade com o prejuízo causado a outrem[58].

---

54. Orlando Gomes, *Obrigações*, cit., p. 36-7; Barbero, *Sistema istituzionale del diritto privato italiano*, t. 2, p. 253.

55. Trabucchi, op. cit., p. 112; Orlando Gomes, *Introdução ao direito civil*, 3. ed., Rio de Janeiro, Forense, 1971, p. 226.

56. R. Limongi França, Fato jurídico, in *Enciclopédia Saraiva do Direito*, v. 36, p. 347; Caio M. S. Pereira, op. cit., v. 1, p. 397.

57. W. Barros Monteiro, op. cit., v. 1, p. 172; Caio M. S. Pereira, op. cit., v. 1, p. 396-7; M. Helena Diniz, op. cit., v. 1, p. 175-6.

58. Orlando Gomes, *Introdução*, cit., p. 227 e 241-5; Fábio Maria de Mattia, Ato jurídico em sentido estrito e negócio jurídico, in *Enciclopédia Saraiva do Direito*, v. 9, p. 39 e s.; Álvaro Villaça Azevedo, Fato (Direito civil), in *Enciclopédia Saraiva do Direito*, v. 36, p. 304 e s.; Messineo, *Manuale di diritto civile e commer-*

Do exposto fácil é denotar que as obrigações decorrem de lei e da vontade humana, e em ambas trabalha o fato humano, e em ambas atua o ordenamento jurídico, pois de nada valeria a vontade sem a lei, e a lei sem um ato volitivo, para a criação do vínculo obrigacional. O fato jurídico *stricto sensu* não constitui, portanto, fonte mediata de obrigações[59]. A lei (fonte imediata) faz derivar obrigações apenas dos atos jurídicos *stricto sensu*, dos negócios jurídicos bilaterais ou unilaterais e dos atos ilícitos (fontes mediatas). Os contratos e as declarações unilaterais de vontade têm sua eficácia no comando legal. Nas obrigações oriundas de atos ilícitos é a lei que impõe ao culpado o dever de ressarcir o dano causado. Realmente, a lei é fonte imediata das obrigações, pois rege apenas as condições determinantes do aparecimento delas, impondo ao devedor o seu cumprimento, cominando-lhe uma sanção se inadimplente; portanto, não cria quaisquer relações creditórias[60].

Assim, temos:

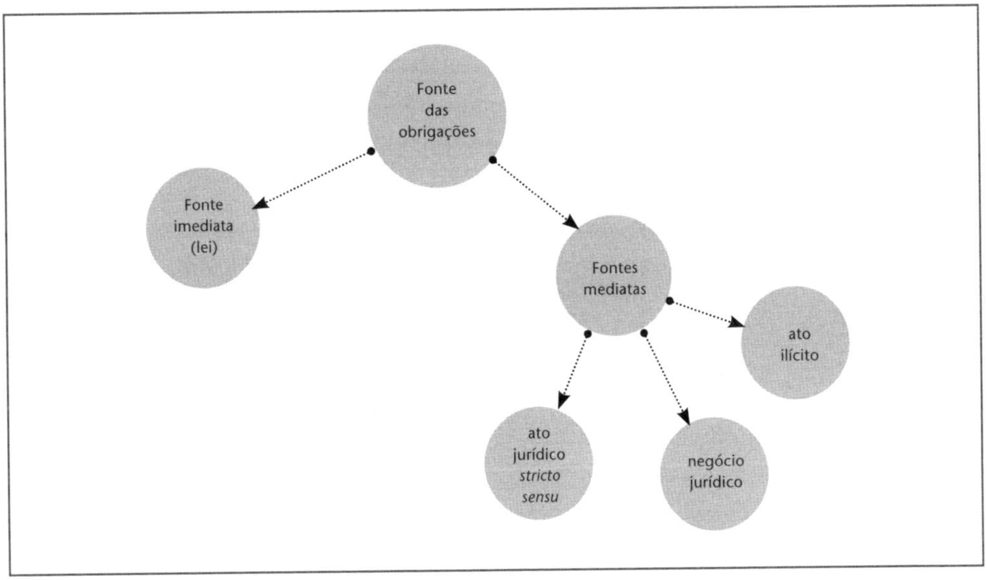

---

ciale, v. 1, p. 261; Von Tuhr, *Tratado*, cit., v. 1, p. 129; Luigi Cariota Ferrara, Volontà, manifestazione, negozio giuridico, *Annuario di Diritto Comparato e di Studi Legislativi*, 2. serie, edizione dell'Istituto Italiano di Studi Legislativi, Roma, v. 15, fasc. 1, 1940; Alfonso Tesauro, *Atti e negozi giuridici*, Padova, CEDAM, 1933; Betti, *Teoria generale del negocio giuridico*, 2. ed., 1950; Scognamiglio, *Contributo alla teoria del negozio giuridico*, Napoli, 1950, M. Helena Diniz, op. cit., v. 1, p. 176, 207 e 212; Laborde-Lacoste, *Introduction générale à l'étude du droit*, Paris, n. 206, p. 171-2; Miguel Reale, *Lições preliminares de direito*, São Paulo, Bushatsky, 1973, p. 176 e 178-81.

59. Caio M. S. Pereira, op. cit., v. 2, p. 40; Bassil Dower, op. cit., p. 31.

60. Orlando Gomes, *Introdução*, cit., p. 40-5, e *Transformações*, cit.; W. Barros Monteiro, op. cit., v. 4, p. 41; Silvio Rodrigues, op. cit., v. 2, p. 22; Bassil Dower, op. cit., p. 32; Larenz, *Derecho*, cit., t. 2, p. 4. Sobre a questão das fontes das obrigações, *vide* as ideias de Diego, *Instituciones de derecho civil español*, v. 2, p. 76; Gianturco, *Diritto delle obbligazioni*, Napoli, 1894; Degni, *Studi sul diritto delle obbligazioni*, Napoli, 1926, p. 5-31. No direito romano, as obrigações advindas de contrato denominavam-se *ex contractu* e as provenientes de um ilícito, *ex delicto*.

Entretanto, excepcionalmente, considera-se, em certos casos, a lei também como fonte mediata de obrigações. Trata-se daquelas hipóteses cuja obrigação advém diretamente de lei e não de um fato humano; é o que se dá, p. ex., com as obrigações patrimoniais fundadas no risco profissional, o que constitui um dos aspectos da teoria da responsabilidade objetiva (Lei n. 6.367/76; CC, arts. 734 e 735). Igualmente, a Súmula 28 do STF, baseada no risco, imputa ao banqueiro responsabilidade pelo pagamento de cheques falsificados, independentemente de averiguação de culpa (*RT*, *96*:73, *148*:76). Todavia, urge lembrar que o operário vítima de acidente de trabalho terá direito à indenização, dependente de consideração em torno da culpa; logo, o patrão só o indenizará se tiver culpa, ou dolo (CF/88, art. 7º, XXVIII, 2ª parte; CC, art. 186), e não por ser o dono das máquinas que ocasionaram o dano. A responsabilidade patronal em caso de acidente de trabalho será subjetiva. Não se cogita de culpa do operário, porque a indenização é paga como contraprestação àquele que se arriscou na sua profissão, se houver culpabilidade do patrão, porque este aceita os riscos oriundos da prestação de serviços, pois, se ele recolhe os benefícios da produção, deverá suportar os riscos da perda de material e os resultantes de acidentes de trabalho apenas se agiu com dolo ou culpa. Quem se beneficia com as vantagens deverá sofrer os incômodos. Não obstante, o ressarcimento não é tão completo como no caso de indenização pelo direito comum. O risco não cobre todo o dano causado pelo acidente. As várias incapacidades que podem sobrevir ao trabalhador são catalogadas e tarifadas em bases módicas e razoáveis. A responsabilidade subjetiva do patrão será parcial e limitada, visto que jamais ultrapassará as cifras estabelecidas por lei especial. Dessa forma, como assevera Helvécio Lopes, patrão e operário ganham e perdem ao mesmo tempo. O operário ganha porque receberá indenização, havendo culpa ou dolo do empregador, e perde porque esta será sempre tarifada e menor do que aquela a que teria feito jus pelo direito comum. O patrão ganha porque sempre pagará, se agiu com culpa ou dolo[61].

---

61. W. Barros Monteiro, op. cit., p. 42-5; Bassil Dower, op. cit., p. 32; Helvécio Lopes, *Os acidentes do trabalho*, p. 69; Rafaelli, Sull'incidenza del rischio nella falsificazione degli assegni, *Banca Borsa e Titoli di Credito, 17*:185, nota 3, 1938; M. H. Diniz, *Curso*, cit., v. 7, p. 421-9. Pela teoria do risco profissional, outrora o acidentado não tinha direito de optar pela indenização do direito comum, devendo submeter-se à outorgada pela lei especial. Contudo, o Supremo Tribunal Federal decidiu que "podem os acidentados, ou os seus beneficiários, pedir, pela via comum, as indenizações que julgarem ser seu direito e então dispensam a proteção da lei especial, correndo os riscos processuais ordinários" (*RT, 252*:648, *AJ, 119*:219; Súmula 229).

4. CLASSIFICAÇÃO DAS OBRIGAÇÕES

As obrigações podem ser classificadas com base em diferentes critérios, que as enquadram em categorias reguladas por normas diversas[62], que serão por nós examinadas no Capítulo III deste livro. Todavia, as várias categorias obrigacionais podem-se interpenetrar, como, p. ex., no caso da compra e venda, em que o vendedor tem obrigação de entregar o bem vendido (dar) e responder pelos vícios redibitórios e pela evicção (fazer), e no caso da locação, ou melhor, prestação de serviços, em que o locador se obriga a fazer algo (fazer) e a não trabalhar para outra pessoa (não fazer), de sorte que um tipo interfere no outro, diversificando-se pelos seus aspectos peculiares, pois alguns efeitos específicos se destacam em um e em outro. Daí a necessidade de distinguir o tipo a que pertence a relação creditória, para enquadrá-la numa categoria, encontrando aí os preceitos jurídicos que lhe são aplicáveis, pois não há uniformidade no regime jurídico da obrigação, mas diferenças típicas em cada relação obrigacional em atenção aos seus elementos estruturais[63].

Ante essas considerações e atendendo a uma exposição sistemática, classificamos as obrigações em[64]:

1º) *Consideradas em si mesmas*: *a*) em relação ao seu *vínculo* (obrigação moral, civil e natural); *b*) quanto à natureza de seu *objeto* (obrigação de dar, de fazer e de não fazer; positiva – prestação de coisa ou de fato – e negativa – abstenção de ato); *c*) relativamente à *liquidez do objeto* (obrigação líquida e ilíquida); *d*) quanto ao *modo de execução* (obrigações simples, cumulativas, alternativas e facultativas); *e*) em relação ao *tempo de adimplemento* (obrigação momentânea ou instantânea; de execução continuada ou periódica); *f*) quanto aos *elementos acidentais* (obrigação pura, condicional, modal ou a termo); *g*) em relação à *pluralidade de sujeitos* (obrigação única ou múltipla, esta última pode ser: obrigação divisível e indivisível; obrigação solidária); *h*) quanto ao *fim* (obrigação de meio, de resultado e de garantia).

2º) *Reciprocamente consideradas* (obrigação principal e acessória).

Todas essas modalidades de obrigação serão objeto de estudo do próximo capítulo desta obra.

---

62. Orlando Gomes, *Transformações*, cit., p. 50.

63. W. Barros Monteiro, op. cit., p. 48-9; Caio M. S. Pereira, op. cit., p. 48-9; Antunes Varela, op. cit., p. 283; Vicente de Paulo Saraiva, *Modalidades das obrigações*, Ed. Brasília Jurídica, 2004. Sobre o tema, *vide* Henri Mazeaud, Essai de classification des obligations, *Revue Trimestrielle de Droit Civil*, p. 4 e s., 1936.

64. *Vide* R. Limongi França, Obrigação (Classificação), in *Enciclopédia Saraiva do Direito*, v. 55, p. 289-92, e *Manual de direito civil*, Revista dos Tribunais, 1976, v. 4, t. 1; Tito Fulgêncio, *Das modalidades das obrigações*, 2. ed., Forense, 1958.

Quadro Sinótico

NOÇÕES GERAIS DE OBRIGAÇÃO

<table>
<tr><td>1. CONCEITO DE OBRIGAÇÃO</td><td>• Segundo Washington de Barros Monteiro, “a obrigação é a relação jurídica, de caráter transitório, estabelecida entre devedor e credor e cujo objeto consiste numa prestação pessoal econômica, positiva ou negativa, devida pelo primeiro ao segundo, garantindo-lhe o adimplemento através de seu patrimônio”.</td></tr>
</table>

<table>
<tr><td rowspan="3">2. ELEMENTOS CONSTITUTIVOS DA OBRIGAÇÃO</td><td>• Pessoal</td><td>• Sujeito ativo (credor).
• Sujeito passivo (devedor).</td></tr>
<tr><td>• Material</td><td>• Objeto da obrigação: prestação positiva ou negativa do devedor, desde que lícita, possível física e juridicamente, determinada ou determinável, e suscetível de estimação econômica.</td></tr>
<tr><td>• Vínculo jurídico</td><td>• Sujeita o devedor à realização de um ato positivo ou negativo no interesse do credor, unindo os dois sujeitos e abrangendo o dever da pessoa obrigada (debitum) e sua responsabilidade, em caso de inadimplemento (obligatio). Assim, na obrigação reúnem-se e se completam, constituindo uma unidade, o dever primário do sujeito passivo de satisfazer a prestação, e o correlato direito do credor de exigir judicialmente o seu cumprimento, investindo contra o patrimônio do devedor, visto que o mesmo fato gerador do débito produz a responsabilidade.</td></tr>
</table>

<table>
<tr><td rowspan="3">3. FONTES DAS OBRIGAÇÕES</td><td>• Conceito</td><td colspan="2">• São os fatos jurídicos que dão origem aos vínculos obrigacionais, em conformidade com as normas jurídicas.</td></tr>
<tr><td rowspan="2">• Espécies</td><td>• Fonte imediata</td><td>• Lei.</td></tr>
<tr><td>• Fontes mediatas</td><td>• Atos jurídicos stricto sensu.
• Negócios jurídicos bilaterais ou unilaterais.
• Atos ilícitos.</td></tr>
</table>

<table>
<tr><td rowspan="3">4. CLASSIFICAÇÃO DAS OBRIGAÇÕES</td><td rowspan="3">• Obrigações consideradas em si mesmas</td><td>• Em relação ao seu vínculo</td><td colspan="2">• Obrigação moral.
• Obrigação civil.
• Obrigação natural.</td></tr>
<tr><td rowspan="2">• Quanto ao seu objeto</td><td>• Relativamente à sua natureza</td><td>• Obrigação de dar.
• Obrigação de fazer.
• Obrigação de não fazer.
• Obrigação positiva e negativa.</td></tr>
<tr><td>• Em atenção à sua liquidez</td><td>• Obrigações líquidas.
• Obrigações ilíquidas.</td></tr>
</table>

<table>
<tr><td rowspan="7">4. CLASSIFICAÇÃO DAS OBRIGAÇÕES</td><td rowspan="6">• Obrigações consideradas em si mesmas</td><td>• Quanto ao modo de execução</td><td colspan="2">• Obrigações simples e cumulativas.
• Obrigações alternativas.
• Obrigações facultativas.</td></tr>
<tr><td>• Relativamente ao tempo de adimplemento</td><td colspan="2">• Obrigação momentânea ou instantânea.
• Obrigação de execução continuada ou periódica.</td></tr>
<tr><td>• Quanto aos elementos acidentais</td><td colspan="2">• Obrigação pura.
• Obrigação condicional.
• Obrigação modal.
• Obrigação a termo.</td></tr>
<tr><td rowspan="2">• Em relação à pluralidade de sujeitos</td><td colspan="2">• Obrigação única</td></tr>
<tr><td>• Obrigação múltipla</td><td>• Obrigação divisível ou indivisível.
• Obrigação solidária.</td></tr>
<tr><td>• Quanto ao conteúdo</td><td colspan="2">• Obrigação de meio.
• Obrigação de resultado.
• Obrigação de garantia.</td></tr>
<tr><td colspan="2">• Obrigações reciprocamente consideradas</td><td colspan="2">• Obrigação principal.
• Obrigação acessória.</td></tr>
</table>

CAPÍTULO III

Modalidades das Obrigações

1. OBRIGAÇÕES CONSIDERADAS EM SI MESMAS

A. OBRIGAÇÕES EM RELAÇÃO AO SEU VÍNCULO

a.1. Noções gerais

Em páginas anteriores, ao analisarmos os elementos constitutivos das obrigações, pudemos apontar que normalmente seus três elementos essenciais (duplicidade de sujeitos – credor e devedor – objeto e vínculo jurídico) estão presentes, caso em que se tem a obrigação civil, fundada no *vinculum juris* decorrente de lei (fonte imediata), de ato jurídico *stricto sensu*, de negócios jurídicos bilaterais ou unilaterais, e de atos ilícitos (fontes mediatas), tendo-se, portanto, *debitum* e *obligatio*. Entretanto, há hipóteses em que se têm obrigações fundadas num *vinculum solius aequitatis*, isto é, sem *obligatio*; logo, apesar de se ter o sujeito ativo e o passivo, e o objeto, falta a responsabilidade do devedor, de modo que não há o direito de ação para exigir seu cumprimento. Trata-se das obrigações moral e natural, às quais a lei empresta um dos efeitos de uma obrigação civil: a *soluti retentio*, como oportunamente examinaremos[1].

a.2. Obrigação civil e empresarial

Na *obrigação civil* há um vínculo jurídico que sujeita o devedor à realização de uma prestação positiva ou negativa no interesse do credor, estabelecendo um liame entre os dois sujeitos, abrangendo o dever da pessoa obrigada (*debitum*) e sua responsabilidade em caso de inadimplemento (*obligatio*), o que possibilita ao credor recorrer à intervenção estatal para obter a prestação, tendo como garantia o patrimônio do devedor. A obrigação civil, portanto, no caso de inexecução, possibilita que o devedor seja constrangido ao seu adimplemento. Se o devedor (ou alguém por ele) cumprir voluntariamente a obrigação, o credor terá o direito de recebê-la, a título de pagamento, por gozar da *soluti retentio*; porém, se o devedor for inadimplente, o credor está autorizado a exigir judicialmente o seu cumprimento e a executar o patrimônio do devedor, se este insistir em não cumpri-la.

As *obrigações empresariais* dizem respeito à atividade do empresário ou da sociedade empresária, abrangendo não só atos voltados à produção e à circulação de bens e serviços, mas também atividades industriais e relações de crédito[2].

---

1. *Vide* Caio M. S. Pereira, *Instituições de direito civil*, 6. ed., Rio de Janeiro, Forense, 1981, p. 31; Bassil Dower, *Curso moderno de direito civil*, São Paulo, Nelpa, v. 2, p. 23; W. Barros Monteiro, *Curso de direito civil*, 17. ed., São Paulo, Saraiva, 1982, v. 4, p. 54; R. Limongi França, Obrigação (Classificação), in *Enciclopédia Saraiva do Direito*, v. 55, p. 289, e *Manual de direito civil*, São Paulo, Revista dos Tribunais, 1976, v. 1, p. 121-3; Coelho da Rocha, *Instituições de direito civil português;* das obrigações em geral, 1973, seção 5.
2. Antunes Varela, *Direito das obrigações*, Rio de Janeiro, Forense, 1977, p. 283-4; Celso Barros Coelho, Obrigação civil, in *Enciclopédia Saraiva do Direito*, v. 55, p. 324-5; Caio M. S. Pereira, op. cit., p. 31; Paulo

a.3. Obrigação moral

A *obrigação moral* constitui mero dever de consciência, cumprido apenas por questão de princípios; logo, sua execução é, sob o prisma jurídico, mera liberalidade. É o caso, p. ex., da obrigação de cumprir determinação de última vontade que não tenha sido expressa em testamento, bem como o da obrigação de socorrer pessoas necessitadas. Se houver inadimplemento de dever moral, será impossível constranger o devedor a cumpri-lo, visto que o credor carece do direito à ação. O dever moral, embora não constitua um vínculo jurídico, não deve permanecer totalmente alheio ao direito no momento de seu espontâneo cumprimento, pois a ordem jurídica o tornará irrevogável, conferindo a *soluti retentio* ao que recebeu a prestação a título de liberalidade, de modo que quem a cumpriu não terá direito de reclamar restituição, alegando que não estava obrigado ao seu adimplemento. É o que nos diz a velha parêmia: *Cuius per errorem dati repetitio est, eius consulto dati donatio* (D., 50, 17, 53), isto é, a prestação consciente ou intencional de um indevido absoluto não pode ser repetida, constituindo uma liberalidade[3].

a.4. Obrigação natural

a.4.1. Conceito, caracteres e efeitos

No exame das *obrigações naturais* é preciso apreciar o vínculo. Isto é assim porque na obrigação civil o vínculo jurídico está provido de ação, tendente a efetivar a prestação do devedor, de modo que este está juridicamente vinculado à execução da prestação estabelecida, de tal forma que o credor, quando o devedor não a cumprir, tem o direito de reclamá-la judicialmente, dirigindo-se até contra o patrimônio do sujeito passivo[4]. Na obrigação natural tem-se um *vinculum solius aequitatis,* sem *obligatio,* em que o credor não possui o direito de ação para compelir o devedor a cumpri-la; logo, essa relação obrigacional não gera pretensão, faltando-lhe o *vinculum juris.* A obrigação natural teria todos os elementos da relação creditória menos um – a ação – pois o credor é credor, o devedor é devedor, há um objeto, mas falta-lhe a ação, pois o sujeito ativo não pode tornar efetiva a prestação, por estar ela despida de execução forçada. Tanto na obrigação moral como na natural há um vínculo de equidade. O cumprimento de obrigação moral será tido, como vimos, como uma liberalidade; já o adimplemento de obrigação natural será considerado pagamento e não mera liberalidade. É um pagamento válido e, por esta razão, a prestação pode ser retida pelo credor e não pode ser repetida pelo devedor. Deveras, repugnaria à consciência coletiva que aquele que

---

Luiz Netto Lôbo, Deveres gerais de conduta nas obrigações civis, in Mário L. Delgado e Jones F. Alves, *Novo Código Civil – questões controvertidas*, cit., p. 75-94. O Código Civil unifica o direito obrigacional, abrangendo as obrigações civis e mercantis, ou melhor, as empresariais. Sobre relações empresariais *vide* nossos v. 3 e 8 deste *Curso de direito civil brasileiro.* A 3ª Turma do STJ decidiu que o devedor não pode ser citado e intimado por redes sociais (REsp 2026925-2023). Prescrição também impede cobrança extrajudicial da dívida (STJ, 3ª T., REsp 2088.100, rel. Min. Nancy Andrighi, 2017).

3. Alcides Rosa, *Noções de direito civil;* teoria geral das obrigações, 8. ed., Ed. Aurora, 1957, cap. XLIX; Gianturco, *Istituzioni di diritto civile italiano,* Firenze, 1899; Orlando Gomes, *Obrigações,* 4. ed., Rio de Janeiro, Forense, 1976, p. 105-6. O Código Civil alemão considera o cumprimento de dever moral como caso de doação. Manuel A. Domingues de Andrade, *Teoria geral das obrigações,* 3. ed., Livr. Almedina, 1966, p. 73.

4. Serpa Lopes, *Curso de direito civil,* 4. ed., Freitas Bastos, 1966, p. 39; Andrea Torrente, *Manuale di diritto privato,* 9. ed., Milano, Giuffrè, 1975, § 220, p. 378; Beaudant, *Traité de droit civil;* des contrats, p. 528; Enneccerus, Kipp e Wolff, *Tratado de derecho civil,* Barcelona, Bosch, 1933, t. 2, p. 13; Antunes Varela, *Noções fundamentais de direito civil,* Coimbra, 1945, v. 1, p. 202-6.

cumpriu espontaneamente uma obrigação natural (p. ex., dívida de jogo) pudesse reclamar a restituição do que pagou; por isso o credor, embora não tenha o direito de pretender em juízo o adimplemento da obrigação, terá o direito de reter a prestação voluntariamente executada pelo devedor, que não poderá obter a restituição. Apesar de o credor não ter direito à ação creditória, ele possui a *soluti retentio*; consequentemente, o devedor não pode exercer a *condictio indebiti*. A obrigação natural é desprovida de ação, mas, se cumprida, o direito lhe concede uma proteção, ao recusar a *repetitio indebiti*; com isso, está garantida apenas pela simples exceção da *soluti retentio*. Caracteriza-se, como pontifica Rotondi, pelo fato de que seu inadimplemento não dá ensejo à pretensão de uma execução ou de um ressarcimento e pela circunstância de que seu cumprimento espontâneo é válido, não comportando repetição. Dessa forma, o credor retém para si, não a título de liberalidade, uma certa prestação, que não podia reclamar judicialmente, uma vez que o devedor não faz mais do que dar o seu a seu dono. Ter-se-á obrigação natural sempre que se possa afirmar que uma pessoa deve a outra determinada prestação por um dever de justiça, devido à existência anterior de um débito inexigível e não por um dever de consciência[5].

Feitas essas considerações, poder-se-á conceituar *obrigação natural* como sendo aquela em que o credor não pode exigir do devedor uma certa prestação, embora, em caso de seu adimplemento espontâneo ou voluntário, possa retê-la a título de pagamento e não de liberalidade[6]. "Se o devedor cumprir voluntariamente, o credor goza da *soluti retentio*, podendo reter a prestação a título de *pagamento*, de prestação *devida*. Porém, se o devedor não cumprir voluntariamente, o credor *não dispõe da ação creditória*, não pode *exigir* (judicialmente) o seu cumprimento e nem executar a obrigação"[7].

Inferem-se daí os seguintes *caracteres*[8] da obrigação natural:

a) não se trata de obrigação moral;

b) acarreta inexigibilidade da prestação, daí ser também designada como *obrigação juridicamente inexigível*;

---

5. Manuel A. Domingues de Andrade, op. cit., p. 73-5 e 89-90; Serpa Lopes, op. cit., p. 40; Andrea Torrente, op. cit., p. 378-9; Trabucchi, *Istituzioni di diritto civile*, p. 505; Mazeaud e Mazeaud, *Leçons de droit civil*, t. 1, p. 374; Orlando Gomes, op. cit., p. 104; Caio M. S. Pereira, op. cit., p. 33 e 35; Josserand, *Cours de droit civil positif français*, v. 2, n. 717.

6. Conceito baseado em Manuel A. Domingues de Andrade, op. cit., p. 73. Gianturco (op. cit., item "Delle obbligazioni civili e naturali") escreve: "*Le obbligazioni naturali sono tali, che bene sarebbe possibile imporne coattivamente l'adempimento, se il legislatore non ne fosse sconsigliato da particolari considerazioni. A differenza delle obbligazioni civili, sono naturali quelle che non sono garantite da un'azione diretta a reclamare l'adempimento, ma da una semplice eccezione ("soluti retentio"), diretta invece a respingere la ripetizione di ciò che il debitore ha pagato volontariamente (cioè non ostante la scienza, che la sua obbligazione fosse soltanto naturale)*". Sobre obrigação natural *vide*: Giuseppe Moscato, *Le obbligazioni naturali nel diritto romano e nel diritto moderno*, Torino, 1897; Antunes Varela, Natureza jurídica das obrigações naturais, *Rev. Leg. Jur.*, *90*:3-17-33; Canovas, Apuntes sobre la obligación natural en nuestro Código Civil, in *Anales de la Universidad de Murcia*, v. 11, p. 673; Giovanna Visintini, Obbligazioni naturali, *Rivista di Diritto Civile*, *2*:45-83, 1962; Rocamora, Contribuciones al estudio de las obligaciones naturales, *Revista de Derecho Privado*, *29*:485 e 546, 1945; Carresi, L'obbligazione naturale nella più recente letteratura giuridica italiana, *Riv. Trim. di Dir. e Proc. Civile*, p. 546, 1948; Gobert, *Essai sur le rôle de l'obligation naturelle*, 1956; Oppo, *Adempimento e liberalità*, 1947, p. 20 e s.; Martin-Ballesteros, L'obligation naturelle, in *Annales de la Faculté de Droit de Toulouse*, 1960, t. 8, p. 31; Machelard, *Des obligations naturelles en droit romain*, § 1º.

7. Antunes Varela, op. cit., p. 284.

8. R. Limongi França, Obrigação natural, in *Enciclopédia Saraiva do Direito*, v. 55, p. 355; Manuel A. Domingues de Andrade, op. cit., p. 74; Orlando Gomes, op. cit., p. 101; Torrente, op. cit., p. 379; Antunes Varela, op. cit., p. 287-8.

c) se for cumprida espontaneamente por pessoa capaz, ter-se-á a validade do pagamento;

d) produz irretratabilidade do pagamento feito em seu cumprimento;

e) seus efeitos dependem de previsão normativa, como logo mais veremos.

De um lado, seu *efeito negativo* é a ausência do direito de ação do credor para exigir seu adimplemento; p. ex., se um imóvel lhe for entregue em cumprimento de uma obrigação natural e se se verificar a evicção, ele nada poderá exigir do devedor; mas, por outro lado, seu principal *efeito positivo* é a denegação da *repetitio indebiti* ao devedor que a realizou, tornando válido e irretratável o seu pagamento. Se for objeto de remissão, escreve Washington de Barros Monteiro, esta deverá ser entendida como renúncia ao eventual direito que, para o credor, adviria do cumprimento, ou seja, renúncia à *soluti retentio*[9]. Para haver irrevogabilidade do pagamento, é imprescindível que a prestação seja espontânea, efetuada sem qualquer coação, e que tenha sido feita por pessoa capaz (CC, art. 814). Daí ser inválido o cumprimento de obrigação natural feito por incapaz, ou obtido por dolo ou por coação, ou, ainda, efetuado por terceiro em nome do devedor, mas sem que haja manifestação de vontade deste nesse sentido[10]. Para que haja validade e irrepetibilidade do pagamento de uma obrigação natural, bastará liberdade, espontaneidade e capacidade do *solvens*[11]. Por conseguinte, o pagamento parcelado de uma obrigação a quem seja credor civil não obriga o devedor ao cumprimento das prestações subsequentes, pois do contrário, ensina-nos Oppo[12], violar-se-ia o princípio positivo, segundo o qual o efeito da obrigação natural se limita à irretratabilidade da prestação espontaneamente efetuada. A execução parcial de obrigação natural não autoriza o credor a exigir o pagamento do restante, pois o fato de ter havido amortização parcial não transforma a obrigação natural em civil, de forma que o remanescente não poderá ser reclamado pelo credor; tem-se uma condição potestativa, dependente unicamente da vontade do devedor (*RT*, *103*:523, *487*:55, *435*:170; *RTJ*, *72*:310)[13]. Consequentemente, segue-se que: *a*) o credor, que recebe o pagamento, terá direito de retenção da coisa ou quantia dada em cumprimento da obrigação natural, tornando-o efetivo por meio de exceção contra a repetição do devedor; *b*) o seu pagamento não se sujeita às normas reguladoras da doação, porque a retenção não se opera a título de liberalidade; *c*) a obrigação natural, como a civil, aumenta o patrimônio do credor, diminuindo o do devedor[14].

Fora desses casos, a obrigação natural não produz outros efeitos, pois[15]:

a) *não é suscetível de novação*[16], segundo alguns autores, já que esta pressupõe a extinção de uma dívida antiga por uma nova relação obrigacional; logo, havendo obrigação natural, não há obrigação anterior válida, por ser juridicamente inexigível que possa ser eliminada

---

9. Serpa Lopes, op. cit., p. 48-9; Orlando Gomes, op. cit., p. 101; W. Barros Monteiro, op. cit., p. 22; Guido Belmonte, *Il novo Codice commentato,* Liv. IV, p. 507.

10. Torrente, op. cit., p. 379; Antunes Varela, op. cit., p. 287-9.

11. Manuel A. Domingues de Andrade, op. cit., p. 74.

12. Oppo, op. cit., p. 276 e 320.

13. Carvalho de Mendonça, *Doutrina e prática das obrigações,* 4. ed., 1956, t. 1, p. 166; W. Barros Monteiro, op. cit., v. 4, p. 223-4. No mesmo teor de ideias: Crome, *Manuale di diritto civile francese,* v. 2, p. 211, nota 2; Lacerda de Almeida, *Obrigações,* 2. ed., nota 5 ao § 4º.

14. Aubry e Rau, *Cours de droit civil français,* 5. ed., v. 4, § 297, v. 7, § 659.

15. Gianturco, op. cit., v. 1, § 67; W. Barros Monteiro, op. cit., p. 222-3.

16. Alguns autores entendem que nada obsta que o devedor de uma obrigação natural assuma, em sua substituição, uma obrigação civil. É o que entendem Lacerda de Almeida, *Dos efeitos das obrigações,* p. 268; Bonfante, Il concetto dell'obbligazione naturale, *Rivista di Diritto Commerciale, 15*:358, 1. parte.

para dar lugar a nova obrigação. Como substituir uma obrigação inexigível por um vínculo de caráter exigível?[17]. Todavia, há juristas que admitem novação de obrigação natural, como veremos no capítulo IV deste livro;

b) *não pode ser compensada* com obrigação civil, visto que a compensação requer que as dívidas sejam vencidas (CC, art. 369), isto é, cobráveis, atualmente exigíveis, e a obrigação natural se caracteriza pela inexigibilidade da prestação[18];

c) *não comporta fiança*[19], pois esta não pode existir sem uma obrigação civil válida;

d) *não lhe será aplicável o regime prescrito no Código Civil* (arts. 441 e s.) *para os vícios redibitórios,* na hipótese da coisa entregue como pagamento conter vícios ocultos, pois as sanções jurídicas só poderão ser aplicadas a prestações exigíveis pelo credor e não a prestações espontaneamente cumpridas pelo devedor[20].

a.4.2. Obrigação natural no direito brasileiro

Nosso Código Civil, diferentemente da legislação estrangeira[21], é quase que omisso em relação ao regime da obrigação natural, referindo-se apenas de passagem a ela (CC, arts. 564, III, 814 e 882) para proteger juridicamente seu cumprimento, vedando a repetição do que tiver sido pago (CC, art. 882, *in fine*). Com isso leva nossos civilistas, juízes e tribunais a procurar no ordenamento jurídico, no direito e na doutrina alienígenas, por meio dos processos de integração de lacuna, subsídios para delinear as obrigações desprovidas de ação ou de executoriedade[22].

O art. 882 do Código Civil prescreve a irrepetibilidade da prestação paga para cumprir obrigação natural, como exceção ao regime geral do pagamento indevido, cuja repetição tem por requisito essencial o erro do *solvens.* Logo, havendo adimplemento de obrigação natural, o autor da prestação não pode alegar erro sobre a exigibilidade do vínculo para obter a sua restituição. Dessa forma, a irrevogabilidade do que se pagou para cumprir obrigação natural só vigorará quando houver pagamento espontâneo e sem coação, sem erro sobre a inexecutoriedade do vínculo. Portanto, pelo art. 814, 2ª parte, do Código Civil, só será pos-

17. W. Barros Monteiro, op. cit., p. 223; Clóvis Beviláqua, *Código Civil comentado*, v. 4, p. 163; Antunes Varela, op. cit., p. 290.

18. W. Barros Monteiro, op. cit., p. 223.

19. Contrariamente: Enneccerus, Kipp e Wolff, op. cit., p. 13.

20. Antunes Varela, op. cit., p. 290.

21. O Código Civil argentino é minucioso, pois no art. 515 estatui: "*Las obligaciones son civiles o meramente naturales. Civiles son aquellas que dan derecho a exigir su cumplimiento. Naturales son las que, fundadas sólo en el derecho natural y en la equidad, no confieren acción para exigir su cumplimiento, pero que, cumplidas por el deudor, autorizan para retener lo que se ha dado por razón de ellas, tales son: 1º – Las contraídas por personas que teniendo suficiente juicio y discernimiento, son sin embargo incapaces por derecho para obligarse, como son la mujer casada, en los casos en que necesita la autorización del marido y los menores adultos; 2º – Las obligaciones que principian por ser obligaciones civiles, y que se hallan extinguidas por la prescripción; 3º – Las que proceden de actos jurídicos, a los cuales faltan las solenidades que la ley exige para que produzcan efectos civiles: como es la obligación de pagar un legado dejado en un testamento, al cual faltan formas substanciales; 4º – Las que no han sido reconocidas em juicio por falta de prueba, o cuando el pleito se ha perdido por error o malicia del juez; 5º – Las que se derivan de una convención que reúne las condiciones generales requeridas en materia de contratos, pero a las cuales la ley, por razones de utilidad social, les ha denegado toda acción; tales son las deudas de juego*".

22. J. Nascimento Franco, Inexigibilidade das obrigações naturais, *Revista de Direito Civil* (5):75; Carvalho Santos, *Código Civil brasileiro interpretado*, 7. ed., v. 3, p. 431; Antunes Varela, op. cit., p. 286.

sível recobrar quantia voluntariamente paga se houver dolo no ganho dessa quantia ou se o *solvens* for incapaz[23].

O art. 882 do Código Civil, 1ª parte, reza que "não se pode repetir o que se pagou para solver dívida prescrita". Se a *dívida* está *prescrita*, o que desapareceu foi a pretensão, ou seja, o poder de fazer valer em juízo por meio de uma ação a prestação devida ou o cumprimento da norma legal ou contratual infringida ou a reparação do mal causado, logo não há como mover, judicialmente, a ação, daí a sua inexigibilidade; persiste, porém, o direito do credor. O devedor deve opor a prescrição à ação do credor; se o faz, o juiz deve repelir o credor, mas o direito não é atingido. Deveras, a prescrição tem por objeto a ação (em sentido material), por ser uma exceção oposta ao exercício desta, visando extingui-la. A prescrição constitui uma pena para o negligente, que deixa de exercer o seu direito de defesa por meio de ação judicial dentro de certo prazo. Realmente, como ensina Pontes de Miranda, a prescrição gera a exceção (técnica de defesa) que alguém tem contra o que não exerceu, durante um lapso de tempo fixado em norma, sua pretensão. Poder-se-á defini-la, seguindo os passos de Câmara Leal, como a "extinção de uma ação ajuizável, em virtude de inércia de seu titular durante um certo lapso de tempo, na ausência de causas preclusivas de seu curso". A prescrição é uma preliminar de mérito e fator de extinção da pretensão, ou seja, do poder de exigir a prestação devida em razão de inércia, deixando escoar o prazo legal. Logo, o que caracteriza a prescrição é que ela tem por escopo extinguir uma pretensão, mas não o direito propriamente dito. A prescrição consegue apenas paralisar o direito a uma pretensão do credor, mas não extingui-lo. Clóvis esclarece-nos que não é, em absoluto, a falta de exercício do direito que lhe tira o vigor, pois o direito pode conservar-se inativo por longo tempo, sem perder sua eficácia. O não uso da ação (em sentido material), ou seja, da pretensão de exigir em juízo, dentro do prazo legal, a prestação do inadimplente, é que lhe atrofia a capacidade de reagir. Assim, havendo prescrição, há desoneração do devedor ante a negligência do credor em não propor ação de cobrança de dívida dentro do prazo legal, reclamando seu direito; tal fato, porém, não anula a obrigação do devedor, já que será válido o pagamento voluntário de dívida prescrita, cuja restituição não poderá ser reclamada mesmo que se ignore a prescrição (CC, art. 882). Todavia, admite-se uma exceção: quando o herdeiro, ignorando a prescrição, paga débito do *de cujus*, terá direito à repetição, porque a dívida não era sua[24].

Dispõe o Código Civil, art. 883, que não terá direito à repetição quem "deu alguma coisa para obter fim ilícito, imoral, ou proibido por lei", hipótese em que se impõe uma forma de sanção para os que violam os bons costumes e a ordem jurídica[25], estando esse artigo intimamente relacionado com o célebre princípio geral de direito: *Nemo propriam turpitudinem allegans.*

Nas *dívidas de jogo* encontram-se todas as características da obrigação natural, pois, pelo Código Civil, art. 814, elas não obrigam a pagamento e nem se pode recobrar, judicialmente, quantia que voluntariamente se pagou, salvo se for ganha por dolo ou no caso de ser o perdedor

---

23. Antunes Varela, op. cit., p. 287; Funaioli, Debiti di giuoco o di scommessa, *Rivista di Diritto Civile*, p. 636 e s., 1956.

24. R. Limongi França, Obrigação natural, cit., v. 55, p. 355; Chironi e Abello, *Trattato di diritto civile italiano*, v. 1, último capítulo; Carpenter, *Da prescrição*, n. 16; Antônio Luís da Câmara Leal, *Da prescrição e decadência*, Rio de Janeiro, Forense, 1978, p. 9 e 12; Pontes de Miranda, *Tratado de direito privado;* parte geral, v. 6, p. 100; M. Helena Diniz, *Curso de direito civil brasileiro*, v. 1, p. 188 e s.; Clóvis Beviláqua, op. cit., obs. ao art. 161; Carvalho Santos, op. cit., v. 12, p. 431; Carvalho de Mendonça, op. cit., n. 277.

25. Ripert, *La règle morale dans les obligations civiles*, Paris, 1935, apud R. Limongi França, Obrigação natural, cit., v. 55, p. 355.

menor ou interdito (*RT*, *477*:224). O seu credor não poderá exigi-las judicialmente, porém seu adimplemento é considerado como verdadeiro pagamento, ante o fato do princípio "*in pari causa turpitudinis melior est conditio possidentis*" tolher a quem foi parte num ato ilícito repetir o que pagou "*ob turpem causam*"[26].

Nosso Código Civil não considera o *jogo* (contrato aleatório, por meio do qual duas ou mais pessoas prometem a uma dentre elas, a quem for favorável certo azar, um ganho determinado) e a *aposta* (contrato aleatório, em que duas ou mais pessoas, de opinião diferente sobre qualquer assunto, concordam em perder certa soma, ou certo objeto, em favor daquela, dentre as contraentes, cuja opinião se verificar ser a verdadeira)[27] como atos jurídicos exigíveis, por serem vícios moralmente condenáveis, economicamente desastrosos; assim, as dívidas que tiverem neles a sua origem carecem de exigibilidade (CC, art. 166, II)[28] (*RTJ*, *59*:482). Desse modo, ninguém poderá ser demandado por dívida de jogo ou aposta, porque a lei os considera atos ilícitos[29], por não desejar premiar a torpeza do que perde, protegendo-o, mas punir o jogador que ganha[30]. Não criam, portanto, tais obrigações quaisquer direitos, tornando inexigíveis judicialmente os débitos delas originários (*RT*, *494*:197); todavia, não se recobram as quantias pagas voluntariamente em razão de jogo ou aposta, porque quem as desembolsou é um delinquente e não poderá erigir o seu delito em fundamento de uma ação[31]. Somente poderá ser recobrada a quantia paga se obtida por dolo ou se o perdente for incapaz.

A maioria dos autores entende que não há que se distinguir entre jogos lícitos ou ilícitos. Os jogos serão lícitos quando permitidos por lei, porém lícitos na seara penal, pois sob o prisma obrigacional terão caráter ilícito, negando a lei civil qualquer ação para a cobrança de débitos de *jogo* (*RT*, *457*:126). O jogo permitido não é considerado contrato para merecer proteção jurídica; continua, assim, estranho à lei civil. Nosso Código Civil também segue essa orientação, de onde se conclui que, ante nossa legislação civil, a regra não comporta exceções, embora alguns jogos ou apostas estejam autorizados, como ocorre com os atinentes às corridas de cavalo[32]. Entretanto, nossos juízes e tribunais e uma parte da doutrina têm entendido ser

---

26. Ruggiero, Pagamento di debito da giuoco e deposito preventivo, *Rivista di Diritto Commerciale*, *15*:524, parte 1, apud W. Barros Monteiro, op. cit., p. 225, nota 26. *Vide* Lei das Contravenções Penais, art. 50; Decreto-lei n. 6.259/44 sobre loteria; Lei n. 5.768/71 sobre distribuição de prêmios mediante sorteio; *Vide*: *RT*, *794*:381, *696*:199, *693*:211 e *670*:94.

27. Clóvis Beviláqua, op. cit., p. 607, nota 1; Carvalho Santos (op. cit., p. 413) diz: "A aposta distingue-se do jogo, apenas na forma, pois no jogo o azar depende da habilidade dos parceiros, na aposta depende da habilidade de um terceiro ou de um acontecimento ignorado do qual os contraentes fazem nascer a obrigação".

28. Clóvis Beviláqua, op. cit., p. 608, nota 1; Josserand (op. cit., v. 2, n. 1.383) escreve: "*Le législateur a consideré que le jeu et le pari sont immoraux et démoralisants; ils sont occasion de ruines, de désespoirs, d'enrichissements subits et injustifiés, en un mot de scandales; de telles opérations, si elles ne sont pas delictueuses, ne sauraient du moins bénéficier de la protection légale; au nom de la morale et de la loi, le perdant peut donc refuser de tenir sa parole, ce qui, à tout prendre, n'est spécialement édifiant*".

29. João Luís Alves, *Código Civil anotado*, 2. ed., p. 1060.

30. Coelho da Rocha, op. cit., v. 2, § 875.

31. Clóvis Beviláqua, op. cit., p. 608, nota 2.

32. Carvalho Santos, op. cit., v. 19, p. 414-5; Clóvis Beviláqua, op. cit., v. 4, p. 288; De Felippis, *Diritto civile italiano comparato*, v. 8, n. 603; Ricci, *Corso tecnico-pratico di diritto civile*, v. 9, n. 170; Schneider e Fick, *Commentaire du Code Fédéral des Obligations*, trad. fr. Parret, v. 1, p. 940. Diz a Lei n. 8.069/90: "Art. 80. Os responsáveis por estabelecimentos que explorem comercialmente bilhar, sinuca ou congênere ou por casas de jogos, assim entendidas as que realizem apostas, ainda que eventualmente, cuidarão para que não seja permitida a entrada e a permanência de crianças e adolescentes no local, afixando

indispensável a distinção entre jogos proibidos, tolerados e autorizados, pois estes últimos dão origem a negócios jurídicos inteiramente válidos. É o que se deduz do ensinamento de Pontes de Miranda: "Os jogos regulados e apostas reguladas, como se há lei que disciplina a loteria, são jogos a que se retira qualquer limitação legal, o art. 814 do Código Civil, p. ex., não é invocável"[33]. Há até um julgado que assim decidiu: "A atividade turfística é autorizada por lei federal, pelo que é juridicamente exigível dívida oriunda de aposta realizada no Jockey Club" (*RT*, *488*:126).

As dívidas de jogo resultam de importância perdida no jogo ou de empréstimos feitos ao jogador durante o jogo[34]. O empréstimo para jogo ou aposta, feito no ato de apostar ou jogar, é ineficaz juridicamente. Deveras, dispõe o Código Civil, art. 815: "Não se pode exigir reembolso do que se emprestou para jogo ou aposta, no ato de apostar ou jogar".

Há quem ache que o empréstimo de jogo, feito para jogar, só não terá validade se feito no curso do jogo, como, p. ex., no momento preciso de fazer a *parada*[35], de modo que "as dívidas contraídas para obter, antecipadamente, meios de jogar ou apostar, ou para pagar o que se ficou a dever em razão do jogo ou da aposta, não se consideram de jogo e são exigíveis"[36]. Entretanto, não nos parece acertada essa interpretação, pois o empréstimo antecipado para jogo, feito por um jogador a outro com o escopo de jogar, permitindo que se inicie o jogo ou que se continue a jogar, não pode ser acobertado pelo art. 815 do Código Civil, por se tratar de dívida de jogo a crédito, incidindo no art. 814 desse mesmo diploma legal. O empréstimo antecipado para jogar não é proibido legalmente, mas aquele que empresta ao seu parceiro e vai, em seguida, jogar com ele, esconde um jogo a crédito, cuja obrigação é inexigível, burlando a proibição do art. 814, não tendo outra finalidade senão a prática de uma fraude à lei,

---

aviso para orientação do público". E, no art. 81, VI, proíbe a venda de bilhetes lotéricos à criança ou ao adolescente, podendo responder pelas penas do art. 258.

33. Pontes de Miranda, op. cit., v. 45, p. 239. Há códigos civis, como o espanhol, p. ex. (art. 1.801), que disciplinam jogos de esportes, dando valor jurídico às obrigações deles decorrentes. A Lei n. 7.921/89, ora revogada pela Lei n. 8.672/93 (que perdeu vigência com a Lei n. 9.615/98), dispunha sobre o valor dos direitos a serem pagos a entidades desportivas pelo uso de suas denominações e símbolos na Loteria Esportiva Federal.

34. Giorgi (*Teoria delle obbligazioni*, v. 3, n. 358) pondera: "*Giuridicamente parlando, si considerano como debiti di giuoco, no soltanto le conseguenze delle vincite o delle perdite fra contraenti... Anche si considerano come debiti di giuoco, le obbligazioni risultanti da anticipazione, che nel corso del giuoco un giuocatore, o una persona interessata nel giuoco, abbia fatte all'altro per continuare nel giuoco stesso*". Na mesma esteira seguem Aubry e Rau (op. cit., v. 6, § 386, p. 67): "*On doit considérer comme dettes de jeu, non seulement celles qui résultent directement d'une convention de jeu ou de pari, mais encore les engagements pris envers un mandataire, qui sciemment s'est rendu l'intermédiaire à opérations de jeu, ainsi que les obligations résultantes d'avances faites, dans le cours d'une partie liée entre plusieurs personnes, par l'un des joueurs à l'autre*".

35. Aubry e Rau, op. cit., v. 6, § 886; Giorgi, op. cit., v. 3, n. 358.

36. Clóvis Beviláqua, op. cit., obs. ao art. 1.478. "Imagine que *Antonio* está jogando pôquer com seus amigos na casa de *Benedito* e tem em mãos cartas do mesmo naipe em sequência (*straight flush*). É uma boa mão. Suponha-se, contudo, que *Carlos*, a quem cabe a preferência, cacifou a rodada em valor que *Antonio* não possui. Com a licença dos presentes, ele liga de seu telefone celular para *Darcy*, expõe-lhe a situação e pede-lhe dinheiro emprestado para continuar o jogo. *Darcy* concorda e envia-lhe imediatamente a quantia solicitada. Entre *Antonio* e *Darcy* constituiu-se uma obrigação natural. Independentemente do resultado daquela rodada (na verdade, *Carlos* tinha em mãos cartas de igual naipe em uma sequência finalizada em Ás, *royal flush*, e ganhou), *Darcy* não poderá exigir de *Antonio*, em juízo, a devolução do dinheiro emprestado." É o exemplo dado por Fábio Ulhoa Coelho (*Curso de Direito Civil*, São Paulo; Saraiva, 2004, v. 2, p. 29).

sob a dissimulação de um empréstimo. A fraude à lei consiste em efetuar um ato lícito, para encobrir o que é proibido por lei, ofendendo preceito de ordem pública[37].

Também não ocorre a *repetitio indebiti* em mútuo feito a pessoa menor, sem a prévia autorização daquele sob cuja guarda estiver, exceto: *a*) se a pessoa de cuja autorização necessitava o mutuário para contrair o empréstimo o ratificar posteriormente; *b*) se o menor, estando ausente essa pessoa, se viu obrigado a contrair o empréstimo para os seus alimentos habituais; e *c*) se o menor tiver bens da classe indicada no art. 1.693, II, do Código Civil (CC, arts. 588 e 589).

Os juros de empréstimo de dinheiro ou de coisas fungíveis (CC, art. 586) presumem-se devidos (CC, art. 591), tendo fins econômicos.

A obrigação de pagá-los é, portanto, exigível, mas, sob pena de redução, não poderão exceder à taxa legal, permitida a capitalização anual. Logo, permitida está a repetição de juro pago acima das limitações legais.

Se o mútuo não tiver finalidade econômica, como o feito por pai a filho, presumir-se-á sua gratuidade; o mutuante terá direito de receber de volta o que emprestou, mas, não tendo havido estipulação de juros, não poderá exigi-los judicialmente, mas se o mutuário vier a pagá-los, não poderá pedir sua devolução.

O *direito costumeiro*, baseado em usos sociais, resultantes da convicção generalizada de sua necessidade jurídica, fornece-nos dois casos de obrigação natural[38]: *a*) o de dar gorjetas a empregados de restaurantes, de hotéis etc., existindo até mesmo um movimento dirigido a proibir sua inclusão compulsória na nota de despesas; entretanto, quem voluntariamente as pagar não as poderá reaver; *b*) o de outorgar comissão amigável a intermediários ocasionais em negócios imobiliários; como não são corretores profissionais, não há nada que obrigue a remunerar sua mediação, mas se se fizer tal pagamento não haverá *repetitio indebiti*.

a.4.3. Natureza da obrigação natural

Múltiplos dissídios doutrinários giram em torno da natureza da obrigação natural, por se tratar de instituto impreciso e obscuro[39], constituindo-se num dos temas mais incertos e controvertidos da ciência jurídica[40].

Ante a circunstância da norma conferir proteção à obrigação civil, possibilitando ao seu credor, para fazer valer a ação com que a lei a tem armado, invocar a autoridade dos juízes e tribunais[41], entende-se que só será civil a obrigação provida de ação; logo, a obrigação natural é considerada uma obrigação imperfeita, por não ser dotada de vinculação patrimonial ao

---

37. Ligeropoulo, *Le problème de fraude à la loi*, p. 31, 38 e 60; Degni (Giuoco, in *Nuovo Digesto Italiano*, v. 6, p. 357) ensina-nos: "*È a mio avviso è indifferente che il debito tra giuocatori sorga in conseguenza della perdita avvenuta al giuoco o sotto forma di anticipazione per permettere ad uno di esse di giuocare o continuare a giuocare per ottenere da rivincita. È evidente, invece, che vi sia un rapporto di connessione diretta tra l'anticipazione ed il giuoco, quando quella è fatta, non da un straneo al giuoco, ma da un giuocatore che siede allo stesso tavolo e per il solo, unico e sclusivo scopo de rendere il mutuatario possibile al giuoco o la sua continuazione*".

38. Orlando Gomes, op. cit., p. 166; R. Limongi França, Obrigação natural, cit., v. 55, p. 356; Fábio Ulhoa Coelho, *Curso*, cit., v. 2, p. 26-30. Restaurante não pode ratear gorjeta de garçom (6ª Turma do TST, RR 291-16.2010.5.05.0024; publ. em 23-11-2012), correspondente a 10% pagos a título de taxa de serviço, visto que ela pertence ao garçom.

39. Cendrier, *L'obligation naturelle;* les effets à l'égard du créancier, Rennes, 1932, p. 3, 12 e 17; De Page, *Traité élémentaire de droit civil belge*, v. 2, p. 741.

40. W. Barros Monteiro, op. cit., p. 218.

41. Demolombe, *Cours de Code Napoléon*, v. 24, n. 6.

cumprimento do débito, de modo que seu credor não pode exigi-lo judicialmente, por ser carecedor de ação. Consiste numa relação obrigacional desprovida de ação, mas não de tutela jurídica[42], como se pode depreender da análise do ordenamento jurídico.

Para delinear a natureza da obrigação natural, será preciso repensá-la na perspectiva de uma noção integral do ordenamento jurídico. É preciso estudar esse tema partindo do particular para o geral, pois o direito não se esgota num dispositivo legal, já que disciplina a vida social numa integração normativa de fatos e valores[43]. É, portanto, a partir de um modelo de sistema jurídico que se pode entender a natureza da obrigação natural. Sistematizar o direito é uma operação lógica[44], que procura estabelecer um nexo lógico entre as normas, de forma a lhes dar uma certa unidade de sentido e de projeção normativa. As normas podem ser comparadas às peças com que se constrói um relógio. A função do estudioso do direito é semelhante à do montador do relógio ao encaixar todas as peças racionalmente, uma em face das demais, a fim de que o relógio possa funcionar e marcar as horas, o que, no âmbito jurídico, equivaleria a conexionar as normas como se fossem jogos de rodas, de peças dentadas, de molas e demais ligamentos, que servem para o funcionamento de um relógio, formando um todo sistemático[45].

O sistema jurídico é o resultado de uma atividade científica, que congrega fatos, valores e normas (repertório), especificada por seus atributos - validade e eficácia - estabelecendo relações entre eles (estrutura)[46]. O cientista do direito o descreverá por meio de proposições jurídicas, criando, assim, o sistema jurídico. A proposição jurídica tem por missão conhecer as normas; por isso é oriunda do intelecto do jurista, advindo de um momento reflexivo, sendo, portanto, formulação lógica que da norma é feita pelo estudioso, desprovido de toda e qualquer autoridade jurídica, ou seja, quando não atua como órgão da comunidade. É por meio da proposição que a ciência jurídica desenvolve o estudo objetivo dos diversos aspectos da ordem normativa vigente, procurando formular coerentemente um conjunto de proposições verdadeiras sobre o objeto de sua pesquisa, de maneira que os enunciados sejam logicamente deriváveis de outras proposições. Dessa forma, são as proposições que descrevem sistemática e ordenadamente as normas jurídicas[47].

Examinando a ordem jurídica, pode-se apontar, com base na teoria kelseniana, a existência de normas autônomas e não autônomas[48]. A norma autônoma é a que autoriza a aplicação de sanção em caso de sua violação. Dessa autorização decorre a exigibilidade, e, desta, a possibilidade de coagir. É aquela que autoriza o emprego da coação ou coatividade como

42. Orlando Gomes, op. cit., p. 100; Funaioli (op. cit., p. 19) as considera uma espécie de meia-obrigação, devido à sua juridicidade reduzida.

43. *Vide* José Hermano Saraiva, Para uma visão coerente do ordenamento jurídico, *Revista Brasileira de Filosofia,* (91):239 e s., 1973.

44. Kalinowsky, *Introduction à la logique juridique,* Paris, 1965; Von Wright, Deontic logic, in *Logical studies,* London, 1965, e An essay in deontic logic and the general theory of action, in *Acta Philosophica Fennica,* Amsterdam, 1968, v. 21; José Villar Palasi, *La interpretación y los apotegmas jurídico-lógicos,* Madrid, Technos, 1975, p. 59.

45. *Vide* Lara Campos Jr., *Princípios gerais do direito processual,* São Paulo, Bushatsky, 1963, p. 34-5.

46. Engisch, *Introdução ao pensamento jurídico,* 2. ed., Lisboa, Ed. Calouste Gulbenkian, 1964, pref. do tradutor, p. XXVII; Tercio Sampaio Ferraz Jr., *Teoria da norma jurídica,* Rio de Janeiro, Forense, 1978, p. 141.

47. Kelsen, *Teoria pura do direito,* trad. J. B. Machado, 2. ed., Coimbra, Arménio Amado Ed., 1962, v. 1, p 138 e s.; M. Helena Diniz, *A ciência jurídica,* Resenha Universitária, 1977, p. 85 e s.; Vernengo, *Curso de teoría general del derecho,* Buenos Aires, 1972, p. 26.

48. Kelsen, op. cit., v. 1, p. 96-110.

meio para conseguir a observância de seus preceitos ou a reparação do dano ocasionado pela sua infração. Norma não autônoma é a que não estatui sanção, mas terá juridicidade se estiver essencialmente ligada a uma norma que a estatua, visto que apenas estabelece negativamente o pressuposto da sanção. É o que se dá, p. ex., com as normas constitucionais que regulam o processo legislativo; com as normas que conferem competência para realizar determinado ato; com as normas derrogativas, e com as normas definitórias, que definem um conceito utilizado na formulação de uma outra norma.

Enquadramos a obrigação natural nessa última categoria. Trata-se de uma *norma não autônoma*, que se liga aos seguintes dispositivos do Código Civil: arts. 166, II, 588, 589, 814, 815, 882 e 883.

Realmente, a obrigação natural se caracteriza por um dever de prestação, cujo cumprimento não pode ser exigido por meio de uma ação intentada pelo credor em tribunal e cujo não cumprimento não constitui pressuposto de uma execução civil. P. ex.: "A dívida prescrita deve ser paga" – essa norma não é exigível; o lesado pela sua violação não poderá, de modo algum, pretender judicialmente o seu cumprimento; logo, ninguém pode ser obrigado a pagar tal dívida. Mas se ocorrer o seu pagamento, não se terá repetição (CC, art. 882). Isso não significa senão que vigora uma norma geral que determina que, quando o que recebe uma prestação, à qual o que a presta não estava juridicamente vinculado, não restitui o que foi prestado, pode ser dirigida contra o seu patrimônio, através de uma ação, ou execução civil, e que a validade dessa norma estatuidora de sanção é limitada a certos casos fixados na ordem jurídica[49]. Daí a obrigação natural (dívida de jogo ou de aposta, dívida prescrita) ser uma norma não autônoma, que ganhará validez e juridicidade na medida em que se liga a uma norma geral positiva (CC, arts. 814, 882 etc.) e a princípios gerais de direito (o da proibição do locupletamento ilícito (CC, art. 876); o da moralidade; o de que ninguém se pode escusar, alegando que não conhece a lei (LINDB, art. 3º); o de que ninguém pode invocar a própria malícia), que não são preceitos de ordem ética, política, sociológica, mas elementos integrantes do direito, pois são normas de valor genérico que orientam a compreensão do sistema jurídico[50].

Antes do adimplemento voluntário do devedor de uma dívida de jogo, p. ex., não haveria relação jurídica[51]; ter-se-ia ato proibido pela lei[52] (CC, arts. 166, II, e 814, 1ª parte), que não obriga a pagamento, sendo este inexigível. Ninguém poderá ser, pois, demandado por dívida de jogo ou aposta, porque a lei os considera ilícitos. Isso não impede, contudo, que o devedor acusado de não pagá-la ingresse em juízo com a exceção relativa à falta de licitude da obrigação, pois a nulidade da dívida de jogo é de ordem pública, podendo ser alegada a qualquer tempo por qualquer interessado. E, mesmo que o réu não a alegue, o magistrado não poderá condená-lo a pagar, se se provar que a dívida é, realmente, proveniente de jogo ou aposta, devendo intervir *ex officio*, pronunciando a invalidade da obrigação[53]. "Viciado na sua origem

---

49. Kelsen, op. cit., v. 1, p. 99.

50. Sobre princípios gerais de direito, consulte Barassi, *Istituzioni di diritto civile*, Milano, 1914, p. 40; R. Limongi França, *Princípios gerais de direito*, 2. ed., Revista dos Tribunais, 1971, p. 117; Josef Esser, *Principios y norma en la elaboración jurisprudencial del derecho privado*, Barcelona, Bosch, 1961, p. 169-71; M. Helena Diniz, As *lacunas no direito*, São Paulo, Revista dos Tribunais, 1981, p. 193 e s.

51. Carnelutti, *Studi di diritto processuale*, v. 2, p. 234 e 239.

52. Espínola, *Dos contratos nominados no direito civil brasileiro*, 2. ed., p. 459; Planiol, Ripert e Radouant, *Des obligations*, v. 2, p. 989; *JB*, *158*:281, *141*:268.

53. Darcy Arruda Miranda, *Jurisprudência das obrigações*, Revista dos Tribunais, v. 3, p. 76; João Luís Alves, op. cit., p. 1060; Paul Pont, *Petits contrats*, v. 1, n. 636. A esse respeito expressivas são as palavras de

o crédito não poderá, a nenhum título, tornar-se válido e exigível"[54]. Poder-se-á dizer que, se "A" contrai dívida de jogo, esta obrigação deverá ser ineficaz ou declarada nula. O obrigado por dívida de jogo não enriquece ilicitamente, quando deixa de pagar semelhante débito; quem empresta a outrem determinada quantia sabendo que se destina à jogatina e quem ganha em partida de jogo não age licitamente, para considerar ilicitamente enriquecido o devedor que não paga a dívida assumida, em razão do princípio *nemo auditur propriam turpitudinem allegans*. Apesar de não poder ser exigida em juízo, a obrigação natural, em qualquer de seus casos, será tutelada juridicamente se cumprida espontaneamente pelo devedor[55], uma vez que a lei protege o credor contra a repetição do pagamento, assegurando-lhe a *soluti retentio*[56]. Enquanto o devedor não efetuar *sponte sua* o pagamento de obrigação natural, esta, conforme o Código Civil, não possui juridicidade. O que a lei consagra é, nas palavras de Miguel Reale[57], uma expectativa de ação possível por parte do devedor, outorgando efeitos válidos à obrigação natural, oriundos do ato voluntário de seu adimplemento e não do ato originário, que o legislador reputa sem vigência e sem eficácia jurídica. Eis por que, com muita propriedade, pondera Pontes de Miranda[58] que, no pagamento de dívida proveniente de obrigação natural, não há solução do débito mas sim um novo negócio jurídico unilateral, de maneira que a irrepetibilidade deflui desse ato de pagar.

A lei proíbe, de um lado, ao credor natural exigir o pagamento da dívida, fulminando de nulidade qualquer ato jurídico que pretenda validar ou assegurar tal débito, como, p. ex., qualquer contrato que encubra ou envolva reconhecimento, novação, fiança de dívida de jogo (CC, art. 814, § 1º), e, de outro lado, veda ao devedor natural recobrar o que pagou ao credor[59], pois esse pagamento é válido, visto que a lei não o proíbe, tanto assim que nega o direito de repetição, concedendo-lhe uma tutela indireta, por meio da exceção da *soluti retentio* contra a devolução do pagamento, que porventura lhe opusesse aquele que solveu a dívida natural[60] (*RTJ*, *72*:313, *49*:352). Isto é assim porque o credor, ao receber o pagamento, não se locupleta com o alheio, mas está recebendo o que lhe pertence, não havendo violação do princípio que veda o locupletamento ilícito (CC, art. 876)[61].

Como a lei dá ao devedor natural a plena liberdade de cumprir ou não essa obrigação, a obrigação natural contém em si uma relação creditória, pois pode ser cumprida voluntariamente. Efetuado seu pagamento, ante o fato de não poder ser exigido judicialmente, o cumprimento dessa obrigação não tem o caráter de liberalidade, mas de verdadeiro pagamento, que não pode ser repetido a título de enriquecimento injusto[62].

Giorgi (op. cit., v. 3, § 367): "*Ma se l'indole dell'obbligazione fosse per sè manifesta, ed apparisse chiaramente che l'attore pretende la condanna del convenuto per un debito di giuoco, sia egli pur contumace, sia pure silenzioso e presente alla domanda dell'attore, noi crediamo che il giudice dovebbe rigettare d'uffizio la domanda. E la ragione si è, perchè non si tratta qui di un'eccezione, la quale debba troncare il corso dell'azione; mas si tratta di mancanza d'azione*".

54. Carvalho Santos, op. cit., v. 19, p. 413. A respeito da questão da inexigibilidade da obrigação natural, consulte Emilio Betti, *Teoria general del negocio jurídico*, trad. Martin Perez, Madrid, p. 292.

55. Orlando Gomes, op. cit., p. 101.

56. Caio M. S. Pereira, op. cit., p. 36.

57. Miguel Reale, *Nos quadrantes do direito positivo*, Ed. Michalany, 1960, p. 370 e s.

58. Pontes de Miranda, op. cit., t. 6, p. 41 e 49.

59. Miguel Reale, op. cit., p. 372-3.

60. M. I. Carvalho de Mendonça, op. cit., t. 1, p. 151.

61. Sobre o assunto, *vide* Ripert, op. cit., ns. 195 e 196.

62. Enneccerus, Kipp e Wolff, op. cit., t. 2, p. 13.

Sinteticamente, o cumprimento de uma obrigação natural depende da vontade do devedor. Assim, se ele se recusar a cumpri-la, a obrigação não terá executoriedade e ninguém poderá indagar as razões que o levaram a não efetivá-la, uma vez que ele poderá arguir a exceção de falta de causa real para fulminar a ação pela qual o credor pretender exigir o seu adimplemento[63], já que a norma não autoriza o credor a exigir o seu pagamento. Todavia, se o devedor natural a cumprir, não poderá se arrepender, pois a norma não o autoriza a exigir a restituição da quantia paga, ao conferir ao credor a *soluti retentio*, ou seja, o direito de opor-se à repetição intentada pelo devedor que voluntariamente pagou um débito inexigível[64].

Quadro Sinótico

OBRIGAÇÕES EM RELAÇÃO AO SEU VÍNCULO

1. OBRIGAÇÃO CIVIL	• É a que, fundada no *vinculum juris*, sujeita o devedor à realização de uma prestação no interesse do credor, estabelecendo um liame entre os dois sujeitos, abrangendo o dever da pessoa obrigada (*debitum*) e sua responsabilidade em caso de inadimplemento (*obligatio*), possibilitando ao credor recorrer à intervenção estatal para obter a prestação, tendo como garantia o patrimônio do devedor.

2. OBRIGAÇÃO MORAL	• É a que, fundada no *vinculum solius aequitatis*, sem *obligatio*, constitui mero dever de consciência, sendo cumprida apenas por questão de princípios; logo, sua execução é mera liberalidade.

3. OBRIGAÇÃO NATURAL	• Conceito	• É aquela em que o credor não pode exigir do devedor uma certa prestação, embora em caso de seu adimplemento, espontâneo ou voluntário, possa retê-la a título de pagamento e não de liberalidade.
	• Caracteres	• Não é obrigação moral. • Acarreta inexigibilidade da prestação. • Se for cumprida espontaneamente por pessoa capaz, ter-se-á a validade do pagamento. • Produz irretratabilidade do pagamento feito em seu cumprimento. • Seus efeitos dependem de previsão normativa.
	• Efeitos	*a*) Ausência do direito de ação do credor para exigir seu adimplemento. *b*) Denegação da *repetitio indebiti* ao devedor que a realizou. *c*) Não é suscetível de novação e de compensação. *d*) Não comporta fiança. *e*) Não lhe será aplicável o regime prescrito para os vícios redibitórios.

63. J. Nascimento Franco, op. cit., p. 77.
64. De Gasperi, *Tratado de las obligaciones*, v. 1, p. 69.

3. OBRIGAÇÃO NATURAL	• Obrigação natural no direito brasileiro (CC, art. 882, *in fine*)	• Dívida prescrita (CC, art. 882, 1ª parte). • Dívidas para obter fim ilícito, imoral ou proibido por lei (CC, art. 883). • Débitos resultantes de jogo e aposta (CC, arts. 814 e 815). • Mútuo feito a menor, sem a prévia autorização daquele sob cuja guarda estiver (CC, arts. 588 e 589). • Juros não estipulados (CC, arts. 586 e 591). • Gorjetas a empregados de restaurantes, de hotéis etc. • Comissão amigável outorgada a intermediários ocasionais em negócios imobiliários.
	• Natureza	• Trata-se de norma não autônoma, por não autorizar o emprego da coação como meio para conseguir a observância de seus preceitos, mas que tem juridicidade por se ligar essencialmente a uma norma que contenha tal autorização, visto que apenas estabelece negativamente o pressuposto da sanção.

B. Obrigações quanto ao seu objeto

b.1. Obrigações atinentes à natureza do objeto

b.1.1. Obrigação de dar

b.1.1.1. Espécies de prestação de coisa

A obrigação de prestação de coisa vem a ser aquela que tem por objeto mediato uma coisa que, por sua vez, pode ser certa ou determinada (CC, arts. 233 a 242) ou incerta (CC, arts. 243 a 246)[65].

A obrigação será *específica* se tiver por objeto coisa certa e determinada, como, p. ex., a que recai sobre o vendedor do cavalo de corridas Faraó ou do quadro "X" de Portinari. E será *genérica* se seu objeto for indeterminado, como, p. ex., a que incide sobre o vendedor de 100 pipas de vinho ou de 50 sacas de café.

São consideradas como prestações de coisa as obrigações do vendedor e do comprador, do locador e do locatário, do doador e do depositário (CC, art. 627), do segurador e do segurado (Lei n. 15.040/2024, art. 1º), do comodatário, do rendeiro ou censuário (CC, art. 810), do mutuário (CC, art. 586) etc.

Nas chamadas obrigações de dar (de prestação de coisa)[66] incluem-se prestações de índole diversa:

a) *Obrigação de dar* (*ad dandum*), caso em que a prestação do obrigado é essencial à constituição ou transferência do direito real sobre a coisa móvel ou imóvel. A entrega da coisa tem por escopo a transferência de domínio ou de outros direitos reais.

---

65. Antunes Varela, op. cit., p. 325; Sebastião José Roque, *Direito das obrigações*, cit., p. 31 a 36; Raphael de Barros Monteiro Filho, Ralpho Waldo de Barros Monteiro e Ralpho Waldo de Barros Monteiro Filho, Obrigação de dar, *O novo Código Civil – estudos em homenagem a Miguel Reale*, São Paulo, LTr, 2003, p. 178 a 203. Competirá a quem pretender, com base em prova escrita sem eficácia de título executivo, pagamento de soma em dinheiro, entrega de coisa fungível ou de determinado bem móvel, ingressar em juízo com *ação monitória* (CPC, arts. 700, I e II, 701, § 1º e 702).

66. Antunes Varela, op. cit., p. 74 e s.; Renan Lotufo, *Código Civil comentado*, São Paulo, Saraiva, 2003, v. 2, p. 13 a 45. *Vide*: *JTACSP*, *140*:83; *RT*, *777*:408, *714*:220, *553*:133; *RJTJSP*, *135*:324; *RJ*, *134*:109, *JTA*, *185*:349.

Tal obrigação surge, p. ex., por ocasião de um contrato de compra e venda, em que o devedor se compromete a transferir o domínio para o credor do objeto da prestação, tendo este, então, direito à coisa (*jus ad rem*), embora a aquisição do direito fique na dependência da tradição do devedor. É o que se dá, p. ex., com o vendedor ou doador de bem móvel, que ficam obrigados a transferir a propriedade da coisa vendida ou doada, embora continuem donos enquanto não realizarem o ato posterior da entrega (CC, art. 237; *RT*, *486*:206, *377*:146, *479*:76, *398*:340, *456*:209, *431*:66).

A obrigação de dar, por si só, confere tão somente ao credor mero direito pessoal (*jus ad rem*) e não real (*jus in re*), visto que o credor só adquirirá o domínio pela tradição da coisa pelo devedor, pois, conforme nosso ordenamento jurídico, o contrato não opera transferência de propriedade (CC, art. 1.267), exigindo, para tanto, tradição para os móveis e tradição solene (CC, art. 1.245, § 1º, e Lei n. 6.015/73, arts. 227 a 245) ou registro para os imóveis. Se o vendedor deixar de entregar a coisa avençada, o adquirente não poderá requerer a reivindicatória porque não há direito real de propriedade; terá direito, porém, de mover ação de indenização para ser ressarcido dos danos sofridos com o inadimplemento da obrigação (CC, art. 389). Logo, a obrigação de dar, segundo lição de R. Limongi França, é aquela em virtude da qual o devedor fica jungido a promover, em benefício do credor, a tradição da coisa (móvel ou imóvel), já com o fim de outorgar um novo direito. Dessa forma, o devedor somente poderá comprometer-se a entregar a coisa ao credor para transferir-lhe o domínio. O adquirente será mero credor antes de tal tradição[67].

b) *Obrigação de restituir*[68], que não tem por escopo transferência de propriedade, destinando-se apenas a proporcionar o uso, fruição ou posse direta da coisa, temporariamente.

A *obrigação de restituir* se caracteriza por envolver uma devolução, como, p. ex., a que incide sobre o locatário, o mutuário, o comodatário, o depositário, o mandatário, uma vez findo o contrato, dado que o devedor deverá devolver coisa a que o credor já tem direito de propriedade por título anterior à relação obrigacional. O devedor, por haver recebido coisa alheia, encontra-se adstrito a devolvê-la, pois o credor é o proprietário do bem[69], já que houve apenas uma cessão de posse da coisa ao devedor. Assim, se este, vencido o prazo, não a devolver ao credor, cometerá esbulho, competindo ao titular da posse a ação de reintegração (*RT*, *389*:132, *457*:255, *458*:231; *RF*, *146*:357), enquanto pela Lei do Inquilinato (Lei n. 8.245/91, arts. 59 a 66) o proprietário pode valer-se da ação de despejo, para obter-lhe a desocupação[70].

---

67. R. Limongi França, *Manual*, cit., v. 4, t. 1, p. 60; Pothier, *Traité des obligations*, p. 71; De Page, op. cit., v. 2, p. 375; W. Barros Monteiro, op. cit., p. 56; Bassil Dower, op. cit., v. 2, p. 37. O Código Civil francês dispõe a esse respeito de modo contrário ao nosso, pois admite que o simples acordo de vontade entre as partes opere a transferência de domínio. Deveras, é o que se infere dos seguintes dispositivos: Art. 711. "*La propriété des biens s'acquiert et se transmet par succession, par donation entre vifs ou testamentaire, et par l'effet des obligations.*" Art. 1.583. "*... la propriété est acquise de droit à l'acheteur à l'égard du vendeur, dès qu'on est convenu de la chose et du prix, quoique la chose n'ait pas encore été livrée ni le prix payé.*" É, portanto, a obrigação que se assume de efetuar a tradição da coisa. *Vide* CPC, arts. 498, parágrafo único, e 538; segundo este último dispositivo se a obrigação de entregar coisa no prazo estabelecido na sentença não for cumprida, expedir-se-á mandado de busca e apreensão ou de imissão na posse em favor do credor, conforme se tratar de bem móvel ou imóvel.

68. Antunes Varela, op. cit., p. 74, nota 71; Sylvio Capanema de Souza, O pagamento por consignação nas obrigações de restituir, *Livro de Estudos Jurídicos*, *8*:431-3.

69. Silvio Rodrigues, *Direito civil*, 3. ed., Max Limonad, 1968, v. 2, p. 29; Trabucchi, op. cit., p. 441; Tito Fulgêncio, *Das modalidades das obrigações*, 2. ed., p. 90. *Vide* CPC, art. 538, §§ 1º a 3º.

70. Dentre outras, nosso Código Civil prevê a obrigação de restituir nos arts. 36, 39, 162, 417, 420, 1.214, parágrafo único, 1.233, 1.392, § 1º, 1.433, III, 1.434, 1.435, IV, 1.459, IV, 1.817, parágrafo único, 1.951 e 1.992; *RT*, *389*:132, *458*:231, *680*:135, *760*:418.

Pelo Código Civil, art. 238, "se a obrigação for de restituir coisa certa, e esta, sem culpa do devedor, se perder antes da tradição, sofrerá o credor a perda, e a obrigação se resolverá, ressalvados os seus direitos até o dia da perda". Assim, se se provar a perda (destruição total) da coisa que deve ser restituída sem que tenha havido culpa do devedor, o credor, por ser o proprietário, arcará com todos os prejuízos, e a obrigação se extinguirá. Todavia, se houver perda da coisa por culpa do devedor, este responderá pelo equivalente (valor), mais perdas e danos (CC, arts. 239, 583 e 1.995).

Se o bem restituível sofrer deterioração sem que tenha havido culpa do devedor, o credor deverá recebê-lo no estado em que se encontrar, sem direito a qualquer indenização, pois se não há culpa não pode haver responsabilidade pelo prejuízo. Entretanto, se a coisa se deteriorar por culpa do devedor, o credor poderá exigir o equivalente, mais perdas e danos, podendo, se quiser, optar pelo recebimento do bem no estado em que se achar, acrescido das perdas e danos (CC, art. 240 c/c os arts. 239 e 1.435, IV).

Se a coisa restituível se valorizar em virtude de frutos, benfeitorias, melhoramentos e acréscimos que se derem sem despesa ou trabalho (concurso de vontade) do devedor, lucrará o credor com o fato sem pagar indenização, pela simples razão de que a coisa lhe pertence (CC, arts. 241, 629, 1.435, IV; *RT, 225*:456), uma vez que o acessório segue o principal. Mas, se o bem teve melhoramentos em razão de dispêndio ou trabalho do devedor, o credor está adstrito a pagá-los (CC, art. 242), observando os arts. 1.219 a 1.222 do Código Civil, com exceção da regra relativa a comodato, prevista no art. 584, que reza: "O comodatário não poderá jamais recobrar do comodante as despesas feitas com o uso e gozo da coisa emprestada" (*AJ, 108*:607). Se para o melhoramento o devedor empregou trabalho ou efetuou despesa, cumpre averiguar se procedeu de boa ou má-fé. Se o devedor estiver de boa-fé, terá direito à indenização dos melhoramentos necessários (feitos para conservação) e úteis (realizados para facilitar o uso), podendo, sem detrimento para a coisa, levantar os voluptuários (efetivados para embelezamento ou recreação), se não for reembolsado da respectiva importância, tendo, ainda, o direito de retenção no que concerne ao valor dos acréscimos úteis e necessários (CC, arts. 884 e 1.219). Entretanto, se estiver de má-fé, apenas terá direito à indenização dos melhoramentos necessários, sem que lhe assista o direito de retenção pela importância destes e dos úteis, não podendo levantar os de mero deleite (CC, art. 1.220; *RT, 458*:231, *399*:229, *479*:161; *RTJ, 60*:719). Quanto ao melhoramento apenas útil ou voluptuário, perde-o o devedor em favor do credor, que o recebe a título gratuito, como uma compensação pelo tempo em que ficou privado do bem.

Pelo art. 242, parágrafo único, que manda observar o disposto nos arts. 1.201, 1.214, 1.215, 1.217 e 1.219 do Código Civil quanto aos frutos percebidos, serão estes do devedor de boa-fé, que, contudo, não terá direito aos pendentes nem aos colhidos com antecipação; logo, o de má-fé (CC, arts. 1.216, 1.218 e 1.220) responde por todos os frutos colhidos e percebidos, repassando-os ao credor ou dando-lhe o equivalente, mais perdas e danos, bem como pelos que, por culpa sua, deixou de perceber, desde o momento em que se constituiu de má-fé, tendo direito, porém, às despesas de produção e custeio (*AJ, 101*:96)[71], ou seja, de tudo o que gastou, para que não haja enriquecimento indevido.

A diferenciação entre obrigação de dar e de restituir tem grande importância na seara processual, pois a possibilidade de busca e apreensão judicial da coisa e sua consequente entrega pelo tribunal ao credor (previstas nos arts. 536, §§ 1º e 2º, e 538 do CPC como o momento culminante da execução para a entrega de coisa certa) só têm cabimento no que concerne às obrigações de restituir. Nestas, se o devedor não cumprir e o credor requerer, judicialmente,

---

71. W. Barros Monteiro, op. cit., p. 65-8; M. Helena Diniz, Obrigação de dar, in *Enciclopédia Saraiva do Direito*, v. 55, p. 330.

a realização da prestação, o órgão judicante poderá apreender a coisa no patrimônio do executado e entregá-la ao exequente, substituindo-se o devedor inadimplente[72].

Em se tratando de obrigação de dar, tal substituição do devedor pelo tribunal, nos moldes do art. 538 do Código de Processo Civil, é impossível, uma vez que nosso ordenamento não confere eficácia real aos contratos. A referência do art. 538 do Código de Processo Civil à *imissão na posse* revela que, nesta execução, o domínio não se acha em jogo, ou porque a coisa já era do credor, mas estava no poder do devedor, ou porque este se obrigara a entregá-la e não o fizera, ou, ainda, porque sempre fora do credor e o devedor não a restituiu[73].

As obrigações de restituir, pondera Washington de Barros Monteiro, são, dentre todas as obrigações de dar, as que mais facilmente se prestam ao cumprimento em espécie; excetuada a hipótese de coisa infungível que se tenha perdido, tudo se reduz à sua apreensão judicial, para entrega ao credor[74].

c) Obrigação de contribuir, que, prevista no Código Civil, arts. 1.315, 1.334, I, 1.336, I, § 1º, 1.568 e 1.688, rege-se pelas normas da obrigação de dar, de que constitui uma modalidade, e pelas disposições legais alusivas às obrigações pecuniárias[75].

d) Obrigação de solver dívida em dinheiro (*RF, 112*:136), que abrange prestações especiais, consistentes não só em dinheiro (p. ex., o pagamento do preço, na compra e venda; do aluguel, no contrato de locação), mas também em composição de perdas e danos (quando não puder ser exequível pela espécie estipulada no contrato) e em pagamento de juros. O objeto dessas prestações consiste no valor quantitativo, do qual o dinheiro não passa de um meio[76].

b.1.1.2. Obrigação de dar coisa certa

b.1.1.2.1. Noção

Temos obrigação de dar coisa certa quando seu objeto é constituído por um corpo certo e determinado, estabelecendo entre as partes da relação obrigacional um vínculo em que o devedor deverá entregar ao credor uma coisa individuada, como, p. ex., o iate Cristina, o cavalo de corridas Relâmpago etc.

Trata-se da *species* do direito romano, ou seja, uma coisa inconfundível com outra, de modo que o devedor é obrigado a entregar a própria coisa designada, em razão do estabelecido no art. 313 do Código Civil: "O credor não é obrigado a receber prestação diversa da que lhe é devida, ainda que mais valiosa" (*RT, 550*:247). Assim sendo, o devedor somente se exonera da obrigação com a entrega do bem avençado.

Para que se libere do débito com a entrega de outra coisa, mediante dação em pagamento (CC, art. 356), deverá celebrar um outro acordo com o credor, porque não lhe é permitido alterar, unilateralmente, o objeto da prestação. E, para que possa pagar sua dívida parceladamente, precisará também efetuar novo pacto, se assim não estava convencionado. Se, porventura, o devedor dessa modalidade de obrigações entregar ao credor uma coisa por outra, incidirá em erro, que o autoriza a demandar a repetição.

É óbvio que a obrigação de dar coisa certa abrange-lhe os acessórios, conforme estatui o Código Civil, art. 233, embora não mencionados, salvo se o contrário resultar do título

---

72. Antunes Varela, op. cit., p. 76. *Vide* CPC, art. 536, §§ 1º e 2º.

73. *Vide* Mendonça Lima, *Comentários ao Código de Processo Civil,* v. 6, t. 2, n. 1.759.

74. W. Barros Monteiro, op. cit., p. 69. *Vide* Enunciado n. 15 do Conselho de Justiça Federal, aprovado na I Jornada de Direito Civil.

75. W. Barros Monteiro, op. cit., p. 69.

76. Serpa Lopes, op. cit., v. 2, p. 70; Orlando Gomes, op. cit., p. 57.

ou das circunstâncias do caso, devido à regra geral de que o acessório segue, logicamente, o principal (CC, art. 92)[77].

Assim, se houver obrigação de entregar a Chácara "Pouso Alegre", nela incluir-se-ão as benfeitorias e as pertenças (CC, art. 94), a não ser que haja estipulação contratual ou legal, liberando o devedor da entrega dos acessórios.

Igualmente, não há dever de entregar acessório se o contrário resultar das circunstâncias do caso; logo, p. ex., num contrato de locação de prédio, o inquilino, no vencimento contratual, não terá a obrigação de entregar o imóvel com os móveis que nele colocou após a celebração do contrato.

b.1.1.2.2. Consequências da perda ou da deterioração da coisa certa

O devedor deverá não só velar pela conservação da coisa certa que deve entregar ao credor (CC, art. 239), mas também defendê-la contra terceiros, recorrendo, se for necessário, aos meios judiciais.

Entretanto, mesmo havendo prudência e diligência do devedor, pode o objeto se perder (*periculum interitus*). Não havendo culpa do devedor e perdida a coisa antes de efetuada a tradição ou pendente a condição suspensiva (CC, art. 125), resolve-se a obrigação para ambos os contratantes (CC, art. 234, 1ª parte; *RT, 288*:696). O prejuízo só será, tratando-se de compra e venda, do vendedor, pois ele é o proprietário (CC, art. 492). Se já ocorreu a tradição e a coisa vier a se perder logo em seguida, o risco deverá ser, então, suportado pelo comprador, que já é o seu dono, exceto se houve fraude ou negligência do vendedor (*RF, 125*:210).

Se a coisa, sem culpa do devedor, se deteriorar (*periculum deteriorationis*), vindo a sofrer diminuição de seu valor ou degradação física, caberá, neste caso, ao credor escolher se considera extinta a relação obrigacional, voltando as partes ao *statu quo ante*, ou se aceita o bem no estado em que se encontra, abatido de seu preço o valor do estrago (CC, art. 235). Assim, p. ex., se "A" vier a comprar de "B" um boi reprodutor, e este vem a contrair doença que o deixa estéril, "A" poderá optar entre a resolução da obrigação assumida ou o recebimento do animal, abatendo-se proporcionalmente o preço, considerando-se não mais o valor de semovente para reprodução, mas a avaliação para serviços rurais ou para o corte.

Perecendo a coisa por culpa do devedor, ele deverá responder pelo equivalente, isto é, pelo valor que a coisa tinha no momento em que pereceu, mais as perdas e danos (CC, art. 234, 2ª parte), que compreendem a perda efetivamente sofrida pelo credor (dano emergente) e o lucro que deixou de auferir (lucro cessante) (CC, art. 402).

Deteriorando-se o objeto por culpa do devedor, poderá o credor exigir o equivalente (valor da coisa em dinheiro) ou aceitar a coisa no estado em que se achar, com direito de reclamar, em um ou em outro caso, indenização das perdas e danos (CC, art. 236)[78].

---

77. Consulte M. Helena Diniz, Obrigação de dar, cit., v. 55, p. 328-9; Luigi Ferrara, *Diritto privato attuale*, p. 128 e 730; Silvio Rodrigues, op. cit., p. 29-31; Clóvis Beviláqua, op. cit., v. 4, p. 129; W. Barros Monteiro, op. cit., p. 58-60; Ramón Silva Alonso, *Derecho de las obligaciones*, Asunción, Ed. Intercontinental, 1996, p. 245 e s.; Ricardo A. Gregorio, *Comentários ao Código Civil* (coord. Camillo, Talavera, Fujita e Scavone Jr.), São Paulo, Revista dos Tribunais, 2006, p. 304-5; *RT, 572*:219. Se se vender um iate, com ele dever-se-á entregar rádio, âncora, salva-vidas etc., se o contrário não estiver estipulado no ato negocial. Há quem ache como Mário Luiz Delgado Régis (*Código Civil comentado*, coord. Fiuza, São Paulo, Saraiva, 2011), que: "as pertenças (art. 93), por conservarem a sua individualidade e autonomia, também não seguem o preceito *acessorium sequitur principale*. Se não estiverem mencionadas expressamente no contrato, não estarão abrangidas na obrigação de dar coisa certa".

78. Mazeaud e Mazeaud, op. cit., v. 2, p. 15; M. Helena Diniz, Obrigação de dar, cit., p. 329; W. Barros Monteiro, op. cit., p. 62-3; Silvio Rodrigues, op. cit., p. 33-4; Jorge Luiz Ieski Calmon de Passos, Execução para a

Didática e graficamente temos:

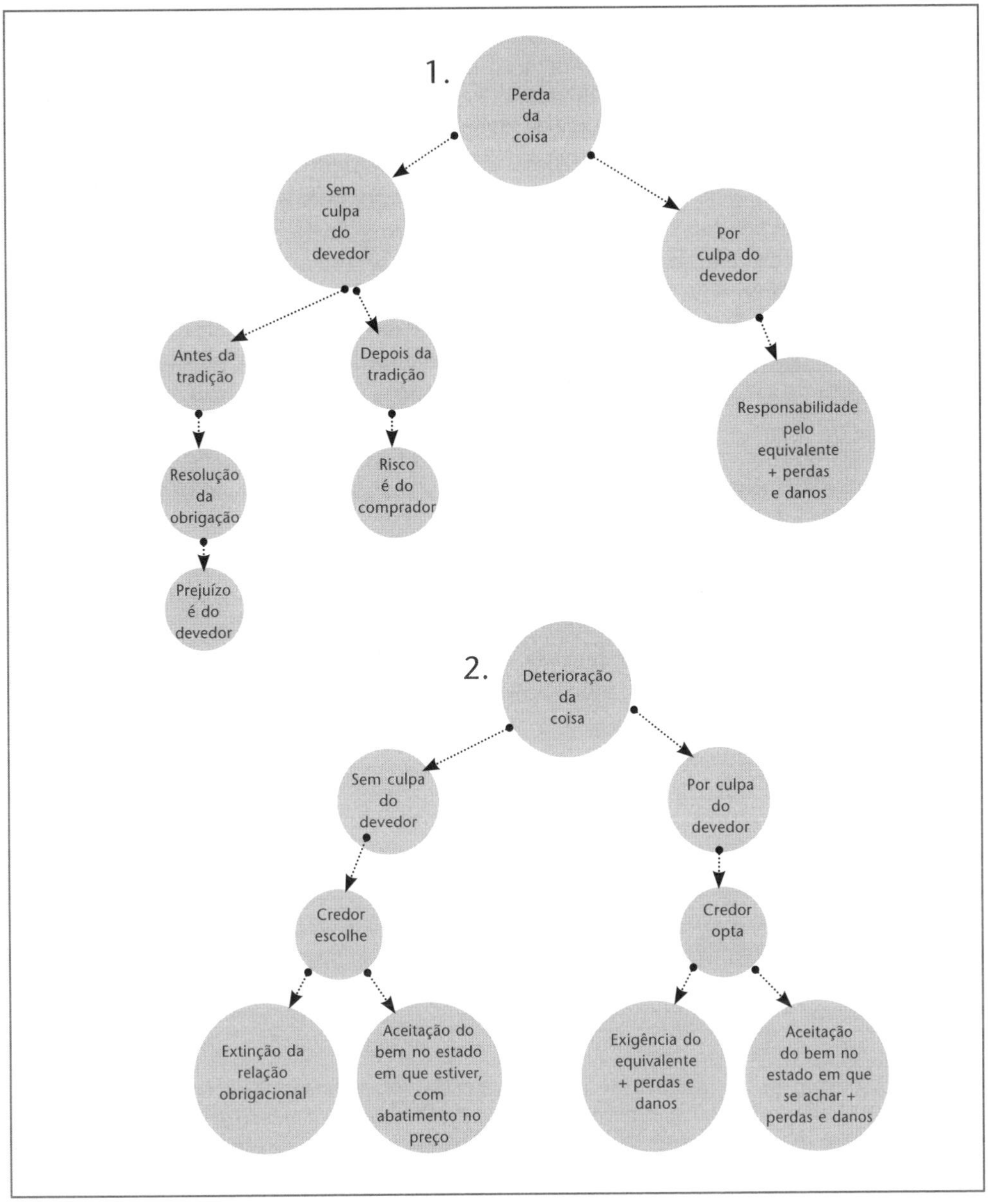

---

entrega de coisa certa: exegese do art. 621 do Código de Processo Civil, *Revista Jurídica*, *5*:53-69; Sílvio de Salvo Venosa, *Direito civil*, p. 85. *Vide* Código de Processo Civil, arts. 806 a 810, 498, parágrafo único, e 538, sobre a execução para a entrega de coisa certa; *RT*, *533*:124; *564*:224. É bom ressaltar que, na indenização, dever-se-á considerar a diferença entre o valor da coisa, antes e depois da deterioração, conforme assevera Mário Luiz Delgado Régis (*Novo Código Civil comentado*, coord. Fiuza, São Paulo, Saraiva, 2002, p. 229). "As disposições do art. 236 também são aplicáveis à hipótese do art. 240, *in fine*" (Enunciado n. 15 do Conselho da Justiça Federal, aprovado na I Jornada de Direito Civil, de 2002).

b.1.1.2.3. Cômodos na obrigação de dar coisa certa

Cômodos nada mais são do que vantagens produzidas pela coisa.

Nas relações obrigacionais em que o devedor deve dar coisa certa, os seus melhoramentos (modificações que a melhoram) e acrescidos (o que se lhe acrescenta ou acréscimos) pertencem ao devedor, pelos quais pode exigir aumento no preço ou a resolução da obrigação, se o credor não concordar (CC, art. 237). Se o bem vier a receber acréscimos, quantitativos ou qualitativos, como frutos, acessões, benfeitorias etc., supervenientes ao ato negocial, o devedor fará jus a um aumento no preço, pois, se assim não for, o credor irá locupletar-se indevidamente, visto que receberia coisa mais valiosa do que o *quantum* que pagou. O credor deve, portanto, atuar conforme a boa-fé objetiva e a probidade, atendendo ao princípio da equivalência da prestação. Suponhamos, p. ex., que o objeto a ser entregue seja a égua Maravilha que, algum tempo depois, venha a ter cria. Se o devedor se obrigou a entregar Maravilha, não pode ser compelido a dar o potro, pois tem o direito de exigir aumento do preço pelo acréscimo que a coisa teve; se o credor não anuir em pagar o *quantum* apurado em razão da valorização sofrida pelo bem, o devedor poderá resolver a obrigação, salvo no caso previsto no art. 12, § 2º, da Lei n. 492/37, que dispõe: "Os animais da mesma espécie, comprados para substituir os mortos, ficam sub-rogados no penhor, que se estende às crias dos empenhados".

Quanto aos frutos, os percebidos até a tradição são do devedor, pois a condição de proprietário lhe dá esse direito de fruição, e os pendentes ao tempo da tradição, do credor (CC, art. 237, parágrafo único), aplicando-se o princípio de que o acessório segue o principal. Realmente, se com a tradição da coisa, o credor passará a ser o titular da propriedade, os frutos não colhidos serão seus, por serem acessórios do bem principal, cuja propriedade lhe foi transferida[79].

b.1.1.3. Obrigação de dar coisa incerta

b.1.1.3.1. Conceito

A obrigação de dar coisa incerta ou obrigação genérica (Karl Larenz) consiste na relação obrigacional em que o objeto, indicado de forma genérica no início da relação, vem a ser determinado mediante um ato de escolha, por ocasião do seu adimplemento.

---

79. Serpa Lopes, op. cit., p. 63-4; Matiello, *Código Civil*, cit., p. 190; M. Helena Diniz, Obrigação de dar, cit., p. 329-30; Rui Rosado Aguiar, *Extinção dos contratos por incumprimento do devedor*, Rio de Janeiro, Aide, 2003, p. 164. Interessantíssimo é, a respeito, o exemplo dado por Fábio Ulhoa Coelho (*Curso*, cit., v. 2, p. 48): "um dos oitenta autorretratos de Rembrandt, feito em 1634, foi alterado por um de seus assistentes (ao que consta, a pedido do próprio mestre, para tentar vender o quadro mais facilmente). O assistente pintou sobre o rosto do famoso pintor flamengo um bigodudo e encabelado nobre russo com um engraçado gorro vermelho. A tela foi, por cerca de três séculos, negociada como sendo da 'oficina de Rembrandt', evidentemente a preços menores do que o das pintadas pelo próprio Rembrandt. Nos anos 1930, descobriu-se o autorretrato sob as camadas de tinta do assistente e, nos anos 1980, elas foram removidas. A descoberta de que a tela tinha sido originariamente pintada por Rembrandt representou um extraordinário melhoramento na coisa, pois, a partir de então, atingiu preços consideravelmente maiores (em 2003, ela foi arrematada num leilão da Sotheby's por mais de 11 milhões de dólares). Se essa descoberta acontece, imagine-se, entre a constituição e a execução de obrigação de dar que tem a tela por objeto, sucede melhoramento que altera os direitos dos sujeitos nela vinculados".

Sua prestação é indeterminada, porém suscetível de determinação, pois seu pagamento é precedido de um ato preparatório de escolha que a individualizará, momento em que a obrigação de dar coisa incerta se transmuda numa obrigação de dar coisa certa.

Todavia, essa escolha não pode ser absoluta; o devedor deverá levar em conta as condições estabelecidas no contrato, bem como as limitações legais, uma vez que a lei, na falta de disposição contratual, estabelece um critério, segundo o qual o devedor não poderá dar a coisa pior, nem ser obrigado a prestar a melhor. Deverá entregar, então, coisa de qualidade média (CC, art. 244).

Quanto à obrigação de dar coisa certa, o devedor não pode escolhê-la, uma vez que esta já se encontra determinada de modo específico[80].

b.1.1.3.2. Preceitos legais que a disciplinam

A sua prestação não apresenta indeterminação em sentido absoluto, pois a coisa incerta será indicada ao menos pelo gênero (pertinência a uma categoria de bens – como diz Massimo Bianca) e pela quantidade (CC, art. 243), como, p. ex., 30 quilos de café, 50 sacas de feijão, 15 caminhões, 10 cães, 20 cavalos etc.

O Projeto de Lei n. 699/2011 sugere que se substitua o termo *gênero* (arts. 243 e 244) pela palavra *espécie*. Deveras, Álvaro Villaça Azevedo critica a redação desse artigo, por utilizar a palavra "gênero", observando que: "Melhor seria, entretanto, que tivesse dito o legislador: espécie e quantidade. Não: gênero e quantidade, pois a palavra gênero tem um sentido muito amplo. Considerando a terminologia do Código, por exemplo, cereal é gênero e feijão é espécie. Se, entretanto, alguém se obrigasse a entregar uma saca de cereal (quantidade: uma saca; gênero: cereal), essa obrigação seria impossível de cumprir-se, pois não se poderia saber qual dos cereais deveria ser o objeto da prestação jurídica. Nestes termos, é melhor dizer-se: espécie e quantidade. No exemplo supra, teríamos: quantidade (uma saca); espécie (de feijão). Dessa maneira que, aí, o objeto se torna determinável, desde que a qualidade seja posteriormente mostrada". Mas o Parecer Vicente Arruda não acatou essa proposta ao analisar o PL n. 6.960/2002 (atual PL n. 699/2011), alegando que alterar o termo "gênero" contido no texto legal por "espécie" em nada resolveria o problema; se, como pretende o autor do projeto, "feijão" é espécie do gênero "cereal", a palavra "tecido" é espécie de "algodão", de "lã", de "fibra sintética", ou tecido é "gênero" e tecido de algodão, de lã, de seda, de microfibra são espécies? Por outro lado, se se substituir gênero por espécie, estar-se-ia transformando coisa incerta em certa, determinável dentre certo número de coisas certas da mesma espécie.

Percebe-se que nenhuma individuação é feita, mas a determinação genérica deve vir necessariamente acompanhada pela determinação numérica, que constituem o mínimo de notas essenciais para que se especifique seu objeto, segundo critérios correntes no comércio jurídico, pois só assim a obrigação genérica poder-se-á dizer válida; logo, se alguém prometer dar livros sem precisar a quantidade, nada prometeu.

O estado de indeterminação é transitório. Logo, para que tal obrigação de dar coisa incerta seja suscetível de cumprimento, é preciso que a coisa indeterminada se determine

---

80. M. Helena Diniz, Obrigação de dar, cit., p. 330-31; Lafaille, *Derecho civil*: tratado de las obligaciones, v. 2, p. 134; Carlos Alberto Dabus Maluf, Das obrigações de dar coisa incerta no direito civil, *RF*, *296*:55; C. Massimo Bianca, *Diritto civile*: *l'obbligazione*, Milano, Giuffrè, 1990, p. 110-12.

por meio de um ato de escolha ou de seleção de coisas constantes do gênero, para que sejam, depois, enviadas ao credor[81].

Essa escolha se efetiva com um ato jurídico unilateral designado *concentração*, que é a individuação da coisa, que se manifesta no momento do adimplemento da obrigação. Exterioriza-se – ensina Washington de Barros Monteiro[82] – mediante atos apropriados, como a separação (que compreende a pesagem, a medição e a contagem) e a expedição. Separar-se-á, p. ex., 10 sacas de café tipo A, 200 cabeças de gado da raça Nelore ou 20 cavalos da raça manga-larga.

Incumbe às partes estabelecer a quem cabe tal escolha, que poderá ser do credor, do devedor ou, até mesmo, de terceiro. Se os contratantes a confiaram a um deles ou a terceiro (CC, art. 485; *TJRJ*, 2ª Câm. Civ., Ag. Inst. 199.100.200.140, rel. Des. Maria Stella Rodrigues, j. 25-6-1991), respeitar-se-á a indicação do título constitutivo da obrigação. Se as partes nada estipularam a respeito, de acordo com o Código Civil, art. 244, a concentração competirá ao devedor, que deverá guardar o meio-termo entre os congêneres da melhor e da pior qualidade (*RT, 504*:80), ou seja, entregar coisa de qualidade média (*mediae aestimationis*). Se, p. ex., houver obrigação de entregar 200 litros de leite (gênero), diz Ricardo A. Gregorio, a escolha deverá recair sobre o tipo B (qualidade média) entre as espécies A (melhor qualidade) e C (pior qualidade). Estabelecido está, portanto, um critério de eleição, que sujeita a escolha, no dizer de Dieter Medicus, a uma qualidade *standard*. É preciso lembrar que, se a *escolha couber ao credor*, será ele citado para esse fim, sob pena de perder esse direito, caso em que o devedor deverá providenciá-la (CC, art. 342). Portanto, no momento da execução dessa obrigação o bem devido deve estar individualizado. Se a *escolha do objeto da prestação couber ao devedor*, este será citado para entregá-lo individualizado, e, se couber ao credor, este o indicará na petição inicial (CPC, art. 811 e parágrafo único) da execução da obrigação de dar coisa incerta, sob pena de renúncia do direito de efetuar a concentração, hipótese em que, então, o devedor executado poderá depositar o que escolher, conforme sua conveniência. Qualquer das partes poderá, pelo Código de Processo Civil, art. 812, impugnar a escolha feita pela outra no prazo de 15 dias, contadas da manifestação do exercício da escolha; sobre essa impugnação, o juiz decidirá de plano, ou, se for necessário, ouvindo perito por ele nomeado.

Após a escolha pelo devedor, cientificado (por meio de carta, *e-mail*, telegrama, fac-símile etc.) desta o credor, a obrigação passa a ser de dar coisa certa (CC, arts. 233 a 242), regendo-se pelas normas condizentes com essa espécie de obrigação (CC, art. 245). Antes da escolha, quer pelo devedor, quer pelo credor, a coisa permanece indeterminada, não estando, pois, a obrigação habilitada a ficar sob o regime jurídico das obrigações de dar coisa certa, de modo

---

81. Antunes Varela, op. cit., p. 325; Serpa Lopes, *Curso*, p. 64; Gustavo Tepedino, Heloísa Helena Barboza e M. Celina B. de Moraes, *Código Civil interpretado*, Rio de Janeiro, Renovar, 2004, p. 505-10. Observa Álvaro Villaça Azevedo que a técnica legislativa deveria ter-se referido à espécie e à quantidade e não ao gênero e à quantidade. Isto porque o termo *gênero* possui sentido muito amplo, visto que, p. ex., cereal é o gênero e feijão a espécie. Se alguém se obrigasse a entregar uma saca de cereal, sua obrigação seria impossível de cumprir-se, pois não se poderia saber qual dos cereais deveria ser objeto da prestação (*Teoria geral das obrigações*, São Paulo, Revista dos Tribunais, 2001, p. 66). *Vide* CPC, art. 498, parágrafo único e 811, parágrafo único, a 813.

82. W. Barros Monteiro, op. cit., p. 80. *Vide*, sobre o assunto, Antunes Varela, op. cit., p. 326; Ferrara, op. cit., p. 145; Dieter Medicus, *Tratado de las relaciones obligacionales*, Barcelona, Bosch, 1995, p. 98; Ricardo A. Gregorio, *Comentários ao Código Civil* (coord. Camillo, Talavera, Fujita e Scavone Jr.), São Paulo, Revista dos Tribunais, 2006, p. 311; *RT, 779*:192.

que, no que concerne à perda ou deterioração da coisa, não poderá o devedor falar em culpa, em força maior ou em caso fortuito (CC, art. 246[83]; *AJ*, *74*:170).

Isto é assim porque *genus nunquam perit*, ou seja, se alguém prometer entregar 30 sacas de arroz, ainda que se percam em sua fazenda todas as existentes, nem por isso eximir-se-á da obrigação; continuará, pois, adstrito à prestação debitória, uma vez que poderá consegui-las em outro lugar. Assevera Washington de Barros Monteiro[84] que esse princípio de que o gênero nunca perece é falível e comporta temperamentos, porque o *genus* pode ser limitado ou ilimitado, conforme seja ele mais ou menos amplo ou restrito.

Continua esse autor: "No gênero limitado (em que as obrigações são às vezes denominadas 'quase genéricas') existe uma delimitação, por ser ele circunscrito, às coisas que se acham num certo lugar, no patrimônio de alguém, ou sejam relativas a determinada época, p. ex., os bois de tal invernada ou de tal fazenda, o vinho de certa vindima, os livros de determinada edição, os créditos do devedor". Se o *genus* é assim delimitado, o perecimento ou inviabilidade de todas as espécies que o componham, desde que não sejam imputáveis ao devedor, acarretará a extinção da obrigação. Se um livreiro emprestar a um colega 50 exemplares de uma obra, para lhe serem devolvidos dentro de seis meses, se no fim desse prazo a obra estiver esgotada, é evidente que não será possível a entrega de exemplares novos[85]. Se o gênero se reduzir a uma

---

83. Von Tuhr, *Tratado de las obligaciones*, v. 1, p. 43; Clóvis Beviláqua, *Obrigações*, § 15; Cuturi, *La vendita*, p. 256, apud Silvio Rodrigues, op. cit., p. 40-1. O art. 246 deverá ser alterado pelo Projeto de Lei n. 699/2011, passando a ter esta redação: "Antes de cientificado da escolha o credor, não poderá o devedor alegar perda ou deterioração da coisa, ainda que por força maior ou caso fortuito, salvo se se tratar de dívida genérica limitada e se extinguir toda a espécie dentro da qual a prestação está compreendida". Justifica Fiuza que: "A redação do artigo 246, tal como concebida no anteprojeto original, continha a cláusula final 'salvo se se tratar de dívida genérica restrita', infelizmente suprimida pelo Senado Federal. A distinção entre obrigação genérica e obrigação genérica restrita, embora seja desenvolvida pelos modernos obrigacionistas, já havia sido estudada entre nós por Teixeira de Freitas, que chegou a inserir no Código Civil argentino o seguinte dispositivo: 'Art. 893. Quando a obrigação tiver por objeto a entrega de uma coisa incerta, determinada entre um número de coisas certas da mesma espécie, ficará extinta se se perderem todas as coisas compreendidas na mesma por um caso fortuito ou de força maior'. Nesse mesmo sentido é também a lição do mestre lusitano Antunes Varela: 'A determinação do gênero pode ser limitada, sem que a obrigação deixe de ser genérica. Pode a obrigação, por exemplo, incidir sobre o livro de determinada edição, sobre o trigo existente em certo celeiro, sobre o vinho de certa adega, etc. Quanto maior for o número de elementos ou qualidades escolhidas para identificar o gênero da prestação, maior será a sua compreensão e menor, por conseguinte, a sua extensão' (Pires de Lima e Antunes Varela, *Código Civil anotado*, Coimbra, 1987, Vol. I, pág. 549). Assim, a reinclusão dessa cláusula, inclusive com a citação exemplificativa, e que constitui objeto da presente proposta, pretende deixar expresso que o velho princípio do direito romano – *genus nunquan perit*, ou seja, o gênero nunca perece, não é absoluto, comportando exceções. É o caso, por exemplo, voltando ao exemplo citado por Antunes Varela, de um vinicultor que se obriga a entregar 10 (dez) pipas de vinho de sua adega. Se, por caso fortuito ou força maior, todas as pipas dessa adega vierem a perecer, a obrigação estará resolvida, pois deixa de ser possível o seu cumprimento. Apesar da obrigação ser genérica (entregar 10 pipas de vinho), o gênero era limitado (vinho de determinada adega). Também não se compreende qual a razão de se haver mantido a expressão 'antes da escolha', principiando o artigo, quando, desde o anteprojeto, já se havia corrigido o equívoco semelhante contido no art. 876 – CC/16 – art. 245 CC/2002". Mas, o Parecer Vicente Arruda votou, ao analisar o PL n. 6.960/2002 (atual PL n. 699/2011), pela manutenção do texto, pois o acréscimo da expressão "dívida genérica limitada" equivale à obrigação de dar coisa certa, conforme motivos expostos nos arts. 243 e 244.

84. W. Barros Monteiro, op. cit., p. 82.

85. Cunha Gonçalves, *Tratado de direito civil*, v. 8, p. 283.

fração numérica demasiadamente restrita, a obrigação genérica passará a ser alternativa, como, p. ex., se alguém legar uma de suas joias e só possuir, ao morrer, duas ou três[86].

Mais complexa será – observa Washington de Barros Monteiro[87] – a hipótese de mera insuficiência do *genus limitatum,* que não baste para dar cobertura a todas as obrigações do devedor. Um vendedor faz vários contratos a respeito de produtos de gênero limitado; posteriormente, por falta, se vê impossibilitado de atender a todos os compradores. Entendem alguns que, nesse caso, se deve fazer rateio equitativo; outros, como Enneccerus, Kipp e Wolff e Washington de Barros Monteiro, são da opinião de que se deve considerar, isoladamente, os vários contratos, efetuando-se a entrega de acordo com o princípio da prevenção[88].

Quanto ao *genus illimitatum,* não há quaisquer restrições em relação à regra *genus nunquam perit*; logo, não se tem exoneração de responsabilidade se a perda ou deterioração se der em virtude de força maior ou de caso fortuito[89], a não ser que haja comprovação, feita pelo devedor, de seu esgotamento (*TJRJ*, 7ª Câm. Civ., Ap. Cível, 198.800.101.721, rel. Des. Rebello de Mendonça, j. 11-4-1989). Deveras, observa Orlando Gomes, o único caso que isentaria o devedor de uma obrigação de dar coisa incerta seria quando seu adimplemento se impossibilitar com a destruição involuntária do bem, como ocorreria se fosse prometida coisa que não mais se fabricasse.

b.1.1.4. Obrigação de solver dívida em dinheiro

A obrigação de solver dívida em dinheiro é uma espécie de obrigação de dar que, pelas suas peculiaridades, merece um exame especial. Abrange prestação consistente em dinheiro, reparação de danos e pagamento de juros[90], isto é, dívida pecuniária, dívida de valor e dívida remuneratória.

As obrigações que têm por objeto uma prestação de dinheiro são denominadas *obrigações pecuniárias*[91], por visarem proporcionar ao credor o valor que as respectivas espécies

---

86. W. Barros Monteiro, op. cit., p. 83; Antunes Varela, op. cit., p. 330; Meulenaere, *Code Civil allemand,* p. 68; Von Tuhr, op. cit., v. 1, p. 45; Andreas Von Tuhr (*Tratado de las obligaciones*, Madrid, Reus, 1999, v. 1, p. 43) ensina-nos que, excepcionalmente, pode ocorrer que o gênero venha a desaparecer em toda sua integridade, p. ex., quando não mais se fabricar determinada coisa. Hipótese em que o devedor eximir-se-á da obrigação por impossibilidade da prestação. Se o gênero se extinguir sem culpa do devedor, exonerado estará, pois a obrigação resolver-se-á com a restituição ao *statu quo ante*.

87. W. Barros Monteiro, op. cit., p. 83.

88. Enneccerus, Kipp e Wolff, op. cit., v. 1, p. 438, nota 14; W. Barros Monteiro, op. cit., p. 83.

89. M. Helena Diniz, Obrigação de dar, cit., p. 332.

90. Orlando Gomes, op. cit., p. 57.

91. Savatier (*La théorie des obligations,* 2. ed., 1969, n. 71) nos esclarece que o termo *pecunia* (dinheiro) advém, etimologicamente, do vocábulo latino *pecus, pecoris,* que significa gado, por terem sido os animais, ante a sua fácil mobilidade, um dos primeiros instrumentos de trocas no comércio jurídico dos povos primitivos. *Vide* Ramón Silva Alonso, *Derecho de las obligaciones*, cit., p. 251-68; Paulo Barbosa de Campos Filho, *Obrigações de pagamento em dinheiro*, Rio de Janeiro, 1971. Mário Júlio de Almeida Costa considera as obrigações pecuniárias como obrigações genéricas ou de dar coisa incerta (*Direito das obrigações*, Coimbra, Almedina, 1999, p. 498); Rodolfo Pamplona Filho e Laís D. Leite, A autonomia conceitual das obrigações de pagar quantia certa no sistema brasileiro, *In-Pactum*, Universidade Católica de Pernambuco, n. 6:156 a 183 (2010). Renan Lotufo (*Código Civil comentado*, São Paulo, Saraiva, 2003, v. 2, p. 41) observa que para Karl Larenz: "*La obligación pecuniaria no es deuda de cosa y de ahí que tampoco es deuda genérica, sino 'obligación de suma de valor'*" (*Derecho de obligaciones*, p. 179). E continua Renan Lotufo: "Na realidade, há legislações que conferem às obrigações pecuniárias disciplina especial, tais como a alemã e a portuguesa, dividindo-as em: *a*) obrigações de

possuam como tais. Atende-se, nessas relações obrigacionais, na fixação da prestação, ao valor da moeda ou do dinheiro como tal, e não às espécies individualmente determinadas ou ao gênero de certas espécies monetárias[92].

Do exposto percebe-se que não é qualquer obrigação que tenha por objeto espécies representativas de dinheiro (moedas, notas ou títulos) que constitui uma obrigação pecuniária. P. ex.: se alguém comprar as moedas raras "x" e "y" para sua coleção, o vendedor terá de entregar exatamente as moedas "x" e "y", por se tratar de uma obrigação de dar coisa certa que tem por objeto determinadas espécies monetárias, mas não se tem, nesse caso, obrigação pecuniária. Igualmente, se uma loja especializada em numismática se obrigar a entregar a um freguês dez notas de R$ 100,00 de determinada emissão, a obrigação diz respeito ao gênero de certas espécies monetárias, sendo, por isso, uma obrigação de dar coisa incerta e não uma obrigação pecuniária[93].

A obrigação pecuniária é uma modalidade de obrigação de dar, que se caracteriza pelo valor da quantia devida. Na dívida pecuniária, a prestação não é de coisas, uma vez que é relativa ao valor; daí ser *obrigação de soma de valor*[94]. Consequentemente, diz Orlando Gomes, o risco de sua perda não se transmite ao credor quando o devedor envia o dinheiro e, se a espécie monetária desaparecer de circulação, o devedor não está liberado, pois será obrigado a pagar em outra espécie[95].

Tal obrigação diz respeito, exclusivamente, ao *valor nominal* da moeda, que é o referido a unidades monetárias do sistema pelo qual a nota ou moeda é colocada em circulação, ou seja, o valor legal outorgado pelo Estado, no ato da emissão ou da cunhagem. Logo, esse valor

---

quantidade, que são as mais típicas e têm por objeto a entrega de determinada quantia pecuniária (p. ex.: *A* deve a *B* 50.000 escudos); *b*) obrigações de moeda específica, em que, além da determinada quantia pecuniária, estabelece-se o gênero da moeda, ou seja, se deverá ser satisfeita em moeda metálica ou papel-moeda, ou ainda em que tipo de moeda metálica ou papel-moeda (p. ex.: *A* deve a *B* 50.000 escudos a serem pagos em moedas de prata); e *c*) obrigações em moeda estrangeira, que podem determinar que se pague em moeda estrangeira efetivamente ou apenas que se pague em moeda nacional o equivalente ao montante de determinada moeda estrangeira (p. ex.: *A* deve a *B* a quantia em marcos equivalente, na data do pagamento, a 50.000 escudos), classificação esta trazida por Mário Júlio de Almeida Costa" (*Direito das obrigações*, p. 498 e s.).

De qualquer forma, considerando-se ou não categoria à parte de obrigações, como afirma Paulo Barbosa de Campos Filho, "...o que é certo é que, em não sendo cumpridas 'pelo modo e no tempo devidos', como se diz no art. 1.056 (atual art. 389 do CC/2002), 'responde o devedor por perdas e danos', é dizer que transformam, para este, em obrigações de reparar o dano, com todos os efeitos que a expressão já tornada corrente qualifica, como 'consequências da inexecução das obrigações' (*Obrigações de pagamento em dinheiro*, p. 13)".

"A obrigação de creditar dinheiro em conta vinculada de FGTS é obrigação de dar, obrigação pecuniária, não afetando a natureza da obrigação a circunstância de a disponibilidade do dinheiro depender da ocorrência de uma das hipóteses previstas no art. 20 da Lei n. 8.036/90" (Enunciado n. 160 do Conselho da Justiça Federal, aprovado na III Jornada de Direito Civil).

Consulte: CPC, arts. 496, I, 520 a 527; 523, §§ 1º a 3º, e 524, VII.

92. É o que nos ensina Antunes Varela, op. cit., p. 347.

93. *Vide* Antunes Varela, op. cit., p. 347. Esclarece Fábio Ulhoa Coelho (*Curso*, cit., v. 2, p. 59) que "se o devedor pagar o credor com cheque liquidado por depósito em conta bancária ou por meio de Transferência Eletrônica de Disponibilidade (TED), p. ex., a prestação continua sendo pecuniária, mas não terá seu objeto individualizável pelo número de nenhuma cédula".

94. Karl Larenz, *Derecho de obligaciones*, t. 2, p. 179; Hedemann, *Derecho de obligaciones*, p. 92.

95. Orlando Gomes, op. cit., p. 59.

é o que se encontra impresso na cédula ou peça[96]. Nossa unidade monetária é atualmente o *real* (Lei n. 9.069/95). Deveras, o Decreto-lei n. 2.284/86 (art. 1º, §§ 1º e 2º), que instituiu o programa de estabilização econômica, onde a unidade do sistema monetário brasileiro, restabelecido o centavo, para designar a centésima parte da nova moeda, denominava-se *cruzado*, foi revogado pela Lei n. 8.024/90 (arts. 1º e 3º), e a Lei n. 8.697/93, relativa ao *cruzeiro real*, perdeu sua vigência com a instituição do Plano Real.

A dívida pecuniária é obrigação de valor nominal (atribuído pelo Estado por ocasião da emissão da moeda), não se admitindo que seja contraída pelo valor intrínseco (valor da qualidade e quantidade de metal). Ou pelo valor aquisitivo da moeda (traduzido pela quantidade de bens ou de serviços que podem ser adquiridos com a unidade monetária)[97].

Pelo nosso Código Civil, art. 315, o pagamento em dinheiro far-se-á em moeda corrente no lugar do cumprimento da obrigação, ou seja, em real e pelo valor nominal nela consignado, atribuído pelo Estado por ocasião de sua emissão (Lei n. 10.192/2001, art. 1º). No Brasil comina-se pena de nulidade às convenções que repudiem nossa unidade monetária, como se pode ver no art. 318 do Código Civil: "São nulas as convenções de pagamento em ouro ou em moeda estrangeira, bem como para compensar a diferença entre o valor desta e o da moeda nacional, excetuados os casos previstos na legislação especial", condenando, assim, tanto a fixação de preço em moeda estrangeira como o elemento referencial em moeda de outro País, com exceção das hipóteses admitidas em lei especial, e no art. 1º do Decreto-lei n. 857/69 (que revogou o Dec. n. 23.501/33, a Lei n. 28/35, o Dec.-lei n. 236/38 e o Dec.-lei n. 6.650/44): "São nulos de pleno direito os contratos, títulos e quaisquer documentos, bem como as obrigações que, exequíveis no Brasil, estipulem pagamento em ouro, em moeda estrangeira, ou, por alguma forma, restrinjam ou recusem, nos seus efeitos, o curso legal do cruzeiro". Entretanto, no art. 2º estatui que não se aplica a disposição citada: "I – aos contratos e títulos referentes a importação ou exportação de mercadorias; II – aos contratos de financiamento ou de prestação de garantias relativos às operações de exportação de bens de produção nacional, vendidos a crédito para o exterior; III – aos contratos de compra e venda de câmbio em geral; IV – aos empréstimos e quaisquer outras obrigações cujo credor ou devedor seja pessoa residente e domiciliada no exterior, excetuados os contratos de locação de imóveis situados no território nacional; V – aos contratos que tenham por objeto a cessão, transferência, delegação, assunção ou modificação das obrigações referidas no item anterior, ainda que ambas as partes contratantes sejam pessoas residentes ou domiciliadas no país". Acrescenta, no parágrafo único desse mesmo artigo, que: "Os contratos de locação de bens móveis que estipulem pagamento em moeda estrangeira ficam sujeitos, para sua validade, a

---

96. Gianturco, *Diritto delle obbligazioni*, p. 82; Manuel A. Domingues de Andrade, op. cit., p. 226 e s.; Antunes Varela, op. cit., p. 349; Colagrosso, *Libro delle obbligazioni*, p. 169; Andrea Torrente, op. cit., p. 307, nota 2; Caio M. S. Pereira, op. cit., p. 118-9.

97. Carvalho de Mendonça, op. cit., v. 1, n. 240; Antunes Varela, op. cit., p. 350-2; Orlando Gomes, *Transformações gerais do direito das obrigações*, cap. IX; Larenz, op. cit., p. 182. O Código Civil, arts. 417 e 592, II, refere-se às obrigações pecuniárias. *Vide*: Pedro H. G. R. Wright e Julia G. Gonçalves, A (im) possibilidade de utilização de medidas atípicas nas obrigações pecuniárias e nas obrigações de fazer, *Revista Síntese – Direito Civil e Processual Civil, 123*:9-29, 2020.

Sobre a conversão das obrigações pecuniárias, *vide* Decreto-lei n. 2.284/86, arts. 8º, §§ 1º e 2º, e 9º, Resolução n. 1.100, IV, do Banco Central (ora revogada pela Resolução n. 2.927/2002) e Leis n. 8.024/90 e 8.880/94, art. 6º, *in fine*. O *princípio nominalista* (Hubrecht) é o vigorante, visto que a *solutio* das obrigações em dinheiro deve ser pelo valor corrente.

registro prévio no Banco Central do Brasil"[98] (*RT*, *402*:174; *RTJ*, *61*:104); hoje o Decreto-lei n. 857/69 está revogado, e, atualmente, a Lei 14.286/2021 rege o mercado de câmbio brasileiro, o capital brasileiro no exterior, o capital estrangeiro no País e a prestação de informações ao Banco Central do Brasil.

Os pagamentos de obrigações em dinheiro devem ser feitos em real, pelo seu valor nominal, ficando vedados pagamentos vinculados a ouro, moeda estrangeira (Lei n. 10.192/2001, art. 1º, parágrafo único, I) ou outra unidade monetária. As exceções continuam sendo, portanto, os contratos e títulos referentes à importação e exportação, os contratos de financiamento de exportação, contratos de compra e venda de câmbio, além de empréstimos e obrigações cujo credor ou devedor sejam pessoas domiciliadas no exterior – exceto contratos de locação.

Fora dessas hipóteses excepcionais, e do caso pertinente à parte final do art. 6º da Lei n. 8.880/94 – ora revogado – não se admitem no Brasil obrigações de moeda específica, atinentes ao valor intrínseco, fixando-se no metal da moeda (p. ex., em ouro ou em prata), nem obrigações em moeda estrangeira, chamadas valutárias[99]. A Lei n. 14.286/2021 é o Novo Marco Legal do Câmbio, que modernizou e simplificou as regras do mercado de câmbio e capitais internacionais no Brasil. Suas principais mudanças incluem a flexibilização de operações cambiais, a ampliação das possibilidades de pagamentos em moeda estrangeira, o aumento do limite para transporte de moeda estrangeira em espécie e a facilitação da conversibilidade do real.

Além disso, a Lei das Contravenções Penais (Dec.-lei n. 3.688/41, art. 43) prescreve que a recusa em receber, pelo seu valor, a moeda de curso legal no país constitui contravenção.

---

98. Sobre o assunto, consulte Hubrecht, *Stabilisation du franc et valorisation des créances*, p. 15; Larenz, op. cit., v. 1, p. 182 e s. *Vide* Decreto-lei n. 4.791/42; Decreto-lei n. 1/65, regulamentado pelo Decreto n. 60.190/67; Resolução n. 144/70 (revogada pela Res. n. 2.927/2002 do BACEN, ora revogada pela Res. n. 4.367/2014 do BACEN); Decreto n. 21.133/32, ora revogado pelo Dec. s/n. de 25-4-1991; Lei n. 4.511/64; Código Tributário Nacional, art. 162; Decreto n. 55.762/65, art. 17, e Lei n. 8.024/90; Lei n. 11.101/2005, arts. 50, § 2º, 163, § 3º, I, e § 5º; Circular n. 3.599/2012 do BACEN; Circular n. 2.971/00 do BACEN, que regulamenta as Resoluções n. 2.644/99, 2.694/2000 (revogada pela Circular n. 3.280/2005, que perdeu sua vigência com a Resolução n. 3.691/2013 do BACEN) e 2.695/2000 (revogado pela Resolução n. 3.543/2008 do BACEN, ora revogada pela Resolução n. 4.444/2015 do BACEN) e divulga o Regulamento sobre Contas em Moedas Estrangeiras no País. Mas já se tem decidido que parâmetro em dólar não invalida contrato (TJDF, AgI 3.766, 2ª Turma Cível, j. 5-8-1992). Ante a inflação houve a estratégia de se usar a moeda de conta e a moeda de pagamento. A moeda de conta referia-se ao indexador escolhido para aquele contrato. O pagamento era feito em cruzeiro real, mas a conta para a atualização do valor em cruzeiro real era feita em moeda estrangeira (*RT*, *685*:18; *BAASP*, 1795), exceto na locação. Permitida era a cláusula de indexação em moeda estrangeira, que servia apenas como parâmetro, porque as divisas eram pagas em cruzeiro real. *Vide* Frederico H. Viegas de Lima, Contrato com equivalência em moeda estrangeira, 3º *RTD*, *81*:324. Pode-se estipular pagamento em moeda estrangeira para *leasing* celebrado entre pessoas domiciliadas no Brasil, com base em recursos captados no exterior. É a lição de Mário Luiz Delgado Régis, *Novo Código Civil comentado* – coord. Fiuza, São Paulo, Saraiva, 2002, p. 300. Válida é a estipulação de pagamento em real, tendo como elemento referencial determinada moeda estrangeira, em alguns casos excepcionais: *RT*, *705*:241; *JTACSP*, *170*:95, *194*:428; em contrário: *RT*, *631*:91; *JTACSP*, *155*:357. Sobre emissão de seguro em moeda estrangeira: Circular SUSEP n. 392/2009. Os arts. 17 e 85 da Lei n. 8.245/91 estão vigorando por força do art. 2.036 do Código Civil vigente.

99. O termo *valutaria* vem de *valuta* ou divisa estrangeira. *Vide* Luiz Olavo Batista, A cláusula-ouro e a cláusula de moeda estrangeira nos contratos de direito brasileiro, *RF*, *303*:45-9; Instrução Normativa da CVM n. 191/92 (revogada pela Resolução n. 157/2022); Circular n. 2.375/93 (revogada pela Circular n. 3.280/2005, ora revogada pela Circular n. 3.691/2013), do Banco Central, sobre controle de operações com ouro; e Circular n. 1.542/89 (revogada pela Circular n. 2.333/93), do Banco Central, alusiva às Sociedades Corretoras de Mercadoria.

Se o valor não fosse o legal, pondera Gianturco[100], mas o de câmbio, ter-se-iam incertezas em todas as relações obrigacionais pecuniárias. Já nas obrigações valutárias, nos casos admitidos em lei, as partes submeter-se-ão, obviamente, à oscilação cambial.

A obrigação pecuniária deve ser paga mediante dinheiro de contado. Seu adimplemento somente se efetuará por meio de apólices (federais, estaduais ou municipais), de cheques ou de títulos de crédito, se o credor consentir[101].

Nas obrigações pecuniárias, que envolverem pagamento de prestações sucessivas, o devedor sofrerá as consequências da desvalorização ou do envilecimento da moeda, mas contra a rigidez do princípio nominalista os interessados incluem, nas suas convenções, cláusulas de atualização da prestação, que são[102]:

1ª) As cláusulas de *escala móvel* (*escalator-clause; clause d'échelle mobile*), que estabelecem, segundo Arnoldo Wald[103], uma revisão, pré-convencionada pelas partes, dos pagamentos que deverão ser feitos de acordo com as variações do preço de determinadas mercadorias ou serviços (cláusula-mercadoria) ou do índice geral do custo de vida (cláusula *index-number*). A revisão da obrigação pecuniária (CC, art. 316) é feita por convenção das partes, em função do valor, expresso em moeda corrente, de certos bens (p. ex., petróleo) ou serviços ou de uma generalidade de bens ou de serviços (índices gerais de preços). P. ex., IGPM-FGV, INPC etc. Isto porque tais elementos, por serem mais estáveis do que a moeda, se atualizam à medida que o valor da moeda diminui. Houve, inicialmente, certa resistência da jurisprudência à escala móvel, por entender que havia violação da Lei de Usura e da ordem pública monetária, julgando por isso que devia subordinar-se à prévia autorização legal. A legislação foi oficializando a escala móvel (Lei n. 3.337/57, atinente à letra de câmbio); a doutrina e o tribunal por sua vez resolveram afastar a interpretação restritiva e admitir a cláusula de escala móvel em todos os contratos se não houvesse proibição legal expressa. Deve haver utilização moderada dessas cláusulas, atendendo-se aos limites estatuídos em lei ou regulamento. Tais cláusulas amparam não só o credor, impedindo que o devedor se aproveite da inflação, para exonerar-se da obrigação mediante entrega de soma aparentemente correlata à coisa devida, mas intrinsecamente inferior a ela, mas também o devedor, evitando que o credor encareça o valor da prestação como garantia contra a depreciação monetária. Apesar de haver um pagamento de soma nominalmente superior ao *quantum* devido, enfrenta-se o fenômeno inflacionário com lealdade, em vez de se utilizar técnica defensiva conducente a resultado

---

100. Gianturco, *Diritto*, cit., p. 82 e 88.

101. W. Barros Monteiro, op. cit., p. 74-5.

102. W. Barros Monteiro, op. cit., p. 72; Antunes Varela, op. cit., p. 359; Judith Martins-Costa, *Comentários ao novo Código Civil*, Rio de Janeiro, Forense, 2003, v. 5, t. 1, p. 217-8; Arnoldo Wald, A correção monetária no direito privado, *Doutrinas essenciais – obrigações e contratos*, São Paulo, Revista dos Tribunais, 2011, v. II, p. 931-46; Caio Mário da Silva Pereira, Estabelecimento de cláusula de escala móvel nas obrigações em dinheiro, *Doutrinas essenciais*, cit., p. 947-66; Carlos Augusto da S. Lobo e José Ricardo P. Lira, Correção monetária pela variação cambial, *Doutrinas essenciais*, cit., p. 967-78. *Vide* Lei n. 10.931/2004, arts. 46 a 48.

103. Arnoldo Wald, *Cláusula de escala móvel*, 2. ed., Rio de Janeiro, 1959, n. 45; Caio M. S. Pereira, Estabelecimento de cláusula de escala móvel nas obrigações em dinheiro, *RT, 234*:3, e *RF, 157*:50; Mazeaud e Mazeaud, op. cit., v. 2, ns. 874 e 876; Rogério Ferraz Donnini, *Revisão dos contratos no Código Civil e no Código de Defesa do Consumidor*, São Paulo, Saraiva, 1999, p. 53-4. Admite-se a convenção de cláusulas monetárias, desde que estas não ultrapassem os limites legais admitidos, bem como outros critérios de revalorização das dívidas pecuniárias (*index-number, escalator-clause*, cláusula-mercadoria) sem deixá-los livres, visto que a indexação sofre limitação legal.

igualmente inflacionário, como, p. ex., elevando-se a taxa de juro ou sobrecarregando-se o preço da mercadoria[104].

2ª) As cláusulas de *correção monetária*, ou melhor, de *atualização de valores monetários*, convencionando o aumento progressivo de prestações sucessivas, desde que dentro da periodicidade superior a um ano (Lei n. 10.192/2001, art. 2º). Consistem, portanto, em revisões estipuladas pelas partes, ou impostas por lei, que têm por ponto de referência a desvalorização da moeda (CC, arts. 316, 389, 2ª parte, 395, 404 e 418; Lei n. 10.192/2001, arts. 1º, II e III, e 2º, §§ 1º a 6º; *RT, 595*:141, *620*:197; *RSTJ*, *102*:368). Já se decidiu que: "A correção monetária é sempre devida em qualquer decisão judicial posto que tal reajuste da moeda não é um *plus*, mas mera atualização desta, sendo certo ainda que pactuado um determinado indexador oficial este não pode ser substituído" (STJ, 3ª T., REsp 46.723, rel. Min. Waldemar Zveiter, j. 23-8-1994). A revisão judicial, contudo, apenas poderá dar-se ante a ausência de estipulação contratual para atualizar monetariamente a prestação. A cláusula de correção monetária recomporá a equivalência material das prestações, sem que haja necessidade de se comprovar a imprevisibilidade, visto tratar-se, tão somente, de

104. Código Civil, arts. 316 e 317. *Vide* Antunes Varela, op. cit., p. 359-60, Caio M. S. Pereira, Estabelecimento da cláusula de escala móvel monetária nas obrigações em dinheiro: a valorização dos créditos em face do fenômeno inflacionário, *RJ*, *14*:166; *Instituições*, cit., p. 122; Michel Vasseur, Le droit des clauses monétaires et les enseignements de l'économie politique, *Revue Trimestrielle de Droit Civil,* p. 413, 1952. O Decreto-lei n. 2.284/86, art. 21 (ora revogado pelo Dec.-lei n. 2.335/87), alterou o critério da *escala móvel*; por este sistema os assalariados terão reajuste automático a título de antecipação toda vez que a inflação (IPC) acumulada atingir 20%; o *gatilho* automático dos 20% para os salários será acionado a partir da data da primeira negociação, dissídio ou data-base de reajuste. A correção de salários já foi regulada pelos Decretos-leis ns. 2.302, de 21-11-1986, e 2.335, de 12-6-1987 (ora revogado pela Lei n. 7.730/89), instituidores da URP (Unidade de Referência de Preços), e hoje segue normas alusivas ao Plano Real. Com o Plano Real os valores contratuais ficam congelados, mas deveria haver, entendemos, para evitar perda patrimonial e enriquecimento ilícito, cláusula móvel, na ocorrência de qualquer inflação.

Temos, como observam Pablo Stolzer Gagliano e Rodolfo Pamplona Filho (*Novo curso de direito civil*, São Paulo, Saraiva, 2003, v. 2, p. 51), outros índices, como:

"*a*) INPC – calculado pelo IBGE (mede a variação de preços, entre os dias 1º e 30 de cada mês, de produtos consumidos por famílias com renda entre 1 e 8 salários mínimos);

b) IGP/DM – calculado pela Fundação Getúlio Vargas (mede a variação de preços, entre os dias 21 de um mês e 20 do mês de referência, de produtos consumidos por famílias com renda entre 1 e 33 salários mínimos);

c) IGP/DI – calculado pela Fundação Getúlio Vargas (calculado por meio da ponderação do IPA – 60% –, IPC/RJ – 30% –, INCC – 10%);

d) FIPE – calculada pela própria FIPE (mede a variação de preços, entre 1º e 30 de cada mês, de produtos consumidos por famílias com renda entre 1 e 30 salários mínimos);

e) DIEESE – calculado pelo próprio DIEESE (mede a variação de preços, entre 1º e 30 de cada mês, de produtos consumidos por famílias com renda entre 1 e 30 salários mínimos);

f) IPCA – calculado pelo próprio IBGE (mede a variação de preços, entre 1º e 30 de cada mês, de produtos consumidos por famílias com renda entre 1 e 40 salários mínimos)". *Vide* as limitações das Leis n. 9.065/95 e 10.192/2001.

Para Fábio Ulhoa Coelho (*Curso*, cit., v. 2, p. 187): "A correção monetária devida em razão do inadimplemento é, em geral, calculada em função de um índice de inflação escolhido pelas partes na cláusula penal. Os mais comuns são o IGP-M, da FGV, IPC da FIPE, INPC (Índice Nacional de Preços ao Consumidor) do IBGE e o CUB (Custos Unitários Básicos de Construção) do SINDUSCON (Sindicato da Indústria da Construção Civil). Podem as partes, porém, adotar como parâmetro de correção monetária a variação de preços de mercadorias cotadas em bolsas ou numa praça especificada. Estão proibidas de usar como referencial de atualização da moeda apenas o salário mínimo, o ouro e a variação cambial".

atualização do valor nominal da moeda. É a correção monetária, no dizer de Limongi França, "a atualização do valor real da moeda, tendo-se em vista a data do entabulamento do vínculo e a execução da prestação". Logo, não se deve mais falar em correção monetária, mas sim em atualização monetária, por ser essa fórmula mais técnica e mais consentânea com a realidade econômico-brasileira. Com o advento da Revolução de Março de 1964, houve a adoção em larga escala da correção monetária no Brasil. A Lei n. 4.357/64 iniciou a escalada da legislação corretiva da economia nacional, criando a ORTN e impondo a correção monetária real e permanente dos débitos previdenciários e fiscais. Pouco depois surgiram leis ampliando os casos de sua aplicação[105]. P. ex.: *a*) a Lei n. 8.245/91, que rege o reajustamento de aluguéis; *b*) a Lei n. 4.602/65, que dispõe, no art. 1º, que "compete privativamente ao Conselho Nacional de Economia a fixação de índices para a aplicação da correção monetária estipulada em lei"; *c*) a Lei n. 4.380/64, art. 5º; o Decreto-lei n. 19/66; a Lei n. 5.455/68; a Lei n. 5.741/71, art. 11; e o Decreto-lei n. 2.284/86, art. 10, §§ 1º e 2º, que exigem cláusula de correção monetária nas operações do Sistema Financeiro da Habitação; *d*) a Lei n. 6.205/75, que descaracterizou o salário mínimo como fator de correção monetária; *e*) a Lei n. 6.423/77, que estatuiu como base da correção monetária, salvo exceções legais, o índice de variação da Obrigação Reajustável do Tesouro Nacional; *f*) a Lei n. 5.488/68, que institui a correção monetária para as indenizações de seguro; *g*) a Lei n. 4.686/65, que impõe a correção monetária para as indenizações de desapropriação; *h*) a Lei n. 5.670/71, que manda calcular a atualização da indenização a partir da lei que a instituir; *i*) a Lei n. 6.899/81, regulamentada pelo Decreto n. 86.649/81, que impõe a aplicação de correção monetária em qualquer débito originário de decisão judicial, inclusive custas e honorários advocatícios[106]. Nas execuções de título de dívida resultante de decisão judicial, diz essa lei que, desde que tal débito seja líquido e certo, a correção monetária será calculada a contar do respectivo vencimento; nos demais casos, o cálculo far-se-á a partir do ajuizamento da ação. Comentando essa disposição legal, Edgard Silveira Bueno Filho analisa a sua inconstitucionalidade, por haver um tratamento diferenciado não permitido pela Constituição Federal, art. 5º, *caput*; invoca a lição de Celso Antônio Bandeira de Mello, que identifica critérios para reconhecer o desrespeito à isonomia em sua obra *Conteúdo jurídico do princípio da igualdade*, onde assevera: "As diferenciações que não podem ser feitas sem quebra da isonomia se dividem em três questões: 1) a primeira diz respeito ao elemento tomado como fator de desigualação; 2) a segunda reporta-se à correlação lógica abstrata existente entre o fator erigido em critério de discrime e a disparidade estabelecida no tratamento jurídico diversificado; 3) a terceira atina à consonância desta correlação lógica com os interesses absorvidos no sistema constitucional e, destarte, juridicizados". Com base nesse ensinamento dever-se-á verificar, pontifica Edgard Silveira Bueno Filho, se existe razão lógica ou jurídica que permita tal discriminação legal. No caso em exame, o simples fato de a dívida ser líquida e certa não é fator diferencial para autorizar o discrime legal. Não há correlação lógica entre o elemento de discrime e os efeitos jurídicos atribuídos pela lei, pois a correção monetária tem por fim restabelecer o poder aquisitivo

---

105. Antunes Varela, op. cit., p. 360; R. Limongi França, *Manual de direito civil*, 1969, v. 4, p. 161; Humberto Theodoro Jr., A correção monetária segundo a Lei n. 6.899/81, *Revista do Curso de Direito da Universidade Federal de Uberlândia, 11*:265-96, 1982; Tepedino e outros, *Código*, cit., v. 1, p. 613; TRF da 4ª Região, Súmula 68; STF, Súmulas 314, 490 e 562; STJ, Súmula 36; *RTJ, 76*:623, *66*:488, *82*:980, *57*:438, *79*:896, *81*:232, *88*:340; *RF, 261*:298; *RT, 511*:268, *513*:161, *548*:227. *Vide* Lei n. 4.591/64, art. 63, § 9º; Decreto-lei n. 3.365/41, art. 26.

106. W. Barros Monteiro, op. cit., p. 73.

da moeda; logo, não há por que distinguir as dívidas líquidas e certas das demais, pois não se pode omitir o problema dos pedidos ilíquidos e das condenações genéricas, caso em que o cálculo da correção monetária terá como marco inicial a data do laudo do arbitramento ou de outra prova que tiver servido de fundamento à fixação do valor da condenação. Deveras, a correção monetária não é sanção que dependa de prévia lei. É equivalência (STF, julgamento do RE 83.290-RJ). Essa discriminação legal impõe sério e oneroso gravame aos credores, pois para os credores de débito líquido e certo a correção é completa, iniciando-se com o vencimento, e para os demais é incompleta, por começar a partir da propositura da ação, que nem sempre é contemporânea do momento em que se tornou exigível a obrigação. A Lei n. 6.899/81 aplica-se tanto aos processos de conhecimento como aos de execução forçada (CPC, arts. 312 e 240), porque a correção monetária não é uma nova condenação do devedor, mas tão somente a base de cálculo da execução, ou seja, simples critério de avaliação do montante atual da dívida, de maneira que a condenação não é alterada, mas *atualizada*. A correção, ou melhor, atualização monetária, não se confunde com os juros, pois ela é atualização do próprio débito (*RTJ, 79*:734 e 735)[107]. Com o advento do Decreto-lei n. 2.284/86, a ORTN (Lei n. 4.357/64) passou a ser denominada OTN (Obrigação do Tesouro Nacional), cujo valor, que era de Cz$ 106,40, ficaria inalterado por um ano, reajustando-se em 1º de março de 1987, para mais ou menos, em percentual igual à variação do IPC, no período correspondente aos 12 meses imediatamente anteriores. Os reajustes subsequentes observariam periodicidade a ser fixada pelo Conselho Monetário Nacional (art. 6º, parágrafo único). No art. 7º vedava esse Decreto-lei (ora revogado pelo Decreto n. 2.290/86), sob pena de nulidade, cláusula de reajuste monetário nos contratos de prazos inferiores a um ano. As obrigações e contratos por prazo igual ou superior a 12 meses poderão conter cláusula de reajuste, se vinculada a OTN. O Decreto n. 92.592/86, ora revogado pelo Decreto s/n. de 25-4-1991, traçou normas para contratos em ORTN e UPC, efetivados antes de 28 de fevereiro de 1986, ou que contenham cláusula de reajuste monetário vinculado à variação da ORTN ou da UPC vincendas após aquela data; *j*) a Constituição Federal de 1988, no Ato das Disposições Transitórias, art. 46, reza: "São sujeitos à correção monetária desde o vencimento, até seu efetivo pagamento, sem interrupção ou suspensão, os créditos junto a entidades submetidas aos regimes de intervenção ou liquidação extrajudicial, mesmo quando esses regimes sejam convertidos em falência", acrescentando no parágrafo único: "O disposto neste artigo aplica-se também: I – às operações realizadas posteriormente à decretação dos regimes referidos no *caput* deste artigo; II – às operações de empréstimo, financiamento, refinanciamento, assistência financeira de liquidez, cessão ou sub-rogação de créditos ou cédulas hipotecárias, efetivação de garantia de depósitos do público ou de compra de obrigações passivas, inclusive as realizadas com recursos de fundos que tenham essas destinações; III – aos créditos anteriores à promulgação da Constituição; IV – aos créditos das entidades da administração pública

---

107. Edgard Silveira Bueno Filho, Termo inicial para aplicação da correção monetária em face da Lei n. 6.899/81, *Vox Legis, 149*:100-2; José Cid Campelo, Correção monetária e jurisprudência, *O Estado de S. Paulo*, 25 out. 1981; Humberto Theodoro Jr., op. cit., p. 265-6; Arnoldo Wald, A correção monetária na jurisdição do STF, *RF, 270*:361; Otto Gil, Correção monetária, in *Enciclopédia Saraiva do Direito*, v. 20, p. 482 e s.; Pablo S. Gagliano e Rodolfo Pamplona Filho, *Novo curso*, cit., v. 2, p. 48; *vide* Decreto n. 92.592/86, art. 7º, ora revogado pelo Decreto s/n. de 25-4-1991; Circular do Banco Central n. 2.224/92 (já revogada pela Circular n. 2.353/93), sobre procedimentos complementares para efeito de correção monetária patrimonial, ante os arts. 38 e 51 da Lei n. 8.383/91. *Vide* STJ, Súmula 43: "Incide correção monetária sobre dívida por ato ilícito a partir da data do efetivo prejuízo". *Vide Ciência Jurídica, 66*:254 e 335, *62*:185 e 83, *63*:166, *82*:98 e 101, *83*:290, *84*:82.

anteriores à promulgação da Constituição, não liquidados até 1º de janeiro de 1988". Nestas hipóteses haverá incidência da correção monetária até que se opere o efetivo pagamento da dívida, sem que haja qualquer interrupção ou suspensão. Todavia, no art. 47, I, II e §§ 1º a 7º, das Disposições Transitórias, contempla a *isenção de correção monetária*, na liquidação dos débitos, inclusive suas renegociações e composições posteriores, ainda que ajuizados, decorrentes de quaisquer empréstimos concedidos por bancos e por instituições financeiras, desde que o empréstimo tenha sido concedido aos micro e pequenos empresários ou seus estabelecimentos no período de 28-2-1986 a 28-2-1987; aos mini, pequenos e médios produtores rurais no período de 28-2-1986 a 31-12-1987, desde que relativos a crédito rural. Mas tal isenção somente será concedida se a liquidação do débito inicial, acrescido de juros legais e taxas judiciais, se efetivar dentro de 90 dias, contados da promulgação da nova Carta; se a aplicação dos recursos não contrariar a finalidade do financiamento; se não for demonstrado pela instituição credora que o mutuário dispõe de meios para o pagamento de seu débito, excluindo sua moradia e instrumentos de trabalho e produção; se o financiamento inicial não ultrapassar a 5 mil OTNs, e se o beneficiário não for proprietário de mais de cinco módulos rurais. Tal benefício não se estenderá às dívidas já quitadas e aos devedores constituintes. Se porventura a supressão da correção monetária for feita por bancos comerciais privados, não poderá onerar o Poder Público; *k*) a Lei n. 7.843/89, que dispõe sobre a atualização monetária das obrigações; *l*) a OTN passou a ser BTN, e a Medida Provisória n. 294/91, convertida na Lei n. 8.177/91, tratou da TR (Taxa Referencial de Juros) e da TRD (Taxa Referencial Diária), extinguindo o BTN, o BTNF e o MVR, visto que hodiernamente não mais existem a TRD e os índices de preços, como o IGP-DI/FGV, IGP-M/FGV, IPC/FIPE, IPC/IBGE (*RJTJSP*, *154*:227). Hoje, com a extinção da TRD pela Lei n. 8.660/93, há novos critérios determinados pelo BACEN para a fixação da TR, que, pela Lei n. 9.069/95, art. 27, § 5º, só podia ser utilizada nas operações realizadas nos mercados financeiro, de valores mobiliários, de seguro, de previdência privada e de futuros, mas pelo novo plano governamental seu uso ficará restrito à poupança, aos financiamentos da casa própria e à correção do FGTS[108]. Fica instituída como novo índice de atualização monetária a Taxa Básica Financeira (TBF – Lei n. 10.192/2001, art. 5º) para operações realizadas no mercado financeiro, de prazo de duração igual ou superior a sessenta dias. Tal taxa refletirá nos juros de mercado, sem o redutor aplicado à TR. Proibida está a correção monetária ou de reajuste por índices de preços gerais, setoriais ou que reflitam a variação dos custos de produção ou de insumos utilizados, exceto nos contratos de prazo igual ou superior a um ano, sob pena de nulidade (Lei n. 10.192/2001, art. 2º, §§ 1º e 2º). Apenas se permite aplicar a correção monetária por índices de inflação nos contratos em prazo mínimo de doze meses. A Lei n. 9.249/95 extingue a UFIR, elimina a correção monetária para efeitos fiscais e societários, em razão da ocorrência da estabilização da moeda e redução de índices inflacionários, que se deram com o Plano Real, e retira das operações e contratos previstos no Decreto-lei n. 857/69, art. 6º – ora revogado pela Lei n. 14.286/2021 – e na Lei n. 8.880/94 – ora revogada pela Lei n. 14.286/2021 –, art. 6º, a obrigatoriedade de serem atualizados pelo IPCr (Índice de Preços ao Consumidor), consequentemente poderão ser corrigidos com base em moeda estrangeira.

Além disso, urge ressaltar que, pelo art. 317 do Código Civil, o órgão judicante poderá, mediante requerimento da parte interessada, atualizar monetariamente o valor da prestação

---

108. Há projeto, tramitando na Câmara dos Deputados desde outubro de 2007, prevendo que a Taxa Referencial (TR) seja substituída pelo INPC (Índice Nacional de Preços ao Consumidor), como índice de correção.

devida em caso de contrato de execução continuada, se motivos imprevisíveis e supervenientes o tornarem desproporcional em relação com o estipulado ao tempo da efetivação negocial. A correção judicial do contrato em razão de desproporção, provocada por motivo imprevisível (motivo de desproporção não previsível ou previsível, mas de resultado imprevisível – Enunciado n. 17, aprovado na I Jornada de Direito Civil, promovida, em setembro de 2002, pelo Centro de Estudos Judiciários do Conselho da Justiça Federal), manifesta, ou evidente, entre o valor da prestação devida e o do momento de sua execução só pode dar-se, mediante requerimento da parte interessada, em caso de contrato de execução continuada, sendo inadmissível nos contratos de execução imediata. O magistrado poderá, mediante requerimento da parte interessada, atualizar monetariamente o valor da prestação contratual, se motivo imprevisível e superveniente o tornar desproporcional, em relação ao estipulado ao tempo da efetivação negocial. O órgão judicante deverá, na medida do possível, corrigir o valor da prestação, atendendo ao seu valor real. Com isso, acatado estará o princípio da equivalência das prestações. Aceita está a "teoria" da imprevisão (CC, art. 317 c/c os arts. 478 a 480), por isso melhor seria dizer que se terá, na verdade, revisão por imprevisibilidade.

Judith Martins-Costa acrescenta, ainda, no rol das cláusulas de atualização da prestação, a de *hardship*, que tem por escopo a renegociação do preço, havendo mudança, provocada por acontecimento externo, nas circunstâncias, alterando dados do contrato, para obter o equilíbrio contratual. Não tem, portanto, efeito automático como as de atualização monetária e as de escala móvel. Pode ser usada não só nos contratos internacionais como nos de direito interno, p. ex., nos de *engineering*, de honorários advocatícios etc., e levada a efeito por transação, arbitragem ou ação judicial.

É preciso distinguir a *dívida de valor* da *obrigação pecuniária*. A *obrigação pecuniária* tem por objeto uma quantia fixa em dinheiro, subordinando-se ao princípio nominalístico, devendo ser satisfeita com o número de unidades monetárias estipulado no contrato, ainda que tenha sido alterado o seu poder aquisitivo[109]. A *dívida de valor* (*RT*, *591*:283; *745*:400; *RTJ*, *73*:956, *76*:623) não tem diretamente por objeto o dinheiro. Visa o pagamento de soma de dinheiro que não é, por seu valor nominal, o objeto da prestação, mas sim o meio de medi-lo ou de valorá-lo. Seu objeto não é o dinheiro, mas uma prestação de outra natureza, sendo aquele apenas um meio necessário de liquidação da prestação em certo momento. A dívida de valor somente objetiva certa estimação, sendo cumprida com a quantia idônea para representar o valor esperado. Na dívida de valor quem suporta os riscos da desvalorização é o devedor, por ter de desembolsar maior quantidade de dinheiro se houver diminuição do poder aquisitivo da moeda, pois a prestação deve ser calculada no momento atual. Por outras palavras, a dívida de valor é aquela em que o devedor deve fornecer uma quantia que possibilite ao credor adquirir certos bens. É o caso, p. ex.: *a*) do direito a alimentos, que garante ao credor os meios necessários à sua subsistência, dentro das possibilidades atuais do devedor. A obrigação alimentícia pode ser, p. ex., de CR$ 15,00 em 1993 e de R$ 80,00 em 1995, não em virtude de atualização da soma inicialmente fixada, mas por ser essa quantia correspondente, em 1995, às necessidades do credor e às possibilidades de pagamento do devedor; *b*) do direito à indenização, oriundo de ato ilícito ou de inadimplemento contratual, quando houver, pois se, p. ex., os estragos causados por um automóvel, em razão de acidente, eram,

---

109. W. Barros Monteiro, op. cit., p. 74; *RTJ*, *94*:442; em contrário, *RT*, *522*:219. Observa Roberto Senise Lisboa (*Manual elementar de direito civil*, São Paulo, Revista dos Tribunais, 2002, v. 2, p. 33) que o Código Civil vigente procura revalorizar a moeda nas dívidas de valor, proibindo a aplicação da correção monetária nos demais casos, salvo na hipótese de validade da estipulação que fixa aumentos progressivos por força da sucessão das prestações.

em 1993, de CR$ 50,00, quando o juiz fixou a indenização, em 1995, p. ex., os prejuízos foram de R$ 200,00, devido ao longo período de imobilização do veículo, antes de ordenado o seu conserto. Logo, o *quantum* da indenização foi de R$ 200,00, não em virtude de atualização da verba inicial de CR$ 50,00, como escreve Antunes Varela, mas por ser aquele o montante dos danos indenizáveis *no momento atual* – por ser essa a expressão do dano patrimonial na precisa data em que deve ser calculado[110].

Tem-se, ainda, a *dívida remuneratória,* pois a *prestação de juros,* objeto de obrigação corrente nos negócios de crédito, consiste numa remuneração, pelo uso de capital alheio, que se expressa pelo pagamento, ao dono do capital, de quantia proporcional ao seu valor e ao tempo de sua utilização. Pressupõe, portanto, a existência de uma dívida de capital, consistente em dinheiro ou outra coisa fungível; daí a sua natureza acessória. Essa *dívida remuneratória* deve ser determinada por estipulação contratual (caso em que se têm os juros contratuais, convencionados pelas partes até o limite permitido em lei) ou por lei (hipótese em que se têm os juros legais, impostos em certos débitos, principalmente em caso de mora – CC, art. 406). Os juros, por sua acessoriedade, correspondem a uma determinada porcentagem sobre o valor do capital. Apesar de, em regra, o pagamento da dívida remuneratória ser em dinheiro, não é preciso que seja sempre pecuniária; nada obsta que a remuneração do capital seja paga por meio da entrega de outros bens[111].

b.1.2. Obrigação de fazer

b.1.2.1. Conceito e objeto

A *obrigação de fazer* é a que vincula o devedor à prestação de um serviço ou ato positivo, material ou imaterial, seu ou de terceiro, em benefício do credor ou de terceira pessoa[112].

Essa relação obrigacional tem por objeto qualquer comportamento humano, lícito e possível (*AJ*, *64*:63), do devedor ou de outra pessoa à custa daquele[113], seja a prestação de trabalho físico ou material (p. ex., o de podar as roseiras de um jardim, o de construir uma ponte etc.), seja a realização de serviço intelectual, artístico ou científico (p. ex., o de compor

---

110. Álvaro Villaça Azevedo, *Direito civil*; teoria geral das obrigações, 1. ed., Bushatsky, 1973, p. 183-4; W. Barros Monteiro, op. cit., p. 74; Antunes Varela, op. cit., p. 365-6; Orlando Gomes, *Obrigações,* cit., p. 61-5; San Tiago Dantas, *Problemas de direito positivo,* p. 28.

111. Orlando Gomes, *Obrigações,* cit., p. 65-7; Larenz, op. cit., p. 185. Vigora o princípio de que o juro na obrigação pecuniária é a regra. Esse princípio só não prevalecerá havendo lei ou convenção em contrário.

112. Conceito baseado em R. Limongi França, Obrigação de fazer, in *Enciclopédia Saraiva do Direito,* v. 55, p. 332-3; Silvio Rodrigues, op. cit., p. 43; Hamilton de Moraes e Barros, A proteção jurisdicional do credor das obrigações de fazer e não fazer, *Revista de Direito Comparado Luso-Brasileiro, 2*:86-104, 1983; Carlyle Popp, *Execução da obrigação de fazer*, Curitiba, Ed. Juruá, 1995; José R. dos S. Bedaque, Tutela específica das obrigações de fazer e de não fazer, *Tribuna do Direito*, n. 43, p. 3 e 4; Humberto Theodoro Jr., Tutela específica das obrigações de fazer e não fazer, *Revista Brasileira de Direito Comparado, 20*:89-130; José Joaquim Calmon de Passos, Execução específica das obrigações de fazer: obrigações de prestar declaração de vontade; impossibilidade jurídica do pedido, *CJ*, *50*:255; Otávio Brito Lopes, As obrigações de fazer e não fazer, *O novo Código Civil – estudos em homenagem a Miguel Reale*, São Paulo, LTr, 2003, p. 204-15. *Vide RT*, *716*:165, *672*:176, *611*:175, *573*:252; *RJTJSP*, *131*:54; *EJSTJ*, *7*:89; *Ciência Jurídica*, *65*:285; *RSTJ*, *111*:197 e *16*:117. Cumprimento de sentença que reconheça exigibilidade de obrigação de fazer, de não fazer e de entregar coisa: CPC, arts. 536 a 538.

113. R. Limongi França, Obrigação de fazer, cit., p. 333; W. Barros Monteiro, op. cit., p. 86; Serpa Lopes, op. cit., v. 2, p. 65-6; Bassil Dower, op. cit., v. 2, p. 53.

uma música, o de escrever um livro etc.), seja ele, ainda, a prática de certo ato ou negócio jurídico, que não configura execução de qualquer trabalho (p. ex., o de locar um imóvel, o de renunciar a certa herança, o de prometer determinada recompensa, o de se sujeitar ao juízo arbitral, o de votar numa assembleia, o de reforçar uma garantia etc.)[114].

b.1.2.2. Diferenças entre a obrigação de dar e a de fazer

Tanto a obrigação de dar como a de fazer constituem obrigações *positivas*, que muitas vezes se mesclam. Na compra e venda, p. ex., o vendedor tem obrigação de entregar a coisa vendida (*dar*) e de responder pela evicção e vícios redibitórios (*fazer*); na promessa de venda de coisa alheia, o promitente deve obter a aquisição da coisa (*fazer*), antes de efetuar a sua entrega ao comprador (*dar*); na empreitada (CC, art. 610), o empreiteiro se compromete a contribuir para determinada obra com a mão de obra (*fazer*) e os materiais necessários (*dar*) (*RT*, *402*:221, *131*:251; *RF*, *92*:94). Por essas razões urge estabelecer critérios diferenciadores, que possibilitem separar uma relação obrigacional de outra, desprezando-se, no caso em que essas obrigações se misturam, o ponto de vista unificador e a ideia de se considerar uma delas principal e a outra acessória, visto que nenhum daqueles atos em que cada uma se desdobra pode ser tido como acessório, reconhecendo-se, então, a existência de duas obrigações distintas, cada qual com seus caracteres próprios e sua individualidade[115].

Da análise dessas duas obrigações percebe-se que[116]:

a) A prestação, na obrigação de dar, consiste na entrega de um objeto, sem que se tenha de fazê-lo previamente, e, na de fazer, na realização de um ato ou confecção de uma coisa, para depois entregá-la ao credor. Logo, na de dar, a prestação consiste na entrega de um bem prometido, para transferir seu domínio, conceder seu uso ou restituí-lo ao seu dono, e, na de fazer, o objeto da prestação é um ato do devedor com proveito patrimonial para o credor ou terceiro.

b) A tradição da coisa é imprescindível na obrigação *ad dandum* (CC, arts. 1.226 e 1.267), o que não se dá na *ad faciendum*.

c) A pessoa do devedor, na obrigação de dar, fica em plano secundário; visa-se apenas a aquisição ou a restituição do bem, não importando se de "A" ou de "B", de modo que a prestação pode ser fornecida por terceiro, estranho aos interessados (CC, arts. 304 e 305).

---

114. W. Barros Monteiro, op. cit., p. 86; R. Limongi França, Obrigação de fazer e indenização por danos, *RT*, *590*:47. *Vide* CPC, arts. 497, 499, 536, § 1º, 537, § 1º, 814 e parágrafo único; Lei n. 8.069/90, arts. 213, §§ 2º e 3º, 214, §§ 1º e 2º; Lei n. 9.099/95, art. 52, V e VI. O CPC/2015, art. 814, trata das obrigações de fazer e não fazer, nessa norma comum, regulamentando-as, em separado, em seguida. Execução de obrigação de fazer: arts. 815 a 821. O STJ (REsp 2.017.759-MS, rel. Min. Nancy Andrighi, 3ª Turma, por unanimidade, j. 14-2-2023) entendeu: "Ação de obrigação de fazer. Plano de saúde. *Home Care*. Internação domiciliar substitutiva da internação hospitalar. Insumos necessários ao tratamento de saúde. Cobertura obrigatória. Custo do atendimento domiciliar limitado ao custo diário em hospital. A cobertura de internação domiciliar, em substituição à internação hospitalar, deve abranger os insumos necessários para garantir a efetiva assistência médica ao beneficiário – insumos a que ele faria jus caso estivesse internado no hospital –, sob pena de desvirtuamento da finalidade do atendimento em domicílio, de comprometimento de seus benefícios e da sua subutilização enquanto tratamento de saúde substitutivo à permanência em hospital". Execução de obrigação de não fazer: arts. 822 e 823.

115. W. Barros Monteiro, op. cit., p. 48-9 e 88-9.

116. De Page, op. cit., v. 2, p. 389; R. Limongi França, Obrigação de fazer, cit., p. 333; Bassil Dower, op. cit., p. 53-5; W. Barros Monteiro, op. cit., p. 87-8; Silvio Rodrigues, op. cit., p. 45-6; Trabucchi, op. cit., p. 433; Larombière, *Théorie et pratique des obligations*, v. 1, p. 387; Orlando Gomes, *Obrigações*, cit., p. 51-2.

O mesmo não ocorre na de fazer, em que a personalidade do devedor, em se tratando de obrigação personalíssima, passa a ter significado especial, pois o ato deve ser prestado pelo próprio sujeito. P. ex.: se "A" contratar um famoso pintor para retratá-lo, não tolerará que outro pintor, ainda que de igual capacidade, faça o serviço encomendado, porque tem em vista as habilidades pessoais ou o estilo do artista por ele contratado (CC, art. 247, *in fine*). Mas, se contratar alguém para pintar a parede de sua casa, pouco lhe importará que o trabalho seja efetuado por este ou aquele operário; o que se pretende é apenas que o fato prometido se execute pelo modo avençado.

d) O erro sobre a pessoa do devedor, na obrigação de fazer *intuitu personae,* acarreta sua anulabilidade, ao passo que, na obrigação de dar, raramente se terá sua anulação por esse motivo.

e) A obrigação de dar recebe completa execução com a entrega do objeto prometido pelo devedor; já a de fazer não comporta tal execução *in natura,* a menos que a regra *nemo potest precise cogi ad factum* não se oponha a isso. A obrigação de fazer, em regra, resolve-se, em caso de inadimplemento, em perdas e danos (CC, art. 389).

f) A *astreinte* (multa pecuniária ou multa coercitiva diária ou periódica) só serve de instrumento coercitivo às ações que visam cumprir obrigação de fazer (ou não fazer) (CPC, arts. 814, 497, 499, 500, 536 e § 1º, 537 e §§ 1º a 5º; *RT, 433*:236, *488*:169, *685*:199 e 200, *761*:221, *764*:184, *803*:383, *800*:322; *BAASP*, *2699*:634-06) e tem por escopo compelir ou incentivar devedor a cumprir, em tempo razoável, a obrigação assumida. A multa pode ser imposta de ofício ou a requerimento da parte e pode ser aplicada na fase de conhecimento, em tutela provisória ou na sentença, ou na fase de execução. Alto deve ser seu valor para obrigar o réu a cumprir a obrigação. Tal valor poderá ser modificado, a qualquer tempo e grau de jurisdição, para menos (se excessivo) ou para mais (se insuficiente), bem como sua periodicidade, pelo juiz de ofício ou a requerimento (CPC, arts. 537, § 1º, I, e 814, parágrafo único). No cumprimento de sentença que reconheça a exigibilidade da de obrigação de fazer ou de não fazer, o magistrado poderá, de ofício ou a requerimento, para efetivar a tutela específica ou obter a tutela pelo resultado prático equivalente, determinar medidas necessárias à satisfação do exequente, p. ex. imposição de multa, desfazimento de obra, busca e apreensão, remoção de pessoas ou coisas, impedimento de atividade nociva, requisitando, se for preciso, o auxílio de força policial (CPC, arts. 536, § 1º, 497, 498 e 537). O art. 814 e parágrafo único do CPC dispõem: "Na execução de obrigação de fazer ou de não fazer fundada em título extrajudicial, ao despachar a inicial, o juiz fixará multa por período de atraso no cumprimento da obrigação e a data a partir da qual será devida. Se o valor da multa estiver previsto no título e for excessivo, o juiz poderá reduzi-lo". Há uma tutela específica de obrigação de fazer ou não fazer mediante imposição de multa (CPC, arts. 536, § 1º, e 537) e medida sub-rogatória; conversão em perdas e danos cumuláveis com a multa (CPC, arts. 499 e 500); possibilidade de o juiz fazer a opção entre a multa, cumulando-a com medida sub-rogatória ou a aplicação imediata desta última (CPC, arts. 497 e 814). O órgão judicante, ensina Tânia Aoki Carneiro, poderá impor *ex officio* a multa pecuniária em valor até mesmo superior ao da obrigação, para que influa, realmente, na conduta do réu, obtendo a efetividade da decisão antecipatória da tutela. Não sendo cumprida tal decisão, ter-se-á, então, aplicabilidade imediata daquela multa, por meio de cumprimento da sentença, que reconhece a exigibilidade da obrigação de pagar quantia certa, baseado em título judicial, que, contudo, é provisório (CPC, arts. 520, I a IV, e 521), ante a possibilidade de reversão do provimento antecipatório. A multa não depende de requerimento da parte e pode ser aplicada na fase de conhecimento, em tutela provisória ou na sentença, ou na fase de execução, desde que seja suficiente e compatível com a obrigação e o magistrado concede um prazo razoável ao devedor para cumprir a obrigação (CPC, art. 537); esgotado esse lapso de tempo sem o seu adimplemento, o devedor deverá pagar uma multa até o dia em que a cumprir. O órgão judicante, apenas se for impossível a tutela específica, ou seja, a execução *in natura*, poderá compelir o devedor a cumprir a obrigação de fazer (ou não fazer), cominando multa diária que incidirá até o adimplemento total daquela obrigação (*TJRJ*, 8ª Câm. Civ., Ag. Inst. 5.016, rel. Des. Laerson Mauro, j. 10-2-1998). A *astreinte* é uma pena privada, coercitiva, visto que é a multa fixada por dia ou por período de atraso no cumprimento de obrigação (CPC, art. 814) destinada a forçar o devedor indiretamente a fazer o que deve e não a reparar dano decorrente de inadimplemento (*RT, 488*:169)[117]. Deveras, como não tem caráter ressarcitório, não exclui o direito à reparação de perdas e danos. Tal multa, convertida em indenização, revertida em favor da parte, pode ser cobrada, ainda que não haja, no contrato, a cláusula penal. Esse processo do Código Processual Civil, arts. 815 a 821, pode ser intentado se houver sério receio de inadimplemento da obrigação; a execução, porém, não poderá ser iniciada antes do vencimento da obrigação (CPC, art. 514), ou se o devedor estiver em mora, por já estar vencida a obrigação e pelo fato de o credor ter interesse em obter a sua execução específica. Entretanto, nada obsta que o credor escolha outro caminho, obtendo, então, apenas o pagamento de indenização por perdas e danos (CC, art. 247). Há casos em que esse processo cominatório não funciona, embora o credor queira a execução específica da obrigação pelo devedor. É o caso, p. ex., de um músico que se obriga a realizar um *show*, mas se recusa a apresentar-se na véspera do evento. O credor não poderá obter por via judiciária o cumprimento indireto dessa

---

117. A *astreinte* não é necessariamente diária, ao menos nos casos em que se tratar de execução fundada em título *judicial*, isto é, *cumprimento de sentença*. Sobre *astreinte*: Lei n. 9.099/95, art. 52, V e VI; Lei n. 8.069/90, arts. 213, §§ 2º e 3º, 214 e §§ 1º e 2º. Amílcar de Castro, *Comentários ao Código de Processo Civil*, Revista dos Tribunais, v. 8, p. 187 e 189; Athos Gusmão Carneiro, Das *astreintes* nas obrigações de fazer fungíveis, *Ajuris, 14*:125; Luiz Guilherme Marinoni, *Tutela específica*, São Paulo, Revista dos Tribunais, 2000, p. 21-2; Tânia Aoki Carneiro, As *astreintes* no processo civil, *Revista IASP, 70*:18; Pedro F. de Queiroz Jr., Inserção e perspectivas da tutela específica das obrigações de fazer e não fazer no ordenamento jurídico pátrio. *Revista Direito e Liberdade*, ed. esp. da ESMARN, *3*:497-506; Francisco Antônio de Oliveira, As *astreintes* e sua eficácia moralizadora, *Doutrinas essenciais – obrigações e contratos* (coord. G. Tepedino e Luiz E. Fachin), São Paulo, Revista dos Tribunais, 2011, v. II, p. 1151-58; François Chabas, L'astreinte en droit français, *Doutrinas essenciais*, cit., p. 1159-68. Flávio Tartuce (*O novo CPC*, cit., p. 228 e 229) observa: A *astreinte*, sendo obrigação de fazer fungível, seria possível relativamente ao devedor originário ante o princípio de conservação do contrato assumido pelas partes. A conversão em perdas e danos deverá ser admitida excepcionalmente, diante daquele princípio e do da autonomia privada. A multa diária imposta na sentença para o caso de descumprimento da obrigação de fazer deve ser contada a partir da citação do devedor no processo de execução (*RSTJ, 129*:378). "A pena pecuniária que, a título de *astreintes,* se comina não tem o caráter de indenização pelo inadimplemento da obrigação de fazer ou de não fazer, mas, sim, o de meio coativo de cumprimento da sentença, como resulta expresso na parte final do art. 287 – não há similar no CPC/2015 – do CPC; consequentemente, não pode essa pena retroagir à data anterior à do trânsito em julgado da sentença que a cominou" (STF, *ADCOAS*, n. 84.871, 1982). O art. 287 – não há similar no CPC/2015 – do CPC, que fundamentou essa decisão, sofreu alteração em sua redação pela Lei n. 10.444, de 7 de maio de 2002. "As obrigações de fazer e não fazer devem ser executadas especificamente e não pelo sucedâneo da reparação, salvo diante da impossibilidade ditada por elementos personalíssimos. Por isso, pode o valor da multa diária ultrapassar, no seu somatório, o valor da própria obrigação descumprida, principalmente quando esta é fixada com a força de perdas e danos" (1º TARJ, *ADCOAS,* n. 91.096, 1983). *Vide RSTJ, 135*:312. O Código de Processo Civil (arts. 536, § 1º, 537 e 814) tutela o cumprimento de obrigação de fazer ou não fazer. Pelo não cumprimento de ordem judicial aplicável é a multa sancionatória (CPC, arts. 77, IV, 534 e 535) devida à Fazenda Pública. O STJ decidiu que astreintes incidem por descumprimento de ordem judicial – CPC, art. 536 (3ª T., rel. Min. Ricardo Villas Bôas Cueva, REsp 2.169.203).

prestação, mediante pesadas multas diárias, e o único remédio seria exigir o pagamento de perdas e danos (CPC, arts. 821 e 816)[118]. A *astreinte* não pode ser invocada, portanto, para tutelar obrigação de dar (*RF*, *126*:183).

---

118. Bassil Dower, op. cit., p. 55 e 60; Sérgio F. Martins e Paulo L. Philbois. Exigibilidade das *astreintes*, in *Memória Jurídica*, *1*:113 a 133; Lívia C. Dal Piaz, Os limites da atuação do juiz na aplicação das *astreintes*, *Revista Jurídica*, *328*:63-82; François Chabas, L'astreinte en droit français, *Revista de Direito Civil, Imobiliário, Agrário e Empresarial*, *69*:50-6. O Enunciado n. 24 do FONAJE (cancelado no XXI Encontro – Vitória/ES) prescrevia: "A multa cominatória em caso de obrigação de fazer ou não fazer deve ser estabelecida em valor fixo diário". *Vide* CPC, arts. 815 a 821; *RT*, *716*:165; *RSTJ*, *25*:389. O TRF, 3ª R. (Proc. 048654-7, rel. Des. Fed. Ana Maria Pimentel, j. 13-10-2003), já decidiu que:

"Cuida-se de pedido de suspensão de medida liminar, deduzido pelo *Departamento Nacional de Infraestrutura de Transportes – DNIT*, sob fundamento de grave lesão à ordem e à economia públicas, em face de decisão proferida pelo MM. Juiz Federal da 1ª Vara de Marília/SP, que, nos autos da ação civil pública n. 1999.61.11.004357-9, aforada pelo Ministério Público Federal, contra o ora postulante, deferiu provimento preambular, consistente em determinar que o DNER (cujas atribuições encontram-se, atualmente, cometidas ao DNIT), promovesse, com relação à Rodovia BR-153 (Transbrasiliana): a) sinalização adequada dos trechos e trevos de maior risco, devidamente indicados nos autos, de modo a, efetivamente, alertar os usuários dos riscos por que passam; b) realização emergencial de reparação da pista, em seu leito carroçável, nos locais indicados, eliminando-se saliências e imperfeições; c) reparo no acostamento da pista, suprimindo-se os buracos e degraus acentuados, com a roçada da vegetação (que, em alguns locais, invadiria a pista) do acostamento e faixa de domínio, medidas que deveriam ser adotadas principalmente nas proximidades dos kms. 196 e 230; d) levantamento da situação e imediata reforma/construção de cercas nas margens da rodovia.

Ademais, ordenou o órgão julgador, em sede liminar, que a União Federal, por meio da Polícia Rodoviária Federal: a) fosse compelida a realizar fiscalização ostensiva, preferencialmente nos locais de maior risco; b) promovesse medidas educativas, em âmbito regional, minimizando-se os riscos de trafegar na referida rodovia.

Com o escopo de garantir a efetiva aplicação de tais providências pelo Poder Público, restou fixada *astreinte*, nos seguintes termos: a) as medidas atribuídas, pela decisão, à Polícia Rodoviária Federal deveriam ter início no prazo de 5 (cinco) dias, a contar da ciência que a União Federal tivesse do provimento, sob pena de multa diária fixada em R$ 50.000,00 (cinquenta mil reais); b) as obras imputadas ao DNER haveriam que ser iniciadas em 90 (noventa) dias, a contar da ciência do decisório, sob pena de multa diária fixada em R$ 100.000,00 (cem mil reais).

Inconformada, a União Federal agravou de instrumento (n. 1999.03.00.033282-8), recurso distribuído à relatoria da E. Desembargadora Federal Therezinha Cazerta, componente, à época, da Quarta Turma deste Tribunal, a qual indeferiu o pleito de atribuição de efeito suspensivo.

Por outra parte, o DNER ofertou o agravo n. 2000.03.00.029262-8, de relatoria da E. Desembargadora Federal Salette Nascimento, com requerimento de suspensão do gravame, providência também não atendida.

Em agosto de 2002, em face da criação do DNIT, restou solicitada e deferida sua inclusão no polo passivo da ação civil pública subjacente, sobrevindo a interposição do agravo de instrumento n. 2002.03.00.046102-0 – em cujo âmbito resultou desacolhida a solicitação de empréstimo de efeito suspensivo – e a oferta do presente pedido de suspensão, objetivando cassar os efeitos da liminar concedida em junho de 1999.

A promovente alegou, em síntese, inexistir qualquer resistência à pretensão deduzida, visto já haver instaurado procedimento licitatório para os serviços de manutenção da Rodovia Transbrasiliana, o qual se encontra em fase de adjudicação e contratação.

Sustentou a impossibilidade da adoção das providências requeridas pelo Ministério Público Federal, em prazo tão exíguo, já que suas obras dependem da aprovação orçamentária e procedimento licitatório.

Outrossim, asseriu ser exorbitante a quantia fixada a título de multa, revestindo-se de potencialidade lesiva à ordem e à economia públicas, citando a existência de jurisprudência no sentido de inadmitir a cominação em obrigações de fazer, em face do Poder Público, afirmando que, mesmo as decisões favoráveis, fazem-no em face de autarquias com dotação própria, o que não seria o caso do DNIT.

A fls. 121/128, o MPF ofertou manifestação, noticiando, através de tabelas e quadros comparativos entre os anos de 1999 e 2000, a redução, após a concessão da liminar guerreada, do número de óbitos, ocasionados por acidentes, na rodovia em questão, à base de 47,4%. Por sua vez, os acidentes graves diminuíram 14,6% e os leves, 22,8%.

O promovente ofertou petição a fls. 131/139, refrisando a necessidade de suspensão do provimento preambular, mormente no que toca ao estabelecimento de *astreinte*, ante a escassez orçamentária e a ausência dos procedimentos licitatórios impostos pela lei.

Nova petição do pleiteante foi agilizada a fls. 142/163, asseverando decorrer a redução do número de acidentes e mortes na rodovia BR-153 das providências tomadas pela Administração, antes mesmo da fixação da multa diária, carreando relatórios referentes aos meses de julho e agosto de 1999, a fim de corroborar tal assertiva.

A fls. 166, o DNIT coligiu documento, donde se constata a execução dos serviços de manutenção e conservação da rodovia Transbrasiliana, por parte do Ministério da Defesa – Exército Brasileiro, em caráter emergencial, tratando-se, a seu sentir, de mais um argumento à paralisação dos efeitos do decisório refutado.

Por derradeiro, a fls. 171/183, o demandante apresentou petição, melhor esclarecendo a participação do Ministério da Defesa – Exército Brasileiro nos serviços supramencionados.

Passo a decidir.

Por primeiro, tem-se por oportuno consignar que, consoante assentado na jurisprudência, o excepcional juízo em torno de pedido de suspensão, seja de liminar, tutela antecipada ou de sentença, destina-se, propriamente, à avaliação da possibilidade e efetiva demonstração de sobrevir grave lesão a interesses privilegiados, consistentes na ordem, saúde, segurança ou economia públicas, em decorrência de provimento exarado pelo órgão judicante singular. Vale atentar, ainda, que o conceito de ordem pública vem sendo elastecido, de molde a compreender a ordem administrativa em geral, é falar, a normal execução do serviço público e o regular exercício das funções da Administração Pública.

Conforme se vê, tais feitos não se constituem no foro adequado a indagações acerca da legalidade ou juridicidade do *decisum* impugnado, descabendo analisar, com profundidade, as questões de fundo envoltas na lide, comportando, somente, e se as especificidades do caso assim exigirem, juízo de delibação acerca do mérito da questão envolvida.

Com esses apontamentos, passo à matéria de fundo.

De pronto, não merece guarida a afirmação de que se torna necessário o término do procedimento licitatório para que o DNIT cumpra sua função precípua, que é a de manter as estradas federais em bom estado de conservação, postergando, assim, ainda mais, a preservação da vida humana.

Com efeito, o direito à vida humana acha-se consagrado no Texto Constitucional (art. 5º, *caput*), e, de nada adiantariam os demais direitos assegurados nos diplomas legais, bem como se os complexos procedimentos licitatórios, se não restasse, devidamente, protegida sua inviolabilidade.

A essa altura, observe-se que, conforme dados fornecidos pela Procuradoria-Geral da República, após o compelimento por meio da liminar ora guerreada, através das medidas adotadas pelo requerente, é indiscutível que o número de mortes na Rodovia BR-153 teve substancial decréscimo.

Dessarte, a medida de suspensão tem por escopo evitar dano à sociedade, e, ao contrário do que alega o promovente, a manutenção da liminar faz-se imperiosa, inclusive para proteger o interesse público.

De outro lado, quanto à alegação de incabimento da fixação de *astreinte*, para garantir o cumprimento da medida liminar hostilizada, a jurisprudência pátria tem prestigiado a tese do cabimento da multa diária em face da Fazenda Pública, como, de resto, já decidido pelo Colendo Superior Tribunal de Justiça, *in verbis*:

"Agravo em agravo de instrumento. Processual civil. Prequestionamento. Ausência. Obrigação de fazer. Pessoa jurídica de direito público. Astreintes. *Possibilidade.*

Não se conhece do recurso especial quanto a questões carentes de prequestionamento.

Em conformidade com o entendimento assentado em ambas as Turmas da Terceira Seção desta col. Corte de Justiça, o juiz de ofício ou a requerimento da parte, pode fixar as denominadas astreintes *contra a Fazenda Pública, com o objetivo de forçá-la ao adimplemento da obrigação de fazer no prazo estipulado.*

b.1.2.3. Espécies de obligatio *ad faciendum*

Em nosso Código Civil há duas espécies de obrigação de fazer[119]:

Agravo regimental a que se nega provimento" (AGA n. 476719/RS, 6ª Turma, Rel. Min. Paulo Medina, j. 13-5-2003, v. u., *DJ* 9-6-2003, p. 318 – destaquei).

Demais, no que tange ao valor da *astreinte*, não há que se falar em prejuízos ao Erário, diante dos direitos a que se visa tutelar, cabendo trazer à colação trecho da ementa extraída do acórdão prolatado pelo Tribunal Regional Federal da 4ª Região:

"Processo civil. Execução de sentença. Autarquia. Astreinte. *Requisitos.*

1. *A* astreinte, *por não ser instituto de Direito Civil, não pode ser equiparada, para nenhum efeito, à denominada 'cláusula penal'.*

– Na verdade, foi instituída, como medida processual, exatamente para coagir a parte ao cumprimento das decisões judiciais, daí a razão da sua desproporcionalidade em termos de valor, compensada com a proporcionalidade quando enxergada como mecanismo destinado a demonstrar ao particular e à própria Administração que os atos do Estado, especialmente quando objetivam à restauração da ordem jurídica violada, devem ser cumpridos (...)" (TRF-4ª Região, AG n. 200104010709830, Relator Juiz Federal Carlos Eduardo Thompson Flores Lenz, j. 18-6-2002, v. u., *DJU* 17-7-2002 – destaquei).

Ainda com respeito ao valor da multa, convém aduzir que, em sede de obrigação *de fazer* e de não fazer, erige-se em faculdade do órgão judicante estabelecer a penalidade diária e seu respectivo montante.

"Valor da multa. A multa tem a natureza jurídica de medida coercitiva e, como tal deve compelir o devedor a adimplir a execução, não se submetendo a limites, *salvo o poder discricionário do juiz de reduzi-la ou ampliá-la, nos termos do CPC 644 par. único, conforme seu prudente critério, se excessiva ou insuficiente (8ª T., Rec. 806-6/97, rel. Juiz Carlos Eduardo da Risa da Fonseca Passos, JE – RJ 6/98) (in 'Código de Processo Civil Comentado e Legislação Processual Civil Extravagante em Vigor'*. Nelson Nery Junior e Rosa Maria de Andrade Nery, 5ª edição, em nota ao parágrafo único do art. 644 do CPC/73, p. 1139).

Destarte, não aparenta ter ocorrido lesão à ordem e à economia públicas, em virtude *da imposição de multa* diária ao DNIT, tendo em vista a natureza dos direitos cujo resguardo se objetiva, quais sejam, a vida e a segurança – de valor e magnitude incomparáveis à aludida *astreinte* – sendo esta, de mais a mais, adequada forma para que o Poder Público cumpra seus deveres, nos moldes acima assinalados.

Ora, a liminar guerreada visa, exatamente, garantir a efetiva aplicação das normas constitucionais, assegurando a proteção do direito à vida e à segurança.

De outra parte, os documentos carreados pela promovente não reúnem aptidão para demonstrar a impossibilidade do cumprimento da liminar, impendendo atentar que alguns dos documentos acostados não especificaram a qual trecho da estrada se referem, inferindo-se que a verba neles solicitada destina-se à sua total extensão, ultrapassando, assim, os limites da lide.

Diante de todo o acima exposto, *indefiro* a suspensão pretendida, eis que ausentes os pressupostos autorizadores da medida vindicada.

Processo Civil – Agravo de instrumento – Obrigação de fazer – Fixação de *astreintes* – Cabimento – Art. 461, § 4º (hoje art. 537), do CPC – 1 – Tratando-se de tutela antecipatória concedida para o cumprimento de obrigação de fazer, mostra-se cabível a aplicação do disposto no art. 461 (atual art. 497) do CPC. 2 – A legislação aplicável à matéria não vincula a fixação das *astreintes* ao implemento de condição específica. Dessa forma, cabível a estipulação de multa diária para eventual descumprimento do comando judicial que determinou ao INSS a conversão do benefício previdenciário percebido pelo autor, haja vista o caráter inibitório da própria Tutela. 3 – Agravo não provido (TJDFT – 1ª T. Cível; AI n. 20090020087752-DF; Rel. Des. Flavio Rostirola; j. 26/8/2009; *BAASP, 2665*:5468)".

Súmula 410 do STJ: "A prévia intimação pessoal do devedor constitui condição necessária para a cobrança de multa pelo descumprimento de obrigação de fazer e não fazer".

119. *Vide* Código Civil, arts. 247 e s.; Serpa Lopes, op. cit., p. 66-7; Caio M. S. Pereira, *Instituições*, cit., v. 2, p. 58-9; Silvio Rodrigues, op. cit., p. 46-7; Clóvis Beviláqua, *Obrigações*, cit., § 16; W. Barros Monteiro, op. cit., p. 90-1; Bassil Dower, op. cit., p. 55-7; Antunes Varela, op. cit., p. 88-9; Ramón Silva Alonso, *Derecho*

1ª) *Obrigação de fazer de natureza infungível,* por consistir num *facere* que só pode, ante a natureza da prestação ou por disposição contratual, ser executado pelo próprio devedor, sendo, portanto, *intuitu personae,* uma vez que se levam em conta as qualidades pessoais do obrigado. A pessoa do devedor é fator essencial, pois o credor pode exigir que a prestação avençada seja fornecida por ele, visto que celebrou o negócio em atenção aos seus requisitos pessoais; logo, não está obrigado a aceitar substituto. O devedor é, nesse tipo de relação obrigacional, insubstituível em razão de sua habilidade, técnica, cultura, reputação, pontualidade, idoneidade, experiência etc.

Realmente, prescreve o Código Civil, art. 247, que, se a obrigação só for exequível pelo devedor, havendo recusa à prestação, deverá ele pagar perdas e danos. Porém, mesmo nas hipóteses em que não houver convenção expressa, poder-se-á ter infungibilidade da prestação, quando resultar das circunstâncias que o devedor deve cumpri-la pessoalmente, por nelas se vislumbrar que o obrigado foi procurado pelo credor em atenção às suas condições pessoais, pois a infungibilidade do *facere* decorre da própria natureza da prestação, por depender de uma atuação personalíssima do devedor. Assim, se "A" procurar "B", célebre cirurgião, para operar seu filho, claro está que o escolheu por sua habilidade profissional, reputação, técnica e segurança, daí a infungibilidade dessa obrigação. Logo, a "B" não será permitido fazer-se substituir por outro médico na intervenção cirúrgica, mesmo que seja tão hábil quanto ele. O mesmo ocorre se o litigante confia o patrocínio da causa a um ilustre advogado, sem permitir substabelecimento.

Pelo atual Código Civil, a regra é a fungibilidade da prestação, ilidida pelas circunstâncias ou pela convenção se delas resultar que o devedor deverá cumpri-la pessoalmente.

2ª) *Obrigação de fazer fungível,* que é aquela em que a prestação do ato pode ser realizada indiferentemente tanto pelo devedor como por terceiro, caso em que o credor será livre de mandar executar o ato à custa do devedor, havendo recusa ou mora deste, sem prejuízo da cabível indenização por perdas e danos (CC, art. 249; CPC, arts. 815 a 821 e 501). Tal se dá quando o objetivo do credor foi obter a prestação do ato, sem levar em conta as qualidades pessoais do obrigado. Se o credor pretender que seu relógio de pulso seja consertado, pouco se lhe dá que o serviço seja feito por "A" ou "B", uma vez que seu objetivo é que o conserto do objeto seja executado pelo modo ajustado. O empreiteiro que promete a alguém construir um prédio dentro de um ano está assumindo obrigação de fazer fungível, porque o serviço poderá ser realizado por operários à sua custa. São fungíveis todas as prestações que não requerem para sua execução aptidões pessoais, além dos requisitos comuns da especialização profissional.

b.1.2.4. Consequências do inadimplemento da obrigação de fazer

Em alguns casos ter-se-á a *impossibilidade da prestação* na *obligatio faciendi,* oriunda de culpa do devedor ou de fato alheio à sua vontade, ou seja, de força maior ou caso fortuito.

Se a prestação do fato se impossibilitar sem culpa do devedor, resolver-se-á a obrigação (CC, art. 248, 1ª parte), e as partes serão reconduzidas ao estado em que se encontravam antes do negócio, havendo devolução do que porventura tenham recebido. É o que ocorre, p. ex., se, por obstáculo judicial, o devedor fica impedido de dar a escritura que prometera (*AJ,*

---

de las obligaciones, cit., p. 259-61; Silvio de S. Venosa, Obrigações de fazer e a obra sob encomenda. In: *10 anos de vigência do Código Civil brasileiro de 2002* (coord. Christiano Cassetari), São Paulo, Saraiva, 2013, p. 239-55. *Vide* Código Civil francês, art. 1.142. Consulte: *RT, 306*:212; *EJSTJ, 14*:77; *RSTJ, 25*:389.

108:277); se um cantor, gravemente enfermo, perde a voz e deixa de se apresentar no espetáculo a que se obrigara; se um médico não realiza a intervenção cirúrgica em paciente seu, por ter sofrido um derrame cerebral; se o devedor deixa de realizar o contrato de locação do imóvel "x", que havia prometido, em razão de incêndio, provocado por relâmpago que o destrói, ou em razão de desapropriação. Todos os prejuízos serão imputados à força maior ou ao caso fortuito. Para que haja liberação da prestação que se tornou impossível sem culpa do devedor, será preciso que o interessado que a invoca prove o fato, demonstrando a impossibilidade de o impedir ou evitar (CC, art. 393)[120].

Entretanto, se a prestação se impossibilitou por culpa do devedor, responderá este pelas perdas e danos (CC, arts. 248, *in fine,* e 389), pois ninguém pode ser compelido a realizar o impossível: *ad impossibilia nemo tenetur*; logo, a prestação converter-se-á no seu equivalente pecuniário[121]. Se a impossibilidade da *obligatio ad faciendum* foi deliberadamente provocada pelo cantor que resolve, prolongando suas férias, permanecer nos Estados Unidos no dia em que deveria fazer uma exibição no Teatro Municipal de São Paulo, pela firma construtora que se obrigara a construir um prédio em certo terreno, e deixa de edificar para vender o terreno onde deveria levantar o edifício[122], o cantor e a firma deverão pagar perdas e danos, convertendo-se a obrigação de fazer em obrigação de dar.

Em outros casos pode ocorrer recusa do devedor ou *inadimplemento voluntário da obrigação de fazer,* que não se tornou impossível. Trata-se daquelas hipóteses em que o obrigado poderia ter cumprido o seu dever, mas não o faz porque não lhe é conveniente[123].

Se a prestação não cumprida pelo devedor for infungível, por ser *intuitu personae* – só por ele exequível, portanto, sendo inadmissível sua substituição – o credor não poderia de modo algum obter sua execução direta, ante o princípio *nemo potest precise cogi ad factum,* isto é, ninguém pode ser diretamente coagido a praticar o ato a que se obrigara. Não há como coagir o devedor ao cumprimento da obrigação, sacrificando sua liberdade individual, pois o credor tem direito à prestação e não sobre a pessoa do devedor. Deveras, como forçar um renomado engenheiro a projetar uma casa, um pintor a retratar, se inadimplentes? Daí estatuir o Código Civil, art. 247, que o devedor, que se recusar à prestação a ele só imposta, incorrerá na obrigação de indenizar perdas e danos. É o caso, p. ex., de um poeta que se nega a compor o poema a que se obrigara, e de uma atriz que se recusa a exibir-se no Teatro "X", conforme havia convencionado; resolver-se-á em perdas e danos o não cumprimento do *facere* (*RT, 454*:65)[124].

---

120. W. Barros Monteiro, op. cit., p. 91-3; Silvio Rodrigues, op. cit., p. 48; Chironi, *La colpa nel diritto civile odierno,* n. 316.

121. Caio M. S. Pereira, *Instituições,* cit., p. 60.

122. Silvio Rodrigues, op. cit., p. 48; W. Barros Monteiro, op. cit., p. 92; *JB, 158*:198; *RJTJRS, 90*:421. "Um hotel, que foi contratado para organizar o local de uma festa de casamento e o buffet, por ter deixado faltar comida e bebida para os convidados, acabou sendo condenado ao pagamento de indenização no valor de R$ 50.000,00 a título de danos morais, por ter havido descumprimento contratual pelo hotel, com a falta tanto de alimentação aos convidados, além da necessidade do desembolso de dinheiro pelos noivos, aos garçons, para a compra de bebidas, como do abastecimento do veículo do contratado, inclusive provocando despedida de convidados sem jantar, em situação vexatória" (TJSC, Processo n. 2013.066065-5, publicado em 5-10-2016).

123. Silvio Rodrigues, op. cit., p. 48. Consulte: Darcy Bessone, Da execução coativa e *in natura* da obrigação de fazer, *Revista de Direito Civil Contemporâneo*, São Paulo, Revista dos Tribunais, n. 6, v. 18, 2019, p. 439 a 446.

124. Alves Moreira, *Direito civil português,* p. 16; Silvio Rodrigues, op. cit., p. 49; Clóvis Beviláqua, *Código Civil,* cit., v. 4, p. 24; W. Barros Monteiro, op. cit., p. 94; Orozimbo Nonato, *Curso de obrigações,* v. 1, p. 299. *Vide* Código Civil, art. 389.

Se fungível a prestação e o devedor for inadimplente ou moroso, o Código Civil, art. 249, dá ao credor plena liberdade de mandar executar o fato, à custa do devedor, por terceiro, sem prejuízo do pedido da cabível indenização das perdas e danos.

Se um fazendeiro se recusar a realizar certa obra, um aqueduto, p. ex., a fim de beneficiar o vizinho, o credor poderá requerer a indenização por perdas e danos ou obter a execução específica, por terceiro, da obrigação prometida, cobrando a despesa do inadimplente, pois, se a obrigação não é personalíssima, não há nenhum inconveniente em que o devedor inadimplente seja substituído por estranho, visto que, para o credor, o que importa é a realização da obra, não fazendo nenhuma diferença que a prestação seja satisfeita por outra pessoa. O vizinho, ante a recusa do fazendeiro, pode obter de terceiro o fato prometido, a expensas do devedor. Mas para tanto deverá recorrer à via judicial, para que haja comprovação da recusa ou da mora do devedor faltoso[125]. Haverá, então, um processo de conhecimento, que se encerrará por uma sentença condenatória em que o órgão judicante fixa prazo para o devedor cumprir o julgado (CPC, art. 815)[126]. E "se, o executado não satisfizer a obrigação no prazo designado, é lícito ao exequente, nos próprios autos do processo, requerer a satisfação da obrigação à custa do executado, ou perdas e danos; hipótese em que se converterá em indenização" (CPC, art. 816). Competindo ao credor a escolha, e se este optar pela execução específica à custa do executado, observar-se-á o disposto no Código de Processo Civil, art. 817 e parágrafo único.

E, em caso de manifesta urgência, poderá o credor, independentemente de autorização judicial, executar ou mandar executar o fato, pleiteando depois, contra o devedor inadimplente, o ressarcimento das despesas feitas (CC, art. 249, parágrafo único). Permitido será que o credor providencie a tutela específica da obrigação sem autorização do juiz. Temos, excepcionalmente, aqui, permissão legal para o exercício da autotutela, pois como pondera Álvaro Villaça Azevedo, uma aplicação do princípio da realização da justiça privada, pois a intervenção do Poder Judiciário poderia retardar a consecução do direito do credor. P. ex.: se alguém contratar pessoa para podar árvores, cujos galhos ameaçam construção vizinha, como esse ato, além de exigir época certa, requer urgência da execução do serviço e, havendo recusa do contratado a efetivar tal serviço, não se poderia aguardar a sentença judicial, nem mesmo uma liminar, pois a demora poderia acarretar dano irreparável. Com isso, ensina-nos Renan Lotufo, havendo emergência, está admitida juridicamente a possibilidade de justiça de mão própria, permitindo ao credor a defesa de seus interesses.

---

125. Clóvis Beviláqua, *Código Civil*, cit., v. 4, p. 25 e s. (obs. ao art. 881); Betti, *Teoria generale delle obbligazioni*, v. 1, p. 37; Vallimaresco, *La justice privée en droit moderne*, p. 452, apud W. Barros Monteiro, op. cit., p. 95-6. *Vide* Código de Processo Civil, arts. 817 e parágrafo único, e 821, parágrafo único.

126. Renan Lotufo, *Código Civil comentado*, cit., v. 2, p. 51; Eduardo Talamini, *Tutela relativa aos deveres de fazer e não fazer*, São Paulo, Revista dos Tribunais, 2003; Mário Luiz Delgado, Da intransmissibilidade *causa mortis* das obrigações de prestação de fato, in Delgado e F. Alves, *Novo Código Civil – questões controvertidas*, cit., v. 4, p. 95-125. Bassil Dower, op. cit., p. 58; Álvaro Villaça Azevedo, *Teoria geral das obrigações*, cit., p. 74. Sobre a execução de obrigação de fazer, *vide* Código de Processo Civil, arts. 497, 499, 500, 536, § 1º, 537 e § 1º, 815 a 821; *RT*, *582*:89. Havendo impossibilidade de adimplemento posterior da obrigação de fazer, ela resolver-se-á mediante pagamento das perdas e danos, mas se possível for seu cumprimento posterior, poder-se-á ter: tutela específica mais perdas e danos ou apenas as perdas e danos, não havendo interesse na realização do *facere*. *Vide* Stolze, Gagliano e Pamplona Filho, *Novo curso de direito civil*, cit., v. II, p. 57-9.

Graficamente, temos:

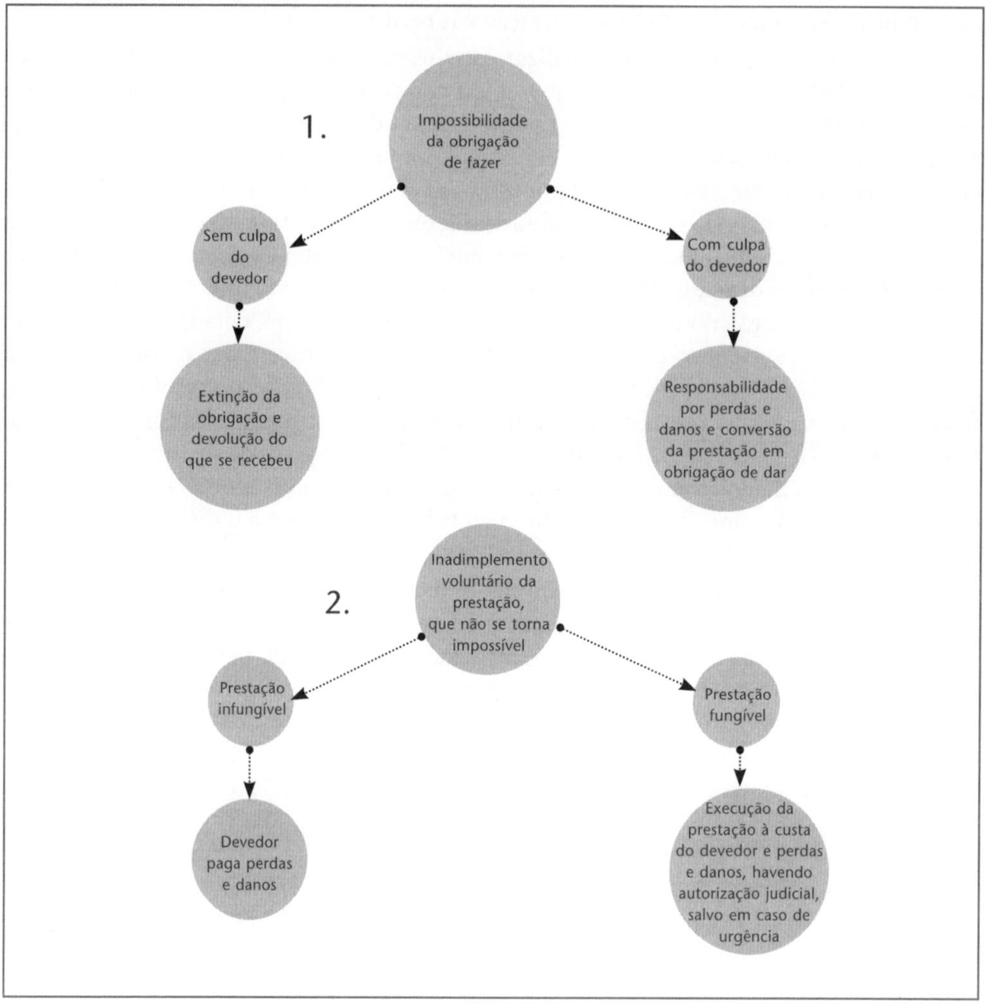

b.1.3. Obrigação de não fazer

b.1.3.1. Conceito

A *obrigação de não fazer* é aquela em que o devedor assume o compromisso de se abster de algum ato, que poderia praticar livremente se não se tivesse obrigado para atender interesse jurídico do credor ou de terceiro[127]. Caracteriza-se, portanto, por uma abstenção de um ato, por parte do devedor, em benefício do credor ou de terceiro.

---

127. Definição baseada em R. Limongi França, Obrigação de não fazer, in *Enciclopédia Saraiva do Direito*, v. 55, p. 343; W. Barros Monteiro, op. cit., p. 100; Silvio Rodrigues, op. cit., p. 53. CPC, arts. 536 a 538, 822 e 823.

Indubitavelmente, é uma *obrigação negativa,* visto que o devedor se conserva numa situação omissiva, pois a prestação negativa a que se comprometeu consiste numa abstenção ou num ato de tolerância, entendida esta como abstenção de resistência ou oposição, que poderia exercer se não houvesse a obrigação. Seria o caso, p. ex., do proprietário que, suportando atividade alheia, se obriga para com o vizinho a não lhe impedir a passagem sobre o seu terreno. O inadimplemento da obrigação dar-se-á com a prática do ato proibido[128].

Todavia, lembra-nos Washington de Barros Monteiro, é mister não confundir essa obrigação de não fazer, de natureza especial, com aquela obrigação negativa, de caráter geral, correlata aos direitos reais. Isto porque a obrigação de não fazer (*ad non faciendo*) é uma relação de direito pessoal, que vincula apenas o devedor que, por sua própria vontade, diminui sua liberdade, obrigando-se a abster-se de ato que, de outra forma, poderia realizar se não houvesse se obrigado, como, p. ex., se se obrigar a não trazer animais domésticos para o quarto alugado (*RF, 132*:148); a não vender uma casa a não ser ao credor; a não construir em certo terreno durante dez anos; a não se estabelecer comercialmente em determinada rua, para não abrir concorrência com o credor (*RT, 94*:513, *720*:88, *492*:135). A obrigação negativa, por sua vez, poderá configurar direito real, sendo geral e abstrata, atingindo todos os homens por ser oponível *erga omnes,* pois todos, sem exceção, acham-se adstritos a não prejudicar o direito real alheio; portanto, ninguém delimita intencionalmente sua própria atividade[129].

A obrigação de não construir muro além de certa altura, para não interceptar a vista de um vizinho, pode configurar-se servidão negativa (direito real) ou mera obrigação de não fazer (direito pessoal). Será servidão se se tiver intenção de criá-la, seguida de registro no Cartório de Imóveis (CC, art. 1.378; Lei n. 6.015/73, art. 167, I, n. 6), caso em que, como direito real, gravará o imóvel, acompanhando-o em suas mutações subjetivas. Havendo simples obrigação de não fazer, com a alienação do imóvel extingue-se o vínculo obrigacional, pois este recai sobre a pessoa e não sobre a coisa[130].

b.1.3.2. Descumprimento da *obligatio ad non faciendum*

O descumprimento da obrigação de não fazer dar-se-á[131]:

---

128. Caio M. S. Pereira, *Instituições,* cit., p. 62; Von Tuhr, op. cit., t. 1, p. 37; Orlando Gomes, *Obrigações,* cit., p. 55; Trabucchi, op. cit., p. 442 e 490; Otávio Brito Lopes, As obrigações de fazer e não fazer, *O novo Código Civil*, cit., p. 215-8. *Vide* CPC, arts. 497, 499, 500, 536 e § 1º, 537 e § 1º e 814, parágrafo único; Lei n. 9.099/95, art. 52.

129. W. Barros Monteiro, op. cit., p. 49-50 e 101; Silvio Rodrigues, op. cit., p. 53-4; Caio M. S. Pereira, *Instituições,* cit., p. 63. *Vide Ciência Jurídica, 74*:299.

130. W. Barros Monteiro, op. cit., p. 101; Enneccerus, Kipp e Wolff, op. cit., v. 2, § 108; Ramón Silva Alonso, *Derecho de las obligaciones*, cit., p. 262. *Vide* CC, art. 1.301.

131. R. Limongi França, Obrigação de não fazer, cit., p. 343-4; W. Barros Monteiro, op. cit., p. 102-4; Clóvis Beviláqua, *Obrigações,* cit., § 17; Silvio Rodrigues, op. cit., p. 54-6; Serpa Lopes, op. cit., p. 68; Caio M. S. Pereira, *Instituições,* cit., p. 63; Bassil Dower, op. cit., p. 68-9; Eduardo Talamini, *Tutela relativa aos deveres de fazer e não fazer*, 2001; Giuseppe Borre, *Esecuzione forzata degli obblighi di fare e non fare*, 1966; Renan Lotufo, *Código Civil comentado,* cit., v. 2, p. 55; Mário Luiz Delgado Régis, *Novo Código*, cit., com. ao art. 251, parágrafo único; Jones F. Alves e Mário Luiz Delgado, *Código Civil anotado*, 2005, p. 162; Matiello, *Código*, cit., p. 198. *Vide* CPC, arts. 497 e 536. Stolze Gagliano e Rodolfo Pamplona Filho (op. cit., vol. II, p. 66) observam que se na obrigação de não fazer for: *a*) impossível o desfazimento posterior, ter-se-ão as perdas e danos; *b*) possível o ulterior desfazimento, poder-se-á ter tutela específica, mais perdas e danos ou só perdas e danos, não mais tendo o autor interesse naquela prestação *ad non faciendum.*

1º) Pela *impossibilidade da abstenção do fato,* sem culpa do devedor, que se obrigou a não praticá-lo. Havendo força maior ou caso fortuito, resolver-se-á a obrigação, resultando exoneração do devedor (CC, art. 250). Se ele se obrigara, p. ex., a não impedir a passagem de pessoas vizinhas em certo atravessadouro de sua propriedade, e recebe ordem do poder público para fechar essa passagem, ter-se-á extinção da obrigação sem culpa do obrigado, por ser-lhe impossível abster-se do ato que se comprometera a não praticar. Se, porventura, em alguma hipótese, o credor fez algum adiantamento ao devedor, este deverá restituí-lo, não como indenização, mas porque a extinção dessa obrigação repõe os contratantes ao *statu quo ante.*

2º) Pela *inexecução culposa* do devedor, ao realizar, por negligência ou por interesse, ato que não podia, caso em que o credor (CC, art. 251) pode exigir dele que o desfaça (reposição ao *statu quo ante*), sob pena de se desfazer à sua custa e de o credor obter o ressarcimento das perdas e danos, exceto se a reposição ao estado anterior o satisfizer plenamente. Se for impossível ou inoportuno desfazer o ato, o devedor sujeitar-se-á à reparação do prejuízo (*RT, 139*:208). No caso, p. ex., do obrigado que se compromete a não revelar segredo de uma invenção industrial ou a não publicar certa notícia e o faz, não há como desfazer seu ato; igualmente, se o locador, que se obrigara a não alugar certo quarto do prédio, o faz, não se pode rescindir tal locação. O único remédio será a sanção de pagar indenização das perdas e danos. Em qualquer caso é imprescindível intervenção judicial. É preciso lembrar que, pelo art. 390 do Código Civil, "nas obrigações negativas o devedor é havido por inadimplente desde o dia em que executou o ato de que se devia abster". Praticado o ato a cuja abstenção estava obrigado o devedor (ou executado) pela lei ou pelo contrato, o credor (ou exequente) tem direito subjetivo de requerer ao magistrado que assine prazo para o seu desfazimento (CPC, art. 822) e para a execução da obrigação. Deveras, dispõe o Código de Processo Civil, art. 823, que: "Havendo recusa ou mora do executado, o exequente requererá ao juiz que mande desfazer o ato à custa daquele que respondera por perdas e danos", e acrescenta, no parágrafo único, que: "Não sendo possível desfazer-se o ato, a obrigação resolve-se em perdas e danos, caso em que, após a liquidação, se observará o procedimento de execução por quantia certa". Logo, o credor perderia o amparo legal se mandasse demolir algo que o devedor não deveria ter edificado, sem estar autorizado, judicialmente, para tanto.

Todavia, na hipótese de haver urgência, o credor está autorizado a desfazer ou mandar desfazer, independentemente de prévia autorização judicial, sem prejuízo do ressarcimento devido (CC, art. 251, parágrafo único) em razão dos danos e gastos suportados com o inadimplemento culposo de obrigação de não fazer. Matiello exemplifica: se "A" se compromete a não impedir o curso de águas pelo terreno de "B" e constrói uma barreira, em dia de fortes chuvas, alagando o prédio de "B", este poderá, independentemente de autorização judicial, ante a urgência da situação, desfazê-la e exigir indenização das perdas e danos. Haverá, ante a urgência da situação, desde que não consolidada, possibilidade de desfazimento do ato pelo

---

Pelo Enunciado n. 647 da IX Jornada de Direito Civil: "Art. 251. A obrigação de não fazer é compatível com o inadimplemento relativo (mora), desde que implique o cumprimento de prestações de execução continuada ou permanente e ainda útil ao credor". Nas obrigações de não fazer de execução instantânea, o inadimplemento da obrigação de não fazer será necessariamente absoluto, ou seja, haverá sub-rogação da prestação original por indenização. Nesse caso, não há como retornar ao estado anterior. Mas nas obrigações de não fazer de execução continuada é possível a purgação da mora, o que se depreende do art. 251, ao mencionar que o credor pode exigir que o devedor desfaça o que concretizou, a cuja abstenção se obrigara.

A busca e apreensão é uma medida executiva no cumprimento de sentença das obrigações de fazer, não fazer e entrega de coisa (CPC, arts. 536, §§ 1º e 2º, e 538).

próprio credor, ou a seu mando, independentemente de determinação judicial, tendo o devedor a obrigação de ressarci-lo do *quantum* despendido. Ensina Renan Lotufo que "a imediatidade da reação do credor e a fase inicial da violação são elementos que caracterizam a urgência", referida no parágrafo único do art. 251. Consequentemente, se o credor vier a abusar desse seu direito, deverá reparar as perdas e danos que causou. Alerta Mário Luiz Delgado Régis que a tutela excepcional prevista no parágrafo único do artigo *sub examine* não poderá atingir fatos já consolidados; assim sendo, o credor de uma obrigação de não construir edifício, se este estiver pronto, não poderá promover diretamente sua demolição. Esclarecem Jones Figueirêdo Alves e Mário Luiz Delgado Régis que "pela própria dicção do dispositivo (*em caso de urgência*) se conclui que a sua aplicação está restrita a situações iniciais, como no caso de alguém iniciar a construção de uma parede impeditiva de visão do prédio vizinho, ato a que se havia obrigado contratualmente a não fazer. Nessa hipótese, não só pode, como deve o credor promover a demolição da construção, antes de sua conclusão".

Representação gráfica:

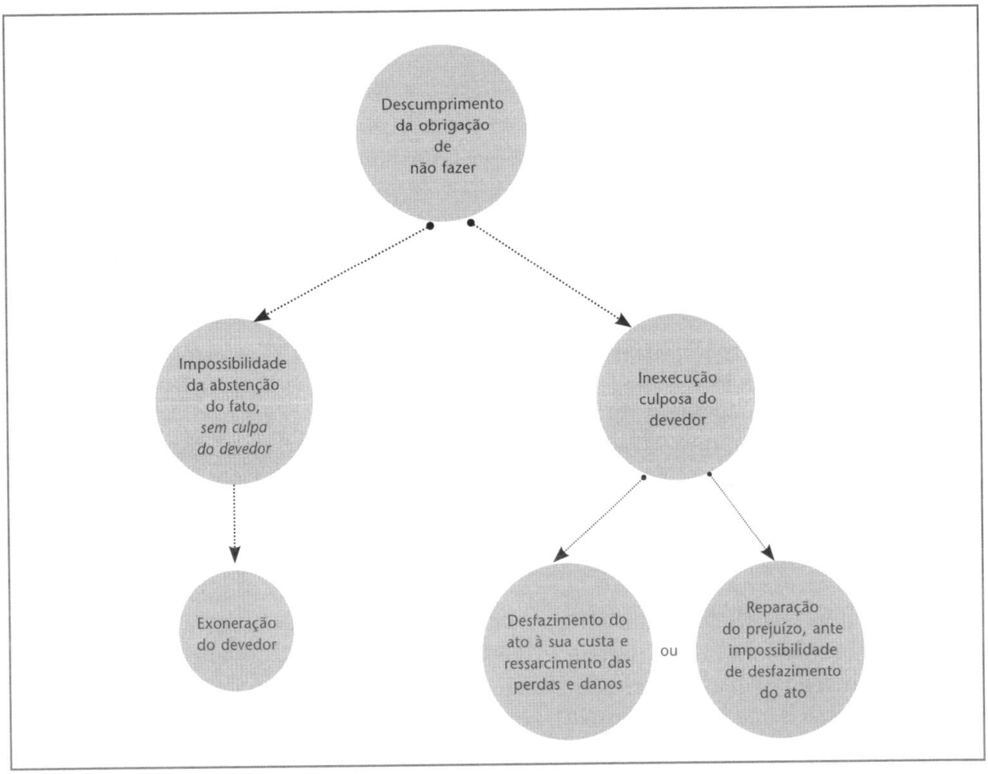

b.2. Obrigações quanto à liquidez do objeto

b.2.1. Obrigação líquida

A obrigação líquida é aquela obrigação certa, quanto à sua existência, e determinada quanto ao seu objeto. Seu objeto é certo e individuado; logo, sua prestação é relativa a coisa determinada quanto à espécie, quantidade e qualidade. É expressa por um algarismo, que se traduz por uma cifra.

Pelo Código Civil, art. 397, o inadimplemento de obrigação positiva e líquida, no seu termo, constitui de pleno direito o devedor em mora. Não havendo prazo assinado, começa ela desde a interpelação judicial ou extrajudicial.

O termo inicial para contagem de juros, se se tratar de obrigação líquida, decorre de acordo entre as partes, arbitramento ou sentença judicial, visto que o Código Civil, art. 407, estatui: "Ainda que se não alegue prejuízo, é obrigado o devedor aos juros da mora que se contarão assim às dívidas em dinheiro, como às prestações de outra natureza, uma vez que lhes esteja fixado o valor pecuniário por sentença judicial, arbitramento, ou acordo entre as partes".

Na compensação, como veremos mais adiante, grande é a relevância da liquidez da obrigação, pois pelo Código Civil, art. 369, ela requer dívida líquida, vencida e de coisas fungíveis. Igualmente, para que possa haver imputação do pagamento, será imprescindível que a relação obrigacional seja líquida, uma vez que pelo Código Civil, art. 352, "a pessoa obrigada por dois ou mais débitos da mesma natureza, a um só credor, tem o direito de indicar a qual deles oferece pagamento, se todos forem líquidos e vencidos".

O Código Civil, art. 644, concede ao depositário o direito de retenção se houver liquidez da obrigação, ao prescrever: "O depositário poderá reter o depósito até que se lhe pague a retribuição devida, o líquido valor das despesas, ou dos prejuízos a que se refere o artigo anterior, provando imediatamente esses prejuízos ou essas despesas".

Prescreve o Código de Processo Civil, no art. 786, *caput*, que "a execução pode ser instaurada caso o devedor não satisfaça a obrigação certa, líquida e exigível, consubstanciada em título executivo". Além do mais, o Código de Processo Civil, art. 783, reza: "A execução para cobrança de crédito fundar-se-á sempre em título de obrigação certa, líquida e exigível". E, nos arts. 301 e 830, exige, para a concessão do arresto, a existência da dívida líquida e certa. É preciso, ainda, não olvidar que, pelo Código de Processo Civil (arts. 539 e s.), a consignação em pagamento se funda em obrigação líquida, não comportando discussão sobre a existência da relação creditória e de seu montante.

A decretação da falência baseia-se em obrigação líquida, não paga, sem relevante razão de direito, em seu vencimento, e constante de título protestado, cuja soma ultrapasse o equivalente a 40 salários mínimos, que legitime a ação executiva (Lei n. 11.101/2005, art. 94, I)[132].

b.2.2. Obrigação ilíquida

A obrigação ilíquida é aquela incerta quanto à sua quantidade e que se torna certa pela liquidação, que é o ato de fixar o valor da prestação momentaneamente indeterminada, para que esta se possa cumprir; logo, sem liquidação dessa obrigação, o credor não terá possibilidade de cobrar seu crédito. Depende, portanto, de prévia apuração, por ser incerto o montante de sua prestação, tendendo a converter-se em obrigação líquida. Tal conversão se realiza, processualmente, mediante liquidação (CPC, art. 783), que lhe fixará o valor, mas pode advir de transação (CC, art. 840), quando os transigentes acomodam seus interesses como julgarem conveniente, isto é, por força de ajuste entre as partes e de acordo com a lei (CC, arts. 948 a 954). A liquidação judicial dá-se sempre que não houver a legal e a convencional.

Se o devedor não puder cumprir a prestação na espécie ajustada, pelo processo de liquidação fixa-se o valor, em moeda corrente, a ser pago ao credor (CC, art. 947).

---

132. W. Barros Monteiro, op. cit., p. 232-5; Carvalho de Mendonça, *Tratado de direito comercial*, v. 7, p. 212. Pelo art. 206, § 5º, I, do Código Civil, a pretensão de cobrança de dívidas líquidas constantes de instrumento público ou particular prescreve em 5 anos. *Vide* CPC, arts. 786, 783 e 803, I.

Sobre a liquidação, *vide*: CPC, arts. 509, I, e 510; e CC, arts. 397, 401, 404, 406 e 407. Pelo Código Civil, art. 397, na obrigação que se reveste de iliquidez não pode haver constituição em mora *pleno iure*, ante o princípio *in illiquidis non fit mora*, que compreende o caso em que é certa a existência do débito, embora incerto o seu *quantum*, a ser determinado oportunamente pela liquidação. Assim, é só depois do processo de liquidação que se têm os efeitos da mora.

A obrigação ilíquida não comporta compensação (CC, art. 369), imputação do pagamento (CC, art. 352), consignação em pagamento e concessão de arresto (CPC, arts. 301 e 830). É suscetível de fiança, embora o fiador só possa ser demandado depois que se tornar líquida e certa a obrigação do principal devedor (CC, art. 821; *AJ*, *108*:270). Ante a liquidez da obrigação, o depositário poderá exigir caução idônea do depositante, ou, na falta desta, a remoção da coisa para o depósito público, até que se liquide a despesa, não tendo, portanto, *jus retentionis* (CC, art. 644, parágrafo único)[133].

Quadro Sinótico

OBRIGAÇÕES QUANTO AO SEU OBJETO

<table>
<tr><td rowspan="5">1. OBRIGAÇÕES ATINENTES À NATUREZA DO OBJETO</td><td rowspan="5">• Obrigação de dar</td><td rowspan="4">• Espécie de prestação de coisa</td><td>*a*) Obrigação de dar</td><td>• É aquela em que a prestação do obrigado é essencial à constituição ou transferência do direito real sobre a coisa.</td></tr>
<tr><td>*b*) Obrigação de restituir</td><td>• É a que não tem por escopo transferência de propriedade, destinando-se apenas a proporcionar o uso, fruição ou posse direta da coisa, temporariamente (CC, arts. 238 a 242).</td></tr>
<tr><td>*c*) Obrigação de contribuir</td><td>• CC, arts. 1.315, 1.334, I, 1.336, I, § 1º, e 1.568.</td></tr>
<tr><td colspan="2">*d*) Obrigação de solver dívidas pecuniárias, dívidas de valor e dívidas remuneratórias.</td></tr>
<tr><td>• Obrigação de dar coisa certa</td><td>• Conceito</td><td>• É aquela em que seu objeto é constituído por um corpo certo e determinado, estabelecendo entre as partes um vínculo em que o devedor deverá entregar ao credor uma coisa individuada (CC, arts. 313 e 233).</td></tr>
</table>

[133] Álvaro Villaça Azevedo, Liquidação das obrigações, in *Enciclopédia Saraiva do Direito*, v. 50, p. 133 e s.; W. Barros Monteiro, op. cit., p. 232-5; Polacco, *Le obbligazioni nel diritto civile italiano*, p. 523; Clóvis Beviláqua, *Código Civil*, cit., v. 4, p. 312; R. Limongi França, Liquidação das obrigações, in *Enciclopédia Saraiva do Direito*, v. 50, p. 127 e s.; Súmulas 163 e 255 do STF; Súmula 54 do STJ.

1. OBRIGAÇÕES ATINENTES À NATUREZA DO OBJETO	• Obrigação de dar	• Obrigação de dar coisa certa	• Consequências da perda ou deterioração da coisa certa	• CC, arts. 234 a 236.
			• Cômodos na obrigação de dar coisa certa	• Cômodos são as vantagens produzidas pela coisa (CC, art. 237, parágrafo único; Lei n. 492/37, art. 12, § 2º).
		• Obrigação de dar coisa incerta	• Conceito	• Consiste na relação obrigacional em que o objeto, indicado de forma genérica no início da relação, vem a ser determinado mediante um ato de escolha, por ocasião do adimplemento da obrigação.
			• Preceitos legais que a disciplinam	• CC, arts. 243 a 246. • CPC, arts. 811 a 813.
		• Obrigação de solver dívida em dinheiro	• Obrigação pecuniária	• Visa proporcionar ao credor o valor que as respectivas espécies possuam como tais. É uma obrigação de soma de valor. É uma obrigação de valor nominal (CC, arts. 315 e 318; Dec.-lei n. 857/69, art. 1º – ora revogado pela Lei n. 14.286/2021; Dec.-lei n. 3.688/41, art. 43; Dec.-lei n. 2.284/86, art. 1º). Contra a rigidez do princípio nominalista, os interessados incluem, em suas convenções, cláusulas de escala móvel e de atualização monetária (Dec.-lei n. 2.284/86, arts. 6º e 7º (ora revogado pelo Dec. n. 2.290/86); Dec. n. 92.592/86, ora revogado pelo Dec. s/n. de 25-4-1991; CF/88, arts. 46, 47, I e II, §§ 1º a 7º, das Disp. Transit.; Lei n. 7.843/89; Lei n. 8.177/91).
			• Dívida de valor	• Não visa diretamente o dinheiro, mas o pagamento de soma de dinheiro, que não é, por seu valor nominal, o objeto da prestação, mas sim o meio de medi-lo ou de valorá-lo.
			• Dívida remuneratória	• Consiste numa remuneração pelo uso de capital alheio, mediante pagamento de quantia proporcional ao seu valor e ao tempo de sua utilização. A prestação de juros é uma dívida desse tipo.

1. OBRIGAÇÕES ATINENTES À NATUREZA DO OBJETO	• Obrigação de fazer	• Conceito	• É a que vincula o devedor à prestação de um serviço ou ato, seu ou de terceiro, em benefício do credor ou de terceira pessoa.	
		• Objeto	• Qualquer comportamento humano, lícito e possível, do devedor ou de terceiro às custas daquele, seja a prestação de um serviço material ou intelectual, seja a prática de certo ato que não configura execução de qualquer trabalho.	
		• Diferenças entre a obrigação de dar e a de fazer	*a*) A de *dar* consiste na entrega de uma coisa prometida para transferir seu domínio, conceder seu uso ou restituí-la a seu dono, e, a de *fazer*, na realização de um ato ou na confecção de uma coisa. *b*) A de *dar* requer tradição da coisa, o que não se dá com a de *fazer*. *c*) Na de *dar*, a pessoa do devedor fica em plano secundário, o que não ocorre na de *fazer*. *d*) Na de *fazer*, o erro sobre a pessoa do devedor pode originar a anulabilidade do negócio; na de *dar*, raramente ter-se-á anulação por esse motivo. *e*) A de *dar* comporta execução *in natura* e a de *fazer* resolve-se, em regra, havendo inadimplemento, em perdas e danos. *f*) A *astreinte* ou multa pecuniária só serve às ações que visam cumprir *obrigação de fazer* (CPC, arts. 497, 536, 537 e 814 e parágrafo único), não podendo ser invocada para tutelar a obrigação de dar.	
		• Espécies de *obligatio ad faciendum*	• Obrigação de fazer de natureza infungível	• Consiste num *facere* que, ante a natureza da prestação ou por disposição contratual, só pode ser executado pelo próprio devedor, uma vez que se levam em conta suas qualidades pessoais (CC, art. 247).
		• Espécie de *obligatio ad faciendum*	• Obrigação de fazer fungível	• É aquela em que a prestação do ato pode ser realizada indiferentemente pelo devedor ou por terceiro (CC, art. 249; CPC, arts. 815 a 821 e 501), pois não requer para sua execução aptidões pessoais.
		• Consequências do inadimplemento da obrigação de fazer	• Pela impossibilidade da prestação	• Sem culpa do devedor, resolve-se a obrigação (CC, art. 248, 1ª parte). • Com culpa do devedor, responderá este por perdas e danos (CC, arts. 248, 2ª parte, e 389).
			• Pela recusa do devedor	• Sendo infungível a obrigação não cumprida, o obrigado deverá indenizar perdas e danos (CC, art. 247). • Sendo fungível a obrigação, o art. 881 do CC dá ao credor liberdade de mandar executar o fato por terceiro, à custa do devedor, ou de pedir indenização das perdas e danos (CPC, arts. 815 a 821, 817 e parágrafo único).

1. OBRIGAÇÕES ATINENTES À NATUREZA DO OBJETO	• Obrigação de não fazer	• Conceito	• É aquela em que o devedor assume o compromisso de se abster de algum ato, que poderia praticar livremente se não se tivesse obrigado a atender interesse jurídico do credor ou de terceiro.
		• Descumprimento	• Pela impossibilidade da abstenção do fato sem culpa do devedor, em razão de força maior ou caso fortuito, resolvendo-se a obrigação (CC, art. 250). • Pela inexecução culposa do devedor, ao realizar o ato que não podia, caso em que o credor, pelo CC, art. 251, pode exigir judicialmente que ele o desfaça, sob pena de se desfazer à sua custa e de o credor obter o ressarcimento das perdas e danos. E se impossível for o desfazimento do ato, a obrigação resolver-se-á em perdas e danos (CPC, arts. 822 e 823 e parágrafo único).

2. OBRIGAÇÕES QUANTO À LIQUIDEZ DO OBJETO	• Obrigação líquida	• É a obrigação certa quanto à sua existência, e determinada quanto ao seu objeto. Constitui de pleno direito o devedor em mora se não for cumprida no seu termo (CC, art. 397). O termo inicial para a contagem de juros decorre de acordo entre as partes, arbitramento ou sentença judicial (CC, art. 407). Comporta compensação (CC, art. 369), imputação do pagamento (CC, art. 352), direito de retenção do depositário (CC, art. 644), execução para cobrança de crédito (CPC, arts. 783 e 786), concessão do arresto (CPC, arts. 301 e 830), consignação em pagamento (CPC, art. 539 e s.) e decretação de falência (Lei n. 11.101/2005, art. 94, I).
	• Obrigação ilíquida	• É incerta quanto à sua quantidade, que se torna certa pela liquidação (CPC, art. 783; CC, art. 947). Os juros de mora são contados desde a citação inicial, não podendo haver, pelo CC, art. 397, constituição em mora *pleno iure*. Não comporta compensação, imputação do pagamento, consignação em pagamento e concessão de arresto. É suscetível de fiança, mas o fiador só poderá ser demandado depois que se tornar líquida a obrigação do principal devedor (CC, art. 821). O depositário poderá exigir caução idônea do depositante ou, na falta desta, a remoção da coisa para o depósito público, até que se liquide a despesa (CC, art. 644, parágrafo único).

C. Obrigações relativas ao modo de execução

c.1. Obrigação simples e cumulativa

A *obrigação simples* é aquela cuja prestação recai somente sobre uma coisa (certa ou incerta) ou sobre um ato (fazer ou não fazer), como, p. ex., a de entregar um quadro de Rafael, a de dar trinta pacotes de açúcar, a de pagar uma dívida, a de restituir certo objeto, a de pintar um automóvel e a de não cantar em determinado teatro. Destina-se, portanto, a produzir um único efeito, liberando-se o devedor quando cumprir a prestação a que se obrigara, seja ela de dar, restituir, fazer ou não fazer[134].

A *obrigação cumulativa* ou *conjuntiva* é uma relação obrigacional múltipla, por conter duas ou mais prestações de dar, de fazer ou de não fazer, decorrentes da mesma causa ou do

---

134. Sobre a obrigação simples, *vide* Antunes Varela, op. cit., p. 332; Orlando Gomes, *Obrigações*, cit., p. 56; W. Barros Monteiro, op. cit., p. 51 e 105; Serpa Lopes, op. cit., p. 83.

mesmo título, que deverão realizar-se totalmente, pois o inadimplemento de uma envolve o seu descumprimento total; assim, a oferta de uma delas origina um inadimplemento parcial, visto que o credor não está obrigado a receber uma sem a outra. O credor não pode ser obrigado a receber – nem o devedor a pagar – por partes, se assim não se convencionou (CC, art. 314). Mas o pagamento, se houve ajuste, poderá ser simultâneo ou sucessivo. Assim sendo, o devedor só se quitará fornecendo todas as prestações. P. ex.: na obrigação do promitente vendedor que se compromete a entregar o lote compromissado *e* a financiar a construção que nele será erguida (Dec.-lei n. 58/37, art. 18; Dec. n. 3.079/38, art. 18); na de vender o carro "x" *e* de pagar certa soma de dinheiro, em que o sujeito passivo só se liberará do liame obrigacional se fornecer ambas as prestações[135]. Consiste, portanto, num vínculo jurídico pelo qual o devedor se compromete a realizar diversas prestações, de tal modo que não se considerará cumprida a obrigação até a execução de todas as prestações prometidas, sem exclusão de uma só[136]. Quem contrai esse tipo de obrigação terá de satisfazer as várias prestações como se fora uma só[137].

c.2. Obrigação alternativa

c.2.1. Conceito e caracteres

A *obrigação alternativa* ou *disjuntiva* é a que contém duas ou mais prestações com objetos distintos, da qual o devedor se libera com o cumprimento de uma só delas, mediante escolha sua ou do credor. P. ex.: se o sujeito passivo se obrigar a construir uma piscina *ou* a pagar quantia equivalente ao seu valor, alforriar-se-á do vínculo obrigacional se realizar uma dessas prestações[138].

Caracteriza-se por: *a*) haver dualidade ou multiplicidade de prestações heterogêneas; e *b*) operar a exoneração do devedor pela satisfação de uma única prestação, escolhida para pagamento ao credor[139].

Eis porque Allara[140] acertadamente diz que a obrigação alternativa é obrigação única, com prestação não individualizada, mas individualizável. Realmente, na alternativa temos uma só obrigação, pois, apesar da pluralidade de suas prestações, efetuada a escolha pelo devedor ou credor, ter-se-á a individualização da prestação, operando-se a liberação das demais, como se desde a sua constituição fosse a única objetivada na relação obrigacional. Várias coisas ou atos estão submetidos ao liame obrigacional, mas só um dentre eles será objeto de pagamento, como

---

135. A respeito do assunto consulte Serpa Lopes, op. cit., p. 84; Silvio Rodrigues, op. cit., p. 25-6 e 57; Trabucchi, op. cit., n. 215; W. Barros Monteiro, op. cit., p. 51 e 105; Orlando Gomes, *Obrigações*, cit., p. 92-3; Antunes Varela, op. cit., p. 334; Bassil Dower, op. cit., p. 73.

136. Raoul van der Made, Les obligations complexes, in *Droit civil*, 1958, v. 1, t. 4, n. 2.

137. Orlando Gomes, *Obrigações*, cit., p. 92.

138. Bassil Dower, op. cit., p. 72; Antunes Varela, op. cit., p. 333; Larenz, op. cit., v. 1, p. 167; W. Barros Monteiro, op. cit., p. 108-9; Planiol, *Traité élémentaire de droit civil*, Paris, 1912, v. 2, n. 708; Ramón Silva Alonso, *Derecho de las obligaciones*, cit., p. 264-6; Sebastião José Roque, *Direito das obrigações*, cit., p. 41-4; Raffaello Cecchetti, *Le obbligazione alternative*, Padova, Cedam, 1997; Nestor Duarte, Obrigações alternativas, divisíveis e indivisíveis, *O novo Código Civil – estudos em homenagem a Miguel Reale*, cit., p. 220 a 229; Flávio Tartuce, *O novo CPC e o direito civil*. Rio de Janeiro-São Paulo: Gen e Método, 2015, p. 225. *RT*, *164*:278, *582*:213, *393*:394; *RF*, *107*:350.

139. Giorgi, op. cit., v. 4, n. 420; Barassi, op. cit., v. 1, p. 206.

140. Allara, *Nozioni fondamentali di diritto civile*, p. 488.

diz o velho brocardo jurídico: *Plures res sunt in obligatione, una res tantum in solutione*[141]. A alternativa, que é de início relativamente indeterminada, determina-se antes da execução pela escolha de uma das prestações[142]. Logo, é uma só obrigação, que oferece ao devedor o poder de exonerar-se com o cumprimento de uma das prestações a que se obrigara[143].

A obrigação alternativa é vantajosa para os contratantes, pois permite ao devedor selecionar, dentre as prestações, a que lhe for menos onerosa, assegurando ao credor o adimplemento do contrato, uma vez que aumenta as perspectivas de cumprimento e diminui os riscos a que os contraentes se acham expostos, já que, como veremos, as prestações são autônomas. Assim, se um dos objetos devidos perecer, não se terá a extinção do liame obrigacional, podendo o credor reclamar o pagamento da prestação remanescente (CC, art. 253)[144].

c.2.2. Concentração do débito na obrigação alternativa

O cerne da obrigação alternativa está na *concentração* da prestação, que de múltipla e indeterminada passa a ser, então, simples e determinada, pois, uma vez escolhida, o débito se concentrará na prestação selecionada, extinguindo-se a obrigação[145]. A escolha da prestação é, indubitavelmente, elemento constitutivo essencial da obrigação alternativa que, então, passará a ser simples, pois somente a prestação escolhida será a devida, como se fosse a única, desde o início da obrigação. Tal escolha, pondera Renan Lotufo, "é irrevogável, por individualizar, definitivamente, o objeto a ser prestado, daí a formulação do brocardo tradicional *plures sunt res in obligatione, sed una tantum in solutione*"[146].

O ato de escolha, denominado *concentração,* é feito por quem tem o direito de fazê-lo[147]. Nosso Código Civil, art. 252, dá liberdade às partes para convencionarem a quem caberá o direito de escolha, de modo que, se outra coisa não se estipular, a escolha será direito do devedor. Daí o caráter supletivo desse dispositivo legal, pois, se os contratantes não houverem fixado a quem competirá a escolha, esta será deferida por lei ao devedor, por ser reputado a parte mais fraca no contrato e pelo fato de que a realização da prestação depende de ato seu[148]. Dever-se-á respeitar, ante o princípio da liberdade contratual, primeiramente a vontade dos contraentes, que poderá conferir a escolha a qualquer deles (seja ao devedor, seja ao credor) ou a um terceiro, e somente na falta de estipulação é que a escolha caberá *ex vi legis* ao devedor[149] (*RT*, *393*:394, *164*:278).

A escolha terá lugar *in solutione* quando couber ao *devedor,* bastando simples declaração unilateral da vontade, seguida da oferta real, tornando-se definitiva pelo pagamento de uma das prestações por inteiro[150], uma vez que o devedor não pode obrigar o credor a receber

---

141. W. Barros Monteiro, op. cit., p. 110; Serpa Lopes, op. cit., p. 84.
142. Caio M. S. Pereira, *Instituições,* cit., p. 98; *RF, 107*:350.
143. Orozimbo Nonato, op. cit., v. 1, p. 325.
144. Silvio Rodrigues, op. cit., p. 59; W. Barros Monteiro, op. cit., p. 106; Serpa Lopes, op. cit., p. 87.
145. Caio M. S. Pereira, *Instituições,* cit., p. 100; Silvio Rodrigues, op. cit., p. 60; De Page, op. cit., v. 3, n. 277.
146. Bassil Dower, op. cit., p. 73; Renan Lotufo, *Código Civil comentado,* cit., v. 2, p. 57.
147. Serpa Lopes, op. cit., p. 91.
148. W. Barros Monteiro, op. cit., p. 111. *Vide* Código Civil, arts. 342, 1.932 a 1.934; Código de Processo Civil, arts. 800 e §§ 1º e 2º (sobre decadência do direito de escolha), e 894; *RTJ, 123*:718. Consulte: Código Civil italiano, art. 1.287.
149. Antunes Varela, op. cit., p. 335.
150. Serpa Lopes, op. cit., n. 60, p. 92; Carvalho de Mendonça, *Doutrina,* cit., v. 1, n. 141.

parte em uma prestação e parte em outra (CC, art. 252, § 1º; *RT, 138*:238). Tal escolha deverá realizar-se no prazo estabelecido na convenção, e, se não houver fixação de prazo, o devedor será notificado, para efeito de sua constituição em mora (*RT, 164*:278). Como a realização da escolha, essencial ao cumprimento ou à execução coativa da prestação, interessa à parte contrária[151], prescreve o Código de Processo Civil, art. 800, que "nas obrigações alternativas, quando a escolha couber ao devedor, esse será citado para exercer a opção e realizar a prestação dentro em 10 (dez) dias, se outro prazo não lhe foi determinado em lei ou em contrato", acrescentando, no § 1º, que se devolverá ao credor a opção, se o devedor não a exercer no prazo determinado (*RT, 582*:213).

Quando a escolha tocar ao *credor,* ela terá lugar *in petitione,* mediante uma *declaração de vontade receptícia,* pois somente quando a outra parte tomar conhecimento dela é que se terá concentração do débito. Basta, portanto, uma declaração unilateral da vontade comunicada à outra parte, sem necessidade de aceitação[152]. E se o credor tiver de acionar o devedor, deverá indicar na petição inicial sua predileção, para que o juiz possa atendê-lo (CPC, art. 800, § 2º). Se o objeto da prestação for coisa indeterminada e a escolha couber ao credor, será ele citado para exercer esse direito dentro de cinco dias, se outro prazo não constar de lei ou de contrato, sob pena de perder o direito de escolha e de ser depositada a coisa que o devedor escolher (CC, art. 342, c/c o art. 543 do CPC; *RF, 139*:104)[153]. Se forem vários os credores, segundo alguns autores, deliberará a maioria, calculada pelo valor das quotas de cada um e não pelo número; se porventura não for possível alcançar a maioria absoluta, o juiz deliberará, aplicando por analogia o art. 1.325, § 2º, do Código Civil[154]. Mas, diante do disposto no art. 252, § 3º, havendo pluralidade de credores optantes, a concentração deverá dar-se por unanimidade, e se esta não for obtida, decidirá o magistrado, findo o prazo por este assinado para a deliberação.

Nada impede que o encargo da escolha da prestação seja outorgado a *terceiro,* embora alguns autores vislumbrem nessa hipótese uma obrigação condicional[155], porque sua escolha vale como uma condição, sendo, portanto, imprescindível para que o negócio se aperfeiçoe. Mas, pelo art. 252, § 4º, do Código Civil vigente, se terceiro, por qualquer razão, não puder (em razão de incapacidade ou de óbito) ou não quiser realizar a predileção, a relação obrigacional não será nula, pois o órgão judicante deverá fazer aquela opção, desde que não haja acordo entre as partes[156]. Como se pode ver a recusa ou impossibilidade da escolha por terceiro, dentro do prazo previsto para a concentração, não gerará a nulidade obrigacional. Na realidade, esse terceiro, encarregado da escolha da prestação, figura na obrigação como mandatário, sendo sua opção equivalente à feita pelo devedor ou pelo credor, dos quais é representante, sendo por isso obrigatória[157].

Finalmente, pelo Código Civil, art. 817, nada obsta que a escolha da prestação, na obrigação alternativa, possa ser determinada por *sorteio,* para solucionar certa controvérsia[158].

---

151. Antunes Varela, op. cit., p. 336.
152. Serpa Lopes, op. cit., p. 92; Orlando Gomes, *Obrigações,* cit., p. 90.
153. W. Barros Monteiro, op. cit., p. 112; Carvalho Santos, *Código de Processo Civil interpretado,* v. 4, p. 314-5.
154. W. Barros Monteiro, op. cit., p. 112-3; Silvio Venosa, *Direito Civil,* cit., p. 106.
155. Tito Fulgêncio, *Do direito das obrigações,* n. 143; Giorgi, op. cit., v. 4, n. 426.
156. Dernburg, *Diritto delle obbligazioni,* p. 110.
157. W. Barros Monteiro, op. cit., p. 113.
158. W. Barros Monteiro, op. cit., p. 113.

É necessário lembrar que não se aplica à escolha da prestação o princípio jurídico do meio-termo ou da qualidade média, de modo que o titular desse direito pode optar livremente por qualquer das prestações da obrigação alternativa[159].

O direito de escolha comporta *transmissibilidade,* pois pode ser, em regra, transferido aos herdeiros do credor e do devedor[160].

A escolha é declaração unilateral de vontade, provida de *obrigatoriedade*[161], e, uma vez feita e comunicada à parte contrária ou a ambas, se levada a efeito por terceiro, é definitiva e irrevogável[162], pois aquele a quem compete a escolha poderá exercer a *variatio,* enquanto não cientificar do ato a parte contrária[163]. Entretanto, se se tratar de prestações periódicas ou reiteradas, a escolha efetuada em determinado tempo não priva o titular do direito de escolha da possibilidade de optar por prestação diversa no período seguinte, pois o Código Civil, art. 252, § 2º, reconhece esse *jus variandi* ao dispor que, "quando a obrigação for de prestações periódicas, a faculdade de opção poderá ser exercida em cada período"[164]. Como se vê, por esse artigo, por exemplo, se o devedor, a quem compete a escolha, se obriga a pagar ao credor, semestralmente, 12 automóveis ou R$ 240.000,00, a cada semestre que passa poderá optar ora pela entrega dos carros, ora pelo pagamento daquela quantia, pois a escolha que fez num período semestral não o obriga a mantê-la no seguinte[165]. Há permissão legal para a variação da concentração nas prestações periódicas. Logo, como observa Matiello, ter-se-á "tantas obrigações alternativas, quantos forem os períodos de vigência do pacto firmado". Nesse caso não se tem uma exceção ao princípio da *irrevogabilidade* da escolha, pois, como nos explica Scuto, o *ius variandi* se conserva por não se tratar de uma só obrigação renovável com o tempo, mas de prestações sucessivas, cada uma das quais podendo ser considerada por si mesma num plano de autonomia, de modo que o critério reiterado de escolha nas prestações anteriores não prejudica a alternatividade das prestações futuras. Nada obstará, ainda, que haja vinculação das partes, estipulada no contrato, à escolha feita por um mínimo de três prestações consecutivas. É a lição de Gustavo Tepedino, Heloísa Helena Barboza e Maria Celina Bodin de Moraes, pois nela não vislumbram nenhuma ilegalidade, visto que, pelo art. 252, § 2º, a *variatio* "poderá ser exercida", ou não[166].

Em caso de *pluralidade de optantes* (dois ou mais devedores, ou, ainda, credor e devedor, com direito de escolha), não havendo acordo unânime entre eles, convém repetir, o magistrado decidirá, findo o prazo por ele mesmo outorgado para a deliberação (CC, art. 252, § 3º), indicando qual das prestações deverá ser cumprida para que haja liberação do débito. Todavia, há quem ache que deveria prevalecer a vontade da maioria, como vimos alhures.

---

159. Antunes Varela, op. cit., p. 336-7.

160. Ruggiero e Maroi, *Istituzioni di diritto privato,* 8. ed., v. 2, p. 22, nota 1.

161. Von Tuhr, op. cit., v. 1, p. 54.

162. Giorgi, op. cit., v. 4, n. 430.

163. W. Barros Monteiro, op. cit., p. 114-5. Ao lado da irrevogabilidade instituiu-se a simples comunicação como um meio técnico de manifestação.

164. *Vide* Antunes Varela, op. cit., p. 336.

165. W. Barros Monteiro, op. cit., p. 115-6.

166. Scuto, *Teoria generale delle obbligazioni con riguardo al nuovo Codice Civile,* p. 261, apud Serpa Lopes, op. cit., p. 93-4; Matiello, *Código,* cit., p. 200; Gustavo Tepedino e outros, *Código Civil interpretado,* Rio de Janeiro, Renovar, 2004, p. 530.

c.2.3. Consequências da inexequibilidade das prestações

Na análise das consequências da inexequibilidade das prestações que constituem o objeto da obrigação alternativa, depara-se com as seguintes hipóteses[167]:

1ª) *Impossibilidade originária ou superveniente em razão de perecimento ocasionado por força maior ou caso fortuito.*

Se uma só das duas prestações se impossibilitar sem culpa do devedor, operar-se-á uma concentração automática, ou *ex re ipsa*, pois, independentemente da vontade dos interessados, a obrigação subsistirá quanto à outra (CC, art. 253)[168]. Ter-se-á impossibilidade originária no caso, p. ex., de o devedor se obrigar a pagar R$ 8.000.000,00 ou a entregar certo imóvel, que é inalienável; tal negócio será válido somente quanto à prestação restante, aplicando-se a tese da redução do objeto, admitida pelo Código Civil, art. 184 (1ª parte), como uma adaptação do princípio vigente para a nulidade parcial do negócio – *utile per inutile non vitiatur.* Será superveniente a impossibilidade se causada por motivo ulterior à constituição da obrigação. P. ex.: se o devedor se obrigara a demolir uma casa em ruínas *ou* a fazer melhoramentos nesse prédio, e não consegue licença da autoridade competente para a realização das reformas, o débito subsiste quanto à prestação remanescente, que deverá ser cumprida (*RF, 84*:110). Entretanto, se todas as prestações perecerem sem culpa do devedor, extinguir-se-á a obrigação por falta de objeto (CC, art. 256), liberando-se as partes. P. ex., suponha-se que "A" deva a "B" o quadro "A catedral de Rouen em pleno sol", de Claude Monet, ou a escultura "Vênus vitoriosa", de Renoir, que se perderam num incêndio sofrido pela galeria de arte onde estavam expostos, provocado por um relâmpago. "A" liberar-se-á da obrigação e deverá apenas restituir a "B" alguma importância que, a título de sinal, ele tenha pagado, para que não haja enriquecimento indevido. Contudo, só haverá exoneração se o devedor não estava em mora, pois se já havia nela incorrido, responderá pela impossibilidade, mesmo que esta resulte de força maior ou caso fortuito ocorridos durante o atraso, exceto se provar a causa de isenção de culpa, ou que o dano sobreviria, ainda que a obrigação fosse oportunamente desempenhada (CC, art. 399).

Além do mais, havendo liberação em virtude de impossibilidade superveniente, o devedor deverá restituir ao credor o que porventura recebeu anteriormente, e, havendo recusa da parte deste, poderá recobrar o indevido.

2ª) *Inexequibilidade por culpa do devedor.*

Se a escolha competir ao credor e uma das prestações se tornar impossível por culpa do devedor, o credor terá o direito de exigir ou a prestação subsistente ou o valor da outra,

---

167. Há uma conjugação da escolha por parte do devedor ou do credor, com a Teoria dos Riscos. Consulte: Caio M. S. Pereira, *Instituições*, cit., p. 102-3; Serpa Lopes, op. cit., p. 94-5; Tito Fulgêncio, op. cit., n. 163; W. Barros Monteiro, op. cit., p. 116-9; Antunes Varela, op. cit., p. 337-8; Silvio Rodrigues, op. cit., p. 62-4; Alfredo Colmo, *De las obligaciones en general*, p. 267; Giorgi, op. cit., v. 4, n. 440; Orlando Gomes, *Obrigações*, cit., p. 91; Llewellyn Medina, Execução de obrigação alternativa quando a escolha pertence ao credor, *RBDP*, *40*:97; Pothier, *Tratado das obrigações*, cit., p. 204; Renan Lotufo, *Código Civil comentado*, cit., v. 2, p. 61. *Vide* Código Civil francês, art. 1.193.

168. Apesar de o art. 253 aludir a "uma das duas prestações", com muita propriedade observa Mário Luiz Delgado que "a alternatividade pode se referir a mais de duas prestações como na hipótese em que ao devedor 'A' é atribuída a alternativa de escolher pagar a dívida que tem para com o credor 'B' de três formas diversas: em pecúnia, mediante dação em pagamento de um bem ou mediante a prestação de um serviço. É a chamada obrigação alternativa múltipla" (*Código Civil comentado* (coord. Regina B.T. Silva), São Paulo, Saraiva, 2008, p. 231-2).

com perdas e danos (CC, art. 255, 1ª parte), porque lhe cabia optar por uma das prestações. Todavia, se a escolha couber ao devedor, a obrigação concentrar-se-á na remanescente, cessando o *jus variandi* do devedor, pois este não pode forçar o credor a receber o valor da que se perdeu, havendo ainda uma das prestações, transformando-se, então, a obrigação alternativa em simples.

Se, por culpa do devedor, não se puder cumprir nenhuma das prestações, não competindo ao credor a escolha, ficará aquele obrigado a pagar o valor da que por último se impossibilitou, porque nesta se concentrou a obrigação, mais as perdas e danos que o caso determinar (CC, art. 254), mediante comprovação dos prejuízos. Tal solução não lesará o credor, visto que não poderia optar por nenhuma prestação. Se, ensina-nos Renan Lotufo, a impossibilidade de ambas for concomitante, dever-se-á entender que ao credor competirá a escolha de qual delas servirá para a apuração do valor. Mas se a escolha couber ao credor e ambas as prestações se tornarem inexequíveis por culpa do devedor, o credor poderá reclamar o valor de qualquer das duas, além da indenização pelas perdas e danos (CC, art. 255, 2ª parte).

3ª) *Perecimento por culpa do credor.*

Nosso legislador não se ocupou dos casos em que há inexequibilidade de uma das prestações, ou de ambas, oriunda de culpabilidade do credor. Tem-se entendido, então, que se a escolha competir ao devedor e uma das prestações se impossibilitar por ato culposo do credor, ficará o devedor liberado da obrigação, quando não preferir satisfazer a outra prestação, exigindo que o credor o indenize pelas perdas e danos. E se ambas perecerem por culpa do credor, o devedor, a quem cabia o direito de escolha, poderá pleitear o equivalente de qualquer delas, mais perdas e danos. Mas, se a escolha for do credor culposo, atingindo o perecimento uma só das prestações, liberar-se-á o devedor, salvo se o credor preferir exigir a outra prestação ou ressarcir perdas e danos.

Se houver perda, por culpa do credor, de ambas as prestações, exonerar-se-á o devedor, quer lhe caiba ou não o direito de escolha[169].

4ª) *Impossibilidade da primeira prestação, por caso fortuito e força maior, e da segunda, por culpa do devedor, ou vice-versa.*

Havendo perecimento da primeira sem culpa do devedor, e da outra por sua culpa, aplicar-se-á o Código Civil, arts. 253 e 234, 2ª parte, ou seja, subsistirá a dívida quanto à prestação remanescente, respondendo o devedor, em relação à restante que se impossibilitou por culpa sua, pelo equivalente, mais perdas e danos.

Se perecer a primeira por culpa do devedor, e a segunda sem culpa sua, dever-se-á atentar ao disposto no Código Civil, art. 255, 1ª parte, caso em que assistirá ao credor o direito de optar entre a subsistente ou o valor da outra, com perdas e danos.

5ª) *Perecimento, primeiro, de uma das prestações, por caso fortuito ou força maior, e depois da outra, por culpa do credor, ou vice-versa.*

Perdendo-se uma das prestações por motivo alheio à vontade dos interessados, a obrigação concentrar-se-á na restante, e, se esta vier a desaparecer por culpa do credor, exonerar-se-á o devedor.

---

169. Código Civil italiano, arts. 1.280 e 1.289; Ruggiero e Maroi, op. cit., v. 2, § 126; Scuto, op. cit., p. 274, apud Serpa Lopes, op. cit., p. 96.

6ª) *Inexequibilidade de uma das prestações por culpa do devedor e da outra por culpa do credor.*

Havendo perecimento de uma das prestações por culpa do devedor, com direito de escolha, operar-se-á a concentração da remanescente; perecida esta por culpa do credor, este não poderá pretender qualquer prestação; logo, exonerado estará o devedor[170].

c.3. Obrigação facultativa

A *obrigação facultativa*, ou *obrigação com faculdade alternativa*, como preferem os alemães[171], não está prevista em nosso Código Civil, mas pela definição do art. 643 do Código Civil argentino infere-se que é aquela que, não tendo por objeto senão uma só prestação, permite a lei ou o contrato ao devedor substituí-la por outra, para facilitar-lhe o pagamento. Nesta modalidade de obrigação não há possibilidade de escolha, mas sim a de substituição da prestação devida por outra diferente. Pontes de Miranda assim leciona: "A obrigação pode ser com *facultas alternativa*: só se deve uma prestação, não há o dever-se uma ou outra, nem, com mais forte razão, o deverem-se duas ou mais; só uma prestação se deve e a só uma se é obrigado, apenas o devedor pode liberar-se mediante outra prestação, sem precisar do assentimento do credor, porém, de tal jeito que apenas se substitui a única prestação devida. Daí chamar-se *faculdade de substituição*". Eis por que Sílvio de Salvo Venosa prefere designá-la *obrigação com faculdade de substituição do objeto.* Somente uma prestação se encontra vinculada, permanecendo *in obligatione* e *in solutione;* a outra fica *in facultate solutionis,* pois o devedor a pagará apenas se preferir essa maneira de cumprir a relação obrigacional, desde que não esteja em mora. P. ex.: o Código Civil de 1916 obrigava o marido, dissolvida a sociedade conjugal, a restituir o dote recebido (art. 300), e, se este compreendesse capitais e rendas, tal restituição abrangia o seu valor (art. 290); porém, se estes sofressem, sem culpa do marido, diminuição ou depreciação eventual, permitia a lei que ele se liberasse da obrigação de restituí-los, entregando os respectivos títulos (art. 304). É a hipótese de quem contrata para pagar uma quantia "x", mas se admite, em cláusula contratual, que, se o devedor quiser, poderá cumprir a obrigação entregando uma peça chinesa. Igualmente, se alguém, por contrato, se obrigar a entregar 50 sacas de café, dispondo que, se lhe convier, poderá substituí-las por R$ 20.000,00, ficando assim com o direito de pagar ao credor coisa diversa do objeto do débito[172].

---

170. Sobre as hipóteses ns. 4, 5 e 6, *vide* Paulo Merêa, *Código Civil brasileiro,* p. 305; Serpa Lopes, op. cit., p. 96-7; W. Barros Monteiro, op. cit., p. 119-20; Scuto, op. cit., p. 274. Planiol condena todo esse casuísmo, por considerar tais pormenores sem utilidade prática, como se pode ver em sua obra *Traité,* cit., v. 2, n. 710. Observa Venosa (*Direito civil*, cit., v. 2, p. 108) que, quanto aos cômodos (acréscimos sofridos pelas coisas), em caso de obrigação alternativa, convém lembrar que, se todos os bens sofreram o acréscimo, o credor deve pagar o maior valor da que ele ou o devedor escolher, sob pena de o devedor resolver a obrigação; se um aumentou de valor, cabendo a escolha ao devedor, ele pode entregar a menos valiosa; se a opção for do credor, deverá aceitar a escolha da menos valiosa ou optar pela mais valiosa, pagando a diferença (*RT, 400*:182). Se a prestação se impossibilitar por ato culposo de terceiro, este deverá responder pelo dano causado e, ensina Carvalho Santos (*Código Civil*, cit., p. 135), o devedor, nessa hipótese, deverá ceder o direito de ação ao credor, pouco importando quem seja o titular do direito de escolha, porque somente assim exonerar-se-á.

171. Enneccerus, Kipp e Wolff, op. cit., p. 14.

172. Serpa Lopes, op. cit., p. 88; W. Barros Monteiro, op. cit., p. 124 e 127; Pontes de Miranda, *Tratado de direito privado*, Borsoi, t. XXII, § 2.707. Walter Stern (Obbligazioni, in *Nuovo Digesto Italiano,* n. 35) analisa a perda da faculdade de substituição, estando o devedor constituído em mora. Sílvio de Salvo Venosa, *Direito civil – Obrigações,* São Paulo, Atlas, 1988, p. 108. Fábio Ulhoa Coelho (*Curso*, cit.,

A prestação *in facultate solutionis* não é objeto da obrigação; logo, o credor não pode reclamá-la. Já o devedor poderá optar por ela, se isso for de sua vontade, não podendo, porém, ser coagido a fazê-lo pelo credor. Havendo impossibilidade, sem culpa do devedor, de satisfazer a prestação devida, extinguir-se-á a obrigação. Além disso, só o defeito da prestação devida pode acarretar nulidade da relação obrigacional. Realmente, se a prestação devida for impossível, por caso fortuito ou força maior, ou nula, a obrigação com *facultas alternativas* não se concentrará na prestação substitutiva, operando-se, então, a liberação do devedor[173].

Entretanto, se a impossibilidade da prestação devida resultar de causa imputável ao devedor, o credor poderá exigir o equivalente mais perdas e danos, aplicando-se, por analogia, o disposto no Código Civil, art. 234, 2ª parte, ou o cumprimento da obrigação supletória[174].

Se houver impossibilidade originária ou superveniente da prestação *in facultate solutionis*, nenhum efeito produzirá, pois a obrigação manter-se-á relativamente à prestação devida, extinguindo-se para o devedor a permissão de substituí-la por outra[175].

Não se confunde a obrigação facultativa com[176]:

1º) a *dação em pagamento*, porque esta exige anuência expressa do credor (CC, art. 356), ao passo que na obrigação facultativa a substituição do objeto da relação obrigacional depende tão somente da vontade do devedor;

2º) a *cláusula penal* – apesar de em ambas o objeto devido ser um só, com possibilidade de exoneração do devedor mediante prestação diversa, e, com o perecimento do objeto principal, desaparecer a prestação *in facultate solutionis* e a pena convencional –, pois: *a*) na obrigação facultativa o credor só pode pedir o objeto *in obligatione*, e na cláusula penal, como logo mais estudaremos, no caso do Código Civil, art. 410, o credor poderá pedir a pena convencional; *b*) na obrigação facultativa o devedor libera-se com a realização da prestação principal, havendo possibilidade de sub-rogá-la por outra, no ato do pagamento, enquanto na cláusula penal o devedor não tem permissão de ofertar a multa em lugar do objeto principal.

A obrigação facultativa não oferece dificuldades em sua aplicação por reger-se pelos mesmos dispositivos atinentes às obrigações simples[177].

---

v. 2, p. 20) lembra que "na bolsa de futuro, compradores de mercadorias (*commodities*) têm sempre a possibilidade de, na data da liquidação da operação, em vez de integrar o bem negociado (café, soja, minério, petróleo, dólar etc.), pagar em dinheiro a diferença das cotações, quando estas são inferiores às da data do fechamento. Aqueles compradores, quando oscilam os preços para baixo, têm a faculdade de não entregar a prestação por que se obrigaram, mas outra". *Vide* Código Civil argentino, arts. 643 a 651.

173. Orlando Gomes, *Obrigações*, cit., p. 96; Caio M. S. Pereira, *Instituições*, cit., p. 103; Antunes Varela, op. cit., p. 339.

174. Antunes Varela, op. cit., p. 339; Caio M. S. Pereira, *Instituições*, cit., p. 104.

175. Hudelot e Metmann, *Obligations*, p. 246; Antunes Varela, op. cit., p. 340; Odete N.C. Queiroz e Erik F. Gramstrup, Obrigações facultativas e dificuldades práticas, *Revista de Direito Privado*, *63*.

176. W. Barros Monteiro, op. cit., p. 126-7; Salvat, *Tratado de derecho civil*, v. 3, 1ª parte, p. 118.

177. W. Barros Monteiro, op. cit., p. 128; Ramón Silva Alonso, *Derecho de las obligaciones*, cit., p. 267-8; Vélez Sarsfield (*Código Civil argentino anotado*, Buenos Aires, 1970, p. 117), baseado em Aubry e Rau, diferencia a obrigação alternativa da facultativa. Na alternativa: duas ou mais prestações são devidas; a validade de uma das prestações torna-a válida; o devedor exonera-se pagando uma delas; o perecimento ou impossibilidade de todas as prestações provoca sua extinção. Na facultativa: só uma prestação é devida, a outra somente existe para tornar mais fácil o pagamento; o vício na prestação principal é suscetível de invalidá-la; o credor apenas poderá reclamar a prestação principal; impossibilidade da prestação principal gera sua extinção.

Quadro Sinótico

OBRIGAÇÕES RELATIVAS AO MODO DE EXECUÇÃO

1. OBRIGAÇÃO SIMPLES	• É aquela cuja prestação recai somente sobre uma coisa ou sobre um ato, liberando-se o devedor quando a cumprir.

2. OBRIGAÇÃO CUMULATIVA	• Consiste num vínculo jurídico pelo qual o devedor se compromete a realizar diversas prestações, de tal modo que não se considerará cumprida a obrigação até a execução de todas as prestações prometidas, sem exclusão de uma só.

3. OBRIGAÇÃO ALTERNATIVA	• Conceito	• É a que contém duas ou mais prestações com objetos distintos, e da qual o devedor se libera com o cumprimento de uma só delas, mediante escolha sua ou do credor.	
	• Caracteres	• Dualidade ou multiplicidade de prestações heterogêneas. • Exoneração do devedor pela satisfação de uma única prestação.	
	• Concentração do débito	• Direito de escolha (CC, art. 252)	• O ato de escolha terá lugar *in solutione*, se couber ao devedor (CC, art. 252, § 1º; CPC, art. 800, § 1º). • O ato de escolha terá lugar *in petitione*, se competir ao credor (CC, art. 342; CPC, arts. 543 e 800, § 2º). • O ato de escolha de terceiro configura mandato (CC, art. 252, § 4º). • Na escolha por sorteio aplicar-se-á o CC, art. 817. • Em caso de pluralidade de optantes, a solução é dada pelo art. 252, § 3º, do Código Civil.
		• Efeitos da escolha	• Obrigatoriedade. • Irrevogabilidade, salvo a hipótese do CC, art. 252, § 2º.
	• Consequências da inexequibilidade das prestações		• CC, arts. 253, 254, 255 e 256.

4. OBRIGAÇÃO FACULTATIVA	• É aquela que, não tendo por objeto senão uma só prestação, permite a lei ou o contrato ao devedor substituí-la por outra, para facilitar-lhe o pagamento.

D. Obrigações concernentes ao tempo de adimplemento

d.1. Obrigação momentânea ou instantânea

A *obrigação momentânea, instantânea, transitória* ou *transeunte* é a que se consuma num só ato em certo momento ("*quae unico actu perficiuntur*"), como, p. ex., a entrega de uma mercadoria, o pagamento à vista de uma joia, o pagamento do transporte num ônibus ou táxi, a restituição de um quadro emprestado etc. Nela há uma completa exaustão da prestação logo no primeiro momento de seu adimplemento. Havendo descumprimento dessa obrigação, a sua resolução terá força retroativa, de onde a menor possibilidade de conflitos intertemporais[178].

d.2. Obrigação de execução continuada ou periódica

A *obrigação de execução continuada, duradoura, contínua, de trato sucessivo* ou *periódica* é a que se protrai no tempo, caracterizando-se pela prática ou abstenção de atos reiterados, solvendo-se num espaço mais ou menos longo de tempo. P. ex.: a obrigação do locador de ceder ao inquilino, por certo tempo, o uso e gozo de um bem infungível, e a obrigação do locatário de pagar o aluguel convencionado (CC, arts. 565, 566, 569, II, e Lei n. 8.245/91, arts. 22 e 23); a do enfiteuta ao pagamento do foro; a das vendas a prestação de automóveis ou de eletrodomésticos; a do fornecimento de certas mercadorias em quantidade previamente ajustada, mas distribuída por várias partidas – p. ex., 50.000 toneladas de petróleo em cinco carregamentos iguais. Desses exemplos fácil é denotar que a obrigação é única, existindo, porém, vários créditos, cada qual com sua própria prestação. Nesta espécie de obrigação há maior probabilidade de conflitos espaciotemporais, pois, relativamente ao seu inadimplemento, sobreleva o fato de que sua resolução será irretroativa, pois as prestações seriadas e autônomas ou independentes já cumpridas não serão atingidas pelo descumprimento das demais prestações, cujo vencimento se lhes seguir, uma vez que o seu adimplemento possui força extintiva. Urge não confundir tal adimplemento progressivo com o parcial, porque neste a obrigação continua viva e tal como era antes do início da execução. Os efeitos do inadimplemento da obrigação de execução continuada se dirigem ao cumprimento das prestações futuras e não ao das pretéritas, já extintas pelo seu cumprimento. Convém lembrar, ainda, que o prazo prescricional do Código Civil, art. 206, aplica-se às prestações isoladas da relação obrigacional e não à obrigação básica[179].

Se a condição resolutiva for aposta em negócio de execução continuada, a sua realização, salvo disposição em contrário, não tem eficácia quanto aos atos já praticados, desde que compatíveis com a natureza da condição pendente e conforme aos ditames de boa-fé (CC, art. 128, 2ª parte).

Quadro Sinótico

OBRIGAÇÕES CONCERNENTES AO TEMPO DE ADIMPLEMENTO

1. OBRIGAÇÃO MOMENTÂNEA OU INSTANTÂNEA	• É a que se consuma num só ato, em certo momento.
2. OBRIGAÇÃO DE EXECUÇÃO CONTINUADA	• É a que se protrai no tempo, caracterizando-se pela prática ou abstenção de atos reiterados, solvendo-se num espaço mais ou menos longo de tempo.

178. Serpa Lopes, op. cit., p. 82; Savigny, *Obbligazioni*, v. 1, p. 302; W. Barros Monteiro, op. cit., p. 51; Orlando Gomes, *Obrigações*, cit., p. 55. Alguns autores admitem a *obrigação diferida*, cujo pagamento se dá em um momento, mas em época futura. P. ex.: compra uma motocicleta, para pagar depois de 60 dias.

179. Luigi Devoto, *L'obbligazione e esecuzione continuata*, CEDAM, 1943, p. 275 e 289; Von Tuhr, op. cit., t. 1, p. 37-8; Serpa Lopes, op. cit., p. 82-3; W. Barros Monteiro, op. cit., p. 51; Antunes Varela, op. cit., p. 85-8.

E. Obrigações quanto aos elementos acidentais

e.1. Generalidades

Os *elementos estruturais* ou *constitutivos* do negócio jurídico abrangem:

a) *elementos essenciais*: imprescindíveis à existência do negócio jurídico, podem ser *gerais*, se comuns à generalidade dos atos negociais, dizendo respeito à capacidade do agente, ao objeto lícito e possível e ao consentimento do interessado, e *particulares*, quando peculiares a certas espécies por atinarem à sua forma;

b) *elementos naturais*: são efeitos decorrentes do negócio jurídico, sem que seja necessário qualquer menção expressa a seu respeito, visto que a própria norma jurídica já determina quais são essas consequências jurídicas. P. ex.: na compra e venda são elementos naturais, oriundos do próprio contrato, a obrigação que o comprador tem de dar a garantia prevista no Código Civil, art. 476, 2ª parte, caso sofra diminuição em seu patrimônio que comprometa a sua prestação, e o dever que tem o vendedor de responder pelos vícios redibitórios (CC, art. 441) e pelos riscos da evicção (CC, art. 447);

c) *elementos acidentais*: são estipulações ou cláusulas acessórias que as partes podem adicionar em seus negócios para modificar uma ou algumas de suas consequências naturais, como condição, modo, encargo ou termo (CC, arts. 121, 131 e 136). Nada mais são do que categorias modificadoras dos efeitos normais do ato negocial, restringindo-o no tempo ou retardando o seu nascimento ou sua exigibilidade. São elementos acidentais porque o negócio jurídico se perfaz sem eles, subsistindo ainda que não haja sua estipulação. Sua presença é dispensável para a existência do ato negocial, uma vez que são declarações acessórias da vontade, incorporadas a outra, que é a principal[180].

Poder-se-á aplicar a teoria dos elementos acidentais[181] do negócio jurídico às relações obrigacionais, ressaltando alguns aspectos especiais. Os princípios atinentes aos elementos acidentais dos atos negociais têm, realmente, aplicabilidade nas *obrigações*, que serão *puras* e *simples*, se não estiverem sujeitas a condição, termo ou encargo; *condicionais*, se sua eficácia estiver subordinada a uma condição; *modais*, se sujeitas a um encargo, e *a termo*, se seus efeitos dependerem de um acontecimento futuro e certo.

e.2. Obrigação condicional

e.2.1. Definição

A *obrigação condicional* é a que contém cláusula que subordina seu efeito a evento futuro e incerto (CC, art. 121)[182]. Assim, uma obrigação será condicional quando seu efeito, total ou parcial, depender de um acontecimento futuro e incerto. Logo, para sua configuração será necessária a ocorrência de dois requisitos essenciais: a futuridade e a incerteza. Se for alusiva a fato passado ou presente, não será condicional, ainda que seja desconhecido ou ignorado. Se o evento já estiver concretizado por ocasião da constituição da relação creditória, a obrigação

---

180. *Vide* M. Helena Diniz, *Curso*, cit., v. 1, p. 218 e 253; W. Barros Monteiro, op. cit., v. 1, p. 184-7 e 234-5; Silvio Rodrigues, op. cit., v. 1, p. 267 e 271; Caio M. S. Pereira, *Instituições*, cit., v. 1, p. 477-9; De Page, op. cit., v. 1, n. 134.

181. M. Helena Diniz, *Curso*, cit., v. 1, p. 253-9; Carvalho de Mendonça, *Doutrina*, cit., v. 1, n. 98.

182. Savigny (*Sistema del diritto romano*, v. 3, § 116) escreve que condição é *"quella specie di restrizione, che congiunge arbitrariamente l'esistenza di un rapporto di diritto ad un avvenimento futuro ed incerto"*. *Vide*: CC, arts. 332, 509, 876, 199, I, 233, 234, 266, 278.

será pura e simples e não condicional. Se não se efetivar o evento de que depende, a obrigação não se formará, por ter falhado o implemento da condição. Para que se configure a obrigação condicional, deverá ela se relacionar a um acontecimento incerto, que poderá ou não ocorrer[183].

A obrigação é suscetível de receber mais de uma condição, pois, p. ex., um mesmo contrato poderá depender, para ser eficaz, de dupla condição, caso em que, se forem cumulativas ou conjuntivas, será necessário o implemento de ambas; se alternativas, será suficiente a realização de uma delas[184].

É preciso não confundir a obrigação condicional com a aleatória, embora tenham em comum a incerteza em relação a um evento futuro: na *condicional* a existência do vínculo depende de acontecimento futuro e incerto, do qual podem tirar proveito ambas as partes, e se porventura apenas um dos contratantes lucrar com o fato, nem por isso o outro terá prejuízo; na *aleatória* ele existe desde logo; a incerteza recai tão somente sobre a extensão dos lucros e das perdas dos contraentes, de modo que o ganho de um representará a perda do outro; nada obsta que o fato de que depende o ganho ou a perda já tenha sido realizado, desde que sua realização seja ignorada[185].

e.2.2. Efeitos das várias modalidades de obrigação condicional

As obrigações condicionais podem ser consideradas[186] quanto:

1º) À *possibilidade.*

Serão *física* e *juridicamente possíveis,* se se puderem realizar conforme as leis físico-naturais e as normas de direito. No que concerne a essas espécies de obrigação, poder-se-á aplicar o estatuído no Código Civil, arts. 123 e 124: as impossíveis quando resolutivas têm-se por inexistentes, bem como as de não fazer coisa impossível, deixando o ato negocial produzir seus efeitos como se a obrigação fosse pura e simples, e as física ou juridicamente impossíveis, se suspensivas, serão tidas como inválidas, fulminando a sua própria eficácia.

2º) À *licitude.*

Serão *lícitas* se o evento que as constitui não contrariar a lei (CC, art. 122, 1ª parte), a ordem pública e os bons costumes, e *ilícitas* se condenadas pela norma jurídica e pelos bons costumes, desde que absolutos, isto é, se afetarem a liberdade da pessoa a quem se dirigem, pois se forem relativas, como, p. ex., a de limitar a utilização de um bem adquirido por compra e venda, cumpre admitir sua licitude, porque há uma certa margem de liberdade para a pessoa que tem um determinado campo de ação.

3º) À *natureza.*

Serão *necessárias* se inerentes à natureza do ato negocial; é o caso, p. ex., da venda de um imóvel que se perfaz por escritura pública. É da essência do negócio a outorga de escritura pública; logo, não se tem aqui uma condição. *Voluntárias* serão as obrigações condicionais

---

183. Consulte M. Helena Diniz, *Curso,* cit., v. 1, p. 253-4; R. Limongi França, Condição, in *Enciclopédia Saraiva do Direito,* v. 17, p. 371; W. Barros Monteiro, op. cit., v. 1, p. 235-6; Angelo Falzea, *Le condizioni e gli elementi dell'atto giuridico,* Milano, 1941.

184. Alfredo Colmo, op. cit., n. 226; Carvalho de Mendonça, *Doutrina,* cit., v. 1, n. 115.

185. Serpa Lopes, op. cit., p. 98-9; W. Barros Monteiro, op. cit., v. 4, p. 237; Cunha Gonçalves, op. cit., v. 8, p. 299.

186. M. Helena Diniz, *Curso,* cit., v. 1, p. 254-6; R. Limongi França, Condição, cit., v. 17, p. 371-3; Caio M. S. Pereira, *Instituições,* cit., v. 1, p. 482-97, v. 2, p. 105-6; Silvio Rodrigues, op. cit., v. 1, p. 269-82; W. Barros Monteiro, op. cit., v. 1, p. 236-45, v. 4, p. 237-9; Carvalho de Mendonça, *Doutrina,* cit., v. 1, ns. 105 e 111, p. 265-9; Mazeaud e Mazeaud, op. cit., v. 2, n. 1.030; Larombière, op. cit., v. 2, ns. 3 a 12 e 63; Giorgi, op. cit., v. 4, n. 384; Bassil Dower, op. cit., v. 1, p. 215-21; Orlando Gomes, *Introdução ao direito civil,* 3. ed., Rio de Janeiro, Forense, 1971, p. 373-5; Serpa Lopes, op. cit., v. 2, p. 99-102; Polacco, op. cit., p. 237.

que contiverem cláusulas oriundas de manifestação volitiva, sendo, então, autênticos atos negociais condicionais.

4º) À *participação da vontade dos contraentes.*

Nessa hipótese, poderão ser:

a) *Casuais,* se dependerem de um caso fortuito, alheio à vontade das partes, como, p. ex., se contiverem cláusula que estipule a doação de uma joia se chover amanhã.

b) *Potestativas,* se decorrerem da vontade de um dos contratantes. Podem ser: *puramente potestativas,* se advindas de mero arbítrio do agente, consideradas pelo Código Civil, art. 122, 2ª parte, como defesas ou inválidas; p. ex.: se um dos contratantes estipular que só efetivará o contrato "x" se o outro vestir a roupa "y" amanhã; se se colocar, no mútuo, uma cláusula que dê ao credor poder unilateral de provocar o vencimento antecipado da dívida, diante de simples circunstância de romper-se o vínculo empregatício entre as partes (*RT, 568*:180; *JTACSP, 125*:237); ou *simplesmente potestativas,* se dependerem da prática de algum ato do interessado em conexão com certa circunstância do caso; p. ex.: se um dos contratantes dispuser que só haverá doação de certo objeto a um ator se ele desempenhar bem seu papel ou que efetuará o pagamento da coisa adquirida, se conseguir revendê-la. Além do arbítrio, exigem uma atuação especial do sujeito, sendo admissíveis por não afetarem a validade dos atos negociais (*AJ, 98*:251; *RF, 90*:89).

c) *Promíscuas,* que se apresentam no momento inicial como potestativas, vindo a perder essa característica por fato superveniente, alheio à vontade do agente, que venha a dificultar a sua realização. P. ex.: doação de certa soma de dinheiro se "A", campeão de futebol, jogar no próximo torneio. Tal obrigação condicional potestativa tornar-se-á promíscua se esse jogador se machucar.

d) *Mistas,* que decorrem, deliberadamente, em parte da vontade e em parte de elemento casual, que pode ser até mesmo a vontade de terceiro, alheio à relação obrigacional. P. ex.: doação de um apartamento a Pedro se ele constituir sociedade com João.

5º) Ao *modo de atuação.*

Sob esse prisma ter-se-ão obrigações condicionais *suspensivas* ou *resolutivas.*

Serão *suspensivas* (CC, art. 125) quando os contraentes protelarem, temporariamente, a eficácia do negócio até a realização de evento futuro e incerto. P. ex.: se ficar estabelecido que o contrato de compra e venda do quadro "x" só produzirá efeitos se ele for aceito numa exposição internacional.

Pendente tal condição suspensiva, o comprador não terá direito adquirido, pois o contrato só se aperfeiçoará com o advento dessa condição; logo, a *obligatio* ainda não exprime um débito, traduzindo apenas um direito eventual, sem ação correspondente. Não se tem obrigação nem ação. Daí as seguintes consequências: *a*) se pendente a condição, o credor não pode exigir o cumprimento da obrigação antes do seu implemento; *b*) se o devedor pagar a obrigação antes do implemento da condição, caber-lhe-á a *repetitio indebiti* (CC, art. 876); assim, o credor que receber dívida condicional antes de cumprida a condição fica obrigado a restituir; *c*) se a condição não se realizar, operar-se-á a extinção da obrigação; *d*) se alguém dispuser de um bem sob condição suspensiva, e, na pendência desta, fizer novas disposições, estas não terão validade se, realizada a condição, forem incompatíveis com ela (CC, art. 126). A esse respeito esclarecedores são os seguintes exemplos de R. Limongi França: "A" doa a "B" um objeto sob condição suspensiva; mas, enquanto esta pende, vende o mesmo objeto a "C"; nula será a venda. "A" doa a "B" o usufruto de um objeto, sob condição suspensiva; mas, enquanto esta pende, aliena a "C" a sua propriedade do mesmo objeto; válida será a tal alienação porque não há incompatibilidade entre a nova disposição e a anterior; *e*) se pendente condição suspensiva, o prazo prescricional não correrá (CC, art. 199, I); *f*) se pendente a condição, o devedor da obrigação condicional poderá praticar os atos normais de gestão e até perceber os frutos da coisa, porém todos os riscos correrão por sua conta, visto que pelo Código Civil, art. 130, a condição suspensiva não obsta o exercício dos atos destinados a conservar o direito a ela subordinado; *g*) se ocorrer o implemento da condição, na mesma data deverá ser cumprida a obrigação (CC, art. 332), como se fosse pura desde o momento de sua constituição. P. ex.: o contrato de compra e venda com reserva de domínio só se efetivará se realizada a condição de que depende o integral pagamento do preço (CC, art. 521) e o mesmo sucederá na venda a contento (CC, art. 509); *h*) se a coisa, objeto da prestação obrigacional, se perder, na pendência da condição, sem culpa do devedor, resolver-se-á a obrigação em relação a ambos os contraentes (CC, arts. 233 e 234); mas se o devedor for culpado, deverá responder por perdas e danos; *i*) se o objeto da prestação se deteriorar sem culpa do devedor, o credor poderá resolver a obrigação ou pedir o abatimento do preço; todavia, se a deterioração se deu por ato culposo do devedor, ao credor será permitido optar entre aceitar o bem no estado em que se encontrar ou exigir o equivalente, tendo, ainda, em qualquer hipótese, o direito à indenização das perdas e danos; *j*) se houver condição suspensiva estipulada entre um dos devedores solidários e o credor, ela não poderá agravar a posição dos demais, sem anuência destes (CC, art. 278).

As obrigações condicionais serão *resolutivas* se subordinarem a ineficácia do ato negocial a um evento futuro e incerto. Deveras, o Código Civil, art. 127, prescreve que se for resolutiva a condição, enquanto esta não se realizar, vigorará o negócio jurídico, podendo exercer-se desde o momento deste o direito por ele estabelecido; mas, verificada a condição, para todos os efeitos se extingue o direito a que ela se opõe (CC, art. 128, 1ª parte). P. ex.: a compra e venda de uma fazenda sob a condição de o contrato se resolver se gear nos próximos três anos (*RT*, *434*:146, *462*:192, *433*:176, *449*:170, *510*:225); se houver geada, dissolve-se o negócio pelo implemento da condição a que foi submetido. Verificada a condição, a obrigação se desfaz retroativamente, como se nunca tivesse existido. Assim, no ato negocial sob condição resolutiva, tem-se, de imediato, a aquisição do direito, e, consequentemente, a produção de todos os seus efeitos jurídicos. Com o advento da condição resolver-se-á o negócio, extinguindo-se o direito. O art. 1.359 do Código Civil confere efeito retroativo à condição resolutiva, ao estatuir: “Resolvida a propriedade pelo implemento da condição ou pelo advento do termo, entendem-se também resolvidos os direitos reais concedidos na sua pendência, e o proprietário, em cujo favor se opera a resolução, pode reivindicar a coisa do poder de quem a possua ou a detenha”.

Para Carvalho de Mendonça[187] os riscos da coisa alienada sob condição resolutiva ficam a cargo do credor ou do adquirente, porque a resolução supõe a restituição do objeto; logo: *a*) se a coisa se perder antes da tradição, sem culpa do devedor (aqui o adquirente), sofre o credor (aqui o alienante) a perda, resolvendo-se a obrigação; *b*) se o bem perecer por culpa do adquirente, responderá ele pelo equivalente, mais perdas e danos; *c*) se o objeto se deteriorar sem culpa do adquirente, o alienante recebê-lo-á no estado em que estiver, sem direito a qualquer indenização; *d*) se a deterioração for motivada por ato culposo do adquirente, o alienante poderá exigir o equivalente ou aceitar o bem no estado em que se encontrar, tendo direito de reclamar, em qualquer das hipóteses, indenização por perdas e danos.

Quanto às condições, cumpre observar as seguintes regras[188]: *a*) a capacidade das partes e a forma do negócio regem-se pela norma jurídica que vigorar no tempo de sua constituição; *b*) o direito condicional é transmissível por ato *inter vivos* ou *causa mortis*; *c*) reputa-se verificada

---

187. Carvalho de Mendonça, *Doutrina*, cit., v. 1, n. 123.

188. Scuto, op. cit., ns. 30 e 31 e *Istituzioni di diritto privato*, v. 1, 1ª parte, p. 401; M. Helena Diniz, *Curso*, cit., v. 1, p. 259.

a condição cujo implemento for maliciosamente obstado pela parte a quem desfavorecer; do mesmo modo sucede com a condição dolosamente levada a efeito por aquele a quem aproveita o seu implemento (CC, art. 129; *RT, 414*:203)[189].

e.3. Obrigação modal

e.3.1. Conceito e objeto

A *obrigação modal* é a que se encontra onerada com um modo ou encargo, isto é, por cláusula acessória, que impõe um ônus à pessoa natural ou jurídica contemplada pela relação creditória. É o caso, p. ex., da obrigação imposta ao donatário de construir no terreno doado um prédio para escola (*RT, 212*:544, *218*:497). O onerado passa, então, a ter o dever de empregar o bem recebido pela maneira e com a finalidade estabelecida pelo instituidor, de tal sorte que, se não houvesse essa cláusula, ele não estaria vinculado a qualquer prestação, pois o modo, em regra, adere-se a atos de liberalidade.

A obrigação modal pode ter por objeto uma ação (dar ou fazer) ou uma abstenção (não fazer) do onerado, em favor do disponente, de terceiro ou do próprio beneficiário, sendo que, neste último caso, o encargo assume a forma de um conselho, cujo descumprimento não acarretará nenhum efeito de direito, visto que não é admitida a reunião do débito e do crédito numa só pessoa[190].

e.3.2. Consequências jurídicas

A obrigação com encargo (onerosa ou modal) acarreta os seguintes efeitos[191]:

1º) Não suspende a aquisição nem o exercício do direito, salvo quando expressamente imposto no ato negocial, pelo disponente, como condição suspensiva (CC, art. 136).

2º) A iliceidade ou impossibilidade física ou jurídica do encargo leva a considerá-lo como não escrito, libertando a obrigação de qualquer restrição, exceto se, como leciona Caio Mário da Silva Pereira, se apurar ter sido ele a causa determinante do negócio, caso em que se terá a anulação do ato; fora disto, porém, este se aproveita como puro e simples. O Código Civil, no art. 137, rege o encargo ilícito ou impossível, considerando-o não escrito, exceto se constituir o motivo determinante da liberalidade, caso em que se invalidará o negócio. Assim sendo, o encargo ilícito ou impossível apenas viciará o ato se for motivo determinante da disposição, o que o juiz deverá averiguar em cada caso.

3º) Gera uma declaração de vontade qualificada ou modificada que não pode ser destacada do negócio; daí sua compulsoriedade. Dessa maneira, o beneficiário deverá cumprir o encargo, sob pena de se revogar a liberalidade. Deve ser cumprido no prazo fixado pelo disponente e se este não o houver estipulado, cabe ao magistrado estabelecê-lo de acordo

---

189. R. Limongi França, Condição, cit., v. 17, p. 374; Caio M. S. Pereira, *Instituições,* cit., v. 1, p. 488; Silvio Rodrigues, op. cit., v. 1, p. 282; Orlando Gomes, *Introdução,* cit., p. 380; M. Helena Diniz, *Curso,* cit., v. 1, p. 256-7.

190. Serpa Lopes, op. cit., p. 103. *Consulte*: CC, arts. 553 e 1.897.

191. Caio M. S. Pereira, *Instituições,* cit., v. 1, p. 504-5; Silvio Rodrigues, op. cit., v. 1, p. 290-1; W. Barros Monteiro, op. cit., v. 1, p. 250-1, v. 4, p. 236-40; Serpa Lopes, op. cit., v. 1, p. 500, v. 2, p. 103; Bassil Dower, op. cit., v. 1, p. 227-8; Orlando Gomes, *Introdução,* cit., p. 387-9; M. Helena Diniz, *Curso,* cit., v. 1, p. 259; Venosa, *Direito civil*, cit., v. 2, p. 141. O art. 137 do Código Civil preencheu uma lacuna existente no nosso direito, pois, pelo art. 116 do revogado Código, a ilicitude ou impossibilidade do encargo tornava-o inexistente. Pelo art. 564 do Código Civil argentino, o encargo impossível ou ilícito torna nulo todo o ato negocial.

com a vontade presumida do disponente. Se o encargo consistir em prestação personalíssima, falecendo o devedor sem o cumprir, resolve-se o ato negocial, voltando o bem ao poder do disponente ou dos herdeiros. Se não disser respeito a obrigação desse tipo, o dever de cumpri-lo transmite-se aos herdeiros do gravado (CC, arts. 553, 555, 562, 1.938 e 1.949).

4º) Podem exigir o cumprimento do encargo o próprio instituidor, seus herdeiros, as pessoas beneficiadas ou o representante do Ministério Público, se se contiver em disposição testamentária ou for de interesse público (CC, art. 553, parágrafo único).

5º) A resolução do negócio jurídico em virtude de inadimplemento do modo não prejudica os direitos de terceiros.

e.4. Obrigação a termo

e.4.1. Noção

A *obrigação a termo* é aquela em que as partes subordinam os efeitos do ato negocial a um acontecimento futuro e certo. *Termo* é o dia em que começa ou se extingue a eficácia do negócio jurídico; não atua, portanto, sobre a validade da relação obrigacional, mas apenas sobre seus efeitos. O termo pode ser:

a) *inicial* (*dies a quo*) ou suspensivo, se fixar o momento em que a eficácia do negócio deve-se iniciar, retardando o exercício do direito (CC, art. 131). Não suspende, portanto, a aquisição do direito, que surge imediatamente, mas que só se torna exercitável com a superveniência do termo; daí as seguintes consequências: o devedor pode pagar antes do advento do termo; os riscos da coisa certa ficam a cargo do credor; o credor não pode exigir a obrigação antes do tempo, a não ser que tenha sido estabelecido em seu favor; a prescrição começa a fluir do momento em que o direito se torna exequível e permitidos estão os atos destinados a conservar o direito, como, p. ex., no caso de locação que se iniciar dentro de dois meses, o locatário poderá exercer os atos de conservação;

b) *final* (*dies ad quem*) ou resolutivo, se determinar a data da cessação dos efeitos do ato negocial, extinguindo as obrigações dele oriundas, como, p. ex., no caso de locação que se deverá findar dentro de dois anos (CC, art. 135);

c) *certo,* quando estabelece uma data do calendário, dia, mês e ano – p. ex., 10 de agosto de 2001 – ou então quando fixa um certo lapso de tempo, como, p. ex., daqui a três anos ou no dia em que alguém atingir a maioridade;

d) *incerto,* se se referir a um acontecimento futuro, que ocorrerá em data indeterminada, como, p. ex., quando determinado imóvel passar a ser de outrem, a partir da morte de seu proprietário (*RT, 114*:173). A morte é sempre certa; a data em que vai ocorrer é que é incerta. Entretanto, como bem observa Washington de Barros Monteiro, a morte pode ser uma condição, se a sua ocorrência estiver proposta de modo problemático: "Se Pedro falecer antes de Paulo". Caso em que se tem uma condição, porque o evento é futuro e incerto (se Pedro morre ou não antes de Paulo)[192].

e.4.2. Exigibilidade da obrigação a termo

A obrigação constituída sem prazo reputar-se-á exequível desde logo, salvo se a execução tiver de ser feita em local diverso ou depender de tempo (CC, art. 134). No que concerne a

---

192. Orlando Gomes, *Introdução,* cit., p. 382-3; De Page, op. cit., v. 1, n. 136; Caio M. S. Pereira, *Instituições,* cit., v. 1, p. 499-500, v. 2, p. 107; M. Helena Diniz, *Curso,* cit., v. 1, p. 257; W. Barros Monteiro, op. cit., v. 4, p. 240-1; v. 1, p. 246-7. *Vide* Código Civil, art. 132, §§ 1º a 4º.

esta disposição legal, ensina-nos João Franzen de Lima que "não se deve entender ao pé da letra, como sinônimo de imediatamente, a expressão desde logo, contida nesse dispositivo. Entendida ao pé da letra poderia frustrar o benefício, poderia anular o negócio jurídico. Deve haver tempo bastante para que se realize o fim visado, ou se empreguem os meios para realizá-lo". Acrescenta, a respeito, Bassil Dower que a exceção prevista no art. 134 do Código Civil trata de prazo tácito, pois decorre da natureza do negócio ou das circunstâncias. P. ex.: na compra de uma safra de laranjas, o prazo será a época da colheita, mesmo que não tenha sido estipulado[193]. Se não há aposição de termo, não haverá constituição automática do devedor ou do credor em mora, pois se não está determinado o dia do vencimento da obrigação, o devedor ou o credor não estará em mora, enquanto não for feita a notificação ou interpelação[194].

A obrigação a termo só poderá ser exigida depois de expirado o termo. Por ser a obrigação a termo, enquanto este não for atingido, é ela inexigível, visto que não nasce para o credor a pretensão; logo, não há prescrição, pois esta só terá início no momento em que o direito creditório se tornar exequível. Desse modo, o devedor só poderá ser compelido a cumprir o dever assumido no dia seguinte ao da expiração do termo convencionado. A obrigação constituída para cumprimento em dia certo dispensa notificação ou interpelação, para que, em caso de sua inexecução, se configure a mora do devedor ou do credor. Entretanto, pelo Código Civil, art. 333, I a III, ao credor assistirá o direito de cobrar o débito antes de vencido o prazo estipulado no contrato se: *a*) falido o devedor, se abrir concurso creditório; *b*) os bens, hipotecados ou empenhados, forem penhorados em execução por outro credor; *c*) cessarem ou se tornarem insuficientes as garantias do débito, fidejussórias ou reais, e o devedor, intimado, se negar a reforçá-las. Nessas hipóteses legais a exigibilidade da obrigação se antecipa ao termo[195].

Quadro Sinótico

OBRIGAÇÕES QUANTO AOS ELEMENTOS ACIDENTAIS

1. OBRIGAÇÃO PURA	• É a que não está sujeita a condição, termo ou encargo.

2. OBRIGAÇÃO CONDICIONAL	• Definição	• É a que contém cláusula que subordina seu efeito a evento futuro e incerto.
	• Classificação quanto ao efeito das várias modalidades de obrigação condicional	• Física e juridicamente possível e impossível (CC, arts. 123 e 124). • Lícita e ilícita (CC, art. 122, 1ª parte). • Necessária e voluntária. • Casual. • Pura (CC, art. 122, 2ª parte) ou simplesmente potestativa (*AJ*, *98*:251; *RJ*, *90*:89). • Promíscua. • Mista. • Suspensiva (CC, arts. 125, 130, 126, 876, 199, I, 332, 521, 509, 233, 234 e 278). • Resolutiva (CC, arts. 127, 128, 1ª parte, e 1.359).

193. João Franzen de Lima, *Curso de direito civil brasileiro*, v. 1, p. 344; Bassil Dower, op. cit., v. 1, p. 226-7.
194. Caio M. S. Pereira, *Instituições*, cit., v. 2, p. 107.
195. Serpa Lopes, op. cit., v. 2, p. 105; Caio M. S. Pereira, *Instituições*, cit., v. 2, p. 107-8.

3. OBRIGAÇÃO MODAL	• Conceito	• É a que se encontra onerada com um modo ou encargo, isto é, por cláusula acessória, que impõe um ônus à pessoa natural ou jurídica contemplada pela relação creditória.
	• Objeto	• Ação ou abstenção do onerado, em favor do disponente, de terceiro ou do próprio beneficiário.
	• Consequências jurídicas	• CC, arts. 136, 137, 553, 555, 562, 1.938 e 1.949.

4. OBRIGAÇÃO A TERMO	• Noção	• É aquela em que as partes subordinam os efeitos do ato negocial a um acontecimento futuro e certo. O termo pode ser: inicial (CC, art. 131) e final (CC, art. 135); certo e incerto.
	• Exigibilidade	• Obrigação constituída sem prazo (CC, art. 134). • Obrigação a termo só poderá ser exigida depois de expirado o prazo convencionado, salvo se ocorridas as hipóteses do CC, art. 333, I, II e III.

F. Obrigações em relação à pluralidade de sujeitos

f.1. A pluralidade de sujeitos na relação obrigacional

Como o nosso direito positivo consagra a tradicional distinção entre direito real e direito pessoal feita pela teoria clássica, o *direito real* se caracteriza como uma relação entre o homem e a coisa, que se estabelece diretamente e sem intermediário, contendo, portanto, três elementos: o sujeito ativo, a coisa, e a inflexão imediata do sujeito ativo sobre a coisa. Logo, só há um sujeito, que é o ativo, pois seu exercício efetiva-se apenas mediante o poder imediato do seu titular sobre a coisa. Já o *direito pessoal* se caracteriza como uma relação entre pessoas, abrangendo tanto o sujeito ativo (credor) como o passivo (devedor) e a prestação que ao primeiro deve o segundo. Para Bonnecase, o direito real traduz apropriação de riquezas, tendo por objeto um bem material, sendo oponível *erga omnes*, e o direito pessoal tem por objeto uma prestação (ato ou abstenção), vinculando sujeito ativo e passivo[196].

O direito pessoal só pode ser exercido se houver unicidade de credor e de devedor, caso em que se tem *obrigação única*; porém, nem mesmo com a singularidade de cada um desses dois elementos será possível falar-se em indivisibilidade da obrigação ou em solidariedade, que só existem se houver mais de um devedor ou se se apresentar mais de um credor, ou, ainda, se existir pluralidade de devedores e de credores simultaneamente[197].

---

196. *Vide* W. Barros Monteiro, op. cit., v. 3, p. 11; M. Helena Diniz, *Curso*, cit., v. 4, p. 10; De Page, op. cit., v. 1, n. 127. Demolombe (op. cit., v. 9, n. 464) escreve que direito real "*est celui qui crée entre la personne et la chose une rélation directe et immédiate, de telle sorte qu'on n'y trouve que deux éléments, savoir: la personne, qui est le sujet actif du droit, et la chose, qui en est l'objet*". Bonnecase (*Elementos de derecho civil*, México, t. 1, ns. 591 a 594, e t. 2, ns. 39 e 40) define o direito real como "*una relación de derecho en virtud de la cual una cosa se encuentra, de una manera inmediata y exclusiva, en todo o en parte, sometida al poder de apropiación de una persona. El derecho de crédito es una relación de derecho por virtud de la cual la actividad económica o meramente social de una persona es puesta a disposición de otra, en la forma positiva de una prestación por proporcionarse, o en la forma negativa de una abstención por observar*" (n. 591).

197. Serpa Lopes, op. cit., v. 2, p. 106-7.

Todavia, como nos ensina Serpa Lopes, é preciso distinguir da pluralidade de sujeitos as seguintes situações: *a*) se uma obrigação tiver de ser repetida a vários credores ou por vários devedores, não se estará diante de um concurso de vários sujeitos numa só relação creditória, mas sim de um concurso de várias obrigações conexas, porque mantêm unicidade de prestação; *b*) se ao devedor ou ao credor competir eleger, entre mais de um devedor ou de um credor, aquele a quem poderá pagar ou receber, não se compõe o concurso de mais de um participante, senão de várias obrigações conexas ou alternativas, por faltar a pluralidade de participantes. P. ex.: "A" incumbe "B" de pagar R$ 50.000,00 ao Hospital "X" ou ao Colégio "Y"; *c*) se alguém assume o débito de outrem, não se dá o concurso de mais de um participante, mas de duas obrigações: uma, principal, e a outra, acessória[198].

A pluralidade de sujeitos, apesar de se ter, aparentemente, uma só obrigação, encerra tantas obrigações quantas forem as pessoas dos credores e dos devedores; todo credor terá um direito restrito à sua parte, não podendo exigir a obrigação de nenhum devedor senão dentro dos limites de sua responsabilidade (CC, arts. 1.317, 1.380, 1.934 e 2.025)[199]. Trata-se da *obrigação múltipla* ou *conjunta*, pois cada credor terá direito a uma parte e cada devedor só responderá por sua quota. Deveras, o Código Civil, art. 257, reza: "Havendo mais de um devedor ou mais de um credor em obrigação divisível, esta presume-se dividida em tantas obrigações, iguais e distintas, quantos os credores ou devedores". Essa norma sofre duas exceções: a da indivisibilidade e a da solidariedade, pois nestas hipóteses, embora concorram vários sujeitos, cada credor, apesar de sê-lo de uma parte apenas, poderá reclamar o pagamento integral da prestação, e cada devedor responderá pelo débito todo. A obrigação indivisível e a obrigação solidária constituem exceção ao princípio comum da divisibilidade do crédito e do débito entre vários titulares ativos e passivos, segundo o qual, e pela regra *concursu partes fiunt,* cada cocredor só pode exigir a parte que lhe cabe, da mesma forma que de cada codevedor só é possível demandar a que lhe assiste. Isto é assim, em regra, na obrigação indivisível, em razão da natureza de sua prestação, que não comporta fracionamento, e, na obrigação solidária, em virtude de lei ou da vontade das partes contratantes[200].

f.2. Obrigação divisível e indivisível

f.2.1. Conceito de obrigação divisível e indivisível

Nosso Código Civil não conceituou propriamente a obrigação divisível, mas sim a indivisível (CC, art. 258), embora não desconheça a íntima relação entre o problema da divisibilidade e da indivisibilidade e o do objeto das obrigações. Limitou-se a verificar os efeitos de uma e de outra, no caso de pluralidade de sujeitos, pois o interesse dessas espécies de obrigação só

---

198. Serpa Lopes, op. cit., v. 2, p. 106.

199. Van der Made (op. cit., ns. 90 e s.) assim a define: "*L'obligation plurale est dite conjointe lorsqu'elle lie soit plusieurs créanciers, soit plusieurs débiteurs de telle façon que la créance ou la dette se divise en autant des parts qu'il y a des créanciers ou des débiteurs*". W. Barros Monteiro, op. cit., v. 4, p. 144-5; Serpa Lopes, op. cit., v. 2, p. 107; Mazeaud e Mazeaud, op. cit., v. 2, p. 862; Colin e Capitant, *Cours élémentaire de droit civil,* 4. ed., Paris, 1924, p. 176; Planiol e Ripert, *Traité pratique de droit civil,* Paris, 1931, v. 7, n. 1.055.

200. W. Barros Monteiro, op. cit., v. 4, p. 129; Silvio Rodrigues, op. cit., v. 2, p. 66-7; Rodière, *La solidarité et l'indivisibilité,* p. 259; Serpa Lopes, op. cit., p. 118. Designam-se também de obrigações unitárias ou em mão comum.

se manifesta quando se tiver pluralidade de devedores ou de credores[201]. Realmente, se houver unicidade de sujeito, isto é, um só credor e um só devedor, seria irrelevante verificar se a prestação é ou não divisível, visto que pelo Código Civil, art. 314, divisível ou não, o credor não pode ser obrigado a receber nem o devedor a pagar, por parte, se assim não se ajustou. Se não há pluralidade subjetiva, o fracionamento ou o pagamento parcelado, estipulado pelos contraentes, não traz nenhuma dificuldade. Esse fato interessa particularmente se houver mais de um credor ou mais de um devedor, ou seja, vários credores e um devedor; vários devedores e um credor; vários credores e vários devedores[202].

Para se conceituar a obrigação divisível e indivisível poder-se-á ter por base a noção de coisa divisível e indivisível (CC, arts. 87 e 88). O bem divisível (CC, art. 87) é o que pode ser fracionado em partes homogêneas e distintas, sem alteração das qualidades essenciais do todo e sem desvalorização, formando um todo perfeito. Deve cada parte ser autônoma, tendo a mesma espécie e qualidade do todo dividido, prestando as mesmas utilidades e serviços do todo. P. ex.: se se repartir uma saca de café, cada metade conservará as qualidades do produto. Será indivisível por natureza, quando não puder ser partido sem alteração em sua substância ou em seu valor. P. ex.: um cavalo vivo, dividido ao meio, deixa de ser semovente; um quadro de Portinari, partido ao meio, perde sua integridade e seu valor. Em todas essas hipóteses as partes fracionadas perdem a possibilidade de prestar os serviços e as utilidades que o todo anteriormente oferecia. Pode haver indivisibilidade da coisa por determinação legal, como, p. ex., de acordo com o art. 681 do Código Civil de 1916 (vigente por força do art. 2.038 do atual Código Civil) e com os arts. 1.386 e 1.791 do atual Código Civil, e por vontade das partes[203]. A divisibilidade ou indivisibilidade da obrigação é determinada pela divisibilidade ou indivisibilidade de sua prestação, e não pela divisibilidade ou indivisibilidade da coisa, objeto desta.

A *obrigação divisível* é aquela cuja prestação é suscetível de cumprimento parcial, sem prejuízo de sua substância e de seu valor. Trata-se de divisibilidade econômica e não material ou técnica[204]. Havendo multiplicidade de devedores ou de credores em obrigação divisível, esta presumir-se-á dividida em tantas obrigações, iguais e distintas, quantos forem os credores ou devedores (CC, art. 257). São divisíveis as obrigações previstas no Código Civil, arts. 252, § 2º, 455, 812, 830, 831, 858, 1.297, 1.266, 1.272, 1.326, 1.968, 1.997 e 1.999, pois comportam cumprimento fracionado. Assim, se a obrigação for divisível com pluralidade de devedores, dividir-se-á em tantas obrigações, iguais e distintas, quantos forem os devedores. P. ex.: se "A", "B" e "C" devem a "D" R$ 300.000,00, a dívida será partilhada por igual entre os três devedores, de forma que cada um deverá pagar ao credor a quantia de R$ 100.000,00. E, se se tratar de obrigação divisível com multiplicidade de credores, o devedor comum pagará a cada credor

---

201. Serpa Lopes, op. cit., p. 111; Caio M. S. Pereira, *Instituições*, cit., v. 2, p. 66.

202. R. Limongi França, Obrigação divisível e indivisível, in *Enciclopédia Saraiva do Direito*, v. 55, p. 344; Sebastião José Roque, *Direito das obrigações*, cit., p. 45 a 48; Nestor Duarte, Obrigações alternativas, divisíveis e indivisíveis, *O novo Código Civil*, cit., p. 229-37. *Vide* Decreto n. 2.044, de 31-12-1908, arts. 22 e 32; Código Civil francês, art. 1.218.

203. M. Helena Diniz, *Curso*, cit., v. 1, p. 152-3. Nem sempre a divisibilidade jurídica acompanha a material. Esta, às vezes, é possível, mas poderá ser afastada pela vontade (indivisibilidade convencional) ou pela lei (indivisibilidade legal), ou porque o fracionamento da coisa a torna economicamente inaproveitável.

204. Scuto, *Teoria*, cit., n. 53, p. 373; W. Barros Monteiro, op. cit., v. 4, p. 130; Tito Fulgêncio, op. cit., n. 180; Antunes Varela, op. cit., p. 340 e 342; 2º TASP, *ADCOAS*, 1981, n. 78.506. É também denominada de obrigação fracionária ou parcial.

uma parcela do débito, igual para todos. P. ex.: se "A" deve a "B", "C" e "D" a quantia de R$ 600.000,00, deverá pagar a cada um deles R$ 200.000,00[205].

A *obrigação indivisível* é aquela cuja prestação só pode ser cumprida por inteiro, não comportando, por sua natureza (p. ex., animal), por motivo de ordem econômica (p. ex., pedra preciosa) ou dada a razão determinante do ato negocial (p. ex., reforma de prédio por vários empreiteiros, em que o dono da obra convenciona que pode exigi-la por inteiro de qualquer um deles), sua cisão em várias obrigações parceladas distintas, pois, uma vez cumprida parcialmente a prestação, o credor não obtém nenhuma utilidade ou obtém a que não representa a parte exata da que resultaria do adimplemento integral[206]. Pelo art. 258 do Código Civil: "A obrigação é indivisível quando a prestação tem por objeto uma coisa ou um fato não suscetíveis de divisão, por sua natureza, por motivo de ordem econômica, ou dada a razão determinante do negócio jurídico". A indivisibilidade da obrigação pode ser:

a) física ou *material* (*RT, 494*:149), se a sua prestação for indivisível física ou materialmente, por não poder ser fracionada em prestações homogêneas, cujo valor seja proporcional ao todo; p. ex.: a obrigação de restituir coisa alugada, findo o contrato de locação; a obrigação de exibir um documento ou de entregar um cavalo de corrida etc.;

b) legal ou *jurídica* (*RT, 478*:162, *443*:261), se a prestação for indivisível em virtude de disposição legal, que, por motivos variáveis, inclusive econômicos, impede sua divisão, embora seja naturalmente divisível; p. ex.: a obrigação concernente às ações de sociedade anônima em relação à pessoa jurídica (Lei n. 6.404/76, art. 28; CC, art. 1.089); obrigação de entregar um pequeno imóvel agrário, contendo apenas um módulo rural, que não pode ser fracionado por força da Lei n. 4.504/64; obrigação cujo adimplemento parcial acarrete perda de sua viabilidade econômica;

c) convencional ou *contratual* (*RT, 459*:162), se a indivisibilidade de sua prestação advier da vontade das partes (CC, arts. 88 e 314), apesar de ser materialmente divisível; p. ex.: contrato de conta corrente, em que os créditos escriturados se fundem num todo; contrato em que dois vendedores de açúcar se obrigam a entregar por inteiro, numa só partida, a uma refinaria de açúcar, 5.000 toneladas desse produto;

d) judicial (*RT, 175*:738, *157*:279, *184*:800, *173*:944, *488*:220, *190*:942), quando a indivisibilidade de sua prestação é proclamada pelos tribunais; p. ex.: a obrigação de indenizar nos acidentes de trabalho[207].

---

205. *Vide* Orlando Gomes, *Introdução*, cit., p. 93-4; W. Barros Monteiro, op. cit., p. 130; Ramón Silva Alonso, *Derecho de las obligaciones*, cit., p. 271-3. *Vide* Decreto n. 59.566/66, arts. 4º e 36.

206. Clóvis Beviláqua, *Direito das obrigações*, 9. ed., p. 68; W. Barros Monteiro, op. cit., p. 130; Antunes Varela, op. cit., p. 341; Scuto, *Istituzioni*, cit., n. 53, p. 373; Cicala, *Concetto di divisibilità e di indivisibilità dell'obbligazione*, Napoli, 1953, p. 35; Planiol e Ripert, op. cit., v. 7, ns. 405 e 406; Mário Luiz Delgado Régis, *Novo Código Civil*, cit., p. 247; Ricardo A. Gregorio, *Comentários*, cit., p. 320; *ADCOAS*, n. 90.323, 1983. Álvaro Villaça Azevedo (*Curso de direito civil – Teoria geral das obrigações*, São Paulo, Revista dos Tribunais, 1981, p. 92) entende que a obrigação de não fazer, em regra, é indivisível porque "se existe uma obrigação consistente em uma abstenção, qualquer que seja a prática do ato pelo devedor, mesmo que parcialmente, implicará no descumprimento obrigacional. P. ex., se alguém se comprometer a não construir prédio além do 3º andar, em certo terreno. Tal obrigação de não fazer tem objeto infracionável. Bastará a simples prática de ato levantando o 4º andar para que o devedor seja inadimplente".

207. Caio M. S. Pereira, *Instituições*, cit., p. 70; W. Barros Monteiro, op. cit., v. 4, p. 133-4; Antunes Varela, op. cit., p. 341 e s.; Cassatti e Russo, *Manuale di diritto civile italiano*, p. 412; Carvalho de Mendonça, *Doutrina*, cit., v. 1, n. 137; *RT, 449*:151.

Se houver, na obrigação indivisível, pluralidade de devedores, cada um será obrigado pela dívida toda (CC, art. 259). P. ex.: se "A", "B" e "C" devem entregar a "D" um quadro de Leonardo da Vinci, tal entrega terá de ser feita por qualquer deles, podendo o credor reclamá-la tanto de um como de outro. Se se tiver obrigação indivisível com multiplicidade de credores (*RT, 449*:150), pelo Código Civil, art. 260, incisos I e II, cada um deles poderá exigir o débito inteiro, mas o devedor somente se desobrigará pagando a todos conjuntamente ou a um deles, dando este caução de ratificação dos outros credores. P. ex.: se "A" deve entregar a "B", "C" e "D" o cavalo "X", poderá cumprir essa prestação entregando o animal aos três ou a um deles, que o exija[208].

f.2.2. A questão da divisibilidade e da indivisibilidade nas várias modalidades de obrigação

A divisibilidade ou indivisibilidade das várias modalidades de obrigação depende da natureza de sua prestação, visto que é aplicável a qualquer tipo de relação obrigacional[209].

Vimos que a obrigação será divisível ou indivisível conforme sua prestação seja ou não suscetível de divisão material, legal, convencional ou judicial. Assim, a *obrigação de dar*, podendo ter uma prestação divisível ou indivisível, poderá igualmente ser divisível ou indivisível[210]. Será divisível quando: *a*) tiver por objeto a transferência do domínio ou de outro direito real, ante a possibilidade de divisão em partes ideais, excetuado o caso previsto no art. 3º da Lei n. 4.591/64, no que atina à incorporação imobiliária, e nos arts. 1.331, § 2º, *in fine*, § 3º, e 1.332, II, do Código Civil, quanto ao condomínio edilício. Realmente, poderá o devedor entregar um apartamento a duas pessoas, mediante a transferência de parte ideal, correspondente à metade do imóvel; *b*) se tratar de obrigação pecuniária; *c*) se referir a entrega de coisa fungível, pois se houver venda a dois negociantes de uma tela de Picasso, bem infungível, não se poderá falar em divisibilidade dessa obrigação, uma vez que o adquirente quer o quadro e não uma quota ideal dele; *d*) se tratar de obrigação genérica, compreendendo certo número de objetos da mesma espécie, igual ao dos cocredores ou dos codevedores, ou submúltiplo desse número, como, p. ex., se a obrigação fosse de dar dez automóveis a duas ou a cinco pessoas. Ter-se-á, portanto, sua divisibilidade quando a prestação puder ser fracionada, guardando os caracteres essenciais do todo. Mas será indivisível se atinar à constituição de servidões prediais, indivisíveis por disposição legal (CC, art. 1.386)[211].

A *obrigação de restituir* geralmente é indivisível. P. ex.: o comodatário tem o dever de devolver na íntegra o que foi emprestado, não podendo reter uma parte, salvo com anuência do comodante. O mesmo ocorre no contrato de mútuo e de depósito, pois o credor não pode ser forçado a receber *pro parte* o objeto que se encontrava na posse de outrem, a não ser que o permita[212].

A *obrigação de fazer*, por sua vez, poderá ser: *a*) divisível, se sua prestação constituir um ato fungível ou se relacionar com divisão do tempo, levando-se mais em conta a quantidade do que a qualidade. P. ex.: plantar 100 roseiras, pois se várias pessoas assumiram essa obrigação,

---

208. Orlando Gomes, *Introdução*, cit., p. 94. *Vide* Ramón Silva Alonso, *Derecho de las obligaciones*, cit., p. 274-5.

209. Savigny, *Obbligazioni*, cit., v. 1, p. 374; Caio M. S. Pereira, *Instituições*, cit., p. 68.

210. Serpa Lopes, op. cit., p. 114.

211. W. Barros Monteiro, op. cit., v. 4, p. 135; Silvio Rodrigues, op. cit., p. 69; Serpa Lopes, op. cit., p. 114.

212. Caio M. S. Pereira, *Instituições*, cit., p. 69; W. Barros Monteiro, op. cit., p. 135.

qualquer delas se desincumbe do convencionado plantando a parte que lhe corresponder; prestar contas de um período de dois anos; trabalhar durante três dias para determinadas pessoas; *b*) indivisível, se sua prestação consistir em serviço dotado de individualidade própria, como a pintura de um quadro, a feitura de uma estátua, pois o trabalho confiado a um especialista não pode ser cumprido com a execução de meia tarefa, tendo-se em vista que o que mais importa é a qualidade[213].

A *obrigação de não fazer*, em regra, devido ao seu conteúdo, é indivisível, pois seu inadimplemento, seja ele total ou parcial, acarreta sempre uma perda para o credor. Entretanto, poderá ser divisível se sua prestação consistir num conjunto de abstenções que não se relacionem entre si. P. ex.: se sua prestação for não caçar e não pescar, divisível será a obrigação, por poder se decompor em duas omissões independentes[214].

É preciso não olvidar que, para Savigny e Bonfante, a *obrigação alternativa* e a *genérica* são indivisíveis, pois até a concentração não se sabe exatamente qual a prestação devida, ficando em suspenso a natureza divisível ou indivisível da obrigação[215].

f.2.3. Efeitos da obrigação divisível e indivisível

A *obrigação divisível* não traz em seu bojo nenhum problema por ser um modo normal de solução da prestação e pelo fato de a multiplicidade de devedores e de credores não alterar a relação obrigacional, visto que há presunção *juris tantum* de que está repartida em tantas obrigações, iguais e distintas, quantos forem os credores ou os devedores (CC, art. 257). Trata-se da regra *concursu partes fiunt*, pela qual as partes se satisfazem pela divisão. Tal presunção é *juris tantum* porque os contraentes podem dispor que seus respectivos quinhões não sejam equivalentes. Cada um dos devedores se libera do vínculo pagando sua parte, e cada um dos credores nada mais poderá exigir, desde que receba sua quota na prestação da relação creditória, pois só pode reclamar sua fração no crédito. O credor que se recusar a receber sua quota por pretender a solução integral da relação creditória poderá ser constituído em mora. Havendo insolvência de um dos codevedores, o credor perderá a parcela do insolvente, porque se cada um deles é devedor *pro parte*, não poderá ter sua situação agravada por modificação no estado econômico do outro; logo, a insolvência de um dos codevedores não aumentará a quota dos demais. Se houver interrupção da prescrição por um dos credores, os demais não serão beneficiados com isso. O credor que perder o direito de demandar os devedores beneficiados pela prescrição poderá acionar os demais, contra os quais houve interrupção, para receber as respectivas quotas-partes. Deveras, a interrupção de prescrição por um credor não aproveita aos outros; semelhantemente, a interrupção operada contra herdeiro do codevedor solidário não prejudica aos demais (CC, art. 204, § 2º). Da mesma forma, a suspensão da prescrição em favor de um dos credores solidários só aproveita aos demais se a obrigação for indivisível (CC, art. 201). Na hipótese de extinção do débito por remissão, transação, novação, compensação ou confusão, tal

---

213. Colagrosso, op. cit., p. 220; W. Barros Monteiro, op. cit., p. 135-6; Tito Fulgêncio, op. cit., n. 184; Silvio Rodrigues, op. cit., p. 70; Serpa Lopes, op. cit., p. 114.

214. Savigny, *Obbligazioni*, cit., v. 1, § 22; Serpa Lopes, op. cit., p. 114; W. Barros Monteiro, op. cit., p. 136; Colagrosso, op. cit., p. 220; Caio M. S. Pereira, *Instituições*, cit., p. 69-70.

215. W. Barros Monteiro, op. cit., p. 136; Savigny, *Obbligazioni*, cit., v. 1, p. 431 e 433; Bonfante, *Istituzioni di diritto romano*, p. 265. Em sentido contrário: Cassatti e Russo, op. cit., p. 403.

extinção, limitado o direito do credor a receber *pro rata*, operar-se-á tão somente a cada quota-parte, subsistindo relativamente aos demais[216].

A *obrigação indivisível* produzirá os seguintes efeitos jurídicos[217]:

1º) Havendo *pluralidade de devedores: a*) cada um deles será obrigado pela dívida toda, nenhum deles poderá solvê-la *pro parte* (CC, art. 259); p. ex.: se vários indivíduos prometerem entregar a uma entidade uma peça rara, aquela poderá exigi-la de qualquer deles, pois, ante a natureza indivisível da prestação, cada devedor poderá ser compelido a satisfazê-la por inteiro; *b*) o devedor que pagar a dívida sub-rogar-se-á no direito do credor em relação aos outros coobrigados (CC, art. 259, parágrafo único), podendo cobrar, portanto, dos demais devedores as quotas-partes correspondentes e eventuais garantias reais ou fidejussórias concernentes à obrigação principal, uma vez que passará a ser o novo credor dos codevedores. Trata-se de sub-rogação legal, que permite o reembolso do devedor que solveu a obrigação por si e pelos outros coobrigados (CC, art. 346, III); contudo, esse seu direito de regresso não poderá ir além da soma desembolsada para desobrigar os demais devedores, deduzida a parcela que lhe competia (CC, art. 350). Tal ação regressiva deverá ser proposta proporcionalmente às quotas de cada devedor e não a um só dos demais coobrigados, abatida a sua parte (CC, arts. 283 e 285); *c*) o credor não pode recusar o pagamento por inteiro, feito por um dos devedores, sob pena de ser constituído em mora; *d*) a prescrição aproveita a todos os devedores, mesmo que seja reconhecida em favor de um deles. Sua suspensão ou interrupção aproveita e prejudica a todos (CC, arts. 201 e 204, § 2º; *RT, 220*:242, *231*:192); *e*) a nulidade, quanto a um dos devedores, estende-se a todos (*RT, 175*:247). O defeito do ato quanto a uma das partes se propaga às demais, não permitindo que ele subsista válido. Pelo art. 177 do Código Civil, as anulabilidades do art. 171 não têm efeito antes de julgadas por sentença, nem se pronunciam de ofício; só os interessados as podem alegar, e aproveitam exclusivamente aos que as alegarem, salvo o caso de solidariedade ou indivisibilidade; *f*) a insolvência de um dos codevedores não prejudica o credor, pois este está autorizado a demandar de qualquer deles a prestação integral, recebendo o débito todo do que escolher.

2º) Havendo *multiplicidade de credores: a*) cada credor poderá exigir, judicial ou extrajudicialmente, o débito por inteiro (CC, art. 260, *caput*); *b*) o devedor desobrigar-se-á pagando a todos conjuntamente, mas nada obsta que se desonere pagando a dívida integralmente a um dos credores, desde que autorizado pelos demais, ou que, na falta dessa autorização, dê esse credor caução de ratificação dos demais credores (CC, art. 260, I e II) em documento escri-

---

216. Clóvis Beviláqua, *Código Civil*, cit., v. 4, p. 36; R. Limongi França, Obrigação divisível e indivisível, cit., p. 344-5; Serpa Lopes, op. cit., p. 116; Caio M. S. Pereira, *Instituições*, cit., p. 71-3; Ludovico Barassi, *Teoria generale delle obbligazioni*, v. 1, n. 53, p. 161; W. Barros Monteiro, op. cit., p. 137-8; Hudelot e Metmann, op. cit., ns. 362 e 363; João Franzen de Lima, op. cit., v. 1, p. 65. Ricardo A. Gregorio (*Comentários*, cit., p. 319) apresenta o seguinte exemplo: ocorre obrigação divisível quando uma família composta de pai, mãe e dois filhos obriga-se a confeccionar cem peças de vestuário para uma loja; presumir-se-á que cada um deverá cumprir com sua parte no todo, ou seja, com vinte e cinco peças cada um. Se essa mesma família emprestar a uma pessoa vinte mil reais, essa pessoa deverá, na data do vencimento, devolver a cada um deles cinco mil reais.

217. Brugi, *Instituciones de derecho civil*, p. 283; Barassi, *Teoria*, cit., v. 1, n. 53, p. 161; Silvio Rodrigues, op. cit., p. 70-4; W. Barros Monteiro, op. cit., p. 138-43; R. Limongi França, Obrigação divisível e indivisível, cit., p. 345-6; Bassil Dower, op. cit., p. 84-7; Enneccerus, Kipp e Wolff, op. cit., § 96; Caio M. S. Pereira, *Instituições*, cit., p. 71-3; De Page, op. cit., n. 306; Serpa Lopes, op. cit., p. 115-6; Hudelot e Metmann, op. cit., n. 362; Bercovitz e Rodriguez Cano, *Las obligaciones divisibles y indivisibles*, Madrid, 1973; Renan Lotufo, *Código Civil*, cit., v. 2, p. 77. Consulte: *RT*, *570*:215, *459*:162, *449*:150, *104*:471; *JTJ* (Lex), *180*:211.

to, com as devidas firmas reconhecidas. Não havendo essa garantia, o devedor deverá, após constituí-los em mora, promover o depósito judicial da coisa devida. A caução de ratificação é uma garantia, como diz Mário Luiz Delgado Régis, oferecida pelo cocredor que recebe o pagamento de que os demais cocredores o reputam válido e não cobrarão, posteriormente, do devedor as suas quotas no crédito. Outra não poderia ser a solução legal, porque não há solidariedade na obrigação indivisível; logo, o pagamento feito a um credor não exonerará o devedor da obrigação perante os demais credores; *c*) cada cocredor terá direito de exigir em dinheiro, do que receber a prestação por inteiro, a parte que lhe caiba no total (CC, art. 261). P. ex., se "A" deve a "B", "C" e "D" um cavalo árabe no valor de R$ 600.000,00 e o entrega a "B", "B" deve dar caução para a garantia de "C" e "D", tornando-se devedor junto a "C" de R$ 200.000,00 e "D" de R$ 200.000,00.

Graficamente temos, então:

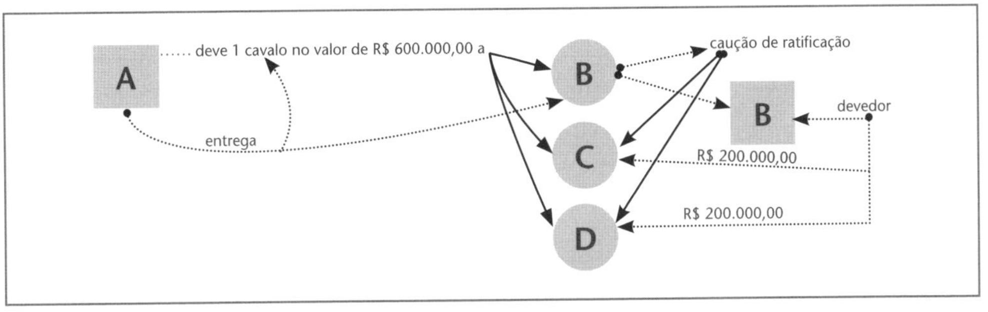

O credor, que acionou o devedor, poderá, como se vê, ficar com objeto devido, pagando em dinheiro aos demais a quota cabível a cada um. E pelo Código de Processo Civil, art. 328, aquele que, na obrigação indivisível com pluralidade de credores, não participou do processo receberá sua parte, deduzidas as despesas na proporção do seu crédito. Assim, a ação aproveitará a todos e o credor que não participou do feito receberá sua parte, desde que pague as despesas na proporção de seu crédito; *d*) a remissão da dívida por parte de um dos credores (CC, art. 262) não atingirá o direito dos demais, pois o débito não se extinguirá em relação aos outros; apenas o vínculo obrigacional sofrerá uma diminuição em sua extensão, uma vez que se desconta em dinheiro a quota do credor remitente. P. ex.: se "A" deve entregar uma joia de valor correspondente a R$ 90.000,00 a "B", "C" e "D", tendo "B" remitido o débito, "C" e "D" exigirão a joia, mas deverão indenizar "A", em dinheiro (R$ 30.000,00), da parte que "B" o perdoou.

Assim, temos:

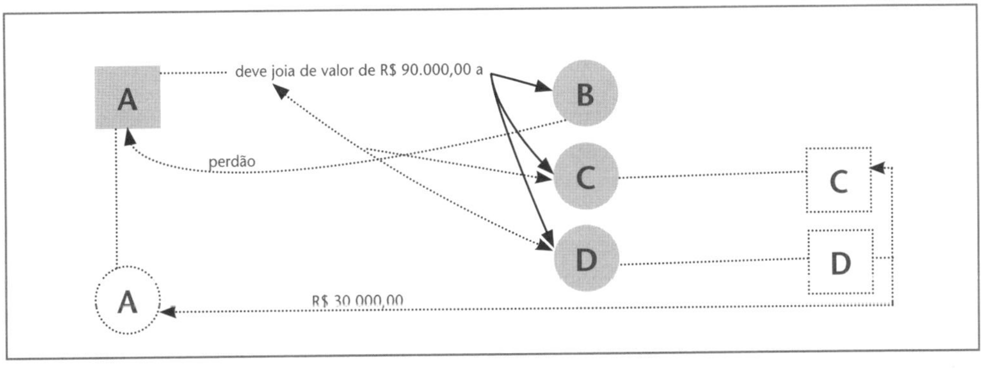

O Projeto de Lei n. 699/2011 pretende alterar a redação do art. 262 para: "Se um dos credores remitir a dívida, a obrigação não ficará extinta para com os outros; mas estes só a poderão exigir, reembolsando o devedor pela quota do credor remitente", por haver entendimento de que: "O art. 262, tal como está redigido, além de não inovar o direito anterior, repete no novo Código redação que já era criticada à luz do CC/16, como observa João Luiz Alves: 'A prestação indivisível pode ser de coisa divisível ou indivisível. No primeiro caso, pode ser descontada a quota do credor remitente; no segundo, evidentemente, não. O devedor, nesse caso, tem direito de ser indenizado do valor da parte remitida', ou seja, se o objeto da prestação for divisível, não se poderia falar em desconto. Diz Álvaro Villaça Azevedo que se o objeto da prestação for divisível, os devedores efetuarão o desconto do valor dessa cota para entregarem só o saldo aos credores não remitentes. (...) Na obrigação indivisível, como este desconto é impossível, os devedores têm de entregar o objeto todo, para se reembolsarem do valor correspondente à cota do credor, que perdoou a dívida". O Parecer Vicente Arruda aprovou, ao analisar o PL n. 6.960/2002 (atual PL n. 699/2011), a sugestão, propondo a seguinte redação para o art. 262: "Se um dos credores remitir a dívida, a obrigação não ficará extinta para com os outros; mas estes só a poderão exigir descontada a quota do credor remitente". Para tanto apresentou a seguinte justificativa: "Não há dúvida de que o artigo trata de obrigação indivisível, pois se fosse divisível, aplicar-se-ia o disposto no art. 257. Neste caso não há que se falar em descontar a cota do credor remitente, mas de reembolsar o devedor das cotas do credor remitente"; *e*) a transação (CC, arts. 840 e s.), a novação (CC, arts. 360 e s.), a compensação (CC, arts. 368 e s.) e a confusão (CC, arts. 381 e s.), em relação a um dos credores, pelo parágrafo único do art. 262 do Código Civil, não operam a extinção do débito para com os outros cocredores, que só o poderão exigir, descontada a quota daquele; *f*) a anulabilidade quanto a um dos cocredores estende-se a todos (CC, art. 177).

f.2.4. Perda da indivisibilidade

Se a obrigação é indivisível em razão da natureza de sua prestação, que é indivisível por motivo material, legal, convencional ou judicial, enquanto perdurar a indivisibilidade, não desaparecendo a causa que lhe deu origem, subsistirá tal relação obrigacional. Desse modo, desaparecido o motivo da indivisibilidade, não mais sobreviverá a obrigação. Assim, p. ex., a indivisibilidade contratual pode cessar se a mesma vontade que a instituiu a destruir.

Os devedores de uma prestação indivisível convertida no seu equivalente pecuniário passarão a dever, cada um deles, a sua quota-parte, pois a obrigação se torna divisível, ao se resolver em perdas e danos (CC, art. 263). O inadimplemento da obrigação converte-a em perdas e danos, dando lugar à indenização, em dinheiro, dos prejuízos causados ao credor. Se apenas um dos devedores foi culpado pela inadimplência, só ele responderá pelas perdas e danos, exonerando-se os demais, que apenas pagarão o equivalente em dinheiro da prestação devida. Nesse sentido, o CJF aprovou, na VI Jornada de Direito Civil, o Enunciado 540: "Havendo perecimento do objeto da prestação indivisível por culpa de apenas um dos devedores, todos respondem, de maneira divisível, pelo equivalente e só o culpado, pelas perdas e danos"; mas se a culpa for de todos, todos responderão por partes iguais, dividindo-se *pro rata* o *quantum* devido (CC, art. 263, §§ 1º e 2º). Quanto à cláusula penal, diversa será a solução, pois na obrigação indivisível se um só codevedor for culpado, todos os demais incorrerão na pena. Entretanto, ela só poderá ser demandada, por inteiro, do culpado, visto que em relação aos demais a responsabilidade é dividida proporcionalmente à quota de cada um, ficando-lhes reservada a ação regressiva contra o que deu causa à aplicação da pena (CC, art. 414, parágrafo único). Mas se o objeto da pena for indivisível, todos os coobrigados dela serão devedores integralmente[218].

f.3. Obrigação solidária

f.3.1. Conceito, caracteres e espécies de obrigação solidária

Obrigação solidária é aquela em que, havendo multiplicidade de credores ou de devedores, ou de uns e outros, cada credor terá direito à totalidade da prestação, como se fosse o único credor, ou cada devedor estará obrigado pelo débito todo, como se fosse o único devedor (CC, art. 264)[219]. Percebe-se, então, que o credor poderá exigir de qualquer codevedor a dívida por inteiro, e o adimplemento da prestação por um dos devedores liberará a todos ante o credor comum (CC, art. 275). P. ex.: se "A" e "B" causarem danos no prédio de "C", no valor de R$ 100.000,00, como a obrigação é solidária, em razão do disposto no Código Civil, art. 942, "C" poderá exigir de um só deles – de "B", p. ex. – o pagamento integral daquela quantia. Assim, se "B" pagar a indenização por inteiro, "A" ficará exonerado perante "C"[220].

Várias são as relações obrigacionais que se acham reunidas na obrigação solidária; cada devedor, porém, passará a responder não só pela sua quota como também pelas dos demais, e se vier a cumprir, por inteiro, a prestação, poderá recobrar dos outros as respectivas partes; o credor, por sua vez, que receber o pagamento responderá, perante os demais, pelas quotas de cada um. Dessa maneira, na solidariedade não se tem uma única obrigação, mas tantas obrigações quantos forem os titulares[221]. A solidariedade tem por escopo estabelecer o tratamento da pluralidade pela unicidade, ou seja, unificar o múltiplo[222]. Nela há, como dizem Carlos Alberto Bittar Filho e Marcia S. Bittar, *multiplicidade unificada*. Deveras, pontifica Orlando Gomes[223] que a obrigação solidária se caracteriza pela coincidência de interesses, para satisfação dos quais se correlacionam os vínculos constituídos. Na solidariedade devedores e credores se unem para conseguir o mesmo fim. Na obrigação solidária haverá tantas relações obrigacionais quantos forem os credores ou devedores, unidos pelo fim comum, pela unici-

---

218. Sobre o tema, *vide* Caio M. S. Pereira, *Instituições*, cit., p. 73-4; Serpa Lopes, op. cit., p. 116-7; Orlando Gomes, *Introdução*, cit., p. 95; W. Barros Monteiro, op. cit., p. 142-3.

219. Regina Gondim, *Natureza jurídica da solidariedade*, Rio de Janeiro, 1958; Caio M. S. Pereira, *Instituições*, cit., p. 75; W. Barros Monteiro, op. cit., p. 145; Romolo Tosetto, Solidarietà, in *Nuovo Digesto Italiano*, v. 12, 1ª parte; M. Jean Vincent, L'extension en jurisprudence de la notion de solidarité passive, *Revue Trimestrielle de Droit Civil*, p. 601 e s., 1939; Pezzella, *L'obbligazione in solido nei riguardi dei creditore*, Milano, 1934; R. Limongi França, Obrigação solidária, in *Enciclopédia Saraiva do Direito*, v. 55, p. 374; Ramón Silva Alonso, *Derecho de las obligaciones*, cit., p. 279-94; Décio Ferraz Alvim, Obrigações solidárias, *RT*, *248*:18; Amable Lopes Soto, *Da solidariedade nas obrigações sob a ótica do novo Código Civil*, dissertação apresentada na PUCSP, 2003; Marco Ticozzi, *Le obbligazione solidali*, Padova, Cedam, 2001; José Maria da Costa, As obrigações solidárias, *O novo Código Civil – estudos em homenagem a Miguel Reale*, São Paulo, LTr, 2003, p. 238 a 312; Pedro Augusto de Jesus, Notas sobre a eficácia da sentença e da coisa julgada na tutela de obrigações solidárias, *Revista de Direito Privado*, n. 116, p. 147 a 180, 2023.

220. *Vide* Antunes Varela, op. cit., p. 299; Código Civil, arts. 333, parágrafo único; Código de Processo Civil, art. 130; *RT*, *668*:107, *670*:117, *703*:205, *719*:143, *720*:180, *745*:312; *794*:375; *RSTJ*, *201*:319; *RJTJSP*, *162*:66, *152*:134; *JTACSP*, *142*:38; *RJ*, *178*:100, *163*:94, *159*:81, *142*:96, *135*:138.

221. Cunha Gonçalves, op. cit., v. 4, p. 625.

222. Serpa Lopes, op. cit., p. 118; Carlos Alberto Bittar Filho e Marcia S. Bittar, *Novo Código Civil*, São Paulo, IOB – Thomson, 2005, com. ao art. 264.

223. Orlando Gomes, *Introdução*, cit., p. 75.

dade ou identidade do objeto ou da prestação. Na solidariedade há um feixe de obrigações oriundas da mesma fonte, com igual conteúdo, apresentando, ainda, comunidade de fim[224].

Infere-se do expendido que quatro são os *caracteres* da obrigação solidária[225]: *a*) *pluralidade de sujeitos ativos* ou *passivos*, pois é imprescindível a concorrência de mais de um credor ou de mais de um devedor ou de vários credores e vários devedores simultaneamente; *b*) *multiplicidade de vínculos*, sendo distinto ou independente o que une o credor a cada um dos codevedores solidários e vice-versa; *c*) *unidade de prestação*, visto que cada devedor responde pelo débito todo e cada credor pode exigi-lo por inteiro. Embora se tenha mais de um devedor ou mais de um credor, qualquer deles, para exigibilidade da dívida ou para efeitos de responsabilidade, representa a totalidade ativa ou passiva; o adimplemento da prestação por um codevedor importa a quitação dos outros, e a quitação dada por qualquer um dos credores tornar-se-á oponível aos demais cocredores. A unidade de prestação não permite que esta se realize por mais de uma vez; se isto ocorrer, ter-se-á repetição (CC, art. 876). A solidariedade é, pois, incompatível com o fracionamento do objeto da relação obrigacional; logo, se cada devedor estiver obrigado a uma prestação autônoma ou a uma fração da dívida, e se cada credor tiver direito de exigir apenas uma parcela do débito, não se terá obrigação solidária, uma vez que a relação creditória só se extinguiria pagando o devedor a cada credor a parte respectiva; *d*) *corresponsabilidade dos interessados*, já que o pagamento da prestação efetuado por um dos devedores extingue a obrigação dos demais, embora o que tenha pago possa reaver dos outros as quotas de cada um; e o recebimento por parte de um dos cocredores extingue o direito dos demais, embora o que o tenha embolsado fique obrigado, perante os demais, pelas parcelas de cada um.

Em atenção à pluralidade subjetiva, que se apresenta na solidariedade, ter-se-ão três *espécies* de obrigação solidária[226]:

a) a *ativa*, se houver multiplicidade de credores, que, em tese, só têm direito a uma quota da prestação, mas, em razão da solidariedade, podem reclamá-la por inteiro do devedor comum. Efetuado o pagamento da prestação, o credor que a recebeu, retendo sua parte, entregará aos

---

224. Enneccerus, Kipp e Wolff, op. cit., p. 437-8. Sobre o problema do pluralismo e do monismo conceitual da obrigação solidária, *vide* Serpa Lopes, op. cit., p. 119-30; Bonfante, Il concetto unitario della solidarietà, *Rivista di Diritto Commerciale*, 1ª parte, p. 685-705, 1916; Dernburg, op. cit., § 71; Crome, *Teorie fondamentali delle obbligazione nel diritto francese*, trad. Ascoli e Cameo, § 19, p. 212-38; Ruggiero e Maroi, op. cit., v. 2, p. 49.

225. Salvat, *Obligaciones*, n. 881; Caio M. S. Pereira, *Instituições*, cit., p. 76; W. Barros Monteiro, op. cit., p. 156-7; Bassil Dower, op. cit., p. 92; Serpa Lopes, op. cit., p. 118-9; Brugi, op. cit., p. 276.

226. Silvio Rodrigues, op. cit., p. 76-7, 80 e 86; W. Barros Monteiro, op. cit., p. 155-6 e 165; R. Limongi França, Obrigação solidária, cit., p. 375; Bassil Dower, op. cit., p. 93-4; Ibarguren, *Las obligaciones y el contrato*, p. 63; Van der Made, op. cit., n. 137. A obrigação solidária não se confunde com a *in solidum*, na qual há vários devedores, ligados ao credor por vínculos diferentes, oriundos do mesmo fato. P. ex.: "A" empresta seu carro a "B", que dirigindo, sem habilitação, atropela "C". "A" (culpado indireto) e "B" (culpado direto) deverão reparar o dano a "C" (lesado), sem que haja solidariedade entre eles (Pablo Stolze Gagliano e Rodolfo Pamplona Filho, *Novo curso de direito civil*, São Paulo, Saraiva, 2003, v. 2, p. 77); prédio segurado contra incêndio pega fogo por culpa de terceiro. A seguradora responderá no limite do contrato de seguro e o autor do sinistro (lesante), pela totalidade. A vítima poderá acionar qualquer um deles, apesar de não haver solidariedade (Guillermo A. Borda, *Manual de obligaciones*, Buenos Aires, 1981, p. 242). Na obrigação *in solidum* duas ou mais pessoas respondem perante o credor pela totalidade do débito, sem que estejam ligadas por solidariedade. Decorre da natureza da convenção ou do fato que lhe deu origem. O ato praticado por um devedor a ele se restringirá, não podendo prejudicar nem beneficiar o outro. Após o pagamento por um deles não haverá direito de regresso.

demais as quotas de cada um. A solidariedade ativa facilita a liquidação do débito e a extinção da obrigação, pois o devedor se libera do vínculo pagando a qualquer cocredor, enquanto este continua vinculado, até que reembolse de suas quotas os demais credores solidários. Daí sua inconveniência, pois o credor que recebe o pagamento de todo o débito pode tornar-se insolvente ou apropriar-se da prestação, não repondo aos cocredores as partes de cada um. Além disso, uma vez estabelecida a solidariedade, os credores não poderão, unilateralmente, arrepender-se ou revogá-la, o que só será possível se houver acordo de todos os cocredores. Bem mais vantajosa do que essa espécie de solidariedade será a outorga de mandato entre os credores, porque este poderá ser revogado a qualquer tempo (CC, art. 682, I). Apesar do mandatário também poder ser infiel, consumindo a prestação recebida, o risco é bem menor, pois o representado não se exporá tanto como na solidariedade;

b) a *passiva* quando, havendo vários devedores, o credor estiver autorizado a exigir e a receber de um deles a dívida toda; desse modo, fica afastado o princípio *concursu partes fiunt*, pois cada codevedor pode ser compelido a pagar todo o débito, apesar de ser, em tese, devedor apenas de sua quota-parte. Claro está que, se vários devedores respondem pela integral solução do débito, a garantia do adimplemento é muito maior, fortalecendo-se a posição dos cocredores, e facilitando-se sobremaneira os negócios. Deveras, o credor passa a ter o direito subjetivo de acionar um dos devedores solidários, escolhendo, se o quiser, o de maior idoneidade financeira ou o que tiver patrimônio suficiente para responder pelo débito;

c) a *recíproca* ou *mista*, se houver pluralidade subjetiva ativa e passiva simultaneamente, isto é, presença concomitante de credores e devedores.

As obrigações solidárias (ativa, passiva ou mista) submetem-se a normas comuns, tais como: *a*) a solidariedade só se opera nas relações externas, ou seja, nas relações estabelecidas entre cocredores e devedor, entre codevedores e credor e entre cocredores e devedores solidários. Não há qualquer solidariedade em suas relações internas, isto é, entre os credores e entre os devedores, ou melhor, entre sujeitos que estejam na mesma posição. Logo, nas relações externas cada cocredor poderá exigir do devedor o adimplemento da prestação por inteiro ou cada devedor pode ser compelido a pagar a dívida toda. Já na relação interna as obrigações se dividem entre os vários sujeitos, de maneira que o devedor que cumpriu a prestação passa a ter o direito de exigir de cada coobrigado a sua quota, pois tem direito regressivo contra eles para haver o que desembolsou, e o cocredor que recebeu o pagamento integral da prestação terá de pagar aos demais a parcela que lhes cabe; *b*) o pagamento feito ou recebido por um dos sujeitos extingue a relação obrigacional[227].

f.3.2. Princípios comuns à solidariedade

Constituem *princípios* comuns às obrigações solidárias[228]:

1º) *O da variabilidade do modo de ser da obrigação na solidariedade*, pois não é incompatível com sua natureza jurídica a possibilidade de estipulá-la como condicional ou a prazo,

227. Orlando Gomes, *Introdução*, cit., p. 76.

228. Sobre tais princípios, *vide* Serpa Lopes, op. cit., p. 133-7; R. Limongi França, Obrigação solidária, cit., p. 375-6; Caio M. S. Pereira, *Instituições*, cit., p. 76-7; W. Barros Monteiro, op. cit., p. 158 e 162-3; Orlando Gomes, *Introdução*, cit., p. 80; Bassil Dower, op. cit., p. 98; Demolombe, op. cit., t. 26, n. 217; Pacchioni, *Obbligazioni e contratti*, p. 46 e s.; Enneccerus, Kipp e Wolff, op. cit., v. 1, § 90, p. 437, nota 10.

"A solidariedade admite outras disposições de conteúdo particular além do rol previsto no art. 266 do Código Civil" (Enunciado n. 347 do Conselho da Justiça Federal, aprovado na IV Jornada de Direito Civil).

ou pagável em lugar diferente, para um dos cocredores ou codevedores, e pura e simples para outro (CC, art. 266), desde que estabelecido no título originário. Isto é assim porque a solidariedade diz respeito à prestação e não ao modo pelo qual é devida.

Assim, o codevedor condicional não pode ser demandado senão depois da ocorrência do evento futuro e incerto, e o devedor solidário puro e simples somente poderá reclamar o reembolso do codevedor condicional se ocorrer a condição. Como se vê, não há prejuízo algum à solidariedade, visto que o credor pode cobrar a dívida do devedor cuja prestação contenha número menor de óbices, ou seja, reclamar o débito todo do devedor não atingido pelas cláusulas apostas na obrigação. Se a condição ou termo for pactuada após o estabelecimento da obrigação solidária por um dos codevedores, este fato não poderá agravar a posição dos demais, sem consentimento destes (CC, art. 278). Se não houver anuência dos demais, apenas o que se vinculou a tal ajuste é que arcará com as consequências; p. ex.: se somente um deles concordou com o vencimento antecipado da obrigação, só a ele incidirá o novo termo final. Igualmente, a obrigação solidária poderá ser válida para um e nula para outro. Um dos obrigados poderá responder pela evicção e o outro não. A solidariedade pode provir para um dos coobrigados de culpa contratual e para outro de culpa extracontratual, caso em que se tem diversidade de causa (*RF, 124*:123; Súmula 187 do STF). O prazo prescricional pode variar para os diferentes coobrigados. Isto é assim porque na obrigação solidária há pluralidade de vínculos unidos por artifício, como pudemos apontar alhures.

2º) *O da não presunção da solidariedade* (CC, art. 265), pois nosso ordenamento jurídico-civil não admite a solidariedade presumida, resultando ela de lei (Lei n. 8.245/91, art. 2º; CC, arts. 942, 585, 680, 867 e parágrafo único) ou da vontade das partes (*RT, 155*:706, *181*:198, *641*:221, *719*:143; *JTA, 178*:267; *RF, 97*:121, *187*:249), por importar um agravamento da responsabilidade dos devedores, que passarão a ser obrigados ao pagamento total. Desse modo, os vários credores ou devedores se encontram unidos ou por força de dispositivo legal ou por ato de vontade para a consecução de um fim comum, e suas obrigações e seus débitos constituem um meio para a obtenção desse objetivo. Se a lei não a impuser ou o contrato não a estipular, não se terá solidariedade.

Se não houver menção expressa no título constitutivo da obrigação ou se a lei for omissa, prevalecerá presunção contrária à solidariedade. Baseada nesse teor de ideias, a jurisprudência entendeu que: *a*) não induz solidariedade parentesco próximo dos codevedores (*RT, 155*:706); *b*) não há solidariedade, se ela não estiver expressa em lei ou convencionada por um ato de vontade (*RF, 109*:465); *c*) se houver obrigação assumida por sócios ou condôminos, presumir-se-á que cada um contraiu obrigação proporcional ao seu quinhão (CC, arts. 1.317; *RT, 180*:216); *d*) não há solidariedade só porque se trata de obrigação assumida na mesma ocasião (*RT, 92*:444); *e*) o prefeito não responderá solidariamente com o tesoureiro pelo desfalque que este deu à municipalidade (*DJE*, 24 mar. 1942, proc. n. 15.155)[229].

---

229. Esta é a lição de W. Barros Monteiro, op. cit., p. 159-60; Gustavo Tepedino e outros, *Código*, cit., v. 1, p. 547. Pelo Enunciado n. 22 do CJF, aprovado na 1ª Jornada de Direito Comercial: "não se presume solidariedade passiva (art. 265 do Código Civil) pelo simples fato de duas ou mais pessoas jurídicas integrarem o mesmo grupo econômico".
Há solidariedade convencional, p. ex., em contrato de abertura de conta corrente conjunta e no depósito bancário conjunto pactuado para aluguel de cofre (STJ, 4ª T., REsp 13.680, rel. Min. Athos Gusmão Carneiro, j. 15-9-1992; *TJRJ*, 6ª Câm. Civ., Ap. Cív. 200.200.111.132, rel. Des. Elisabete Filizzola, j. 10-9-2002; *TJRJ*, 11ª Câm. Civ., Ap. Cív. 199.900.114.670, rel. Des. Celia Meliga Pessoa, j. 21-10-1999; *TJDF*, 1ª T., Ag. Inst. 645.596, rel. Des. José Hilário de Vasconcelos, *DJ*, 14-8-1996).

f.3.3. Fontes da obrigação solidária

Como no direito civil só se admite a solidariedade se for determinada por disposição legal e se estiver expressamente manifestada pelas partes (*RT, 459*:162), a obrigação solidária será[230]:

1º) *Legal*, se provier de comando normativo expresso, sem, contudo, se afastar a possibilidade de sua aplicação analógica, quando as circunstâncias o impuserem inevitavelmente. P. ex.: *a*) o art. 154 do Código Civil, ao prescrever que, no caso de coação exercida por terceiro, pelas perdas e danos responderá solidariamente com este a parte a quem aproveita, se tiver tido prévio conhecimento; *b*) o art. 1.460 do Código Civil, ao mencionar que há solidariedade entre o credor caucionante e o devedor que dele aceita quitação, embora sabendo que está caucionado seu título de crédito; *c*) o art. 585 do Código Civil, ao determinar que no comodato, havendo mais de um comodatário de uma coisa, ficarão eles solidariamente responsáveis para com o comodante; *d*) o art. 672 do Código Civil, ao estabelecer que, sendo dois ou mais mandatários nomeados no mesmo instrumento, entender-se-á que são sucessivos, se não forem expressamente declarados conjuntos, nem especificadamente designados para atos diferentes; *e*) o art. 680 do Código Civil, ao estatuir que se o mandato for outorgado por duas ou mais pessoas, e para negócio comum, cada uma ficará solidariamente responsável ao mandatário por todos os compromissos e efeitos do mandato, salvo direito regressivo, pelas quantias que pagar, contra os outros mandantes (*RT, 355*:174); *f*) o art. 867, parágrafo único, do Código Civil, ao rezar que havendo mais de um gestor serão eles responsáveis solidariamente pelas faltas do substituto, se se fizerem substituir por outrem, ainda que seja pessoa idônea; *g*) o art. 829 do Código Civil, ao prescrever que a fiança conjuntamente prestada a um só débito por mais de uma pessoa importa o compromisso de solidariedade entre elas, se declaradamente não se reservaram o benefício da divisão (*RT, 457*:146, *456*:132, *487*:163); *h*) o art. 942, parágrafo único, do Código Civil, ao estabelecer que no caso de reparação de dano causado pela ofensa ou violação do direito de outrem, tendo mais de um autor a ofensa, todos responderão solidariamente pela reparação, bem como os cúmplices e as pessoas designadas no art. 932 (*RT, 397*:150, *396*:252, *443*:136, *474*:72, *485*:94, *486*:77, *486*:92); *i*) o art. 1.986 do Código Civil, ao impor que "havendo simultaneamente mais de um testamenteiro, que tenha aceitado o cargo, poderá cada qual exercê-lo, em falta dos outros; mas todos ficam solidariamente obrigados a dar conta dos bens que lhes forem confiados, salvo se cada um tiver, pelo testamento, funções distintas, e a elas se limitar"; *j*) o art. 2º da Lei n. 8.245/91, ao prescrever que havendo mais de um locador ou mais de um locatário, entende-se que são solidários, se o contrário não se estipulou; *k*) o art. 13, § 1º, do Decreto-lei n. 58/37, que impunha solidariedade, no caso de trespasse de contrato, entre cedentes e cessionados, nos direitos e obrigações contratuais, na falta de consentimento do proprietário[231].

---

230. A respeito das fontes da solidariedade, *vide* Silvio Rodrigues, op. cit., p. 81-5; Jefferson Daibert, *Das obrigações;* parte geral, p. 122; Pothier, op. cit., n. 258; Orlando Gomes, *Introdução*, cit., p. 77; W. Barros Monteiro, op. cit., p. 174-7; De Page, op. cit., v. 3, 2ª parte, p. 280; Trabucchi, op. cit., p. 495; Serpa Lopes, op. cit., p. 137-9.

231. O Decreto-lei n. 58/37 foi revogado pela Lei n. 6.766/79 apenas naquilo que é incompatível a ela. Impõem, ainda, a solidariedade passiva, dentre outros: *a*) a Lei n. 492/37, arts. 16, § 1º, 25, § 3º, 28, § 2º; *b*) o Decreto-lei n. 1.344/39, art. 23; *c*) a Lei n. 5.172/66, arts. 124 e 125; *d*) a Lei n. 6.404/76, arts. 99, 158, § 5º, 165, § 3º; *e*) o Código Comercial, arts. 477, 494, 600, 654 e 668; *f*) a Lei de Falências (Lei n. 11.101/2005), arts. 77 e 127; *g*) Decreto n. 2.044, de 1908, art. 43; *h*) o Decreto-lei n. 9.328/46, art. 1º, que foi revogado pela Lei n. 6.024/74, que em seu art. 40 prevê a solidariedade passiva dos administradores de instituições financeiras pelas obrigações por elas assumidas; *i*) o Decreto-lei n. 5.956/43; *j*) o Decreto n. 2.681/12, art. 18; *k*) o Decreto-lei n. 2.032/40, art. 11; *l*) o Decreto-lei n.

Todas essas hipóteses são de solidariedade passiva, pois nosso ordenamento jurídico não conhece casos, ensina-nos Washington de Barros Monteiro[232], de solidariedade ativa *ex lege*, salvo o do art. 12 da Lei n. 209/48, que assim dispõe: "O débito ajustado constituir-se-á à base de garantias reais ou fidejussórias existentes e se pagará, anualmente, pena de vencimento, em prestações iguais, aos credores em solidariedade ativa, rateadas em proporção ao crédito de cada um".

2º) *Convencional*[233], se decorrer da vontade das partes pactuada em contrato (p. ex., no de abertura de conta corrente conjunta) ou em negócio jurídico unilateral, como, p. ex., em disposição testamentária, uma vez que, se o que se exige é a existência de anuência das partes, nada obsta que a solidariedade advenha desse ato unilateral, pois ele pressupõe a aceitação do herdeiro testamentário ou do legatário. Desse modo, nada impede que o testador, num legado de alimentos, imponha a responsabilidade solidária dos onerados. Entretanto, será imprescindível que não haja dúvidas quanto à intenção dos contraentes em impor solidariedade, pois em caso de dúvida presumir-se-á a inexistência de solidariedade. Não é, portanto, necessário o uso de palavras sacramentais ou solenes (CC, art. 107; *RT, 184*:104, *217*:275; *RF, 67*:532); basta que a instituição da solidariedade resulte de expressões equivalentes, como *por*

2.063/40, arts. 163, § 1º, 180; *m*) a Consolidação das Leis do Trabalho, arts. 2º, § 2º, 263 (revogado pela Lei n. 8.630/93) e 790 e § 1º; *n*) a Lei n. 4.505/64 (revogada pelo art. 15 da Lei n. 5.143/66), art. 5º; *o*) o Código Civil, arts. 149, 271, 383, 388, 518, 698, 756, 914, § 1º, 993, parágrafo único, 1.003, parágrafo único, 1.012, 1.016, 1.052, 1.055, § 1º, 1.091, § 1º, 1.146, 1.173, parágrafo único, 1.643, 1.644, 1.752 e § 2º etc. Sobre essas disposições legais, *vide* W. Barros Monteiro, op. cit., p. 176-7. O art. 22, § 2º, do Decreto-lei n. 25/37, artigo revogado pela Lei n. 13.105, de 16-3-2015 (atual CPC), protegia o patrimônio histórico e artístico nacional, ao determinar que eram solidariamente responsáveis pela multa imposta por autoridade competente o transmitente e o adquirente do bem tombado e alienado, sem que se assegurasse à pessoa jurídica de direito público interno seu direito de preferência.

232. W. Barros Monteiro, op. cit., p. 160-2; Planiol e Ripert, *Traité pratique de droit civil français*, 1954, t. 7, n. 1.060, p. 415. O Código Civil italiano admite duas hipóteses de solidariedade ativa *ex lege*: *a*) conta corrente bancária em nome de duas ou mais pessoas com o direito de operarem separadamente (art. 1.854); e *b*) serviço bancário das caixas de segurança (art. 1.839).

233. Giorgi, op. cit., n. 127; Orlando Gomes, *Introdução,* cit., p. 77; De Page, op. cit., v. 3, n. 314; Serpa Lopes, op. cit., p. 138; W. Barros Monteiro, op. cit., p. 161-2. A variedade de fontes da solidariedade levou alguns autores (Keller e Ribbentrop) a distinguir: *a*) *solidariedade perfeita* ou *correalidade*, se resultasse da vontade dos coobrigados por contrato ou testamento, sendo que a responsabilidade do pagamento se individualizava num dos devedores por efeito da litiscontestação, já que se há uma única obrigação com vários sujeitos, nada mais natural que a litiscontestação opere contra todos. Nela, se os corréus tivessem tido intenção de outorgar-se mutuamente mandato recíproco, qualquer deles poderia representar os demais perante a outra parte; *b*) *solidariedade simples* ou *imperfeita,* se oriunda de lei; havendo multiplicidade de obrigações e um mesmo objeto, claro está que a litiscontestação, extinguindo uma das relações obrigacionais, não atingirá as demais. Cada coobrigado deverá satisfazer a prestação na sua integralidade, sem que haja vínculo que lhe atribua a qualidade de representante dos demais (Ribbentrop, *Zur Lehre von den Correalobligationem,* 1831; Planiol, op. cit., v. 2, n. 753; De Page, op. cit., v. 3, 4ª parte, p. 289; Savigny, *Obbligazioni,* cit., v. 1, §§ 17-27; Windscheid, *Pandette,* v. 2, §§ 292 e s.; Lacerda de Almeida, *Obrigações,* cit., §§ 7 a 11; Binder, *Die Correalobligationem im römischen und im heutigen Recht*, 1899; Von Helmolt, *Die Correalobligationem,* 1857). Sem embargo desse entendimento, a maioria dos civilistas acertadamente verificou que solidariedade e correalidade não contêm naturezas diversas de relação obrigacional, mas aspectos da mesma figura; sua estrutura, efeitos, disciplina legal e princípios são os mesmos, de modo que nenhum valor científico tem tal distinção, por demais arbitrária e inútil, não encontrando o menor amparo nas legislações, na tradição jurídica e nos fatos (Orlando Gomes, *Introdução,* cit., p. 78-80; W. Barros Monteiro, Correalidade, in *Enciclopédia Saraiva do Direito,* v. 20, p. 476-8; Bonfante, Il concetto unitario della solidarietà, cit., 1ª parte, p. 685-705; Giorgi, op. cit., v. 1, ns. 182 e s.; Pacchioni, *Delle obbligazioni in generale,* v. 1, p. 319 e s., e outros).

inteiro, pelo todo, "pro indiviso", cada um ou todos, um por todos, todos por um etc. É preciso lembrar, ainda, que a solidariedade pode ser estabelecida juntamente com a obrigação a que adere ou, então, posteriormente, por ato autônomo ou separado, desde que se identifique com a obrigação originária.

f.3.4. Distinção entre obrigação solidária e obrigação indivisível

Tanto na solidariedade como na indivisibilidade, ante a pluralidade subjetiva, cada credor pode exigir a dívida inteira e cada devedor estará obrigado pelo débito todo. O credor que receber responderá pela parte dos demais e o devedor que pagar terá direito de regresso contra os outros. Apesar desses pontos de contacto, há nítidas *diferenças* entre ambas[234], pois:

a) a fonte da *solidariedade* é o próprio título em razão do qual as partes estão obrigadas; daí sua índole subjetiva, visto que reside nas próprias pessoas e é oriunda de lei ou de negócio jurídico (CC, art. 265), com o escopo de facilitar o adimplemento da relação obrigacional, e a da *indivisibilidade* é, em regra, a natureza da prestação, que não comporta execução fracionada, donde se infere sua feição objetiva, uma vez que visa assegurar a unidade da prestação;

b) a *solidariedade* se extingue com o falecimento de um dos cocredores e de um dos codevedores, já que pelo Código Civil, art. 270, morrendo um dos credores solidários, deixando herdeiros, cada um destes só terá direito a exigir e receber a quota do crédito que corresponder ao seu quinhão hereditário, exceto se a obrigação for indivisível, e, pelo art. 276, falecendo um dos codevedores, deixando herdeiros, cada um destes não será obrigado a pagar senão a quota que corresponder ao seu quinhão hereditário, salvo se a obrigação for indivisível; mas todos reunidos serão considerados, por ficção legal, como um só devedor solidário em relação aos demais codevedores; já na *indivisibilidade* o óbito de um dos cocredores ou de um dos codevedores não tem o condão de alterar a situação jurídica; logo, a obrigação indivisível continuará como tal, havendo transmissão hereditária, pois o herdeiro do cocredor poderá exigir o débito por inteiro;

---

234. Crome, *Teoria*, cit., p. 238; Serpa Lopes, op. cit., p. 130-2; De Page, op. cit., v. 3, n. 295; W. Barros Monteiro, *Curso*, cit., p. 138-40; Ruggiero e Maroi, op. cit., § 126, p. 19; Caio M. S. Pereira, *Instituições*, cit., p. 74-5; Allara, op. cit., p. 733; Colagrosso, op. cit., p. 221-2; Barassi, *Teoria*, cit., p. 383. Pondera Castán Tobeñas (*Derecho civil español, común y foral*, Madrid, Reus, 1969, t. 3, p. 149): "*Diferencias entre la indivisibilidad y la solidaridad. La obligación indivisible, cuando hay pluralidad de acreedores o deudores, tiene muchos puntos de contacto con la obligación solidaria. La solidaridad y la indivisibilidad, como dice Giorgi, son las dos excepciones a la regla 'concursu partes fiunt', que caracteriza a las obligaciones mancomunadas. Sin embargo, no deben confundirse una y otra de aquellas obligaciones, pues se diferencian por su naturaleza y por sus efectos. La indivisibilidad se funda en la naturaleza de la prestación; la solidaridad, en el vínculo mismo de la obligación. Por esto decía Dumoulin que la solidaridad procedía 'ex obligatione', mientras que la indivisibilidad provenía ex necesitate (de la imposibilidad de dividir el cumplimiento de la obligación). De este principio se deduce la diferencia importante de que la indivisibilidad cesa cuando, por incumplimiento de la obligación, se transforma en la de daños y perjuicios, mientras que la solidaridad no se extingue por esa transformación.*

En los Códigos más modernos que el nuestro se observa cierta tendencia a equiparar la obligación indivisible a la solidaria (véase el § 431 del Código alemán y el artículo 1.317 del Código italiano de 1941)".

Observa Mário Luiz Delgado Régis (*Código Civil*, cit., p. 226) que: "também não se confunda solidariedade com subsidiariedade. Na obrigação solidária, o credor pode exigir a dívida, indistintamente, de qualquer dos devedores. Na obrigação subsidiária, o credor só pode exigir do devedor subsidiário depois de acionar o devedor principal. Exemplo de obrigação subsidiária é a dos sócios da sociedade simples em relação aos débitos da sociedade (art. 1.024). Mesmo possuindo responsabilidade ilimitada, os sócios só responderão, com seus bens pessoais, por débitos da sociedade, depois de excutidos os bens da empresa".

c) a *solidariedade* perdurará, mesmo que a obrigação se converta em perdas e danos (CC, art. 271); em caso de seu inadimplemento, subsistindo, para todos os efeitos, em proveito dos cocredores, até mesmo no que concerne aos juros (CC, arts. 405 e 407) e às demais obrigações acessórias que porventura houver, e, se se tratar de obrigação solidária passiva, havendo descumprimento da prestação por culpa de um dos devedores, os demais não ficarão liberados da responsabilidade de pagar o equivalente, embora pelas perdas e danos só responda o culpado (CC, art. 279); tal, porém, não ocorrerá com a *indivisibilidade,* que cessará se houver tal transformação (CC, art. 263); passando a ter natureza pecuniária, tornar-se-á uma obrigação divisível, uma vez que o seu pagamento consistirá numa soma em dinheiro;

d) na *obrigação solidária,* havendo inadimplemento, todos os codevedores responderão pelos juros moratórios, mesmo que a ação tenha sido proposta apenas contra um deles, embora o culpado tenha de responder aos outros pela obrigação acrescida (CC, art. 280); na *obrigação indivisível,* sendo a culpa de um só dos devedores, os outros, pelo Código Civil, art. 263, § 2º, ficarão exonerados, respondendo só aquele pelas perdas e danos;

e) na *solidariedade,* a interrupção da prescrição aberta por um dos credores aproveitará aos demais, assim como a interrupção efetuada contra o devedor solidário envolverá os outros e seus herdeiros (CC, art. 204, § 1º) e a suspensão da prescrição em favor de um dos credores solidários só aproveitará aos demais se a prestação for indivisível (CC, art. 201); na *indivisibilidade,* a interrupção da prescrição por um credor não aproveitará aos demais; semelhantemente, a interrupção operada contra o codevedor ou seu herdeiro não prejudica os demais coobrigados (CC, art. 204, § 2º).

f.3.5. Solidariedade ativa

f.3.5.1. Definição

A solidariedade ativa é a relação jurídica entre vários credores de uma obrigação, em que cada credor tem o direito de exigir do devedor a realização da prestação por inteiro, e o devedor se exonera do vínculo obrigacional, pagando o débito a qualquer um dos cocredores[235]. Infere-se daí que, de um lado, a cada cocredor é permitido exigir do devedor comum o cumprimento total da dívida, e, por outro, havendo vencimento da obrigação, o devedor pode efetuar a prestação a um dos credores, sem que o credor escolhido possa recusar-se a recebê-la, sob a alegação de que ela não lhe pertence por inteiro. Só caberá ao devedor a escolha do credor se, como logo mais veremos, nenhum deles propôs ação de cobrança, caso em que se terá prevenção judicial, não podendo o devedor pagar senão ao credor que o acionou[236].

Ante as inconveniências da solidariedade ativa – impossibilidade de revogação por um dos credores e ausência de probidade e honradez, ou insolvência do credor que recebe a prestação, tornando problemático o direito de regresso dos demais credores – rara é sua aplicação na prática, embora tenha certa projeção na seara do direito comercial no que diz respeito: *a*) às contas conjuntas em estabelecimentos bancários; é o que ocorre, p. ex., quando duas ou mais pessoas (pai e filho, marido e mulher, sócios de uma sociedade) podem movimentar livremente, conjunta ou separadamente, a importância ou os valores

---

235. Conceito baseado em Carvalho de Mendonça, *Tratado,* cit., v. 1, n. 154; Silvio Rodrigues, op. cit., p. 85; Bassil Dower, op. cit., p. 99; Orlando Gomes, *Introdução,* cit., p. 80.

236. Antunes Varela, op. cit., p. 314; Orlando Gomes, *Introdução,* cit., p. 81.

depositados. O pagamento a um ou outro é válido, extinguindo o débito (*RT, 185*:345, *154*:792; *RF, 117*:69; *AJ, 103*:397)[237]. Contudo, convém lembrar que tal conta conjunta não se confunde com a conta solidária, em que os depositantes só poderão movimentar em conjunto os valores depositados; logo, ao credor não se permite reclamar, individualmente, os bens depositados, o que colide com a noção de solidariedade[238]; *b*) aos depósitos conjuntos em cofres de segurança, desde que permitidas sua utilização e abertura a qualquer dos interessados isoladamente[239].

f.3.5.2. Efeitos jurídicos

A solidariedade ativa produz efeitos jurídicos nas:

1º) *Relações externas*, ou seja, entre cocredores e devedor[240], pois:

a) *cada um dos credores solidários tem direito de exigir do devedor o cumprimento da prestação por inteiro* (CC, art. 267; *RT*, *655*:166), de modo que o devedor não poderá pretender pagar parcialmente a prestação, sob a alegação de que teria mesmo de ser rateada entre todos a quantia paga;

b) *qualquer credor poderá promover medidas assecuratórias do direito de crédito;*

c) *cada um dos cocredores poderá constituir em mora o devedor sem o concurso dos demais*, de forma que a constituição em mora do devedor, promovida por um deles, aproveitará aos demais;

d) *a interrupção da prescrição, requerida por um cocredor, estender-se-á a todos* (CC, art. 204, § 1º), prorrogando-se, assim, a existência da ação correspondente ao direito creditório;

e) *a suspensão da prescrição em favor de um dos credores solidários só aproveitará aos outros, se o objeto da obrigação for indivisível* (CC, art. 201);

f) *a renúncia da prescrição em face de um dos credores aproveitará aos demais;*

g) *qualquer cocredor poderá ingressar em juízo com ação adequada para que se cumpra a prestação, extinguindo o débito* (*AJ*, *76*:238); porém, só poderá executar a sentença o próprio credor-autor e não outro, estranho à lide (CPC, art. 778, § 1º, I a IV). O devedor poderá opor exceção comum a todos (p. ex., nulidade negocial, extinção da obrigação, impossibilidade da prestação), visto que poderá ser alegada a qualquer dos credores solidários. Todavia, a um dos credores solidários não poderá o devedor opor as exceções ou defesas (PL n. 699/2011, art. 273) pessoais (incapacidade, vício de consentimento etc.) oponíveis aos outros (CC,

---

237. W. Barros Monteiro, *Curso*, cit., p. 165; Silvio Rodrigues, op. cit., p. 86; Orlando Gomes, *Introdução*, cit., p. 82, n. 49; Mazeaud e Mazeaud, op. cit., v. 2, p. 864.

238. W. Barros Monteiro, *Curso*, cit., p. 166.

239. W. Barros Monteiro, *Curso*, cit., p. 166. Sobre o tema, consulte Andrea Torrente, op. cit., p. 465; Mario de Simone, *Il nuovo Codice Civile commentato*, Liv. IV, p. 343. Consulte: *RT*, *655*:116.

240. Caio M. S. Pereira, *Instituições*, cit., p. 83-6; Barassi, *Teoria*, cit., v. 1, p. 201; Serpa Lopes, op. cit., p. 140-3; Orlando Gomes, *Introdução*, cit., p. 81-2; W. Barros Monteiro, *Curso*, cit., p. 167-71; R. Limongi França, *Obrigação solidária*, cit., p. 376; Antunes Varela, op. cit., p. 314-6; Bassil Dower, op. cit., p. 99-100; Larenz, op. cit., v. 1, § 32, p. 497; Von Tuhr, op. cit., v. 2, p. 279; Pablo S. Gagliano e Rodolfo Pamplona Filho, *Novo curso*, cit., v. 2, p. 81; M. Helena Diniz, *Código Civil anotado*, São Paulo, Saraiva, 2003, p. 244; Gustavo Tepedino e outros, *Código Civil*, cit., v. 1, p. 551-2; José Henrique M. Araújo, A estabilização das decisões judiciais decorrente de preclusão e da coisa julgada no novo CPC: reflexões necessárias. *Revista Síntese – Direito Civil e Processual Civil*, *100*:37; Fredie Didier Jr., *Regras processuais no Novo Código Civil*, São Paulo, Saraiva, 2004, p. 76.

art. 273). Isto é assim ante o fato de a exceção pessoal ser suscetível de ser contraposta somente a um dos credores solidários. A defesa apresentada contra um cocredor, que agiu, p. ex., com dolo, não poderá prejudicar os outros, nem alterar o vínculo do devedor com os demais credores solidários, visto ser alusiva apenas àquele credor solidário. Assim, se "A" (credor), por ocasião da efetivação do contrato, mediante o emprego de artifício malicioso, vier a enganar "D" (devedor), estando os demais credores "B" e "C" de boa-fé, a alegação daquele dolo de "A" pelo devedor ("D") não poderá ser oposta contra os credores ("B" e "C"). Logo tal alegação não prejudicará "B" e "C", por estarem de boa-fé e alheios ao dolo de "A". Pablo S. Gagliano e Rodolfo Pamplona Filho ilustram a hipótese: "Se um dos credores solidários, na época da feitura do contrato (fonte da obrigação), ameaçou o devedor para que este também celebrasse o negócio com ele (estando os demais credores de boa-fé), o juiz poderá acolher a defesa do réu (devedor), excluindo o coator da relação obrigacional, em face da invalidade da obrigação assumida perante ele. Neste caso, a sentença não poderá prejudicar os demais credores que, de boa-fé, sem imaginar a coação moral, celebraram o negócio com o devedor, com o assentimento deste. Por isso que se diz que o julgamento contrário a um dos credores solidários não atinge os demais. Pode ocorrer, todavia, que o juiz julgue favoravelmente a um dos credores solidários. Neste caso, duas consequências distintas podem ocorrer: 1) Se o juiz desacolheu a defesa (exceção) do devedor, e esta não era de natureza *pessoal* (ou seja, era *comum* a todos os credores), o julgamento beneficiará a todos os demais. Exemplo: imagine que o credor "A" exija a dívida do devedor "D". Este se defende, alegando que o valor da dívida é excessivo, não havendo razão para se cobrar aquele percentual de juros (defesa não pessoal). O juiz não aceita as alegações do devedor, e reconhece ser correto o valor cobrado. Neste caso, o julgamento favorável ao credor "A" beneficiará todos os demais ("B", "C"). 2) Se o juiz desacolheu a defesa (exceção) do devedor, e esta era de natureza *pessoal*, o julgamento não interferirá na esfera jurídica dos demais credores. Exemplo: o credor "A" exige a dívida do devedor "D". Este opõe defesa, alegando que "A" o coagiu, por meio de grave ameaça, a celebrar o contrato (fonte da obrigação) também com ele. O juiz não aceita as alegações do devedor, e reconhece que "A" é legítimo credor solidário. Neste caso, o julgamento favorável ao credor "A", consoante já registramos acima, em nada interferirá na esfera jurídica dos demais credores de boa-fé, cuja legitimidade para a cobrança da dívida em tempo algum fora impugnada pelo devedor. Não se poderá dizer, pois, neste caso, que o julgamento *favoreceu* aos demais credores, uma vez que a situação dos mesmos não mudou". Assim, o julgamento contrário a um dos credores solidários, qualquer que seja o motivo (acolhimento de exceção pessoal ou comum), não atingirá os demais, cujos direitos ficarão incólumes, e o favorável, proposta a ação por um dos cocredores ou pelo devedor comum, aproveitará a todos, sem prejuízo de exceção pessoal que o devedor tenha direito de invocar em relação a qualquer deles, ou seja, ao credor-réu (vencedor da demanda e único beneficiário) que o obteve (CC, art. 274, com redação dada pelo art. 1.068 do CPC/2015) ante o disposto no art. 273. Se o devedor comum apenas pôde opor ao credor solidário demandante as exceções que lhe eram pessoais, poderá, oportunamente, invocar em relação aos demais cocredores não participantes da demanda as respectivas exceções pessoais, pois em relação àquele que atuou na demanda, o devedor nada mais poderá opor (CPC, art. 508). O art. 274 justifica-se porque se, em razão da solidariedade, qualquer um dos cocredores puder demandar o devedor, pleiteando a totalidade do débito, dispensando-se o litisconsórcio ativo facultativo, ou seja, a atuação conjunta em juízo dos credores solidários, é necessário admitir a eficácia subjetiva da coisa julgada material (CPC, art. 506) *secundum eventum litis*, alcançando os interessados não integrantes da relação processual, somente para conceder-lhes benefícios, sem prejuízo de exceção pessoal, que o devedor tenha direito de invocar em relação a qualquer deles. Logo, os efeitos benéficos da coisa julgada individual, em relação a um dos credores solidários, poderão aproveitar os demais. Aquele que vier a propor a ação submeter-se-á ao regime da coisa julgada e os demais somente nos casos benéficos (*in utilibus*).

Fácil é perceber que o art. 273 está ligado aos arts. 201 e 204, § 1º, visto que a causa suspensiva da prescrição relativa a um dos cocredores, por ser exceção pessoal, não alcançará os outros credores solidários que dela só se aproveitarão se a obrigação for indivisível; mas a interrupção do lapso prescricional, em favor de um deles, trará vantagem aos demais cocredores, por ser alusiva ao conteúdo obrigacional;

h) se um dos credores decai da ação, os demais não ficarão inibidos de acionar o devedor comum;

i) se um dos credores solidários se tornar incapaz, este fato não influenciará a solidariedade;

j) enquanto algum dos cocredores não demandar o devedor, a qualquer deles poderá este pagar (CC, art. 268). Portanto, se não houver cobrança judicial, o devedor poderá pagar a qualquer dos credores à sua escolha. Deveras, se o devedor não foi demandado por algum dos credores, assim que a obrigação se vencer, ele poderá escolher, indistintamente, um deles para efetuar o pagamento da dívida, sem que o credor escolhido possa recusar-se a receber a prestação, sob o pretexto de que ela não lhe pertence por inteiro. Todavia, como qualquer credor solidário tem o direito de demandar, isto é, de acionar o devedor pela totalidade do débito, uma vez iniciada a demanda, ter-se-á a *prevenção judicial*; o devedor, então, somente se exonera pagando a dívida por inteiro ao credor que o acionou, não lhe sendo mais lícito escolher o credor solidário para a realização da prestação. Logo, se, apesar de proposta a ação de cobrança, o devedor pagar ao credor que não o acionou, não ficará liberado, arriscando-se a pagar duas vezes, mas restar-lhe-á tão somente a eficácia desse pagamento, relativamente ao credor que recebeu fora da ação;

k) o pagamento feito a um dos credores solidários extingue inteiramente a dívida, se for suficiente para tanto, ou até o montante do que foi pago (CC, art. 269). O mesmo efeito resulta da transação (CC, art. 844, § 2º). A quitação do *solvens* o liberará em face dos demais cocredores. E se o devedor pagou somente uma parte do débito a um dos cocredores, a solidariedade permanecerá e qualquer um dos credores poderá exigir dele o restante da dívida, deduzindo, é óbvio, a parcela já paga;

l) o devedor poderá, entendemos, opor em compensação a um dos credores o crédito que tiver contra ele até a concorrência do montante integral do débito, logo, o devedor ficará, pela compensação, apesar desta ser relativa a um só dos cocredores, exonerado não só perante este, mas em relação aos demais credores solidários;

m) a confusão, na pessoa de um dos credores ou do devedor, da qualidade de credor e da de devedor (p. ex., se o devedor se torna herdeiro do credor) *terá eficácia pessoal,* ante o disposto no Código Civil, art. 383, de que "a confusão operada na pessoa do credor ou devedor solidário só extingue a obrigação até a concorrência da respectiva parte no crédito, ou na dívida, subsistindo quanto ao mais a solidariedade";

n) a constituição em mora do credor solidário, pela oferta de pagamento por parte do devedor comum, prejudicará todos os demais, que passarão a ter, indistintamente, responsabilidade pelos juros, riscos e deteriorações do bem devido (CC, art. 400);

o) se falecer um dos cocredores, deixando herdeiros, cada um destes só terá direito a exigir e receber a quota do crédito que corresponder ao seu quinhão hereditário, salvo se a obrigação for indivisível (CC, art. 270); trata-se da *refração do crédito.* Os herdeiros do credor falecido só poderão exigir o respectivo quinhão hereditário, isto é, a parte no crédito solidário cabível ao *de cujus,* e não a totalidade do crédito (*RT, 759*:270). P. ex., "A", "B" e "C" são credores solidários de "D", que lhes deve R$ 60.000,00. Com o óbito de "A", seus herdeiros "E" e "F" apenas poderão reclamar da quota do crédito do *de cujus* (R$ 20.000,00), a metade relativa ao quinhão hereditário de cada um, ou seja, R$ 10.000,00.

Graficamente temos:

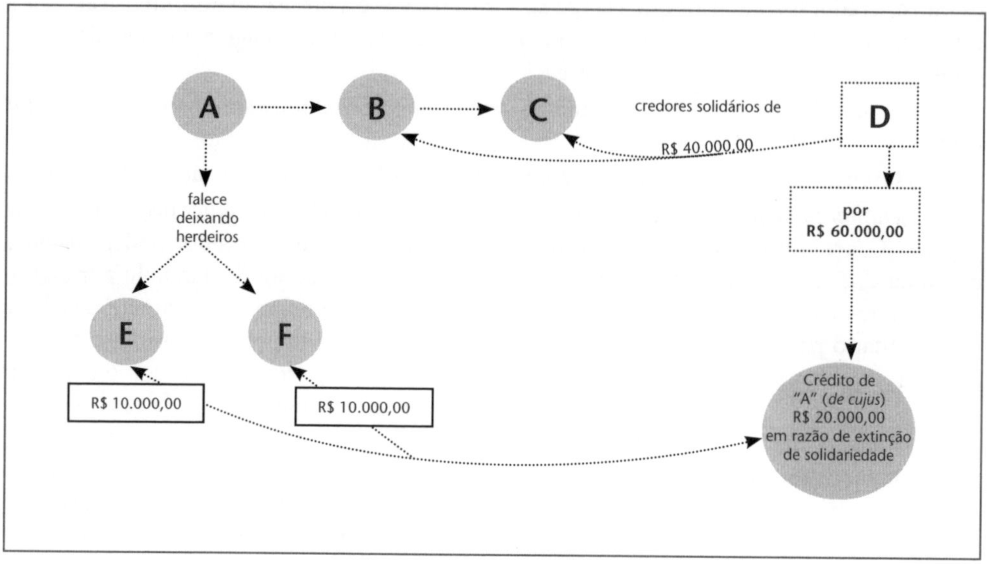

Mas a prestação poderá ser reclamada por inteiro se o falecido deixou um único herdeiro, se todos os herdeiros agirem em conjunto ou se a prestação for indivisível. Exceto nessas hipóteses, não haverá possibilidade de os herdeiros do finado credor solidário exigirem o débito todo. Quanto aos credores sobreviventes, com o óbito do cocredor, a sua situação não sofrerá nenhuma alteração, pois a solidariedade estará mantida e qualquer deles poderá reclamar do devedor a dívida toda;

p) a conversão da prestação em perdas e danos não alterará a solidariedade, que subsistirá para todos os efeitos; logo em proveito de todos os cocredores correrão, também, os juros da mora. Se assim é, qualquer um dos credores estará autorizado a exigir do devedor o pagamento integral da indenização das perdas e danos e dos juros legais moratórios (CC, arts. 271, 389, 394, 404, 405 e 407).

2º) *Relações internas,* isto é, entre cocredores solidários[241], uma vez que o *credor que tiver remitido a dívida ou recebido o pagamento responderá aos outros pela parte que lhes caiba* (CC, art. 272), ante o princípio da comunidade de interesses, visto que todos têm um interesse comum no objeto da obrigação. Assim, extinta a relação obrigacional por pagamento, novação, remissão, compensação ou transação, o cocredor favorecido será responsável pelas quotas-partes dos demais, que terão, por sua vez, *direito de regresso*, ou seja,

241. Romolo Tosetto, op. cit., ns. 18 e 19; Serpa Lopes, op. cit., p. 144; Antunes Varela, op. cit., p. 317-8; Cunha Gonçalves, op. cit., v. 4, p. 636; Caio M. S. Pereira, *Instituições,* cit., p. 86; W. Barros Monteiro, *Curso,* cit., p. 171-2; Orozimbo Nonato, op. cit., v. 2, p. 157.

de exigir do credor que perdoou ou recebeu a prestação a entrega do que lhes competir. P. ex.: se "A", "B" e "C" forem credores solidários de "D" da quantia de R$ 600.000,00, sendo que "B" vem a perdoá-lo da dívida. "A" e "C" poderão, então, exigir de "B", que concedeu a "D" a remissão total do débito, as quotas a que fariam jus. Assim, "B" deverá pagar a "A" R$ 200.000,00 e a "C", R$ 200.000,00.

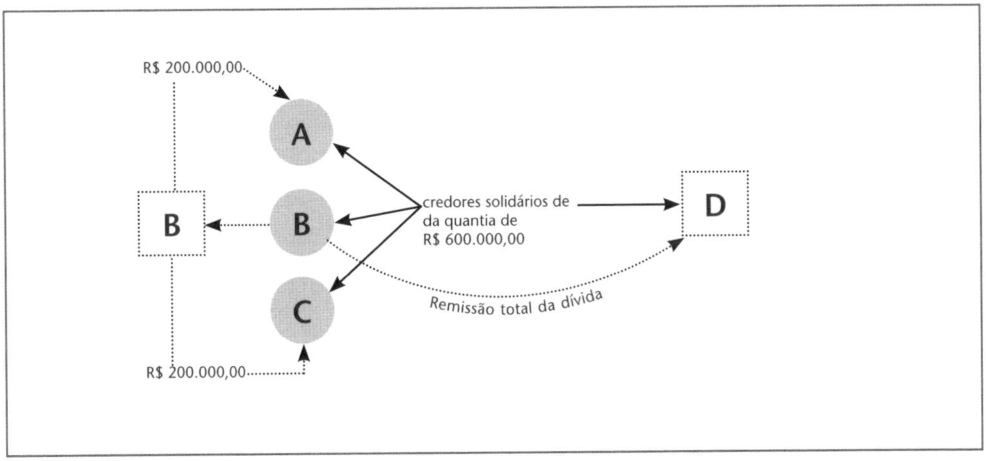

A ação reversiva visa, portanto, garantir aos demais credores a percepção de suas quotas.

f.3.6. Solidariedade passiva

f.3.6.1. Conceituação

A *obrigação solidária passiva* é a relação obrigacional, oriunda de lei ou de vontade das partes, com multiplicidade de devedores, sendo que cada um responde *in totum et totaliter* pelo cumprimento da prestação, como se fosse o único devedor[242]. Cada devedor está obrigado à prestação na sua integralidade, como se tivesse contraído sozinho o débito. Assim, na solidariedade passiva unificam-se os devedores, possibilitando ao credor, para maior segurança do crédito, exigir e receber de qualquer deles o adimplemento, parcial ou total, da dívida comum. Percebe-se que o credor tem: *a*) o direito de escolher, para pagar a dívida, o codevedor que mais lhe aprouver para cumprir a obrigação; tal escolha, entretanto, não implica concentração do débito, já que, se o escolhido não satisfizer a prestação, o credor terá direito de se voltar contra os demais, conjunta ou isoladamente; e *b*) o direito de exigir parcial ou totalmente o débito, embora ao devedor não seja permitido realizar a prestação em parte. Se o credor, porém, reclamar parte da dívida, não se terá a extinção da solidariedade, pois os demais codevedores continuarão obrigados solidariamente pelo restante da prestação (CC, art. 275). Desse modo, havendo pagamento parcial efetuado por um dos devedores, os outros estarão liberados até a concorrência da importância paga, ficando solidariamente devedores do remanescente. Logo, se o pagamento alcançar a totalidade do

242. Conceito baseado em Carvalho Santos, *Código Civil*, cit., v. 11, p. 225; Hudelot e Metmann, op. cit., n. 334, p. 254; Orozimbo Nonato, op. cit., v. 2, p. 168; Ruggiero e Maroi, op. cit., p. 50.

débito, operar-se-á a extinção da relação obrigacional, exonerando-se todos os codevedores. Tais direitos do credor aproveitarão não só ao credor originário, mas também ao seu cessionário ou ao terceiro sub-rogado na sua posição, como, p. ex., o fiador ou aquele que cumpriu a prestação, tendo garantido o adimplemento da obrigação ou tendo interesse na satisfação da dívida (CC, art. 346)[243].

f.3.6.2. Consequências jurídicas

A solidariedade passiva, como a ativa, deve ser examinada externa e internamente, ou seja, tendo-se em vista as relações dos codevedores solidários com o credor e as dos devedores entre si[244].

Os efeitos jurídicos da solidariedade passiva no que atina às *relações entre codevedores solidários e o credor*, ante o fato do conjunto de devedores apresentar-se como se apenas houvesse um só devedor[245], são:

1º) O credor poderá escolher qualquer devedor para cumprir a prestação, mas os devedores também terão a liberdade de cumpri-la, tão logo o crédito vença, independentemente da vontade do credor, desde que satisfaçam integralmente a prestação. Se porventura algum dos codevedores pagar, por erro, o débito, depois de um outro já tê-lo cumprido, poderá exigir do credor a repetição do indébito (CC, arts. 876 e s.). Assim, o codevedor

---

243. Serpa Lopes, op. cit., p. 144-5; Orozimbo Nonato, op. cit., p. 193; Tito Fulgêncio, op. cit., n. 311; Orlando Gomes, *Introdução,* cit., p. 82-3; Antunes Varela, op. cit., p. 301-3; Silvio Rodrigues, op. cit., p. 87; Messineo, *Istituzioni di diritto privato,* p. 427; Jorge C. Laporta, *La solidariedad de deudores*, 1980; Código Civil, art. 333, parágrafo único; Código de Processo Civil, art. 130.

244. Caio M. S. Pereira, *Instituições,* cit., p. 88; Matiello, *Código*, cit., p. 213-4. "O emitente de cheque sem fundos de conta conjunta responde sozinho pela obrigação, pois não existe responsabilidade solidária passiva entre os cotitulares da conta bancária. A solidariedade ativa é aquela que se estabelece entre vários credores. Nesse caso, cada credor solidário, sozinho, tem o direito de exigir do devedor o pagamento da dívida inteira. A solidariedade passiva, por sua vez, se constitui entre vários devedores, caso em que o credor tem o direito de exigir de um só ou de alguns dos codevedores o pagamento total da dívida comum. Na hipótese de conta bancária conjunta, o que ocorre é a solidariedade ativa entre os cotitulares da conta, que são credores do banco. Assim, cada um deles, isoladamente, pode exigir do banco o pagamento total do dinheiro depositado em conta corrente. Não havendo solidariedade passiva entre os titulares da conta conjunta, a emissão de cheque sem fundos acarreta tão somente a responsabilidade do emitente, não se estendendo ao outro titular, ainda que este seja o cônjuge." Nesse sentido: STJ, REsp 336.632-ES, 4ª Turma, un., j. 6-2-2003. O STJ (*RT, 215*:469), ante o fato de cada correntista-credor, em caso de *conta bancária conjunta*, ter possibilidade, por haver solidariedade ativa, de individualmente levantar o dinheiro depositado, decidiu que, em caso de óbito de um deles, o outro poderá sacar todo o numerário a título de credor exclusivo e direto e não de sucessor e comproprietário. Mas, em se tratando de *conta bancária solidária*, os valores depositados apenas poderão ser movimentados em conjunto. Sobre isso: Carlos Roberto Gonçalves, *Direito civil brasileiro*, São Paulo, Saraiva, 2004, v. II, p. 124.

245. Sobre o tema, consulte Serpa Lopes, op. cit., p. 145-57; Tito Fulgêncio, op. cit., n. 328; Silvio Rodrigues, op. cit., p. 88-95; Caio M. S. Pereira, *Instituições,* cit., p. 88-90; Carvalho Santos, *Código Civil,* cit., v. 11, p. 238; W. Barros Monteiro, *Curso,* cit., p. 178-88 e 193-5; Antunes Varela, op. cit., p. 302-10; Barassi, *Teoria,* cit., v. 1, p. 183; Orlando Gomes, *Introdução,* cit., p. 83-5; R. Limongi França, Obrigação solidária, cit., p. 376-8; Lacerda de Almeida, *Obrigações,* cit., p. 51; Aubry e Rau, op. cit., v. 4, p. 43; Jorge Giorgi, *Teoria de las obligaciones en el derecho moderno*, Madrid, Reus, 1969, v. 1, p. 188 e 189; Gustavo Tepedino e outros, *Código*, cit., v. 1, p. 553-5; Jones F. Alves e Mário Luiz Delgado Régis, *Código Civil anotado*, cit., p. 170-1.

que satisfaz a dívida deverá avisar os demais, certificando-se previamente de que nenhum deles já efetuou tal prestação. Portanto, o principal efeito da solidariedade passiva é vincular os codevedores, de tal forma que cada um se torna obrigado para com o credor ao cumprimento integral da prestação (*RT*, *474*:207).

2º) O credor terá direito de exigir de qualquer coobrigado a dívida, total ou parcialmente. Se o acionado não vier a efetuar o pagamento, poderá o credor agir contra os demais codevedores, conjunta ou individualmente (CC, art. 275 e parágrafo único).

3º) O pagamento parcial feito por um dos devedores e a remissão por ele obtida não aproveitarão aos demais, senão até à concorrência da quantia paga ou relevada (CC, art. 277). Deveras, pelo Código Civil, art. 388, "a remissão concedida a um dos codevedores extingue a dívida na parte a ele correspondente; de modo que, ainda reservando o credor a solidariedade contra os outros, já lhes não pode cobrar o débito sem dedução da parte remitida". Deduz-se daí que, ao contrário do que ocorre na solidariedade ativa (CC, art. 269), a remissão pessoal, isto é, o perdão dado pelo credor a um dos devedores, na obrigação solidária passiva, não tem o condão de apagar os efeitos da solidariedade relativamente aos demais codevedores, que permanecerão vinculados, tendo-se tão somente a redução da dívida proporcionalmente à concorrência da importância relevada. O credor, então, só poderá haver dos demais devedores o seu crédito com o abatimento da parte daquele a quem liberou, e, se porventura algum deles for insolvente, o credor remitente suportará, na parte correspondente ao devedor relevado, o desfalque decorrente da insolvência. Entretanto, se a remissão tiver caráter absoluto, não atendendo a considerações pessoais, acarretará extinção de todo o débito, beneficiando a todos os devedores solidários.

4º) A cláusula, condição ou obrigação adicional, estipulada entre um dos codevedores e o credor, não poderá agravar a posição dos demais, sem anuência destes (CC, art. 278). Como esses atos alteram a relação obrigacional, prejudicando os devedores solidários por torná-la gravosa, apenas poderão obrigar aquele que os estipulou à revelia dos outros.

5º) A interrupção da prescrição, operada contra um dos coobrigados, estender-se-á aos demais e seus herdeiros (CC, art. 204, § 1º), hipótese em que não se aplica a regra de que o novo ônus não atinge quem se mantém alheio a ele. Entretanto, a interrupção operada contra um dos herdeiros do devedor solidário não prejudicará aos outros herdeiros ou devedores, senão quando se tratar de obrigações ou de direitos indivisíveis (CC, art. 204, § 2º).

6º) A morte de um dos devedores solidários não rompe a solidariedade, que continua a onerar os demais codevedores, pois o Código Civil, art. 276, estatui: "Se um dos devedores solidários falecer deixando herdeiros, nenhum destes será obrigado a pagar senão a quota que corresponder ao seu quinhão hereditário, salvo se a obrigação for indivisível; mas todos reunidos serão considerados como um devedor solidário em relação aos demais devedores". Isto é assim porque os herdeiros respondem pelos débitos do falecido, desde que não ultrapassem as forças da herança (CC, arts. 1.792 e 1.997); logo, cada um só responderá pela quota correspondente ao seu quinhão hereditário. Com o óbito do devedor solidário, divide-se a dívida, se divisível, em relação a cada um de seus herdeiros, pois cada qual só responderá pela quota respectiva, salvo se a obrigação for indivisível, caso em que os herdeiros serão tidos, por ficção legal, como um só devedor solidário, relativamente aos outros codevedores solidários. P. ex.: "A", "B" e "C" são devedores solidários de R$ 600.000,00 de "D". Morre "C", deixando os herdeiros "E" e "F", sendo que cada um só será obrigado a pagar a "D" R$ 100.000,00, visto ser a metade da quota de "C" (R$ 200.000,00).

Daí o gráfico:

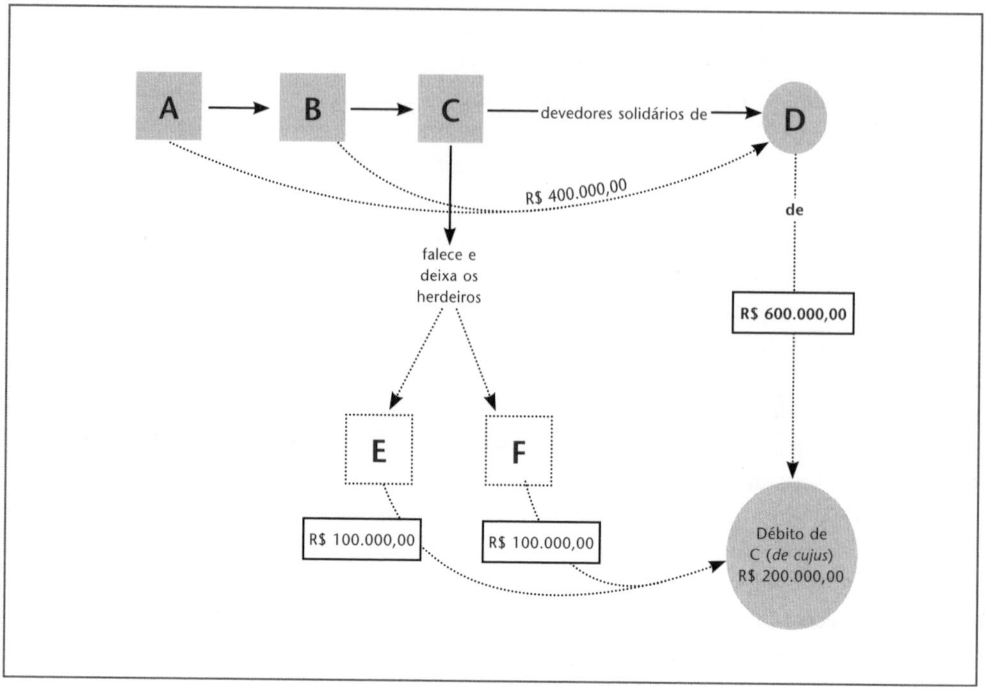

Mas se o débito for a entrega de uma casa, o credor poderá, ante sua indivisibilidade, exigir a prestação por inteiro. Mas a responsabilidade dos herdeiros reunidos não poderá ser superior às forças do acervo hereditário (CC, art. 1.792). Se o falecido deixar um só herdeiro, este passará a ser codevedor solidário pelo total do débito, juntamente com os demais coobrigados.

7º) O credor pode renunciar a solidariedade em favor de um, alguns ou todos os devedores (CC, art. 282). A renúncia não requer forma especial, devendo seguir a adotada para a constituição da obrigação solidária. Se a solidariedade for legal, a renúncia poderá dar-se verbalmente ou por escrito, ou, ainda, pela prática de atos indicadores da *intentio* de abrir mão do benefício, hipótese em que se terá a renúncia tácita. Se for convencional a solidariedade, a renúncia deverá ter a forma do ato constitutivo da obrigação. Se a renúncia for parcial ou relativa, o devedor beneficiado ficará obrigado perante o credor apenas por sua parte no débito, respondendo, em relação aos demais codevedores, apenas pela sua parte, apesar de ser obrigado a contribuir com a quota do insolvável; dessa maneira, a solidariedade prosseguirá relativamente aos demais codevedores, ocorrendo a sua exoneração em benefício de um dos coobrigados. Ao credor, para que possa demandar os codevedores solidários remanescentes, cumpre abater na dívida a quantia alusiva à parte devida pelo que foi liberado da solidariedade. P. ex.: "A", "B" e "C" são devedores solidários de "D" pela quantia de R$ 30.000,00. "D" renuncia a solidariedade em favor de "A", perdendo, então, o direito de exigir dele uma prestação acima de sua parte no débito, isto é, R$ 10.000,00; "B" e "C" responderão solidariamente por R$ 20.000,00, abatendo da dívida inicial de R$ 30.000,00 a quota de "A" (R$ 10.000,00). Assim os R$ 10.000,00 restantes só poderão ser reclamados daquele que se beneficiou com a renúncia da solidariedade.

Eis que:

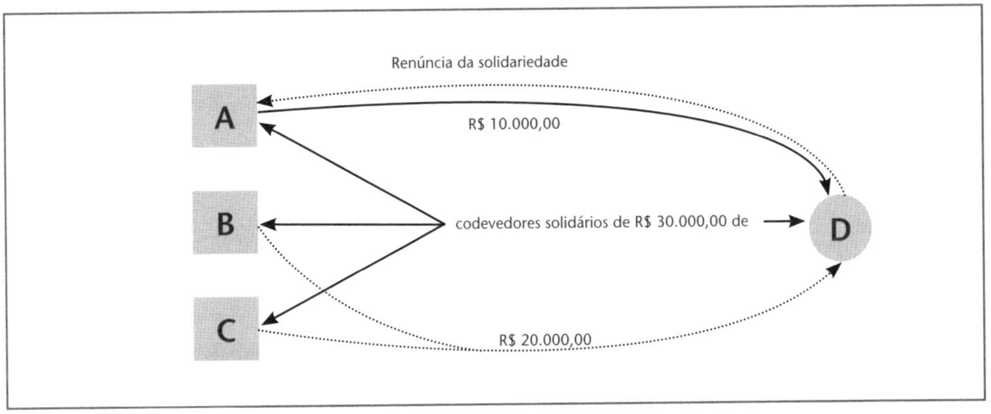

A esse respeito o parágrafo único do art. 282 do Código Civil é bem claro, ao dispor que "se o credor exonerar da solidariedade um ou mais devedores, subsistirá a dos demais". Ter-se-á, então, uma dupla obrigação: a simples, em que o devedor beneficiado passará a ser o sujeito passivo, e a solidária, atinente aos demais codevedores. Tal ocorre porque a exoneração não foi da dívida, mas da solidariedade. Sem embargo dessa opinião, há quem ache que o parágrafo único permite, mesmo exonerando da solidariedade um dos devedores, que o credor acione os demais pela integralidade do débito, sem fazer abatimento, restando ao que pagar a dívida por inteiro cobrar a quota do que foi exonerado[246]. Se se tiver uma renúncia absoluta ou total da solidariedade, extinguir-se-á a obrigação solidária passiva, surgindo, em seu lugar, uma obrigação conjunta, em que cada um dos devedores responderá exclusivamente por sua parte, sob o império da regra *concursu partes fiunt*, pois o débito será rateado entre os codevedores. Como se vê, a obrigação tornar-se-á, então, *pro rata* em relação a todos. Confirma essa ideia a seguinte assertiva de Jorge Giorgi: "*Renuncia. Puede ser absoluta o relativa. Es absoluta cuando el acreedor la realiza en favor de todos los deudores solidarios. La obligación se convierte entonces en pro rata respecto a todos. La interrupción en la prescripción no extiende sus efectos de deudor a deudor; los intereses de mora son de cargo únicamente del deudor constituido en ella; la perdida de la cosa sobrevenida por culpa de uno sólo de los deudores sólo a él perjudica. Se verifica la renuncia relativa cuando el acreedor restringe sus efectos a un sólo deudor, quedando roto únicamente respecto a él el vínculo de solidaridad, y subsistente tocante a los demás. En suma: el deudor en cuyo favor se hace la renuncia continúa obligado sólo por su parte para con el acreedor, y no es exonerado de sus obligaciones en orden a los demás codeudores pero se transforma en deudor pro rata, en tanto los restantes deudores continúan solidarios entre sí*".

---

246. "O pagamento parcial não implica, por si só, renúncia à solidariedade, a qual deve derivar dos termos expressos da quitação ou, inequivocadamente, das circunstâncias do recebimento da prestação pelo credor" (Enunciado n. 348 do Conselho da Justiça Federal (CJF), aprovado na IV Jornada de Direito Civil).
"Com a renúncia da solidariedade quanto a apenas um dos devedores solidários, o credor só poderá cobrar do beneficiado a sua quota na dívida; permanecendo a solidariedade quanto aos demais devedores, abatida do débito a parte correspondente aos beneficiados pela renúncia" (Enunciado n. 349 do CJF, aprovado na IV Jornada de Direito Civil).
"A renúncia à solidariedade em favor de determinado devedor afasta a hipótese de seu chamamento ao processo" (Enunciado n. 351 do CJF, aprovado na IV Jornada de Direito Civil).

Nítida é a diferença entre remissão da dívida e renúncia ao benefício da solidariedade, pois o credor que remite o débito abre mão de seu crédito, liberando o devedor da obrigação, ao passo que aquele que apenas renuncia a solidariedade continua sendo credor, embora sem a vantagem de poder reclamar de um dos devedores a prestação por inteiro.

Pelo Enunciado n. 350 do CJF (aprovado na IV Jornada de Direito Civil): "A renúncia à solidariedade diferencia-se da remissão, em que o devedor fica inteiramente liberado do vínculo obrigacional, inclusive no que tange ao rateio da quota do eventual codevedor insolvente, nos termos do art. 284".

8º) A confusão extinguirá a obrigação na proporção do valor do crédito adquirido; assim, se o credor se tornar devedor solidário, a obrigação se resolverá proporcionalmente até a concorrente quantia do respectivo quinhão do débito, subsistindo a solidariedade quanto à parte remanescente[247].

9º) A novação entre o credor e um dos codevedores faz com que subsistam as preferências e garantias do crédito novado somente sobre os bens do que contrair nova obrigação, ficando os demais devedores solidários exonerados por esse fato (CC, art. 365).

10º) O devedor solidário só poderá, entendemos, embora o Código Civil seja omisso, compensar com o credor o que este deve ao seu coobrigado, até ao equivalente da parte deste na dívida comum. O devedor solidário apenas poderá fazer compensação até ao equivalente da parte que, na relação interna, é cabível àquele devedor que é, ao mesmo tempo, seu credor[248].

11º) A transação não aproveita nem prejudica senão aos que nela intervieram, ainda que diga respeito a coisa indivisível, mas, se for concluída entre um dos devedores solidários e seu credor, extingue a dívida em relação aos codevedores (CC, art. 844, § 3º).

12º) A cessão de crédito somente terá validade se o credor-cedente notificar todos os devedores solidários[249].

13º) O credor pode acionar, se quiser, todos os codevedores ou qualquer um deles, à sua escolha (*AJ*, *101*:103). Todavia, o credor, propondo ação contra um dos codevedores solidários, não ficará inibido de acionar os outros. "Não importará renúncia da solidariedade a propositura de ação pelo credor contra um ou alguns dos devedores" (CC, art. 275, parágrafo único), nem do direito de, posteriormente, demandar contra os que não foram por ele acionados. Se o credor escolher um codevedor para solver o débito, e se este não o pagar, poderá agir contra os demais até obter a prestação devida. Pelo Código de Processo Civil, art. 130, III, é admissível o chamamento ao processo "dos demais devedores solidários, quando o credor exigir de um ou de alguns o pagamento da dívida comum". E, pelo art. 131 e parágrafo único desse mesmo diploma legal, "a citação daqueles que devam figurar em litisconsórcio passivo será requerida pelo réu na contestação e deve ser promovida no prazo de 30 (trinta) dias, sob pena de ficar sem efeito o chamamento. Se o chamado residir em outra comarca, seção ou subseção judiciárias, ou em lugar incerto, o prazo será de 2 (dois) meses." Entretanto, ainda pelo Código de Processo Civil, art. 119, nada obsta que o codevedor, não demandado, possa intervir no processo como assistente litisconsorcial, mas não poderá invocar o benefício da divisão, visto que cada um deles é devedor da dívida toda (TJRJ, 5ª Câm. Civ., Ap. Civ. 1990.001.00374, rel. Des. Humberto de Mendonça Manes, j. 8-10-1996). Se a ação do credor for intentada contra todos os codevedores, todos deverão ser citados, mas se um deles não

---

247. Carvalho de Mendonça, *Tratado*, cit., v. 1, n. 180; Jorge Giorgi, *Teoría de las obligaciones en el derecho moderno*, p. 188-189.

248. Orlando Gomes, *Introdução*, cit., p. 84.

249. Orlando Gomes, *Introdução*, cit., p. 85; W. Barros Monteiro, *Curso*, cit., p. 195.

for encontrado ou for incapaz, o credor prosseguirá apenas contra os demais (*RT, 104*:251); a condenação, porém, será lavrada exclusivamente contra os coobrigados que foram citados. E embora sejam vários os devedores condenados, o credor poderá restringir a um deles apenas a execução, penhorando seus bens. É preciso não olvidar, ainda, que consoante o Código de Processo Civil a sentença que julgar procedente a ação, condenando os devedores, valerá como título executivo, em favor do que satisfizer o débito, para exigi-lo por inteiro do devedor principal, ou de cada um dos codevedores a sua quota, na proporção que lhes tocar[250].

14º) Todos os codevedores solidários responderão perante o credor pelos juros moratórios, mesmo que a ação tenha sido proposta somente contra um deles (CC, art. 280, 1ª parte). Tal responsabilidade coletiva pela mora é decorrente da unidade da obrigação solidária e da acessoriedade dos juros da mora. Mas, pelo art. 266, se houver algum coobrigado condicional, p. ex., ele só responderá pela mora depois do implemento da condição.

15º) O devedor demandado pode opor ao credor as exceções ou defesas que lhe forem pessoais e as comuns a todos; não lhe aproveitando, porém, as pessoais a outro codevedor (CC, art. 281). Ensina Mário Luiz Delgado Régis que: "Se o devedor que poderia em tese alegar uma exceção pessoal contra o credor não é incluído na lide, vindo os codevedores demandados a pagar a integralidade do débito, aquele não poderá opor a estes a exceção de que dispunha contra o credor. Mas poderá acionar o credor para cobrar o valor correspondente ao seu quinhão e que teve de repor aos demais". As *exceções* ou *defesas pessoais* (vícios de consentimento, crédito de um dos codevedores contra o credor, compensação, confusão, incapacidade jurídica, inadimplemento de condição que lhe seja exclusiva), peculiares a cada codevedor, isoladamente considerado, só poderão ser deduzidas pelo próprio interessado, não se estendendo aos outros; logo, inadmissível será, p. ex., que o demandado alegue que um dos demais coobrigados foi coagido. Entretanto, as *exceções comuns* ou *objetivas* – que se reportam ao objeto da obrigação, isto é, à prestação, atinentes à falta de causa, ao falso motivo (CC, art. 140), à ilicitude do objeto, à impossibilidade física ou jurídica da prestação devida, à exceção do contrato bilateral não cumprido pelo credor, ao pagamento do débito, à nulidade contratual, à extinção da obrigação etc. – aproveitam a todos os coobrigados[251].

16º) A sentença proferida contra um dos codevedores solidários não pode constituir coisa julgada relativamente aos outros que não foram parte na demanda. É impossível estender-se a eficácia da coisa julgada a quem não foi parte na lide, por faltar um dos requisitos essenciais da *res judicata*, que é a identidade dos sujeitos. "A sentença faz coisa julgada às partes entre as quais é dada, não prejudicando terceiros" (CPC, art. 506). Dessa forma, o credor que sucumbiu em demanda contra um dos coobrigados terá direito de formular novo pedido contra os demais codevedores, que não poderão arguir coisa julgada, por faltar identidade de pessoas[252].

---

250. W. Barros Monteiro, *Curso*, cit., p. 178-9; R. Limongi França, Obrigação solidária, cit., p. 379; Hélio Tornaghi, *Comentários ao Código de Processo Civil*, Revista dos Tribunais, 1974, v. 1, p. 271; Luís Antônio de Andrade, *Aspectos e inovações do Código de Processo Civil*, Rio de Janeiro, 1974, p. 40; Matiello, *Código*, cit., p. 211. *Vide*: *RT*, *786*:447. Enunciado n. 234 do Fórum Permanente de Processualistas Civis: "A decisão de improcedência na ação proposta pelo credor beneficia todos os devedores solidários, mesmo os que não foram partes no processo, exceto se fundada em defesa pessoal".

251. Antunes Varela, op. cit., p. 303; W. Barros Monteiro, *Curso*, cit., p. 187; Orlando Gomes, *Introdução*, cit., p. 85; Mário Luiz Delgado Régis, *Código Civil*, cit., p. 237. O PL n. 699/2011 pretende substituir a palavra *exceção*, do art. 281 do Código Civil, por *defesa*. *Vide* Código Civil francês, art. 1.208.

252. Betti, *Diritto processuale civile*, p. 621; Antunes Varela, op. cit., p. 308-10; W. Barros Monteiro, *Curso*, cit., p. 187-8; Tuozzi, *L'autorità della cosa giudicata*, p. 314.

17º) O recurso interposto por um dos coobrigados aproveitará aos outros, quando as defesas opostas ao credor lhes forem comuns (CPC, art. 1.005, parágrafo único)[253].

18º) O credor poderá cobrar o débito, antes de seu vencimento, de um dos codevedores solidários que se encontrar em alguma das situações previstas no Código Civil, art. 333, I, II, e III. Dessa forma, o vencimento antecipado da dívida, se uma dessas circunstâncias atingir um dos coobrigados, só se produzirá em relação a ele, excetuando-se os demais devedores solventes, para os quais o débito não se reputará vencido (CC, art. 333, parágrafo único)[254].

19º) A impossibilidade da prestação: *a*) sem culpa dos devedores solidários, por ser decorrente de força maior ou de caso fortuito, acarretará a extinção da relação obrigacional, liberando todos os codevedores; *b*) por culpa de um ou de alguns devedores, faz com que subsista a solidariedade para todos no que concerne ao encargo de pagar o equivalente; porém pelas perdas e danos (CC, arts. 402 a 404) só responderá o culpado (CC, art. 279), pois se é uma pena civil, resultante de culpa, e pessoal, não pode ir além da pessoa do próprio culpado, já que ninguém é responsável por culpa alheia. Apenas o culpado ou os culpados arcarão com o ônus das perdas e danos. P. ex.: "A" e "B" são devedores solidários de "C", a quem deverão entregar um lote de vasos chineses, que, por negligência de "A", se perde. "A" e "B" continuam solidários no pagamento do valor daquelas peças ornamentais, mas só "A" pagará pelas perdas e danos sofridos por "C". Igualmente, se a impossibilidade da prestação se deu quando o devedor já estava em mora, este suportará os riscos, mesmo que tenha havido caso fortuito ou força maior (CC, art. 399); logo, haverá solidariedade no que se refere ao pagamento do equivalente, mas apenas o culpado responderá pelos prejuízos causados pela demora[255].

É mister salientar que só há solidariedade nas relações entre codevedores e credor. Com o adimplemento da prestação ter-se-ão *relações internas*, isto é, entre os próprios coobrigados, nas quais partilhar-se-á a responsabilidade *pro rata*, pois cada devedor só será obrigado à sua quota-parte; consequentemente:

1º) O codevedor que satisfez espontânea ou compulsoriamente a dívida, por inteiro, terá o direito de exigir de cada um dos coobrigados a sua quota, dividindo-se igualmente por todos a do insolvente (devedor com patrimônio insuficiente para saldar suas dívidas), se houver. Presumem-se iguais, no débito, as partes de todos os codevedores (CC, art. 283). O coobrigado que cumpre a prestação sub-rogar-se-á *pleno jure* no crédito, mas a solidariedade não passará para o sub-rogado, que terá o poder de reclamar dos demais as partes em que a obrigação se fracionou, segundo o princípio *concursu partes fiunt*. O *solvens*, portanto, tem o direito de regresso, pois cumpriu além de sua parte (*RF, 90*:761), e por isso poderá reclamar dos outros a quota correspondente, os quais deverão reembolsá-lo da importância que pagou para extinguir a obrigação solidária passiva. E se um dos coobrigados for insolvente (*RT, 248*:220), a parte da dívida correspondente será rateada entre todos os codevedores, inclusive os exonerados da solidariedade pelo credor (CC, art. 284), que contribuirão, proporcionalmente, no rateio. P. ex.: "A", "B", "C" e "D" eram devedores solidários de "E" pela quantia de R$ 360.000,00. "E" renuncia a solidariedade em prol de "A", que lhe pagou sua parte (R$ 90.000,00) na dívida comum. Posteriormente "C" pagou a "E" os R$ 270.000,00 restantes, enquanto "B" caiu em estado de insolvência, não podendo pagar nada. "C", que pagara a prestação por inteiro, passa a ser o titular do direito de regresso, podendo reclamar: de "D" R$ 90.000,00 de sua quota, mais R$ 30.000,00, como participação na quota do insolvente; de "A" R$ 30.000,00, como partici-

---

253. Sergio Bermudes, *Comentários ao Código de Processo Civil*, Revista dos Tribunais, 1975, v. 7, p. 104.

254. Serpa Lopes, op. cit., p. 151-2.

255. W. Barros Monteiro, *Curso*, cit., p. 184; Serpa Lopes, op. cit., p. 152-7.

pação na quota do insolvente, enquanto ele, "C", ficará também desfalcado em R$ 120.000,00, equivalentes a R$ 90.000,00 de sua quota, mais R$ 30.000,00 da parte do insolvente.

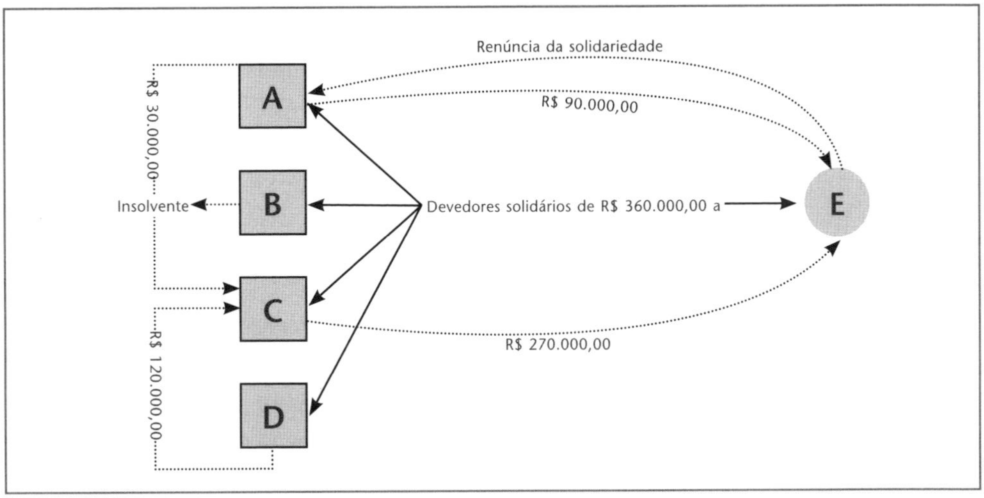

É mediante a ação regressiva que se restabelece a situação de igualdade entre os codevedores, pois aquele que paga o débito recobra dos demais as suas respectivas partes (*RF, 148*:108; *AJ, 100*:134; *RT, 81*:146). Todavia, as partes dos codevedores podem ser desiguais, pois aquela presunção é relativa ou *juris tantum;* assim, o devedor que pretender receber mais terá o *onus probandi* da desigualdade nas quotas, e se o codevedor demandado pretender pagar menos, suportará o encargo de provar o fato (CPC, art. 373, II).

2º) O codevedor a quem a dívida solidária interessar exclusivamente responderá sozinho por toda ela para com aquele que a solveu (CC, art. 285). P. ex.: havendo fiança, o credor tem o direito de acionar qualquer dos fiadores; mas uma vez pago o débito, o *solvens* terá o direito de reembolsar-se integralmente do afiançado. Como se vê, poderá um dos devedores ser compelido a satisfazer todo o débito, sem ter o direito de regresso contra os demais (*RT, 138*:207; *RF, 90*:761).

3º) O codevedor culpado pelos juros de mora responderá aos outros pela obrigação acrescida (CC, art. 280, 2ª parte). Se, sob o prisma das relações externas, decorrentes da solidariedade passiva, todos os coobrigados respondem por esses juros (acessórios da obrigação principal), o mesmo não ocorre nas relações internas, pois nessas somente o culpado deverá suportar o acréscimo, ante o princípio da responsabilidade pessoal pelos atos culposos. Logo, deverá, pela via regressiva, pagar aos demais o *quantum* relativo aos juros moratórios a que deu causa.

4º) O coobrigado que solver inteiramente o débito, supondo que a obrigação era solidária, terá direito à repetição da parte excedente à sua, visto que conjunta era a relação obrigacional[256].

---

256. A respeito das consequências jurídicas que se operam no âmbito das relações internas, *vide* Caio M. S. Pereira, *Instituições*, cit., p. 91-2; Antunes Varela, op. cit., p. 310-4; R. Limongi França, Obrigação solidária, cit., p. 378; W. Barros Monteiro, *Curso*, cit., p. 185 e 189-93; Orlando Gomes, *Introdução*, cit., p. 83; Silvio Rodrigues, op. cit., p. 88-91; Serpa Lopes, op. cit., p. 157-8; Cunha Gonçalves, op. cit., v. 4, p. 750. O Projeto de Lei n. 699/2011 visa alterar a redação do art. 283 para a seguinte: "O devedor que satisfez a dívida tem direito a exigir de cada um dos codevedores a sua quota, dividindo-se igualmente por todos a do insolvente, se o houver, presumindo-se iguais, no débito, as partes de todos os codevedores", porque: "O novo Código repete no artigo expressão que já era criticada no

f.3.7. Solidariedade recíproca ou mista

A *solidariedade recíproca* ou *mista* é a que apresenta, concomitantemente, pluralidade de credores e de devedores. Apesar de nossa legislação não conter dispositivos sobre essa espécie de obrigação solidária, nada impede que ela se constitua por manifestação de vontade das partes contratantes. E como decorre de combinação da solidariedade ativa e passiva, submeter-se-á às normas que regem essas duas espécies de solidariedade[257].

f.3.8. Extinção da solidariedade

A solidariedade legal ou convencional pode desaparecer; com isso, o credor ou devedor solidário perde a possibilidade de receber ou pagar a prestação por inteiro.

A *solidariedade ativa* extinguir-se-á se os credores desistirem dela, estabelecendo, por convenção, que o pagamento da dívida se fará *pro rata*, de modo que cada um deles passará a ter direito apenas à sua quota-parte; assim, o devedor se sujeitará a pagar individualmente a parte de cada um dos cocredores. A morte de um dos credores solidários não opera a extinção do vínculo da solidariedade, mas o arrefece, pois ele subsistirá quanto aos credores supérstites, embora o crédito passe aos herdeiros do *de cujus* sem aquela peculiaridade. Dessa forma, cada um terá direito de exigir sua quota hereditária (CC, art. 270), salvo se a prestação for indivisível, caso em que poderão reclamar o débito *totum et totaliter*, não em razão de solidariedade, mas em virtude da impossibilidade de se fracionar a dívida.

A *solidariedade passiva* desaparecerá com o óbito de um dos coobrigados, em relação aos seus herdeiros, sobrevivendo quanto aos demais codevedores solidários. Assim sendo, o credor só poderá receber de cada herdeiro do finado devedor tão somente a quota-parte de cada um, exceto se a obrigação for indivisível (CC, art. 276). O falecimento do credor em nada modificará a situação dos codevedores, que continuarão obrigados solidariamente para com os herdeiros do credor, que o representarão. Não mais se terá solidariedade passiva se houver renúncia total do credor, pois cada coobrigado passará a dever *pro rata*; contudo, se parcial for essa renúncia, em benefício de um ou de alguns dos codevedores, o credor somente poderá acionar os demais, abatendo da dívida a parte cabível ao que foi favorecido (CC, art. 282, parágrafo único). Convém lembrar, ainda, que os devedores exonerados da solidariedade pelo credor terão de reembolsar o que solveu a obrigação, quanto à quota-parte do insolvente[258].

CC/16, quando se refere ao pagamento ou satisfação da dívida 'por inteiro', fazendo parecer que o devedor solidário, que fez um pagamento parcial, não teria direito de regresso contra os demais coobrigados. João Luiz Alves, ainda em 1917, já se contrapunha à expressão, afirmando: 'O Código refere-se a pagamento por inteiro. Se o pagamento não for por inteiro, mas de metade ou de dois terços da dívida, perderá o devedor o direito de haver dos coobrigados a sua quota, proporcional a esse pagamento? Ninguém o afirmará. Por isso, seria preferível a redação sem a 'cláusula por inteiro'". O Parecer Vicente Arruda rejeitou tal proposta ao analisar o PL n. 6.960/2002 (atual PL n. 699/2011), nos seguintes termos: "É de ser mantido o texto original, pois trata-se de obrigação solidária passiva em que um dos devedores quita dívida inteira e se sub-roga nos direitos do credor, dividindo-se por todos a quota do insolvente. A hipótese de pagamento parcial já está prevista nos artigos 275 e 277. De resto, a retirada da expressão 'por inteiro', como pretende o PL, sem a inclusão da palavra parcial, o pagamento da dívida ainda continua sendo total. Para atender o que pretende o PL teríamos de substituir a expressão 'por inteiro' por 'total ou parcialmente'. Mas, como se viu, o pagamento parcial é objeto dos artigos 275 e 277".

257. *Vide* Orlando Gomes, *Introdução,* cit., p. 86; W. Barros Monteiro, *Curso,* cit., p. 156.

258. Sobre a questão da extinção da solidariedade, *vide* Orozimbo Nonato, op. cit., v. 2, p. 279 e 291; Aubry e Rau, op. cit., v. 4, § 298; Caio M. S. Pereira, *Instituições,* cit., p. 92-5.

QUADRO SINÓTICO

OBRIGAÇÕES EM RELAÇÃO À PLURALIDADE DE SUJEITOS

1. CONCEITO DE OBRIGAÇÃO DIVISÍVEL	• É aquela cuja prestação é suscetível de cumprimento parcial, sem prejuízo de sua substância e de seu valor, de modo que, havendo pluralidade subjetiva, tal obrigação se presumirá dividida em tantas obrigações, iguais e distintas, quantos forem os credores ou devedores (CC, art. 257).

2. DEFINIÇÃO DE OBRIGAÇÃO INDIVISÍVEL	• É aquela cuja prestação só pode ser cumprida por inteiro, não comportando sua cisão em várias obrigações parceladas distintas, pois, uma vez cumprida parcialmente a prestação, o credor não obtém nenhuma utilidade ou obtém a que não representa a parte exata da que resultaria do adimplemento integral (CC, art. 258); logo, havendo pluralidade de devedores, cada um será obrigado pela dívida toda (CC, art. 259).

3. DIVISIBILIDADE E INDIVISIBILIDADE NAS VÁRIAS MODALIDADES DE OBRIGAÇÃO	• Obrigação de dar	• Será *divisível* quando: *a*) tiver por objeto a transferência de domínio ou de outro direito real, excetuado o caso do art. 3º da Lei n. 4.591/64; *b*) se tratar de obrigação pecuniária; *c*) se referir à entrega de coisa fungível; *d*) se tratar de obrigação genérica, compreendendo certo número de objetos da mesma espécie, igual ao dos cocredores ou dos codevedores ou submúltiplo desse número. Será *indivisível*, p. ex., se se referir à constituição de servidões prediais, indivisíveis por lei (CC, art. 1.386), ou a bens infungíveis.
	• Obrigação de restituir	• Geralmente é *indivisível*, porque, p. ex., o comodatário terá de devolver na íntegra o que foi emprestado, não podendo reter uma parte, salvo com anuência do comodante.
	• Obrigação de fazer	• Será *divisível*, se sua prestação constituir um ato fungível ou se relacionar com a divisão do tempo, e *indivisível*, se sua prestação consistir num serviço dotado de individualidade própria, como, p. ex., a pintura de um quadro, pois o trabalho confiado a um especialista não pode ser cumprido com a execução de meia tarefa.
	• Obrigação de não fazer	• Em regra, é *indivisível*, mas poderá ser divisível, se sua prestação consistir num conjunto de abstenções que não se relacionem entre si.

4. EFEITOS DA OBRIGAÇÃO DIVISÍVEL	*a*) Há presunção *juris tantum* de que essa relação obrigacional está repartida em tantas obrigações, iguais e distintas, quantos forem os credores ou devedores (CC, art. 257). *b*) Cada devedor se libera do vínculo pagando sua quota, e cada credor nada mais poderá exigir, desde que receba sua parte na prestação. *c*) O credor perde, em caso de insolvência de um dos codevedores, a parcela do insolvente. *d*) A interrupção da prescrição por um dos credores não alcança os demais; logo, a interrupção de prescrição operada contra um dos devedores não prejudica os outros (CC, art. 204, § 2º). Igualmente, a suspensão da prescrição em favor de um dos credores solidários aproveita aos demais se o objeto da obrigação for indivisível (CC, art. 201). *e*) A extinção do débito por remissão, transação, novação, compensação ou confusão operar-se-á tão somente a cada quota-parte, subsistindo relativamente aos demais.

5. CONSEQUÊNCIAS JURÍDICAS DA OBRIGAÇÃO INDIVISÍVEL	• Havendo pluralidade de devedores	*a*) Cada devedor será obrigado pela dívida toda (CC, art. 259). *b*) O devedor que pagar o débito sub-rogar-se-á no direito do credor em relação aos outros coobrigados (CC, art. 259, parágrafo único). *c*) O credor não pode recusar o pagamento por inteiro feito por um dos devedores, sob pena de ser constituído em mora. *d*) A prescrição aproveita a todos os devedores, mesmo que seja reconhecida em favor de um deles. Sua suspensão ou interrupção aproveita e prejudica a todos (CC, art. 204). *e*) A nulidade quanto a um dos codevedores estende-se a todos. *f*) A insolvência de um dos codevedores não prejudica o credor.
	• Havendo multiplicidade de credores	*a*) Cada credor poderá exigir o débito por inteiro (CC, art. 260, *caput*). *b*) O devedor desobrigar-se-á pagando a todos conjuntamente, mas nada obsta que se desonere pagando o débito integralmente a um dos credores, desde que autorizado pelos demais, ou que, na falta dessa autorização, dê esse credor caução de ratificação dos demais credores (CC, art. 260, I e II). *c*) Cada cocredor terá direito de exigir em dinheiro, do que receber a prestação por inteiro, a parte que lhe caiba no total (CC, art. 261; CPC, art. 328). *d*) A remissão da dívida por parte de um dos credores (CC, art. 262) não atingirá o direito dos demais credores. *e*) A transação, a novação, a compensação e a confusão, em relação a um dos credores, não operam a extinção do débito para com os outros cocredores, que apenas o poderão exigir, descontada a quota daquele. *f*) A anulabilidade quanto a um dos cocredores estende-se a todos (CC, art. 177).

6. PERDA DA INDIVISIBILIDADE	• Desaparecimento do motivo que deu causa à indivisibilidade. • Conversão da prestação indivisível no seu equivalente pecuniário (CC, art. 263, §§ 1º e 2º). • Inadimplemento de obrigação indivisível com cláusula penal (CC, art. 414, parágrafo único).

7. OBRIGAÇÃO SOLIDÁRIA	• Conceito	• É aquela em que, havendo multiplicidade de credores ou de devedores, ou de uns e outros, cada credor terá direito à totalidade da prestação, como se fosse o único credor, ou cada devedor estará obrigado pelo débito todo, como se fosse o único devedor (CC, art. 264).
	• Caracteres	• Pluralidade de sujeitos ativos ou passivos. • Multiplicidade de vínculos. • Unidade de prestação. • Corresponsabilidade dos interessados.
	• Espécies	• Obrigação solidária ativa, se vários forem os credores. • Obrigação solidária passiva, se houver pluralidade de devedores. • Obrigação solidária recíproca ou mista, com a existência simultânea de multiplicidade subjetiva ativa e passiva.
	• Princípios	• O da variabilidade do modo de ser da obrigação, na solidariedade (CC, arts. 266 e 278). • O da não presunção da solidariedade (CC, art. 265).

<table>
<tr><td rowspan="5">7. OBRIGAÇÃO SOLIDÁRIA</td><td>• Fontes</td><td colspan="3">• Determinação legal (CC, arts. 154, 585, 672, 680, 867, 829, 942, 1.460 e 1.986; Lei n. 8.245/91, art. 2º; Dec.-lei n. 58/37, art. 13, § 1º; Lei n. 209/48, art. 12).
• Manifestação da vontade das partes em contrato ou negócio jurídico unilateral (*RT*, *459*:162, *184*:104, *217*:275; *RF*, *67*:532; CC, art. 107).</td></tr>
<tr><td>• Distinção entre obrigação solidária e obrigação indivisível</td><td colspan="3">*a*) A fonte da *solidariedade* é o próprio título e a da *indivisibilidade* é a natureza da prestação.
b) A *solidariedade* se extingue com o óbito de um dos cocredores ou de um dos codevedores (CC, arts. 270 e 276), o que não ocorre com a *indivisibilidade*.
c) A *solidariedade* perdurará, mesmo que a obrigação se converta em perdas e danos (CC, art. 271), o que não se dá com a *indivisibilidade* (CC, art. 263).
d) Os *codevedores solidários* responderão, havendo inadimplemento, pelos juros moratórios, embora o culpado responda aos demais pela obrigação acrescida (CC, art. 280), ao passo que os *devedores de obrigação indivisível* ficam exonerados desse encargo se apenas um deles for culpado pela mora, pois só este é que responderá pelas perdas e danos (CC, art. 263, § 2º).
e) A interrupção da prescrição aberta por um cocredor, na *solidariedade*, aproveitará a todos os credores, e a interrupção da prescrição efetuada contra o devedor solidário envolverá os outros e seus herdeiros (CC, art. 204, § 1º); já na *indivisibilidade*, a interrupção da prescrição por um credor não aproveitará aos demais, bem como a interrupção operada contra o codevedor ou seu herdeiro não prejudica os outros (CC, art. 204, § 2º).</td></tr>
<tr><td rowspan="2">• Solidariedade ativa</td><td>• Conceito</td><td colspan="2">• É a relação jurídica entre vários credores de uma obrigação, em que cada credor tem o direito de exigir do devedor a realização da prestação por inteiro, e o devedor se exonera do vínculo, pagando o débito a qualquer dos cocredores.</td></tr>
<tr><td>• Efeitos jurídicos</td><td>• Nas relações externas</td><td>*a*) Cada um dos credores tem direito de exigir do devedor o cumprimento da prestação por inteiro (CC, art. 267).
b) Qualquer credor poderá promover medidas assecuratórias do direito de crédito.
c) Cada um dos cocredores poderá constituir em mora o devedor, sem o concurso dos demais.
d) A interrupção da prescrição requerida por um credor estender-se-á a todos (CC, art. 204, § 1º).
e) A suspensão da prescrição em favor de um dos credores só aproveitará aos outros, se o objeto da obrigação for indivisível (CC, art. 201).
f) A renúncia da prescrição em face de um dos credores aproveitará aos demais.</td></tr>
</table>

7. OBRIGAÇÃO SOLIDÁRIA	• Solidariedade ativa	• Efeitos jurídicos	• Nas relações externas	*g*) Qualquer cocredor poderá ingressar em juízo com ação adequada para que se cumpra a prestação, extinguindo o débito (*AJ*, *76*:328), mas só poderá executar a sentença o próprio credor-autor, e não outro, estranho à lide (CPC, art. 778). *h*) Se um dos credores decai da ação, os demais não ficarão inibidos de acionar o devedor comum. *i*) Se um dos credores se tornar incapaz, este fato não influenciará a solidariedade. *j*) Enquanto algum dos cocredores não demandar o devedor, a qualquer deles poderá este pagar (CC, art. 268). *k*) O pagamento feito a um dos credores extingue inteiramente a dívida, resultando o mesmo efeito da novação, da compensação, da remissão e da transação. *l*) O devedor poderá opor, em compensação a um dos credores, o crédito que tiver contra ele até a concorrência do montante integral do débito. *m*) A confusão, na pessoa de um dos credores ou do devedor, da qualidade de credor e da de devedor terá eficácia pessoal. *n*) A constituição em mora do credor prejudicará os demais. *o*) Se falecer um dos cocredores, deixando herdeiro, cada um destes só terá direito a exigir a quota do crédito que corresponder ao seu quinhão hereditário, salvo se a obrigação for indivisível (CC, art. 270). *p*) A conversão da prestação em perdas e danos não altera a solidariedade, e em proveito de todos os cocredores correrão os juros legais moratórios (CC, arts. 271, 404 e 407).
			• Nas relações internas	• O credor que tiver remitido a dívida ou recebido o pagamento responderá aos outros pela parte que lhes caiba (CC, art. 272). • O cocredor favorecido será responsável pelas quotas-partes dos demais, que terão direito de regresso.
	• Solidariedade passiva	• Definição	• É a relação obrigacional, oriunda de lei ou da vontade das partes, com multiplicidade de devedores, sendo que cada um responde *in totum et totaliter* pelo cumprimento da prestação, como se fosse o único devedor.	

7. OBRIGAÇÃO SOLIDÁRIA	• Solidariedade passiva	• Consequências jurídicas	• Nas relações externas	*a*) O credor pode escolher qualquer devedor para cumprir a prestação. *b*) O credor terá direito de exigir de qualquer coobrigado a dívida, total ou parcialmente (CC, art. 275). *c*) O pagamento parcial feito por um dos devedores e a remissão por ele obtida não aproveitarão aos demais senão até a concorrência da quantia paga ou relevada (CC, arts. 277 e 388). *d*) A cláusula, condição ou obrigação adicional, estipulada entre um dos codevedores e o credor, não poderá agravar a posição dos demais, sem anuência destes (CC, art. 278). *e*) A interrupção da prescrição operada contra um dos coobrigados estender-se-á aos demais e a seus herdeiros (CC, art. 204, § 1º), mas a interrupção operada contra um dos herdeiros do devedor solidário não prejudicará aos outros herdeiros ou devedores, senão quando se tratar de obrigação indivisível (CC, art. 204, § 2º). *f*) A morte de um dos devedores solidários não rompe a solidariedade, que continua a onerar os demais codevedores (CC, art. 276). *g*) O credor pode renunciar a solidariedade em favor de um, alguns ou todos os devedores (CC, art. 282). *h*) A confusão extinguirá a obrigação na proporção do valor do crédito adquirido. *i*) A novação entre o credor e um dos codevedores faz com que subsistam as preferências e garantias do crédito novado somente sobre os bens do que contrair a nova obrigação, ficando os demais devedores solidários exonerados por esse fato (CC, art. 365). *j*) O devedor solidário só poderá compensar com o credor o que este deve ao seu coobrigado até o equivalente da parte deste na dívida comum. *k*) A transação não aproveita nem prejudica senão os que nela intervieram, mas se for concluída entre um dos devedores e o credor extingue a dívida em relação aos codevedores (CC, art. 844, § 3º). *l*) A cessão de crédito só terá validade se o credor-cedente notificar todos os codevedores.

7. **OBRIGAÇÃO SOLIDÁRIA**	• Solidariedade passiva	• Consequências jurídicas	• Nas relações externas	*m*) O credor pode adicionar, se quiser, todos os codevedores ou qualquer um deles à sua escolha, e se propuser ação contra um deles não ficará inibido de acionar os outros (CC, art. 275, parágrafo único; CPC, arts. 130, III, e 119). *n*) Todos os codevedores responderão perante o credor pelos juros da mora (CC, art. 280, 1ª parte). *o*) O devedor demandado pode opor ao credor as exceções que lhe forem pessoais e as comuns a todos, não lhe aproveitando as pessoais a outro codevedor (CC, art. 281). *p*) A sentença proferida contra um dos coobrigados não pode constituir coisa julgada relativamente aos outros que não foram partes na demanda. *q*) O recurso interposto por um dos codevedores aproveitará aos outros, quando as defesas opostas ao credor lhes forem comuns (CPC, art. 1.005, parágrafo único). *r*) O credor poderá cobrar o débito, antes de seu vencimento, de um dos coobrigados que se encontrar em alguma das situações previstas no CC, art. 333, I, II e III (CC, art. 333, parágrafo único). *s*) A impossibilidade da prestação: *sem culpa* dos devedores, extingue a obrigação, e *por culpa* de um ou de alguns dos coobrigados, faz com que subsista a solidariedade para todos no que concerne ao encargo de pagar o equivalente; pelas perdas e danos, porém, só responderá o culpado (CC, art. 279).
			• Nas relações internas	*a*) O codevedor que satisfez a dívida por inteiro terá direito de exigir de cada um dos coobrigados a sua quota, dividindo-se igualmente por todos a do insolvente, se houver. O *solvens* tem, portanto, direito de regresso. *b*) O coobrigado a quem o débito solidário interessar exclusivamente responderá sozinho por todo ele para com aquele que o solveu (CC, art. 285). *c*) O codevedor culpado pelos juros de mora responderá aos outros pela obrigação acrescida (CC, art. 280, 2ª parte). *d*) O coobrigado que solver inteiramente a dívida, supondo que a obrigação era solidária, terá direito à repetição da parte excedente à sua.

7. OBRIGAÇÃO SOLIDÁRIA	• Solidariedade recíproca ou mista	• É a que apresenta, concomitantemente, pluralidade de credores e de devedores. E como decorre da combinação da solidariedade ativa e passiva, submeter-se-á às normas que regem essas duas espécies de solidariedade.	
	• Extinção da solidariedade	• Solidariedade ativa	• Se os credores desistirem dela, por convenção, estabelecendo que o pagamento da dívida se fará *pro rata*. • Se um dos cocredores falecer, seu crédito passará ao seu herdeiro sem aquela peculiaridade, salvo se a prestação for indivisível (CC, art. 270).
		• Solidariedade passiva	• Se um dos codevedores morrer, desaparecerá em relação aos seus herdeiros, embora sobreviva quanto aos demais coobrigados (CC, art. 276). • Se houver renúncia total do credor, uma vez que a parcial, em benefício de um dos devedores, só permite ao credor acionar os demais, abatendo da dívida a parte do favorecido (CC, art. 282, parágrafo único).

G. Obrigações quanto ao conteúdo

g.1. Obrigação de meio

A *obrigação de meio* é aquela em que o devedor se obriga tão somente a usar de prudência e diligência normais na prestação de certo serviço para atingir um resultado, sem, contudo, se vincular a obtê-lo. Infere-se daí que sua prestação não consiste num resultado certo e determinado a ser conseguido pelo obrigado, mas tão somente numa atividade prudente e diligente deste em benefício do credor. Seu conteúdo é a própria atividade do devedor, ou seja, os meios tendentes a produzir o escopo almejado, de maneira que a inexecução da obrigação se caracteriza pela omissão do devedor em tomar certas precauções, sem se cogitar do resultado final.

Havendo inadimplemento dessa obrigação, é imprescindível a análise do comportamento do devedor, para verificar se ele deverá ou não ser responsabilizado pelo evento, de modo que cumprirá ao credor demonstrar ou provar que o resultado colimado não foi atingido porque o obrigado não empregou a diligência e a prudência a que se encontrava adstrito (*AJ*, *104*:233). Isto é assim porque nessa relação obrigacional o devedor apenas está obrigado a fazer o que estiver a seu alcance para conseguir a meta pretendida pelo credor; logo, liberado estará da obrigação se agiu com prudência, diligência e escrúpulo, independentemente da consecução efetiva do resultado. O obrigado só será responsável se o credor provar a ausência total do comportamento exigido ou uma conduta pouco diligente, prudente e leal.

Obrigação desse tipo é o contrato de prestação de serviços profissionais pelo médico ou pelo advogado. Deveras, o médico, que se propõe a cuidar de um doente, não pode garantir a sua cura, ou, se compromete a fazer uma cirurgia plástica corretiva em paciente que sofreu um desastre de avião, não pode assegurar a recomposição satisfatória de sua integridade física, embora faça uso de todos os recursos técnicos. Quem procura um médico quer o restabelecimento de sua saúde, mas esse resultado não é o objeto do contrato, pois o paciente tem o direito de exigir que o médico o trate diligente e conscienciosamente, de acordo com os progressos da medicina (*RT, 309*:475, *283*:641). Todavia, não poderá exigir que o médico, infalivelmente, o cure. Assim, se o tratamento médico não trouxer cura ao paciente, esse fato não o isentará de pagar o serviço médico-cirúrgico que lhe foi prestado. Terá essa mesma natureza a obrigação do advogado, a quem se confia o patrocínio de uma causa, uma vez que ele apenas oferecerá sua atividade, sua cultura e talento na defesa dela, sem poder, contudo, garantir a vitória da demanda, pois esse resultado dependerá de circunstâncias alheias à sua vontade. Como o advogado não se obriga a obter ganho de causa para o seu constituinte, mesmo com o insucesso de seu patrocínio, fará jus aos honorários advocatícios, que representam a contraprestação de um serviço profissional, e não o preço de um resultado alcançado por esse serviço (Lei n. 8.906/94, arts. 22 a 26). Portanto, se agiu corretamente, com diligência normal, na demanda, terá direito a honorários, ainda que não obtenha êxito.

O mesmo se diz do contrato de propaganda que uma firma faz com uma agência de publicidade, para inserir, p. ex., em jornais o anúncio de certo produto, pois a sociedade encarregada da propaganda não pode garantir a aceitação dele pelo povo[259].

g.2. Obrigação de resultado

A *obrigação de resultado* é aquela em que o credor tem o direito de exigir do devedor a produção de um resultado, sem o que se terá o inadimplemento da relação obrigacional. Tem em vista o resultado em si mesmo, de tal sorte que a obrigação só se considerará adimplida com a efetiva produção do resultado colimado. Ter-se-á a execução dessa relação obrigacional quando o devedor cumprir o objetivo final. Como essa obrigação requer um resultado útil ao credor, o seu inadimplemento é suficiente para determinar a responsabilidade do devedor, já que basta que o resultado não seja atingido para que o credor seja indenizado pelo obrigado, que só se isentará de responsabilidade se provar que não agiu culposamente. Assim, se inadimplida essa obrigação, o obrigado ficará constituído em mora, de modo que lhe competirá provar que a falta do resultado previsto não decorreu de culpa sua, mas de caso fortuito ou força maior, pois só assim se exonerará da responsabilidade; não terá, porém, direito à contraprestação. É o que se dá, p. ex., com: *a*) o contrato de transporte, uma vez que o transportador se compromete a conduzir o passageiro ou as mercadorias (CC, arts. 749, 750), sãos e salvos, do ponto de embarque ao de destino (CC, arts. 734 e 735); *b*) o contrato em que o mecânico se obriga a consertar um automóvel, pois só cumprirá a prestação se o entregar devidamente reparado; *c*) o contrato em que médico se compromete a efetuar cirurgia plástica estética, retirando rugas e arrebitando nariz etc.[260].

---

259. Demogue, *Traité des obligations en général*, v. 5, n. 1.237, p. 398; Silvio Rodrigues, op. cit., p. 28; Trabucchi, op. cit., p. 513 e s.; Mazeaud e Mazeaud, op. cit., v. 2, p. 14; Savatier, *Traité de la responsabilité civile*, n. 775; Fábio Konder Comparato, Obrigações de meio, de resultado e de garantia, in *Enciclopédia Saraiva do Direito*, v. 55, p. 422-9; Caio M. S. Pereira, *Instituições*, cit., p. 50; W. Barros Monteiro, *Curso*, cit., p. 52-3; Mengoni, Obbligazioni di risultato ed obbligazioni di mezzi, *Rivista del Diritto Commerciale e del Diritto Generale delle Obbligazioni, 1*:185 e s., 280 e s., 366 e s., 1954; Moura Bittencourt, Honorários de advogado (Obrigações de meio e de resultado), *Folha de S. Paulo*, 2 jan. 1966; Neri Tadeu Camara Souza, Responsabilidade civil do médico, *Jornal Síntese*, Porto Alegre, mar., 2002, p. 22; Marcelo H. G. R. M. Santos, Releitura da responsabilidade civil em cirurgia estética à luz do novo CPC: obrigação de meio e não de resultado, *Revista dos Tribunais, 982*: 53 a 86; *RT, 694*:84, *785*:237, *813*:354.

260. Fábio Konder Comparato, op. cit., p. 422-30; Tunc, La distinction des obligations de résultat et des obligations de diligence, *Juris-Classeur Périodique*, v. 1, n. 449, 1945; Silvio Rodrigues, op. cit., p. 28;

g.3. Obrigação de garantia

A *obrigação de garantia* é a que tem por conteúdo a eliminação de um risco, que pesa sobre o credor. Visa reparar as consequências de realização do risco. Embora este não se verifique, o simples fato de o devedor assumi-lo representará o adimplemento da prestação. Deveras, pelo Código Civil, art. 764, "salvo disposição especial, o fato de se não ter verificado o risco, em previsão do qual se fez o seguro, não exime o segurado de pagar o prêmio", a Lei n. 15.040/2024 mantém essa mesma ideia. Tal ocorre porque a eliminação do risco, que pesa sobre o credor, representa um bem suscetível de aferição econômica, como os prêmios de seguro, ou as garantias bancárias que se obtêm mediante desconto antecipado de juros.

Constituem exemplos dessa obrigação a do segurador e a do fiador; a do contratante, relativamente aos vícios redibitórios, nos contratos comutativos (CC, arts. 441 e s.); a do alienante, em relação à evicção, nos contratos comutativos que versam sobre transferência de propriedade ou de posse (CC, arts. 447 e s.); a oriunda de promessa de fato de terceiro (CC, art. 439). Em todas essas relações obrigacionais, o devedor não se liberará da prestação, mesmo que haja força maior ou caso fortuito, uma vez que seu conteúdo é a eliminação de um risco, que, por sua vez, é um acontecimento casual ou fortuito, alheio à vontade do obrigado. Assim sendo, o vendedor, sem que haja culpa sua, estará adstrito a indenizar o comprador evicto; igualmente, a seguradora, ainda que, p. ex., o incêndio da coisa segurada tenha sido provocado dolosamente por terceiro, deverá indenizar o segurado[261].

Quadro Sinótico

Obrigações quanto ao conteúdo

1. OBRIGAÇÃO DE MEIO	• É aquela em que o devedor se obriga tão somente a usar de prudência e diligência normais na prestação de certo serviço para atingir um resultado, sem, contudo, se vincular a obtê-lo.
2. OBRIGAÇÃO DE RESULTADO	• É aquela em que o credor tem o direito de exigir do devedor a produção de um resultado, sem o que se terá o inadimplemento da relação obrigacional.
3. OBRIGAÇÃO DE GARANTIA	• É a que tem por conteúdo a eliminação de um risco, que pesa sobre o credor.

Demogue, op. cit., v. 5, p. 398; Caio M. S. Pereira, *Instituições*, cit., p. 50; W. Barros Monteiro, *Curso*, cit., p. 52-3; *RT*, *663*:147, *706*:211, *767*:111, *718*:270, *726*:416, *760*:206, *807*:292.

261 Bernard Gross, *La notion d'obligation de garantie dans le droit des contrats*, Paris, 1964; Fábio Konder Comparato, op. cit., p. 428-30; Mazeaud e Tunc, *Traité théorique et pratique de la responsabilité civile, délictuelle et contractuelle*, 5. ed., Paris, t. 1, ns. 103 a 108.

2. OBRIGAÇÕES RECIPROCAMENTE CONSIDERADAS

A. OBRIGAÇÃO PRINCIPAL E ACESSÓRIA

Em regra, as obrigações são autônomas, dotadas de existência própria, mas excepcionalmente há obrigações que dependem de outras. Assim sendo, a obrigação existente por si, abstrata ou concretamente, sem qualquer sujeição a outras relações jurídicas, denomina-se *obrigação principal*. P. ex.: a do vendedor, que se obriga, ao alienar um bem, a entregá-lo ao comprador, ou a do inquilino, que se compromete a restituir a coisa locada, findo o prazo estipulado no contrato de locação. E aquela cuja existência supõe a da principal designa-se *obrigação acessória*. Há acessoriedade, p. ex.: *a*) nos juros (CC, arts. 323, 406 e 407), pois dependem, para existir, de uma obrigação principal, a que aderem (CC, arts. 92, 206, § 3º, III; CPC, art. 322, § 1º), embora a obrigação proveniente de juros possa adquirir autonomia, podendo ser reclamada depois da extinção da dívida principal pelo pagamento; *b*) na fiança (CC, arts. 818 a 839), uma vez que a obrigação do fiador cessa com a extinção do débito principal, não sobrevivendo à obrigação que visa garantir; *c*) nos direitos reais de garantia, por vincularem diretamente ao poder do credor certo bem do devedor, com o intuito de assegurar a satisfação de seu crédito, se inadimplente o devedor. Realmente, daí se conclui a acessoriedade dos direitos reais de garantia, visto que sempre pressupõem a existência de um direito de crédito, a que servem de garantia (*RT, 145*:215, *186*:138); *d*) na evicção, uma vez que a obrigação do vendedor de resguardar o comprador contra os riscos da alienação supõe uma obrigação principal, o contrato de compra e venda, a que se subordina; *e*) nos vícios redibitórios, pois a obrigação de responder por eles depende de outra obrigação; *f*) na cláusula penal, por ser um pacto acessório, em que se estipula pena ou multa para o devedor que não cumprir ou retardar a prestação a que se obrigou, de modo que se extingue, em regra, com a obrigação principal, embora possa, em certos casos, sobreviver-lhe (*RF, 147*:108); *g*) na cláusula compromissória, anexada a uma obrigação principal – um contrato de sociedade, p. ex. – com o escopo de, preventivamente, submeter as partes ou os sócios à decisão de um árbitro, se houver dúvidas na execução do negócio jurídico, apesar de não impedir os contratantes de recorrerem ao juízo comum para defender seus direitos (*RT, 334*:194, *361*:139; *AJ, 101*:495; *RF, 67*:727); *h*) na cláusula de irrevogabilidade, inserida nos compromissos de compra e venda de imóveis etc.

O caráter acessório ou principal de uma obrigação pode ser decorrente de lei ou da vontade das partes, podendo existir desde o instante de sua constituição ou aparecer supervenientemente, caso em que se apresentam dissociadas uma da outra[262].

---

262. Caio M. S. Pereira, *Instituições*, cit., p. 108; Serpa Lopes, op. cit., p. 69; W. Barros Monteiro, *Curso*, cit., p. 227 e 229-31; M. Helena Diniz, *Curso*, cit., v. 4, p. 305-6; Crome, *Teorie*, cit., p. 78.

B. Efeitos jurídicos dessas modalidades de obrigação

As obrigações principal e acessória regem-se pelos mesmos princípios norteadores das relações entre coisa principal e coisa acessória, daí estarem subordinadas ao preceito geral *accessorium sequitur naturam sui principalis*, ou seja, o acessório segue a condição jurídica do principal. Esse princípio produz os seguintes *efeitos jurídicos*: *a*) a extinção da obrigação principal implica, em regra, o desaparecimento da acessória; *b*) a ineficácia ou nulidade da principal reflete-se na acessória (CC, art. 184, 2ª parte), porém nem sempre, pois, se a principal for declarada nula por incapacidade do devedor, prevalecerá a fiança (CC, art. 824), exceto se for dada a mútuo contraído por menor, sem prévia autorização daquele sob cuja guarda estiver (CC, art. 588), salvo nas hipóteses do art. 589 do Código Civil; *c*) a prescrição da principal afeta a da acessória (*AJ*, *96*:105). Os juros ou outra obrigação acessória, pagáveis em períodos não maiores de um ano, com ou sem capitalização, prescrevem em três anos (CC, art. 206, § 3º, III), e se a obrigação principal a que se ligam prescrever em dez anos, poderá ocorrer a prescrição dos juros, que se extinguem enquanto ainda está correndo o prazo prescritivo da principal; *d*) a obrigação acessória, estipulada por um codevedor solidário, não poderá agravar os demais, sem anuência destes (CC, art. 278); *e*) a cessão de um crédito abrange todos os acessórios (juros, garantias reais ou pessoais), salvo disposição em contrário (CC, art. 287); *f*) a obrigação de dar inclui os acessórios, ainda que não mencionados, exceto se o contrário resultar do seu título constitutivo ou das circunstâncias do caso; p. ex.: o vendedor de uma casa com pomar deverá também entregar ao comprador os frutos pendentes, a não ser que o contrário resulte do título ou das circunstâncias do caso; *g*) a cessação da confusão restabelece a obrigação anterior com todos os seus acessórios (CC, art. 384); *h*) a novação resolve o acessório e garantias do débito, se não houver estipulação em contrário (CC, art. 364); *i*) a obrigação principal, garantida por hipoteca, faz com que esta também alcance os juros.

É preciso ressaltar, ainda, que a sorte da obrigação acessória não atinge a principal; assim, a nulidade da acessória não induz a da principal, a prescrição da acessória não acarreta a da principal e a extinção da acessória não prejudica a principal. P. ex.: se caducar uma hipoteca, pela resolução do domínio ou pela destruição da coisa, o credor perderá o direito sobre o imóvel hipotecado, mas manterá seu direito creditório quanto à obrigação de pagar, que é principal. Clara é, portanto, a independência da principal quanto à acessória[263].

Quadro Sinótico

Obrigações reciprocamente consideradas

1. OBRIGAÇÃO PRINCIPAL	• É a existente por si, abstrata ou concretamente, sem qualquer sujeição a outras relações jurídicas.
2. OBRIGAÇÃO ACESSÓRIA	• É aquela cuja existência supõe a da principal. P. ex.: juros, fiança, direitos reais de garantia, evicção, cláusula penal, vícios redibitórios, cláusula compromissória, cláusula de irrevogabilidade etc.

263. Serpa Lopes, op. cit., p. 70; W. Barros Monteiro, *Curso*, cit., p. 227-9; Caio M. S. Pereira, *Instituições*, cit., p. 109.

3. EFEITOS JURÍDICOS DESSAS MODALIDADES DE OBRIGAÇÕES ANTE O PRINCÍPIO DE QUE O ACESSÓRIO SEGUE A CONDIÇÃO JURÍDICA DO PRINCIPAL	*a*) A extinção da principal implica a da acessória. *b*) A ineficácia ou nulidade da principal reflete-se na acessória. *c*) A prescrição da principal afeta a da acessória. *d*) A obrigação acessória, estipulada por um codevedor, não poderá agravar os demais, sem consentimento destes (CC, art. 278). *e*) A cessão de crédito abrange todos os acessórios, salvo disposição em contrário (CC, art. 287). *f*) A obrigação de dar inclui os acessórios. *g*) A cessação de confusão restabelece a obrigação anterior com todos os acessórios (CC, art. 384). *h*) A novação extingue o acessório e garantias do débito (CC, art. 364). *i*) A obrigação principal, garantida por hipoteca, faz com que esta alcance os juros.

CAPÍTULO IV

Efeitos das Obrigações

1. INTRODUÇÃO AO ESTUDO DOS EFEITOS DAS RELAÇÕES OBRIGACIONAIS

A. EFEITOS DECORRENTES DO VÍNCULO OBRIGACIONAL

Os efeitos das obrigações – ante o vínculo obrigatório que essas relações implicam, uma vez que o credor tem o direito de exigir a prestação e o devedor tem o dever de cumpri-la – abrangem as questões[1]:

1ª) *dos modos extintivos das obrigações,* isto é, dos atos que exoneram o devedor da relação creditória, libertando-o do poder jurídico do credor, de maneira que desapareça o direito deste contra aquele;

2ª) *das consequências do inadimplemento das obrigações,* ou seja, dos meios pelos quais o credor poderá obter o que lhe é devido, compelindo o devedor a liberar-se da obrigação por ele contraída.

B. PESSOAS SUJEITAS AOS EFEITOS DAS OBRIGAÇÕES

O vínculo obrigacional autoriza o credor a exigir do devedor o cumprimento da prestação. E se a obrigação não for personalíssima, alcançará não só as partes, como também os seus herdeiros, ou seja, o sujeito ativo e o sujeito passivo e seus respectivos herdeiros ou sucessores, quer por ato *causa mortis,* quer por ato *inter vivos* (p. ex.: cessão de crédito (CC, arts. 286 a 298; *RT, 478*:141, *466*:157) ou sub-rogação (CC, arts. 346 e s.), vinculando-os juridicamente, de modo que se sujeitem aos efeitos da obrigação. Logo, o credor ou seu herdeiro poderá reclamar do devedor ou de sucessor seu o adimplemento da prestação, podendo até, em caso de descumprimento da obrigação, recorrer ao Poder Judiciário para obter o ressarcimento do prejuízo, ou melhor, das perdas e danos oriundas da inexecução da prestação (CC, art. 389). Deveras, não sendo a obrigação inerente à pessoa do devedor devido às suas qualidades, portanto, não se tratando de obrigação de fazer infungível (CC, art. 249), transmite-se ela aos sucessores das partes. É preciso, porém, não olvidar que o Código Civil, art. 1.792, limita a responsabilidade desses herdeiros às forças do acervo hereditário, ao prescrever: "O herdeiro não responde por encargos superiores às forças da herança; incumbe-lhe, porém, a prova do excesso, salvo se houver inventário que a escuse, demonstrando o valor dos bens herdados".

---

1. Silvio Rodrigues, *Direito civil,* 3. ed., São Paulo, Max Limonad, 1968, v. 2, p. 129; W. Barros Monteiro, *Curso de direito civil,* 17. ed., São Paulo, Saraiva, 1982, p. 245; Bassil Dower, *Curso moderno de direito civil,* Nelpa, v. 2, p. 121-6; Josserand, *Cours de droit civil positif français,* 2. ed., v. 2, p. 320; Rubens Gomes de Souza, *Compêndio de legislação tributária,* p. 113.

Se a obrigação for personalíssima, não se terá a sua transmissão, visto que vincula absoluta e exclusivamente um certo devedor ao credor.

Fácil é perceber que não se pode vincular terceiro a uma relação obrigacional. Só será devedor aquele que se comprometer a cumprir uma prestação por manifestação de sua própria vontade, por determinação legal ou por decorrência de ilícito por ele mesmo praticado. Assim, se porventura alguém tiver prometido conseguir determinado ato de terceiro, esse terceiro não estará obrigado, a menos que consinta nisso. Essa promessa de fato de terceiro constitui uma obrigação de fazer, isto é, de conseguir o ato de terceiro. O inadimplemento dessa obrigação de fazer, que se dá quando terceiro não executa o ato prometido por outrem, sujeita o que prometeu obter tal ato à indenização de prejuízos. Realmente, estatui o Código Civil, art. 439: "Aquele que tiver prometido fato de terceiro responderá por perdas e danos, quando este o não executar". Dessa forma, se terceiro não praticar o ato, estará impossibilitada a execução da obrigação, e o promitente responderá por perdas e danos (*RF*, *240*:175, *109*:447; *RT*, *199*:216, *216*:157)[2].

Quadro Sinótico

INTRODUÇÃO AO ESTUDO DOS EFEITOS DAS RELAÇÕES OBRIGACIONAIS

1. EFEITOS DECORRENTES DA OBRIGAÇÃO	• Extinção da obrigação, liberando o devedor. • Consequências do inadimplemento da obrigação.
2. PESSOAS SUJEITAS A ESSES EFEITOS	• Sujeito ativo e passivo, se a obrigação for personalíssima. • Sujeito ativo e passivo e seus sucessores, por ato *causa mortis* ou *inter vivos*, se não se tratar de obrigação personalíssima.

2. Planiol e Ripert, *Traité pratique de droit civil*, Paris, 1931, t. 7, n. 769; Clóvis Beviláqua, *Direito das obrigações*, 9. ed., p. 64 e 81; e *Código Civil comentado*, v. 4, obs. ao art. 929; Silvio Rodrigues, op. cit., p. 131-3; Bassil Dower, op. cit., p. 126-7; W. Barros Monteiro, op. cit., p. 245-6. Consulte, além do art. 1.792, os arts. 836, 943, 1.992 e 1.997 do Código Civil.

2. MODOS DE EXTINÇÃO DAS OBRIGAÇÕES

A. Meios de solver as obrigações

Extingue-se a obrigação[3]:

1º) *Pelo pagamento direto* ou execução voluntária da obrigação pelo devedor (CC, arts. 304 a 333, 876 a 883), que, conforme a natureza da relação obrigacional, entrega certo bem, pratica uma ação ou se abstém de determinado ato.

A obrigação surge para ser cumprida, de modo que, se for voluntariamente satisfeita a prestação, não mais se terá vínculo obrigacional, pois o sujeito passivo se libera com o adimplemento da obrigação. Assim sendo, no momento em que se der o cumprimento de uma relação obrigacional, operar-se-á a sua extinção.

2º) *Pelo pagamento indireto*, mediante consignação (CC, arts. 334 a 345), sub-rogação (CC, arts. 346 a 351), imputação do pagamento (CC, arts. 352 a 355), dação em pagamento (CC, arts. 356 a 359), novação (CC, arts. 360 a 367), compensação (CC, arts. 368 a 380), transação (CC, arts. 840 a 850), compromisso (CC, arts. 851 a 853; Lei n. 9.307/96), confusão (CC, arts. 381 a 384), e remissão da dívida (CC, arts. 385 a 388), que, embora empregados excepcionalmente, produzem efeito liberatório do devedor.

3º) *Pela prescrição, pela impossibilidade de execução sem culpa do devedor e pelo implemento de condição ou termo extintivo*, casos em que se terá a extinção da obrigação sem pagamento. Extinguir-se-á o vínculo obrigacional, nessas hipóteses, sem que o devedor cumpra a prestação.

4º) *Pela execução forçada, em virtude de sentença*, seja sob forma específica, seja pela conversão da coisa devida no seu equivalente.

---

3. Sobre os modos extintivos das obrigações, *vide* Orlando Gomes, *Obrigações*, 4. ed., Rio de Janeiro, Forense, 1976, p. 108-9; Caio M. S. Pereira, *Instituições de direito civil*, 6. ed., Rio de Janeiro, Forense, 1981, v. 2, p. 144-5; W. Barros Monteiro, op. cit., p. 247; Clóvis Beviláqua, *Código Civil*, cit., v. 4, p. 83; Ruggiero e Maroi, *Istituzioni di diritto privato*, v. 2, § 130; Bassil Dower, op. cit., p. 123-5 e 129-30; Cassatti e Russo, *Manuale di diritto civile italiano*, p. 43; Trabucchi, *Istituzioni di diritto civile*, 15. ed., Padova, 1966, n. 203; Sebastião José Roque, *Direito das obrigações*, cit., p. 67 a 152; Judith Martins-Costa, *Comentários ao novo Código Civil* (coord. Sálvio de F. Teixeira), Rio de Janeiro, Forense, 2003, v. 5, t. 1, p. 98; M. Helena Diniz, Extinção do crédito tributário: uma breve reflexão sob a ótica do direito civil, *Extinção da obrigação tributária na teoria e na prática* (coord. Julcira Vianna Lisboa e Cláudia Abrosio). São Paulo, Quartier Latin, 2021, p. 15 a 30.

Quadro Sinótico

MEIOS DE SOLVER AS OBRIGAÇÕES

1. EXTINÇÃO DA OBRIGAÇÃO PELO MEIO DIRETO OU PAGAMENTO	• CC, arts. 304 a 333.
2. EXTINÇÃO DA OBRIGAÇÃO PELOS MEIOS INDIRETOS	• Pagamento por consignação (CC, arts. 334 a 345). • Pagamento com sub-rogação (CC, arts. 346 a 351). • Imputação do pagamento (CC, arts. 352 a 355). • Dação em pagamento (CC, arts. 356 a 359). • Novação (CC, arts. 360 a 367). • Compensação (CC, arts. 368 a 380). • Transação (CC, arts. 840 a 850). • Compromisso (Lei n. 9.307/96 e CC, arts. 851 a 853). • Confusão (CC, arts. 381 a 384). • Remissão da dívida (CC, arts. 385 a 388).
3. EXTINÇÃO DA OBRIGAÇÃO SEM PAGAMENTO	• Pela prescrição. • Pela impossibilidade de execução sem culpa do devedor. • Pelo advento de condição ou termo extintivo.
4. EXECUÇÃO FORÇADA, EM RAZÃO DE SENTENÇA JUDICIAL	

B. Pagamento ou modo direto de extinguir a obrigação

b.1. Conceito e natureza jurídica do pagamento

O termo *pagamento* pode ser empregado em sentido[4]:

1º) *lato*, para designar a execução satisfatória da obrigação, ou seja, solução, adimplemento, resolução, implemento, cumprimento. Percebe-se daí que o vocábulo em tela abrange quaisquer meios extintivos da relação obrigacional, correspondendo à *solutio* do direito romano, pela qual se dissolvia o *vinculum juris* da obrigação. Deveras, o adimplemento é

4. Orlando Gomes, op. cit., p. 110; Serpa Lopes, *Curso de direito civil,* 4. ed., Freitas Bastos, 1966, v. 2, p. 186; José Eduardo Ribeiro de Assis, Natureza jurídica do pagamento, *Livro de Estudos Jurídicos, 8*:444-49; José Beltran Heredia y Castaño, *El cumplimiento de las obligaciones,* Madrid, 1956; Ruggiero e Maroi, op. cit., v. 2, p. 60; Bassil Dower, op. cit., p. 132; Silvio Rodrigues, op. cit., p. 136-7; Carvalho de Mendonça, *Doutrina e prática das obrigações,* 4. ed., Rio de Janeiro, 1956, v. 1, n. 223; Clóvis Beviláqua, *Código Civil,* cit., v. 4, p. 66; Pacchioni, *Delle obbligazioni in generale,* 3. ed., p. 378; Caio M. S. Pereira, op. cit., p. 144; W. Barros Monteiro, op. cit., p. 247-8; Enrico Giusiana, *Istituzioni di diritto privato,* 8. ed., v. 2, p. 31-2; R. Limongi França, Pagamento, in *Enciclopédia Saraiva do Direito,* v. 56, p. 446; Ramón Silva Alonso, *Derecho de las obligaciones*, cit., p. 340-3. Pela Lei n. 12.865/2013, o pagamento poderá ser eletrônico, efetivado no SPB (Sistema de Pagamento Brasileiro) pelo celular ou pela internet.

o modo direto ou indireto de extinção da obrigação, incluindo não só a efetivação exata da prestação daquilo que forma o objeto da obrigação, como também a novação, a compensação, a confusão, a transação, a remissão de dívida etc.;

2º) *restrito*, para indicar certo meio de extinção da obrigação, significando a execução voluntária e exata, por parte do devedor, da prestação devida ao credor, no tempo, forma e lugar previstos no título constitutivo. Ter-se-á, então, o pagamento quando o devedor – por iniciativa própria ou atendendo solicitação do credor, desde que não seja compelido – cumprir exatamente a prestação devida, sem nenhuma modificação relevante fundada em lei e sem quaisquer alterações na substância do vínculo obrigacional. Assim sendo, *pagamento* seria uma espécie do gênero *adimplemento*, ou melhor, um meio direto e voluntário de extinguir a obrigação. No dizer de Barbero[5], constitui o principal modo de satisfação do interesse do credor de certa obrigação, exaurindo-lhe qualquer pretensão.

Bastante controvertida é a questão da *natureza jurídica* do pagamento[6], pois há autores que nele vislumbram: *a*) um *fato jurídico* que extingue a obrigação, realizando-lhe o conteúdo (Giusiana, Orozimbo Nonato, Aubry e Rau, Giorgianni, Larombière etc.); *b*) um *ato jurídico "stricto sensu"* (Cariota Ferrara), ante a circunstância de não se anular pagamento eivado de erro, ou de outro vício do consentimento, visto que a ação cabível será, como logo mais veremos, a de repetição do indébito; *c*) um *ato devido* (Carnelutti), ou seja, um ato vinculado, que precisa ser praticado para extinguir a relação obrigacional; *d*) um *ato causal*, pois só se efetua para extinguir a obrigação; *e*) um *negócio jurídico unilateral*, uma vez que pode se completar sem nenhuma manifestação de vontade do credor ou até contra a vontade deste, podendo ser feito a este pessoalmente ou em seu benefício; *f*) um *contrato* ou *negócio jurídico bilateral* (Windscheid, Von Tuhr, Colin e Capitant, Washington de Barros Monteiro, Crome, Allara, Hedemann etc.), pois é um acordo de vontade com finalidade liberatória, visto que um de seus requisitos essenciais é o *animus solvendi*, sem o que seria uma liberalidade, e, além do mais, submete-se aos princípios que regem os contratos, concepção essa que nos parece a mais acertada; *g*) um *negócio jurídico bilateral* ou *unilateral* (Ruggiero e Maroi), segundo a natureza da prestação, sendo bilateral nas obrigações de dar, e unilateral nas de não fazer e em algumas de fazer; *h*) um *negócio jurídico* e *fato*, alternadamente (Lehmann, Stolfi, Venzi, Enneccerus, Kipp e Wolff, Oertmann etc.), já que o pagamento se inclui dentro do negócio jurídico, se tiver função translativa de domínio, e dentro do fato jurídico, se for meramente extintivo de um vínculo obrigacional.

b.2. Requisitos essenciais ao exato cumprimento da obrigação

Para que o pagamento possa ser um meio direto e eficaz de extinção da obrigação, serão imprescindíveis os seguintes requisitos[7]:

---

5. Barbero, *Sistema istituzionale del diritto privato italiano*, t. 2, p. 26.
6. Sobre a natureza jurídica do pagamento, *vide* as lições de W. Barros Monteiro, op. cit., p. 248; Caio M. S. Pereira, op. cit., p. 145-6; Barbero, op. cit., t. 2, p. 30; Serpa Lopes, op. cit., p. 186-8; Enneccerus, Kipp e Wolff, *Derecho civil;* obligaciones; v. 1, § 60, p. 299-300; Giorgi, *Teoria delle obbligazioni*, v. 7, n. 9; Orlando Gomes, op. cit., p. 113-5; Cariota Ferrara, *El negocio jurídico*, p. 34; Carnelutti, *Processo esecutivo*, v. 3, n. 486, p. 190; Ruggiero e Maroi, op. cit., v. 3, § 130.
7. A respeito dos requisitos do pagamento, consulte Bassil Dower, op. cit., p. 132-45; R. Limongi França, op. cit., p. 446-9; Serpa Lopes, op. cit., p. 185 e 188-202; Enneccerus, Kipp e Wolff, op. cit., v. 1, § 61; Giorgi, op. cit., v. 7, n. 122; Silvio Rodrigues, op. cit., p. 137-68; Laurent, *Principes de droit civil français*, 5. ed., Bruxelles, 1893, t. 17, ns. 479, 485 e 525; W. Barros Monteiro, op. cit., p. 248-54; Carvalho de Mendonça, op. cit., v. 1, ns. 238, 240, 245 e 326; Hudelot e Metmann, *Des obligations*, 4. ed., n. 507;

1º) *Existência de vínculo obrigacional,* oriundo de lei ou de negócio jurídico, que o justifique, pois sem ele ter-se-á pagamento indevido, visto que não haverá prestação devida necessária e, portanto, a presença desse vínculo, uma vez que o pagamento pressupõe a existência de uma dívida.

2º) *Intenção de solver tal vínculo* ou *animus solvendi,* pois o pagamento é execução voluntária da prestação.

3º) *Satisfação exata da prestação* que constitui o objeto da obrigação. Toda obrigação tem um objeto, que é a prestação devida; logo, como o efeito primordial do pagamento é extingui-la, ele deverá apresentar coincidência com o devido. Assim, o devedor se exonerará da obrigação, entregando efetivamente a coisa devida, se se tratar de uma obrigação de dar; praticando determinada ação, se for obrigação de fazer; ou abstendo-se de certo ato, se a obrigação for de não fazer. Se o objeto da prestação apresentar complexidade, abrangendo várias prestações de natureza diversa, o devedor somente se liberará do vínculo jurídico quando cumprir o débito integralmente, na forma e no tempo estipulados no título constitutivo. Eis por que o objeto do pagamento, ou seja, a prestação de dar, de fazer ou de não fazer alguma coisa, deve reunir identidade, integridade e indivisibilidade, pois o *solvens* terá de cumprir, por inteiro, a mesma prestação que constitui o objeto do contrato, devendo reger-se, com base no art. 422 do Código Civil, pelos seguintes princípios:

a) *O devedor somente se desvinculará se satisfizer exatamente a prestação devida.* Assim, p. ex., se a obrigação for de fazer, o devedor deverá prestar o serviço a que estritamente se comprometeu; se a obrigação for de dar coisa certa, o credor não poderá ser compelido a receber outra, ainda que mais valiosa (CC, art. 313), e o devedor não poderá ser obrigado a pagar uma outra coisa que não a devida. Se o objeto da prestação for dinheiro, sem determinação da espécie, far-se-á o pagamento, no vencimento, em moeda corrente e pelo valor nominal (CC, art. 315). Será inválida a convenção de pagamento em ouro ou em moeda estrangeira, bem como para compensar a diferença entre o valor desta e o da moeda nacional, excetuados os casos previstos em lei especial (CC, art. 318; Lei n. 10.192/2001, art. 1º, parágrafo único, I e II). O pagamento só poderá ser efetuado em apólices municipais, estaduais ou federais, se o credor consentir ou se o contrato contiver estipulação a esse respeito. O mesmo ocorrerá quanto ao pagamento mediante cheque, que é recebido *pro solvendo* e não *pro soluto,* pois se não houver fundo, tal pagamento não terá eficácia (*RT, 490*:220, *493*:87, *494*:58, *471*:163, *486*:104, *436*:154).

É lícito convencionar o aumento progressivo de prestações sucessivas (CC, art. 316), tendo-se por base índices oficiais regularmente estabelecidos (*RT*, *595*:141, *620*:197; *RSTJ*, *102*:368; *RJTJSP*, *154*:227). A Lei n. 10.192/2001 (art. 2º, § 1º) considera inválida a estipulação de reajuste ou correção de periodicidade inferior a um ano. Há quem ache que o art. 316 do Código Civil abrange a cláusula de escala móvel, que é, convém lembrar, a revisão

---

Orlando Gomes, op. cit., ns. 72 a 76; Caio M. S. Pereira, op. cit., p. 147-59; Larenz, *Derecho de obligaciones,* v. 1, § 26; Baudry-Lacantinerie e Barde, *Traité théorique et pratique de droit civil*; des obligations, 3. ed., v. 2, ns. 1.389 e 1.411; Cunha Gonçalves, *Direito civil,* t. 4, p. 713; Barassi, *Istituzioni di diritto civile,* n. 203, p. 206; Hector Lafaille, *Derecho civil*; tratado de las obligaciones, v. 1, n. 339; Ruggiero e Maroi, op. cit., § 130; Orozimbo Nonato, *Curso de obrigações,* 2. parte, v. 1, p. 127 e s.; Flavio Tartuce, A revisão do contrato pelo novo Código Civil, crítica e proposta de alteração ao art. 317 da Lei n. 10.406/02, in *No Código Civil – questões controvertidas*, São Paulo, Método, 2003, p. 125-48; Carvalho Santos, *Código Civil*, cit., p. 110-1. Pelo CJF, o Enunciado 425 (aprovado na V Jornada de Direito Civil): "O pagamento repercute no plano da eficácia, e não no plano da validade como preveem os arts. 308, 309 e 310 do Código Civil".

de obrigação pecuniária por convenção das partes, em função de índices por elas escolhidos baseados em valor expresso em moeda corrente de certos bens (p. ex., petróleo) ou serviços ou de generalidade de bens ou serviços (índices gerais de preço).

E se, como já dissemos em páginas anteriores, por razões imprevisíveis (motivos de desproporção não previsível ou previsível, mas de resultado imprevisível), sobrevier desproporção manifesta entre o valor da prestação devida e o do momento de sua execução, o órgão judicante poderá, a requerimento da parte, corrigi-lo, assegurando, na medida do possível, o real valor da prestação (CC, art. 317, c/c arts. 478 a 480, e Enunciado n. 17, aprovado na *I Jornada de direito civil*, promovida, em setembro de 2002, pelo Centro de Estudos Judiciários do Conselho da Justiça Federal). Com isso, ante o princípio da equivalência material das prestações, aceitas estão a teoria da imprevisão e a correção judicial do valor da prestação.

Entrega de objeto diferente não constitui pagamento direto. A substituição do objeto, com anuência do credor, terá força liberatória, mas será dação em pagamento, meio indireto, portanto, de extinguir a obrigação. Se a coisa perecer por culpa do devedor, e houver a substituição do objeto, devido pela prestação, por dinheiro equivalente às perdas e danos, tal conversão não será pagamento, no sentido estrito, por faltar identidade de objeto. A sub-rogação da coisa devida não constitui pagamento no rigor técnico da palavra. É preciso lembrar que, pelo art. 927, parágrafo único, do Código Civil, nas indenizações por ato ilícito "haverá obrigação de reparar o dano, independentemente de culpa, nos casos especificados em lei, ou quando a atividade normalmente desenvolvida pelo autor do dano implicar, por sua natureza, risco para os direitos de outrem". Se o devedor tiver de entregar coisa certa infungível, que se perder ou se deteriorar sem culpa sua, não responderá pelo acontecido, resolvendo-se a obrigação. Se a obrigação for de dar coisa incerta, determinada pelo gênero e pela quantidade, não será o devedor compelido a entregar a melhor nem poderá prestar a pior, pois deverá fornecer objetos de qualidade média. Se porventura a prestação a cumprir for objeto que se paga por peso ou medida, e o título for omisso a respeito, presumir-se-á que as partes pretenderam adotar a medida do lugar da execução do contrato, isto porque há medidas de superfície (alqueire de terra) e pesos que variam de local para local. Por exemplo, a arroba (unidade de peso) em determinados lugares corresponde a doze quilos; em outros, a quinze, e o alqueire (medida de superfície), em São Paulo, equivale a 24.200 m^2 e em Minas Gerais, 48.400 m^2 (CC, art. 326; Dec.-lei n. 592/38; Dec. n. 4.257/39 (ora revogado pelo Decreto n. 11/91) e Dec.-lei n. 240/67, sobre o sistema nacional de metrologia).

b) O devedor não poderá exigir que o credor receba por partes um débito que, por convenção, deve ser pago por inteiro. O credor não está obrigado a receber parceladamente aquilo que combinou receber por inteiro. Se o devedor se comprometer a entregar 40 sacas de café no dia 20 de maio de 2007, não poderá entregar 35 sacas nessa data, determinando que as 5 restantes sejam entregues dia 30 de maio. Mesmo que a prestação seja divisível, não se admitirá pagamento parcelado de dívida exigível por inteiro (CC, art. 314)[8]. Ante o princípio da indivisibilidade do objeto do pagamento, a solução parcial acarretaria uma desconformidade

8. Observa Mário Luiz Delgado Régis que há corrente doutrinária entendendo que o art. 916 do CPC excepcionaria o art. 314 do CC, por estabelecer a possibilidade de parcelamento da dívida independentemente de ajuste das partes, mas na sua opinião trata-se de "uma nova exceção à regra geral que veda o pagamento parcelado sem a anuência do credor, uma vez que a norma processual estabeleceu um favor legal para o devedor, não podendo o juiz indeferir o pedido de parcelamento, sempre que estejam presentes todos os requisitos legais e não haja má-fé do devedor, nem o *animus* emulativo de postular o parcelamento apenas com o intuito de prejudicar o credor" (*Código Civil comentado* (coord. Regina B. Tavares da Silva), São Paulo, Saraiva, 2008, p. 284).

entre o débito e a prestação, ainda que o conjunto das parcelas pagas corresponda à totalidade, pois se não há consentimento do credor, ninguém poderá forçá-lo a aceitar o fracionamento da obrigação. Esse princípio, porém, comporta exceções: os herdeiros do devedor, após a partilha, só responderão proporcionalmente à quota que lhes coube na herança; o credor, havendo insuficiência de bens do devedor executado judicialmente, receberá apenas a parte cobrável, remanescendo o crédito no restante; a existência de cláusula, contida no contrato, estipulando pagamento do débito por partes; a verificação de compensação parcial da dívida etc. Se o credor tem o direito de receber a prestação na sua integralidade, não está obrigado a qualquer encargo para recebê-la, pois se nada tiver sido estipulado no contrato, há presunção *juris tantum* de que as despesas com o pagamento ficam a cargo do devedor. Mas, se as despesas forem agravadas por fato imputável ao credor (mora, mudança de domicílio), o acréscimo correrá por sua conta (CC, art. 325).

c) *O devedor deverá satisfazer a prestação pelo modo devido, pontualmente, no lugar determinado.* Examinaremos o lugar e o tempo do pagamento mais detalhadamente nos itens b.3. e b.4.

4º) *Presença da pessoa que efetua o pagamento* (*solvens*); portanto, é imprescindível saber quem deve pagar.

Se se tratar de *obrigação personalíssima*, contraída em atenção às qualidades pessoais do *devedor*, apenas este deverá cumpri-la, de forma que não se poderá obrigar o credor a aceitar de outrem a prestação (CC, art. 249).

Se a obrigação não for *intuitu personae*, será indiferente ao credor a pessoa que solver a prestação – o próprio devedor ou outra por ele – pois o que importa é o pagamento, já que a obrigação se extinguirá com ele. O pagamento efetivado por outrem contra a vontade do devedor, ou mesmo que este ignore tal fato, tem o condão de liberá-lo da obrigação[9]. Realmente, o art. 304 do Código Civil prescreve que "qualquer interessado na extinção da dívida pode pagá-la, usando, se o credor se opuser, dos meios conducentes à exoneração do devedor".

A pessoa que deve pagar será *qualquer interessado*, juridicamente, no cumprimento da obrigação, como o próprio devedor (caso em que se terá pagamento verdadeiro e próprio, pois extingue o débito ante o devedor e em face do credor), o fiador, o avalista, o coobrigado, o herdeiro, o cessionário, o sublocatário, outro credor do devedor, o adquirente de imóvel hipotecado, e, enfim, todos os que, indiretamente, fazem parte do vínculo obrigacional, hipótese em que, se pagarem o débito, se sub-rogarão em todos os direitos creditórios (CC, art. 346, I a III; *RSTJ*, *118*:227; *JTA*, *178*:251; *BAASP*, *2396*:960; *RT*, *751*:434, *718*:146, *647*:149, *457*:76, *455*:188). Pagamento feito por outro interessado que não o devedor acarreta a sub-rogação do *solvens* em todos os direitos do credor, visto que não produz a extinção da dívida senão perante o credor primitivo, de maneira que, ante o devedor principal, o débito subsistirá em razão de sub-rogação outorgada por lei àquele que, sendo obrigado com outro ao cumprimento da prestação, tenha interesse em solvê-la, por estar sujeito a ser compelido coativamente ao pagamento do débito, por intermédio do Poder Judiciário. Como se vê, o credor não pode recusar pagamento feito por um estranho, que o poderá compelir a recebê-lo, valendo-se dos meios conducentes à exoneração do devedor, como, p. ex., usando de ação de consignação em pagamento (*RT*, *466*:157; CPC, art. 539; CC, arts. 335, I, e 394). O credor, como vimos, só poderá opor-se à realização da prestação por outrem no caso de obrigação *intuitu personae*, exequível apenas pelo próprio devedor (CC, art. 247, 2ª parte).

---

9. Inst. de Justiniano (3, 29, *pr.*): *"Nec tamen interest, quis solvat, utrum ipse qui debet an alius pro eo; liberatur enim et alio solvente, sive sciente debitore sive ignorante vel invito solutio fiat".*

Se houver pagamento por terceiro interessado, ao devedor somente será lícito opor ao sub-rogado as exceções que o crédito comportar, impugnando-o por nulidade ou prescrição ou por qualquer outro motivo excludente da obrigação. "O pagamento feito por terceiro, com desconhecimento ou oposição do devedor, não obriga a reembolsar aquele que pagou, se o devedor tinha meios para ilidir a ação" (CC, art. 306)[10].

Permite, ainda, nosso Código Civil, arts. 304, parágrafo único, e 305, que *terceiro não interessado* pague a dívida. O credor não pode recusar pagamento ofertado por terceiro não interessado, visto ser de sua utilidade o pagamento (*RT, 471*:163, *786*:461; *RSTJ*, *92*:151). Terceiro não interessado juridicamente é aquele que não está vinculado à relação obrigacional existente entre credor e devedor, nada tendo, portanto, a temer se o devedor for inadimplente, embora possa ter interesse de ordem moral, oriundo de amizade, parentesco ou outro sentimento, como é o caso do pai que paga débito do filho, do homem que resgata dívida de sua amante, de uma pessoa que cumpre obrigação de um amigo etc. Esse terceiro não interessado poderá pagar, salvo se houver oposição do devedor, se o credor desejar receber a prestação, de modo que o devedor só poderá evitar tal pagamento em seu nome e à sua conta se se opuser e se se antecipar ao terceiro não interessado. Todavia, se credor e devedor houverem estipulado a inadmissibilidade de pagamento por terceiro não interessado, este não poderá satisfazer o débito com o intuito de liberar o devedor.

Se terceiro não interessado solver a dívida em nome e à conta do devedor (*RT, 466*:92), salvo oposição deste, será considerado como representante seu. P. ex.: como gestor de negócio, poderá lançar mão dos meios conducentes à exoneração do devedor, havendo oposição do credor (CC, art. 304, parágrafo único), e reembolsar-se do que realmente despendeu. O mesmo se diga do administrador do imóvel locado que vier a solver dívida locatícia, pagando aluguéis pelo locatário ao locador (*RT*, *613*:156). Mas se fizer o pagamento por simples liberalidade, não poderá reaver o que pagou[11], pois houve *animus donandi*.

Se terceiro não interessado pagar o débito em seu próprio nome, terá direito a reembolsar-se do que efetivamente pagou, não podendo pleitear juros, nem perdas e danos, por meio de ação de *in rem verso*; porém, não se sub-roga nos direitos do credor (CC, art. 305; *RT*, *576*:251), porque esse pagamento não só poderá ser um meio de vexar o devedor, mas também poderá possibilitar que terceiro maldoso formule contra o devedor exigências mais rigorosas que as do primitivo credor.

Terceiro não interessado que pagar antes de vencida a dívida só terá direito ao reembolso no vencimento (CC, art. 305, parágrafo único).

Se terceiro (interessado ou não) efetuou o pagamento com o desconhecimento ou contra a vontade do devedor, que se opôs, não poderá obter o reembolso, se o devedor tinha meios para ilidir a ação (CC, art. 306), ou pretensão material do credor de obter pagamento do crédito, ou seja, possuía instrumentos para evitar a cobrança da dívida pelo credor, mediante, p. ex., oposição ao credor primitivo das exceções pessoais ou gerais que lhe competirem, dentre elas, a possibilidade de *exceptio non adimpleti contractus*, compensação, prescrição da pretensão de cobrança do débito, quitação, nulidade do título etc. Assim, se o devedor podia ilidir a ação do credor na cobrança do débito, mesmo aproveitando-se do pagamento feito por terceiro, não terá obrigação de reembolsá-lo. Isto é assim porque como bem observa Mário Luiz Delgado Régis, "se o devedor tinha meios para evitar a cobrança, e ainda assim, com a sua oposição ou

10. Serpa Lopes, op. cit., p. 190. *JTACSP*, *142*:81; *RJM*, *25*:79; *RT*, *786*:297.

11. Orlando Gomes, op. cit., p. 119; W. Barros Monteiro, op. cit., p. 249; Mário Luiz Delgado Régis, *Novo Código Civil*, cit., p. 289; *RT*, *438*:170, *538*:234, *471*:163, *786*:297.

seu desconhecimento, vem um terceiro e paga a dívida, sofreria prejuízo se tivesse que reembolsar àquele, significando inaceitável oneração de sua posição na relação obrigacional por fato de terceiro". O Projeto de Lei n. 699/2011 pretende modificar a redação do art. 306 para a seguinte: "O pagamento feito por terceiro, com desconhecimento ou oposição do devedor, não obriga a reembolsar aquele que pagou, se o devedor tinha meios para ilidir a ação do credor na cobrança do débito". Isto porque "a redação atual do art. 306 deixa a desejar. Tem-se a impressão de estar se referindo à ação do terceiro, mas isso não seria possível, mormente se o devedor desconhecesse o pagamento por ele realizado. No caso a referência é aos meios de defesa do devedor junto ao credor, ilidindo a ação deste, na cobrança de seu crédito. Daí a razão da modificação proposta". Todavia, o Parecer Vicente Arruda a rejeitou, ao analisar o PL n. 6.960/2002 (atual PL n. 699/2011), por entender que: "O acréscimo sugerido apenas esclarece o óbvio, pois a ação só pode ser do credor e só pode referir-se à cobrança do débito".

Terceiro recuperará, portanto, o *quantum* despendido com o pagamento de dívida alheia, se o fez com a ciência e aprovação do devedor primitivo.

Terceiro não interessado, que paga, em seu próprio nome, débito que não é seu, sem qualquer razão jurídica que justifique seu ato, sofre um empobrecimento, ao passo que o devedor se enriquece; tem, portanto, direito ao reembolso do que dispendeu, desde que a quantia desembolsada não exceda ao benefício que do pagamento resultou para o devedor. Infere-se daí que o art. 305 do Código Civil se baseia na ideia do enriquecimento sem causa.

Há pagamentos que importam *transmissão de propriedade* de bem móvel ou imóvel; logo, o *solvens* deverá ter *legitimidade* para dispor do objeto da prestação. Esses pagamentos só terão eficácia se feitos por quem possa alienar o objeto em que consistem (CC, art. 307), isto é, pelo *titular do direito real.* Se, porém, o pagamento for levado a efeito pelo não proprietário, revalidar-se-á essa transferência, se o adquirente estiver de boa-fé e se o alienante vier a adquirir, posteriormente, o domínio (CC, art. 1.268, § 1º). Pelo parágrafo único do art. 307 do Código Civil, o credor ficará isento da obrigação de restituir pagamento de coisa fungível, feito a *non domino,* se estiver de boa-fé e se já a consumiu, hipótese em que se terá pagamento válido e eficaz, mesmo que o *solvens* não tivesse legitimação para efetuá-lo, nem direito de aliená-la. Não há, nesse caso, enriquecimento ilícito, porque o verdadeiro dono teria ação contra o devedor que pagou com o que não era seu[12]; todavia, se a coisa não foi consumida, o seu proprietário terá ação para reivindicá-la do *accipiens.*

5º) *Presença da pessoa que recebe o pagamento* ou *"accipiens"*. É preciso, portanto, saber a quem se deve pagar, sob pena de se pagar mal, e quem paga mal paga duas vezes. Consoante o art. 308 do Código Civil, "o pagamento deve ser feito ao credor ou a quem de direito o represente, sob pena de só valer depois de por ele ratificado, ou tanto quanto reverter em seu proveito".

O *credor* é, em regra, quem deve receber a prestação. Todavia, é preciso não olvidar que *credor* não é apenas aquele a quem foi originariamente constituído o crédito, mas também seus sucessores *causa mortis* (herdeiro, na proporção de seu quinhão hereditário, ou legatário) ou *inter vivos* (cessionário do crédito, sub-rogado nos direitos creditórios), que são credores derivados. A qualquer um dos cocredores, havendo solidariedade ou indivisibilidade, estará permitido receber o pagamento. Se se tratar de obrigação ao portador, quem apresentar o título é o credor, de modo que o pagamento a ele feito será legítimo (*RT, 486*:104, *443*:286). Entretanto, excepcionalmente, mesmo que o devedor tenha pagado ao credor, esse pagamento não valerá nem liberará o *solvens,* se:

---

12. Agostinho Alvim, Do enriquecimento sem causa, *RT, 259*:3-36.

a) o devedor, ciente, o efetua a *credor incapaz de quitar*; o representante legal do credor poderá demandar a sua nulidade ou anulabilidade, pois se feito a *absolutamente incapaz*, sem a devida representação, nulo será o pagamento, pouco importando que haja boa-fé do devedor; e se efetuado a pessoa *relativamente incapaz*, sem que esteja assistida, será anulável, pois poderá ser confirmado pelo representante legal ou pelo próprio incapaz, uma vez cessada a incapacidade (CC, art. 172); se se provar, porém, que o pagamento reverteu em benefício do credor (p. ex., trazendo vantagem econômica, auxiliando na aquisição de bens, aumentando seu patrimônio etc.), válido será o pagamento (CC, art. 310). Nesse mesmo sentido dispõe o art. 181 do Código Civil: "Ninguém pode reclamar o que, por uma obrigação anulada, pagou a um incapaz, se não provar que reverteu em proveito dele a importância paga". E se o devedor supunha que o credor era capaz de dar quitação, ou se dolosamente foi induzido a crer que desaparecera a incapacidade existente, valerá o pagamento, desde que se prove erro escusável do devedor ou dolo do credor[13]. Reforça tal ideia o art. 180 do Código Civil. Deveras, prescreve esse dispositivo: "O menor, entre 16 e 18 anos, não pode, para eximir-se de uma obrigação, invocar a sua idade se dolosamente a ocultou quando inquirido pela outra parte, ou se, no ato de obrigar-se, declarou-se maior";

b) o *credor estiver impedido legalmente de receber*, por estar seu crédito penhorado ou impugnado por terceiro. Deveras, reza o Código Civil, art. 312: "Se o devedor pagar ao credor, apesar de intimado da penhora feita sobre o crédito, ou da impugnação a ele oposta por terceiros, o pagamento não valerá contra estes, que poderão constranger o devedor a pagar de novo, ficando-lhe ressalvado o regresso contra o credor". P. ex.: suponha-se que "A" seja devedor de "B", e este tenha seu crédito penhorado em benefício de "C" e "D", que o executam. "A" paga a "B", mesmo recebendo intimação da penhora; logo, "C" e "D" poderão exigir que "A" pague novamente. "A", porém, poderá reclamar de "B" o reembolso do que foi obrigado a pagar. Para evitar isso, havendo penhora, que retira do credor o poder de receber, o devedor se exonerará consignando judicialmente a importância do débito (CPC, art. 856, § 2º). A impugnação oposta por terceiro, manifestada por meio de protesto judicial, no que couber, de notificação ou interpelação (CPC, arts. 726 a 729), impede que o devedor efetue o pagamento, de modo que pagará mal aquele que pagar depois da oposição. Nestes casos procura-se preservar os direitos dos credores do credor, pois se fosse permitido o pagamento pelo devedor, burlar-se-iam as garantias daqueles.

Ensina Mário Luiz Delgado Régis que: "A impugnação do terceiro deve ser manifestada pelas vias judiciais para conferir maior segurança ao devedor, que deixará de pagar ao credor, sujeitando-se aos ônus do inadimplemento caso a impugnação não fosse consistente"[14].

Válido será o pagamento feito ao *representante do credor*[15], seja ele: *a*) *legal*, imposto por lei, como pai, tutor, curador, relativamente ao incapaz, cujos bens administra, e que, quando se trate de receber capital, deverá estar munido de autorização judicial para tanto, pois o ato excede os poderes de simples administração, embora para receber juros não precise de qualquer autorização; *b*) *judicial*, nomeado pelo juiz, como, p. ex., o depositário judicial, o administrador judicial, o inventariante e o oficial de justiça. O inventariante precisará de licença judicial para

---

13. Clóvis Beviláqua, *Código Civil*, cit., v. 4, obs. ao art. 936.

14. Mário Luiz Delgado Régis, *Código Civil*, cit., p. 263.

15. W. Barros Monteiro, op. cit., p. 251; Tepedino e outros, *Código Civil*, cit., v. 1, p. 603. *Vide* Código Civil alemão, art. 370. O credor poderá indicar: *a*) banco onde tenha conta, para que o devedor nele deposite a quantia devida; *b*) pessoa, num título, para receber pagamento, como se fosse ele (credor), apesar de nem sempre agir em seu nome; caso em que se configura o *adjectus solutionis causa* (Orlando Gomes, *Obrigações*, cit., p. 97).

receber certos pagamentos, como o oriundo de débito hipotecário, por excederem os poderes de administração ordinária. O oficial de justiça, quando vai proceder à penhora nos bens do devedor, caso este não pague a dívida, poderá recebê-la (*RF, 115*:105); e *c*) *convencional*, que é o portador de mandato, com poder suficiente para receber e dar quitação. Tal *mandato* será *expresso*, quando o instrumento da procuração confere poderes especiais para receber o débito, perfeitamente individuado, e *tácito*, quando o mandatário se apresenta perante o devedor com o título que lhe deve ser entregue como quitação; há presunção *juris tantum* de que está autorizado pelo credor a receber a prestação devida (*RT, 153*:630, *154*:258, *221*:165; *RF, 200*:143). Realmente, estatui o Código Civil, art. 311, que: "Considera-se autorizado a receber o pagamento o portador da quitação, salvo se as circunstâncias contrariarem a presunção daí resultante". Exemplificativamente, se o portador da quitação é um empregado do credor, tal fato confirma a presunção *juris tantum* do art. 311, pois seria ele o encarregado da cobrança, caracterizando um mandato tácito. Se já decidiu, p. ex., que portador de título de crédito, conhecido representante da sacadora, vendedor de produtos da firma que, costumeiramente, recebia pagamentos, deverá ser considerado como representante da credora com mandato tácito para receber e dar quitação, logo o pagamento a ele feito considerar-se-á regular (*TJRJ*, 16ª Câm. Civ., Ap. Cív. 2000.001.15694, rel. Des. Ronald Valladares, j. 16-1-2001). Mas se um desconhecido ou um mendigo se apresenta como portador da quitação, é provável que ele tenha encontrado o documento e esteja tentando receber o pagamento, hipótese em que o devedor não deverá, é óbvio, efetuá-lo desde logo, devendo antes verificar a identidade do portador e a autenticidade do mandato, tácito ou presumido, sob pena de pagar mal, uma vez que não se exonerará do débito e poderá ser obrigado a pagá-lo novamente.

Se o pagamento não se fizer ao credor ou a seu legítimo representante, será inválido. Pagamento feito a *terceiro desqualificado* não terá força liberatória; contudo, terá validade e eficácia jurídica, exonerando o devedor, se: *a*) *o credor ratificar tal pagamento*. Essa ratificação produzirá todos os efeitos do mandato (CC, art. 873), de modo que o terceiro assumirá a condição de mandatário e o pagamento valerá; *b*) *o pagamento aproveitar ao credor*. Apesar do *accipiens* não estar autorizado a receber, válido será o pagamento se se demonstrar que reverteu em proveito do credor, beneficiando-o direta ou indiretamente, total ou parcialmente. Porém, tal pagamento só será válido até o montante do benefício (*RT, 136*:196), pois se assim não fosse ter-se-ia locupletamento ilícito; *c*) *o pagamento foi efetuado de boa-fé ao credor putativo*, ou aparente (CC, art. 309), que é aquele que se apresenta aos olhos de todos como o verdadeiro credor, embora não o seja, apesar de estar na posse do título obrigacional. É o que se dá, p. ex., com o herdeiro ou o legatário, que perdem essa qualidade em razão de anulação de testamento, ou com o cessionário, cuja cessão se invalidou, ou com o administrador de negócio que, aparentemente, é considerado por todos como um efetivo gerente, embora não tenha poderes para receber, nem para dar quitação. Para que o pagamento feito a credor aparente ou putativo tenha validade, apesar da prova de não ser o verdadeiro *accipiens*, é preciso a ocorrência de dois requisitos: a boa-fé do *solvens* e a escusabilidade, ou, como alguns preferem, a *reconhecibilidade*, de seu erro. Isto é assim porque, ante o princípio do respeito à boa-fé, deve-se beneficiar a pessoa que, agindo cautelosa e criteriosamente, foi levada, por erro escusável, ou reconhecível (na terminologia de alguns autores), a proceder de determinada forma. Contudo, a boa-fé pode ser destruída se se provar que o *solvens* tinha conhecimento de que o *accipiens* não era credor. A escusabilidade do erro em que incidiu o devedor é imprescindível, pois se o erro que provocou o pagamento for grosseiro, por não haver, p. ex., a aparência de credor, a lei não permite que se proteja quem agiu negligente ou imprudentemente[16]. Assim, havendo razão plausível para desconfiar do "suposto" credor, melhor será consignar em juízo o pagamento.

b.3. Tempo do pagamento

De grande importância é a determinação do instante em que se deve pagar o débito, visto que ele só será exigível quando se vencer. O momento em que se pode reclamar a dívida designa-se *vencimento*. A respeito da data do pagamento de um débito, é preciso verificar:

1º) *Se há determinação negocial* a respeito, pois a norma jurídica deixa ao arbítrio das partes a fixação do momento em que a relação obrigacional poderá ser reclamada. Dessa forma, se as partes estipularam data para o cumprimento da dívida, esta deverá ser paga no seu vencimento, sob pena de se incorrer em mora e em suas consequências (CC, arts. 394 e 389).

Convencionado o dia do vencimento, o devedor não poderá retardar-lhe a execução e o credor não poderá exigir antecipadamente a prestação devida. Se a obrigação é a termo, o credor não está autorizado a reclamar seu cumprimento antes do prazo, sob pena de esperar o tempo que faltava para o vencimento, de descontar os juros correspondentes, embora estipulados, e de pagar as custas em dobro (CC, art. 939). Todavia, essa regra comporta duas exceções:

a) a antecipação do vencimento por conveniência do devedor, quando o prazo foi estabelecido em seu favor. Deveras, há presunção de que o prazo comumente é estipulado em benefício do devedor, pois o Código Civil, art. 133, reza: "Nos testamentos, presume-se o prazo em favor do herdeiro, e, nos contratos, em proveito do devedor, salvo quanto a esses, se do teor do instrumento, ou das circunstâncias, resultar que se estabeleceu a benefício do credor, ou de ambos os contratantes". Assim, se o negócio jurídico for omisso quanto ao vencimento, presumir-se-á que o prazo foi estabelecido em favor do devedor; logo, nada obsta que este renuncie o benefício que lhe foi concedido, antecipando, se lhe for conveniente, o pagamento do débito, sem ter, contudo, direito a repetição ou desconto. Se o prazo foi instituído em favor do credor, o devedor não poderá obrigá-lo a receber antes do dia fixado. Se estipulado

---

16. *RT*, *720*:136, *686*:190, *610*:214, *143*:669, *123*:186, *126*:188, *232*:526; *AJ*, *78*:110, *52*:58; *RF*, *95*:375, *104*:493, *146*:197. Acolheu-se aqui a teoria da aparência. Consulte: Sílvio de S. Venosa, *Direito civil*, São Paulo, Atlas, 2001, v. 2, p. 170. De maneira contrária sustenta Giorgi, recriminando a influência do direito francês diante da tradição romana e das antigas escolas italianas em torno do *acreedor putativo*: *"Objetivamente, buena fe quiere decir concurso de circunstancias por las cuales aparece excusable el error del deudor. No vana credulidad, fruto de inexperiencia o de crasa ignorancia, sino la buena fe que tiene por fundamento el error perdonable. No el error del que paga 'vana simplicitate deceptus et juris ignorantia', sino por efecto de la ignorancia justificada por la apariencia, 'quae etiam prudentissimos fallit' (...). La ley quiere señalar la calidad de acreedor aparente, fundada sobre circunstancias que autorizan a un deudor advertido y vigilante para reconocer en Ticio o en Cayo la persona del acreedor, cuando por razones inopinadas u ocultas el crédito correspondía a Sempronio. Esto es 'error communis facit ius'"* (*Teoría de las obligaciones en el derecho moderno*, v. 7, p. 119-120). *Vide* o que dizemos sobre a questão da escusabilidade e da reconhecibilidade do erro no v. 1 deste *Curso*, Cap. IV, n. 4, E, e 3.2.

"O pagamento feito de boa-fé ao credor putativo é eficaz, ainda provado depois que não era credor" – nova redação proposta ao art. 309 pelo Projeto de Lei n. 699/2011.

Quanto ao art. 309, está propondo "mera correção terminológica. O texto refere-se à 'validade' do pagamento putativo, quando a hipótese, na verdade, é de 'eficácia'. Primando o texto pelo princípio do máximo rigor conceitual e já havendo distinguido em outros dispositivos 'validade' de 'ineficácia', afigura-se necessária e oportuna a alteração proposta". Mas, o Parecer Vicente Arruda não a acatou, ao efetuar análise do PL n. 6.960/2002 (atual PL n. 699/2011), porque: "O dispositivo consta da Seção 'Daqueles a quem se deve pagar', e em todos os artigos da referida Seção utiliza-se o verbo 'valer' ou o substantivo 'validade', e não eficaz ou eficácia, porque se trata realmente da validade do ato jurídico de que resulta sua eficácia".

o prazo em proveito de ambos os contratantes, um não poderá antecipar o vencimento sem o consentimento do outro;

b) a antecipação do vencimento em virtude de lei, com o escopo de proteger os interesses do credor e garantir a segurança das relações creditórias. Realmente, o Código Civil, no art. 333, I a III, estatui que ao credor assistirá o direito de cobrar a dívida, antes de vencido o prazo estipulado no contrato ou marcado neste Código, se falido o devedor; se abrir concurso creditório; se os bens hipotecados (*RT*, *662*:102) ou empenhados forem penhorados em execução por outro credor; se cessarem ou se tornarem insuficientes as garantias do débito, fidejussórias ou reais, e se o devedor, intimado, se negar a reforçá-las. Acrescenta, ainda, o parágrafo único desse dispositivo que, se houver na dívida solidariedade passiva, não se reputará vencida quanto aos outros devedores solventes, ou melhor, esse vencimento antecipado, relativo a apenas um dos codevedores, não atingirá aos demais.

E pela Lei n. 8.078/90, art. 52, § 2º, será permitida ao consumidor a liquidação antecipada da dívida, total ou parcialmente, mediante redução proporcional dos juros e demais acréscimos.

2º) *Se há omissão do vencimento*, isto é, se as partes não ajustaram data para o pagamento da dívida, não havendo disposição legal em contrário, o credor, pelo Código Civil, art. 331, poderá exigi-lo imediatamente. Faltando estipulação do dia do vencimento, vigorará o princípio da satisfação imediata que, contudo, poderá ser arredado pela própria natureza da prestação, se houver incompatibilidade entre a sua realização e a própria obrigação, pois pelo Código Civil, art. 134, os atos entre vivos, sem prazo, são exequíveis desde logo, salvo se a execução tiver de ser feita em lugar diverso ou depender de tempo. Assim sendo, mesmo sem prazo, ninguém poderá exigir, de imediato, a obrigação de entregar mercadoria que se encontra, p. ex., na Inglaterra, ou a obrigação de restituir objeto alugado para certo fim, antes que este seja alcançado. Fácil é perceber que, não havendo fixação de prazo para cumprimento da dívida, impõe-se ao credor um termo dispensivo da exigibilidade da prestação, denominado *prazo moral.*

É preciso, ainda, lembrar que as *obrigações condicionais* se cumprem no dia do implemento da condição suspensiva, competindo ao credor a prova de que deste houve ciência o devedor (CC, art. 332). P. ex., se alguém se comprometer a adquirir uma fábrica pelo preço "x", se seu faturamento, dentro de três meses, for "y"[17]. Só se poderá exigir o adimplemento de obrigação condicional depois da ocorrência do evento futuro e incerto (faturamento "y")

---

17. A respeito do tempo do pagamento, *vide* Serpa Lopes, op. cit., p. 211-5; Bassil Dower, op. cit., p. 159-63; W. Barros Monteiro, op. cit., p. 259-60; R. Limongi França, op. cit., p. 451; Laurent, op. cit., t. 17, n. 181; Silvio Rodrigues, op. cit., p. 178-85; Ruggiero e Maroi, op. cit., § 130; Caio M. S. Pereira, op. cit., p. 162-5; Coelho da Rocha, *Instituições de direito civil português,* Rio de Janeiro, 1973, t. 1, § 147; Orozimbo Nonato, op. cit., 2. parte, v. 1, p. 261; Orlando Gomes, op. cit., p. 121-5; Ricardo A. Gregorio, *Comentários*, cit., p. 357; *RT, 490*:119 e 132, *434*:153, *470*:246, *445*:73, *436*:146, *471*:136, *446*:99. Consulte, ainda, a Lei n. 5.172/66 (CTN), art. 160; a Lei Complementar n. 109/2001, que revogou a Lei n. 6.435/77, art. 66; o Decreto-lei n. 9.228/46 (art. 4º), ora revogado pela Lei n. 6.024/74; a Lei n. 11.101/2005, art. 77; Código Civil, arts. 132, § 1º, 397, 333, 592, 1.425 e 939 e o Código de Processo Civil, arts. 908, §§ 1º e 2º e 909. O dia do vencimento é aquele em que a prestação deve ser cumprida; assim, se não cair em dia útil, mas num feriado, sábado ou domingo, o prazo para o adimplemento obrigacional prorrogar-se-á até o primeiro dia útil seguinte (Lei n. 7.089/83, art. 1º; CC, art. 132, § 1º). Observa, ainda, Fábio Ulhoa Coelho (*Curso*, cit., v. 2, p. 126-7) que até meia-noite do dia em que o débito se vencer, o devedor poderá solvê-lo, mas, em regra, o pagamento operar-se-á em horário comercial ou durante o expediente bancário. Salienta, ainda (na p. 128), que, no direito brasileiro, não existem dias de graça (*délai de grâce*), pois o magistrado não está autorizado, em razão da situação econômica precária do devedor, a ampliar o prazo para cumprimento da prestação.

a que se subordina. E uma vez verificada a condição, apenas a partir do instante em que o devedor teve conhecimento de seu implemento, o credor poderá reclamar seu cumprimento.

b.4. Lugar do pagamento

O *lugar do pagamento,* isto é, o local do cumprimento da obrigação, está, em regra, indicado no título constitutivo do negócio jurídico, ante o princípio da liberdade de eleição, uma vez que o Código Civil, art. 78, permite que, nos contratos, os contraentes especifiquem o domicílio onde se cumprirão os direitos e deveres deles resultantes, não só convencionando o lugar onde a prestação deverá ser realizada, mas também determinando a competência do juízo que deverá conhecer das ações oriundas do inadimplemento desses contratos. Porém, se as partes nada convencionarem a esse respeito, o pagamento deverá ser efetuado no domicílio atual do devedor, isto é, no do tempo do pagamento e não no do tempo do contrato (CC, art. 327, 1ª parte), pois a lei, tendo em vista o interesse do devedor, quis favorecê-lo, evitando-lhe maiores despesas com a sua locomoção para obter a liberação. Deduz-se daí que no nosso direito há presunção de que o pagamento é *quesível* (dívida *quérable* ou de ir buscar), uma vez que deve ser procurado pelo credor no domicílio do devedor, exceto:

1º) Se houver estipulação do contrário, ou seja, de que competirá ao devedor oferecer o pagamento no domicílio do credor, hipótese em que se terá dívida portável (*portable* ou de ir levar) ou levável, visto que o devedor deverá portá-la ou levá-la à presença do credor[18]. Além disso, como aquela presunção do Código Civil, art. 327, é um benefício instituído em proveito do devedor, este poderá, se o quiser, renunciá-lo, realizando o pagamento no domicílio do credor, caso em que a dívida de *quérable* se transformará em *portable*[19].

2º) Se circunstâncias especiais exigirem outro lugar para o cumprimento, que não o domicílio do obrigado (CC, art. 327, 2ª parte). P. ex.: *a*) é o que se dá naquelas obrigações de prestar serviço em certa empresa, ou de efetuar construções, reparações, em prédio em determinado lugar (CC, art. 328; CPC, arts. 47, § 1º, e 60), hipóteses em que o empregador remunerará os empregados no local do trabalho. O Projeto de Lei n. 699/2011 pretende alterar o art. 328, propondo a seguinte redação: “Se o pagamento consistir na tradição de um imóvel, far-se-á no lugar onde situado o bem. Se consistir em prestação decorrente de serviços realizados no imóvel, no local do serviço, salvo convenção em contrário das partes”. O art. 328,

---

18. Sobre dívida *quérable* e *portable, vide* Baudry-Lacantinerie e Barde, op. cit., v. 2, n. 1.507; Orlando Gomes, op. cit., p. 127; Álvaro Villaça Azevedo, Lugar do pagamento, in *Enciclopédia Saraiva do Direito,* v. 50, p. 564; Laurent, op. cit., t. 17, n. 592; Aubry e Rau, *Cours de droit civil français,* 5. ed., Paris, v. 4, p. 267, nota 15; Orozimbo Nonato, op. cit., 2. parte, v. 1, p. 236 e 239; Pontes de Miranda, *Tratado de direito privado*, Rio de Janeiro, Borsoi, 1958, t. 23, § 2.769, p. 20; Carvalho de Mendonça, op. cit., v. 1, p. 430; W. Barros Monteiro, op. cit., p. 257; Silvio Rodrigues, op. cit., p. 176; Carvalho Santos, *Código Civil brasileiro interpretado,* 9. ed., 1974, v. 12, p. 259; Serpa Lopes, op. cit., p. 208-10; Pedro Ferreira de Azevedo, As prestações do reajustamento – lugar de pagamento – dívida *portable* ou *querable* – mora. *Doutrinas essenciais – obrigações e contratos* (coord. G. Tepedino e Luiz E. Fachin), São Paulo, Revista dos Tribunais, 2011, v. II, p. 881-6; *RT, 681*:118, *647*:146, *440*:234, *492*:166, *105*:205, *145*:252, *156*:312, *470*:246, *458*:84, *437*:156, *390*:289, *425*:199; *AJ, 59*:467; *RF, 48*:118, *2*:585. Judith Martins-Costa (*Comentários ao Código Civil*, cit., v. 5, t. 1, p. 302) aponta ainda, a *dívida mista*, que participa dos caracteres da portável e da quesível, ocorrendo quando se convenciona que o pagamento seja efetivado em local que não seja o da residência ou o do centro de atividades de nenhum dos contratantes, fazendo com que ambos se desloquem, um para pagar e o outro para receber, p. ex., num estabelecimento bancário, cartório etc.

19. W. Barros Monteiro, op. cit., p. 258; Serpa Lopes, op. cit., p. 209; Caio M. S. Pereira, op. cit., p. 160; *RT, 470*:246.

em sua redação atual, segundo o advogado Mário Luiz Delgado Régis, "limita-se a repetir regra constante do art. 951 do CC/16, já objeto de críticas da nossa doutrina (cf. P. Franzen de Lima, Clóvis Beviláqua etc.). A primeira parte do dispositivo é flagrantemente redundante: se o pagamento consistir na entrega de um imóvel, é óbvio que só poderá se realizar no local da situação do bem. A transferência da propriedade imobiliária só ocorre com o registro do título no cartório de imóveis do lugar do bem. Já a segunda parte do dispositivo é confusa, pois dá a entender que toda e qualquer prestação relativa ao imóvel, a exemplo dos aluguéis ou dos foros, terá que ser realizada no lugar da situação, o que nem sempre é verdade. Esclarece a doutrina que as 'prestações' referidas no artigo não abrangem os aluguéis, mas apenas as decorrentes de serviços só realizáveis no local do imóvel, como a aplicação de um muro, a restauração de uma fachada etc. E mesmo nesses casos, a regra não é absoluta. Podem as partes convencionar que o pagamento seja feito mediante depósito em determinado banco, que não tem agência na mesma localidade do imóvel". O Parecer Vicente Arruda, não acatando, ao analisar o PL n. 6.960/2002 (atual PL n. 699/2011), tais argumentações, assim se expressou: "Este artigo estabelece a regra de que os pagamentos relativos a imóvel devem ser feitos no local em que está situado o bem. Nos artigos subsequentes (329 e 330) há as exceções à regra, que permitem que o pagamento seja feito em outro local quando ocorrer motivo grave ou quando se presumir a renúncia do credor que recebe o pagamento feito reiteradamente em outro local que não o previsto no contrato"; *b*) é o caso de empréstimo de certa quantia, feito durante uma viagem por uma pessoa a seu companheiro, sob a condição de que seja devolvida por ocasião da volta, pois claro está que o devedor deverá restituir a soma emprestada na cidade de onde partiram[20].

3º) Se o contrário decorrer em razão da natureza da obrigação (CC, art. 327, 2ª parte), que, por si só, mostra o lugar do pagamento. P. ex.: *a*) na compra e venda à vista, com pagamento do preço na entrega da mercadoria, tanto a coisa vendida deverá ser entregue, como o preço deverá ser pago no mesmo local; *b*) quando se despacha certa mercadoria por via férrea, com frete a pagar, solver-se-á a obrigação no momento em que o destinatário retirar o despachado[21].

4º) Se a lei dispuser o contrário (CC, art. 327, 2ª parte), pois nessa hipótese o pagamento far-se-á no lugar fixado legalmente. P. ex.: é a lei que determina onde deverão ser pagas as letras de câmbio (*RT, 470*:153) e as dívidas fiscais (CTN, art. 159)[22].

Portanto, o princípio "*in domo debitoris*" será ordinariamente aplicado, se o contrato não mencionar o local do pagamento, e se a dívida não for interpretada como *portable* nem pelas circunstâncias, nem pela natureza da obrigação, nem pela lei[23].

Pelo Código Civil, art. 327, parágrafo único, pode-se ter *lugar alternativo*, pois esse preceito legal estatui que, sendo designados dois ou mais lugares de pagamento, caberá a escolha ao credor, que poderá eleger o que lhe for mais favorável para receber o débito. O devedor deverá acatar a escolha feita pelo credor, mesmo que esta venha a obrigá-lo a efetuar despesas, p. ex., com transporte, não tendo direito ao reembolso. Esse dispositivo legal, no entender de

---

20. Álvaro Villaça Azevedo, op. cit., p. 564; W. Barros Monteiro, op. cit., p. 258; Caio M. S. Pereira, op. cit., p. 161; João Franzen de Lima, *Curso de direito civil;* direito das obrigações; teoria geral, 2. ed., Rio de Janeiro, Forense, 1961, p. 166.

21. Álvaro Villaça Azevedo, op. cit., p. 565; W. Barros Monteiro, op. cit., p. 258.

22. Bassil Dower, op. cit., p. 188-9; R. Limongi França, op. cit., p. 450; W. Barros Monteiro, op. cit., p. 258; Álvaro Villaça Azevedo, op. cit., p. 565.

23. Bassil Dower, op. cit., p. 187; Código Tributário Nacional, art. 159.

Lacerda de Almeida, acarretará às vezes injustiça, uma vez que o credor poderá escolher local mais oneroso para a solução da dívida, prejudicando assim o devedor[24].

Se, porventura, houver qualquer motivo grave (greve, queda de ponte, calamidade pública, blecaute, inundação, moléstia etc.) para que o pagamento se efetue no local determinado, nada obsta a que o devedor, para evitar a mora, o faça em outro lugar, desde que não prejudique o credor, arcando com todas as despesas. P. ex., se a dívida for portável, ocorrendo no dia do pagamento greve bancária ou calamidade pública que impeça o cumprimento da prestação no domicílio do credor, o devedor deverá depositar em juízo ou remeter o pagamento pelo correio, para não sofrer as consequências da mora, nem causar dano ao credor (CC, art. 329).

E, se o pagamento for feito reiteradamente em outro local, há presunção *juris tantum* de que o credor renunciou, de forma tácita, o previsto no ato negocial (CC, art. 330). A esse respeito, observa Álvaro Villaça Azevedo que, na verdade, dever-se-ia entender que há, no artigo *sub examine*, uma alteração tácita do local estipulado no contrato, visto que a renúncia deve ser sempre expressa. Tal presunção baseia-se no princípio da boa-fé objetiva e subjetiva e na ideia de *supressio* e de *surrectio*. Há para o credor perda do direito ao local do pagamento em razão do fato de não tê-lo exercido durante um certo tempo e, por isso, não mais poderá exercê-lo sem contrariar a boa-fé (*supressio*), pois desta sua inércia surgiu o direito subjetivo do devedor de efetuar o pagamento em local diferente do avençado (*surrectio*). Observa, com propriedade, Judith Martins-Costa que a *supressio* visa "assegurar o interesse do devedor, que confiou no fato de o credor não exercitar, por um razoável lapso temporal, direito ou situação, estando no seu substracto a consideração do valor *confiança*, manifestado, no âmbito do direito obrigacional, pelo princípio da boa-fé, em sua dupla feição, a subjetiva (crença) e a objetiva (regra que impõe conduta leal, proba e atenta às legítimas expectativas da contraparte)".

b.5. Prova do pagamento

Se o devedor não pagar a dívida, ficará sujeito às consequências do inadimplemento da obrigação; daí a necessidade de se provar o cumprimento da prestação. Assim, uma vez solvido o débito, surge o direito do devedor, que o paga, de receber do credor um elemento que prove o que pagou, que é a quitação regular; de reter o pagamento enquanto esta não lhe for dada (CC, art. 319; CTN, art. 205), ou de consignar em pagamento (CC, art. 335, I), ante a recusa do credor em dar a quitação, citando o credor para esse fim, de forma que o devedor ficará quitado pela sentença que condenar o credor (CPC, arts. 539 a 548), pois a recusa do credor, como veremos oportunamente, caracteriza mora *creditoris*. E pelo art. 44, I, da Lei n. 8.245/91, é obrigatório o recibo de aluguel na locação realizada em habitação coletiva multifamiliar, de modo que sua recusa importa crime de ação pública punível com detenção de três meses a um ano, que poderá ser substituída pela prestação de serviços à comunidade. Se for outra espécie de locação, a recusa será mera infração civil, não constituindo crime. Portanto, a prova do pagamento é a *quitação* (*JB*, *158*:252; *ADCOAS*, n. 85.445, 1982), que consiste num documento em que o credor ou seu representante, reconhecendo ter recebido o pagamento de seu crédito (*RT*, *598*:216), exonera o devedor da obrigação. Todo aquele que solver dívida

---

24. R. Limongi França, op. cit., p. 450; Bassil Dower, op. cit., p. 189; Lacerda de Almeida, *Obrigações*, 2. ed., p. 127; Álvaro Villaça Azevedo, *Teoria geral das obrigações*, cit., p. 140. Sobre *supressio* e *surrectio*: Judith Martins-Costa, *Comentários ao novo Código Civil*, cit., v. 5, t. 1, p. 316-22; Menezes Cordeiro, *Da boa-fé no direito civil*, Coimbra, Almedina, 1984, t. 2, p. 797-836. A *surrectio*, para Menezes Cordeiro, é o instituto que faz surgir um direito que não existe juridicamente, mas que tem existência na efetividade social (*A boa-fé*, cit., p. 812-4).

deverá obter do credor a necessária quitação, uma vez que em juízo não se admitirá comprovação de pagamento por via testemunhal nas hipóteses em que a lei requer prova escrita. A prova testemunhal é sempre admitida não dispondo a lei de modo diverso (CPC, arts. 442 a 444). Pelo Código de Processo Civil, arts. 444 e 445, nos casos em que a lei exigir prova escrita da obrigação, admissível será a prova testemunhal, quando: *a*) houver começo de prova por escrito, reputando-se tal o documento emanado da parte contra a qual se pretende produzir prova; *b*) o credor não pode ou não podia, moral ou materialmente, obter a prova escrita da obrigação, em casos como o de parentesco, depósito necessário ou hospedagem em hotel, ou em razão das práticas comerciais do local onde contraída a obrigação. O recibo é, pois, o instrumento da quitação. É preciso lembrar que o ônus da prova do pagamento cabe ao devedor ou a seu representante, por se tratar de um dos fatos extintivos da obrigação. Realmente, se o obrigado pagar além da taxa legal sem exigir o recibo de quitação passado regularmente (CC, art. 320; Lei n. 6.015/73, art. 267), ou qualquer documento escrito, estará sujeito a pagar novamente, e, se pagar quantia inferior à taxa legal sem a presença de qualquer testemunha, deverá efetuar novo pagamento. Todavia, se se tratar de obrigação de não fazer, o *onus probandi* incumbirá ao credor, que deverá demonstrar que o devedor não cumpriu o dever de se abster de certo ato.

A quitação valerá, desde que cumpra os requisitos do art. 320 desse mesmo diploma legal. P. ex.: mesmo que o contrato, envolvendo imóvel, tenha sido feito, obrigatoriamente, por escritura pública, nada obsta a que a quitação seja dada por instrumento particular (*RT*, *816*:237). A quitação sempre poderá ser dada por instrumento particular, desde que contenha os seguintes elementos, arrolados no Código Civil, art. 320: designação do valor e da espécie da dívida quitada, do nome do devedor ou de quem por este pagou, do tempo e do lugar do pagamento, com a assinatura do credor ou de seu representante. Todavia, reconhece-se o valor da assinatura, para efeito de quitação em recibo de benefício, à impressão digital de beneficiário incapaz de assinar, desde que aposta na presença de servidor ou representante da Previdência Social (Dec. n. 3.048/99; *vide*, a título de remissão histórica, os já revogados: CLPS, de 1984, aprovada pelo Dec. n. 89.312/84; Dec. n. 1.197/94, 2.172/97 e 2.173/97; Leis n. 8.212/91, 8.213/91, 8.444/92, 8.540/92, 8.619/93, 8.620/93, 8.861/94 e 8.870/94). Além do mais, pelo Decreto n. 83.080/79 (já revogado pelo Dec. n. 3.048/99), art. 416, era lícito ao segurado menor, a critério do INSS, firmar recibo de pagamento de benefício, independentemente da presença do pai ou tutor.

Urge não olvidar, ainda, que mesmo sem o cumprimento dos requisitos estabelecidos no art. 320, *caput*, valerá a quitação, se de seus termos ou das circunstâncias resultar haver sido paga a dívida (CC, art. 320, parágrafo único). Assim sendo, em caso de dúvida, o órgão judicante poderá admitir o pagamento de dívida, como exemplifica Ricardo Algarve Gregorio, mediante depósito bancário feito pelo devedor em conta corrente do credor, no qual, em regra, não há menção do débito pago.

A quitação poderá ser dada não só pelo recibo (*RT*, *479*:210, *682*:139, *610*:209), que é o meio normal, mas também pela devolução do título (*RT*, *696*:190, *691*:164, *484*:212), se se tratar, é óbvio, de débitos certificados por um título de crédito. Uma vez paga tal dívida, sua quitação consistirá tão somente na devolução do título de crédito (nota promissória, letra de câmbio, título ao portador etc.), pois se o devedor o tiver em mãos, o credor não mais poderá cobrar a prestação devida, exceto se provar que o devedor o conseguiu ilicitamente, por meio de furto, estelionato ou apropriação indébita. Deveras, se o devedor tem o título, há presunção do pagamento, pois se supõe que o credor não o entregaria se não recebesse o que lhe era devido ou se não pretendesse perdoar o débito. Mas essa presunção é *juris tantum*, já que se o credor conseguir provar, dentro do prazo decadencial de sessenta dias, que não houve pagamento, ficará sem efeito a quitação (CC, arts. 324, parágrafo único, e 386; *RT, 184*:646, *188*:96). Se porventura o credor perdeu o título, o devedor, que solveu o débito, terá direito de exigir do credor que faça uma declaração, inutilizando o título desaparecido. Se, porém, o credor se recusar a invalidar o título que perdeu, o devedor poderá reter o pagamento, até receber esse documento (CC, art. 321). P. ex.: se "A" emitiu em favor de "B" uma nota promissória e "B" a perde, "A", então, não deverá efetivar o pagamento, sem antes reclamar de "B" uma declaração de invalidade, por extravio do título. Se, porventura, se tratar de perda de título ao portador, o credor poderá obter novo título em juízo e deverá notificar judicialmente o fato ao devedor, para impedir que este pague ao detentor do título a importância nele consignada. Mas se o pagamento foi feito antes dessa providência, exonerado está o devedor, exceto se se provar que ele tinha conhecimento do fato (CC, art. 909, parágrafo único).

É mister não olvidar que, em certos casos excepcionais, o credor poderá reter justamente o título, se, p. ex., este for meio de prova de outro direito; deverá, contudo, passar declaração ao devedor, atestando o pagamento por este realizado.

Todavia, convém repetir, nem sempre o recibo ou a posse do título pelo credor provam a exoneração do devedor; em regra, demonstram que houve satisfação da prestação devida, porém não é em todos os casos que se tem o reconhecimento do credor de que houve, realmente, pagamento. Isto é assim porque se trata de presunção *juris tantum* de que o débito foi pago, que poderá ser destruída por prova do contrário (CC, art. 324 e parágrafo único). Deveras, o credor tem o direito de demonstrar, dentro do prazo legal de sessenta dias (contado do dia imediatamente posterior ao do vencimento), a falta de pagamento ou que não entregou voluntariamente o título ao devedor, que dele se apossou, por meio ilícito (p. ex., furto, apropriação indébita etc.); se assim é não houve pagamento da prestação devida; logo, a obrigação não se encontra solvida. Trata-se da aplicação da exceção *non numeratae pecuniae*.

É preciso lembrar ainda que, nas obrigações de prestação sucessiva, e no pagamento em quotas periódicas, o cumprimento de qualquer uma leva a crer que o das anteriores também se deu e o da última faz presumir que houve extinção da relação obrigacional, pois pelo Código Civil, art. 322, a quitação da última estabelece a presunção, até prova em contrário, de que as precedentes foram solvidas, por não ser comum que o credor receba aquela sem que as antecedentes tenham sido pagas (*RT, 174*:676, *782*:204; *RSTJ, 12*:299; *RF, 195*:122; *JTACSP, 152*:73; *RSTJ, 169*:361, *136*:377). Já houve decisão do STJ entendendo: "pode o credor recusar a última prestação periódica, estando em débito parcelas anteriores, uma vez que, ao aceitar, estaria assumindo o ônus de desfazer a presunção *juris tantum* prevista no art. 943 do CC/1916 (hoje art. 322), atraindo para si o ônus da prova. Em outras palavras, a imputação do pagamento, pelo devedor, na última parcela, antes de oferecidas as anteriores, devidas e vencidas, prejudica o interesse do credor, tornando-se legítima a recusa do recebimento da prestação" (4ª T., REsp 225.435, rel. Min. Sálvio de Figueiredo, j. 22-2-2000). Igualmente, havendo quitação do capital sem reserva dos juros, estes presumir-se-ão pagos (CC, art. 323; *RSTJ, 39*:355; *JTJ, 114*:57) por serem acessórios do capital. Ambos os casos não são de presunção *juris et de jure*, mas sim *juris tantum*, uma vez que pode ser afastada por prova em contrário.

Portanto, nessas hipóteses dos arts. 322, 323 e 324 do Código Civil, a lei presume que houve pagamento, apesar de não haver quitação que o demonstre, desde que não se prove que o credor não o recebeu.

Não havendo estipulação em contrário, pelo Código Civil, art. 325, as despesas com o pagamento e quitação presumem-se a cargo do devedor. Se, porém, o credor, p. ex., exigir escritura pública da quitação, quando o devedor a aceita por instrumento particular, mudar de domicílio, correrá por sua conta a despesa extrajudicial acrescida[25], com transporte, taxa bancária etc.

b.6. Pagamento indevido

b.6.1. Conceito e espécies de pagamento indevido

O pagamento indevido constitui um caso típico de obrigação de restituir fundada no princípio do *enriquecimento sem causa*, segundo o qual ninguém pode enriquecer à custa alheia, sem causa que o justifique[26]. A restituição será devida, não só quando não tenha havido causa que justifique o enriquecimento, mas também se esta deixou de existir (CC, art. 885). Assim, todo aquele que recebeu o que lhe não era devido ficará obrigado a restituir (CC, art. 876, 1ª parte; CTN, arts. 165 a 169; STF, Súmulas 71 e 546), feita a atualização dos valores monetários (CC, art. 884, *caput*), conforme índices oficiais, para se obter o reequilíbrio patrimonial. O princípio do enriquecimento sem causa funda-se na equidade. Esse dever de restituir o que se adquiriu sem causa é uma necessidade jurídica, moral e social.

O *pagamento indevido* é uma das formas de enriquecimento ilícito, por decorrer de uma prestação feita por alguém com o intuito de extinguir uma obrigação erroneamente pressuposta, gerando ao *accipiens*, por imposição legal, o dever de restituir, uma vez estabelecido que a

---

25. Sobre quitação, *vide* Clóvis Beviláqua, *Código Civil*, cit., v. 4, p. 95; Caio M. S. Pereira, op. cit., p. 165-9; Larenz, op. cit., v. 1, p. 416; W. Barros Monteiro, op. cit., p. 254-7; Bassil Dower, op. cit., p. 147-56; Laurent, op. cit., t. 17; Orozimbo Nonato, op. cit., 2ª parte, v. 1, n. 568, p. 206, 211 e 229; Serpa Lopes, op. cit., p. 202-7; Orlando Gomes, op. cit., p. 131-9; Von Tuhr, *Tratado de las obligaciones*, t. 2, p. 30; R. Limongi França, op. cit., p. 452-3; Silvio Rodrigues, op. cit., p. 168-75; Pontes de Miranda, *Comentários ao Código de Processo Civil*, Rio de Janeiro, Forense, t. 4, p. 394-5; Matiello, *Código*, cit., p. 238; Ricardo A. Gregorio, *Comentários*, cit., p. 352-4; Luís C. Pinto de Carvalho, Relativização da quitação e do recibo de pagamento na órbita civil. In: *10 anos de vigência do Código Civil brasileiro* (coord. Christiano Cassettari), São Paulo, Saraiva, 2013, p. 256-64. Observa Mário Luiz Delgado Régis (*Novo Código Civil comentado*, coord. Fiuza, São Paulo, Saraiva, 2002, p. 304) que o art. 325 só alcança ônus extrajudicial, pois o encargo judicial, no caso de execução forçada da dívida, será pago conforme o estabelecido em título judicial; *RF, 240*:240; *RT, 372*:70, *389*:234, *479*:210, *415*:204, *422*:231, *465*:235, *767*:386 e *664*:105; *RJ, 162*:81; *RJM, 25*:120; *JTACSP, 112*:135; *RSTJ, 12*:299, *39*:355. Urge lembrar que a *quitação regular* "engloba a quitação dada por meios eletrônicos ou por quaisquer formas de 'comunicação a distância', assim entendida aquela que permite ajustar negócios jurídicos e praticar atos jurídicos sem a presença corpórea simultânea das partes ou de seus representantes" (Enunciado n. 18, aprovado na *I Jornada de Direito Civil*, promovida, em setembro de 2002, pelo Centro de Estudos Judiciários do Conselho da Justiça Federal).

26. Agostinho Alvim, op. cit., ns. 19 e s., p. 14 e s.; Espínola, *Garantia e extinção das obrigações*, Rio de Janeiro, 1951, p. 80; Antunes Varela, *Direito das obrigações*, Rio de Janeiro, Forense, 1977, p. 180; Jean Renard, L'action d'enrichissement sans cause dans le droit français moderne, *Revue Trimestrielle de Droit Civil*, p. 243 e s., 1920; Ruggiero e Maroi, op. cit., v. 2, § 183; Jorge Americano, *Ensaio sobre o enriquecimento sem causa*, São Paulo, 1932; Rouast, L'enrichissement sans cause, *Revue Trimestrielle de Droit Civil*, p. 35, 1922; Trabucchi, op. cit., n. 302; François Goré, *Enrichissement au dépens d'autrui*, Paris, 1949; Jacinto Fernandes Rodrigues Bastos, *Das obrigações em geral, segundo o Código Civil de 1966*, Lisboa, 1972, v. 2, p. 13; Antônio Carlos Morato, A aplicação dos princípios contratuais no enriquecimento sem causa. In: *10 anos de vigência do Código Civil brasileiro de 2002*, São Paulo, Saraiva, 2013, p. 291-307; Renato Ribeiro, Configuração do enriquecimento injustificado. In: *10 anos de vigência*, cit. p. 265-90. *Vide* Código Civil português, art. 473.

"A obrigação de restituir o lucro da intervenção, entendido como a vantagem patrimonial auferida a partir da exploração não autorizada de bem ou direito alheio, fundamenta-se na vedação do enriquecimento sem causa" (Enunciado n. 620 da VIII Jornada de Direito Civil).

relação obrigacional não existia, tinha cessado de existir ou que o devedor não era o *solvens* ou o *accipiens* não era o credor. O pagamento indevido é o feito, espontaneamente, por erro, como o efetuado pelo *solvens*, convencido de que deve pagar, ou o levado a efeito por quem não é devedor, mas pensa sê-lo, ou a quem se supõe credor[27].

Infere-se daí duas *espécies* de pagamento indevido. Deveras, ter-se-á um *pagamento objetivamente indevido* quando o sujeito paga uma dívida inexistente, por não haver qualquer vínculo obrigacional, ou um débito existente, mas que já foi extinto. Desse modo, há uma prestação errônea do *solvens* com a intenção de solver uma obrigação (CC, art. 877), por ignorar a inexistência da dívida. Se a pessoa cumpre uma prestação, sabendo que não havia débito, pretendeu fazer uma liberalidade; não merece, pois, a tutela legal de propor ação para repetir o indevido, concedida tão somente a quem por erro fizer tal pagamento. Haverá *pagamento subjetivamente indevido* de um débito existente se ele for feito por quem erroneamente se julgava ser o devedor. A dívida existe, mas foi paga por quem, não sendo devedor, julgava sê-lo. Há um vínculo obrigacional, porém relativo a terceiro, e não ao *solvens*. É o caso, p. ex., do gerente que paga débito da empresa, por supor infundadamente que se tratava de dívida própria. Igualmente, ter-se-á indébito subjetivo se o pagamento é feito a pessoa diversa do verdadeiro credor. P. ex.: se "A", credor de "B", transmite por cessão seu crédito a "C", sem notificar "B" (CC, art. 290), "B", ignorando a cessão, paga o débito a "A". Assim, o enriquecimento de "A" à custa de "C" terá de ser corrigido pela obrigação de restituir. Portanto, para que se caracterize o indébito subjetivo será necessário que não exista dívida nas relações entre o *solvens* e o *accipiens* e que haja desconhecimento da situação real, isto é, ocorrência de erro por parte do *solvens*. Em todas essas hipóteses o *solvens*, sob o fundamento da ausência de causa para o pagamento, terá direito de repetição[28].

b.6.2. Requisitos necessários à sua caracterização

Para que haja pagamento indevido e, consequentemente, o direito do *solvens* de propor ação de *in rem verso*, é preciso que ocorram os seguintes requisitos[29]:

1º) Enriquecimento patrimonial do *accipiens* à custa de outrem, ou seja, aumento no seu patrimônio, abrangendo também acréscimos e majoração supervenientes. Tal aumento no ativo patrimonial é dado pela diferença entre a situação econômica em que o *accipiens*

---

27. Conceito baseado em Clóvis Beviláqua, *Código Civil*, cit., v. 4, p. 120; Saleilles, *Théorie générale de l'obligation*, § 342; Windscheid, *Diritto delle Pandette*, §§ 421 a 426; Orlando Gomes, op. cit., p. 303; *RSTJ*, *128*:315; *RT*, *682*:205. "Cheque sem cobertura, de qualquer origem, não quita o débito. Do contrário, seria admitir-se o enriquecimento sem causa, sem jactura alheia" (*RT*, *490*:220). No mesmo sentido: *RT*, *494*:58. "A ação de enriquecimento ilícito contra o emitente de cheque, cuja ação de execução encontra-se prescrita, é de vinte (atualmente, 10) anos por ser de natureza civil e não cambial (art. 177 do CC)" (*RT*, *776*:305).

28. Ruggiero e Maroi, op. cit., § 183; Antunes Varela, op. cit., p. 181-2 e 185-6; Rafaelli, *Istituzioni di diritto civile*, Milano, 1953, § 541; Caio M. S. Pereira, op. cit., p. 256-7; R. Limongi França, Pagamento indevido, in *Enciclopédia Saraiva do Direito*, v. 56, p. 472; Von Tuhr, op. cit., v. 2, p. 303 e s.

29. A respeito dos requisitos necessários para que se tenha repetição do indébito, *vide* Mazeaud e Mazeaud, *Leçons de droit civil*, Paris, t. 2, ns. 655 e 698; Larenz, op. cit., § 62; W. Barros Monteiro, op. cit., p. 267-8; Silvio Rodrigues, op. cit., p. 190-4; Barassi, op. cit., v. 2, ns. 194 e 195; Aubry e Rau, op. cit., v. 6, § 578, p. 246; Caio M. S. Pereira, op. cit., p. 253-4 e 257-8; Planiol e Ripert, op. cit., v. 7, ns. 752 e 763; Goré, op. cit., ns. 72, 183 e 286; Antunes Varela, op. cit., p. 194-202; Orlando Gomes, op. cit., p. 305-6; Wagner Inácio Freitas Dias, O problema do enriquecimento sem causa no direito civil brasileiro – inteligência dos arts. 273 e 274 do novo Código Civil, *Revista Síntese de Direito Civil e Processual Civil*, *35*:55-9.

se encontra (situação real) e aquela em que estaria, se não houvesse o pagamento indevido (situação hipotética). Dessa forma, terá a titularidade do direito à restituição a pessoa à custa de quem o *accipiens* se enriqueceu. P. ex.: naquele caso, apontado alhures, em que o devedor, não notificado da cessão de crédito, paga o débito ao cedente, é o cessionário quem terá o direito à restituição, por ser a suas expensas que o devedor fica liberado da obrigação e o cedente recebe o que não lhe era devido.

2º) Empobrecimento do *solvens,* pois como consequência de seu ato ter-se-á uma diminuição em seu patrimônio, visto que haverá um deslocamento, para o ativo patrimonial alheio, de algo que lhe pertencia.

3º) Relação de imediatidade, ou seja, o enriquecimento de um deve decorrer diretamente da diminuição patrimonial do outro. A vantagem patrimonial de um deverá corresponder à perda do outro, credor do direito à restituição. O empobrecimento do *solvens* deve concorrer simultaneamente com o enriquecimento do *accipiens,* para que se caracterize o indébito. Tanto o empobrecimento como o enriquecimento deverão resultar de uma mesma circunstância.

4º) Ausência de culpa do empobrecido, que voluntariamente paga a prestação indevida por erro de fato ou de direito (*RT, 302*:561) ou por desconhecer a situação real, estando convencido de que devia, quando, na realidade, nada havia a pagar. O ônus da prova do erro do pagamento competirá ao *solvens* (CC, art. 877; *RT, 418*:219, *445*:247). Se o *solvens* efetuar o pagamento em razão de sentença judicial, não terá direito à repetição, mesmo que se trate de *quantum* indevido; poderá, contudo, intentar a rescisória do julgado. Se porventura o pagamento foi involuntário, porque houve coação do *solvens,* por parte do *accipiens* ou de terceiro, não há por que negar o direito à repetição, uma vez que o *solvens* foi forçado a pagar o que não devia.

5º) Falta de causa jurídica justificativa do pagamento efetuado pelo *solvens,* como, p. ex., inexistência de vínculo jurídico decorrente de lei ou de contrato. Realmente, se alguém enriquece à custa de outrem em razão de contrato ou de lei, não terá o menor cabimento a propositura de ação de *in rem verso.* Vigora em nosso direito, portanto, o princípio de que somente o enriquecimento sem causa jurídica que ocasione diminuição patrimonial de outrem acarreta obrigação de restituir a quem foi lesado com o pagamento.

6º) Subsidiariedade da ação de *in rem verso*, ou seja, inexistência de outro meio jurídico pelo qual o empobrecido possa corrigir a situação de enriquecimento sem causa. Embora, em nosso direito, não haja nenhuma disposição a respeito, a doutrina e a jurisprudência (*RT, 30*:428)[30] têm entendido que a ação de repetição não deverá ser proposta, se outra ação puder socorrer o lesado com o pagamento indevido. Esclarecedora a respeito é a lição de Silvio Rodrigues[31]: "A ação de 'in rem verso' deve ser repelida quando uma outra ação poderia ter sido proposta e não o foi, tendo prescrito a prerrogativa do autor; deve, igualmente, ser rejeitada quando o demandante a ela recorre para fugir à obrigação de provar, por escrito, o contrato em que funda sua dívida, ou quando o prejudicado lança mão de tal processo para obter uma prestação, ou um serviço, ou qualquer outro resultado que a lei ou o contrato excluíram. Trata-se de impedir que a ação de 'in rem verso' transtorne toda a ordem jurídica, o que ocorreria se,

---

30. Em sentido contrário: *RT, 127*:538, *288*:377, *440*:164, *441*:134, *442*:265, *443*:214, *446*:265, *468*:223, *474*:198, *475*:197.

31. Silvio Rodrigues, op. cit., p. 194. Neste mesmo teor de ideias: Drakidis, La subsidiarité, caractère spécifique et international de l'action d'enrichissement sans cause, *Revue Trimestrielle de Droit Civil,* p. 577 e s., 1961; Planiol e Ripert, op. cit., n. 763; Mazeaud e Mazeaud, op. cit., v. 2, n. 698; Fenghi, Sulla sussidiarità dell'azione d'arrichimento senza causa, *Rivista di Diritto Commerciale, 2*:121 e s., 1962; Aubry e Rau, op. cit., v. 6, § 578, p. 246.

p. ex., fosse deferida ao credor para cobrar a dívida prescrita, ou ao contratante para pedir a devolução das arras de arrependimento perdidas".

O Código Civil, por sua vez, no art. 886 adota a tese da natureza subsidiária da restituição fundada no enriquecimento sem causa, ao dispor: "Não caberá a restituição por enriquecimento, se a lei conferir ao lesado outros meios para se ressarcir do prejuízo sofrido". Se alguém vier a enriquecer indevidamente, não precisará devolver o bem, se a lei conceder ao lesado outros meios (p. ex., indenização por perdas e danos ou pelo equivalente pecuniário, ação de nulidade negocial) para que se possa reparar o dano por ele sofrido. "Interessante é o seguinte exemplo de Cleide de F. M. Moscon: *A* empresta a *B* um bem avaliado em 800 reais. Se *B* vier a destruí-lo, deverá ser responsabilizado civilmente, ressarcindo *A* e pagando a quantia de 800 reais. Se *B* vender a *C* o bem por 1.100 reais, e *C* destruir o bem, *B* deverá reembolsar por responsabilidade civil, a título de perdas e danos, a *A* o valor do bem (800 reais), e, por enriquecimento sem causa, a diferença de 300 reais, obtida na venda do bem de *A*". "O art. 886 do novo Código Civil não exclui o direito à restituição do que foi objeto de enriquecimento sem causa nos casos em que os meios alternativos conferidos ao lesado encontram obstáculos de fato" (Enunciado n. 36, aprovado na I Jornada de Direito Civil, promovida, em setembro de 2002, pelo Centro de Estudos Judiciários do Conselho da Justiça Federal).

Presentes todos esses requisitos, autorizado estará o lesado a obter o restabelecimento de seu patrimônio, até o montante do lucro havido pelo enriquecido sem causa jurídica, reclamando a repetição do indébito por meio da ação de *in rem verso*[32]. E o prazo prescricional para a pretensão de ressarcimento de enriquecimento sem causa é de três anos (CC, art. 206, § 3º, IV).

b.6.3. Repetição do pagamento

Se o aumento do patrimônio se deu à custa do de outrem, impõe-se a devolução da coisa certa ou determinada a quem de direito, e se esta deixou de existir, a devolução far-se-á pelo equivalente em dinheiro, ou seja, pelo seu valor na época em que foi exigida. Logo, a dívida passará a ser de valor, e não de dar coisa. É preciso esclarecer, ainda, que: "A expressão *enriquecer à custa de outrem* do art. 886 do novo Código Civil não significa, necessariamente, que deverá haver empobrecimento" (Enunciado n. 35, aprovado na I Jornada de Direito Civil, promovida, em setembro de 2002, pelo Centro de Estudos Judiciários do Conselho da Justiça Federal). "A existência de negócio jurídico válido e eficaz é, em regra, uma justa causa para o enriquecimento" (Enunciado n. 188 do Conselho da Justiça Federal, aprovado na III Jornada de Direito Civil).

Toda pessoa que receber o que lhe não era devido ficará obrigada a restituir. A mesma obrigação incumbirá à que receber dívida condicional antes de cumprida a condição (CC,

32. Silvio Rodrigues, op. cit., p. 194; Cleide de Fátima M. Moscon, *O enriquecimento sem causa* e o *Código Civil brasileiro*, Porto Alegre, Síntese, 2003, p. 17 e 32; Jones F. Alves e Mário Luiz Delgado Régis, *Código*, cit., p. 377-78. Há quem entenda, como Bassil Dower (op. cit., p. 193-4), que, para que se tenha devolução plena do que se pagou em dinheiro, a restituição deverá vir acompanhada de correção monetária, a fim de evitar prejuízo ocasionado pela redução do poder aquisitivo da moeda. Deveras, a restituição de um pagamento indevido, sem correção monetária, faz persistir o enriquecimento ilícito de um lado e o empobrecimento de outro. Eis por que a jurisprudência (*RT, 419*:240, *438*:157) tem entendido que "na ação de repetição do indébito proposta contra a Fazenda do Estado, objetivando a restituição, é devida a correção monetária", embora tenha assentado (*RT, 484*:111) que "na repetição do indébito fiscal não se aplica a correção monetária". Sobre o assunto, consulte ainda *RF, 229*:177; *RT, 434*:225, *446*:91, *450*:246.

arts. 876 e 125), pois ninguém pode locupletar-se, sem causa jurídica, com o alheio. Se alguém pagar débito condicional, antes do implemento da condição suspensiva, terá direito à repetição, pois o evento futuro e incerto, a que se subordina o negócio jurídico, poderá deixar de ocorrer, ficando, então, sem causa o pagamento. Assim, inexistirá vínculo obrigacional, visto que, se a condição não se realiza, não se terá a aquisição de qualquer direito. Dessa maneira, se o *solvens* pagar antes da realização da condição, ter-se-á a presunção *juris et de jure* de que pagou por erro; logo, ficará na mesma posição do que paga por erro, e o *accipiens,* consequentemente, passará a ter o dever de restituir[33].

Entretanto, não se pode dizer que o mesmo ocorrerá se o pagamento, que tiver por objeto extinguir uma obrigação a termo, se efetuar antes que este seja atingido, porque, nessa hipótese, há dívida existente, cuja exigibilidade está na dependência de um prazo, de forma que lícito será ao devedor renunciar a ele, sem que possa alegar que o credor enriqueceu indevidamente[34].

E se o pagamento indevido consistiu no desempenho de obrigação de fazer ou para eximir-se de obrigação de não fazer, o que recebeu a prestação deverá indenizar o que a cumpriu, na medida do lucro obtido (CC, art. 881).

Se alguém pagar imposto ilegal ou inconstitucional, recolhido ao erário, em virtude de notificação fiscal, terá direito à repetição, porque tal dívida fiscal inexiste (Lei n. 5.172/66, arts. 165 a 169; *AJ*, *49*:162, *93*:367; *RT*, *94*:524, *106*:701, *422*:354, *484*:111, *484*:232; *RF*, *70*:297, *78*:529)[35].

Pela Lei n. 8.078/90, art. 42, parágrafo único, o consumidor cobrado em quantia indevida terá também direito à repetição do indébito, por valor igual ao dobro do que pagou em excesso acrescido de correção monetária e juros legais, exceto se houver engano justificável.

Os *efeitos* da restituição do pagamento sofrem uma variação conforme o *animus* do *accipiens* e a natureza da prestação. Assim, se o *accipiens* estiver de *boa-fé,* quando receber o que não lhe era devido, equiparar-se-á ao possuidor de boa-fé; logo, deverá restituir o que recebeu indevidamente, mas terá o direito de conservar os frutos percebidos e de receber indenização pelas benfeitorias necessárias e úteis que tenha feito. Poderá também levantar as voluptuárias, desde que não haja detrimento da coisa, e reter as necessárias e úteis, enquanto aquela indenização não lhe for paga, e ainda não responderá pela perda da coisa ou por suas deteriorações, se por elas não foi culpado. Se estiver de *má-fé,* ao receber algo que saiba não lhe ser devido, deverá restituir tudo quanto recebeu, acrescido do que normalmente poderia ter recebido. Por outras palavras, deverá devolver, além da coisa, os frutos percebidos e os percipiendos; não terá direito à indenização das benfeitorias úteis, nem a levantar as voluptuárias, e responderá pelo perecimento e pelas deteriorações, ainda que ocasionados por força maior ou caso fortuito, salvo se provar que o fato ocorreria, mesmo que não tivesse havido o pagamento indevido. Todavia, será ressarcido pelas benfeitorias necessárias, sem, contudo, ter direito de retê-las (CC, art. 878)[36].

---

33. Caio M. S. Pereira, op. cit., p. 258-9; W. Barros Monteiro, op. cit., p. 269; Bassil Dower, op. cit., p. 193.

34. Enneccerus, Kipp e Wolff, op. cit., v. 2, p. 607; Caio M. S. Pereira, op. cit., p. 259.

35. W. Barros Monteiro, op. cit., p. 270; Caio M. S. Pereira, op. cit., p. 259; Von Tuhr, op. cit., p. 308; Coelho da Rocha, op. cit., § 157.

36. *Vide* Antunes Varela, op. cit., p. 183-4; W. Barros Monteiro, op. cit., p. 270; Silvio Rodrigues, op. cit., p. 200.

Se o objeto do pagamento indevido for um imóvel, dever-se-ão observar as seguintes regras[37]:

1ª) Se aquele que recebeu indevidamente um imóvel o tiver alienado de boa-fé, por título oneroso, responderá somente pelo preço recebido, mas se obrou de má-fé, além do valor do imóvel, responderá por perdas e danos (CC, art. 879, *caput*).

2ª) Se o imóvel foi alienado gratuitamente, ou se, alienando-se por título oneroso, o terceiro adquirente agiu de má-fé, caberá ao que pagou por erro o direito de reivindicação (CC, art. 879, parágrafo único). Em outros termos, aquele que pagou por erro terá direito de reivindicar o bem imóvel: *a*) se o bem ainda estiver em poder do *accipiens; b*) se este o alienou a título gratuito, ou *c*) se o alienou onerosamente, havendo má-fé do terceiro adquirente.

b.6.4. Exclusão da restituição do indébito

É preciso lembrar que há certas situações excepcionais em que o pagamento indevido não confere direito à restituição. É o que ocorre quando:

1º) O *accipiens*, que recebe de quem não é o devedor pagamento por conta de dívida verdadeira, inutilizou o título, deixou prescrever a ação ou abriu mão das garantias que asseguravam seu direito (CC, art. 880, 1ª parte). A lei protege contra o *solvens* aquele que receber de boa-fé pagamento de um débito verdadeiro de quem se supõe devedor, pois não há razão para que conserve o título ou as garantias do crédito. Porém, como seria injusto deixar o *solvens*, que pagou por erro, sem proteção, o art. 880, 2ª parte, lhe ressalva o direito de propor ação regressiva contra o verdadeiro devedor e seu fiador, para ressarcir-se dos prejuízos que sofreu.

2º) O pagamento se destinou a solver dívida prescrita ou obrigação natural (CC, art. 882). Se o pagamento visou solver obrigação natural, o *solvens* não terá direito à repetição. Isto é assim porque essa obrigação é inexigível, ficando o devedor livre para cumpri-la ou não, de modo que, se a realizar, o pagamento feito ao credor é válido e não poderá ser repetido, visto que não há enriquecimento indevido do *accipiens*, nem diminuição patrimonial injusta do *solvens*. Se a lei proíbe o direito à restituição por pagamento de dívida prescrita (CC, art. 882; *RT, 108*:372), de débito de jogo (CC, art. 814; *RT, 477*:224) e de juros de empréstimo de dinheiro ou de coisas fungíveis, mesmo não convencionados (CC, art. 591 e parágrafo único, incluído pela Lei n. 14.905/2024; *RT, 135*:105), há causa jurídica; logo, não houve indébito e a ação de *in rem verso* será incabível.

3º) O *solvens* pagou certa importância com o intuito de obter fim ilícito ou imoral (CC, art. 883). Se o pagamento teve uma finalidade proibida por lei ou contrária aos bons costumes, o *solvens* não poderá reclamar, judicialmente, a repetição do que pagou indevidamente, ante o princípio de que ninguém pode ser ouvido alegando a sua própria torpeza[38]. E o que se deu reverterá em favor de estabelecimento local de beneficência, a critério do órgão judicante (CC, art. 883, parágrafo único).

---

37. R. Limongi França, Pagamento indevido, cit., p. 472; Clóvis Beviláqua, *Código Civil*, cit., v. 4, p. 128; W. Barros Monteiro, op. cit., p. 271.

38. Sobre os casos em que o pagamento indevido não confere direito à repetição, consulte Caio M. S. Pereira, op. cit., p. 261-3; Savatier, *Théorie des obligations*, Paris, 1967, ns. 235 e 300; Silvio Rodrigues, op. cit., p. 204-7; Ruggiero e Maroi, op. cit., § 184; Bassil Dower, op. cit., p. 196-7; Rotondi, *Istituzioni di diritto privato*, 8. ed., 1965, p. 174; Orozimbo Nonato, op. cit., 2. parte, v. 2, p. 227; W. Barros Monteiro, op. cit., p. 271-2; R. Limongi França, Pagamento indevido, cit., p. 473; Clóvis Beviláqua, *Código Civil*, cit., v. 4, p. 105.

Quadro Sinótico

PAGAMENTO OU MODO DIRETO DE EXTINGUIR A OBRIGAÇÃO

1. CONCEITO	• Pagamento é a execução voluntária e exata, por parte do devedor, da prestação devida ao credor, no tempo, forma e lugar previstos no título constitutivo.
2. NATUREZA JURÍDICA	• Trata-se de um contrato, isto é, de um negócio jurídico bilateral (Windscheid, Von Tuhr, Colin e Capitant, Washington de Barros Monteiro, Crome, Allara, Hedemann etc.), pois é um acordo de vontade com finalidade liberatória, que se submete aos princípios que regem os contratos.
3. REQUISITOS ESSENCIAIS	• Existência de vínculo obrigacional, oriundo de lei ou de negócio jurídico que o justifique. • *Animus solvendi*. • Satisfação exata de prestação devida (CC, arts. 314 a 318, 325, 326 e 927). • Presença da pessoa que efetua o pagamento (CC, arts. 249, 304, 305, 346, I a III, 394, 335, I, 306 e 307; CPC, art. 539). • Presença da pessoa que recebe o pagamento (CC, arts. 308, 310, 181, 180, 312, 873, 311, 309; CPC, arts. 856, § 2º, e 726 a 729).
4. TEMPO DE PAGAMENTO	• Se há determinação negocial a respeito da data do pagamento, a dívida deverá ser paga no dia do vencimento (CC, arts. 394, 389, 939), salvo se houver antecipação do vencimento por conveniência do devedor (CC, art. 133) ou em virtude de lei (CC, art. 333, I a III, e parágrafo único). • Se há omissão do vencimento, o credor poderá exigir o pagamento do débito imediatamente (CC, art. 331), e, se se tratar de obrigação condicional, no dia do implemento da condição (CC, art. 332).
5. LUGAR DO PAGAMENTO	• O local do cumprimento da obrigação está, em regra, indicado no título constitutivo do negócio jurídico. Se nada for estipulado a respeito, aplicar-se-á o disposto no CC, arts. 327 e 328. E, se se tiver lugar alternativo, ou melhor, designação de dois ou mais locais de pagamento, caberá ao credor eleger o que lhe for mais conveniente para receber o débito, de acordo com o CC, art. 327, parágrafo único. Em caso de motivo grave, o pagamento pode ser feito em local diverso do convencionado (CC, art. 329). Se o pagamento é feito reiteradamente em lugar diferente do estipulado, presume-se renúncia do credor ao previsto no contrato (CC, art. 330).
6. PROVA DO PAGAMENTO	• A prova do pagamento é a quitação, que consiste num documento em que o credor ou seu representante, reconhecendo ter recebido o pagamento de seu crédito, exonera o devedor da obrigação (CC, arts. 319, 320, 321, 323, 324, 386, 335, I, 909, parágrafo único; CPC, arts. 442 a 445). Os arts. 322, 323 e 324 enumeram as hipóteses em que há presunção *juris tantum* de pagamento, apesar de não haver quitação que o demonstre.

7. PAGAMENTO INDEVIDO	• Conceito	• Pagamento indevido é uma das formas de enriquecimento ilícito, por decorrer de uma prestação feita por alguém com o intuito de extinguir uma obrigação erroneamente pressuposta, gerando ao *accipiens*, por imposição legal, o dever de restituir, uma vez estabelecido que a relação obrigacional não existia, tinha cessado de existir ou que o devedor não era o *solvens* ou o *accipiens* não era o credor.

7. PAGAMENTO INDEVIDO	• Espécies	• Indébito objetivo	• Se o *solvens* paga dívida inexistente, ou existente mas que já foi extinta.
		• Indébito subjetivo	• Se há uma dívida que é paga por quem não é devedor ou a quem não é credor.
	• Requisitos	• Enriquecimento patrimonial do *accipiens* à custa de outrem. • Empobrecimento do *solvens*. • Relação de imediatidade. • Ausência de culpa do empobrecido. • Falta de causa jurídica justificativa. • Subsidiariedade da ação de *in rem verso*.	
	• Repetição do pagamento	• Casos	• Se alguém receber não só o que não lhe era devido, mas também dívida condicional antes de cumprida a condição (CC, art. 876). • Se houver pagamento de imposto ilegal ou inconstitucional (Lei n. 5.172/66, arts. 165 a 169; *AJ*, *49*:162, *93*:367; *RT*, *94*:524, *106*:701, *422*:354; *RF*, *70*:297, *78*:529).
		• Efeitos da restituição conforme o *animus* do *accipiens* e a natureza da prestação	• CC, arts. 878 e 879, parágrafo único.
		• Exclusão da restituição do indébito	• Quando o *accipiens*, que recebe de quem não é o devedor o pagamento por conta de dívida verdadeira, inutilizou o título, deixou prescrever a ação ou abriu mão das garantias de seu crédito (CC, art. 880). • Quando o pagamento se destinava a solver obrigação natural (CC, art. 882). • Quando o pagamento teve por escopo obter fim ilícito ou imoral (CC, art. 883).

C. Pagamento indireto

c.1. Generalidades

Ter-se-á, como pudemos apontar em páginas anteriores, o adimplemento da relação obrigacional não só pelo pagamento propriamente dito, mas também, se ocorrerem determinadas circunstâncias, por modos especiais ou indiretos de pagamento, tais como: *a*) pagamento em consignação; *b*) pagamento com sub-rogação; *c*) imputação do pagamento; *d*) dação em pagamento; *e*) novação; *f*) compensação; *g*) transação; *h*) compromisso; *i*) confusão; *j*) remissão de dívidas. Mantivemos a transação e o compromisso por razões de ordem técnica, pois, apesar de o atual Código Civil tê-los considerado como modalidades contratuais, parece-nos que seu principal efeito é o de tornar exigível a obrigação, extinguindo-a de modo especial. Essas modalidades especiais de pagamento serão objeto de nosso estudo neste item.

c.2. Pagamento em consignação

c.2.1. Origem, conceito e natureza jurídica

No direito romano clássico, uma vez comprovado o desinteresse do credor em receber o débito, configurava-se o abandono da coisa devida, exonerando-se, consequentemente, o devedor. Entretanto, no direito pós-clássico, exigia-se o depósito da prestação, em nome do credor, para liberar o obrigado, havendo recusa do credor em receber um pagamento ofertado na forma, no tempo e no modo devidos, isto é, tendo-se *mora accipiendi*[39]. Surgiu, então, o pagamento em consignação, como forma anormal e forçada de cumprimento da prestação – *volente debitore contra creditorem nolentem* –, um verdadeiro direito do devedor para honrar sua palavra e satisfazer a dívida[40]. Consignar é termo oriundo do latim *consignare*, que significa tornar conhecido, pôr em depósito, e é empregado como sinônimo de *obsignare* - pôr selo em –, pois Papiniano empregou essa terminologia com o sentido de consignar, depositar uma quantia em dinheiro[41]. O pagamento em consignação se fazia nos santuários, templos (*depositum in aede sacra*), ou, ainda, em qualquer local indicado pelo juiz competente. Isto era assim porque os romanos usavam seus templos, tão solidamente construídos, como repositórios dos fundos públicos, na esperança de que os escrúpulos religiosos evitassem o roubo[42]. Se a prestação era pecuniária, o dinheiro, devidamente pesado e contado, era colocado na própria bolsa ou sacola em que era carregado, sendo esta, por sua vez, fechada, selada ou lacrada com sinete, especificando-se o nome de seu depositante e a favor de quem se fazia o depósito, e afinal depositada, e se porventura se perdia, o devedor podia provar que se tratava das moedas ofertadas ao credor. Desse modo, a consignação isentava o devedor do risco e da eventual obrigação de pagar juros, e, se o objeto do débito era um imóvel, deveria ser colocado em sequestro[43]. Posteriormente, por iniciativa particular, surgiram os *Horrea*, que eram armazéns ou depósitos onde os interessados, mediante pagamento de certo aluguel, guardavam seus objetos preciosos ou coisas litigiosas, passando, logo em seguida, as consignações às casas dos banqueiros ou cambistas[44].

Deveras, para que se tenha pagamento é imprescindível que o credor ou quem o represente colabore, pois apenas essas pessoas podem dar ao *solvens* a quitação, visto que ele tem o direito de exonerar-se do vínculo obrigacional para livrar-se de suas consequências. Assim, se o credor, injustificadamente, se recusar a receber e dar quitação, ou se o devedor tiver dúvidas a respeito da pessoa a quem deve pagar, ou se não encontrar o destinatário do pagamento, a norma jurídica vem amparar o seu interesse no sentido de desobrigar-se do cumprimento da prestação devida, no tempo e forma convencionados, evitando a eternização da obrigação ou a subordinação de seus efeitos à vontade exclusiva do credor, prescrevendo, para isso, um

---

39. Angel Cristobal Montes, *Curso de derecho romano;* derecho de obligaciones, Caracas, 1964, p. 128-9; Pietro Bonfante, *Instituciones de derecho romano,* Madrid, 1959, p. 438, § 138.

40. Domingos Sávio B. Lima, Consignação em pagamento (Origens romanas), in *Enciclopédia Saraiva do Direito,* v. 18, p. 263-4; Origens do pagamento por consignação nas obrigações em dinheiro, *RDC,* 7:65. No mesmo sentido: Édouard Cuq, *Les institutions juridiques des romains,* Paris, 1902, v. 2, p. 518; Mackeldey, *Manuel de droit romain,* Bruxelles, 1837, p. 288, § 49; Charles Maynz, *Cours de droit romain,* Bruxelles, 1891, v. 2, p. 554, § 290; Ramón Silva Alonso, *Derecho de las obligaciones*, cit., p. 347-9.

41. Francisco Torrinha, *Dicionário português-latino,* 2. ed., Porto, p. 404; Domingos Sávio B. Lima, op. cit., p. 263.

42. Will Durant, *História da civilização,* São Paulo, Ed. Nacional, 1957, parte 3, v. 1, p. 95; Foignet e Dupont, *Le droit romain des obligations,* Paris, 1945, p. 160, § 2º; Robert Villers, *Droit romain;* les obligations, 1953, p. 358, § 4º; José Carlos de Matos Peixoto, *Curso de direito romano,* Rio de Janeiro, 1955, v. 1, p. 179, n. 108; Coulanges, *A cidade antiga,* 9. ed., Lisboa, v. 2, p. 277; Álvaro D'Ors, *Elementos de derecho romano,* Pamplona, 1960, p. 278, § 224.

43. Juan Iglesias, *Derecho romano,* Barcelona, 1963, p. 646, § 118; Jörs e Kunkel, *Derecho privado romano,* Barcelona, 1965, p. 266, nota 7; Eugène Petit, *Tratado elementar de derecho romano,* Buenos Aires, Albatroz, 1958, p. 639, n. 501; Domingos Sávio B. Lima, op. cit., p. 265-7.

44. D., frag. 39, *De solutionibus,* 46, 3.

meio técnico: a consignação em pagamento[45]. Realmente, "pagar não é apenas um dever do sujeito passivo da obrigação. É também um direito, o de liberar-se do vínculo obrigacional, direito que se afirma através da consignação" (*RF, 132*:433).

O *pagamento em consignação* é o meio indireto de o devedor exonerar-se do liame obrigacional, consistente no depósito em juízo (consignação judicial) ou em estabelecimento bancário (consignação extrajudicial) da coisa devida, nos casos e formas legais (CC, art. 334; CPC, art. 539, §§ 1º a 4º)[46]. O depósito judicial é relativo a quantias ou coisas certas ou incertas devidas, e o feito em estabelecimento bancário é atinente a quantias pecuniárias, sendo uma etapa prévia à ação consignatória.

É um modo especial de liberar-se da obrigação, concedido por lei ao devedor, se ocorrerem certas hipóteses excepcionais, impeditivas do pagamento. Apenas nos casos previstos em lei poderá o devedor ou terceiro requerer, com efeito de pagamento, a consignação da quantia ou da coisa devida (CPC, art. 539). Se inexistir razão legal, se o devedor, sem que nada o justifique, depositar a prestação devida em vez de pagar diretamente ao credor ou a seu representante, será tido como carente da consignatória, por não haver motivo legal para a propositura da ação (*RT, 430*:178). Desse modo, seu depósito será julgado improcedente e não se terá pagamento algum, sofrendo o depositante todas as consequências de sua conduta[47]. É meio indireto de pagamento, uma vez que a prestação não é entregue, por motivo justo, ao credor, mas depositada em juízo para não sofrer as consequências da mora (retardamento de cumprimento da obrigação)[48]. É preciso lembrar, ainda, que apenas a obrigação pecuniária e a de dar coisas móveis e imóveis (*RF, 310*:144; *JTACSP, 171*:388 e 509) são compatíveis com essa modalidade indireta de pagamento, pois a obrigação de fazer ou de não fazer, pela sua natureza, dispensa a participação do credor, esgotando-se com a ação ou abstenção do devedor; não comporta, pois, por tais razões, consignação. Todavia, se a obrigação de fazer estiver ligada a uma de dar – p. ex., se requerer a entrega do resultado da atividade do devedor –, admitir-se-á consignação[49].

Quanto à sua *natureza jurídica*, autores há, como Planiol[50], que entendem tratar-se de um instituto processual. Na verdade, porém, possui natureza jurídica mista ou híbrida,

---

45. Orlando Gomes, op. cit., p. 140; Caio M. S. Pereira, op. cit., p. 172.

46. Conceito baseado em Clóvis Beviláqua, *Código Civil*, cit., v. 4, obs. ao art. 972; Giorgi, op. cit., v. 7; Coelho da Rocha, op. cit., v. 1, § 150; Álvaro Villaça Azevedo, Consignação em pagamento, in *Enciclopédia Saraiva do Direito*, v. 18, p. 270; Judith Martins-Costa, *Comentários*, cit., v. 5, t. 1, p. 353-424; Carlos Alberto Bittar Filho e Marcia S. Bittar, *Novo Código*, cit., p. 171; *RTJ, 92*:214; *RJTJSP, 72*:213, *119*:69, *128*:81, *136*:320; *RT, 319*:390, *327*:480, *480*:126, *546*:147, *681*:176, *676*:7, *678*:138, *693*:187, *671*:105, *718*:146; *722*:303; *RTJE, 67*:90; *JTACSP, 128*:331; *RJ, 112*:277, *128*:50 e *130*:83; *JTA, 161*:573, *183*:513; *JB, 159*:297 e *158*:201. A instituição financeira que vier a receber o depósito judicial deverá atualizar seu valor, cabendo ao juiz que o determinou decidir sobre o índice a ser aplicado (*RT, 780*:236). A consignação só produz efeito de verdadeiro pagamento quando satisfizer o requisito da integridade quantitativa do objeto do pagamento (*RT, 726*:355).

47. Silvio Rodrigues, op. cit., p. 210.

48. Alfredo Colmo (*De las obligaciones en general*, n. 632) observa que caberá *consignação particular*, com dispensa do ingresso na via judicial, somente no caso de haver convenção entre as partes que a admita ou quando as circunstâncias autorizarem sua eficácia.

49. W. Barros Monteiro, op. cit., p. 273; Serpa Lopes, op. cit., p. 220; Alfredo Colmo, op. cit., n. 644; Caio M. S. Pereira, op. cit., p. 172; Larombière, *Théorie des obligations*, v. 3, com. ao art. 1.204, n. 6. O depósito de bem imóvel operar-se-á pela entrega das chaves.

50. Planiol, *Traité élémentaire de droit civil*, v. 2, p. 170.

por ser, concomitantemente, um instituto de direito civil (CC, arts. 334 a 345) e de direito processual civil (CPC, arts. 539 a 549). O elemento processual complementa o contingente substantivo, as normas adjetivas estão estreitamente ligadas às materiais, pois o direito civil disciplina o poder liberatório da consignação, enquanto o processual rege sua parte formal, ou seja, a forma de exercício da ação[51].

c.2.2. Casos legais de consignação

O Código Civil, art. 335, arrola os motivos legais de propositura da ação de consignação em pagamento (*RT, 598*:82). Por esse artigo, ter-se-á consignação:

1º) Se o credor não puder, ou se, sem justa causa, recusar receber o pagamento ou dar quitação na devida forma (*RT, 453*:157), hipótese em que se configura a *mora accipiendi*. O devedor, portanto, não está obrigado a consignar (*RT, 574*:626), pois a inexecução da obrigação se deu por culpa alheia, embora a lei o autorize a depositar em juízo para desonerar-se do liame obrigacional (*RT, 463*:218; *RF, 229*:184). P. ex.: "A" deve "x" a "B". Se "B" se recusar a receber "x" por mero capricho, a consignação será legítima. Se, porém, "B" se recusar a receber porque "A" se nega a pagar um aumento da prestação, havido em virtude de lei, não terá cabimento qualquer consignação, ante o justo motivo da recusa, visto que ninguém pode ser obrigado a receber menos do que lhe é devido. Justa será a recusa do consignado em receber prestações devidas pelo consignante se a quantia paga é inferior à devida, se a escritura do imóvel adquirido por este não pode ser outorgada em virtude de ato expropriatório do Poder Público (*RT, 489*:221). Infundada será a recusa de recebimento de cheque, quando o pagamento era feito sempre por esse meio (*RT, 461*:191). Igualmente, "não constituirá justa causa para recusa do pagamento oferecido e consignado, a alegação de estar extinta a enfiteuse, em virtude de comisso ainda não decretado" (*RF, 107*:64)[52]. É preciso esclarecer, ainda, que "a recusa no recebimento não precisa ser peremptória e formal, caracteriza-se, também, pelas atitudes evasivas do credor, que invoca necessidade de acerto, o qual se evidencia como mero expediente protelatório" (*RT, 446*:261).

Assim, se se tratar de dívida portável, que o devedor deverá pagar no domicílio do credor, havendo recusa deste, sem justa causa, o consignante deverá provar o fato (*RT, 492*:164, *495*:223)[53].

O devedor também poderá lançar mão não só da retenção do pagamento (CC, art. 319), mas também da consignação, se houver recusa injustificada do credor em lhe dar quitação na forma legal. Assim sendo, o devedor não poderá consignar se, p. ex., o credor recusar a quitação de prestação subsequente, em razão da circunstância de o devedor ainda se encontrar em débito com as anteriores (CC, arts. 304 e 320; *RT, 151*:217).

Já se decidiu que "inexistente a prova da recusa e consignadas as prestações depois de escoado o prazo da notificação, impõe-se a repulsa da lide" (*RT, 583*:117).

---

51. R. Limongi França, Pagamento por consignação, in *Enciclopédia Saraiva do Direito*, v. 56, p. 488; Caio M. S. Pereira, op. cit., p. 173; Álvaro Villaça Azevedo, Consignação em pagamento, cit., p. 270.

52. *RT, 163*:262, *168*:719, *175*:656, concernentes ao Código Civil de 1916, art. 973, I (hoje art. 335, I, do atual Código Civil).

53. "Na consignatória com base no art. 164, I, do Código Tributário Nacional, fica o devedor dispensado de demonstrar recusa ao recebimento, por parte do credor" (*RT, 456*:142). Já houve decisão de que, em caso de mora do devedor, ainda não demandado, a consignação será possível, servindo para purgá-la (*RSTJ, 11*:319).

2º) Se o credor não for, nem mandar receber a coisa no lugar, tempo e condições devidos, se se tratar, obviamente, de dívida quesível, cujo pagamento se efetua no domicílio do devedor, competindo, portanto, ao credor ir receber o pagamento, sob pena de, pela simples omissão, incorrer em *mora accipiendi* (*RT, 420*:200, *525*:230, *598*:116, *602*:154). O devedor não está obrigado a suportar as consequências da mora do credor, podendo livrar-se da obrigação consignando judicialmente a coisa devida (*RT, 461*:191): Assim, se "A" credor deixar de comparecer, nem mandar alguém em seu lugar, em domicílio de "B", seu devedor, conforme convencionado, para receber a prestação devida, ter-se-á o vencimento do débito; consequentemente "B", para não sofrer os efeitos da mora do credor, deverá depositar a coisa devida, colocando-a à disposição do credor, para liberar-se da obrigação. Entretanto, como a dívida é *quérable,* caberá ao credor o ônus da prova de que, tendo ido receber o débito, o devedor se recusou a pagá-lo, pois não se poderá falar em *mora solvendi* sem prova da culpa. O credor, que não diligenciou o recebimento da prestação devida, não pode atribuir mora ao devedor (CC, arts. 327, 341, 635 e 641; *RT, 305*:637).

3º) Se o credor for incapaz de receber, por estar acometido de uma doença mental e não ter havido nomeação de curador, for desconhecido (p. ex., em virtude de sucessão *causa mortis* do credor originário), estiver declarado ausente (CC, art. 22), residir em lugar incerto (p. ex., se se mudou para outra cidade sem deixar endereço), de acesso perigoso (p. ex., por estar dizimado por uma peste) ou difícil (p. ex., se houver barreiras intransponíveis pelos meios de transporte ou de comunicação), pois nessas hipóteses o devedor, sendo a dívida *portable*, só poderá libertar-se da obrigação e receber a quitação por meio de consignação em pagamento.

4º) Se ocorrer dúvida sobre quem deva legitimamente receber o objeto do pagamento. P. ex.: se dois credores se apresentarem para receber a prestação devida, o devedor não poderá dar preferência a um deles (*RT, 444*:184, *436*:158, *413*:131), havendo dúvida sobre a legitimidade do direito creditório, caso em que correrá o risco de pagar mal; daí admitir-se a consignação (CC, arts. 344 e 345; *RT, 161*:699, *153*:615, *519*:152, *656*:106, *734*:384, *736*:280). Inexistindo qualquer dúvida sobre quem seja o credor legítimo, ter-se-á a decretação da carência da consignatória, em razão da falta de interesse para agir (*RT*, *570*:166, *575*:258). Deveras, o Código de Processo Civil, art. 547, dispõe que, "se ocorrer dúvida sobre quem deva legitimamente receber o pagamento, o autor requererá o depósito e a citação dos possíveis titulares do crédito para provarem o seu direito". Se não comparecer nenhum pretendente, o depósito converter-se-á em arrecadação de coisas vagas; se um deles comparecer, o juiz decidirá de plano, e, se mais de um comparecer, o juiz declarará efetuado o depósito e extinta a obrigação, continuando o processo a correr unicamente entre os presuntivos credores, observado o procedimento comum (CPC, art. 548, I, II e III). Logo, a consignação possibilitará aos possíveis credores a prova de seu direito, de modo que o depósito será levantado pelo vencedor da demanda.

5º) Se pender litígio sobre o objeto do pagamento entre credor e terceiro (*RT, 169*:231) e não entre credor e devedor, caberá a consignação, uma vez que, se o devedor, sabendo da litigiosidade da prestação, efetuar o pagamento ao credor, a validade desse ato dependerá do êxito da demanda, ficando sem efeito se o terceiro for o vencedor (CC, art. 344; CPC, art. 856, § 2º). A esse respeito estatui, ainda, o Código Civil, art. 345, que, "se a dívida se vencer, pendendo litígio entre credores que se pretendem mutuamente excluir, poderá qualquer deles requerer a consignação"[54]. Trata-se de caso de exigência da consignação e não de pagamento

---

54. Sobre as hipóteses de consignação em pagamento, *vide* Serpa Lopes, op. cit., p. 216-8; Caio M. S. Pereira, op. cit., p. 174; Álvaro Villaça Azevedo, Consignação em pagamento, cit., p. 270-2; W. Barros

propriamente dito. A ação de consignação é privativa do devedor para liberar-se do débito, mas se a dívida se vencer não tendo havido o depósito pelo devedor, pendendo litígio entre credores que se pretendam mutuamente excluir, qualquer deles estará autorizado a requerer a consignação, garantindo, assim, o direito de receber a satisfação do crédito, exonerando-se o devedor, pouco importando qual dos credores seja reconhecido como o detentor legítimo do direito creditório.

Lembra-nos Washington de Barros Monteiro que essa enunciação do art. 335 do Código Civil não é taxativa, mas sim exemplificativa, pois o ordenamento contempla outros casos de consignação, por exemplo, o depósito judicial está previsto nas hipóteses arroladas no art. 856, § 2º, do Código de Processo Civil; no art. 17, parágrafo único, do Decreto-lei n. 58/37; nos arts. 19 e 21, III, da Lei n. 492/37; nos arts. 33 e 34, parágrafo único, do Decreto-lei n. 3.365/41; no art. 47 do Decreto-lei n. 1.344/39[55]; nos arts. 341 e 342 do Código Civil. Contudo, é preciso deixar bem claro que só há admissibilidade de consignação em pagamento nos casos previstos em lei.

Sendo o pagamento em consignação um meio liberatório, não comporta quaisquer discussões sobre divergências entre devedor e credor, quanto a contrato entre eles existente (*RF, 229*:219). Na ação de consignação, ante sua finalidade específica, não se discute a validade contratual (*RT, 391*:367, *455*:166), nem a natureza ou substância do contrato (*RT, 390*:267). Todas as questões fundadas na lesividade do negócio, na alteração de cláusula contratual, com inscrição de expressões estranhas, e na existência de direito de arrependimento, refogem ao âmbito da consignatória (*RT, 327*:480).

c.2.3. Requisitos subjetivos e objetivos

"Para que a consignação tenha força de pagamento, será mister concorram, em relação às pessoas, ao objeto, modo e tempo, todos os requisitos sem os quais não é válido o pagamento" (CC, art. 336). A consignação deverá ser: *livre*, não estando sujeita a condição que contenha restrição injusta ao direito do credor; *completa*, abrangendo a prestação devida, juros, frutos e despesas; e *real*, ou seja, efetiva, mediante exibição da coisa móvel ou imóvel (mediante entrega das chaves) que é objeto da prestação. Infere-se daí que será imprescindível que o depósito apresente as condições subjetivas e objetivas necessárias à sua validez, competindo ao magistrado verificar a ocorrência de todos esses requisitos.

Para que se configurem os *requisitos subjetivos*, será preciso que[56]:

Monteiro, op. cit., p. 274-6; Silvio Rodrigues, op. cit., p. 210-5; Bassil Dower, op. cit., p. 200-4; R. Limongi França, Pagamento por consignação, cit., p. 488-9; Clóvis Beviláqua, *Código Civil*, cit., v. 4, p. 134. Clóvis Beviláqua (*Código Civil comentado*, Rio de Janeiro, Francisco Alves, 1934, v. 4, p. 145) já dizia que o "litígio não impede o pagamento no tempo oportuno; mas o devedor deve fazê-lo por consignação, porque não tem autoridade para decidir a quem cabe o direito de receber a dívida, a respeito da qual litigam pessoas, que se julgam, igualmente, autorizadas. Se pagar, não obstante o litígio, e vier a se decidir, afinal, que outro que não o da sua escolha é o verdadeiro credor, não terá valor o pagamento feito. Pagará, novamente, embora com direito de pedir a restituição do que deu por erro". Casos em que é cabível a consignação: CC, arts. 341 e 342. *Vide RT, 577*:156, *553*:152, *774*:297; TJSP, Ag. Inst., 7281754-2, 20ª Câm. Dir. Privado, rel. Des. Torres Jr., j. 13-10-2008.

55. W. Barros Monteiro, op. cit., p. 274.

56. A respeito dos requisitos subjetivos, *vide* Serpa Lopes, op. cit., p. 218; João Luís Alves, *Código Civil anotado*, 1917, p. 659; Bassil Dower, op. cit., p. 205; Silvio Rodrigues, op. cit., p. 215; *RT, 462*:179; Stolfi, *Diritto civile*, v. 3, n. 991, p. 437; Washington de Barros Monteiro, *Curso*, cit., v. 4, p. 274-5.

1º) A consignatória seja dirigida contra o credor capaz de exigir ou contra seu representante legal ou mandatário (CC, art. 308); uma vez que tem finalidade liberatória do débito e declaratória do crédito, deverá dirigir-se contra quem tiver obrigação de receber e poder para exonerar o devedor.

2º) O pagamento em consignação seja feito por pessoa capaz de pagar, isto é, pelo próprio devedor, pelo seu representante legal ou mandatário, ou por terceiro, interessado ou não, nos casos em que puder validamente fazê-lo (CC, arts. 304 a 307; *RT, 158*:738, *187*:756). O proponente de consignação não precisa comparecer pessoalmente para oferecer o pagamento ou fazer o depósito. Qualquer pessoa pode fazê-lo em seu nome, porque o essencial é a exibição do dinheiro ou da coisa (*RT, 378*:275).

Quanto aos *requisitos objetivos*, será necessário que[57]:

1º) Exista um débito líquido e certo (*RT, 421*:144, *480*:217, *396*:232, *432*:112, *390*:267, *394*:220; *ADCOAS*, n. 86.225, 1983), proveniente da relação negocial que se pretende extinguir (*RT, 443*:221). Deveras, se não estiver apurado o *quantum*, descaberá o depósito. Entretanto, tem-se entendido que, se posteriormente o devedor perceber erro de cálculo, nada obsta que o retifique com ofertas supletivas; ou, se houver dúvida sobre o exato montante do débito, poder-se-á, sem que o credor rejeite, fazer oferta maior e reclamar pela restituição do que exceder ou, até mesmo, discutir o valor do débito (*RT*, *717*:158, *651*:190, *626*:129, *625*:112) ou o critério de reajuste das prestações a serem pagas pelo devedor (*RT*, *783*:353 e 392).

2º) Compreenda a totalidade da prestação devida (CC, art. 314; *RT, 616*:108), conforme a obrigação (CC, arts. 233, 244 e 313), incluindo os frutos naturais ou os juros vencidos, quando estipulados ou legalmente devidos (*RT, 186*:824, *478*:195, *434*:246, *449*:259). Se na contestação o réu alegar que o depósito não é suficiente, é lícito ao autor completá-lo, dentro em dez dias, salvo se corresponder a prestação cujo inadimplemento acarrete a rescisão do contrato (CPC, art. 545).

E, se as prestações a serem cumpridas forem sucessivas, como, p. ex., as locatícias, as alimentícias, com a consignação de uma delas, ante a recusa do credor em recebê-la, o devedor poderá continuar a depositá-las, na medida em que forem vencendo, no mesmo processo, e sem mais formalidades, desde que efetue tais depósitos até cinco dias, contados da data do respectivo vencimento (CPC, arts. 541 e 323).

3º) Tenha-se expirado o termo convencionado em favor do credor, isto é, o devedor poderá consignar assim que a dívida estiver vencida, e em qualquer tempo, se o prazo se estipulou a seu favor (CC, art. 133), ou assim que se verificar a condição a que o débito estava subordinado (CC, art. 332)[58]. Claro está que não poderá consignar com força de pagamento o devedor em mora.

4º) Em relação ao modo, se observem todas as cláusulas estipuladas na relação obrigacional.

5º) A oferta se proceda no local convencionado para o pagamento (CC, art. 337; CPC, art. 540), visto que não se pode obrigar o credor a receber ou o devedor a pagar em lugar diverso do convencionado. Se a coisa devida for imóvel ou corpo certo que deva ser entregue

---

57. João Luís Alves, op. cit., p. 659; Serpa Lopes, op. cit., p. 218; Bassil Dower, op. cit., p. 205-6; Silvio Rodrigues, op. cit., p. 215-6; Caio M. S. Pereira, op. cit., p. 175-6; Giorgi, op. cit., v. 7, n. 269; Carvalho de Mendonça, op. cit., ns. 299 e 302; Stolfi, op. cit., v. 3, n. 991, p. 437; Clóvis Beviláqua, *Código Civil*, cit., v. 4, p. 113; Odyr José Pinto Porto e Waldemar Mariz de Oliveira Jr., *Ação de consignação em pagamento*, São Paulo, Revista dos Tribunais, 1986, p. 38-9.

58. *RT, 470*:246.

no mesmo lugar onde está situada (como, p. ex., uma casa, um gado, um barco ancorado no porto), poderá o devedor citar o credor para vir ou mandar recebê-la, sob pena de ser depositada (CC, arts. 341 e 328), pois o devedor poderá requerer a consignação no lugar em que ela se encontra, isentando-se de qualquer responsabilidade. Se o credor, ou seu representante, não comparecer, o devedor deverá providenciar a consignação da prestação devida no foro em que se encontra, depositando as chaves do imóvel, para exonerar-se da obrigação. Se a coisa certa estiver em local diverso daquele em que deve ser entregue, correrão por conta do devedor as despesas de transporte, e somente depois de se encontrar no lugar em que se há de entregar é que se fará a consignação. Se o objeto da prestação for coisa incerta (p. ex., 50 sacas de café) e a escolha competir ao credor, será ele citado para exercer o direito dentro de cinco dias, se outro prazo não constar de lei ou do contrato, ou para aceitar que o devedor o faça, devendo o juiz, ao despachar a petição inicial, fixar lugar, dia e hora em que se fará a entrega, sob cominação de perder o direito de escolha e de ser depositada a coisa que o devedor escolher (CC, arts. 342, 244 e 252; CPC, art. 543). Se o credor não atender à citação, o devedor passará, ante a *mora creditoris*, a ter direito de escolher a coisa a ser depositada. Feita tal escolha, a obrigação passará a ser de obrigação de dar coisa certa (CC, art. 244), que deverá ser entregue no mesmo local onde estiver, citando-se, novamente, o credor para vir ou mandar recebê-la, sob pena de ser depositada.

A consignação deverá preencher todos esses requisitos, de modo que, se alguém consignar contra credor incapaz ou antes do vencimento da dívida, oferecer objeto que não seja o devido, ou descumprir cláusulas contratuais, tendo o credor, por contrato, direito de recusar o pagamento antecipado, não poderá utilizar-se do depósito judicial para exonerar-se do vínculo negocial a que se obrigou[59].

c.2.4. Direito do consignante ao levantamento do depósito

O depositante, no curso da ação consignatória, poderá requerer o levantamento da coisa depositada[60]:

1º) Antes da aceitação ou impugnação do depósito, desde que pague as despesas processuais decorrentes da ação, caso em que a dívida subsistirá com todos os efeitos, ou seja, juros, multa, cobrança judicial etc., pois dispõe o Código Civil, art. 338, que: "Enquanto o credor não declarar que aceita o depósito, ou não o impugnar, poderá o devedor requerer o levantamento, pagando as respectivas despesas, e subsistindo a obrigação para todas as consequências de direito". O Projeto de Lei n. 699/2011 visa alterar o art. 338, substituindo o termo *impugnar* por *contestar*. "O credor só poderá impugnar o depósito, contestando a respectiva ação de consignação em pagamento. Esta, por sua vez, constitui o instrumento processual através do qual o pagamento em consignação se materializa. Sendo assim, melhor seria que o artigo fizesse referência a 'contestação' e não a 'impugnação', termo genérico e tecnicamente impreciso, até mesmo para fins de compatibilização com o art. 340 deste Código." O Parecer Vicente Arruda, contudo, rejeitou tal proposta, ao analisar o PL n. 6.960/2002 (atual PL n. 699/2011), entendendo que: "O PL substitui o verbo 'impugnar'

---

59. Álvaro Villaça Azevedo, Consignação em pagamento, cit., p. 272.

60. Bassil Dower, op. cit., p. 208-9; R. Limongi França, Pagamento por consignação, cit., p. 489; Álvaro Villaça Azevedo, Consignação em pagamento, cit., p. 273; Von Tuhr, op. cit., t. 2, p. 69; Tepedino e outros, *Código*, cit., v. 1, p. 631-2; Judith Martins-Costa, *Comentários*, cit., p. 406; Paulo Nader, *Curso de direito civil*, Rio de Janeiro, Forense, 2003, v. II, p. 366.

por 'contestar', que é utilizado no CPC. Como os dois termos se equivalem, entendo que um Código não deve ser alterado por tão pouco".

Com a retirada da coisa do depósito pelo próprio devedor-depositante, a consignação será tida como não feita (eficácia *ex tunc*), ressurgindo a obrigação. O direito de levantamento do depósito poderá ser exercido não só pelo devedor, mas também, como observam Gustavo Tepedino, Heloísa Helena Barboza e Maria Celina Bodin de Moraes, por terceiro, nas hipóteses em que estiver legitimado a consignar, somente até que o credor aceite ou impugne o depósito.

2º) Depois da aceitação do depósito ou da contestação da lide pelo credor, desde que com anuência deste, que, no entanto, perderá a preferência e garantia que lhe competiam com respeito à coisa consignada (p. ex., preferência por hipoteca, no concurso de credores), ficando logo desobrigados os codevedores e fiadores que não concordaram (CC, art. 340), pois o ato unilateral de verdadeira renúncia por parte do credor não poderá prejudicá-los. As partes (credor, que anuiu no levantamento, e devedor, que o fez) substituem o débito primitivo por uma nova obrigação; este fato deverá ser homologado judicialmente, produzindo a consequente extinção do processo com resolução do mérito (CPC, art. 487, III, *b*).

3º) Após a sentença que julgou procedente a ação de consignação, se o credor consentir, de acordo com os outros codevedores, sendo a obrigação solidária ou indivisível, e fiadores (CC, art. 339), a fim de que se resguardem seus direitos. O credor só poderá consentir no levantamento do depósito pelo devedor-autor (vencedor da demanda), se houver anuência dos coobrigados e fiadores, acatando o restabelecimento do débito. Hipótese em que se terá o retorno ao *status quo ante*, atendendo-se ao princípio da autonomia da vontade. Mas se, mesmo havendo oposição dos codevedores e fiadores, ocorrer o levantamento do depósito, ter-se-á uma nova dívida entre credor e devedor, "sem o caráter de novação, porque não há o que extinguir", como pondera Judith Martins-Costa, desonerando-se aqueles codevedores e fiadores da nova obrigação.

c.2.5. Processo de consignação

O pagamento por consignação se destina a liberar o consignante do liame obrigacional; por isso, só é admitido nos casos expressamente previstos em lei, desde que concorram todos os requisitos subjetivos e objetivos do pagamento.

O devedor ou quem tiver direito subjetivo de consignar poderá requerer, com efeito de pagamento, a consignação da quantia ou da coisa devida (CPC, arts. 539 e 545), inclusive atualização monetária (*RT, 613*:119), pedindo, na petição inicial, a citação do réu para, em lugar, dia e hora determinados, vir ou mandar receber a prestação devida, sob pena de ser feito o respectivo depósito (CPC, art. 542, I e II). Essa oferta do *solvens* deverá ser real, efetiva ou concreta, mediante exibição da coisa ou da quantia em dinheiro que constitui o objeto da prestação. Inadmissível será o oferecimento simbólico.

A contestação será oferecida no prazo de quinze dias (CPC, art. 335), contados da data designada para o recebimento, podendo o réu alegar que: *a*) não houve recusa ou mora em receber a quantia ou coisa devida; *b*) foi justa a recusa; *c*) o depósito não se efetuou no prazo ou no lugar do pagamento; *d*) o depósito não é integral (CPC, art. 544, I a IV, e parágrafo único; *RT, 548*:161, *597*:155, *605*:139).

Julgado procedente o pedido, o magistrado declarará extinto o vínculo obrigacional e condenará o réu no pagamento das custas e honorários advocatícios, procedendo do mesmo modo se o credor receber e der quitação (CPC, art. 546 e parágrafo único). Igualmente, prescreve o Código Civil, art. 343, que as despesas com o depósito (guarda, conservação, honorários advocatícios etc.), quando julgado procedente, correrão por conta do credor, e se improcedente, por conta do devedor (*RT, 240*:461, *242*:430, *270*:569, *446*:156, *473*:156)[61].

c.2.6. Efeitos do depósito judicial

Se a ação consignatória for julgada procedente, o depósito judicial da coisa ou quantia devida produzirá os efeitos[62] de:

1º) exonerar o devedor, produzindo o mesmo efeito liberatório do pagamento *stricto sensu*. O depósito judicial equivalerá, portanto, ao pagamento;

---

61. Ação de consignação em pagamento: CPC, arts. 539 a 549. Se, porventura, não houver vencedor ou vencido, visto que se o devedor, em caso de *mora accipiendi*, fizer o depósito, e o credor o aceitar, sem impugnação, as despesas processuais e honorários de advogado serão pagos pelo réu, ou seja, credor (CPC, art. 546, parágrafo único). *Vide*: Caio M. S. Pereira, op. cit., p. 173-4 e 178; W. Barros Monteiro, op. cit., p. 277-8; R. Limongi França, Pagamento por consignação, cit., p. 490; Bassil Dower, op. cit., p. 206-8; De Page, *Traité élémentaire de droit civil belge*, v. 3, 2. parte, n. 496. Consulte a respeito das despesas com o depósito a Lei n. 4.532/65, que introduziu o princípio da sucumbência em nosso direito positivo. *Vide* Pinto Ferreira, *Da ação de consignação em pagamento*, Coleção Saraiva de Prática do Direito, n. 31, 1988; Antonio Carlos Marcato, Da consignação em pagamento – os procedimentos do Código de Processo Civil e da Lei n. 8.245 de 1991, *Revista do Advogado*, *631*:65 (2001). *Vide* sobre procedimento de consignação de aluguéis: Lei n. 8.245/91. Consulte também: *RT*, *492*:164, *495*:209, *546*:147, *560*:142, *563*:149; *CJ*, *62*:190; *64*:84 e 122; *EJSTJ*, *12*:56; *RJE*, *4*:8. "Na ação de consignação em pagamento, a efetivação do depósito do objeto oferecido é essencial; sem ele, a ação não pode prosseguir, por faltar-lhe pressuposto de constituição e desenvolvimento válido e regular do processo" (TJMT, *Adcoas*, n. 90023, 1983). "O foro competente para ajuizamento de ação de consignação é aquele que as partes convencionaram para realização do pagamento" (*Adcoas*, n. 91066, 1983). *Vide*, ainda, *Adcoas*, ns. 91069, 91070 e 91071, 1983; *RT*, *794*:214, *737*:301, *792*:355, *818*:183, *726*:200, *665*:119, *681*:176, *699*:210, *664*:149, *582*:126, *756*:283, *742*:297, *678*:139, *657*:130, *656*:144, *651*:190, *650*:159, *564*:161.

Enunciados do Fórum Permanente de Processualistas Civis:

a) n. 59 – "Em ação de consignação em pagamento, quando a coisa devida for corpo que deva ser entregue no lugar em que está, poderá o devedor requerer a consignação no foro em que ela se encontra. A supressão do parágrafo único do art. 891 do CPC/73 é inócua, tendo em vista o art. 341 do Código Civil". O CPC/2015 não contém artigo similar ao art. 891, parágrafo único.

b) n. 60 – "Na ação de consignação em pagamento que tratar de prestações sucessivas, consignada uma delas, pode o devedor continuar a consignar sem mais formalidades as que se forem vencendo, enquanto estiver pendente o processo."

c) n. 61 – "É permitido ao réu da ação de consignação em pagamento levantar desde logo a quantia ou coisa depositada em outras hipóteses além da prevista no § 1º do art. 545 (insuficiência do depósito), desde que tal postura não seja contraditória com fundamento da defesa (art. 545, § 1º, do CPC/2015)".

d) n. 62 – "A regra prevista no art. 548, III, que dispõe que, em ação de consignação em pagamento, o juiz declarará efetuado o depósito, extinguindo a obrigação em relação ao devedor, prosseguindo o processo unicamente entre os presuntivos credores, só se aplicará se o valor do depósito não for controvertido, ou seja, não terá aplicação caso o montante depositado seja impugnado por qualquer dos presuntivos credores (art. 548, III, do novo CPC)".

62. Ruggiero e Maroi, op. cit., § 131; De Page, op. cit., v. 3, 2. parte, n. 500; Orlando Gomes, op. cit., p. 141; Bassil Dower, op. cit., p. 209-10; Caio M. S. Pereira, op. cit., p. 179; Trabucchi, op. cit., n. 237; Silvio Rodrigues, op. cit., p. 219; Judith Martins-Costa, *Comentários*, cit., p. 394-5.

O STJ (AGInt no REsp 1965-048-SP, rel. Min. Maria Isabel Galloti, 4ª T., j. 12-6-2023) entendeu que o fato de a instituição financeira ser responsável pela correção monetária e pelos juros de mora após o depósito judicial não exime o devedor de pagar eventual diferença sobre os encargos, calculados de acordo com o título, que incidem até o efetivo pagamento.

2º) constituir o credor em mora;

3º) cessar, para o depositante, os juros da dívida e os riscos a que estiver sujeita a coisa (CC, art. 337, *in fine*, exceto se a ação de consignação for julgada improcedente, porque, nesta hipótese, pagamento não houve. Se julgado improcedente o depósito, a *cessação* dos juros e dos riscos do débito será *pendente*, visto que aquele depósito não terá, como diz Judith Martins-Costa, força de pagamento e, por essa razão, os juros e riscos da dívida restabelecer-se-ão com eficácia *ex tunc*, declarando a decisão que o depósito não fora bem feito);

4º) transferir os riscos incidentes sobre a coisa para o credor;

5º) liberar os fiadores;

6º) impor ao credor o ressarcimento dos danos que sua recusa causou ao devedor, o reembolso das despesas feitas na custódia da coisa, e o pagamento das custas processuais e honorários de advogado do autor.

Se improcedente a ação, o devedor permanecerá na mesma posição em que estava anteriormente, caracterizando-se a *mora solvendi,* e será responsável pelas despesas processuais.

c.2.7. Consignação extrajudicial

A consignação extrajudicial, dispensando ação judicial, é muito comum nos países europeus e tem grande utilidade por diminuir o número de processos, aliviando o Poder Judiciário, permitindo, através de um procedimento simplificado, a liberação do devedor, que encontra obstáculos criados pelo credor com a recusa do pagamento por ele feito.

O procedimento extrajudicial está previsto, nos §§ 1º a 4º do art. 539 do Código de Processo Civil e constitui mera permissão legal em favor do devedor, cuja obrigação seja entrega de dinheiro.

O devedor, ou terceiro, interessado na extinção do débito pecuniário, poderá consignar o pagamento do *quantum* devido em estabelecimento bancário oficial, onde houver, e não havendo, em banco privado, situado no local do pagamento, em conta com atualização monetária, cientificando o credor por carta com aviso de recepção ou de recebimento (AR), dando-lhe prazo de 10 dias para manifestação de recusa. Escoado esse lapso temporal, se o credor aceitar ou não se manifestar, hipótese em que se terá anuência tácita, o devedor ficará exonerado da obrigação, que, por sua vez, se extinguirá, pois a quantia depositada está à disposição do credor, que poderá levantá-la. Se, porém, o credor apresentar sua recusa, manifestada por escrito àquele estabelecimento bancário e não ao consignante-devedor, este último, ou o terceiro, terá um mês para ajuizar ação de consignação em pagamento, devendo, então, a petição inicial estar instruída, com a prova do depósito e da recusa do credor. Se o devedor ou terceiro não vier a propor, judicialmente, a consignatória, naquele prazo, o depósito feito será ineficaz e poderá ser por ele levantado, mediante liberação, feita pelo banco, do valor. Restabelecer-se-á, então, o estado anterior à efetivação do depósito extrajudicial: o débito ficará em aberto e o credor insatisfeito, desta vez, como diz Antonio Carlos Marcato, por inércia imputável ao devedor, que não promoveu a ação no trintídio, caracterizando, assim, sua mora[63].

---

63. Sobre consignação extrajudicial: CPC, art. 539, §§ 1º ao 4º; Sérgio Bermudes, A *reforma do Código de Processo Civil*, São Paulo, Saraiva, 1996, p. 156-7; Cândido R. Dinamarco, *A reforma do Código de Processo Civil*, São Paulo, Malheiros, 1996, p. 268-9; Gagliano e Pamplona Filho, *Novo curso*, cit., v. 2, p. 159 e s.; Antonio Carlos Marcato, *Procedimentos especiais*, São Paulo, Malheiros, 2001, p. 53; Álvaro Villaça Azevedo, *Teoria*, cit., p. 168-9.

Lembra-nos Álvaro Villaça Azevedo que se o depósito em estabelecimento bancário, sendo a obrigação pecuniária, não surtir efeito, o devedor, ou interessado, que quiser pagar a dívida, deverá socorrer-se do depósito judicial, o mesmo ocorrendo se a dívida não consistir na entrega de dinheiro.

Quadro Sinótico

PAGAMENTO EM CONSIGNAÇÃO

1. ORIGEM	• Trata-se de instituto originário do direito romano, que exigia, para liberar o devedor, havendo *mora accipiendi*, o depósito da prestação devida em templos ou em qualquer local designado pelo juiz, isentando-se, assim, o devedor do risco e da eventual obrigação de pagar os juros.

2. CONCEITO	• O pagamento em consignação é o meio indireto de o devedor exonerar-se do liame obrigacional, consistente no depósito em juízo ou em estabelecimento bancário da coisa devida, nos casos e formas legais (CC, art. 334; CPC, art. 539, §§ 1º a 4º).

3. NATUREZA JURÍDICA	• É, concomitantemente, um instituto de direito civil (CC, arts. 334 a 345) e de direito processual civil (CPC, arts. 539 a 549).

4. CASOS LEGAIS DE CONSIGNAÇÃO	• CC, art. 335, I (*RT, 453*:157, *574*:626, *463*:218, *489*:221, *461*:191, *446*:261, *492*:164, *495*:223, *151*:217; *RF, 229*:184, *107*:64), II (*RT, 420*:200, *461*:191, *305*:637), III, IV (*RT, 444*:184, *436*:158, *413*:131, *161*:699, *153*:615; CPC, arts. 547, 548), V (*RT, 169*:231; CC, arts. 344 e 345). • CPC, art. 856, § 2º. • Dec.-lei n. 58/37, art. 17, parágrafo único. • Lei n. 492/37, arts. 19 e 21, III. • Dec.-lei n. 3.365/41, arts. 33 e 34, parágrafo único. • Dec.-lei n. 1.344/39, art. 47.

5. REQUISITOS (CC, ART. 974)	• Subjetivos	• A consignatória deve dirigir-se contra o credor capaz de exigir ou contra seu representante legal ou mandatário (CC, art. 308). • O pagamento em consignação deve ser feito pelo próprio devedor, pelo seu representante legal ou mandatário, ou, ainda, por terceiro, interessado ou não (CC, arts. 304 a 307; *RT, 158*:738, *187*:756, *378*:275).
	• Objetivos	• Existência de débito líquido e certo, proveniente da relação negocial que se pretende extinguir (*RT, 443*:221, *421*:144, *480*:217, *396*:232, *432*:112, *390*:267, *394*:220). • Oferecimento real da totalidade da prestação devida (CC, arts. 313, 314, 233 e 244; CPC, art. 545; *RT, 186*:824, *478*:195, *434*:246, *449*:259). • Vencimento do termo convencionado em favor do credor; o devedor, no entanto, poderá consignar em qualquer tempo, se o prazo se estipulou a seu favor (CC, art. 133), ou assim que se verificar a condição a que o débito estava subordinado (CC, art. 332). • Observância de todas as cláusulas estipuladas no negócio. • Obrigatoriedade de se fazer a oferta no local convencionado para o pagamento (CPC, arts. 540, 543; CC, arts. 337, 328, 341, 342).

6. LEVANTAMENTO DO DEPÓSITO	• Antes da contestação da lide (CC, art. 338). • Depois da aceitação ou da impugnação judicial do depósito pelo credor (CC, art. 340). • Após a sentença que julgou procedente a ação (CC, art. 339).

7. PROCESSO DE CONSIGNAÇÃO	• CPC, arts. 539, 542, 544, I a IV, 546, parágrafo único; CC, art. 343; *RT*, *240*:461, *242*:430, *270*:569, *446*:156, *473*:156.

8. EFEITOS DO DEPÓSITO JUDICIAL	• Se procedente a ação	• Exonerar o devedor. • Constituir o credor em mora. • Cessar, para o depositante, os juros da dívida e os riscos a que estiver sujeita a coisa (CC, art. 337, *in fine*). • Transferir os riscos incidentes sobre a coisa para o credor. • Liberar os fiadores. • Impor ao credor o ressarcimento dos danos causados por sua recusa, o reembolso das despesas com a custódia da coisa, e o pagamento das custas processuais e honorários de advogado do autor.
	• Se improcedente a ação	• Manter o devedor na posição em que se encontrava. • Caracterizar a *mora solvendi*. • Responsabilizar o devedor pelas despesas processuais.

9. CONSIGNAÇÃO EXTRAJUDICIAL	• Procedimento previsto no CPC, art. 539, §§ 1º a 4º, a ser seguido por devedor ou terceiro interessado. Na extinção de dívida pecuniária, ao consignar o *quantum* devido em estabelecimento bancário, em conta e com atualização monetária.

c.3. Pagamento com sub-rogação

c.3.1. Histórico

O direito romano não chegou a desenvolver com precisão o instituto da sub-rogação do pagamento, por proclamar a natureza estritamente pessoal do vínculo obrigacional. Numa fase posterior, contudo, admitiu o *beneficium cedendarum actionum,* em que o devedor opunha uma *exceptio* à ação do credor, subordinando o pagamento a uma cessão prévia da *actio* do credor, operando-se, então, a transferência do crédito para um terceiro, que havia embolsado o credor, com o intuito de o proteger contra um enriquecimento à sua custa, pela circunstância de ter pagado uma dívida alheia. Por outro lado, permitia-se ao devedor, que fez empréstimo para liberar o seu débito, manter hipotecas asseguradoras do antigo crédito, para ligá-las ao novo, oriundo desse empréstimo. Esses institutos se aproximam da sub-rogação, embora no direito romano não se empregasse o vocábulo *subrogare,* mas sim o *succedere.*

A sub-rogação é originária do direito canônico, que a desenvolveu e possibilitou sua irradiação para todos os códigos contemporâneos[64].

64. Sobre a evolução histórica do pagamento com sub-rogação, consulte Demolombe, *Cours de Code Napoléon*, v. 27, n. 301; Girard, *Manuel élémentaire de droit romain*, p. 832; Serpa Lopes, op. cit., p. 226; Caio M. S. Pereira, op. cit., p. 179-80; W. Barros Monteiro, op. cit., p. 279-80; Barassi, *Obbligazioni*, v. 1, n. 93; Antunes Varela, *Noções fundamentais de Direito Civil*, Coimbra, 1945, p. 386; José Raimundo G. da Cruz, Anotações sobre a sub-rogação de vínculos, *Doutrinas essenciais – obrigações e contratos*, São Paulo, Revista dos Tribunais, 2011, v. II, p. 853-64.

c.3.2. Conceito

O termo *sub-rogação* advém do latim *subrogatio*, designando substituição de uma coisa por outra com os mesmos ônus e atributos, caso em que se tem sub-rogação real, ou substituição de uma pessoa por outra, que terá os mesmos direitos e ações daquela, hipótese em que se configura a sub-rogação pessoal de que trata o Código Civil no capítulo referente ao pagamento com sub-rogação.

A sub-rogação pessoal vem a ser a substituição, nos direitos creditórios, daquele que solveu obrigação alheia ou emprestou a quantia necessária para o pagamento que satisfez o credor[65]. Efetivado o pagamento por terceiro, o credor ficará satisfeito e não mais terá o poder de reclamar do devedor o adimplemento da obrigação; porém, como o devedor não solveu o débito, continuará a ter o dever de prestá-lo ante o terceiro solvente, alheio à relação negocial primitiva, até que o pagamento de sua parte extinga o liame obrigacional. Fácil é denotar que esse instituto visa tutelar os direitos do terceiro que efetua o pagamento de dívida de outrem, possibilitando-lhe tomar o lugar do credor que foi pago, de modo que a relação obrigacional só se extingue no que concerne ao credor satisfeito. Logo, o devedor não se exonerará do vínculo negocial, visto que ele sobreviverá relativamente ao terceiro que pagou o débito, a quem passa a titularidade do crédito com todos os seus acessórios, isto é, garantias reais ou fidejussórias (*RT, 188*:666). Não se terá, portanto, extinção da obrigação, mas substituição do sujeito ativo, pois o credor passará a ser o terceiro (*RT, 455*:188). Como se vê, para o devedor é um pagamento não liberatório, apesar de haver extinção da obrigação relativamente ao credor primitivo. Eis a razão pela qual Giorgio Giorgi considera a sub-rogação como uma figura jurídica anômala e uma ficção jurídica, pela qual se tem a extinção da dívida em relação ao credor, mas não para o devedor, visto que terceiro, que solve o débito, assume a posição do credor primitivo já satisfeito. Trata-se de uma exceção à regra de que o pagamento extingue a obrigação e libera o devedor, pois, se houver sub-rogação, quem satisfez a prestação passará a ter todos os direitos creditórios. P. ex.: se um avalista pagar títulos em operação de alienação fiduciária, por força de lei se sub-roga em todos os direitos, ações, privilégios e garantias, em relação ao débito, contra o devedor principal (*RT, 436*:238)[66].

---

65. Conceito baseado nas definições de Crome, *Teoria fondamentale delle obbligazioni*, p. 282 e s.; Clóvis Beviláqua, *Código Civil*, cit., v. 4, p. 116; Lacerda de Almeida, op. cit., p. 61, § 14; José Lopes de Oliveira, *Direito das obrigações*, p. 141; Caio M. S. Pereira, op. cit., p. 180; Judith Martins-Costa, *Comentários*, cit., v. 5, t. 1, p. 424-67. O esquema abaixo esclarece a questão:

— Ⓐ deve x a [B]

— Ⓒ, (fiador) p. ex., paga x a [B]

— [B] sai da relação creditória

— e [C] passa a ter os mesmos direitos de [B]

— Ⓐ passa a dever x a [C], que poderá executá-lo.

66. Planiol, op. cit., p. 169; Silvio Rodrigues, op. cit., p. 221-2; Scuto, *Istituzioni di diritto privato*, 4. ed., v. 2, parte 1, p. 92; Orlando Gomes, op. cit., p. 142; Bassil Dower, op. cit., p. 216; Caio M. S. Pereira, op. cit., p. 182; Ramón Silva Alonso, *Derecho de las obligaciones*, cit., p. 343-6; Giorgio Giorgi, *Teoria della obbligazioni*, Florença, 1894, v. 7, p. 279; Álvaro Villaça Azevedo, *Teoria*, cit., p. 178-9. *Vide JTACSP, 142*:81; *RT, 708*:135, *715*:214, *658*:134, *663*:135, *656*:104, *622*:139, *613*:156, *764*:375, *761*:202, *736*:285, *734*:353, *787*:307, *780*:194, *719*:157, *685*:153, *671*:114, *668*:107, *647*:149, *630*:233, *598*:185; *RJ, 179*:105, *175*:87, *169*:150, *160*:88, *143*:118.

c.3.3. Natureza jurídica

Ante a singularidade de haver na sub-rogação um pagamento sem extinção de dívida, subsistindo o vínculo obrigacional com substituição do credor, os juristas procuraram verificar a sua natureza jurídica[67]. Surgiram, assim, várias concepções divergentes, pois alguns doutrinadores nela vislumbraram:

1º) Um caso especial de *cessão de crédito* (Dumoulin, De Page, Gaudemet). Realmente, bem próximos estão os dois institutos por haver em ambos uma alteração subjetiva da obrigação, mas nítidas são suas diferenças, de modo que não há como confundi-los. A cessão de crédito consiste numa sucessão particular nos direitos creditórios, decorrente de manifestação de vontade, independentemente do pagamento. Já a sub-rogação requer pagamento, podendo ou não advir da vontade de transferir a titularidade do crédito; portanto, poderá haver sub-rogação mesmo que o credor não tenha intenção de passar ao terceiro que paga dívida alheia a qualidade creditória. A cessão de crédito visa lucro, ao passo que a sub-rogação não tem aspecto especulativo, pois tão somente assegura a quem solveu o débito de outrem a possibilidade de se reembolsar (CC, art. 350). A sub-rogação dispensa notificação do devedor, enquanto a cessão de crédito a exige (CC, art. 290). Na sub-rogação não se tem transferência, legal ou convencional, do direito creditório, pois o credor satisfeito não pode transmitir uma qualidade que vem a perder ao receber o pagamento da prestação devida; na cessão de crédito, ao contrário, sempre se terá uma transferência de crédito consensual.

2º) Um *ato misto,* contendo um pouco de pagamento e um pouco de cessão de direito de crédito. Seria, portanto, uma *cessio ficta* ou uma *opération de double face,* como pondera Demolombe, ou seja, uma operação complexa: *pagamento,* nas relações do credor sub-rogante ante o terceiro sub-rogado que solve o débito, e *cessão,* nas relações do sub-rogado para com o devedor cuja dívida foi paga. Esse modo de entender nos parece infundado, pois no pagamento há extinção do débito, e na sub-rogação, não.

3º) Uma *sucessão singular "ope legis"*, o que não se pode aceitar, uma vez que o crédito extinto e o novo são diferentes pela diversidade de sujeitos. Deveras, extingue-se o direito do credor com a prestação do terceiro, e a ideia de sucessão é incompatível com qualquer extinção de relação jurídica precedente, ou melhor, apenas a cessão poderia ser tida como um fenômeno de sucessão.

4º) Uma *novação,* porém nela não se configura esse instituto, por faltar o *aliquid novi* e o *animus novandi.*

5º) Um *mandato* (Pothier, Merlin), pois o *solvens* agiria na qualidade de mandatário ou gestor de negócios do devedor. Essa teoria, entretanto, é insatisfatória, uma vez que há casos em que o pagamento contraria a vontade do devedor, não ficando a sub-rogação na dependência de sua aprovação.

6º) Um *instituto autônomo,* mediante o qual o crédito, com o pagamento feito por terceiro, se extingue ante o credor satisfeito, mas não em relação ao devedor, tendo-se tão somente uma substituição legal ou convencional do sujeito ativo. Esta é a concepção mais acertada

---

67. *Vide* Bassil Dower, op. cit., p. 216-7; Serpa Lopes, op. cit., n. 177; Orlando Gomes, op. cit., p. 142; W. Barros Monteiro, op. cit., p. 280; Crome, op. cit., § 22, p. 294; Caio M. S. Pereira, op. cit., p. 180-2; Silvio Rodrigues, op. cit., p. 223-4; Nicolò, *L'adempimento dell'obbligo altrui,* p. 100; De Page, op. cit., v. 3, 2. parte, n. 555.
Sobre averbação de sub-rogação de dívida: Lei n. 6.015/73, art. 167, II, 30 e 35 (com a redação da Lei n. 14.382/2022).

sobre a natureza jurídica da sub-rogação, por ser ela uma forma de pagamento que mantém a obrigação, apesar de haver a satisfação do primitivo credor.

A Lei n. 6.015/73, art. 129, n. 9º, acrescentado pela Lei n. 14.382/2022, requer registro no Registro de Títulos e Documentos, para surtir efeitos em relação a terceiros, dos instrumentos de sub-rogação.

c.3.4. Modalidades de sub-rogação pessoal

Duas são as modalidades de sub-rogação pessoal admitidas em nosso direito, a legal e a convencional, conforme a substituição do sujeito ativo se opere por lei ou por convenção das partes.

A *sub-rogação legal* é a imposta por lei, que contempla vários casos em que terceiros solvem dívida alheia, conferindo-lhes a titularidade dos direitos do credor ao incorporar, em seu patrimônio, o crédito por eles resgatado[68]. Opera, portanto, de pleno direito nas hipóteses taxativamente previstas no Código Civil, art. 346, I a III, independentemente de manifestação da vontade dos interessados e até mesmo contra a vontade do devedor ou do credor. Isto é assim porque a lei presume que, nos casos do art. 346, o *solvens* não pagaria se não estivesse beneficiado com a sub-rogação[69], que lhe assegura todas as garantias do direito creditório, que constituíam predicados do credor primitivo contra o devedor[70]. Todavia, ensina-nos Clóvis Beviláqua[71], apesar de ser estabelecida por lei, a sub-rogação legal permite que a vontade das partes a dispense.

Pelo art. 346 do Código Civil, dá-se a sub-rogação legal em favor[72]:

1º) Do credor que paga a dívida do devedor comum (CC, arts. 259 e 1.478, parágrafo único), para a defesa de seus próprios interesses, pois, por possuir, p. ex., um crédito sem garantia, ou com uma garantia mais fraca em relação à do outro credor, pretende, com essa atitude, evitar que haja perda significativa de seu direito creditório. Por exemplo, credor que, ante o fato de outro credor do seu devedor já ter, como ensina Renan Lotufo, "ajuizado execução, mas seu crédito, embora pequeno, onera o imóvel que pode, efetivamente, garantir seu crédito, então atua pagando àquele credor e se resguardando quanto à exequibilidade de seu crédito". Nessa hipótese, a sub-rogação restringe-se, p. ex., à situação creditória com garantia ou privilégio, em que o *solvens* e o *accipiens* são credores da mesma pessoa, porém o crédito do *accipiens* desfruta de preferência sobre o do *solvens*, de modo que, para beneficiar este último, evitando uma eventual perda de seu crédito, a norma concede-lhe sub-rogação, se pagar o crédito do primeiro. Realmente, se porventura, por ocasião do vencimento da dívida, o devedor não tiver meios para pagá-la, e o credor preferente ingressar em juízo

---

68. Silvio Rodrigues, op. cit., p. 225; A. Henri, *De la subrogation réelle, conventionelle et légale*, Paris, 1913, p. 24; *RT*, *642*:197, *541*:260, *613*:156, *668*:107, *708*:135, *715*:215.

69. De Page, op. cit., v. 3, 2. parte, n. 535, p. 487-8.

70. Serpa Lopes, op. cit., p. 228.

71. Clóvis Beviláqua, *Código Civil*, cit., v. 4, p. 116.

72. Relativamente aos casos de sub-rogação legal, *vide* Bassil Dower, op. cit., p. 217-21; Serpa Lopes, op. cit., p. 228-33; W. Barros Monteiro, op. cit., p. 281-2; De Page, op. cit., n. 541; Colmo, op. cit., n. 663; Silvio Rodrigues, op. cit., p. 227-9; Demolombe, op. cit., v. 27, ns. 460, 497 e 536; Planiol, op. cit., v. 2, ns. 476, 496 e 497; Caio M. S. Pereira, op. cit., p. 183-5; Orlando Gomes, op. cit., p. 143; R. Limongi França, Pagamento por sub-rogação, in *Enciclopédia Saraiva do Direito*, v. 56, p. 494; Giorgi, op. cit., v. 7, ns. 194 e 195; M. Helena Diniz, *Curso de direito civil brasileiro*, Saraiva, 1981, v. 4, p. 361; Carvalho Santos, op. cit., v. 13, p. 77; Renan Lotufo, *Código Civil comentado*, cit., v. 2, p. 301.

para receber o que lhe é devido, poderá arruinar o devedor, deixando-o sem recursos para atender aos interesses do outro credor sem preferência. Assim, permite a lei que o credor prejudicado com aquela ação pague o credor preferencial, sub-rogando-se em seus direitos, com o que poderá adiar a execução para momento oportuno, que possibilite ao devedor obter importância suficiente para cobrir os dois débitos. P. ex.: "A" e "B" são credores de "C". "A" é credor preferencial, e "B", quirografário, receberá o que lhe cabe somente depois que "C" satisfizer "A" e isso se sobrar crédito. A fim de que "B" não seja prejudicado, se "A" cobrar judicialmente a dívida, a lei confere a "B" o direito de pagar a "A", sub-rogando-se nos seus direitos e passando, portanto, a ser credor preferente. Contudo, é preciso não olvidar que não se poderá dar sub-rogação com base no inc. I do art. 346 do Código Civil, se o crédito pago for quirografário ou se o pagamento for efetuado a um credor que está na mesma situação preferencial que a do *solvens,* uma vez que se requer que o crédito pago tenha preferência sobre o do *solvens.*

2º) Do adquirente do imóvel hipotecado, que paga ao credor hipotecário (CC, arts. 289, 1.479 e 1.481, § 4º), bem como do terceiro que efetiva o pagamento para não ser privado de seu direito sobre imóvel do devedor, adquirido em razão de contrato ou de execução judicial. A primeira parte do art. 346, II, justifica-se porque o imóvel hipotecado responde pelos débitos que garante; logo, sua alienação não obsta que o credor hipotecário proceda à sua excussão. Isto porque um dos efeitos da hipoteca é o direito de sequela do credor, que faz o ônus se vincular ao imóvel, de tal modo que, se for alienado, transfere-se igualmente o gravame, podendo o credor segui-lo em poder de quem quer que se encontre. Se o credor excutir o imóvel hipotecado, este será levado à praça e arrematado por terceiro, ficando o adquirente privado de sua propriedade. Não convindo esta situação ao adquirente, permite-lhe a norma jurídica que pague o débito do devedor hipotecário, pois do contrário terá de se sujeitar à excussão do imóvel. O adquirente sub-rogar-se-á nos direitos do primitivo credor hipotecário, porque o devedor não é quitado, e deverá, por isso, pagar-lhe sua dívida, reembolsando-o do que pagou ao credor hipotecário. Pela segunda parte do art. 346, II, será possível, ainda, a sub-rogação legal em benefício de terceiro (p. ex., promitente comprador) que, por ter algum direito sobre o imóvel gravado, resolve pagar débito do proprietário (promitente vendedor), impedindo a excussão judicial daquele bem de raiz em favor do credor, passando a ter o direito de crédito. Com isso não será privado daquele seu direito sobre o imóvel e terá preferência para receber o produto da alienação judicial que, porventura, vier a ser realizada pelo não pagamento da dívida.

3º) Do terceiro interessado, que paga a dívida pela qual era ou podia ser obrigado, no todo ou em parte (CC, art. 304; *RT, 845*:242, *668*:107, *647*:149, *475*:165, *450*:270). Trata-se do caso do fiador que solve débito do afiançado (CC, art. 831; *RT*, *553*:183, *763*:374); do devedor solidário que paga a totalidade da dívida, passando a ter o direito de reclamar dos demais coobrigados a quota de cada um (CC, art. 283); do devedor de obrigação indivisível que satisfez por inteiro prestação em que era só parcialmente interessado (CC, art. 259, parágrafo único); do herdeiro ou sucessor que remir penhor ou hipoteca, ficando, por isso, sub-rogado nos direitos do credor pelas quotas que houver satisfeito (CC, art. 1.429, parágrafo único). Em todas essas hipóteses a lei, para garantir o reembolso do que paga, evitando enriquecimento sem causa do devedor, sub-roga o *solvens* nos direitos do credor, já que pagou débito pelo qual podia ser obrigado (*RT, 149*:184, *247*:428). É preciso salientar, portanto, que terceiro não interessado, que venha a solver dívida alheia, não terá sub-rogação em seu favor, coibindo-se, assim, especulações eventuais (CC, art. 305).

Além desses casos, admite-se, em nosso direito, sub-rogação legal em favor do interveniente voluntário que paga letra de câmbio, por força do Decreto n. 2.044, de 1908, art. 40, parágrafo único (*RT, 470*:251), e do segurador que paga o dano ocorrido à coisa segurada, em virtude do disposto no art. 728 do Código Comercial (Súmula 188 do STF; *RT, 440*:207, *466*:84, *446*:87, *424*:210, *443*:360, *492*:181, *494*:93, *578*:191, *620*:119, *685*:153, *789*:205; *RTJ, 41*:782, *35*:140)[73].

A *sub-rogacão convencional* resulta do acordo de vontade entre o credor e terceiro ou entre o devedor e terceiro, desde que tal convenção seja contemporânea do pagamento (*RF, 77*:517), e expressamente declarada, pois, se o pagamento é um ato liberatório, a sub-rogação não se presume. Todavia, não se exige o emprego de palavras sacramentais; basta que se indique intenção de estabelecer sub-rogação em favor de estranho, não sendo, assim, necessário qualquer ajuste entre credor e devedor, pois dependendo do caso poder-se-á prescindir da intervenção do credor ou do devedor. Com efeito, essa modalidade de sub-rogação pode processar-se: *a*) por iniciativa do credor, que procura, com ou sem conhecimento do devedor, uma pessoa que, pagando seu crédito, assuma sua posição na relação negocial; *b*) por iniciativa do devedor, que obtém de outrem, com ou sem ciência do credor, um empréstimo da importância necessária para satisfazer o débito, convencionando a sub-rogação do mutuante na posição do credor originário[74].

Realmente, prescreve o art. 347, I e II, do Código Civil que a sub-rogação será convencional:

1º) Quando o credor receber o pagamento de terceiro e expressamente (p. ex., por meio de instrumento particular ou público) lhe transferir todos os seus direitos. Ter-se-á um acordo entre o *accipiens* e o *solvens,* que é um terceiro inteiramente estranho à relação creditória, pois, se fosse pessoa interessada, operar-se-ia uma sub-rogação legal e não convencional. Trata-se de hipótese bem semelhante à cessão de crédito (CC, arts. 286 a 298), mas que com ela não se confunde, apesar de ser regulada pelos mesmos princípios (CC, art. 348; *RT*, *791*:270). A cessão visa transferir ao cessionário o crédito, o direito ou a ação, ao passo que a sub-rogação objetiva exonerar o devedor perante o antigo credor. A cessão não opera extinção do débito, uma vez que o direito creditório, sem solução de continuidade, é transmitido de um titular a outro, enquanto a sub-rogação extingue a dívida relativamente ao credor primitivo. A cessão é sempre feita pelo credor e a sub-rogação poderá efetivar-se até contra a vontade deste. Na cessão por título oneroso, o cedente fica responsável perante o cessionário pela existência do crédito ao tempo de sua transferência (CC, art. 371), o que não se dá na sub-rogação[75].

2º) Quando terceira pessoa (mutuante) emprestar ao devedor (mutuário) a quantia necessária para solver a dívida, sob a condição expressa de ficar o mutuante sub-rogado nos direitos do credor satisfeito, exercendo-os contra o devedor, que apenas ficou liberado na sua relação obrigacional com o primitivo credor. O devedor, independentemente de anuência do credor, troca-o por outro, por ser, p. ex., mais maleável ou menos exigente ao reclamar o adimplemento da obrigação, possibilitando-lhe obter taxa de juros menos rigorosa (*RT, 188*:666)[76]. Observa Washington de Barros Monteiro que a aplicação desta espécie de sub-ro-

---

73. "O segurador tem ação regressiva contra o causador do dano, pelo que efetivamente pagou, até o limite previsto no contrato de seguro. Para esse efeito não se distingue entre o seguro marítimo e o terrestre" (RE 68.120, rel. Min. Bilac Pinto, *DJU,* 13 nov. 1970, p. 5573).

74. Silvio Rodrigues, op. cit., p. 230.

75. W. Barros Monteiro, op. cit., p. 283. *Vide* Código Civil, arts. 305, 286 a 298; Lei n. 6.015/73, art. 129, 9º.

76. Serpa Lopes, op. cit., p. 235; Orlando Gomes, op. cit., p. 143; Carvalho de Mendonça, op. cit., v. 1, n. 322.

gação "é muito frequente na vida prática, notadamente nos negócios relativos à aquisição de casa própria, mediante empréstimos das Caixas Econômicas ou do Instituto de Previdência. As quantias mutuadas empregam-se no pagamento dos primitivos débitos, sub-rogando-se os mutuantes nos direitos dos respectivos credores"[77].

c.3.5. Efeitos

Tanto na sub-rogação legal como na convencional passam ao novo credor todos os direitos, ações, privilégios e garantias do primitivo, em relação à dívida, contra o devedor principal e os fiadores (CC, art. 349; *RT, 432*:170, *475*:165, *488*:235), embora na convencional as partes possam restringir alguns direitos do sub-rogado. Percebe-se que a sub-rogação, legal ou convencional, produz dois *efeitos*: *a*) o *liberatório*, por exonerar o devedor ante o credor originário, e *b*) o *translativo*, por transmitir ao terceiro, que satisfez o credor originário, os direitos de crédito que este desfrutava, com todos os seus acessórios e inconvenientes, pois o sub-rogado passará a suportar todas as exceções que o sub-rogante teria de enfrentar. Todavia, na lição de Matiello, na sub-rogação convencional, haverá possibilidade de as partes, se quiserem, impedirem que alguns privilégios, garantias ou ações sejam transmitidos, mediante acordo expresso, ao novo credor, que, então, não ficará investido de todos os direitos ou atributos do antigo credor.

Os efeitos da sub-rogação legal se diferenciam dos da convencional, pois estatui o Código Civil no art. 350 que "na sub-rogação legal o sub-rogado não poderá exercer os direitos e as ações do credor, senão até à soma que tiver desembolsado para desobrigar o devedor" (*RT, 418*:149 e *729*:126; STF, Súmulas 188 e 257); logo, na convencional predomina a autonomia da vontade, de maneira que nada impede que as partes estipulem o que lhes aprouver a respeito. Para diminuir desvantagens do art. 350, convém ressaltar o conselho de Clóvis Beviláqua, que "os devedores, quando convencionarem a sub-rogação com aqueles que lhes emprestarem dinheiro para solver as suas dívidas, atendam a que, se não limitarem os direitos do sub-rogado, sempre que o pagamento não for total, transferem-se para o mutuante direitos de extensão igual aos do credor originário, sem ter extinto os deste, senão em parte".

Se a sub-rogação for parcial, "o credor originário, só em parte reembolsado, terá preferência ao sub-rogado, na cobrança da dívida restante, se os bens do devedor não chegarem para saldar inteiramente o que a um e outro dever" (CC, art. 351). O crédito dividir-se-á, portanto, entre o antigo credor e o sub-rogado, mas a preferência concedida ao primeiro se baseia no fato de que não poderá ser prejudicado por ter concordado com o parcelamento do débito. Isto porque o pagamento parcial depende de consentimento do credor originário, ante a regra geral de não ser o credor obrigado a receber em partes, se assim não se ajustou. P. ex.: se a dívida de "A" era de R$ 300.000,00 e terceiro (C) paga ao credor (B), com anuência deste, R$ 150.000,00, sub-roga-se nos direitos do credor (B) apenas no que concerne a essa importância. Se a execução dos bens do devedor (A) render apenas R$ 200.000,00, o credor sub-rogante (credor original – B) receberá R$ 150.000,00, quantia essa que faltava para completar o pagamento, e o credor sub-rogado (C) embolsará o restante, deduzidas as custas e outras despesas.

---

77. W. Barros Monteiro, op. cit., p. 284; Matiello, *Código*, cit., p. 246. Consulte: *RT, 783*:303, *787*:415, *794*:280, *800*:277.

Assim, graficamente temos:

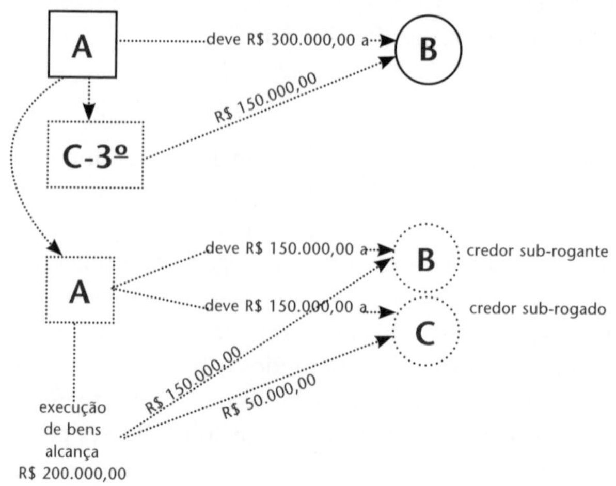

O sub-rogado não terá ação contra o sub-rogante para obter reembolso em caso de insolvência do devedor, a não ser que haja convenção a respeito. Se o débito satisfeito inexistir, o sub-rogado poderá, com o apoio das regras da *repetitio indebiti*, mover ação de repetição contra o *accipiens*[78].

Quadro Sinótico

PAGAMENTO COM SUB-ROGAÇÃO

1. HISTÓRICO	• O direito romano não delineou o instituto da sub-rogação, embora tenha admitido o *beneficium cedendarum actionum* e a possibilidade de o devedor, que fez empréstimo para liberar seu débito, manter hipotecas asseguradoras do antigo crédito, para ligá-las ao novo, decorrente do empréstimo. Esse instituto se origina do direito canônico, que o desenvolveu e possibilitou sua irradiação para todos os códigos contemporâneos.

78. É a lição de Silvio Rodrigues, op. cit., p. 232-3; R. Limongi França, Pagamento por sub-rogação, cit., p. 494; W. Barros Monteiro, op. cit., p. 284-5; Bassil Dower, op. cit., p. 222-4; Serpa Lopes, op. cit., p. 237-9; Orlando Gomes, op. cit., p. 143-4; Carvalho Santos, op. cit., v. 13, p. 106-7; Caio M. S. Pereira, op. cit., p. 187; De Page, op. cit., n. 551; Barassi, *Obbligazioni*, cit., v. 1, n. 94; Clóvis Beviláqua, *Código Civil*, cit., v. 4, p. 118 e 151; Matiello, *Código*, cit., p. 247. A respeito da correção monetária: Constituição Federal de 1988, Ato das Disposições Transitórias, art. 46, parágrafo único, II.

Pelo art. 167, II, n. 30, da Lei n. 6.015/73, com a redação das Leis n. 12.810/2013 e 14.382/2022, deve haver averbação da sub-rogação de dívida da respectiva garantia fiduciária ou hipotecária e da alteração das condições contratuais em nome do credor que venha a assumir tal condição na forma do disposto pelo art. 31 da Lei n. 9.514/97, ou do art. 347 do CC, realizada em ato único, a requerimento do interessado instruído com documento comprobatório firmado pelo credor original e pelo mutuário.

2. CONCEITO	• Sub-rogação pessoal vem a ser a substituição, nos direitos creditórios, daquele que solveu obrigação alheia ou emprestou a quantia necessária para o pagamento que satisfez o credor.

3. NATUREZA JURÍDICA	• Trata-se de um instituto autônomo, mediante o qual o crédito, com o pagamento feito por terceiro, se extingue ante o credor satisfeito, mas não em relação ao devedor, tendo-se apenas uma substituição legal ou convencional do sujeito ativo. A sub-rogação é, pois, uma forma de pagamento que mantém a obrigação, apesar de haver a satisfação do primitivo credor.

4. MODALIDADES DE SUB-ROGAÇÃO PESSOAL	• Sub-rogação legal	• Imposta por lei (CC, art. 346, I a III; CCom, art. 728; Dec. n. 2.044, de 1908, art. 40).
	• Sub-rogação convencional	• Resultante de acordo de vontade entre o credor e terceiro (CC, art. 347, I) e entre o devedor e terceiro (CC, art. 347, II).

5. EFEITOS	• CC, arts. 349, 350 e 351.

c.4. Imputação do pagamento

c.4.1. Definição

Se alguém for obrigado a saldar mais de uma prestação, da mesma espécie, ao mesmo credor, e oferece pagamento insuficiente para extinguir todas as dívidas, surge a questão de se saber qual dos débitos foi satisfeito. P. ex.: suponha-se que "A" deva a "B" R$ 10.000,00, em razão de fornecimento de mercadoria; R$ 10.000,00, de aluguel, e R$ 25.000,00, em virtude de um empréstimo. Essas dívidas, como se vê, decorrem de causas diversas e vencem em épocas diferentes. "A" remete a "B" a quantia de R$ 35.000,00, que lhe possibilita o resgate de dois débitos, porém não alcança a solução de todos. Quais as dívidas que se extinguirão com tal pagamento?[79].

A indicação de qual débito, dentre os da mesma espécie, o pagamento deve extinguir ou reduzir designa-se imputação do pagamento. Esta consiste, portanto, na determinação da dívida que se pretende quitar[80].

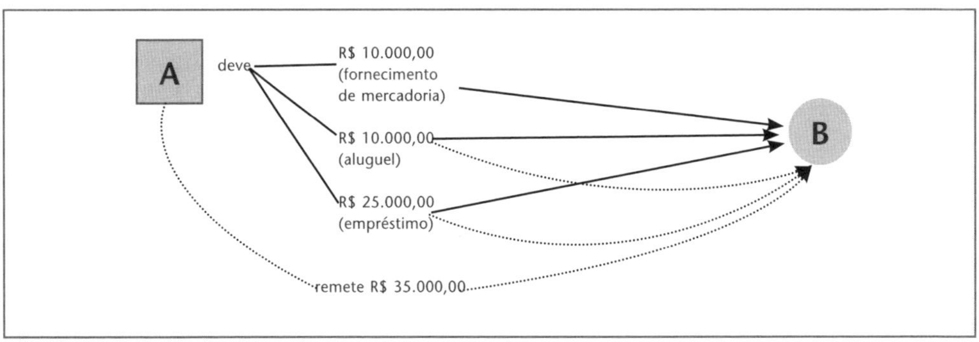

79. Silvio Rodrigues, op. cit., p. 236.

80. Álvaro Villaça Azevedo, Imputação de pagamento, in *Enciclopédia Saraiva do Direito*, v. 43, p. 30; Judith Martins-Costa, *Comentários*, cit., v. 5, t. 1, p. 468-83.

A imputação do pagamento é a operação pela qual o devedor de dois ou mais débitos da mesma natureza a um só credor, o próprio credor em seu lugar ou a lei indicam qual deles o pagamento extinguirá, por ser este insuficiente para solver a todos[81] (CC, arts. 352, 353 e 355).

Nosso Código Civil permite que o devedor use, em primeiro lugar, do direito de indicar a dívida imputável; se ele não o fizer, esse direito se transferirá ao credor, e se nem um nem outro lançar mão desse instituto, a lei mencionará o critério que deverá ser seguido, prevalecendo, então, a imputação legal[82]. Martin de la Moutte nos ensina que, provenha a imputação do devedor, do credor ou de lei, é ela sempre convencional, pois o credor tem o dever de aceitar, resultante da relação obrigacional, sob pena de incorrer em *mora accipiendi*, autorizando o devedor a requerer consignação para que o pagamento oferecido se impute no débito indicado[83].

c.4.2. Requisitos

A imputação do pagamento pressupõe os seguintes *requisitos* (CC, art. 352)[84]:

1º) *Existência de dualidade ou pluralidade de dívidas*, pois, se houvesse um só débito, não haveria como imputar, embora Hudelot, Metmann e Giorgi[85] admitam pagamento imputável em unidade de dívida, o que Carvalho de Mendonça[86] critica, afirmando que tal concepção não passa de admissibilidade de pagamento parcial. Realmente, se se tiver um só débito, o devedor deverá oferecer a prestação na sua íntegra, visto que, pelo Código Civil, art. 314, não se pode obrigar o credor a receber por partes, se assim não se convencionou. O pagamento parcelado dependerá, portanto, da anuência do credor. Todavia, Washington de Barros Monteiro, como exceção, admite imputação do pagamento havendo uma única dívida, se esta vencer juros, em razão do Código Civil, art. 354, que dispõe que, havendo capital e juros (compensatórios ou moratórios), o pagamento imputar-se-á primeiro nos juros vencidos, e, depois, no capital[87]. Em regra, sem a dualidade ou pluralidade de dívidas será impossível a

---

81. Conceito baseado nas definições de Carvalho de Mendonça, op. cit., v. 1, n. 326, fundado em Dernburg, *Das Bürgerlich Recht*, v. 2, parte I, § 117, n. 1; W. Barros Monteiro, op. cit., p. 286; Clóvis Beviláqua, *Código Civil*, cit., v. 4, p. 121. *Vide RT*, *490*:128.

82. Trabucchi, op. cit., n. 233.

83. J. Martin de la Moutte, *L'acte juridique unilateral*, Paris, 1951, n. 51, p. 56-7; W. Barros Monteiro, op. cit., p. 287. Em sentido contrário: Andreoli, *Contributo alla teoria dell'adempimento*, Padova, 1937, n. 34, que defende a tese de que imputação é ato unilateral.

84. Sobre os requisitos essenciais da imputação do pagamento, *vide* R. Limongi França, Pagamento por imputação, in *Enciclopédia Saraiva do Direito*, v. 56, p. 492; Bassil Dower, op. cit., p. 227-8; W. Barros Monteiro, op. cit., p. 286-7; Serpa Lopes, op. cit., n. 193, p. 241-2; Álvaro Villaça Azevedo, Imputação de pagamento, cit., p. 30-1; Caio M. S. Pereira, op. cit., p. 189; Silvio Rodrigues, op. cit., p. 236-8. *Vide* Código Tributário Nacional, art. 163.

85. Hudelot e Metmann, op. cit., n. 535; Giorgi, op. cit., v. 7, n. 136.

86. Carvalho de Mendonça, op. cit., n. 326.

87. W. Barros Monteiro, op. cit., p. 286-7. No mesmo teor de ideias: Bassil Dower, op. cit., p. 228. Pondera Clóvis Beviláqua (*Código Civil comentado*, cit., p. 156) que "quando houver mais de uma dívida vencendo juros, e o devedor puder, por serem elas vencidas e líquidas, escolher qual deve ficar extinta, é claro que não se imputa nos juros das outras dívidas, o pagamento destinado a uma dívida determinada com os juros respectivos". E a respeito observa João Luiz Alves (*Código Civil anotado*, Rio de Janeiro, 1917, p. 670) que: "devendo capital e juros, não pode o devedor forçar o credor a imputar pagamento no capital, antes de pagos os juros vencidos, porque de outro modo prejudicaria ao credor, desde que pagando o capital, o priva da respectiva renda. Assim o pagamento, salvo acordo, se imputa primeiro nos juros vencidos e exigíveis e depois no capital".

imputação do pagamento, que requer vários débitos da mesma natureza, porém autônomos, isto é, oriundos de causa diversa.

2º) *Identidade de credor e de devedor*, uma vez que as diversas relações negociais devem vincular o mesmo devedor a um só credor. Se se tratar de obrigação solidária ativa ou passiva, para efeito de imputação do pagamento e extinção da obrigação, o credor será tido como um só, o mesmo ocorrendo com o devedor, sob pena de não se configurar materialmente a imputação.

3º) *Igual natureza dos débitos*, ou melhor, as dívidas devem apresentar fungibilidade recíproca, de tal modo que ao credor seja indiferente receber uma ou outra. P. ex.: se "A" deve a "B" R$ 5.000,00 e uma joia, e oferece soma em dinheiro, claro está que o débito extinto foi aquele consistente nos R$ 5.000,00, não havendo necessidade de imputação do pagamento. Ante o fato de as dívidas serem de natureza diversa, o devedor, ao oferecer a prestação em dinheiro, não poderá pleitear que ela seja imputada na primeira ou na segunda dívida. O que se exige é que as prestações devidas consistam em coisas fungíveis de igual espécie e qualidade, sem o que não haverá imputação.

As dívidas deverão ser *líquidas*, ou seja, certas quanto à sua existência, e determinadas quanto ao seu objeto, e *vencidas*, exigíveis, por ter ocorrido o termo estabelecido para o vencimento. P. ex.: se "A" tem para com "B" duas dívidas de R$ 100.000,00, decorrentes de causas diversas, e oferece R$ 100.000,00, sendo que apenas uma delas está vencida e a outra não, o pagamento realizar-se-á na vencida, já que o credor não pode reclamar, ainda, a não vencida.

4º) *Suficiência do pagamento para resgatar qualquer das dívidas*, pois, se a prestação oferecida não puder extinguir pelo menos uma das dívidas, não se terá imputação, pois constrangeria o credor a receber o pagamento em parcelas, o que, pelo art. 314 do Código Civil, só estaria permitido se ajustado entre as partes.

c.4.3. Espécies

A lei, ao regular a imputação do pagamento, visa favorecer o devedor, ao lhe possibilitar a indicação do débito que pretende extinguir com a prestação oferecida. Transfere, porém, ao credor esse direito de indicar a dívida imputável, se o devedor não fizer qualquer declaração a respeito, determinando, ainda, se nenhum dos interessados fizer uso, oportunamente, dessa prerrogativa, em que dívidas se imputará o pagamento. Dessa forma, em nosso direito, três são as espécies de imputação do pagamento: do devedor, do credor e legal.

A *imputação do pagamento feita pelo devedor* (CC, art. 352) é aquela em que o próprio devedor ou terceiro, nos casos em que tiver direito de fazê-lo, indica qual das dívidas deseja que o pagamento extinga. Entretanto, esse seu direito não é absoluto, pois se submete a certas limitações legais, tais como: *a*) havendo capital e juros, o pagamento imputar-se-á primeiro nos juros vencidos, e, depois, no capital, salvo estipulação em contrário, ou se o credor passar a quitação por conta do capital (CC, arts. 323 e 354). Isto é assim porque a norma jurídica objetiva impedir que o devedor, ao exercer seu direito de imputação do pagamento, prejudique o credor que, por sua vez, tem o direito de receber primeiramente os juros e depois o capital. O devedor, portanto, não poderá, ao pagar certa importância ao credor, exigir que ela seja imputada no capital, se houver juros vencidos, a não ser que o credor consinta nisso; *b*) impossibilidade de imputar *invito creditori* ao que se paga numa dívida cujo montante seja maior (*RT, 490*:127), porque senão o credor seria compelido a receber pagamento parcial, quando assim não se convencionou (CC, art. 314). Se as dívidas forem de R$ 50.000,00 e de R$ 100.000,00, não poderá o devedor pretender, contra a vontade do credor, uma imputação do pagamento em relação a R$ 30.000,00. Isso só será possível se o credor aceitar receber por partes uma prestação que lhe é devida por inteiro; *c*) não estando a dívida vencida nem sendo líquida, o devedor não poderá nela imputar pagamento. O Código Civil de 1916 (art. 991, 2ª parte) permitia imputação de dívida ilíquida e não vencida, se o credor consentisse. Pelo atual Código, o devedor não terá direito algum de fazer a imputação do pagamento em débito ilíquido e não vencido.

A *imputação do pagamento pelo credor* ocorrerá se o devedor não usar de seu direito de indicar a dívida que será resgatada com o pagamento. Deveras, o Código Civil, art. 353, estatui que "não tendo o devedor declarado em qual das dívidas líquidas e vencidas quer imputar o pagamento, se aceitar a quitação de uma delas, não terá direito a reclamar contra a imputação feita pelo credor, salvo provando haver ele cometido violência ou dolo". Infere-se desse dispositivo legal que, para a configuração da imputação do pagamento pelo credor: *a*) será preciso aceitação de quitação de uma delas, feita no momento do pagamento; *b*) não tenha havido coação ou dolo por parte do credor. P. ex.: "A" deve a "B" 20 mil reais em razão de mútuo, 10 mil por locação predial e 10 mil em virtude de compra de um relógio e somente efetua um pagamento no valor de 20 mil, sem indicar quais os débitos que pretende quitar, "B" imputa o valor pago por "A" no débito relativo ao empréstimo e não nos referentes à locação e à compra, como pretendia "A", embora não tivesse, oportunamente, manifestado tal vontade. O devedor somente poderá impugnar judicialmente a quitação dada se provar a violência ou dolo do credor, que, prevalecendo-se do direito de imputação do pagamento, o tenha feito por meios escusos.

Ter-se-á a *imputação do pagamento feita pela lei* se nem o devedor nem o credor fizerem a indicação da dívida a ser extinta com o intuito de suprir a vontade das partes. Havendo omissão quanto ao débito solvido, quer no pagamento, quer na quitação, prescreve o art. 355 do Código Civil que: *a*) a imputação se fará nas dívidas líquidas e vencidas em primeiro lugar; *b*) a imputação se fará na mais onerosa, se as dívidas forem todas líquidas e vencidas ao mesmo tempo[88]. A mais onerosa será a que produz juros, em relação à que não os produz; a que produz juros mais elevados, relativamente à que os produz mais módicos; a que for garantida por direito real, em relação à que não contiver tal ônus; a que justificar ação executiva, relativamente à que ensejar a ordinária; a garantida por cláusula penal, em relação à que não a encerrar; a garantida por fiança, relativamente à não assegurada (*RT, 115*:594); aquela em que o *solvens* é devedor principal e não mero coobrigado; a já ajuizada, em relação à que não o foi; a caucionada, relativamente à não caucionada[89].

O Código Civil vigente não inova a matéria atinente à imputação do pagamento.

c.4.4. Efeito

A imputação é meio indireto de pagamento; logo, seu efeito, como o de todo pagamento, é operar a extinção do débito a que se dirige. Essa extinção compreende a das garantias reais e pessoais, não podendo, por isso, o credor ou o devedor, de comum acordo, revivê-las

88. A respeito das modalidades de imputação, consulte Giorgi, op. cit., v. 7, p. 137; W. Barros Monteiro, op. cit., p. 288-9; R. Limongi França, Pagamento por imputação, cit., p. 492; Serpa Lopes, op. cit., p. 242-4; Laurent, op. cit., v. 17, p. 602 e 605; Caio M. S. Pereira, op. cit., p. 188-90; Planiol, op. cit., v. 2, ns. 442 e 443; Álvaro Villaça Azevedo, Imputação de pagamento, cit., p. 31-2; Silvio Rodrigues, op. cit., p. 238-42; Bassil Dower, op. cit., p. 228-9; Carvalho de Mendonça, op. cit., ns. 328 e 331. O art. 353 do Código Civil é idêntico ao art. 1.255 do Código Civil francês.

89. Esta é a lição de W. Barros Monteiro, op. cit., p. 289. *Vide* o que escrevem sobre o assunto: Hudelot e Metmann, op. cit., n. 537; Caio M. S. Pereira, op. cit., p. 190.

em prejuízo de terceiro. P. ex.: se "A" é devedor de "B" por duas dívidas, uma garantida por hipoteca e a outra quirografária, atingindo a imputação o crédito hipotecário, este fica saldado, de tal sorte que esta garantia não mais renascerá, em virtude de uma convenção só para esse fim[90].

Quadro Sinótico

IMPUTAÇÃO DO PAGAMENTO

1. DEFINIÇÃO	• Imputação do pagamento é a operação pela qual o devedor de dois ou mais débitos da mesma natureza a um só credor, o próprio credor em seu lugar ou a lei indicam qual deles o pagamento extinguirá, por ser este insuficiente para solver a todos.
2. REQUISITOS (CC, ART. 352)	• Existência de dualidade ou pluralidade de dívidas. • Identidade de devedor e de credor. • Igual natureza dos débitos. • Suficiência do pagamento para resgatar qualquer das dívidas.
3. ESPÉCIES	• Imputação do pagamento feita pelo devedor (CC, arts. 314, 352 e 353; *RT, 490*:127). • Imputação do pagamento pelo credor (CC, art. 353). • Imputação do pagamento feita pela lei (CC, art. 355).
4. EFEITO	• Extinguir o débito a que se dirige, com todas as garantias reais e pessoais.

c.5. Dação em pagamento

c.5.1. Breve notícia histórica

Em regra, a obrigação só se extingue com o pagamento da prestação devida, ou melhor, com a entrega do objeto a que o devedor se obrigou, e não de outro diverso, ainda que mais valioso (CC, art. 313). Nesse ponto o direito romano era muito mais rigoroso do que o moderno, embora tenha admitido a *datio in solutum* para amenizar aquele princípio, mas somente naqueles casos em que o credor permitia ao devedor a entrega de coisa diversa, com efeito liberatório, consagrando-se assim o clássico princípio romano: *aliud pro alio invito creditore solvi non potest* (D. 12, 1, 2, I – frag. de Paulo), isto é, "uma coisa por outra, contra a vontade do credor, não pode ser solvida". Foi Justiniano quem permitiu ao devedor converter a prestação em dinheiro em obrigação de dar coisa certa, quando lhe fosse impossível pagar soma em dinheiro, a fim de impedir que o devedor, compelido a pagar uma dívida, viesse a perder seus haveres por um preço vil. Concedeu-lhe, por isso, o direito de oferecer seus bens

90. Demolombe, op. cit., t. 28, n. 61, p. 49-50, apud Serpa Lopes, op. cit., p. 245. *Vide* Súmula n. 464 do STJ.

móveis, depois os imóveis, até perfazer o montante de seu débito. Avaliados os seus bens, o juiz obrigava o credor a restituir tudo o que excedesse o valor da dívida. Com isso, o devedor entregava seu patrimônio para pagar uma dívida pelo justo valor. Criou-se, então, a *datio in solutum* necessária que, em certos casos, se impunha ao credor, que não a podia recusar se o devedor já tivesse sido acionado ou se não tivesse encontrado uma oferta razoável para a venda de seus bens. Não havendo qualquer dessas duas circunstâncias, a *datio in solutum* reclamava a anuência do credor. Foi a *datio in solutum* necessária que evoluiu para o tipo atual de dação em pagamento, que exige o indispensável assentimento do credor. Hodiernamente, não mais se admite a dação em pagamento coativa ou necessária, permitida pelos romanos, como vimos, sob a forma de um benefício concedido ao devedor que não possuísse dinheiro para saldar seu débito, e que, por isso, dava em pagamento bens para os quais não tivesse encontrado quem pagasse o justo preço. Atualmente, não há mais o *beneficium dationis in solutum*, pois, se o credor não anuir, dação não se terá[91].

Nosso Código Civil, em seu art. 356, acolhe a dação em pagamento, ao admitir que o credor consinta em receber coisa diversa da prestação que lhe é devida. Guarda, portanto, o mesmo sentido do direito romano, exceto no que se refere ao *beneficium dationis in solutum*. É também considerada como uma modalidade contratual, mas, na verdade, é forma indireta de pagamento, visto que seu objetivo precípuo é extinguir a obrigação, mediante entrega de coisa diferente da *res debita*, por haver acordo em torno da escolha do bem que a substituirá *aliud pro alio*.

c.5.2. Conceito, objeto e natureza jurídica

A *dação em pagamento* (*datio in solutum* ou *pro soluto*) vem a ser um acordo liberatório, feito entre credor e devedor, em que o credor consente na entrega de uma coisa diversa da avençada (CC, art. 356)[92]. P. ex.: se "A" deve a "B" R$ 5.000.000,00 e propõe saldar seu débito

---

91. Justiniano, Nov., IV, cap. III; Inst., Liv. III, Tít. 29, pr.: "*Tollitur omnis obligatio solutione eius quod debetur, vel si quis, consentiente creditore, aliud pro alio solverit*"; Silvio Rodrigues, op. cit., p. 243-4; Orlando Gomes, op. cit., p. 146; Serpa Lopes, op. cit., p. 246; Caio M. S. Pereira, op. cit., p. 191-2; Pontes de Miranda e Antão de Moraes, Dação em pagamento, *Doutrinas essenciais – obrigações e contratos* (coord. G. Tepedino e Luiz E. Fachin), São Paulo, Revista dos Tribunais, 2011, v. II, p. 887-906; Roberto Dove, Dação em pagamento, *Doutrinas essenciais*, cit., p. 907-16; Waldemar Ferreira, Dação em pagamento – contrato entre ascendente e descendente – inexistência de nulidade – aplicação do art. 1.132 do Código Civil, *Doutrinas essenciais*, cit., p. 921-28. Esclarece-nos Álvaro Villaça Azevedo (Dação em pagamento, in *Enciclopédia Saraiva do Direito*, v. 22, p. 185-6) que: "A palavra dação deriva do termo latino *datio, onis* (dação, entrega), do verbo latino *do, as, dedi, datum, are* (dar, obsequiar, conceder, atribuir, imputar, oferecer, entregar, ceder), que possui duas raízes, ambas do sânscrito: uma *dã* (dar), no grego *didomi* (dou); outra *dhã* (pôr), no grego *tithemi* (ponho)...". A palavra advém de *solutum*, de *solutus, a, um*, particípio passado do verbo *solvo, is, i, solutum, ere* (solver, dissolver, resolver, derreter, fundir, separar, desunir, saltar, desatar, libertar, desligar), derivado de *seluo*, proveniente de *se;* o mesmo que *so*, acrescido do termo *luere*.

92. Caio M. S. Pereira, op. cit., p. 192; Carvalho de Mendonça, op. cit., v. 1, n. 333; R. Limongi França, Pagamento por dação, in *Enciclopédia Saraiva do Direito*, v. 56, p. 491; *Manual de direito civil*, São Paulo, Revista dos Tribunais, 1969, v. 4, t. 1, p. 126; Dernburg, *Diritto delle obbligazioni*, trad. Cicala, Torino, 1903, p. 238, § 58; Orlando Gomes, op. cit., p. 145; W. Barros Monteiro, op. cit., p. 291; Judith Martins-Costa, *Comentários*, cit., v. 5, t. 1, p. 484-502. Escreve Álvaro Villaça Azevedo (Dação em pagamento, cit., p. 186) que: "Cumpre notar que o projeto do novo Código Civil, de 1975, em seu art. 356, tornou-se acônico, pois menciona que o credor pode aquiescer no recebimento de 'prestação diversa', fugindo à ideia do dispositivo atual e incidindo, a nosso ver, em equívoco, dado que a palavra prestação tanto pode significar dação, como fazimento ou não fazimento. Entendemos que

mediante a entrega de um terreno, sendo aceita sua proposta pelo credor, configurada estará a *datio in solutum*.

A dação em pagamento pode ter por *objeto* prestação diversa da devida de qualquer natureza: bem móvel ou imóvel, fatos e abstenções. Consequentemente, o devedor, com anuência do credor, poderá dar uma coisa por outra; coisa por fato; fato por coisa; fato por fato etc. Isto é assim porque se for dinheiro a coisa dada em pagamento, ou se, não sendo dinheiro, se lhe taxar o preço, a dação em pagamento regular-se-á por normas da compra e venda por haver equivalência entre os bens. Realmente, estatui o Código Civil, art. 357: "Determinado o preço da coisa dada em pagamento, as relações entre as partes regular-se-ão pelas normas do contrato de compra e venda". Na dação em pagamento a prestação em dinheiro é substituída pela entrega de um objeto, que o credor não recebe por preço certo e determinado. Se se fixar soma precisa para a coisa, cujo domínio e posse passarão ao credor, ter-se-á relação regida por normas da compra e venda (*RF, 134*:436; *RT, 238*:137). Adverte Judith Martins-Costa: "O fato de o Código determinar a incidência das regras relativas à compra e venda, não transforma a dação em compra e venda [...] são distintas as figuras por pelo menos três ordens de razão: a) na compra e venda não cabe, em linha de princípio, a repetição do indébito, cabível na dação em pagamento quando ausente a *causa debendi*; b) o próprio objetivo, ou finalidade da dação em soluto é a solução

---

melhor seria que se tivesse mencionado recebimento do objeto da prestação". Alguns autores, como Von Tuhr (op. cit., t. 2, p. 13), Larenz (op. cit., § 27), Enneccerus, Kipp e Wolff (op. cit., § 65), Caio M. S. Pereira (op. cit., p. 196) e Orlando Gomes (op. cit., p. 147), distinguem a *datio in solutum* da *datio pro solvendo*. A *datio pro solvendo* ou dação em função de pagamento é um negócio jurídico que visa facilitar ao credor a realização do seu interesse, consistindo numa operação em que o devedor, sem novar, assume nova dívida (p. ex., emissão de um título cambial) em lugar do pagamento, ficando ajustado que a dívida primitiva só se extinguirá com o pagamento da nova. Há, portanto, duas obrigações, e somente quando o devedor solver a segunda é que ficarão extintas as duas. A dação *pro solvendo* tem por escopo facilitar o adimplemento da obrigação, e apesar de abranger uma cessão de crédito, não exonera, imediatamente, o devedor (cedente), pois a obrigação apenas extinguir-se-á quando o credor (cessionário) receber, integralmente, o que lhe é devido. P. ex., "A" deve a "B" R$ 200.000,00. "A", estando com problemas financeiros, cede a "B" um crédito que tem sobre "C", para que "B" possa obter mais facilmente o pagamento de seu crédito, já que a situação econômica de "C" é melhor do que a sua. A relação obrigacional entre "A" e "B" desaparecerá paulatinamente, ou seja, à medida que, mediante a cessão de crédito, a dívida for sendo paga. É a lição de Antunes Varela, *Noções fundamentais*, cit., p. 407-12. A *datio in solutum* visa extinguir a obrigação, liberando o devedor com a aceitação pelo credor de coisa diferente da convencionada. A *dação* é um *contrato real*, pois a *traditio* da coisa é elemento negocial.

Vide Lei n. 11.101/2005, art. 50, IX.

Portaria n. 32, de 8 de fevereiro de 2018, da Procuradoria-Geral da Fazenda Nacional regulamenta o procedimento de dação em pagamento de bem imóveis para extinção de débitos, de natureza tributária, inscritos em dívida ativa da União.

da dívida, o desate da relação; e, por fim, c) a dação exige, como pressuposto, a *entrega*, constituindo negócio jurídico real" quando a coisa for dada em pagamento de débito, sem que se lhe especifique o valor, ter-se-á incidência das normas relativas à dação. Se assim é, nesta hipótese, poder-se-á dar, convém repetir, uma coisa por dinheiro, um fato por dinheiro, dinheiro por coisa ou por fato. Analogicamente, se o débito não for pecuniário e houver dação, aplicar-se-ão as normas da troca (CC, art. 533)[93]. "Se for título de crédito a coisa dada em pagamento, a transferência importará em cessão" (CC, art. 358), devendo, então, ser notificada ao cedido (CC, art. 290), responsabilizando-se o *solvens* (cedente) pela existência do crédito transmitido (CC, art. 295) e não pela solvência do devedor daquele título, que o cessionário aceitou. Se a dação em pagamento tiver por objeto bem imóvel, deverá ser provada por escrito, por meio de instrumento capaz de justificar o assento no Registro Imobiliário competente (*RT, 468*:179), isto é, da circunscrição imobiliária onde se localizar o imóvel. Se for móvel, para que produza seus efeitos, suficiente será a tradição. Isto porque é um acordo liberatório, que pressupõe a transferência, ao credor, da propriedade do bem que é seu objeto; logo, se a aquisição da propriedade só se dá pelo registro do título, se o bem for imóvel, ou pela tradição, se móvel, a dação em pagamento apenas terá efeito jurídico se se completar com uma ou com outra, pois nítido é o seu caráter translatício, associado à substituição convencional da coisa devida. Por essas razões será preciso, de um lado, que o *solvens* tenha a disposição da coisa, já que, se não puder transferir a propriedade ao credor, não se configurará a dação, e, de outro, que o *accipiens* tenha capacidade para consentir que haja entrega de objeto diverso do devido, ante o efeito extintivo da dação. Se qualquer uma das partes for representada por procurador, este deverá estar munido de poderes especiais, para anuir em receber uma coisa por outra, reconhecer a dívida e alienar o bem que irá substituir o devido[94].

Pela Lei n. 6.015/73, art. 129, n. 9º (acrescentado pela Lei n. 14.382/2022), estão sujeitos a registro, no Registro de Títulos e Documentos, para surtir efeitos em relação a terceiros, os instrumentos de dação em pagamento.

Bastante controvertida é a *natureza jurídica* da dação em pagamento. Há quem nela vislumbre uma novação objetiva (Baudry-Lacantinerie e Barde; Aubry e Rau; Planiol etc.)[95], por implicar uma mudança do objeto devido, que não se poderá dar sem que a dívida seja novada. Contudo, novação e dação são institutos muito diferentes. Pothier[96] empresta-lhe um aspecto poliforme, apresentando-se ora como troca, ora como compra e venda, ora como novação, ora

---

93. Clóvis Beviláqua, *Código Civil*, cit., v. 4, p. 124; W. Barros Monteiro, op. cit., p. 291; Carvalho de Mendonça, op. cit., n. 334; Caio M. S. Pereira, op. cit., p. 194; R. Limongi França, Pagamento por dação, cit., p. 491; Espínola, op. cit., p. 69, nota 127; Serpa Lopes, op. cit., p. 247; Judith Martins-Costa, *Comentários*, cit., p. 494. "A entrega das coisas a terceiro, indicado pelo credor para recebê-las, não extingue a obrigação decorrente da dação em pagamento, se essa entrega é efetuada após decisão judicial determinando a apreensão das mesmas coisas, da qual os representantes legais dos devedores tinham pleno conhecimento" (*Ciência Jurídica*, *62*:171).

94. Caio M. S. Pereira, op. cit., p. 192; Colmo, op. cit., n. 682; Trabucchi, op. cit., n. 229; Carvalho de Mendonça, op. cit., v. 1, n. 333; Álvaro Villaça Azevedo, Dação em pagamento, cit., p. 186.

95. Planiol, op. cit., v. 2, n. 523; Mazeaud e Mazeaud, *Leçons de droit civil*, II, n. 893 e s.; Baudry-Lacantinerie e Barde, op. cit., n. 1.685; Aubry e Rau, op. cit., v. 3, § 292, nota 4, v. 4, § 318, nota 1, § 324, nota 48. Não envolve novação, apesar de que antes da tradição da coisa a obrigação terá existido como modificada, ainda que por alguns instantes. Porém, tal modificação é modo e não fim. O *animus* não é o de novar, mas o de pagar. É a lição de Agostinho Alvim, *Exposição de Motivos*, p. 201.

96. Pothier, Traité des obligations, in *Oeuvres*, Paris, Ed. Depelafol, 1835, v. 1, n. 530.

como compensação. Se se admitisse tal concepção, a dação seria, como observa Giorgi[97], um *monstrum juris,* aparecendo, concomitantemente, com três faces completamente diferentes. Outros veem nela um contrato, porém não se pode aceitar essa tese, porque os contratos têm por efeito criar obrigações, ao passo que a dação objetiva extingui-las, exonerando o devedor. Entretanto, esses entendimentos têm sofrido muitas críticas, surgindo a concepção de que a dação seria *pagamento indireto,* pois, por ser um acordo liberatório, visando extinguir e não criar uma relação obrigacional, teria a mesma índole do pagamento. Constituiria uma variedade de pagamento, por derrogação do princípio que obriga o devedor a fornecer exatamente o objeto que prometeu, visto lhe permitir, com o consentimento do credor, entregar coisa diversa daquela a que se obrigara. Apresenta, portanto, uma única diferença, pois, enquanto o pagamento é *praestatio eius quod debetur,* a dação consiste no *solvere aliud pro alio*, ou melhor, no prestar coisa diversa da devida[98]. Por esses motivos poder-se-á afirmar que a *datio in solutum* é modalidade indireta de pagamento.

c.5.3. Requisitos

Como pudemos apontar, a dação é uma forma de extinção do liame obrigacional, dependente da vontade do credor. Daí se pode deduzir que os requisitos imprescindíveis para sua configuração são[99]:

1º) *Existência de um débito vencido,* pois entregar algo a outrem sem uma dívida a resgatar, sem que haja uma obrigação, equivale a uma doação; ter-se-á mera liberalidade se houver *animus donandi*; porém, se não houver tal intenção e o crédito inexistir, impor-se-á a devolução do objeto oferecido. Requer, ainda, esse instituto que a dívida já esteja vencida porque, se durante a vigência de uma relação negocial credor e devedor modificarem, de comum acordo, o crédito, substituindo o objeto da prestação convencionada, não se terá dação em pagamento.

2º) *"Animus solvendi"*, isto é, entrega da coisa pelo devedor ao credor com a intenção de efetuar um pagamento.

3º) *Diversidade de objeto oferecido em relação ao devido*, ou seja, a coisa dada em pagamento deverá ser diversa da que constitui o objeto da prestação. Daí não se confundir a dação com a obrigação alternativa; nesta, o devedor se compromete a pagar um ou outro objeto convencionado no ato negocial, de forma que o credor, desde o início do vínculo obrigacional, já concordou em receber qualquer deles, não podendo retratar tal anuência no momento do resgate do débito, enquanto a dação pressupõe a extinção da obrigação com a entrega de coisa diversa da estipulada, com o consentimento do credor. Se o devedor, cumprindo uma obrigação alternativa, entrega um dos objetos avençados, não está fazendo uma *datio in solutum,* porque a coisa oferecida já estava *in obligatio.* Também não há como identificar a dação em pagamento com a obrigação facultativa porque, apesar do objeto entregue não estar estipulado, já se encontrava prevista, no contrato ou na lei, a permissão para o devedor

---

97. Giorgi, op. cit., v. 7, n. 399, apud Serpa Lopes, op. cit., p. 248.

98. W. Barros Monteiro, op. cit., p. 290-1; De Page, op. cit., v. 3, p. 491; Serpa Lopes, op. cit., n. 201, p. 247.

99. A respeito dos requisitos da *datio in solutum, vide* Caio M. S. Pereira, op. cit., p. 193; Orlando Gomes, op. cit., p. 145; W. Barros Monteiro, op. cit., p. 291; Silvio Rodrigues, op. cit., p. 245-6; Álvaro Villaça Azevedo, Dação em pagamento, cit., p. 186; De Page, op. cit., n. 506; Colmo, op. cit., n. 681; Serpa Lopes, op. cit., p. 246-7 e 249-50; Pacifici-Mazzoni, *Trattato di diritto civile,* v. 12, n. 151.

substituí-lo por outro, a fim de facilitar o pagamento. A dação exige anuência expressa do credor, ao passo que na obrigação facultativa a substituição do objeto depende tão somente da vontade do devedor.

Não será preciso que o valor da coisa recebida pelo credor seja correspondente ao montante do débito. O *accipiens* poderá receber objeto mais valioso ou não, pois o que importa é a entrega de coisa que não seja a devida, em pagamento da dívida. Caio Mário da Silva Pereira pontifica que, se o credor receber objeto menos valioso do que o devido, embora a lei silencie, poderá dar ao devedor quitação parcial, subsistindo a obrigação pelo remanescente, hipótese em que a *datio in solutum* alcançará somente uma parte da prestação devida, que ficará quitada, mantendo-se o vínculo obrigacional pelo restante, não abrangido pela entrega da coisa. Porém, mais acertadamente Orlando Gomes assevera que, se valer menos, o credor não poderá exigir a diferença; se valer mais, o devedor não terá direito à restituição do excedente[100]. É mister lembrar que não se terá a *datio in solutum* se a diversidade consistir em mudanças na prestação relativas ao tempo, ao lugar e à pessoa dos interessados[101].

4º) *Concordância* (verbal ou escrita, tácita ou expressa) *do credor na substituição,* sem a qual não se poderá compeli-lo a receber objeto diverso do convencionado, ainda que mais valioso. Não bastará, porém, a mera aceitação do credor; será necessário que ele receba o objeto oferecido como pagamento[102].

c.5.4. Analogia com outros institutos

Embora possa haver alguma semelhança entre *dação em pagamento* e *compra e venda* (*RT*, *588*:185), esses institutos são inconfundíveis, pois: *a*) a venda subsiste mesmo quando o vendedor nada deve ao comprador, e a dação, na ausência de *causa debendi,* implica a repetição do indevido; *b*) a *datio in solutum* tem por escopo extinguir a dívida, liberando o devedor, e a *compra e venda* não sofre influência do modo de pagamento no que concerne à sua existência ou eficácia; *c*) a dação em pagamento só se consuma, como vimos, com a tradição ou o registro da coisa dada em pagamento, por pressupor transferência de domínio, enquanto a compra e venda não é hábil para transferir a propriedade do bem, pois cria apenas o dever de transmitir o domínio de algo ou de pagar certo preço em dinheiro (CC, art. 481), engendrando exclusivamente uma obrigação de dar.

Alguns juristas identificam a "*datio in solutum*" com a *novação,* porém tal não se dá, porque a dação em pagamento tem por fim extinguir a dívida, exonerando o devedor do liame obrigacional, e a novação visa solver débito precedente, criando outro, novo[103].

c.5.5. Efeito

O efeito da dação em pagamento é produzir a *extinção da dívida,* qualquer que seja o valor do objeto ofertado em lugar do convencionado. Entretanto, pode acontecer que o credor receba coisa não pertencente ao *solvens,* havendo, então, a sua reivindicação por terceiro, que prove ser seu proprietário. Ter-se-á, então, a evicção, ou seja, a perda total ou parcial do objeto em virtude de sentença judicial, que confere seu domínio a terceira

---

100. Caio M. S. Pereira, op. cit., p. 194; Orlando Gomes, op. cit., p. 146.
101. Giorgi, op. cit., v. 7, n. 399, p. 380-1.
102. Serpa Lopes, op. cit., p. 250; Orlando Gomes, op. cit., p. 145.
103. Sobre o tema, *vide* Serpa Lopes, op. cit., p. 248-9; Pacifici-Mazzoni, op. cit., n. 151; De Page, op. cit., v. 3, ns. 510 e 511.

pessoa. Dessa forma, se o devedor oferece coisa que não lhe pertence, a lei determina o restabelecimento da antiga obrigação, tornando sem efeito a quitação. Se porventura o credor for evicto da coisa recebida em pagamento, restabelecer-se-á a obrigação primitiva, ficando sem efeito a quitação dada, ressalvados os direitos de terceiros (CC, art. 359). Havendo evicção total ou parcial por existir outro dono da coisa recebida, com título anterior (CC, art. 447), anular-se-á a quitação dada pelo credor, ressurgindo a obrigação que havia sido extinta, com todos os seus acessórios, isto é, garantias reais ou fidejussórias, como se não tivesse havido dação em pagamento, voltando tudo ao *statu quo ante*, ressalvando-se, porém, os direitos de terceiro (*RSTJ*, *130*:245). P. ex.: se o devedor oferece ao credor, com o consentimento deste, um terreno em substituição da dívida de R$ 5.000.000,00, a título de dação em pagamento, sem que seja proprietário do imóvel, a quitação dada pelo *accipiens* (evicto), que perderá o bem em favor de seu legítimo dono quando acionado, ficará sem efeito, restabelecendo-se a obrigação. Mas os direitos de terceiro de boa-fé não poderão ser atingidos. Assim, p. ex., se a evicção se der, o adquirente (terceiro) do imóvel hipotecado, já liberado, no registro imobiliário, do ônus pela dação em pagamento do débito, terá seu direito tutelado[104].

c.5.6. Nulidade

A jurisprudência tem considerado nula a *datio in solutum* se[105]:

1º) feita por erro e compreensiva de todos os haveres do devedor (*RT*, *140*:556);

2º) efetuada por ascendente a descendente, sem assentimento dos demais descendentes (*RT*, *165*:309,*167*:215);

3º) realizada no período suspeito da falência, ainda que em favor de credor privilegiado (*RT*, *134*:566);

4º) levada a efeito com fraude de credores (*RT*, *140*:556).

---

104. *Vide* Sílvio Venosa, *Direito Civil*, cit., v. II, p. 289; Orlando Gomes, op. cit., p. 146; Caio M. S. Pereira, op. cit., p. 196; Álvaro Villaça Azevedo, Dação em pagamento, cit., p. 187; Bassil Dower, op. cit., p. 232-3; Silvio Rodrigues, op. cit., p. 246-7. Carvalho de Mendonça (citado por Beviláqua, *Código Civil comentado*, cit., p. 160) assim ensina: "Se a dação é uma forma de pagamento, não se compreende que este se possa fazer senão de modo a libertar o devedor e satisfazer, plenamente, os interesses do credor. Ora, se o que ele prestou não era seu, não se pode ver de que modo ele possa se exonerar. Por outro lado, se o credor pode ser ainda incomodado por terceiro, se aquilo que recebeu como uma prestação, que lhe era devida, deixa de o ser, de fato, a que ficaria reduzido o seu direito creditório?". Esclarece Judith Martins-Costa: "A proteção jurídica assenta em quatro pressupostos, a saber: a) uma *situação de confiança*, conforme com o sentido geral do sistema (isto é, com a diretriz da eticidade) e traduzida na *boa-fé subjetiva* e *ética*, própria da pessoa que, sem violar os deveres de cuidado que, no caso, caibam, ignore estar a lesar direitos ou posições alheias; b) uma *justificação para esta confiança*, expressa na presença de elementos objetivos capazes de, em abstrato, provocar uma crença plausível; c) um *investimento de confiança*, consistente em, da parte do sujeito, ter havido um efetivo assentamento de atividades jurídicas sobre a crença consubstanciada; d) uma *imputação da situação de confiança*, criada à pessoa que vai ser atingida pela proteção dada a quem confiou; a pessoa que será atingida pela proteção dada ao terceiro, deu ensejo, por ação ou omissão, à entrega do terceiro que confiou, ou ao fator objetivo que, para tanto, conduziu. Esses quatro pressupostos adjetivam a confiança – que então será *legítima* ou *justa* – do terceiro que confiou na solução da dívida, conduzindo a soluções parelhas às que são dadas ao terceiro de boa-fé, nos casos, por exemplo, de impugnação paulliana (art. 312) ou de aquisição *a non domino* (art. 1.268)", *Comentários*, cit., p. 501.

105. W. Barros Monteiro, op. cit., p. 292. *Vide RSTJ*, *132*: 453.

Quadro Sinótico

DAÇÃO EM PAGAMENTO

<table>
<tr><td>1. HISTÓRICO</td><td colspan="2">• A datio in solutum é uma consagração do clássico princípio romano: aliud pro alio invito creditore solvi non potest (D. 12, 1, 2, I - frag. de Paulo).</td></tr>
<tr><td>2. CONCEITO</td><td colspan="2">• Dação em pagamento vem a ser um acordo liberatório, feito entre credor e devedor, em que o credor consente na entrega de uma coisa diversa da avençada (CC, art. 356).</td></tr>
<tr><td>3. OBJETO</td><td colspan="2">• Prestação de qualquer natureza, não sendo dinheiro de contado: bem móvel ou imóvel, fatos e abstenções (CC, arts. 356, 357, 358 e 533; RT, 468:179).</td></tr>
<tr><td>4. NATUREZA JURÍDICA</td><td colspan="2">• É pagamento indireto, por ser um acordo liberatório, com o intuito de extinguir relação obrigacional, derrogando o princípio que obriga o devedor a fornecer exatamente o objeto prometido, pois lhe permite, com anuência do credor, entregar coisa diversa daquela a que se obrigara.</td></tr>
<tr><td>5. REQUISITOS</td><td colspan="2">• Existência de um débito vencido.
• Animus solvendi.
• Diversidade do objeto oferecido em relação ao devido.
• Concordância do credor na substituição.</td></tr>
<tr><td rowspan="2">6. ANALOGIA COM OUTROS INSTITUTOS</td><td>• Datio in solutum e compra e venda</td><td>a) A venda subsiste mesmo quando o devedor nada deve ao comprador, e a dação, na ausência de causa debendi, implica a repetição do indébito.
b) A dação em pagamento visa extinguir a dívida, liberando o devedor, e a compra e venda não sofre influência do modo do pagamento.
c) A dação só se consuma com a tradição ou registro da coisa dada em pagamento, por pressupor transferência de domínio, e a compra e venda cria apenas o dever de transmitir a propriedade de algo ou de pagar certo preço em dinheiro.</td></tr>
<tr><td>• Dação em pagamento e novação</td><td>• A datio in solutum tem por fim extinguir a dívida, exonerando o devedor da obrigação, e a novação visa solver débito precedente, criando outro, novo.</td></tr>
<tr><td>7. EFEITO</td><td colspan="2">• Extinção da dívida, mas se o credor receber objeto não pertencente ao solvens, havendo a sua reivindicação por terceiro, que prove ser seu proprietário, ter-se-á evicção, restabelecendo-se a obrigação primitiva e ficando sem efeito a quitação dada (CC, art. 359).</td></tr>
<tr><td>8. NULIDADE DA AÇÃO</td><td colspan="2">• Feita por erro e compreensiva de todos os bens do devedor (RT, 140:556).
• Efetuada por ascendente a descendente, sem consentimento dos outros descendentes (RT, 165:309, 167: 215).
• Realizada no período suspeito da falência (RT, 134:560).
• Levada a efeito com fraude de credores (RT, 140:556).</td></tr>
</table>

c.6. Novação

c.6.1. Considerações históricas

c.6.1.1. Função da novação no direito romano

No direito romano, a relação obrigacional era imutável; uma vez contraída, era insuscetível de modificação. A *stipulatio* era um contrato solene, que produzia um liame de natureza pessoal entre o estipulante e o beneficiário, impossibilitando quaisquer alterações no objeto, bem como a mudança das pessoas nele vinculadas, impedindo, assim, a transmissão da obrigação.

Com o progresso, inúmeras foram as dificuldades oriundas desse modo de conceber o vínculo obrigacional, porque a transmissão de créditos e débitos se tornou imprescindível. E como o único meio de se conseguir tal transmissão era extinguindo-se a obrigação anterior pela criação de uma nova relação negocial que a substituísse, surgiu o instituto da novação que, devido ao seu caráter liberatório, foi considerado pelos romanos como um modo de transferir a obrigação[106].

Pela novação operava-se a extinção de uma obrigação com a sua substituição por uma nova, que devia ter o mesmo conteúdo da anterior. Deveras, como pontifica Soriano Souza Neto, "a novação era, assim, a extinção de uma obrigação pela transfusão de sua matéria numa estipulação. O conteúdo de uma 'obligatio' uma vez deduzido na 'stipulatio', que era uma forma geral de contratar, produzia uma nova obrigação e extinguia a antiga. Idêntico conteúdo, nova forma, eis em resumo a novação romana"[107].

Realmente, tal é o que se infere da definição de Ulpiano[108]: "*Novatio est prioris debiti in aliam obligationem vel civilem vel naturalem, transfusio atque translatio: hoc est, cum ex praecedenti causa ita nova constituatur, ut prior perimatur, novatio enim a novo novem accepit, et a nova obligatione*", ou seja, "novação é a transformação da obrigação anterior em outra, civil ou natural, isto é, quando se constitui nova obrigação pela causa antecedente, de modo que se extinga a primeira, porque a novação se diz de coisa nova e de obrigação nova".

Diz, com muita propriedade, Miguel Maria de Serpa Lopes: "'*Transfusio*' e '*translatio*' correspondiam exatamente aos dois termos, nos quais se resumia a novação romana: '*stipulatio debiti*'. '*Transfusio*', porque efetivamente se dava uma transfusão da dívida, que se lançava no molde da '*stipulatio*', para revesti-la dessa forma nova; '*translatio*', atento a que o '*debitum*',

---

106. M. Helena Diniz, Novação, *Revista de Direito Civil, Imobiliário, Agrário e Empresarial*, 5:33, 1978; Novação, *Doutrinas essenciais – obrigações e contratos* (coord. G. Tepedino e Luiz E. Fachin), São Paulo, Revista dos Tribunais, 2011, v. II, p. 865-80; Colin e Capitant (*Cours élémentaire de droit civil*, 4. ed., Paris, 1924, p. 104), citando Girard (op. cit., p. 705), observam: "*La novation en Droit Romain était la conséquence et le corretif nécessaire de cette idée qu'un rapport obligatoire, une fois formé entre deux personnes, ne pouvait plus être modifié dans ces termes, non seulement par un changement des parties en cause, mais par une modification apportée au lien juridique lui-même. Dès lors, s'il devenait nécessaire de changer la personne du créancier ou celle du débiteur, d'introduire une modalité dans le rapport juridique, ou dans la nature du contrat qui liait les deux parties, il fallait commencer par éteindre la dette ancienne, puis la remplacer par une nouvelle. Ainsi, l'institution de la novation sortait pour ainsi dire automatiquement de l'idée d'immutabilité du lien obligatoire*".

107. José Soriano de Souza Neto, *Novação*, 2. ed., 1937, n. 2, p. 13.

108. Ulpiano, D., Liv. 46, Tít. II, frag. 1; Gaio (III, 176) também dizia: "*Nova nascitur obligatio et prima tollitur translata in posteriorem*", isto é, "nasce uma nova obrigação e se extingue a primeira que se translada na posterior".

o '*idem debitum*' transferido e transfundido, subsistia sob essa forma, da qual se revestia, mediante o emprego das palavras solenes"[109].

Nota-se que, no período romano, a prestação objeto da obrigação antiga e a objeto da nova deviam ser idênticas - *idem debitum* -, isto é, o objeto da relação obrigacional devia ser o mesmo; do contrário, ter-se-ia a constituição de outra obrigação, ao lado da anterior; ambas seriam coexistentes. A novação era tida como válida somente quando o objeto da dívida continuasse o mesmo, porque isso era considerado como pressuposto essencial. Tratava-se da mesma dívida que, ao se extinguir, se reconstituía sobre os alicerces da anterior, mediante estipulação entre partes diferentes[110]. A velha obrigação subsistia transfundida ou transplantada na nova ("*transfusio atque translatio*"); havia, por outras palavras, uma transfusão ou traslação da dívida anterior; assim sendo, era o mesmo débito que, em outro liame obrigacional, se transferia a um novo credor ou devedor, de modo que entre a antiga e a nova obrigação permanecia o laço de estrutura que lhes outorgava um caráter unitário[111].

c.6.1.2. Caráter da novação no direito moderno

Hodiernamente aquela impossibilidade de se transmitirem as relações obrigacionais não mais existe, já que as obrigações são eminentemente transmissíveis. Com isso a novação perdeu sua grande importância. Nos dias atuais diminuto é o seu papel.

Por essa razão, o Código Civil alemão não lhe dedicou um título especial, uma vez que transportou todas as operações que lhe eram concernentes para o capítulo relativo à cessão de crédito e de débito e à dação em pagamento.

O Código Suíço das Obrigações e o Código Civil pátrio mantiveram esse instituto jurídico sob título especial, modificando-lhe de certa maneira a fisionomia, ao lhe conferir caracteres próprios e efeitos jurídicos apreciáveis[112]. Embora a novação tenha alguma importância na vida prática, sob o prisma funcional, a ampla possibilidade de transmissão das obrigações restringiu-lhe o uso. Como verificam Colin e Capitant, o credor a quem seu devedor oferece novo devedor mui raramente libertará o antigo, pois prefere conservá-lo como garantia suplementar. Da mesma forma, o credor que necessita de dinheiro antes prefere recorrer à cessão de crédito do que à novação, já que aquela dispensa a intervenção do devedor que esta requer. Por igual, é comum prescindir-se da novação objetiva, porque só em casos excepcionais convém aos interesses das partes alterar o objeto da prestação antes do vencimento. Na prática, segundo o entendimento de Colin e Capitant, somente se tem aplicado a novação quando se pretende modificar a causa da obrigação[113].

---

109. Serpa Lopes, op. cit., p. 255.

110. Silvio Rodrigues, op. cit., v. 2, p. 254.

111. Serpa Lopes, op. cit., p. 256; Silvio Rodrigues, op. cit., p. 255. Sobre a origem da novação, consulte Domingos Sávio B. Lima, Novação (Origens), in *Enciclopédia Saraiva do Direito*, v. 55, p. 78 e s.; Bonjean, *Explication méthodique des Institutes de Justinien*, Paris, Ed. Pedone, 1880, v. 2, p. 612, n. 3.174; Bonfante, op. cit., p. 428, n. 134; Didier-Pailhé, *Cours élémentaire de droit romain*, Paris, Larose & Marcel, 1887, v. 2, p. 280 e s.; Mackeldey, op. cit., § 446; Theophilo B. de Souza Carvalho, *A novação em direito romano e em direito civil*, São Paulo, Ed. Duprat, 1914; Paul Gides, *Études sur la novation et le transport des créances en droit romain*, Paris, 1879; Charles Maynz, op. cit., v. 2, § 293; Filippo Serafini, *Istituzioni di diritto romano*, Firenze, Giuseppe Pallas, 1873, v. 2, § 125; Salkowski, *Zur Lehre von der novation nach Römischer Recht*, 1866.

112. W. Barros Monteiro, op. cit., p. 293.

113. Colin e Capitant, op. cit., p. 104 e s.; Silvio Rodrigues, op. cit., p. 255.

Cabe salientar, ainda, que no direito moderno a novação sofreu profundas transformações, diferindo radicalmente da romana na forma, na estrutura e na essência[114]. Alguns juristas, como Gide, Fadda e Ferrini, como observa Washington de Barros Monteiro, chegam até a afirmar que o velho e o novo instituto apenas têm em comum o nome[115].

Para que se tenha novação atualmente, é preciso uma modificação substancial na obrigação antiga, tão substancial, diz Antônio Chaves[116], que a faça extinguir, substituindo-a por uma nova obrigação. Não mais se exige a identidade de prestações em ambas as relações obrigacionais; a nova terá de trazer um elemento novo (*aliquid novi*), que justifique a novação. Esse elemento novo pode dizer respeito à prestação, às partes (substituição do credor ou do devedor) ou ainda à causa da obrigação. Contudo, "não se desconhece entre a dívida antiga e a nova a representação de duas fases ligadas mas cindíveis: a extinção de uma obrigação antiga e o nascimento de uma nova". A novação extingue *ipso iure* a obrigação antiga com todos os seus acessórios (fiança, garantias reais, cláusulas acessórias eventuais etc.)[117].

Ensina-nos Serpa Lopes que a moderna novação não obedece a nenhuma forma especial; opera-se pela extinção de uma obrigação existente, mediante a constituição de uma nova, que a substitui, havendo, portanto, uma substituição e não uma traslação do conteúdo material de uma na outra, pressupondo a diversidade substancial das obrigações. No direito romano, a *novatio* se processava por meio da *stipulatio*, forma especial de que se revestia, e que permitia uma íntima relação entre as duas obrigações, determinada pelo transporte da matéria patrimonial, econômica, de uma na outra, devendo haver identidade de conteúdo entre ambas. Entre a novação antiga e a moderna subsistiu o requisito do *animus novandi*[118].

c.6.2. Conceito

Como pudemos verificar por essas notícias históricas, ocorre novação quando as partes interessadas criam uma nova obrigação com o escopo de extinguir uma antiga. Assim, torna-se fácil denotar que se trata de um especial meio extintivo de obrigações.

A novação vem a ser o ato que cria uma nova obrigação, destinada a extinguir a precedente, substituindo-a. Nesse mesmo sentido vai a conceituação de Clóvis: "A novação é a conversão de uma dívida por outra para extinguir a primeira"[119].

Infere-se daí que a novação não extingue uma obrigação preexistente para criar outra nova, mas cria apenas uma nova relação obrigacional, para extinguir a anterior[120]. Sua intenção é criar para extinguir. Constitui um novo vínculo obrigacional para extinguir o precedente, mas extinguir substituindo-o, de modo que não há uma imediata satisfação do crédito, visto que o credor não recebe a prestação devida, mas simplesmente adquire outro direito de cré-

---

114. Soriano de Souza Neto, op. cit., n. 28, p. 24-6.

115. W. Barros Monteiro, op. cit., p. 293.

116. Antônio Chaves, Novação, in *Enciclopédia Saraiva do Direito*, v. 55, p. 67.

117. Serpa Lopes, op. cit., p. 256.

118. Serpa Lopes, op. cit., p. 256-7; M. Helena Diniz, Novação, cit., p. 35; Ramón Silva Alonso, *Derecho de las obligaciones*, cit., p. 361-5; Judith Martins-Costa, *Comentários*, cit., p. 503-63.

119. Clóvis Beviláqua, *Código Civil*, cit., v. 4, p. 157. Planiol (op. cit., v. 2, p. 178, n. 529) assevera: a novação é a extinção de uma obrigação pela criação de uma obrigação nova, destinada a substituí-la. Rui Geraldo Camargo Viana, *A novação*, São Paulo, Revista dos Tribunais, 1979; *JB*, *117*:254 e *170*:340; *RJ*, *133*:79; *RT*, *792*:349, *568*:183, *796*:272, *803*:337, *859*:372, *860*:409.

120. Serpa Lopes, op. cit., p. 254.

dito ou passa a exercê-lo contra outra pessoa[121]. A novação é modo extintivo da obrigação, mas seu mecanismo é diverso daquele do pagamento. O pagamento é cumprimento exato da prestação convencionada, que satisfaz o credor inteiramente; já a novação faz desaparecer o vínculo anterior, sem que se efetue a prestação a que o devedor se obrigara, pois surge outro liame obrigacional, em substituição ao preexistente[122].

Os irmãos Mazeaud nela vislumbram um processo de simplificação, uma vez que não há necessidade de se recorrer a duas operações distintas: criação de nova obrigação e extinção do vínculo obrigacional precedente[123]. Esse resultado é obtido com um só ato. A novação é oriunda de um ato único; não se trata de extinção com contemporânea constituição, nem de extinção em virtude de constituição, mas de extinção mediante constituição; extinção e constituição não representam dois momentos jurídicos distintos, mas sim um único[124].

A novação é simultaneamente causa extintiva e geradora de obrigações. Duplo é, realmente, o conteúdo essencial desse instituto: um extintivo, atinente à antiga obrigação, e outro gerador, concernente à nova. Não mais ocorre aquela transformação, mas apenas substituição, pois a nova obrigação substitui a anterior[125].

c.6.3. Requisitos essenciais

Os civilistas, ao examinarem o instituto da novação, apresentam uma série de condições essenciais que o compõem. Uns referem maior número, outros menor número de pressupostos que o caracterizam. Ater-nos-emos em nosso estudo a cinco requisitos[126]:

1º) *Existência de uma obrigação anterior, que se extingue com a constituição de uma nova, que a substitui* (*obligatio novanda*).

Se a novação tem por escopo extinguir uma relação obrigacional precedente, será imprescindível que esta exista, sob pena da novação perder sua finalidade; assim sendo, impõe-se a existência de um débito anterior, que será substituído por um novo.

É óbvio que não poderão ser objeto de novação as obrigações nulas, extintas ou inexistentes, conforme dispõe o art. 367, segunda parte do Código Civil pátrio: "Não podem ser objeto de novação obrigações nulas ou extintas". Tal ocorre porque vínculos obrigacionais nulos não geram quaisquer consequências jurídicas, e, além disso, são insuscetíveis de confirmação; e as extintas, por sua vez, tornam supérflua a novação, já que não há nenhuma obrigação para se extinguir. Não se pode novar o que inexiste (*RT*, *461*:209). Todavia, as obrigações simplesmente anuláveis poderão ser confirmadas pela novação (CC, art. 367, primeira parte). A obrigação anulável permanecerá válida enquanto não for anulada por sentença. O vício que torna anulável a obrigação não afeta a ordem pública, e a disposição legal que prescreve seu desfazimento visa tão somente a proteção do relativamente incapaz ou do que foi vítima de um vício resultante de erro, dolo, coação, estado de perigo, lesão ou fraude (CC, art. 171); por

---

121. Orlando Gomes, op. cit., p. 166.

122. Caio M. S. Pereira, op. cit., p. 199.

123. Silvio Rodrigues, op. cit., p. 249; Mazeaud e Mazeaud, op. cit., v. 2, n. 1.208.

124. Serpa Lopes, op. cit., p. 255; Giordina, *Studi sulla novazione nella dottrina del diritto intermedio*, Milano, 1937, p. 13.

125. W. Barros Monteiro, op. cit., p. 294. Expressivas a esse respeito são as palavras de Mazeaud e Mazeaud (op. cit.): *"La novation est un acte juridique à double effet: elle éteint une obligation préexistente, et la remplace par une obligation nouvelle qu'elle fait naître"*. No mesmo teor de ideias: Didier-Pailhé, op. cit., v. 2, p. 280; Colin e Capitant, op. cit., v. 2, p. 102.

126. M. Helena Diniz, Novação, cit., p. 36-9.

isso, é permitida a confirmação do ato jurídico defeituoso[127]. Explica-nos Silvio Rodrigues, com muita propriedade, que a novação derivada da vontade consciente do prejudicado reflete seu desejo de ver prevalecer os efeitos do negócio, pois se concorda com a extinção da obrigação primitiva, porventura suscetível de anulação, resigna-se a se submeter às consequências do vínculo novado[128].

Pondera Serpa Lopes que a novação de um débito anulável permanece em suspenso quanto à sua eficácia, enquanto não se suscitar a questão da anulabilidade da obrigação anterior, o mesmo ocorrendo com a novação de uma obrigação eivada de dolo antes da descoberta do vício de vontade. A anulação da relação obrigacional precedente por qualquer dos vícios do consentimento acarretará a anulabilidade da nova obrigação[129]. Se o devedor promover a novação, estará renunciando ao seu direito de arguir o vício, concordando em manter a validade da obrigação, confirmando-a mediante novação. Logo, para que a novação revista a obrigação simplesmente anulável de novo vigor e de eficácia, é necessário que, no momento de novar, o motivo da anulabilidade seja conhecido, de modo que a novação passe a atuar com os efeitos de uma confirmação[130], dando lugar a uma nova obrigação, que gerará todas as consequências jurídicas dela esperadas, visto que é válida e eficaz.

Bastante controvertido é o problema de se saber se a obrigação natural é suscetível de novação. Os juristas franceses, dentre eles Larombière, Baudry-Lacantinerie e Barde, Demolombe, Planiol[131], admitem que tal obrigação pode ser objeto de novação. Entre nós assim pensam, dentre outros, Serpa Lopes, que admite novação de obrigação natural desde que ela não seja oriunda de uma causa ilícita[132]; Silvio Rodrigues, para quem a obrigação natural é mais do que um simples dever moral, pois a própria lei tem como válido o seu pagamento, tanto que não admite repetição (CC, art. 882); sendo assim, as partes podem nová-la, e a nova obrigação, extinguindo a anterior, é jurídica e exigível[133], e José Soriano de Souza Neto, que a entende admissível, devido à possibilidade da prescrição ser renunciada (CC, art. 191), podendo-se ter, segundo ele, na novação de uma dívida prescrita, uma renúncia tácita à prescrição já consumada[134], aos quais nos filiamos.

Dentre os nossos civilistas, contestam a referida possibilidade: Washington de Barros Monteiro, porque as obrigações naturais são insuscetíveis de pagamento compulsório[135]; Clóvis Beviláqua, para quem tais obrigações não constituem deveres jurídicos, mas morais, de maneira que, a seu ver, os interessados poderão obrigar-se civilmente, se quiserem, porém tal

---

127. Silvio Rodrigues, op. cit., p. 257; R. Limongi França, Novação – II, in *Enciclopédia Saraiva do Direito*, v. 55, p. 78; Caio M. S. Pereira, op. cit., p. 200; Colmo, op. cit., n. 738.

128. Silvio Rodrigues, op. cit., p. 257.

129. Serpa Lopes, op. cit., p. 261.

130. De Page, op. cit., t. 3, 2. parte, n. 568, p. 519.

131. Planiol (op. cit., v. 2, n. 534) chega a afirmar que: "*L'existence d'une simple obligation naturelle suffit pour la novation: une dette, de ce genre pouvant être acquittée volontairement peut de même reconnue et novée. C'est l'opinion à peu près unanime; Laurent seul est de l'avis contraire*". Ulpiano (D., frag. 1, § 11) também sustentava essa possibilidade: "*Non interest quali praecesserit obligatio, seu civilis, seu naturalis; qualiscumque sit novari potest*".

132. Serpa Lopes, op. cit., p. 260.

133. Silvio Rodrigues, op. cit., p. 256.

134. Soriano de Souza Neto, op. cit., ns. 34 e 35, p. 117; Colmo, op. cit., n. 741; Caio M. S. Pereira, op. cit., p. 200; Orlando Gomes, op. cit., p. 167.

135. W. Barros Monteiro, op. cit., p. 296.

operação é criação de vínculo jurídico originário e não novação[136], e Carvalho de Mendonça, que também entende que essas obrigações não podem ser objeto de novação[137].

Quanto à obrigação condicional, verifica-se a possibilidade de ser novada. A nova relação obrigacional que substituirá a antiga poderá ser simples ou condicional, hipótese em que a validade da novação dependerá do implemento da condição suspensiva ou resolutiva[138].

2º) *Criação de uma obrigação nova, em substituição à anterior, que se extinguiu* (*RF*, *111*:410; *RT*, *445*:177). Importantíssimo é esse requisito, uma vez que o que dá origem à extinção da antiga obrigação é a criação de uma nova relação obrigacional que, substancialmente diversa daquela, vem substituí-la. Sem essa nova obrigação não há que se falar em novação; pode haver mera remissão, ou seja, liberação graciosa do débito por parte do credor[139].

Como os problemas que decorrem do exame da obrigação precedente podem surgir no que se refere à nova, podem se assentar os seguintes corolários: *a*) se nula a nova obrigação, não haverá novação; *b*) se o débito que se pretende novar for nulo, o novo vínculo obrigacional será ineficaz em virtude de lei e por lhe faltar a *causa debendi*; *c*) se a antiga dívida for válida e a nova anulada, esta última dará lugar à revivescência da antiga obrigação; *d*) se o débito anterior for puro e simples e o novo condicional, a extinção do antigo não se dará antes da realização do evento condicional[140].

3º) *Elemento novo* (*aliquid novi*), pois, como assevera Silvio Rodrigues, a inserção de um *aliquid novi* na segunda obrigação é que a tornará diferente da anterior. Tal inovação pode recair sobre o objeto ou sobre o sujeito ativo ou passivo da relação obrigacional[141]. Sem esse pressuposto não se terá novação, e dele é que nasceu a denominação *novação*[142]. Diz o julgado da *RT*, *300*:168: "Não há que se falar em novação quando a dívida continua a mesma e quando modificação nenhuma se verificou nas pessoas dos contratantes". Se faltar esse elemento novo, ter-se-á a confirmação ou o reforço da obrigação anterior[143]. É preciso que haja *diversidade substancial* entre a obrigação nova e a antiga.

Como diz Serpa Lopes, De Page demonstra a influência do *aliquid novi* nas novações tácitas, em que constitui um meio de prova, pois vem a ser a exteriorização do *animus novandi*. Soriano Neto também se refere à absorção do *aliquid novi* pelo *animus novandi*[144]. Já Washington de Barros Monteiro absorve-o no requisito da criação da nova relação obrigacional[145].

4º) *Intenção de novar* (*animus novandi*), que constitui o elemento psíquico da novação. Para que esse instituto jurídico se configure, será necessário que as partes interessadas no negócio queiram que a criação da nova obrigação seja a causa extintiva do antigo liame obrigacional (*RT*, *468*:165, *793*:287, *817*:295). Tamanha é a necessidade da presença desse requisito que nosso Código Civil, no seu art. 361, prescreve que "não havendo ânimo de

---

136. Clóvis Beviláqua, *Código Civil*, cit., v. 4, p. 164.
137. Carvalho de Mendonça, op. cit., t. 1, n. 346.
138. W. Barros Monteiro, op. cit., p. 296; Antônio Chaves, op. cit., p. 73; Domingos Sávio B. Lima, Novação, cit., p. 82; Orlando Gomes, op. cit., p. 168; *ADCOAS*, n. 89799, 1983.
139. W. Barros Monteiro, op. cit., p. 296.
140. Serpa Lopes, op. cit., p. 262. Nesse mesmo sentido: Caio M. S. Pereira, op. cit., p. 201.
141. Silvio Rodrigues, op. cit., p. 257; Antônio Chaves, op. cit., p. 74.
142. Serpa Lopes, op. cit., p. 262.
143. Caio M. S. Pereira, op. cit., p. 203; De Page, op. cit., n. 579; Carvalho de Mendonça, op. cit., n. 346.
144. Soriano de Souza Neto, op. cit., n. 14, p. 48-9.
145. W. Barros Monteiro, op. cit., p. 296.

novar, expresso ou tácito mas inequívoco, a segunda obrigação confirma simplesmente a primeira"[146]. O *animus novandi* não se presume; deverá ser tácita ou expressamente declarado pelas partes ou resultar de modo inequívoco da natureza das obrigações, inconciliáveis entre si[147] (*RT, 331*:403, *433*:135, *445*:177, *456*:192, *466*:142, *621*:134, *636*:106, *649*:117, *759*:327, *591*:149, *578*:205; *RJE, 3*:17).

Contudo, será desnecessária, como nos ensina Washington de Barros Monteiro, a exteriorização da intenção de novar por meio de palavras sacramentais ou fórmulas predeterminadas; apenas se requer que tal ânimo resulte de maneira clara, sem que haja possibilidade de impugnação[148]. Se a intenção de novar não se revelar claramente, dever-se-á entender que as partes quiseram tão somente confirmar o negócio feito anteriormente, sem alterá-lo[149].

A doutrina não nos fornece nenhum critério seguro que possibilite a identificação do *animus novandi*, de forma que a intenção de novar terá de ser investigada em cada caso, atendendo-se às suas peculiaridades. Todavia, de um modo geral haverá alguma possibilidade de se afirmar que quando o ânimo de novar não estiver expresso, ele estará presente sempre que houver incompatibilidade entre a antiga e a nova obrigação[150].

Assim, não se terá a intenção de novar quando: *a*) se adicionarem à obrigação novas garantias (*RT, 479*:57,*436*:121), como, p. ex., a pactuação de uma garantia hipotecária, que não atinge, de modo algum, a essência da obrigação; *b*) se abate o preço (*RF, 93*:239); *c*) se concedem maiores facilidades de pagamento ou parcelamento da dívida (*RF, 160*:163; *RT, 382*:174, *394*:311, *496*:168); *d*) se dilata ou prorroga o prazo do vencimento (*RT, 487*:214, *590*:80, *748*:220, *762*:363; *RF, 222*:163); *e*) se reduz o montante da dívida (*RT, 143*:645, *485*:51) ou se amortiza o *quantum debeatur* (*RT, 792*:272); *f*) se anui a modificação da taxa de juros (*RT, 109*:142); *g*) se transforma a forma do ato, convertendo-se em escritura pública o que se havia firmado por instrumento particular; *h*) se tiver mera tolerância do credor (*RT, 154*:752, *441*:196); *i*) houver simples emissão ou renovação de cambial, sem outra declaração de vontade, expressa ou tácita (*RF, 60*:141, *67*:103; *RT, 459*:199, *443*:216, *114*:656)[151]; *j*) mera alteração de uma garantia; *k*) emissão de cheque sem fundo para pagamento de duplicata (TJSP, Ap. Cív. 142.517-4, 4ª Câm. Dir. Privado, rel. Aguilar Cortez, j. 6-4-2000) etc.

Há necessidade de se provar adequadamente o *animus novandi*, sob pena de ser repelida a alegação de novação[152]. É o que está estabelecido na *RT, 306*:156: "Quem alega novação terá

---

146. Esse dispositivo legal corresponde ao disposto no Código Civil francês no art. 1.273: "*La novation ne se présume pas; il faut que la volonté de l'opérer résulte clairement de l'acte*". *Vide* TJSP, Ap. 991.03.062716-6, 11ª Câm. D. Privado, rel. Moura Ribeiro, j. 12-11-2009.

147. W. Barros Monteiro, op. cit., p. 297.

148. W. Barros Monteiro, op. cit., p. 297. Carvalho de Mendonça (op. cit., n. 346, p. 595) assevera: "O '*animus novandi*' não depende de palavras expressas e pode ser deduzido dos termos do contrato. Conseguintemente, há lugar a admitir-se a novação expressa e a tácita".

149. Silvio Rodrigues, op. cit., p. 258.

150. W. Barros Monteiro, op. cit., p. 297; Caio M. S. Pereira, op. cit., p. 202; Colmo, op. cit., p. 746; *ADCOAS*, n. 86378, 1982; *rt, 759*:327; *rstj, 103*:223.

151. W. Barros Monteiro, op. cit., p. 297; Serpa Lopes, op. cit., p. 264; Brugi, *Instituciones de derecho civil*, p. 398; Pontes de Miranda, *Tratado de direito privado*, v. 44, p. 219; *RT*, *587*:115, *750*:426, *740*:220, *796*:272, *801*:359, *803*:337.

152. Silvio Rodrigues, op. cit., p. 258.
"Prorrogações do prazo para pagamento de empréstimo com a confecção de novos títulos, amortizados os valores pagos, não implica novação, podendo a legalidade daqueles títulos substituídos ser discutida a todo tempo" (*RT, 762*:363).

que prová-la. Quando qualquer dúvida puder ocorrer, a segunda obrigação subsiste, juntamente com a primeira"[153].

5º) *Capacidade e legitimação das partes interessadas*, pois se a novação reclama a criação de novo liame obrigacional, pressupõe a emissão de vontade, sem a qual não se terá nenhum negócio jurídico com força de novar[154]. Deveras, a novação, por produzir concomitantemente a criação de uma nova obrigação com a extinção da antiga, requer, para sua pactuação, a capacidade das partes que a realizam. Os incapazes não poderão assumir o novo vínculo obrigacional, a não ser por meio de seus representantes legais. O procurador, por sua vez, só poderá aceitar ou pleitear novação se estiver legitimado para tanto, por mandato expresso do credor; se tal não ocorrer, a nova obrigação, assumida pelo devedor, não terá eficácia de pagamento, já que não poderá extinguir a antiga dívida, não havendo, portanto, novação. A capacidade que se reclama não é apenas a de contratar, mas também a de transigir, pois o credor que nova sua obrigação está concordando com o seu perecimento[155].

c.6.4. Espécies

Duas são as *espécies* de novação: a *objetiva ou real* e a *subjetiva ou pessoal*. Isto porque, como pontifica José Soriano de Souza Neto, a novação "é a extinção de uma obrigação, porque outra a substitui, devendo-se distinguir a posterior da anterior pela mudança das pessoas (devedor ou credor) ou da substância, isto é, do conteúdo ou da *causa debendi*"[156].

O Código Civil pátrio contempla essas hipóteses no seu art. 360, segundo o qual dá-se a novação:

I – Quando o devedor contrai com o credor nova dívida para extinguir e substituir a anterior.

II – Quando novo devedor sucede ao antigo, ficando este quite com o credor.

III – Quando, em virtude de obrigação nova, outro credor é substituído ao antigo, ficando o devedor quite com este.

Portanto, ter-se-á:

1º) *Novação objetiva ou real* quando houver alteração no objeto da relação obrigacional, ou, por outras palavras, quando houver mutação do objeto devido entre as mesmas partes. Essa espécie de novação está regulada no Código Civil, art. 360, I. Essa novação pode existir

---

"Entrega de cheque pós-datado para liquidação de débito representado por título que continua em mãos do credor caracteriza pagamento 'pro solvendo'. A medida não enseja novação; e não honrando o cheque, o título original conserva suas características de liquidez, certeza e exigibilidade, sendo apto para lastrear pedido de falência" (*RT*, *493*:87). No mesmo sentido: *RT*, *486*:104, *433*:91, *436*:154. "O cheque não é dinheiro, de sorte que não possui força liberatória. Seu pagamento é *pro solvendo*, e não *pro soluto*. Por isso, se devolvido pelo banco sacado, por falta de provisão de fundos, não quita a obrigação para cujo pagamento foi emitido, havendo tão somente tentativa frustrada de resgate do débito, persistindo a responsabilidade do emitente. Não há, outrossim, novação alguma quando se emite o cheque para resgatar outros títulos de crédito" (*RT*, *648*:119).

153. *RT*, *262*:190: "A novação não se presume, sendo indispensável a comprovação do *animus novandi*"; no mesmo sentido, *ADCOAS*, n. 91094, 1983; *RT*, *759*:327.

154. Caio M. S. Pereira, op. cit., p. 199; Carvalho de Mendonça, op. cit., n. 345.

155. Silvio Rodrigues (op. cit., p. 259) aborda o pressuposto da capacidade e legitimação das partes, que foi por nós aqui resumido.

156. Soriano de Souza Neto, op. cit., n. 1. *Vide* Lei n. 11.101/2005, arts. 50, IX, e 59. Consulte Lei n. 10.150/2000, sobre novação de dívidas do Fundo de Compensação de Variações Salariais (FCVS).

quando se der modificação na natureza da prestação, como, p. ex., quando o credor de uma obrigação de dar concorda em receber do devedor uma prestação de fazer ou vice-versa.

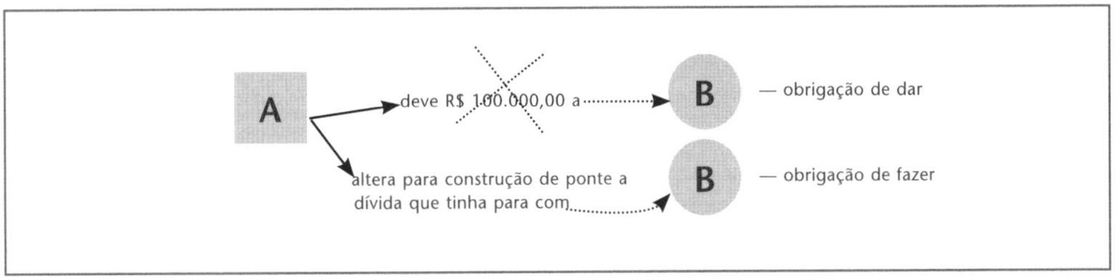

Também pode haver essa novação quando se muda a *causa debendi*; exemplificativamente: quando um indivíduo deve a outro certa soma de dinheiro e no respectivo vencimento convencionam as partes que a importância devida se converta em uma renda vitalícia[157]. Os irmãos Mazeaud nos apresentam exemplo bem característico desse tipo de novação em que a causa da obrigação se modifica, como ocorre quando o devedor de aluguel se compõe com o credor para declarar-se vinculado por contrato de mútuo; esse novo negócio equivale a duas operações: a referente ao pagamento efetuado pelo locatário ao locador, extinguindo o débito originário, e a constante do empréstimo de igual quantia do segundo ao primeiro.

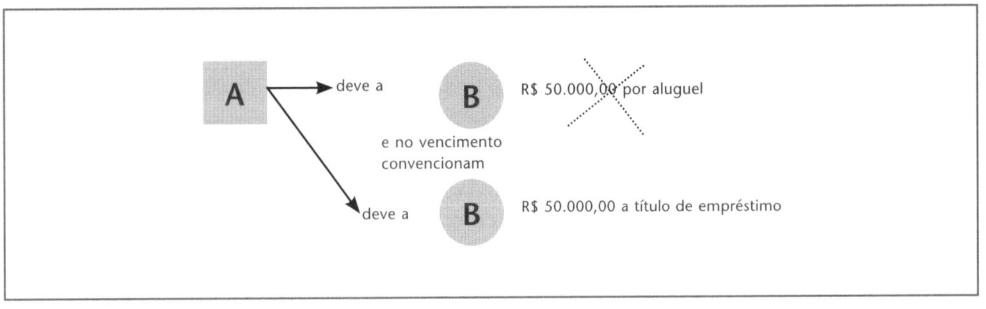

Como a novação extinguiu a dívida antiga, o credor não mais poderá despejar seu inquilino por falta de pagamento, nem exigir o pagamento dos aluguéis[158].

2º) *Novação subjetiva ou pessoal,* que, por sua vez, subdivide-se em: *novação subjetiva passiva* e *novação subjetiva ativa,* porque uma se opera pela mudança do devedor e a outra pela do credor. O elemento novo diz respeito aos sujeitos da relação obrigacional, alterando ora o sujeito passivo, ora o ativo. Assim, configurar-se-á:

a) Novação subjetiva passiva quando a pessoa do devedor se altera, ou seja, quando houver a intervenção de um novo devedor. Essa mudança do devedor pode-se dar de dois modos: pela delegação e pela expromissão.

---

157. Silvio Rodrigues, op. cit., p. 251; W. Barros Monteiro (op. cit., p. 294) cita exemplo de Lomonaco (*Istituzioni di diritto civile italiano*, v. 5, p. 285).

158. Silvio Rodrigues (op. cit., p. 251) cita Mazeaud e Mazeaud, nota 245. Sobre essa modalidade de novação, *vide* Orlando Gomes, op. cit., p. 169; Ruggiero e Maroi, op. cit., § 136; Antônio Chaves, op. cit., p. 70-1; Caio M. S. Pereira, op. cit., p. 203-4; M. Helena Diniz, Novação objetiva ou real, in *Enciclopédia Saraiva do Direito*, v. 55, p. 94-5; *RT*, *575*:196, *697*:133.

Pela *delegação*, a substituição do devedor será feita com o consentimento do devedor originário, pois é ele quem indicará uma terceira pessoa para resgatar o seu débito, com o que concorda o credor[159]. Esse tipo de novação está previsto no Código Civil, art. 360, II.

Cabe aqui uma ressalva: não há que se confundir essa delegação com o instituto que, sob a mesma denominação, se encontra regulado em certas legislações como forma de sucessão singular no débito. Nessa última, ensina-nos Orlando Gomes, a obrigação não se extingue para dar lugar a outra com o mesmo credor e o mesmo objeto, mantendo sua individualidade, não obstante a mudança do devedor. Outrora só era admitida a delegação com novação. Atualmente se reconhece a delegação como um instituto autônomo, coexistindo, na lei, delegação sem e com efeito novatório. Denomina-se perfeita a delegação com efeito novatório e imperfeita a que se cumpre sem extinção da obrigação do delegante. A fim de elucidar a questão, convém mencionar que no direito francês esses dois institutos são tratados sob a mesma rubrica de novação. A delegação poderá realmente implicar uma novação, quando um terceiro (delegado) consentir em se tornar o devedor perante o delegatário (credor), que o aceitará, constituindo-se assim uma nova obrigação entre ambos e extinguindo-se a obrigação existente entre o delegante e o delegatário (devedor e credor) e entre o delegante e o delegado (devedor e terceiro). Isso ocorrerá no caso de o delegante ser devedor do delegatário e credor do delegado, tendo combinado extinguir essas duas dívidas e substituí-las por uma nova, entre o delegatário e o delegado. Mas essas duas condições raramente se encontram unidas. Não se caracteriza a novação, mas apenas uma delegação, se o destinatário se limita a aceitar a obrigação do delegado, sem renunciar aos seus direitos contra o delegante. O delegatário passará a ter dois devedores em lugar de um. Trata-se de delegação imperfeita, pois a perfeita é a que contém efeitos novatórios. A novação é uma delegação perfeita que, segundo Giorgi, é um encargo cometido pelo devedor a um terceiro, a fim de por ele pagar ao credor aquilo que lhe é devido, encargo esse de que resulta a liberação do devedor em face do credor[160].

Expressivo é o exemplo que nos apresenta Washington de Barros Monteiro[161]: "A" deve a "B" R$ 100.000,00 e propõe-lhe que "C" fique como seu devedor. Extingue-se, assim, a dívida de "A", pois, aceita a proposta, perfazer-se-á a delegação. A delegação novatória ou perfeita não dispensa, como se vê, uma obrigação preexistente. Não basta, pondera Orlando Gomes, que o credor delegatário aceite a indicação pelo delegante do novo devedor; será necessário que tenha o ânimo de novar para que se dê a extinção da dívida antiga. Do contrário, haverá delegação imperfeita. A delegação perfeita exige três elementos subjetivos: o devedor, denominado *delegante*, o novo devedor, que tomará o lugar do devedor originário, designando-se *delegado*, e o credor, que será chamado *delegatário*. Há necessidade do concurso dessas três pessoas, principalmente do delegante, que deverá indicar o terceiro que efetuará o pagamento por ele, enquanto o delegatário deverá assentir em que o novo devedor assuma o débito e declarar o devedor originário desobrigado da obrigação, pois se tal não fizer, estaremos ante uma delegação imperfeita[162].

---

159. W. Barros Monteiro, op. cit., p. 295; Silvio Rodrigues, op. cit., p. 251.

160. Serpa Lopes, op. cit., p. 257-8; Giorgi, op. cit., v. 2, n. 376.

161. W. Barros Monteiro, op. cit., p. 295.

162. Serpa Lopes, op. cit., p. 268; Soriano de Souza Neto, op. cit., p. 165; Orlando Gomes, op. cit., p. 169-71. O art. 362 aborda apenas a expromissão, mas isso não quer dizer que exclui a possibilidade da delegação. Apenas previu, expressamente, a expromissão para esclarecer que a novação pode dar-se sem a anuência do devedor, uma vez que ocorre uma exceção, que não poderia ser

Assim temos:

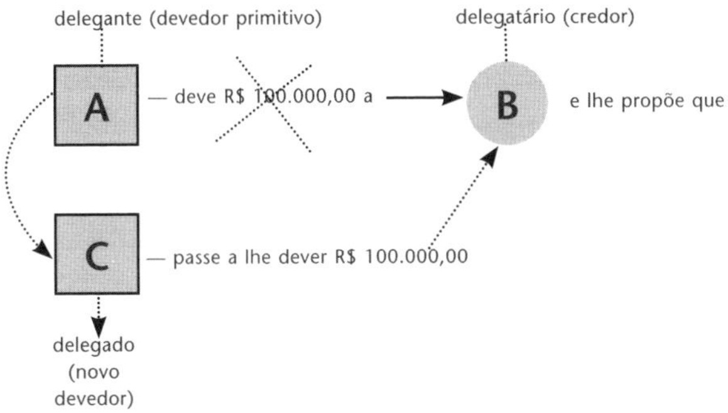

Pela *expromissão*, um terceiro assume a dívida do devedor originário, substituindo-o sem o assentimento deste, desde que o credor concorde com tal mudança[163]. Na expromissão temos apenas duas partes: o credor e o novo devedor, por ser dispensável o consentimento do devedor primitivo. Essa espécie de novação é permitida pelo nosso Código Civil no art. 362, que reza: "A novação por substituição do devedor pode ser efetuada independentemente de consentimento deste".

Explica-nos Serpa Lopes que a razão dessa peculiaridade consiste em ser a novação um pagamento – um contrato liberatório – que, diferentemente dos contratos obrigatórios, não é governado pelo princípio *res inter alios acta, aliis nec prodest nec nocet*. A expromissão, continua esse jurista, rege-se pelos mesmos princípios que dominam a delegação perfeita e a novação, exigindo o consentimento do credor e do expromitente, sendo que este deverá manifestar a vontade de querer obrigar-se em substituição ao devedor, ao passo que o primeiro, o credor, deverá exteriorizar o *animus novandi*, consentindo na exoneração do devedor, pois se isso não ocorrer ter-se-á uma *ad promissio* (*RT, 442*:192) e não uma expromissão, dando lugar a uma fiança ou ao acréscimo de uma nova responsabilidade, pelo aumento de mais um devedor[164].

Como nos diz Washington de Barros Monteiro, a expromissão consiste num ajuste exclusivo entre o credor e terceiro, como demonstra o seguinte exemplo: "A" deve a "B" R$ 100.000,00. "C", que é amigo de "A" e sabe do débito, pede ao credor que libere "A", ficando "C" como devedor[165].

---

admitida sem norma expressa. Já o mesmo não se dá com a delegação, em que basta aplicar as normas gerais, para se obter a certeza da possibilidade da novação, em casos tais, pois a delegação, em última análise, não é senão um novo contrato, em que todos os envolvidos precisam dar o seu consentimento. É a lição de Carvalho Santos (*Código Civil interpretado*, Rio de Janeiro, Freitas Bastos, v. 11, p. 183).

163. Maynz (op. cit., v. 3, § 293, p. 564) escreve: "*... on se sert de préférence du mot 'expromittere', pour désigner l'acte par lequel un débiteur se met à la place d'un autre qu'il libère en se déléguant au créancier*".

164. Serpa Lopes, op. cit., p. 267.

165. W. Barros Monteiro, op. cit., p. 295. Há quem ache que a novação subjetiva passiva perdeu sua razão de ser ante a cessão de débito ou assunção de dívida.

Graficamente:

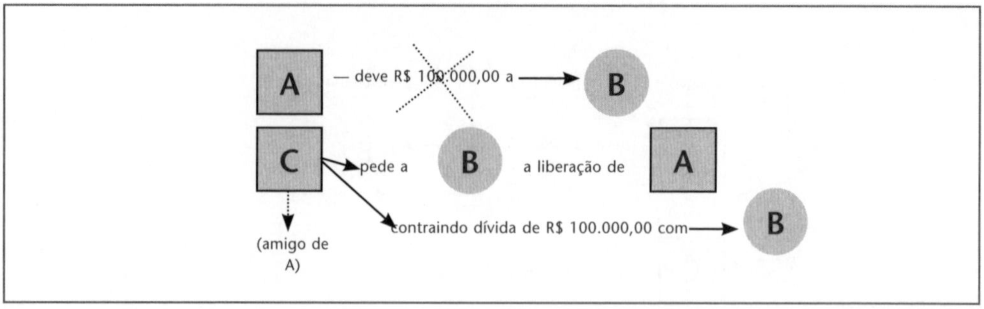

b) *Novação subjetiva ativa* quando, pelo Código Civil, art. 360, III, o credor originário, por meio de nova obrigação, deixa a relação obrigacional e um outro o substitui, ficando o devedor quite para com o antigo credor. P. ex.: "A" deve a "B" R$ 10.000,00. "B" se propõe a liberar "A" se ele concordar em contrair com "C" dívida de igual quantia. Se a proposta for aceita, o débito de "A" para com "B" desaparece e surge uma nova dívida de "A" para com "C"[166].

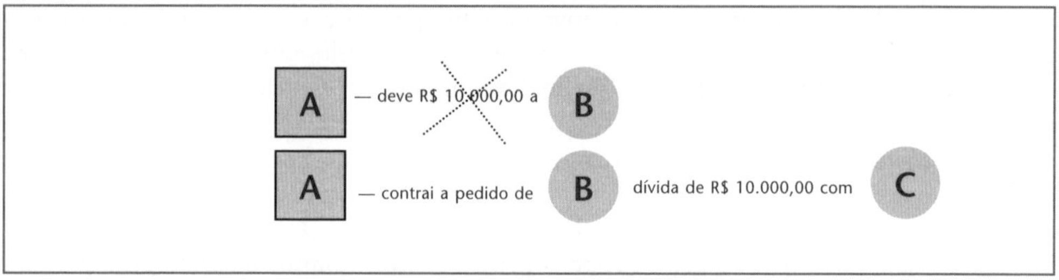

Soriano Neto aponta os seguintes requisitos para que se tenha tal espécie de novação: *a*) o consentimento do devedor, que contrai uma nova obrigação perante um novo credor, ficando liberado da antiga dívida; *b*) o assentimento do antigo credor, que renuncia o seu crédito, permitindo ao devedor que se obrigue para com o novo credor; *c*) a anuência do novo credor, que aceita a promessa do devedor[167].

Essa forma de novação vem sendo substituída pela cessão de crédito[168].

É, ainda, possível, embora seja rara: *a*) a *novação subjetiva mista*, quando houver simultânea mutação de credor e de devedor (CC, art. 360, II e III); *b*) a *novação mista*, quando

---

166. W. Barros Monteiro, op. cit., p. 295.

167. Soriano de Souza Neto, op. cit., n. 70, p. 176.

168. Sobre a novação subjetiva, consulte Antônio Chaves, op. cit., p. 71-2; M. Helena Diniz, Novação subjetiva ou pessoal, in *Enciclopédia Saraiva do Direito*, v. 55, p. 95-8; Caio M. S. Pereira, op. cit., p. 204-5. "Novação – Caracterização – Contratante que aceita a proposta de maestro contratado, acometido de problemas de saúde, para ser substituído por outros profissionais em apresentação em festa de casamento – Indenização – Dano moral – Pedido indenizatório feito pelo fato de o maestro ter se apresentado no mesmo dia em outra festividade – Verba indevida, se o pretenso ofendido agiu com reserva mental e o serviço prestado por terceiros foi satisfatório" (*RT*, *824*: 228). Sobre *novação mista*: Carlos Roberto Gonçalves, *Direito das obrigações – parte geral*, São Paulo, Saraiva, 1998, p. 106; Pablo S. Gagliano e Rodolfo Pamplona Filho, *Novo curso*, cit., v. 2, p. 207.

se alterar o credor, ou o devedor, e também o conteúdo ou o objeto da obrigação. Ter-se-á, então, uma novação *sui generis* pela fusão das duas modalidades de novação: a subjetiva e a objetiva. Interessante a respeito é o exemplo, dado por Carlos Roberto Gonçalves, do pai que assume débito pecuniário de seu filho (mudança de devedor), mas com a condição de pagá-lo, mediante a realização de um determinado serviço (alteração de objeto).

c.6.5. Efeitos

c.6.5.1. Generalidades

Verificamos no decorrer deste estudo que a novação tem um duplo efeito: ora se apresenta como força extintiva, porque faz desaparecer a antiga obrigação, ora como energia criadora, por criar uma nova relação obrigacional. Exerce, concomitantemente, uma dupla função: pela sua força extintiva, é ela liberatória, e como força criadora, é obrigatória[169].

c.6.5.2. Efeitos da novação quanto à obrigação extinta

O principal efeito é, obviamente, a extinção da dívida antiga, que é substituída pela nova. Com a extinção da obrigação anterior, desaparecerão todos os seus efeitos, tais como:

a) paralisação dos juros inerentes ao débito extinto;

b) extinção de todas as garantias e acessórios, sempre que não houver estipulação em contrário (CC, art. 364, 1ª parte). Dessa forma, se assim convencionarem as partes, os juros ou a cláusula penal, relativos à antiga relação obrigacional, poderão continuar como acessórios; tais acessórios, porém, serão produto da nova manifestação de vontade[170]. Entretanto, o acordo das partes nesse sentido não vinculará terceiros, que não consentiram, nem foram partes na novação. As garantias reais (penhor, hipoteca ou anticrese) constituídas por terceiros apenas vincularão o novo crédito se aqueles terceiros, proprietários do bem onerado, derem, expressamente, sua aquiescência no instrumento da novação. É o que preceitua o Código Civil, art. 364, 2ª parte: "Não aproveitará, contudo, ao credor ressalvar o penhor, a hipoteca ou a anticrese, se os bens dados em garantia pertencerem a terceiro que não foi parte na novação". Isso porque, uma vez extinto o vínculo originário, desaparecerão as garantias que o asseguravam, as quais, por sua vez, só renascerão por vontade de quem as prestou[171];

c) desaparecimento do estado de mora em que porventura se encontrar o devedor;

d) subsistência de preferências e garantias do crédito novado somente sobre os bens do que contrair a nova obrigação, se a novação se operar entre credor e um dos devedores solidários. Os demais devedores solidários ficarão por esse fato exonerados (CC, art. 365). A novação, ao

---

169. Serpa Lopes, op. cit., p. 268-9; Lafaille, op. cit., v. 1, n. 463; Orlando Gomes, op. cit., p. 171.

170. Silvio Rodrigues, op. cit., p. 259-60. *Vide* Código Civil, art. 287. Observa Mário Luiz Delgado Régis (*Novo Código Civil*, cit., p. 331) que: "Sendo a novação um ato liberatório, extinguindo-se a obrigação principal, ficam extintos os acessórios e garantias, salvo se o contrário for estipulado... O penhor, a hipoteca ou a anticrese são acessórios que se extinguem com a obrigação principal. Se houver estipulação em contrário, podem esses acessórios e garantias deixar de se extinguir com a novação; mas, se a garantia pertencer a terceiro, é necessário o consentimento deste. Ou seja, tomando por empréstimo as lições do mestre Soriano Neto, as garantias reais constituídas por terceiros só passarão ao novo crédito se os terceiros derem o seu consentimento".

171. Silvio Rodrigues, op. cit., p. 260; Caio M. S. Pereira, op. cit., p. 206; *RT, 746*:194.

extinguir o débito, libera os codevedores da relação obrigacional, que não ficarão vinculados à nova obrigação, que passará para a responsabilidade daquele codevedor que a assumiu; assim, as garantias e preferências que recaíam sobre seus bens desaparecerão e só poderão ressurgir se eles concordarem com isso. Se não o fizerem, ficarão alforriados da obrigação[172];

e) perda, por parte do devedor, ou do novo devedor, do benefício de todas as exceções resultantes da antiga obrigação[173];

f) extinção das ações ligadas à obrigação anterior[174];

g) desaparecimento da fiança que garantia a obrigação anterior, pois, sendo acessória, desaparecerá com a extinção da obrigação principal (*RT*, *779*:283); mesmo que o credor e o devedor concordem em mantê-la, tal avença será impotente para que o referido acessório sobreviva, sem que o fiador também anua (*RT*, *664*:151). O fiador deverá exprimir seu consentimento para que a fiança incida sobre a nova obrigação, garantindo seu cumprimento. Se, pelo art. 838, I, do Código Civil, a concessão de moratória exonera o fiador, a novação levada a efeito sem seu consenso, também o liberará. Tal ocorre porque, pelo Código Civil, art. 366, "importa exoneração do fiador a novação feita sem seu consenso com o devedor principal", de modo que sua concordância com a novação equivaleria à prestação de nova fiança[175]. Se a obrigação novada for a fiança, inalterada ficará a principal[176];

h) insolvência do novo devedor, em novação passiva, correrá por conta e risco do credor, pois para a substituição será necessária a sua aquiescência. A insolvência do novo devedor não autoriza o credor a mover ação regressiva contra o primeiro, ou melhor, há impossibilidade do credor, que aceitou, no caso de novação subjetiva passiva, novo devedor, que é insolvente, mover ação regressiva contra ele, salvo se este obteve por má-fé a substituição (CC, art. 363), hipótese em que reviverá a obrigação anterior, para esse efeito como se a novação fosse nula[177].

c.6.5.3. Efeitos da novação em relação à nova obrigação

Como assevera Serpa Lopes, quanto à nova obrigação bastará acentuar que se cogita de um débito criado *ex novo*, em consequência da novação, sem outra vinculação com a obrigação anterior senão a de uma força extintiva, sem que se opere a *transfusio* e a *translatio*. Tudo o que for estabelecido, continua ele, na nova relação obrigacional, mesmo que nela se mantenha algo da antiga, advém da própria estrutura do acordo que foi feito, sem que se possa vislumbrar qualquer elemento vinculativo, no tocante à transmissão de direito ou obrigação, inerente ao débito extinto[178].

---

172. Silvio Rodrigues, op. cit., p. 260. Com a extinção do débito anterior pela novação, a nova dívida não atinge os devedores solidários da primeira, que não tiveram ciência da novação. Se todos os codevedores solidários vierem a assumir a novação, as garantias e privilégios sobre seus bens manter-se-ão (Mário Luiz Delgado Régis, *Novo Código Civil*, cit., p. 332). *Vide*: TJSC Rec. 2007.200599-3, 2ª Turma de Recursos Cíveis e Criminais, rel. Pereira de Andrade, DJSC, 20-7-2009.

173. Serpa Lopes, op. cit., p. 269.

174. Serpa Lopes, op. cit., p. 269; Caio M. S. Pereira, op. cit., p. 207.

175. Silvio Rodrigues, op. cit., p. 260; Caio M. S. Pereira, op. cit., p. 206; Bassil Dower, op. cit., p. 242; Renan Lotufo, *Código Civil*, cit., v. 2, p. 365. *Vide* Código Civil, arts. 837 e 838.

176. W. Barros Monteiro, op. cit., p. 298.

177. Orlando Gomes, op. cit., p. 172.

178. Serpa Lopes, op. cit., p. 270.

Quadro Sinótico

NOVAÇÃO

1. CONSIDERAÇÕES HISTÓRICAS	*a*) Função da novação no direito romano	• No direito romano a obrigação era imutável. Como o progresso exigia a transmissão de créditos e débitos, o único meio foi operar a extinção da obrigação precedente por meio de uma nova relação obrigacional que a substituísse, surgindo, então, o instituto da novação, desde que a nova obrigação tivesse o mesmo conteúdo da anterior. Idêntico conteúdo, nova forma, eis em resumo a novação romana.
	b) Caráter da novação no direito moderno	• Hodiernamente as obrigações são transmissíveis. Para que se tenha novação, será preciso uma modificação substancial na obrigação antiga, operada pela nova que a substitui, não mais se exigindo a identidade de prestações em ambas as relações obrigacionais. A nova obrigação terá de trazer um elemento novo, que pode ser relativo à prestação ou às partes.

2. CONCEITO	• Novação vem a ser o ato que cria uma nova obrigação, destinada a extinguir a precedente, substituindo-a.

3. REQUISITOS	• Existência de uma obrigação anterior (CC, art. 367). • Criação de uma obrigação nova em substituição à precedente. • Elemento novo (*RT, 300*:168). • Intenção de novar (CC, art. 361; *RT, 468*:165, *331*:403, *433*:135, *445*:177, *456*:192, *466*:142). • Capacidade e legitimação das partes interessadas.

4. ESPÉCIES	• Novação objetiva ou real (CC, art. 360, I).		
	• Novação subjetiva ou pessoal	• Novação subjetiva passiva	• CC, art. 360, II (delegação). • CC, art. 362 (expromissão).
		• Novação subjetiva ativa (CC, art. 360, III).	
	• Novação mista		

5. EFEITOS	• Generalidades	• A novação produz duplo efeito, por se apresentar ora como força extintiva, porque faz desaparecer a antiga obrigação, ora como energia criadora, por criar uma nova relação obrigacional.
	• Efeitos quanto à obrigação extinta	• Paralisação dos juros inerentes ao débito extinto. • Extinção de todas as garantias e acessórios, sempre que não houver estipulação em contrário (CC, art. 364). • Desaparecimento do estado de mora do devedor. • Subsistência de preferências e garantias do crédito novado na hipótese do CC, art. 365. • Perda, por parte do novo devedor, do benefício de todas as exceções resultantes da antiga obrigação. • Extinção das ações ligadas à obrigação anterior. • Desaparecimento de fiança, que garantia a obrigação extinta (CC, art. 366). • Insolvência do novo devedor correrá por conta e risco do credor (CC, art. 363).
	• Efeitos em relação à nova obrigação	• A nova obrigação é um débito criado *ex novo*, sem qualquer vinculação com o anterior senão a de uma força extintiva, não se operando a *transfusio* ou a *translatio*.

c.7. Compensação

c.7.1. Histórico

O *direito romano*, calcando-se no princípio da equidade, admitiu a compensação como meio de facilitar o pagamento, visto que seria ilógica terem ação, uma contra a outra, duas pessoas que fossem, concomitante e reciprocamente, credora e devedora, permitindo-se, então, a cada uma das partes reter a prestação devida à outra, como modo de satisfazer o seu próprio crédito, desde que as obrigações tivessem a mesma causa[179]. Entretanto, esse instituto passou, na era romana, por uma evolução, que pode ser apresentada em três fases[180]:

1ª) A anterior a Marco Aurélio, período em que a compensação era apenas convencional, não operando como forma de extinção legal, de maneira que se solvia a relação obrigacional por meio de renúncia às respectivas ações. Apenas posteriormente foram criadas três formas de compensação, independentemente de convenção: *a*) a *compensatio argentarii*, que era aquela em que o banqueiro (*argentarius*), ao cobrar seu cliente, só podia exigir o saldo da conta corrente[181]; *b*) a *deductio* do *bonorum emptor*, hipótese em que o *bonorum emptor* agia contra um devedor da falência, ao mesmo tempo credor do falido, fazendo a dedução, ou seja, obtendo a condenação do adversário no excedente[182]; *c*) a compensação nas ações de boa-fé, decorrentes de um contrato sinalagmático, em que o devedor podia invocar um crédito oriundo da mesma operação que originou sua dívida (*ex pari causa*)[183]. Dessa maneira o mandatário, acionado pelo mandante, podia compensar seu débito com o crédito gerado de despesas feitas na execução do mandato.

2ª) A do rescrito de Marco Aurélio, que permitiu a *exceptio doli*, isto é, a possibilidade de compensar sempre que o autor exercesse ação de direito estrito e o demandado a exceção de dolo. Estabelecia-se como fundamento dessa exceção o fato de constituir dolo "reclamar o que, de logo, se deve restituir"[184].

3ª) A da reforma de Justiniano, que unificou e generalizou a compensação como um modo extintivo da obrigação, independente da vontade das partes, operando-se *ipso jure* em todas as ações, reais ou pessoais, exceto em benefício do possuidor de má-fé e do depositário, e exigindo-se que o crédito do réu fosse líquido e vencido[185].

---

179. Caio M. S. Pereira, op. cit., p. 207; Serpa Lopes, op. cit., p. 273.

180. Sobre o período romano, consulte Girard, op. cit., p. 704 e s.; Perozzi, *Istituzioni di diritto romano*, v. 2, § 190, nota 2, p. 423; José de Moura Rocha, Compensação, in *Enciclopédia Saraiva do Direito*, v. 16, p. 304-6; Da compensação, *RDC*, *1*:37; Da compensação, *Doutrinas essenciais – obrigações e contratos*, São Paulo, Revista dos Tribunais, 2011, v. II, p. 825-52; Caio M. S. Pereira, op. cit., p. 207-8; Correia e Sciascia, *Manual de direito romano*, São Paulo, 1951, v. 2; Serpa Lopes, op. cit., p. 273-5; Silvio Rodrigues, op. cit., p. 266-8; Maynz, op. cit., v. 2, §§ 291 e 292; Biondi, *Istituzioni di diritto romano*, Catania, 1929, p. 177; W. Barros Monteiro, op. cit., p. 229 e 300; Hudson G. de Oliveira, Compensação: conceito, forma e momento de se fazer. *Revista Síntese – Direito Civil e Processual Civil*, *98*: 49 a 61; Pedro Paulo B. Bedran de Castro, A compensação no Direito Civil. *Revista Síntese – Direito Civil e Processual Civil*, *98*: 62 a 101.

181. Gaio, Inst., Liv. IV, 64.

182. Gaio, Inst., Liv. IV, 65.

183. Gaio, Inst., Liv. IV, 61.

184. Paulus (D., Liv. 50, Tít. 17, frag. 173, § 3º) afirmava: "*Dolo facit qui petit quod redditurus est*".

185. Justiniano (Cód., Liv. IV, Tít. 31, frag. 14) escrevia: "*Compensationes ex omnibus ipso iure fieri sansimus, nulla differentia in rem, vel personalibus actionibus inter se observanda*".

Na *Idade Média*, desconheceu-se a compensação por dupla razão: *a*) política, pois ao senhor feudal competia a distribuição da justiça, sendo esta indelegável ao particular, ainda que para mero encontro de débitos, e *b*) fiscal, ante o interesse do senhor feudal na solução das pendências, por ter direito a uma parte da prestação em litígio[186].

No *direito canônico* deu-se a revivescência desse instituto, que passou a figurar, sem o requisito de identidade da *causa debendi*, em todas as legislações contemporâneas, que se distribuem em três grupos diversos: *a*) o francês, em que a compensação opera de pleno direito por força de lei, mesmo contra a vontade do credor; *b*) o inglês, no qual esse instituto só se efetua por ato judicial, e *c*) o alemão, que requer ato do interessado que, judicial ou extrajudicialmente, autoriza a compensação. Filiou-se nosso Código Civil ao francês, pois, uma vez verificados os requisitos legais, ter-se-á de pleno direito a compensação, até contra a vontade do credor ou na ignorância das partes[187].

c.7.2. Conceito e natureza jurídica

O termo *compensação* deriva etimologicamente do substantivo latino *compensatio, onis*, significando *compensação, balança, remuneração*, que se origina do verbo latino *compensare*, ou seja, *compensar, remunerar, colocar em balança, contrabalançar*, que, por sua vez, advém de *compendere*, isto é, *pesar com, pesar juntamente*. Os dois verbos apresentam como prefixo a preposição *com* (*cum pensare* e *cum pendere*, no sentido de *pesar com*, de *pesar ao mesmo tempo nos pratos de uma balança*)[188]. Isto porque, para medida comum de valor, os romanos se utilizavam de metais que precisavam ser pesados, pois naquela época não traziam o seu valor marcado por qualquer sinal. Esse balanceamento, diz Serpa Lopes, é reproduzido na compensação, na qual se pesam e contrapesam o crédito e o débito de um com o crédito e o débito de outro, ambos interligados a esses dois ativos e passivos[189]. A compensação evoca "a imagem de uma balança, como se, em seus pratos, fossem pesadas as obrigações até o igualamento das posições"[190].

Estatui o Código Civil, art. 368, que, "se duas pessoas forem ao mesmo tempo credor e devedor uma da outra, as duas obrigações extinguem-se, até onde se compensarem". Assim, se dois indivíduos se devem mutuamente, serão, recíproca e concomitantemente, credor e devedor um do outro, e solver-se-á a relação obrigacional até a concorrência dos valores das prestações devidas, de modo que, se um tiver de receber mais do que o outro, continuará credor de um saldo favorável e decorrente do balanço[191]. Suponha-se, p. ex., que "A" deva a

---

186. Lomonaco, op. cit., v. 5, p. 314, apud W. Barros Monteiro, op. cit., p. 300.

187. W. Barros Monteiro, op. cit., p. 300; Soriano de Souza Neto, *Da compensação*, n. 25, p. 38.

188. Álvaro Villaça Azevedo, Compensação, in *Enciclopédia Saraiva do Direito*, v. 16, p. 323; Jörs e Kunkel, op. cit., p. 289; Milton Sanseverino, A compensação e sua regulamentação legal, *Revista de Direito Civil, Imobiliário, Agrário e Empresarial*, *5*:163 e s., 1978; Judith Martins-Costa, *Comentários*, cit., v. 5, t. 1, p. 564-638.

189. Serpa Lopes, op. cit., p. 271. Édouard Cuq (op. cit., v. 2, p. 532) pondera: "*Le mot compensation, de pendere cum, éveille l'idée d'une pesée, d'une balance... La balance des sommes que deux personnes se doivent réciproquement*", fundando-se em Modestino (D., Liv. 16, Tít. 2, § 1), que ensinava: "*Compensatio est debiti et crediti inter se contributio*", ou seja, a compensação é o crédito entre si.

190. Álvaro Villaça Azevedo, Compensação, cit., p. 323; Antunes Varela, *Noções fundamentais*, cit., v. 1, p. 395-9; *JB*, *158*:126 e 252; *JTACSP*, *131*:89, *124*:155; *RT*, *745*:403, *682*:114, *677*:163, *607*:199; *RJTJSP*, *137*:69 e *128*:45; *RJ*, *189*:84, *188*:96, *180*:97, *177*:92, *174*:148 e *128*:86.

191. Álvaro Villaça Azevedo, Compensação, cit., p. 323.

"B" R$ 120.000,00 e "B" deva a "A" a soma de R$ 100.000,00. "A" e "B" são reciprocamente credor e devedor um do outro. A extinção da obrigação operar-se-á até a concorrência dos valores devidos, de forma que restará a "B" um saldo favorável no valor de R$ 20.000,00. Os débitos extinguir-se-ão até onde se compensarem. Desse modo, o devedor de R$ 120.000,00 somente deverá pagar os R$ 20.000,00 restantes. Até R$ 100.000,00 haverá compensação, hipótese em que ela será *parcial*.

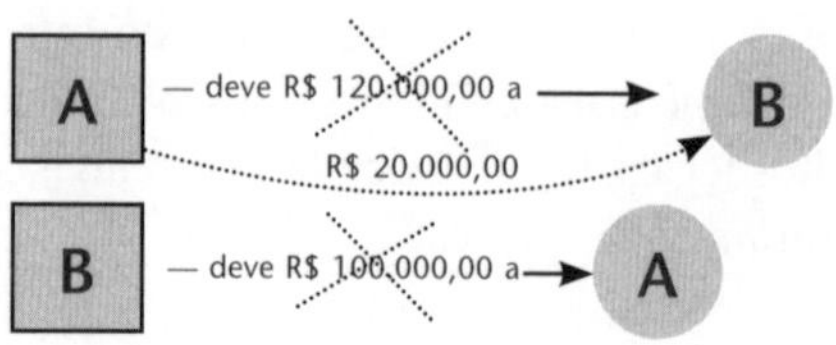

Seria ela *total* se os débitos fossem de igual valor, isto é, ambos de R$ 120.000,00, caso em que não se teria pagamento algum.

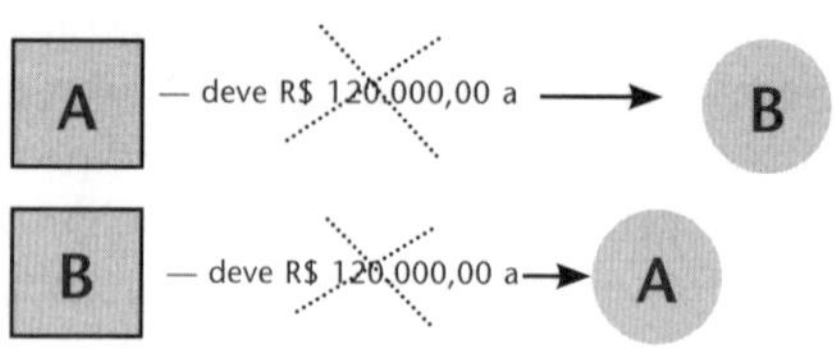

Realmente, observa Laurentino Azevedo: "Se os pesos forem iguais ficarão em equilíbrio perfeito; e, portanto, inteira e mutuamente anulados; se forem desiguais, o equilíbrio não se dará senão até a concorrência do peso mais fraco e somente nesse limite ficarão ambos destruídos"[192].

Assim sendo, a compensação seria um meio especial de extinção de obrigações, até onde se equivalerem, entre pessoas que são, ao mesmo tempo, devedoras e credoras uma da outra[193]. Seria a compensação o desconto de um débito a outro[194] ou a operação de mútua quitação entre credores recíprocos[195].

Portanto, claro está que, quanto à sua *natureza jurídica*, poder-se-á dizer que se trata de pagamento indireto, ou seja, de uma variação de pagamento ou de um modo especial de

192. Laurentino Azevedo, *Da compensação*, São Paulo, 1920, p. 7, n. 2; W. Barros Monteiro, op. cit., p. 301.

193. *Vide* Carbonnier, *Droit civil*; les obligations, 6. ed., Paris, PUF, 1969, v. 4, p. 482, n. 132; Espínola, op. cit., p. 202; Clóvis Beviláqua, *Código Civil*, cit., v. 4, p. 162; Windscheid, op. cit., v. 2, § 348; Caio M. S. Pereira, op. cit., p. 208; W. Barros Monteiro, op. cit., p. 301; Serpa Lopes, op. cit., p. 271; Planiol e Ripert, op. cit., v. 7, n. 1.280.

194. Lacerda de Almeida, *Dos efeitos das obrigações*, § 78.

195. Bassil Dower, op. cit., p. 249; José de Moura Rocha, Da compensação; sua problemática ante os direitos civil e processual, *Revista de Direito Civil, Imobiliário, Agrário e Empresarial*, 1:37-56, 1977.

extinção da obrigação: *a*) por exigir que os credores sejam concomitantemente devedores um do outro; *b*) por extinguir as dívidas recíprocas antes de serem pagas, e *c*) por permitir fracionamento de um dos débitos, representando exceção ao princípio geral de que o credor não pode ser obrigado a receber por partes[196].

c.7.3. Espécies

c.7.3.1. Generalidades

Em nosso direito admitem-se três espécies de compensação: *a*) a *legal*, prevista no Código Civil, cujos efeitos operam de pleno direito; *b*) a *convencional* ou *voluntária*, oriunda de acordo entre as partes, que podem dispensar qualquer um de seus requisitos, e *c*) a *judicial*, decorrente de sentença que conheceu do crédito alegado pelo réu contra o autor, em reconvenção[197].

c.7.3.2. Compensação legal

c.7.3.2.1. Conceito e efeitos

A compensação legal é a decorrente de lei, independendo de convenção das partes e operando *pleno iure* mesmo que uma delas se oponha. A compensação, entre nós, se processa automaticamente, ocorrendo no momento em que se constituírem créditos recíprocos entre duas pessoas, já que o Código Civil pátrio preferiu a compensação legal.

A compensação legal não poderá ser, no entanto, declarada *ex officio*, cumprindo ao interessado alegá-la, como matéria de defesa, no prazo para contestar ou impugnar, na fase própria do processo (*RT*, *278*:428).

Para que essa modalidade de compensação produza efeitos, será irrelevante a questão da capacidade das partes, reciprocamente credoras e devedoras; assim sendo, embora figure na relação negocial um incapaz, extinguir-se-á a obrigação, independentemente de sua vontade, desde que se configure, objetivamente, a hipótese de se apresentarem duas partes que sejam, recíproca e concomitantemente, credora e devedora uma da outra.

Seu efeito é operar a extinção de obrigações recíprocas, liberando os devedores e retroagindo à data em que a situação fática se configurou. Dessa forma, apesar de ter sido alegada posteriormente, operará (*ipso jure*) desde o instante em que o réu, cobrado de uma prestação, se tornar credor do autor. Tal efeito retroativo alcança ambas as dívidas, com todos os seus acessórios, de modo que os juros e as garantias do crédito deixam de existir a partir do momento em que se tiver a coexistência de dívidas. No caso, p. ex., de um devedor cujo débito se extinguiu, a partir desse instante ele estará exonerado dos efeitos da mora e da incidência da cláusula penal[198].

---

196. Orlando Gomes, op. cit., p. 159; Carlo T. di Castellazzo, Compensazione, in *Nuovo Digesto Italiano*, n. 4, p. 432-3; W. Barros Monteiro, op. cit., p. 300; Bassil Dower, op. cit., p. 249. *Vide*: Lei n. 11.101/2005, arts. 119, VIII, e 122 e parágrafo único.

197. Lacerda de Almeida, *Dos efeitos*, cit., p. 269-70; Laurentino Azevedo, op. cit., n. 7; Ramón Silva Alonso, *Derecho de las obligaciones*, cit., p. 366-70.

198. Silvio Rodrigues, op. cit., p. 265; Serpa Lopes, op. cit., p. 286; Caio M. S. Pereira, op. cit., p. 219; Matiello, *Código*, cit., p. 255.

c.7.3.2.2. Requisitos

A lei estabelece os pressupostos essenciais da compensação legal, que são[199]:

1º) *Reciprocidade de débitos* (CC, art. 368; *RT*, *739*:411), pois será necessário que duas pessoas sejam, ao mesmo tempo, credora e devedora uma da outra. Daí as consequências:

a) *terceiro não interessado* poderá pagar, se o fizer em nome e por conta do devedor (CC, art. 304, parágrafo único), salvo oposição deste, porém não poderá compensar;

b) *devedor solidário*, pelo revogado Código Civil, art. 1.020, apenas poderia compensar com o credor o que este devia a seu coobrigado até o equivalente da parte deste na dívida comum. No débito solidário, a prestação dividia-se em tantas partes quantos fossem os devedores, mas pela solidariedade cada um podia ser cobrado e responder pelo débito todo, embora, a rigor, só devesse uma quota correspondente à sua parte. Assim, se o credor escolhesse um dos codevedores para efeito de cobrança, este podia opor a compensação com aquilo que o credor devesse a seu coobrigado, pois desde o momento em que as dívidas opostas se constituíram, elas automaticamente se extinguiram. Entretanto, a compensação se circunscrevia à quota do codevedor na obrigação solidária, uma vez que, no que excedesse a esse montante, não havia reciprocidade das obrigações, e, cessando a reciprocidade, não se tenha compensação. P. ex.: "A" e "B" deviam solidariamente a "C" R$ 200.000,00 e "C" devia a "B" R$ 110.000,00. Se "C" cobrasse seu crédito apenas de "A", este oporia a compensação do crédito de "B" junto a "C" (R$ 110.000,00), sem prejudicar "B", ou seja, sem obrigá-lo a pagar além de sua quota devida, que era R$ 100.000,00, montante que seria objeto dessa compensação. Apesar da omissão do Código Civil atual, viável seria esse raciocínio, diante do princípio da reciprocidade e das normas alusivas às obrigações solidárias (CC, arts. 264 a 285) e da proibição do enriquecimento indevido (CC, arts. 876 a 883);

c) *pessoa que se obriga por terceiro* não poderá compensar essa dívida com a que o credor lhe dever (CC, art. 376), por não haver reciprocidade de obrigação, pois o mandante deve ao credor e o credor ao mandatário, visto que o mandatário, ao se obrigar pelo mandante, transformará o mandante em devedor. P. ex., "A" procurador de "B", cumprindo o mandato, compra de "C" uma casa para "B" por R$ 500.000,00. Essa dívida é de "B" para com "C". Mas "A" e "C" efetivaram entre si um contrato de mútuo, pelo qual "A" passa a ser credor de "C", por ter emprestado a ele a quantia de R$ 300.000,00. A dívida de "B" para com "C" e a de "C" para com "A" são insuscetíveis de compensação. Igualmente, a dívida do tutor ou do curador para com terceiro não se compensa com a dívida deste em relação ao tutelado ou curatelado,

---

199. A compensação legal independe da vontade das partes e pode dar-se mesmo com oposição de uma delas. Sobre compensação na cessão de crédito: arts. 377 a 379 do Código Civil. A respeito dos requisitos da compensação legal, consulte Baudry-Lacantinerie, *Précis de droit civil*, 5. ed., v. 2, n. 1.122; W. Barros Monteiro, op. cit., p. 301-2, 305-6 e s.; Silvio Rodrigues, op. cit., p. 268-72; De Page, op. cit., v. 3, ns. 627, 635 e 636; Bassil Dower, op. cit., p. 250-3; Serpa Lopes, op. cit., p. 277-88; Caio M. S. Pereira, op. cit., p. 209-13; Soriano de Souza Neto, *Da compensação*, cit., ns. 36 e 41; Orlando Gomes, op. cit., p. 160-2; Carvalho de Mendonça, op. cit., v. 1, n. 357, e na p. 623 ressalta que, na obrigação alternativa, sendo uma prestação compensável e a outra não, somente depois da concentração seria possível averiguar a ocorrência, ou não, da compensação, visto que, para tanto, a escolha deverá recair na dívida compensável; Lacerda de Almeida, *Dos efeitos*, cit., p. 269 e s.; Álvaro Villaça Azevedo, Compensação, cit., p. 325-8; R. Limongi França, Compensação, in *Enciclopédia Saraiva do Direito*, v. 16, p. 329-30; Planiol e Ripert, op. cit., t. 7, n. 284; Aubry e Rau, op. cit., v. 4, § 326; Giorgi, op. cit., ns. 8 e 13; Arnoldo Wald, Da compensação legal nos negócios jurídicos bilaterais e da exceção do contrato não cumprido, *RDC*, *97*:85; Cláudio Bueno Godoy, A parte geral do direito das obrigações no novo Código Civil, *Atualidades Jurídicas*, *5*:50 e s.; Carlos Alberto Bittar Filho e Marcia S. Bittar, *Novo Código*, cit., com. ao art. 376; *RF*, *90*:189; *RT*, *181*:375, *247*:521, *453*:111, *202*:657, *608*:214, *710*:132.

nem a do filho com o crédito do pai, ou a do sócio com o crédito da sociedade. Observam Carlos Alberto Bittar Filho e Marcia S. Bittar que vedada está a compensação em estipulação em favor de terceiro. P. ex.: "A" contrata com "B" um seguro em favor de "C"; havendo o sinistro, "B" (segurador) passará a ser credor de "A" (estipulante), não podendo compensar a sua dívida para com "C" com o seu crédito em relação a "A", porque não se tem reciprocidade. O Código Civil, no art. 371, prescreve: "O devedor somente pode compensar com o credor o que este lhe dever; mas o fiador pode compensar sua dívida com a de seu credor ao afiançado". Por exemplo, se o locador, que é devedor do locatário, acionar diretamente o fiador, exigindo pagamento de aluguel atrasado, o fiador poderá invocar a compensação. Trata-se de exceção à regra de que só caberá compensação entre pessoas que são, entre si, reciprocamente credor e devedor. A lei possibilitou tal compensação para evitar vários pagamentos simultâneos, atendendo à circunstância de que o fiador é terceiro interessado. Se o fiador compensar seu débito com o que lhe deve o credor de seu afiançado, poderá exercer contra este o direito de regresso, cobrando-lhe o que por ele tiver pagado (*RT*, *622*:150). Mas em caso de crédito garantido por fiança, o devedor principal não poderá compensar seu débito com a dívida do credor para com o fiador. O fiador, no entanto, poderá opor ao credor em compensação o que este dever ao devedor principal;

d) *o devedor notificado que não se opôs à cessão de crédito* não poderá levantar contra o cessionário a compensação que teria podido articular contra o cedente (CC, art. 377), porque não haverá prestações recíprocas. P. ex.: se "A" deve a "B" e "B" a "A", as dívidas se compensarão. Se "A" cede seu crédito a "C", "B" deve se opor, cientificando "C" da exceção que iria opor ao cedente. Se silenciar, entender-se-á que renunciou à compensação. Desse modo, passará a ser devedor de "C", apesar de continuar credor de "A"; porém, como seu crédito e débito não são mais recíprocos, não se operará a compensação. Se o devedor não for notificado da cessão de crédito, poderá opor ao cessionário a compensação do crédito que antes tinha contra o cedente. P. ex., "A" deve a "B" e "B" é devedor de "A". "A" é credor de "B", e cede seu crédito a "C". "B", quando for demandado por "C", por não ter sido notificado daquela cessão, que, em relação a ele, é *res inter alios*, poderá invocar a compensação do crédito cedido com o que tinha contra "A", liberando-se da obrigação.

2º) *Liquidez das dívidas* (CC, art. 369; *RT*, *488*:224, *418*:208, *545*:216, *629*:152, *682*:114, *738*:368, *804*:246), que devem ser certas quanto à existência e determinadas quanto ao objeto, pois não se pode conceber compensação que opere *ipso iure* sem que haja certeza quanto ao montante de um dos débitos. É óbvio que a liquidez das dívidas não requer menção expressa da soma em seus títulos, mas que sejam certas e precisas, ou seja, que tenham sua existência determinada independentemente de qualquer processo (medição, levantamento pericial, acerto de contas etc.) que apure seu *quantum*. Dessa forma, se alguém for condenado a pagar indenização de perdas e danos, enquanto não se souber seu exato valor, não haverá possibilidade de exigi-la; daí não poder ser compensada. Se um dos débitos for ilíquido, somente será possível a compensação judicial, pois apenas o magistrado terá poder para determinar sua liquidação (*RT*, *492*:140, *487*:137). A respeito, é mister trazer à colação o ensinamento de Roberto de Ruggiero[200]: "Se a compensação serve de pagamento; se faz as suas vezes, é indispensável que seja certo o débito tanto na sua existência como no seu montante e, assim, quando há esta

200. Ruggiero, *Instituições de direito civil*, v. 3, p. 171. *Vide RT*, *631*:191.
"É possível a compensação de créditos constituídos anteriormente à decretação da liquidação extrajudicial" (Informativo n. 770 do STJ, AgInt no REsp 1.811.966-RJ, rel. Min. Maria Isabel Gallotti, 4ª Turma, por unanimidade, j. 6-3-2023, *DJe* 10-3-2023).

certeza a anulação recíproca dos créditos produz-se desde logo, no próprio momento em que se contraponham, e quando falta impõe-se a intervenção do juiz para acertar e liquidar, para tornar compensáveis entre si as duas dívidas".

3º) *Exigibilidade atual das prestações* (CC, art. 369; *RT*, *561*:163, *738*:368), isto é, deverão estar vencidas; caso contrário, privar-se-ia o devedor do benefício do termo e ter-se-ia injustificável antecipação do pagamento (*RT*, *489*:157). Somente débitos vencidos poderão ser exigidos *ipso jure*. Enquanto não chegar o termo do vencimento, o devedor terá direito ao prazo, não podendo ser compelido a renunciá-lo para haver compensação. Todavia, os prazos de favor, ou melhor, os concedidos obsequiosamente pelo credor, não poderão ser alegados pelo beneficiário para ilidir a compensação de sua dívida com a de seu devedor (CC, art. 372), de forma que os prazos de favor não obstarão a compensação. P. ex.: se "A" concede a "B" uma prorrogação de prazo, seria injusto que este impedisse a compensação, exigindo o débito de "A" e utilizando-se desse prazo de favor para pagar depois o seu débito. Assim, se "A" tem um débito já vencido com "B", e este lhe conceder um prazo maior para solvê-lo, nada obsta que "B" possa compensar esse crédito com outra dívida vencida, que tem relativamente a "A". As dívidas vincendas (*AJ*, *109*:85; mas o Projeto de Lei n. 6.960/2002 visava alterar, se aprovado fosse, a redação do art. 369, admitindo sua compensação, alteração que o PL n. 699/2011, contudo, não manteve) e prescritas (*RT*, *124*:119; *AJ*, *108*:290) serão, portanto, incompensáveis; as condicionais, porém, somente poderão ser compensadas após o implemento da condição. Deveras, dívida exigível é aquela cujo pagamento independe de termo ou condição; daí a necessidade de estar vencida, normal ou antecipadamente (CC, arts. 331 a 333), para que se opere a compensação legal. Só poderá haver compensação convencional no caso de se ter um débito vencido e outro não vencido.

4º) *Fungibilidade dos débitos* (CC, art. 369), porque as prestações deverão ser homogêneas entre si e da mesma natureza. Assim, dívidas de dinheiro, p. ex., só se compensarão com dívidas de dinheiro; as de café, com café. Logo, se alguém deve café a quem lhe deve dinheiro, os débitos não se compensarão, pois as obrigações são infungíveis entre si, embora o dinheiro e o café sejam fungíveis, podendo ser substituídos por outras coisas da mesma espécie, quantidade e qualidade (CC, art. 85). Os débitos devem ser homogêneos (*RT*, *487*:137), isto é, fungíveis entre si, não bastando que o objeto das prestações devidas seja fungível em si. Observa Caio Mário da Silva Pereira que há controvérsia relativamente às *obrigações de fazer* fungíveis, pois as infungíveis são reputadas, pela unanimidade da doutrina, incompensáveis. A posição majoritária, contudo, é no sentido de não admitir a compensação legal de obrigações de fazer, já que o dispositivo se refere à compensação de "coisas", o que excluiria outros gêneros de prestação.

5º) *Homogeneidade ou identidade de qualidade das dívidas,* quando especificada em contrato (CC, art. 370), pois se os objetos, embora da mesma espécie, forem de qualidade diversa, não haverá compensação. Assim, as dívidas de café de determinado tipo só se com-

---

"É possível a compensação ser alegada em contestação, de forma a justificar o não pagamento do valor cobrado ou a sua redução, extinguindo ou modificando o direito do autor" (Informativo n. 757 do STJ, REsp 2.000.288-MG, rel. Min. Nancy Andrighi, 3ª Turma, por unanimidade, j. 25-10-2022, *DJe* 27-10-2022). "A prescrição somente obsta a compensação se for anterior ao momento da coexistência das dívidas" (Informativo n. 726 do STJ, REsp 1.969.468-SP, rel. Min. Nancy Andrighi, 3ª Turma, por unanimidade, j. 22-2-2022, *DJe* 24-2-2022). "A negociação do passe de um atleta de futebol específico é uma obrigação de natureza infungível e de execução específica, não podendo ser utilizada para compensação privada de créditos em operações de câmbio" (Informativo n. 740 do STJ, REsp 1.937.846-RJ, rel. Min. Benedito Gonçalves, 1ª Turma, por maioria, j. 7-6-2022).

pensarão com produto de igual qualidade; se de diversos tipos, não haverá compensação; não se compensará o débito de vinho Bordéus do produtor "X" de tal data com um débito do mesmo vinho do produtor "Y" e de outra data, nem a dívida de um cavalo manga-larga com a de um cavalo árabe.

6º) *Diversidade ou diferença de causa* não proveniente de esbulho, furto ou roubo; de comodato, depósito ou alimentos; de coisa impenhorável (CC, art. 373). Não há exigência de identidade de *causa debendi*. De fato, nada obsta que se verifique compensação entre dívidas oriundas de causas diversas, pois, p. ex., pode ocorrer que "A" deva a "B" R$ 20.000,00 em razão da aquisição de uma mercadoria deste, e que "B" deva a "A" R$ 10.000,00 em virtude de uma locação que este lhe fizera. Entretanto, nega-se a compensação se:

a) uma dívida provier de ato ilícito (esbulho, roubo ou furto), como, p. ex., se "A" deve a "B" R$ 10.000,00 e "B", para obter quitação, furta de "A" essa quantia. "A" move, então, ação contra "B" e "B" não poderá tentar compensação, alegando que "A" lhe devia essa importância. Terá de restituir o que furtou e depois demandar cobrança de seu débito;

b) um débito advier de comodato e depósito (CC, art. 638), que são institutos gratuitos, baseando-se na mútua confiança entre os interessados, e o pagamento se efetua com a restituição da coisa infungível emprestada ou depositada;

c) uma das dívidas for alimentar (*RT, 416*:167; *JTJ* (Lex), *226*:114; *RJTJSP, 116*:326 e *123*:237), pois os alimentos não se compensam, porque a pessoa que os recebe tem direito à subsistência, que não poderá sofrer qualquer limitação. Ora, os alimentos são imprescindíveis à existência; logo, admitir compensação seria privar esse indivíduo dos alimentos, condenando-o à morte ou a viver de uma forma não condizente com a dignidade humana;

d) uma dívida for de coisa impenhorável (*RT*, *794*:395), não poderá ser cobrada judicialmente; sendo inexigível, portanto, impede a compensação. Assim, o devedor que se torna credor de seu credor, depois de penhorado o crédito deste, não poderá opor ao exequente a compensação. Pelo Código de Processo Civil, art. 833 e incisos I a XII, tem-se o rol dos bens insuscetíveis de penhora, como, p. ex., seguro de vida, anel nupcial, retratos de família, vestuários, vencimentos, pensões, soldos, montepios, pequena propriedade rural, desde que trabalhada pela família etc... livros, máquinas ou instrumentos necessários ou úteis ao exercício de qualquer profissão, quantia depositada em caderneta de poupança, até o limite de 40 salários mínimos.

Pode-se compensar tanto as dívidas privadas como as tributárias.

Se a dívida for de natureza fiscal e parafiscal, sua compensação reger-se-ia pelos arts. 368 a 380 do Código Civil (CC, art. 374, ora revogado; mas há quem ache que não o foi, visto que a Lei n. 10.677/2003 é inconstitucional por não observância dos arts. 62, § 10, e 64, § 4º, da CF/88; *RT*, *431*:219, *670*:89, *726*:232, *779*:361; Súmulas do STJ 212 – ora cancelada em 14-9-2022 – e 213; Lei n. 6.830/80, art. 16, § 3º), mas, segundo alguns autores, a revogação do art. 374 pela Lei n. 10.677/2003 (art. 1º), tais artigos não mais se lhe aplicam, tendo no caso em tela sua vigência e eficácia cessadas. O direito à compensação tributária está, entendemos, regido, quanto às peculiaridades da matéria fiscal, pelo Código Tributário Nacional, arts. 156, II, 170 e 170-A (introduzido pela Lei Complementar n. 104/2001), pelas Leis n. 8.383/91 (art. 66), 9.250/95 e 9.430/96, pelo Decreto n. 2.138/97 e pela Instrução Normativa RFB n. 1.300/2012; porém, no restante, disciplinar-se-á pelas normas do Código Civil (arts. 368 a 380), cuja incidência não poderá ser vedada, mesmo com a "revogação" do art. 374. A esse respeito observa, por sua vez, Mario Luiz Delgado Régis que, como a compensação é uma só, não há necessidade de remeter a dos débitos fiscais para a lei especial, quando a Fazenda Pública for devedora, visto ser corolário do direito de propriedade. Por isso, a administração fazendária, continua ele, não poderá negar ao contribuinte-credor o seu direito à compensação do indébito tributário. A Lei n. 5.172/66 (CTN), no art. 170, dispõe que: "A lei pode, nas condições e sob as garantias que estipular, ou cuja estipulação em cada caso atribuir à autoridade administrativa, autorizar a compensação de créditos tributários com créditos líquidos e certos, vencidos ou vincendos, do sujeito passivo contra a Fazenda Pública". Logo, quanto aos créditos de outra origem, do sujeito passivo contra a Fazenda, a compensação será amplamente admitida. Não há necessidade de se reconhecer previamente, em processo administrativo, o pagamento indevido de tributo, sua liquidez, certeza e exigibilidade, de sorte que a administração fazendária não terá poder para restringir ou negar ao contribuinte o direito à compensação se for credor da Fazenda Pública de um crédito líquido, certo e exigível (Lei n. 9.430/96 e Decreto n. 2.138/97). O art. 170-A do Código Tributário Nacional veda compensação, mediante o aproveitamento de tributo, objeto de contestação judicial pelo sujeito passivo, antes do trânsito em julgado da respectiva decisão judicial. Logo, contribuinte que propôs ação judicial, tendo como objeto a compensação com débitos tributários, de créditos que entende possuir contra o Fisco, necessitaria do reconhecimento judicial de seu direito. O direito à compensação, exceto em casos específicos, não constitui o objeto da demanda judicial, mas a garantia do seu exercício. O contribuinte deve requerer que o órgão judicante garanta seu exercício ante a existência de um crédito do contribuinte contra o Fisco ou a inexistência de relação jurídica tributária entre ambos, comprovada judicial ou administrativamente.

A compensação tributária pode dar-se desde que reconhecida a existência de créditos compensáveis. Ocorrido o indébito tributário, o Estado deve zelar para que retorne ao domínio do contribuinte, evitando conflito entre a necessidade da arrecadação fiscal para o custeio de serviços públicos e o ressarcimento do indébito tributário, devolvendo-o, respeitando o direito individual do cidadão em nome do bem-estar social[201].

---

201. Outrora, a *escolha não podia pertencer, tratando-se de coisas incertas, aos dois credores ou a um deles como devedor de uma obrigação e credor da outra* (CC de 1916, art. 1.012). Observava Caio Mário da Silva Pereira que, se a escolha coubesse a essas pessoas, não se teria compensação por falta de certeza das obrigações, pois se um só dos interessados tivesse direito de escolha (como devedor de uma e como credor de outra), o débito do outro não apresentaria o requisito da certeza, decorrente de ato seu. Se a eleição competisse aos credores, a determinação do objeto da prestação dependeria de manifestação de vontade da outra parte, e os devedores não teriam meios de apontar a certeza e a liquidez da prestação, o que impediria a compensação (op. cit., p. 212); Marcelo Alvares Vicente, Lei complementar n. 104/2001; O direito à compensação tributária, *Leis complementares em matéria tributária* (coord. Heleno T. Tôrres), São Paulo, Mande, 2003, p. 55 e s.; Nelson Nery Junior, Compensação tributária e o Código Civil, in *Direito Tributário e o novo Código Civil* (coord. Betina T. Grupenmacher), São Paulo, Quartier Latin, 2004, p. 17-39; Fábio Artigas Gallo, Compensação tributária e direito privado, in *Direito tributário*, cit., p. 463-538; Mário Luiz Delgado Régis, Compensação de débitos tributários: regência pelo Código Civil mesmo depois da edição da MP n. 104/03, *Revista Jurídica Consulex*, n. 146; *Novo Código Civil*, cit., p. 337-9; José Augusto Delgado, A compensação no novo Código Civil e a compensação tributária: panorama legislativo e da jurisprudência sumulada, *Revista Síntese – Direito Civil* e *Processual Civil, 98*: 9 a 48; Daniel Peracchi, *A compensação no direito civil e tributário em Portugal e no Brasil*, Coimbra, Almedina, 2007; Gabriel Lacerda Troianelli, *Compensação do indébito tributário*, São Paulo, 1998, p. 48-52, salienta que o direito à compensação do indébito tributário é um corolário lógico do direito de propriedade. Os créditos contra a Fazenda Pública, preenchidos os requisitos legais, poderão ser objeto de cessão e utilizados pelo cessionário para compensação, desde que comuniquem o fato à Secretaria da Receita Federal. STJ, Súmulas 212 – ora cancelada em 14-9-2022 – ("A compensação de créditos tributários não pode ser deferida em ação cautelar ou por medida liminar cautelar ou antecipatória"), 213 ("O mandado de segurança constitui ação adequada para a declaração do direito à compensação tributária"), 460 ("É incabível o mandado de segurança

7º) *Ausência de renúncia prévia de um dos devedores* (CC, art. 375, 2ª parte), por ser a compensação um benefício. Essa renúncia antecipada poderá ser tácita quando o devedor, apesar de ser credor de seu credor, solver espontaneamente o seu débito, e expressa, quando houver uma declaração afastando a possibilidade de compensação.

8º) *Falta de estipulação entre as partes, excluindo a possibilidade de compensação* (CC, art. 375, 1ª parte).

9º) *Dedução das despesas necessárias com o pagamento se as dívidas compensadas não forem pagáveis no mesmo lugar* (CC, art. 378). Se um dos devedores tiver de fazer despesas para efetuar o pagamento do débito, com a remessa de dinheiro ou com o transporte de mercadoria, a compensação somente poderá ocorrer se essas despesas forem deduzidas. Tal se dá porque a compensação é relativa apenas aos débitos, devendo haver para que ela ocorra a dedução dos dispêndios feitos, necessariamente para a efetivação de pagamento das obrigações em locais diversos. O desconto de tais despesas manterá a equivalência ou o equilíbrio entre as partes.

10) *Observância das normas sobre imputação do pagamento* (CC, arts. 379, 352 a 355), *havendo vários débitos compensáveis,* indicando o devedor qual a dívida que pretende compensar. Se omitir tal indicação, a escolha competirá ao credor, constando na quitação o débito compensado.

Ensinam Pablo Stolze Gagliano e Rodolfo Pamplona Filho que, se vários forem os débitos a serem compensados, a seguinte ordem deverá ser observada: *a*) o devedor poderá apontar a dívida que deseja compensar (CC, art. 352); *b*) o credor, no silêncio do devedor, poderá imputar, quitando um dos débitos (CC, art. 353); *c*) a omissão de ambas as partes gerará imputação legal (CC, arts. 354 e 355), havendo: prioridade para os juros vencidos, em detrimento do capital; prioridade para as dívidas líquidas e vencidas, em detrimento das mais recentes; prioridade para as mais onerosas, em detrimento das menos vultosas, se vencidas e líquidas ao mesmo tempo; proporcionalmente a cada dívida se, de igual valor, vencidas e líquidas ao mesmo tempo.

11) *Ausência de prejuízo a terceiros* (CC, art. 380), pois a compensação não poderá lesar direitos ou interesses de terceiros. Não há permissão legal para compensação desde que tenha sido penhorado o crédito que o devedor adquirira contra seu credor, uma vez que após a penhora o devedor não poderá efetuar o pagamento ao credor, nem opor a compensação ao exequente, pois como veio a adquirir, pela penhora, direito sobre os bens do devedor, se viesse a suportar a compensação, sofreria um prejuízo em seu direito. P. ex.: se "A" deve a "B" certa quantia e "A" vem, posteriormente, a adquirir um crédito de igual valor figurando "B" como devedor, haverá compensação legal e extinção dos dois débitos. Mas se a dívida estiver penhorada a "C" (outro credor de "B"), a cessão obtida por "A" não terá o poder de provocar a

---

para convalidar a compensação tributária realizada pelo contribuinte"), 461 ("O contribuinte pode optar por receber, por meio de precatório ou por compensação, o indébito tributário certificado por sentença declaratória transitada em julgado") e 464 ("A regra de imputação de pagamentos estabelecida no art. 354 do CC não se aplica às hipóteses de compensação tributária"). Já havia entendido o Enunciado n. 19 (aprovado na *I Jornada de direito civil*, promovida, em setembro de 2002, pelo Centro de Estudos Judiciários do Conselho da Justiça Federal) que: "a matéria da compensação, no que concerne às dívidas fiscais e parafiscais de Estados, Distrito Federal e Municípios, não é regida pelo art. 374 do Código Civil". *Vide RT*, *686*:192, *641*:137, *745*:403, *737*:436, *738*:447, *739*:436, *729*:163. Sobre Vedação de Compensação de Finsocial com o Cofins: *RT*, *743*:236 e 449, *741*:445 e *729*:163.

compensação[202], protegendo "*C*". O impedido de fazer a compensação terá direito de concorrer com o exequente na hipótese de vir a ser instaurado o concurso de credores.

c.7.3.3. Compensação convencional

A compensação convencional ou voluntária resulta de acordo de vontade entre as partes, que podem transigir, quando a ausência de algum dos pressupostos da compensação legal impedir a extinção dos débitos por essa via, estipulando-a livremente, desde que não fira a ordem pública, os bons costumes, a boa-fé e a função social do contrato (CC, arts. 187, 421 e 422), e dispensando alguns de seus requisitos (*RT, 493*:175), desde que se respeite a ordem pública; daí a impossibilidade de compensação voluntária que recaia sobre dívida alimentar. Não se poderá impor compensação, sendo imprescindível, nos casos em que não se opera a compensação legal por não haver homogeneidade, liquidez, exigibilidade de dívidas recíprocas etc., o ajuste entre os interessados. P. ex.: se "A" deve a "B" R$ 30.000,00 e "B" a "A" um quadro, avaliado por esse valor, sem que se ajuste compensação, esta será impossível por determinação legal, por faltar um dos requisitos necessários acima arrolados. Assim, um débito ilíquido ou heterogêneo será suscetível de compensação convencional, apesar de seus efeitos não se produzirem de pleno direito[203].

c.7.3.4. Compensação judicial

A compensação judicial ou processual é determinada por ato decisório do magistrado, que perceber no processo o fenômeno, em cumprimento das normas aplicáveis à compensação legal. Entretanto, será necessário que cada uma das partes alegue o seu direito de crédito contra a outra (*RT, 437*:153). Por isso o réu precisará reconvir, procurando elidir, no todo ou em parte, o pedido do autor (CPC, art. 343 e §§ 1º a 6º). A judicial resulta de reconvenção. A reconvenção é, segundo João Franzen de Lima, a ação do réu contra o autor, proposta no mesmo feito em que está sendo demandado, com o intuito de receber deste o que lhe é devido, para extinguir ou diminuir o que lhe é cobrado. Seria o caso, p. ex., de "A" demandar contra "B", cobrando R$ 50.000,00, e "B", por via de reconvenção, alegar contra "A" ser titular de um crédito de R$ 60.000,00. Se o juiz julgar procedente a ação e a reconvenção, estariam reconhecidos os dois créditos de um contra o outro, importando a condenação do autor (reconvindo) ao pagamento, além dos cominatórios legais, da importância de R$ 10.000,00 ao réu (reconvinte), realizando-se, dessa forma, a compensação. Portanto, a compensação judicial é matéria de natureza reconvencional e produz os mesmos efeitos da compensação legal, pois nada mais é do que a compensação legal tornada possível pela intervenção do magistrado.

---

202. Bassil Dower, op. cit., p. 256. Ensina João Luiz Alves (*Código Civil anotado*, cit., p. 689) que, relativamente à penhora, duas situações deverão ser distinguidas: "a) o devedor tornou-se credor do seu credor, antes da penhora; a compensação operou seus efeitos e a penhora não pode subsistir; b) a dívida do credor para com o seu devedor é posterior à penhora; o devedor da dívida penhorada ou embargada não pode pagá-la ao credor executado e, como compensar é pagar, não pode também opor a compensação pelo que, por sua vez, tenha de haver do executado. Entende-se que a dívida do executado para com o seu devedor é posterior à penhora, ainda quando estabelecida antes, se só se vencer pelo termo fixado ou pelo implemento da condição, depois que se realizou a penhora no crédito do executado".

203. Silvio Rodrigues, op. cit., p. 273; Serpa Lopes, op. cit., p. 288-9; Aubry e Rau, op. cit., § 325; Álvaro Villaça Azevedo, Compensação, cit., p. 324; Judith Martins-Costa, *Comentários ao novo Código Civil*, Rio de Janeiro, Forense, v. V, t. 1, p. 593.

A sentença produzirá, então, efeitos *ex tunc*, operando-se retroativamente sua declaração de que os débitos se solveram.

A compensação poderá ser deduzida ainda em execução de sentença (CPC, art. 535, VI), quando, então, o fato extintivo ocorrerá após a prolatação da sentença exequenda (*RT*, *148*:173, *172*:228)[204].

Quadro Sinótico

COMPENSAÇÃO

1. HISTÓRICO	• *Período romano*: havia compensação desde que as obrigações tivessem a mesma causa. Esse instituto passou por uma evolução, que pode ser apresentada em três fases: *a*) a anterior a Marco Aurélio, em que somente se admitia a compensação convencional, permitindo-se apenas três formas de compensação, independentemente de convenção (*compensatio argentarii, deductio* do *bonorum emptor* e compensação nas ações de boa-fé); *b*) a do rescrito de Marco Aurélio, que permitiu a *exceptio doli;* e *c*) a da reforma de Justiniano, que unificou a compensação, admitindo que operasse *ipso iure*. • *Idade Média*: esse instituto não foi aplicado por razão política e fiscal. • *Direito canônico*: disciplina a compensação que, sem o requisito de identidade da *causa debendi*, passou a figurar em todas as legislações contemporâneas.

2. CONCEITO	• Compensação é um meio especial de extinção de obrigações, até onde se equivalerem, entre pessoas que são, ao mesmo tempo, devedoras e credoras uma da outra.

3. NATUREZA JURÍDICA	• É um pagamento indireto: *a*) por exigir que os credores sejam, concomitantemente, devedores um do outro; *b*) por extinguir dívidas recíprocas antes de serem pagas; e *c*) por permitir fracionamento de um dos débitos.

4. ESPÉCIES	• Compensação legal	• Conceito	• É a decorrente de lei, operando mesmo que uma das partes se oponha.
		• Efeitos	• Extingue obrigações recíprocas com todos os acessórios, liberando os devedores, ainda que um deles seja incapaz, e retroagindo à data em que a situação fática se configurou.

204. Sobre compensação judicial, *vide* Larenz, op. cit., p. 435; Caio M. S. Pereira, op. cit., p. 219; Baudry--Lacantinerie e Barde, op. cit., n. 895; Álvaro Villaça Azevedo, Compensação, cit., p. 324; W. Barros Monteiro, op. cit., p. 307; Serpa Lopes, op. cit., p. 289; João Franzen de Lima, op. cit., p. 281; Elias Farah, Instituto da compensação de honorários advocatícios, *Informativo IASP 93*:22-23; *RT, 135*:156, *163*:218, *217*:257, *271*:230, *245*:429, *280*:776, *356*:368, *484*:125. Sobre compensação de honorários da sucumbência: *RT, 777*:389, *785*:277, *812*:149; Súmula n. 306 do STJ: "os honorários advocatícios devem ser compensados quando houver sucumbência recíproca, assegurando o direito autônomo do advogado à execução do saldo sem excluir a legitimidade da própria parte".

4. ESPÉCIES	• Compensação legal	• Requisitos	• Reciprocidade de débitos (CC, arts. 368, 376, 371 e 377). • Liquidez das dívidas (CC, art. 369; *RT*, *488*:224, *418*:208, *492*:140, *487*:137). • Exigibilidade atual das prestações (CC, arts. 369 e 372; *RT*, *489*:157, *124*:119; *AJ*, *109*:85, *108*:290). • Fungibilidade dos débitos (CC, art. 369; *RT*, *487*:137). • Identidade de qualidade das dívidas, quando especificadas em contrato (CC, art. 370). • Diversidade ou diferença de causa não proveniente de ato ilícito, de comodato, de depósito, de alimentos (CC, art. 373), de coisa impenhorável. Dívida fiscal (CC, art. 374, ora revogado pela Lei n. 10.677/2003; CTN, art. 170). • Ausência de renúncia prévia de um dos devedores (CC, art. 375). • Falta de estipulação entre as partes, excluindo compensação (CC, art. 375). • Dedução das despesas necessárias com o pagamento, se as dívidas compensadas não forem pagáveis no mesmo lugar (CC, art. 378). • Observância das normas sobre imputação do pagamento (CC, arts. 352 a 355 e 379), se houver vários débitos compensáveis. • Ausência de prejuízo a terceiros (CC, art. 380).
	• Compensação convencional	• Resulta de acordo de vontade entre as partes, quando a ausência de alguns dos pressupostos da compensação legal impedir a extinção dos débitos por essa via, estipulando-se livremente a compensação e dispensando-se alguns de seus requisitos (*RT*, *493*:175), desde que se respeite a ordem pública.	
	• Compensação judicial	• Determina-se por ato decisório do juiz, que perceber no processo o fenômeno, em cumprimento das normas aplicáveis à compensação legal, desde que cada uma das partes alegue seu direito de crédito contra a outra. Daí sua natureza reconvencional.	

c.8. Transação

c.8.1. Histórico

No direito romano a transação destinava-se a extinguir uma obrigação, por ser uma convenção em que alguém renunciava um direito em litígio, recebendo, porém, uma retribuição. Deveras, Ulpiano assim entendia: "*Qui transigit, quasi de re dubia et lite incerta neque finita transigit: qui vero paciscitur, donationis causa rem certam indubitatem liberalitate remittit*"[205]. Infere-se daí que no período romano o requisito da existência de concessões recíprocas constituía pressuposto essencial, verdadeira condição jurídica, da transação. Já no Código Justiniano encontrava-se o princípio vigente segundo o qual "de modo algum se

[205] Ulpiano, D., Liv. II, Tít. XV, frag. 1.

verifica transação, sem que nada se dê, se retenha ou se prometa". Daí não haver transação sem concessões mútuas ou recíprocas, por se tratar de avença em que se dá ou deixa uma coisa por outra.

No mesmo sentido se orientaram os mestres de nosso direito previgente e a jurisprudência anterior ao Código Civil, que confirmavam a exigência da mutualidade de concessões para que se configurasse a transação. Realmente o Tribunal de São Paulo, resolvendo, antes do Código Civil, uma pendência em que se discutia a existência de transação, concluiu da seguinte forma: "A transação é um contrato em que as partes, concedendo e renunciando pretensões, previnem e melhor asseguram o exercício de seus direitos, sendo, portanto, parte essencial desse contrato, a reciprocidade de concessões" (ac. de 12 jul. 1904, *São Paulo Judiciário*, *8*:290, apud E. Guimarães, *Brasil acórdãos*, 1935, v. 12, p. 124-5).

Finalmente, nosso Código Civil, mantendo essa tradição doutrinária e jurisprudencial, exigiu, no art. 840, o caráter de onerosidade na transação[206] e a contempla no título VI, alusivo às modalidades de contrato, em razão de sua nítida natureza contratual. Todavia, apenas por uma questão técnico-jurídica, a mantivemos no item relativo ao pagamento indireto, pois tem por escopo precípuo a extinção da obrigação.

c.8.2. Definição e elementos constitutivos

A *transação* é um negócio jurídico bilateral, pelo qual as partes interessadas, fazendo-se concessões mútuas, previnem ou extinguem obrigações litigiosas ou duvidosas[207]. P. ex., "A" pretende ser devedor de "B" da quantia de R$ 500.000,00, mas "B", por sua vez, entende que tal débito é de R$ 900.000,00. Nada obsta, ante a dúvida sobre *quantum* devido, que "A" e "B" façam, para extinguir a obrigação dúbia, um acordo, mediante concessões recíprocas, estipulando que o valor da dívida é de R$ 700.000,00. É o que dispõe o Código Civil, art. 840: "É lícito aos interessados prevenirem ou terminarem o litígio mediante concessões mútuas".

A transação seria uma composição amigável entre os interessados sobre seus direitos, em que cada qual abre mão de parte de suas pretensões, fazendo cessar as discórdias. As partes preferem resolver a questão sem recorrer ao Judiciário, por ser ele fonte de incidentes desagradáveis e onerosos, dado que a sabedoria popular proclama: "É preferível um mau acordo a uma boa briga judicial". Com o intuito de evitar os riscos da demanda ou as delongas da lide, os interessados na resolução de um litígio desistem, reciprocamente, de alguns benefícios ou vantagens. Seria, portanto, uma solução contratual da lide, pois as partes são

---

206. Hermano de Sá, Não se entende transação sem ônus para as partes, *Atualidades Forense*, *31*:7-8, 1980; Sílvio A. B. Meira, *Instituições de direito romano*, 2. ed., São Paulo, Max Limonad, n. 226, p. 361.

207. Serpa Lopes, op. cit., p. 291; Silvio Rodrigues, op. cit., p. 279; Planiol, op. cit., v. 2, n. 2.285; Humberto Theodoro Jr., A obrigação de indenizar e a transação, *Livro de Estudos Jurídicos* n. 9, Rio de Janeiro, 1994; Carlos Alberto Dabus Maluf, *A transação no direito civil*, São Paulo, Saraiva, 1985; Santoro-Passarelli, *La transazione*, Napoli, 1975; Ballesteros, *La transacción*, Madrid, 1964; Antonio Butera, *Delle transazioni*, Torino, 1933; Carresi, *La transazione*, Torino, 1966; Boyer, *La notion de transaction*, 1947; Clóvis Beviláqua, *Código Civil*, cit., v. 4, obs. ao art. 1.025 do Código Civil de 1916, p. 179; Carvalho de Mendonça, op. cit., v. 1, n. 371, p. 645; Coelho da Rocha, op. cit., t. 2, p. 272. *Vide* Código Civil, art. 661, § 2º; Código Tributário Nacional, art. 171; Código de Processo Civil, arts. 90, 122, 487, III, *b*, 515, II, 535, IV, 619, II, e 924. Sendo a transação negócio jurídico que envolve a relação de direito material em litígio, é desnecessária a intervenção do advogado da parte, suspendendo-se o processo para o cumprimento do acordo (1º TACSP, AgI 406.376-1, *JB*, *152*:223). *Vide JB*, *161*:332; *EJSTJ*, *9*:108, *4*:73-4; *RT*, *576*:143, *778*:314; *JTACSP*, *40*:199; *RJTJSP*, *91*:305; *RSTJ*, *97*:198, *90*:91.

levadas a transigir pelo *timor litis*, pelo desejo de evitar um processo cujo resultado eventual será sempre duvidoso[208].

Desta definição será possível extraírem-se os *elementos constitutivos* da transação, que são[209]:

1º) *Acordo de vontade entre os interessados*, pois, por ser um negócio jurídico bilateral em que as partes abrem mão de seus interesses, será imprescindível a manifestação volitiva dos transatores; logo, não poderá haver transação em virtude de lei. Daí a exigência de capacidade das partes não dizer respeito somente à capacidade genérica para a vida civil, mas também à legitimação para alienar, ou seja, à capacidade de disposição, por ser necessário que o transator a tenha, visto que a transação constitui um modo especial de extinção de dívidas, envolvendo renúncia de direitos. Não têm capacidade para transigir os absoluta ou relativamente incapazes, salvo se representados ou assistidos por seus representantes legais, devidamente autorizados pelo juiz. Apenas a pessoa maior e capaz poderá transigir, e para pessoa idosa se exige intervenção do Defensor Público (Lei n. 10.741/2003, com alteração da Lei n. 11.737/2008, arts. 13 e 75). Entretanto, por importar renúncia de direitos, a lei proíbe a transação: *a*) ao tutor e ao curador, referentemente aos negócios do tutelado e do curatelado (CC, arts. 1.748, III, e 1.774), a não ser que a transação seja do interesse deles e desde que haja autorização judicial expressa, decidindo a conveniência da transação; *b*) aos pais, quanto aos bens e direitos de seus filhos menores, salvo mediante prévia autorização do juiz (*RT, 146*:266, *236*:117); *c*) ao mandatário sem poderes especiais e expressos (CC, art. 661, § 1º; CPC, art. 105, § 1º); *d*) aos procuradores fiscais e judiciais das pessoas jurídicas de direito público interno; *e*) ao representante do Ministério Público; *f*) à pessoa casada, exceto no regime de separação absoluta (CC, art. 1.647), sem o consentimento do outro consorte, desde que a transação seja relativa a imóveis (*RT, 112*:639); *g*) ao sócio que não tenha a administração da sociedade (CC, arts. 1.010 a 1.021); *h*) ao inventariante, no caso do art. 619, II, do Código de Processo Civil; *i*) ao administrador judicial, sobre dívidas e negócios da massa (Lei n. 11.101/2005, art. 22).

2º) *Impendência ou existência de litígio ou de dúvida sobre os direitos das partes, suscetíveis de serem desfeitos*, já que o Código Civil, art. 840, refere-se à prevenção ou extinção de um litígio ou de uma *res dubia* entre os interessados, e é por meio da transação que se afastam essas incertezas sobre um direito ou relação jurídica preexistente. Só poderá haver transação quando os direitos sobre que versa forem litigiosos ou duvidosos. Se os direitos não forem litigiosos ou duvidosos, ter-se-á reconhecimento ou renúncia, conforme se admitam as pretensões contrárias (*RT, 201*:163) ou se desista das próprias, pois a transação perderá sua

---

208. Bassil Dower, op. cit., p. 262. No mesmo teor de ideias: Troplong, *Des transactions*, n. 2; Silvio Rodrigues, op. cit., p. 280; Serpa Lopes, op. cit., p. 291; Norberto Gorostiaga, *La causa de las obligaciones*, Buenos Aires, 1944, p. 133. CPC, art. 90, §§ 2º e 3º.

209. Relativamente aos elementos constitutivos da transação, *vide* Caio M. S. Pereira, op. cit., p. 220-2; Bassil Dower, op. cit., p. 262-3; Serpa Lopes, op. cit., p. 292-7 e 303-4; Lafaille, op. cit., n. 477; Trabucchi, op. cit., n. 361; Silvio Rodrigues, op. cit., p. 284-6; Carvalho de Mendonça, op. cit., v. 1, n. 372; Larenz, op. cit., v. 1, p. 136; Aubry e Rau, op. cit., v. 4, § 418, p. 191-2; W. Barros Monteiro, op. cit., p. 308-11; Colmo, op. cit., n. 813; Hermano de Sá, op. cit., p. 8; Baudry-Lacantinerie e Wahl, *Dei contratti aleatori, del mandato, della fideiussione e della transacione*, t. 24, ns. 1.202 e 1.205; Ruggiero e Maroi, op. cit., v. 2, § 177; Capitant, *De la cause des obligations*, 3. ed., n. 105, p. 228; De Page, op. cit., v. 5, n. 484; Louis Boyer, *La notion de transaction*, Paris, 1947, p. 19 e 28; Planiol, op. cit., v. 2, n. 2.285; Enneccerus, Kipp e Wolff, op. cit., § 195; Roger Merlé, *Essai de contribution à la théorie générale de l'acte déclaratif*, p. 183-4; João Luís Alves, op. cit., v. 2, p. 118; Arnoldo Wald, Da extinção da obrigação de ressarcir os danos nos casos de transação com um dos responsáveis, *RDC, 28*:175; Ronaldo Nunes Orsini, Extinção das obrigações por transação, *EJ, 65*:39.

finalidade, e o acordo dos interessados poderá configurar uma doação ou uma remissão de dívidas. Pressupõe, portanto, a transação um litígio ou uma dúvida possível de se dar ou já existente, por ser um remédio a que as partes recorrem para prevenir ou terminar controvérsias.

3º) *Intenção de pôr termo à "res dubia" ou litigiosa*, visto que a vontade de eliminar incerteza aparece como elemento essencial da transação, com o escopo de poupar a lentidão de um processo e de evitar riscos na solução da lide, bem como discussão polêmica inconveniente, de resultado imprevisível.

4º) *Reciprocidade de concessões*, pois será necessário que ambos os transigentes concedam alguma coisa ou abram mão de alguns direitos em troca da segurança oferecida pela transação. Daí o caráter oneroso desse instituto, já que cada parte procura tirar uma vantagem do acordo, sem que as concessões mútuas devam implicar equivalência ou proporcionalidade das prestações ou correspondência das vantagens e sacrifícios (*RT, 423*:221). A transação está longe de constituir um reconhecimento recíproco dos direitos litigiosos, por supor abandono mútuo de uma parte daqueles direitos, não sendo necessário que essas concessões recíprocas representem o equivalente exato umas das outras. Silvio Rodrigues pondera: "impõe-se que cada uma das partes abra mão de direito que acredita ter, pois caso contrário poderia ocorrer uma liberalidade, mas não transação, em que há um sacrifício de cada um dos transatores em troca da segurança de uma situação pacífica. Não é necessário que o sacrifício das partes seja equivalente". O STF já decidiu que: "a validade da transação não depende da equivalência das prestações, da correspondência dos sacrifícios, da igualdade das concessões, isto é, não implica proporcionalidade do dado, retirado ou prometido" (*RTJ, 59*:923). No mesmo sentido: *RF, 234*:161 e *RT, 423*:221. A reciprocidade de ônus e vantagens constitui o elemento caracterizador da transação, uma vez que sem ele a transação será mera liberalidade (*RT, 100*:156, *109*:699). Não se terá transação se uma das partes receber só vantagens e a outra apenas sacrifícios, mas renúncia, ratificação ou reconhecimento do direito do outro, doação, remissão de dívida, conforme o caso, de forma que tudo conceder sem nada receber não é transigir.

5º) *Prevenção ou extinção de um litígio ou de uma dúvida*, por visar a transformação de um estado jurídico inseguro e incerto em outro seguro e certo. Portanto, com a transação, que conjura iminente litígio, põe-se fim à pendência em andamento e arreda-se controvérsia ou dúvida sobre certa pretensão, surgindo uma situação definida, pela consumação da prevenção ou pela extinção do litígio ou da incerteza. Não se admite, ainda, transação condicional, que não ponha termo à controvérsia. Se não atender a tal finalidade, será ato constitutivo de direito ou um pagamento (*RT, 446*:268).

c.8.3. Caracteres

A transação apresenta os seguintes caracteres[210]:

1º) É *indivisível*, pois a indivisibilidade é essencial à transação, que constitui negócio jurídico com todos os elementos característicos da relação negocial, uma vez que, pelo Código Civil, art. 848, "sendo nula qualquer das cláusulas da transação, nula será esta" (*RT, 460*:180, *486*:140; *RF, 146*:296). Contudo, acrescenta o parágrafo único desse dispositivo legal que: "Quando a transação versar sobre diversos direitos contestados, independentes entre si, o fato

210. Serpa Lopes, op. cit., p. 297-9; Colmo, op. cit., ns. 815 e 816; Bassil Dower, op. cit., p. 264-6; Larenz, op. cit., p. 137; Aubry e Rau, op. cit., v. 4, § 421, p. 202; Caio M. S. Pereira, op. cit., p. 222-3; Carvalho de Mendonça, op. cit., n. 377; Silvio Rodrigues, op. cit., p. 282-4; Baudry-Lacantinerie e Wahl, op. cit., n. 1.286; Clóvis Beviláqua, *Código Civil*, cit., v. 4, p. 214; Lafaille, op. cit., v. 1, n. 475; Ramón Silva Alonso, *Derecho de las obligaciones*, cit., p. 371-3.

de não prevalecer em relação a um, não prejudicará os demais". Isto é, se a transação disser respeito a vários negócios autônomos, não relacionados entre si, não perderá sua validade, se um deles for nulo, quanto aos demais ajustes, que prevalecerão, por não lesar nenhum dos interessados (*RT, 446*:283).

2º) É de *interpretação restrita* (*RT, 488*:210 e *743*:299), ante o disposto no Código Civil, art. 843, 1ª parte. Por envolver uma renúncia de direitos e por ter a finalidade de extinguir obrigações, deve ser sempre interpretada restritivamente, não comportando aplicação analógica, nem extensão da vontade liberatória além dos termos em que se manifestou, restringindo-se tão somente às questões expressamente especificadas no instrumento.

3º) É *negócio jurídico declaratório*, pois não visa transmitir nada, mas declarar ou reconhecer direitos (CC, art. 843, 2ª parte), tornando certa e segura uma situação jurídica preexistente, que era controvertida e incerta.

c.8.4. Modalidades e formas de transação

A transação poderá ser[211]:

1º) *Judicial*, se se realizar no curso de um processo, recaindo sobre direitos contestados em juízo, hipótese em que, pelo Código Civil, art. 842, 2ª parte, deverá ser feita (CPC, arts. 359, 924, II; *RT, 328*:236, *679*:170; *JB, 84*:313; *RSTJ, 89*:305): *a*) por termo nos autos, assinado pelos transigentes e homologado pelo juiz. Imprescindível será, após parecer favorável do representante do Ministério Público, tal homologação judicial (*RT, 484*:216, *477*:245, *466*:132, *418*:343, *413*:193), porque ela completa o ato, tornando-o perfeito e acabado, permitindo a produção de efeitos jurídicos (CPC, art. 515, II) e encerrando o processo (*RT, 418*:343), ao positivar a desistência do direito que assistia às partes de obter do órgão judicante uma decisão sobre o mérito da questão. Por isso, concluída e homologada a transação, nenhum dos transatores pode alegar que concedeu mais do que devia ou menos do que lhe tocava. É uma solução contratual da lide com efeito de *semplice accertamenti*, como diz Carnelutti, ou seja, uma mera eficácia declarativa. O acordo firmado em juízo pelos litigantes, homologado judicialmente, é, concomitantemente, contratual e processual. A transação judicial tem conteúdo de direito material, por estabelecer nova situação jurídica entre os transatores e só

---

211. A respeito das modalidades e forma da transação, *vide* Silvio Rodrigues, op. cit., p. 286-7; Caio M. S. Pereira, op. cit., p. 224-5; Serpa Lopes, op. cit., ns. 241, 250, 254 e 312; Bassil Dower, op. cit., p. 260-2; W. Barros Monteiro, op. cit., p. 309-12; Alberto dos Reis, *Comentários ao Código de Processo Civil*, v. 3, p. 534; Lacerda de Almeida, *Dos efeitos*, cit., p. 298; Pontes de Miranda, *Tratado de direito privado*, v. 25, p. 117, 132 a 138, 141, 163, 164, 170 e 172; Lacantinerie e Wahl, *Dei contratti aleatori del mandato, della fideiussione e della transazione*, t. 24, n. 201; Jones F. Alves e Mário Luiz Delgado Régis, *Código*, cit., p. 363; Josserand, *Cours de droit civil positif français*, Paris, Sirey, 1933, v. 2, p. 787; Savatier, *Cours de droit civil*, Paris, LGDJ, 1949, t. 2, p. 451; Rogério Lauria Tucci, Transação, *RT, 477*:47; Hector Lafaille, *Derecho civil, Tratado de las obligaciones*, Buenos Aires, Ediar, 1947, p. 399 e 403; Kipp e Wolff, *Tratado de derecho civil: derecho de obligaciones*; Barcelona, Bosch, 1935, v. 2, t. 2, p. 497; Jean Chevalier, *L'effet déclaratif de la transaction et du partage*, Paris, 1932; Desserteaux, *Essai d'une Théorie Générale de l'effet déclaratif*, Dijon, 1908; Maria Helena Diniz, Eficácia jurídica da transação judicial homologada e a "exceptio litis per transactionem finitae", *Revista APMP*, n. 30, p. 64-7; Miguel Reale, A transação no direito brasileiro, *Questões de direito*, 1981, p. 343; Hedemann, *Der vergleichs irrtum*, p. 75; K. Paul, *Der vergleich im zivilprozess*, p. 29, 31, 43, 47 e 70. A homologação judicial pode ocorrer, posteriormente, a qualquer momento (*RT, 473*:78, *497*:122, *550*:110, *580*:187). *Vide* ainda: *RT, 411*:161, *528*:152, *541*:181. A Lei n. 8.197/91, com alteração do Decreto n. 1.630/95, regia a transação nas causas de interesse da União, suas autarquias, fundações e empresas públicas federais, tendo sido revogada pela Lei n. 9.469/97, que passou a disciplinar a questão.

é processual o seu efeito de pôr termo ao processo. Com o trânsito em julgado da decisão homologatória, acaba a litispendência e quaisquer efeitos do que foi objeto da transação. A sentença homologatória nada resolve, o negócio jurídico da transação é que lhe faz o fundo. A homologação apenas dá à transação o efeito extintivo da relação jurídico-processual. Tanto isso é verdade que, se houver rescisão da sentença homologatória, o processo continua, mas a transação não é considerada inválida, pois o direito material a considera perfeita e válida. A homologação apenas irradia a eficácia processual. A transação judicial homologada produz efeito de coisa julgada, extinguindo a controvérsia e definindo os direitos. Tem razão Huc, ao reduzir o valor da transação ao efeito da coisa julgada como exceção. Trata-se da *exceptio litis per transactionem finitae*, equivalente à *exceptio rei judicatae*. Assim como a autoridade de um julgamento consiste na incontestabilidade da matéria por ele definida, não mais podendo ser contestada em juízo pelas mesmas partes, a transação também, ensina-nos Serpa Lopes, põe fim ao litígio, impedindo que ele renasça por meio de uma exceção idêntica à da *res judicata*; *b*) por escritura pública. Os transigentes juntarão aos autos a escritura pública (*RT, 239*:194, *276*:517; *RF, 173*:206); em seguida, ter-se-á homologação judicial, sem a qual não cessará a instância por haver demanda (CPC, art. 487, III, *b*; *RT*, *466*:132, *428*:273, *446*:83, *418*:343, *453*:146, *724*:362, *798*:277). Alguns autores, ante o disposto no art. 842 do Código Civil, entendem, contudo, que a sentença homologatória apenas será necessária se a transação se der por termo nos autos. Portanto, tal transação substitui a decisão que o juiz proferiria se a causa chegasse ao fim (*RT, 473*:78).

2º) *Extrajudicial*, se levada a efeito ante uma demanda ou litígio iminente, evitado, preventivamente, mediante convenção dos interessados que, fazendo concessões recíprocas, resolvem as controvérsias, por meio de escritura pública, se a lei reclamar essa forma, ou particular, nas hipóteses em que a admitir (CC, arts. 842, 1ª parte, e 104, III). Não há necessidade de se homologar, por via judicial, tal transação, por ter sido feita, com função preventiva, antes de haver litígio ou demanda, justamente com a finalidade de evitá-los (*RT, 790*:356).

c.8.5. Objeto

Nem todas as relações jurídicas poderão ser objeto de transação, pois, pelo Código Civil, art. 841, só é permitida em relação a *direitos patrimoniais de caráter privado*, suscetíveis de circulabilidade. Daí a ilicitude e a inadmissibilidade de transação atinente a assuntos relativos a bens fora do comércio; ao estado e capacidade das pessoas (*RTJE, 2*:80); à legitimidade ou dissolução do casamento; à guarda dos filhos; ao poder familiar; à investigação de paternidade (*AJ, 108*:274; *RT*, *622*:73; *RF, 110*:68, *136*:130); a alimentos, por serem irrenunciáveis, embora se possa transigir acerca do *quantum* (*RT, 449*:107); às ações penais, pois, pelo Código Civil, art. 846, "a transação concernente a obrigações resultantes de delito não extingue a ação penal pública", cuja competência é do Estado, como titular exclusivo do *jus puniendi*, em que a acusação cabe ao Ministério Público. Assim, se há uma obrigação decorrente de um delito, a vítima e o agente causador do dano podem transigir no âmbito das relações privadas, mas essa transação não livra o agente das consequências penais, pois o Estado, além de não participar da avença, tem interesse em punir o criminoso. Também não se admite transação relativa ao crédito do acidentado ou de seus beneficiários pelas indenizações oriundas de acidentes do trabalho[212].

212. W. Barros Monteiro, op. cit., p. 312-3; Silvio Rodrigues, op. cit., p. 287-8; Caio M. S. Pereira, op. cit., p. 225; Bassil Dower, op. cit., p. 260; Serpa Lopes, op. cit., p. 305-6; Carlos Alberto Dabus Maluf, *Novo Código Civil comentado*, Coord. Fiuza, São Paulo, Saraiva, 2002, p. 762. *Vide* Lei n. 9.469/97. Sobre

c.8.6. Natureza jurídica

A transação é um instituto jurídico *sui generis*, por consistir numa modalidade especial de negócio jurídico bilateral, que se aproxima do contrato (*RT, 277*:266; *RF, 117*:407), na sua constituição, e do pagamento, nos seus efeitos, por ser causa extintiva de obrigações[213], possuindo dupla natureza jurídica: a de negócio jurídico bilateral e a de pagamento indireto. É um *negócio jurídico bilateral declaratório*, uma vez que, tão somente, reconhece ou declara direito, tornando certa uma situação jurídica controvertida e eliminando a incerteza que atinge um direito. A finalidade da transação é transformar em incontestável no futuro o que hoje é litigioso ou incerto[214].

c.8.7. Nulidade

São inteiramente aplicáveis à transação não só as normas relativas ao regime das nulidades dos negócios jurídicos em geral (*RT, 492*:141), mas também as concernentes aos motivos especiais de nulidade do acordo dos transatores.

O Código Civil, art. 850, ao estatuir que "é nula a transação a respeito do litígio decidido por sentença passada em julgado, se dela não tinha ciência algum dos transatores, ou quando, por título ulteriormente descoberto, se verificar que nenhum deles tinha direito sobre o objeto da transação", estabelece duas causas de *nulidade absoluta* da transação: *a) litígio já decidido por sentença passada em julgado, sem o conhecimento dos transatores*. Assim sendo, se o que demandar a nulidade houver tido ciência de que havia uma sentença transitada em julgado, não terá *legitimatio ad causam* para demandar a nulidade da transação. Trata-se de causa de nulidade absoluta, posto que, havendo litígio encerrado por sentença passada em julgado, ignorada pelos transacionistas, não havia sobre que transigir (*RT, 492*:141), pois uma das finalidades da transação é a incerteza dos direitos ou a prevenção ou cessação da demanda. Portanto, se esta já estava terminada pela coisa julgada, a transação ficou sem objeto. P. ex.: se depois de ganha uma causa falecer o vencedor, e seu herdeiro, desconhecendo o fato, transigir com o vencido, tal transação será nula; *b) descoberta de título ulterior*, que indique ausência de direito sobre o objeto da transação em relação a qualquer dos transatores. Ocorrendo qualquer dessas circunstâncias, apenas os transatores são partes legítimas para pleitear a nulidade (*RT, 648*:178).

Além do mais, é preciso lembrar o art. 848 do Código Civil, concernente à nulidade da transação, em face da sua natureza indivisível. A indivisibilidade da transação acarreta, sendo nula qualquer de suas cláusulas, a nulidade da própria transação. Inadmissível será a nulidade parcial, salvo quando a transação versar sobre diversos direitos contestados e não prevalecer em relação a um, ficando, não obstante, válida relativamente aos outros (CC, art. 848, parágrafo único).

O art. 849 do Código Civil aponta os casos de *nulidade relativa* ou anulabilidade, ao prescrever que a transação só se rescinde por dolo, coação ou erro essencial quanto à pessoa

---

transação relativa a alimentos em que pessoa idosa é credora: art. 13 da Lei n. 10.741/2003, com a redação da Lei n. 11.737/2008.

213. Caio M. S. Pereira, op. cit., p. 220-1 e 223.

214. Sobre a questão da natureza jurídica da transação, *vide* Aubry e Rau, op. cit., § 418; Coelho da Rocha, op. cit., v. 2, n. 744; Afonso Fraga, *Da transação ante o Código Civil brasileiro*, p. 19; Silvio Rodrigues, op. cit., p. 280-1; Clóvis Beviláqua, *Código Civil*, cit., v. 4, p. 180; Carnelutti, *Lezioni di diritto processuale civile*, v. 1, n. 46; Miguel Reale, A transação no direito brasileiro, *Questões de direito*, 1981, p. 343; Pontes de Miranda, *Tratado*, cit., t. 25, p. 170, 163 e 164.

ou coisa controversa, aplicando-se as mesmas normas estabelecidas para a hipótese de anulabilidade por erro, dolo, coação ou violência dos negócios jurídicos em geral[215] (*RT*, *492*:141, *486*:97 e *460*:108). "A transação não se anula por erro de direito a respeito das questões que foram objeto de controvérsia entre as partes" (CC, art. 849, parágrafo único), ou seja, pela não aplicação de norma, em razão de desconhecimento ou de interpretação equivocada. Apenas é anulável transação oriunda de erro de fato, ou seja, de vício do negócio na indicação que se refere a declaração de vontade. Por exemplo, discussão entre os transatores sobre a questão da propriedade de uma obra de arte, que depois descobrem ser falsa.

c.8.8. Efeitos

Sendo a transação uma modalidade especial de negócio jurídico bilateral, produz os seguintes efeitos jurídicos: *a*) aplicabilidade do art. 476 do Código Civil e das disposições legais relativas à condição, à mora e às perdas e danos oriundos de descumprimento da obrigação avençada; *b*) admissibilidade da pena convencional (CC, art. 847), pois as partes que transigirem estão obrigadas a cumprir a obrigação que assumiram; daí a possibilidade de se pactuar cláusula penal para reforçar a observância do que foi objeto da transação e que será paga por aquele que a infringir.

Como é meio indireto de extinção da obrigação, produz os seguintes efeitos extintivos: *a*) desvinculação do obrigado mediante acordo liberatório; *b*) equiparação à coisa julgada, pois, a transação judicial homologada produz entre as partes o efeito de coisa julgada (*RT*, *404*:143, *486*:63, *411*:160, *453*:112). Trata-se da *exceptio litis per transactionem finitae*, que equivale à *exceptio rei judicatae*; *c*) identidade de pessoas, isto é, a transação só vincula os que transigiram (*RF*, *106*:377). Estatui o art. 844 do Código Civil que: "A transação não aproveita, nem prejudica senão aos que nela intervierem, ainda que diga respeito a coisa indivisível". Se feita, p. ex., por um dos herdeiros, não afetará aos demais, pois o transigente não pode arrebatar aos demais as ações que lhes competiam. Todavia, há hipóteses legais em que a transação repercute sobre pessoas que dela não participaram. Assim: se for concluída entre o credor e o devedor principal, desobrigará o fiador (CC, art. 844, § 1º), pois a extinção da obrigação principal acarreta a da acessória; se houver transação entre um dos credores solidários e o devedor, extinguir-se-á a obrigação deste para com os outros credores (CC, art. 844, § 2º), por ser uma das consequências da solidariedade ativa a exoneração do devedor que paga a qualquer dos credores; se pactuada entre um dos devedores solidários e seu credor, extinguir-se-á o débito em relação aos codevedores (CC, art. 844, § 3º), por ser princípio assente na solidariedade passiva a liberação de todos os coobrigados pelo pagamento efetuado por um deles, e no seu efeito liberatório a transação equivale ao pagamento; *d*) responsabilidade pela evicção, pois prescreve o Código Civil, art. 845, que: "Dada a evicção da coisa renunciada por um dos transigentes, ou por ele transferida à outra parte, não revive a obrigação extinta pela transação; mas ao evicto cabe o direito de reclamar perdas e danos", já que sem indenização o evicto teria somente prejuízos e a outra parte apenas benefícios, e é imprescindível na transação que os transatores, como

---

215. Relativamente ao regime das nulidades na transação, *vide* De Page, op. cit., t. 5, 2. parte, ns. 513 e 515; Clóvis Beviláqua, *Código Civil*, cit., v. 4, obs. ao art. 1.036; Caio M. S. Pereira, op. cit., p. 226; Silvio Rodrigues, op. cit., p. 285; Serpa Lopes, op. cit., p. 315-8; W. Barros Monteiro, op. cit., p. 313-5; Carlos Alberto Dabus Maluf, *Novo Código Civil comentado*, cit., p. 763. Há, ainda, quem entenda que, sendo a transação um negócio jurídico, poderá ser invalidada se ocorrer lesão, estado de perigo, simulação ou fraude contra credores (Stolze Gagliano e Pamplona Filho, *Novo curso*, cit., v. II, p. 221).

vimos alhures, façam concessões recíprocas; *e*) prevenção e extinção de controvérsias; *f*) possibilidade de exercício de direito novo sobre a coisa transigida; portanto, se, depois de concluída a transação, um dos transigentes vier a adquirir novo direito sobre a coisa renunciada ou transferida, não estará inibido de exercê-lo (CC, art. 845, parágrafo único), visto que a transação não implica renúncia a qualquer direito futuro, mas somente ao que o litígio ou dúvida objetivava, e, além disso, trata-se de direito independente do que deu causa à transação.

É mister salientar, ainda, que a transação produz efeitos declaratórios, por apenas declarar e reconhecer direitos existentes, não operando qualquer transmissão ou constituição de direitos (CC, art. 843)[216].

Quadro Sinótico

TRANSAÇÃO

1. HISTÓRICO	• No direito romano a transação destinava-se a extinguir uma obrigação, por ser uma convenção em que alguém renunciava a um direito em litígio, recebendo, porém, uma retribuição. Desse modo, o requisito essencial da transação era a existência de concessões recíprocas, e nesse mesmo sentido seguiram as legislações contemporâneas.
2. DEFINIÇÃO	• A transação é um negócio jurídico bilateral, pelo qual as partes interessadas, fazendo-se concessões mútuas, previnem ou extinguem obrigações litigiosas ou duvidosas (CC, art. 840).
3. ELEMENTOS CONSTITUTIVOS	• Acordo de vontade entre os interessados; daí exigir capacidade genérica para a vida civil e capacidade de disposição. • Impendência ou existência de litígio ou dúvida. • Intenção de pôr termo à *res dubia* ou litigiosa. • Reciprocidade de concessões. • Prevenção ou extinção de um litígio ou de uma dúvida.
4. CARACTERES	• É indivisível (CC, art. 848, parágrafo único). • Requer interpretação restrita (CC, art. 843, 1ª parte). • É negócio jurídico declaratório (CC, art. 843, 2ª parte).

216. Sobre a questão dos efeitos da transação, *vide* Serpa Lopes, op. cit., p. 307-15; Caio M. S. Pereira, op. cit., p. 227-30; Colin e Capitant, op. cit., v. 2, n. 960; Aubry e Rau, op. cit., § 421, nota 18; Colmo, op. cit., ns. 831 e 832; Silvio Rodrigues, op. cit., p. 289-91; Bassil Dower, op. cit., p. 266-8; De Page, op. cit., n. 511; W. Barros Monteiro, op. cit., p. 314-5; Evaristo A. Ferreira dos Santos e Luiz R. Wambier, Notas sobre a eficácia executiva de sentença que homologa transação envolvendo obrigação de fazer ou de não fazer, in *Processo de execução*, vários autores, São Paulo, RCS Editora, 2005, p. 81-102.
Pelo Enunciado n. 442 do CJF (aprovado na V Jornada de Direito Civil): "a transação, sem a participação do advogado credor dos honorários, é ineficaz quanto aos honorários de sucumbência definidos no julgado".

5. MODALIDADES E FORMAS	• Judicial	• Se se realizar no curso de um processo, recaindo sobre direitos contestados em juízo, devendo observar-se o disposto no CC, art. 842, 2ª parte.
	• Extrajudicial	• Se levada a efeito ante uma demanda ou litígio iminente, evitado, preventivamente, mediante convenção dos interessados, que fazem concessões mútuas, por meio de escritura pública, se a lei reclamar essa forma, ou de instrumento particular, nas hipóteses em que o admitir (CC, art. 842, 1ª parte).

6. OBJETO	• Só podem ser objeto de transação os direitos patrimoniais de caráter privado, suscetíveis de circulabilidade (CC, arts. 841 e 846).

7. NATUREZA JURÍDICA	• Trata-se de modalidade especial de negócio jurídico bilateral, que se aproxima do contrato, na sua constituição, e do pagamento, nos seus efeitos, por ser meio extintivo de obrigações.

8. NULIDADE	• Nulidade absoluta (CC, arts. 850 e 848). • Nulidade relativa (CC, art. 849 e parágrafo único).

9. EFEITOS	• Efeitos da transação como negócio jurídico bilateral	*a*) Aplicabilidade do CC, art. 476, que a alcançará, e das disposições legais relativas à condição, à mora e às perdas e danos. *b*) Admissibilidade da pena convencional (CC, art. 847).
	• Efeitos extintivos	• Desvinculação do obrigado mediante acordo liberatório. • Equiparação à coisa julgada, se homologada em juízo. • Identidade de pessoas, por vincular apenas os transigentes (CC, art. 844, §§ 1º, 2º e 3º). • Responsabilidade pela evicção (CC, art. 845). • Prevenção e extinção de controvérsias. • Possibilidade de exercício de direito novo sobre a coisa renunciada, mesmo depois de concluída a transação (CC, art. 845, parágrafo único).
	• Efeito declaratório	• A transação apenas declara e reconhece direitos existentes (CC, art. 843).

c.9. Compromisso

c.9.1. Notícia histórica

Nos primórdios do direito romano o compromisso era um pacto pelo qual os interessados se obrigavam a confiar o julgamento da lide a um terceiro, que era o árbitro. Entretanto, a decisão arbitral (*arbitrium* ou *laudum*) não tinha força obrigatória entre as partes, de forma que o lesado não possuía meios para exigir a execução forçada do pactuado. As partes estabeleciam, então, no pacto, uma sanção (pagar certa soma em dinheiro ou entregar um objeto), a ser aplicada em caso de inadimplemento obrigacional[217].

---

217. Bonfante, *Istituzioni di diritto romano*, 4. ed., Milano, Vallardi, 1907, p. 448; Ulpiano, D., Liv. 4, Tít. 8, Lei 11, § 2.

Na era de Justiniano a estipulação dessa pena tornou-se desnecessária, pois a decisão do árbitro passou a ser obrigatória para as partes, desde que a tivessem assinado ou não tivessem dela recorrido no prazo de dez dias[218].

Era, pois, uma forma de justiça privada, em que a execução do direito se realizava sem a intervenção das autoridades públicas, visto que se confiava a simples indivíduos a missão de solucionar as controvérsias surgidas em torno da existência ou da extensão de uma obrigação[219], caráter que se mantém em todas as legislações atuais.

c.9.2. Conceito e natureza jurídica

Na transação os próprios interessados resolvem suas controvérsias, mediante concessões mútuas. Pode ocorrer que por qualquer razão não estejam habilitados a solucionar, pessoalmente, as questões litigiosas ou duvidosas que surgirem em suas relações obrigacionais, remetendo, por isso, a terceiros, de comum acordo, a solução de suas pendências judiciais ou extrajudiciais. Trata-se do juízo arbitral[220].

Compromisso vem a ser o acordo bilateral, em que as partes interessadas submetem suas controvérsias jurídicas à decisão de árbitros, comprometendo-se a acatá-la, subtraindo a demanda da jurisdição da justiça comum[221].

Quem tem dúvidas sobre seus direitos normalmente as remete ao Poder Judiciário, a quem compete a distribuição da justiça, com o intuito de restaurar coativamente um direito violado. Todavia, a Lei n. 9.307/96, arts. 1º, com alteração da Lei n. 13.129/2015, e 9º, e o Código de Processo Civil, art. 42, permitem que pessoas capazes de contratar possam, em qualquer tempo, por meio de compromisso escrito, socorrer-se de árbitros que lhes resolvam as pendências judiciais ou extrajudiciais, desde que relativas a direitos patrimoniais disponíveis. Substitui-se, assim, o juízo comum pelo arbitral, confiando-se a solução da lide ou dos conflitos de interesses a pessoas não pertencentes ao Judiciário, mas competentes na matéria da controvérsia e merecedoras da confiança das partes. O juízo arbitral, além de proporcionar decisão rápida, é menos formal e dispendioso do que a justiça comum (custas, honorários, taxas etc.) e mais discreto, pois não tem publicidade, consistente, no mínimo, na notícia da existência do feito. Essas são as razões que militam em favor da adoção dessa medida[222].

O compromisso é matéria de direito substantivo, por preceder ao juízo arbitral. Primeiro o compromisso, depois a decisão do árbitro. O compromisso pode existir sem juízo arbitral, porém este não poderá existir sem a formação daquele. A Lei n. 9.307/96 com as modifica-

---

218. Édouard Cuq, *Manuel des institutions juridiques des romains,* 2. ed., Paris, Libr. Plon/LGDJ, 1928, p. 515; Justiniano, Cód., Liv. 2, Tít. 56, Lei 4, § 6º, Lei 5, e Nov., 82, Cap. 11; Egídio Codovilla, *Del compromesso e del giudizio arbitrale,* 2. ed., Torino, UTET, 1915, p. 1; Álvaro Villaça Azevedo, Compromisso, in *Enciclopédia Saraiva do Direito,* v. 16, p. 446-7; Alfredo Buzaid, Juízo arbitral, *RF, 181*:453.

219. Demogue, *Les notions fondamentales du droit privé,* p. 600.

220. W. Barros Monteiro, op. cit., p. 316. Súmula STJ, n. 485.

221. *Vide* Antônio Luís da Câmara Leal, *Manual elementar de direito civil,* v. 2, p. 287; Bassil Dower, op. cit., p. 273; Caio M. S. Pereira, op. cit., p. 234; Carvalho de Mendonça, op. cit., v. 1, n. 387, p. 682; Álvaro Villaça Azevedo, Compromisso, cit., p. 447; Luiz Olavo Batista, Cláusula compromissória e compromisso, *RDPúbl.,* v. 17, n. 70, p. 293-9, 1984.

222. Silvio Rodrigues, op. cit., p. 293; Bassil Dower, op. cit., p. 273-4; Hamilton de Moraes e Barros, *Comentários ao Código de Processo Civil,* Rio de Janeiro, Forense, v. 9, p. 374. *Vide* Código Civil, art. 661, § 2º.

ções das Leis n. 13.129/2015 e n. 13.105/2015 (CPC) regem o compromisso e disciplinam o funcionamento do juízo arbitral (CC, art. 853)[223].

Semelhantemente à transação, vislumbramos no compromisso uma *natureza jurídica "sui generis"*, contendo um misto de contrato e de pagamento, por isso dele aqui tratamos apesar de o Código Civil tê-lo abordado, nos arts. 851 a 853, Título VI, alusivo às várias espécies de contrato. Nítida é sua natureza contratual, visto que advém do acordo de vontades das partes interessadas, que escolhem árbitros, vinculando-se a acatar a solução dada por eles; logo, cria obrigações para cada um dos participantes, exigindo capacidade das partes, forma própria e objeto lícito. Firmando o compromisso, com a aprovação e aceitação de todos, as partes contratantes terão o dever de acatar a decisão arbitral, cumprindo-a nos termos do próprio compromisso, e os árbitros assumirão a obrigação de proferir o laudo decisório dentro dos poderes conferidos. É também um pagamento, pois, ao dirimir questões controvertidas, extingue relações obrigacionais[224].

c.9.3. Espécies

Conforme a Lei n. 9.307/96, o compromisso arbitral pode ser[225]:

1º) *Judicial*, referindo-se à controvérsia já ajuizada perante a justiça ordinária, celebrando-se, então, por termo nos autos, perante o juízo ou tribunal por onde correr a demanda. Tal termo será assinado pelas próprias partes ou por mandatário com poderes especiais (CC,

---

223. W. Barros Monteiro, op. cit., p. 318; Alfredo Buzaid, op. cit., p. 454; Carvalho de Mendonça, op. cit., v. 1, n. 386; Silvio Rodrigues, op. cit., p. 294; Serpa Lopes, op. cit., p. 318-9; Sergio P. Marçal e Juliana F. da Silva Marçal, Arbitragem coletiva de direitos e interesses individuais homogêneos de consumo, *Revista do Advogado*, n. 147:101 a 111, 2020.

224. Consulte Caio M. S. Pereira, op. cit., p. 235 e 237; W. Barros Monteiro, op. cit., p. 318; Carvalho de Mendonça, op. cit., v. 1, p. 669; Silvio Rodrigues, op. cit., p. 295; Espínola, op. cit., p. 271; Lacerda de Almeida, *Dos efeitos*, cit., p. 313; João Franzen de Lima, op. cit., v. 1, p. 288; Ruggiero e Maroi, op. cit., v. 2, § 177; Ana Carolina Beneti, Breve análise dos reflexos do novo CPC na arbitragem brasileira, *Contencioso empresarial na vigência do novo CPC* (coord. Carlos David A. Braga e outros, Rio de Janeiro, Lumen Juris, 2017, p. 113 a 134; Carlos Alberto Carmona, *Arbitragem e Processo*, São Paulo, Quartier Latin, 2022. A arbitragem traz caracteres positivos: *celeridade*, por não acarretar interposição de recursos, possibilitando redução da duração do litígio; *informalidade procedimental*; *confiabilidade* do árbitro, que é escolhido pelas partes; *especialização* do árbitro, que é um *expert* na área; *confidencialidade*, pela ausência de publicidade dos atos; *flexibilidade*, pois o árbitro poderá decidir por equidade, se autorizado pelas partes, não ficando adstrito aos dispositivos legais (Pablo Stolze Gagliano e Rodolfo Pamplona Filho, *Novo curso*, cit., v. 2, p. 234-237). *Vide* Lei Complementar n. 123/2006, art. 75.

225. *Vide* Silvio Rodrigues, op. cit., p. 298; Álvaro Villaça Azevedo, Compromisso, cit., p. 448; Serpa Lopes, op. cit., p. 322; Caio M. S. Pereira, op. cit., p. 236; W. Barros Monteiro, op. cit., p. 321; José Frederico Marques, *Instituições de direito processual civil*, v. 5, n. 1.333. O Código de Processo Civil/73, nos arts. 1.072 a 1.102 – ora revogados pela Lei n. 9.307/96 –, referia-se ao juízo arbitral. Consulte: Lei Complementar n. 123/2006, art. 75. *Vide* Enunciado n. 7 do FONAJE: "A sentença que homologa laudo arbitral é irrecorrível".

Enunciado n. 27 do Fórum Permanente de Processualistas Civis: "Não compete ao juízo estatal revisar o mérito da medida ou decisão arbitral cuja efetivação se requer por meio da carta arbitral (CPC, art. 260, § 3º)".

Enunciado do Fórum Permanente de Processualistas Civis – n. 86: "Deve prevalecer a regra de direito mais favorável na homologação de sentença arbitral estrangeira em razão do princípio da máxima eficácia (art. 7º da Convenção de Nova York – Decreto n. 4.311/2002)".

Pelo Enunciado n. 203 do Fórum Permanente de Processualistas Civis: "Não se admite ação rescisória de sentença arbitral".

arts. 661, § 2º, e 851; CPC, art. 105, § 1º; Lei n. 9.307/96, art. 9º, § 1º). Feito o compromisso, cessarão as funções do juiz togado, pois os árbitros decidirão.

Pelos arts. 22-A e 22-B da lei n. 9.307/96, acrescentados pela Lei n. 13.129/2015, antes de instituída a arbitragem, as partes poderão recorrer ao judiciário para concessão da tutela provisória de urgência de natureza cautelar. Tal tutela perderá sua eficácia se o interessado não requerer dentro de 30 dias a arbitragem. Se instituída for a arbitragem, os árbitros deverão manter, modificar ou revogar aquela medida cautelar. Se a arbitragem já tiver sido instituída, a tutela cautelar deverá ser requerida diretamente aos árbitros.

2º) *Extrajudicial*, se ainda não existir demanda ajuizada. Não havendo causa ajuizada, celebrar-se-á o compromisso por escritura pública ou particular, assinada pelas partes e duas testemunhas (CC, art. 851 e Lei n. 9.307/96, art. 9º, § 2º)[226].

Instituído, judicial ou extrajudicialmente, o juízo arbitral, segue o procedimento previsto nos arts. 19 a 30 (alterados pela Lei n. 13.129/2015) da Lei n. 9.307/96.

Proferida a sentença arbitral, findar-se-á a arbitragem e sua cópia deve ser entregue diretamente às partes, mediante recibo, ou a elas enviada por via postal ou por outro meio qualquer de comunicação, desde que se comprove seu recebimento. No prazo de cinco dias, a contar do recebimento da notificação ou da ciência pessoal da sentença arbitral, salvo se outro prazo for acordado entre as partes, a parte interessada, mediante comunicação à outra parte, poderá solicitar ao árbitro ou ao tribunal arbitral a correção de qualquer erro material ou o esclarecimento de dúvidas. E o árbitro ou tribunal arbitral deverá: decidir no prazo de 10 dias ou no prazo avençado pelas partes, aditar a sentença arbitral e notificar as partes na forma do art. 29 (arts. 29 e 30 da Lei n. 9.307/96, com redação da Lei n. 13.129/2015). A sentença arbitral produz entre as partes e seus sucessores os mesmos efeitos da sentença prolatada pelo órgão do Poder Judiciário e, sendo condenatória, constitui título executivo (art. 31 da Lei n. 9.307/96), não sendo, portanto, necessária a homologação judicial para que tenha eficácia executiva. O árbitro é juiz de fato e de direito, logo sua sentença não ficará sujeita ao recurso nem à homologação pelo Poder Judiciário (art. 18 da Lei n. 9.307/96).

Mas, sentença arbitral estrangeira, para ser reconhecida ou executada no Brasil, está sujeita unicamente à homologação do STJ (art. 35 da Lei n. 9.307/96, com a redação da Lei n. 13.129/2015).

c.9.4. Pressupostos subjetivos e objetivos

Ante a natureza contratual do compromisso, imprescindível será, para a sua existência e validade, a presença de pressupostos subjetivos, atinentes às partes que se comprometem e ao árbitro, e objetivos, concernentes ao seu objeto e conteúdo[227].

Os *pressupostos subjetivos* são[228]:

---

226. "Nada impede que, mesmo não existindo ação em juízo, possa o termo de compromisso dos árbitros firmar-se perante juiz togado; se o juízo arbitral pode processar-se fora dele, nenhuma nulidade advém do fato de correr em juízo desde que as partes nisso livremente convieram" (*RT, 121*:201). Pela Lei n. 8.078/90, art. 51, VII, será nula de pleno direito a cláusula relativa ao fornecimento de produto e serviço determinante de utilização compulsória de arbitragem.

227. Serpa Lopes, op. cit., p. 322.

228. Carvalho de Mendonça, op. cit., n. 388; Serpa Lopes, op. cit., p. 322-3 e 325-6; W. Barros Monteiro, op. cit., p. 321; E. Redenti, Compromesso, in *Nuovo Digesto Italiano,* ns. 10 e 22; Rosenberg, *Tratado de derecho procesal civil,* v. 2, p. 603; Caio M. S. Pereira, op. cit., p. 238.

1º) *Capacidade de se comprometer*, abrangendo, além da capacidade em geral para os atos da vida civil, a possibilidade dos contratantes de contratar e de dispor dos direitos em controvérsia e de ser parte em juízo, por envolver a submissão da controvérsia aos árbitros.

2º) *Capacidade para ser árbitro*, pois só pode ser árbitro quem tiver a confiança das partes, excetuando-se: *a*) os incapazes (Lei n. 9.307/96, art. 1º); *b*) os analfabetos; e *c*) os legalmente impedidos de servir como juiz (CPC, art. 144), ou os suspeitos (CPC, art. 145; Lei n. 9.307/96, art. 14). As pessoas jurídicas não poderão ser árbitros ante as mutações que podem sofrer seus órgãos direcionais, incompatíveis com a confiança pessoal que as partes neles depositam. As partes devem nomear um ou mais árbitros sempre em número ímpar, para evitar um possível empate, que dificultaria um acordo sobre a questão controvertida, e podem, ainda, indicar também seus suplentes (Lei n. 9.307/96, art. 13, § 1º). Se nomearem árbitros em número par, estes estão autorizados a nomear mais um, porque seu objetivo é solucionar o litígio, e, sem indicação do desempatador, não se obterá solução alguma para a controvérsia. Não havendo acordo, as partes requerem ao Judiciário competente para julgar a causa a nomeação de árbitro (art. 13, § 2º, da Lei n. 9.307/96). "As partes, de comum acordo, poderão afastar a aplicação de dispositivo do regulamento do órgão arbitral institucional ou entidade especializada que limite a escolha do árbitro único, coárbitro ou presidente do tribunal à respectiva lista de árbitros, autorizado o controle da escolha pelos órgãos competentes da instituição, sendo que, nos casos de impasse e arbitragem multiparte, deverá ser observado o que dispuser o regulamento aplicável" (art. 13, § 4º, da Lei n. 9.307/96, com a redação da Lei n. 13.129/2015).

São *pressupostos objetivos*[229]:

1º) Em relação ao *objeto* do compromisso, que não poderá compreender todas as questões controvertidas, mas tão somente aquelas que pelo juiz comum são passíveis de decisão, com eficácia *inter partes*, desde que não versem sobre assuntos da seara penal, de estado civil, ou melhor, desde que relativas a direito patrimonial disponível de caráter privado (Lei n. 9.307/96, art. 1º). Reforçando esse dispositivo, o Código Civil, em seu art. 852, estatui que não se admitirá compromisso "para solução de questões de estado, de direito pessoal de família e de outras que não tenham caráter estritamente patrimonial".

2º) Atinente ao *conteúdo* do compromisso que, pela Lei n. 9.307/96, art. 10, deverá conter, sob pena de nulidade: *a*) nomes, sobrenomes, domicílio, profissão e estado civil das pessoas que instituírem o juízo arbitral e dos árbitros, bem como os dos substitutos nomeados para os suprir, no caso de falta ou impedimento; ou se for o caso a identificação da entidade à qual as partes delegaram a indicação de árbitros; *b*) as especificações e valor do objeto do litígio, isto é, da controvérsia, que os árbitros deverão solucionar, podendo até a estes formular quesitos para serem respondidos, atribuindo às respostas as consequências que quiserem[230]; *c*) local em que será proferida a sentença arbitral. E poderá, se as partes preferirem, conter (Lei n. 9.307/96, art. 11, I a VI): *a*) o prazo em que deve ser dada a decisão arbitral; *b*) indicação do local ou locais onde se desenvolverá a arbitragem; *c*) autorização para que o árbitro ou árbitros julguem por equidade; *d*) indicação da lei nacional ou das normas corporativas aplicáveis à arbitragem; *e*) a fixação dos honorários dos árbitros e a proporção em que serão pagos, além da declaração de responsabilidade pelo pagamento dos honorários dos peritos e das despesas processuais. A falta de qualquer um desses requisitos não tornará nulo o compromisso por não serem obrigatórios como os do art. 10.

---

229. Serpa Lopes, op. cit., p. 326.

230. Álvaro Villaça Azevedo, Compromisso, cit., p. 448.

c.9.5. Compromisso e institutos afins

É mister distinguir o *compromisso* da *cláusula compromissória*. A cláusula compromissória ou *pactum de compromittendo* é um pacto adjeto dotado de autonomia (art. 8º da Lei n. 9.307/96 e art. 853 do CC) relativamente aos contratos civis ou mercantis, principalmente os de sociedade, ou em negócios jurídicos unilaterais, em que se estabelece que, na eventualidade de uma divergência entre os interessados na execução do negócio, estes deverão lançar mão do juízo arbitral. É avençada no momento do nascimento do negócio principal, como medida preventiva dos interessados, com a intenção de evitar desentendimento futuro. Pode estar nele inserida ou estipulada em documento apartado que a ela se refira. É, pois, contrato preliminar (*RT*, *472*:127, *434*:159) e não impede que as partes pleiteiem seus direitos de efetuar o compromisso na justiça comum (art. 6º, parágrafo único, da Lei n. 9.307/96), havendo recusa em firmá-lo; logo não tem nenhum efeito vinculativo (*RT*, *112*:584, *145*:633, *334*:194, *361*:139, *470*:150; *RF*, *67*:727, *214*:146; *AJ*, *101*:494), correspondendo a simples promessa, dependente de novo acordo dos interessados, já que nele as partes tão somente prometem efetuar um contrato definitivo de compromisso, se surgirem desentendimentos a serem resolvidos. Deveras, existindo tal cláusula e havendo resistência quanto à instituição da arbitragem, poderá o interessado requerer a citação da outra parte para comparecer em juízo para lavrar o compromisso arbitral, designando o juiz audiência especial para tal fim. A sentença que julgar procedente tal pedido valerá como compromisso arbitral (art. 7º, §§ 1º a 7º, da Lei n. 9.307/96). O art. 853 do Código Civil admite o uso dessa cláusula, em que as partes, prevendo divergências futuras, remetem sua solução, na forma estabelecida em lei especial, a árbitros por elas indicados, que serão chamados a dirimir eventuais dúvidas que surgirem, salientando que, mesmo existindo tal cláusula no contrato, nada obsta que o interessado submeta a questão controvertida à apreciação da justiça ordinária, caso o réu não excepcione. Já o compromisso é um contrato em que as partes se obrigam a remeter a controvérsia surgida entre elas ao julgamento de árbitros. Pressupõe, portanto, contrato perfeito e acabado, sem que as partes tenham previsto o modo pelo qual solucionarão as discórdias futuras. O compromisso é, portanto, específico para a solução de certa pendência, mediante árbitros regularmente escolhidos (*RT*, *112*:530, *145*:634; *RF*, *98*:112, *143*:351)[231].

O *compromisso* muito se aproxima da *transação*, pois, como vimos em páginas anteriores, ambos participam da natureza contratual, sendo também meios indiretos de extinção de relações obrigacionais, com a função comum de pôr termo a um litígio, dúvida ou desavença. Daí esses institutos se regerem pelos mesmos princípios: *a*) são indivisíveis (CC, art. 848); *b*) interpretam-se restritivamente (CC, art. 843, 1ª parte); *c*) são meramente declaratórios e não

---

231. Sobre compromisso e cláusula compromissória, *vide* Caio M. S. Pereira, op. cit., p. 239-40; Álvaro Villaça Azevedo, Compromisso, cit., p. 452; W. Barros Monteiro, op. cit., p. 319; Redenti, op. cit., n. 60; Bassil Dower, op. cit., p. 272; Silvio Rodrigues, op. cit., n. 135, p. 296-8; Álvaro Mendes Pimentel, *Da cláusula compromissória*, p. 16; Serpa Lopes, op. cit., p. 321; Alfredo Farhi, *La cláusula compromisoria*, Buenos Aires, 1945, p. 15; Wilson Gianulo, A nova arbitragem no Brasil, *Revista Literária de Direitos*, *14*:20-2; Waldemar Mariz de Oliveira Jr., *Do juízo arbitral: participação e processo*, São Paulo, Revista dos Tribunais, 1988; Antonio Carlos R. do Amaral, O art. 18 da Lei de Arbitragem e a Constituição Federal, *Revista Literária de Direito*, *14*:28-9; Marisa A. Marques de Sousa, A nova Lei da Arbitragem, *Tribuna do Direito*, n. 44, p. 12; Cássio M. C. Penteado Junior, Resolução definitiva de conflitos, *Tribuna do Direito*, n. 43, p. 31; Francisco José Cahali e Thiago Rodovalho, Limites e possibilidades para a convenção de arbitragem no âmbito dos contratos – cláusula compromissória nos contratos de adesão. *Direito civil – Diálogos entre a Doutrina e a Jurisprudência* (coord. Salomão e Tartuce), v. 2, São Paulo, Atlas, 2021, p. 897 a 922.

constitutivos de direito (CC, art. 843, 2ª parte); *d*) aproveitam e prejudicam apenas aos que transigem ou se comprometem (CC, art. 844); *e*) não extinguem a ação penal pública (CC, art. 846); *f*) terão por objeto exclusivamente questões patrimoniais (CC, arts. 841 e 852, 2ª parte). Apesar dessa grande afinidade, há uma diferença essencial entre esses dois institutos, pois pela transação os interessados previnem ou fazem cessar a controvérsia, ao passo que pelo compromisso apenas a retiram da apreciação da justiça ordinária, submetendo-a ao juízo arbitral[232].

c.9.6. Efeitos do compromisso

Produz o compromisso efeitos[233]:

1º) Relativamente aos *compromitentes*, tais como: *a*) exclusão da intervenção do juiz estatal para solucionar o litígio surgido entre eles; *b*) submissão dos compromitentes à sentença arbitral, que apenas têm o direito de recorrer para o tribunal no caso de nulidade daquela sentença (art. 33, §§ 1º a 4º, da Lei n. 9.307/96, com a redação da Lei n. 13.129/2015) ou extinção do compromisso. A demanda para a declaração de nulidade da sentença arbitral, parcial ou final, seguirá as normas do procedimento comum e deverá ser proposta no prazo de até 90 dias após o recebimento da notificação da respectiva sentença, parcial ou final, ou da decisão do pedido de esclarecimentos. A sentença que julgar procedente o pedido declarará a nulidade da sentença arbitral se: nula for aquela sentença; emanada de quem não podia ser árbitro; não contiver os requisitos legais (relatório, fundamentos da decisão, dispositivo legal, data e local em que foi proferida), e determinará, se for o caso, qual o árbitro ou o tribunal profira nova sentença arbitral (art. 33, §§ 1º e 2º, da Lei n. 9.307/96, com a redação da Lei n. 13.129/2015). "A decretação da nulidade da sentença arbitral também poderá ser requerida na impugnação ao cumprimento da sentença, nos termos dos arts. 525 e seguintes do CPC, se houver execução judicial" (Lei n. 9.307/96, art. 33, § 3º, c/c Lei n. 13.105/2015 – CPC). Pelo § 4º do art. 33 da Lei de Arbitragem, a parte interessada poderá ingressar em juízo para requerer a prolação de sentença arbitral complementar, se o árbitro não decidir todos os pedidos submetidos à arbitragem.

2º) Entre *as partes* e *o árbitro*: *a*) investidura do árbitro após a sua aceitação; *b*) substituição do árbitro se houver falta, recusa ou impedimento (arts. 14, § 2º, 15 e 16 da Lei n. 9.307/96). Em todas essas hipóteses será convocado o substituto, se houver. Não havendo substituto, aplicam-se as normas do órgão arbitral institucional ou entidade especializada, se as partes as tiverem invocado na convenção de arbitragem. Se esta nada dispuser e não chegando as

---

232. A respeito da relação entre compromisso e transação, *vide* Silvio Rodrigues, op. cit., p. 302-3; Clóvis Beviláqua, *Código Civil*, cit., v. 4, p. 164; Bassil Dower, op. cit., p. 279; W. Barros Monteiro, op. cit., p. 322; Serpa Lopes, op. cit., p. 321; Ruggiero e Maroi, op. cit., v. 2, § 117; Caio M. S. Pereira, op. cit., p. 234; Giovanni Ettore Nanni, Honorários pela atuação como árbitro e exercício da advocacia. Possibilidade de recebimento pela sociedade de advogados, *Letrado* – IASP, *105*:46 a 49. *Vide* Decreto n. 4.311, de 23-7-2002, que promulgou a Convenção sobre o reconhecimento e a execução de sentença arbitral estrangeira. *Consulte*: Decreto s/n de 9 de novembro de 2006, que institui, no âmbito do Ministério da Justiça, Grupo de Trabalho Interministerial para propor ato normativo a fim de disciplinar a atuação dos árbitros, órgãos arbitrais institucionais e entidades especializadas em arbitragem, previstos na Lei n. 9.307/96.

233. Serpa Lopes, op. cit., p. 327-8 e 331; T. A. Kroetz, *Arbitragem, conceito e pressupostos de validade*, São Paulo, Revista dos Tribunais, 1998; Joel D. Figueira Jr., *Arbitragem, jurisdição e execução*, São Paulo, Revista dos Tribunais, 1998; José Rogério Cruz e Tucci, A liberdade do árbitro e o problema da re-qualificação jurídica da demanda. *Revista Síntese – Direito Civil* e *Processual Civil*, *98*: 112 a 120.

partes a um acordo, o juiz nomeia árbitro único para solucionar o litígio, a menos que as partes tenham declarado expressamente, na convenção de arbitragem, não aceitar substituto (art. 16, §§ 1º e 2º, da Lei n. 9.307/96); *c*) indicação de um terceiro desempatador, no caso de empate (art. 13, § 2º, da Lei n. 9.307/96); *d*) percepção pelo árbitro dos honorários ajustados pelo desempenho de sua função. À falta de acordo ou de disposição especial no compromisso, o árbitro, depois de apresentado o laudo, poderá requerer ao juiz que seria competente para julgar a causa que lhe fixe o valor dos honorários por sentença, valendo esta como título executivo (art. 11, parágrafo único, da Lei n. 9.307/96); *e*) responsabilidade por perdas e danos do árbitro que, no prazo, não proferir o laudo, acarretando a extinção do compromisso, ou que, depois de aceitar o encargo, a ele renunciar injustificadamente; *f*) aplicação da norma estabelecida no Código de Processo Civil, art. 143, sobre deveres e responsabilidades dos juízes, aos árbitros que o merecerem.

c.9.7. Nulidade do laudo arbitral

Pelo art. 32, I, com redação da Lei n. 13.129/2015, a VIII, da Lei n. 9.307/96, nulo será o laudo arbitral:

1º) se nula a convenção de arbitragem;

2º) se proferido fora dos limites do compromisso, ou em desacordo com o seu objeto, ou seja, se os árbitros ultrapassarem os poderes conferidos no compromisso;

3º) se não julgar toda a controvérsia submetida ao juízo;

4º) se emanou de quem não podia ser nomeado árbitro;

5º) se comprovado que foi proferido por prevaricação, concussão ou corrupção passiva;

6º) se desrespeitados, no procedimento, os princípios do contraditório, da igualdade das partes, da imparcialidade do árbitro e de seu livre convencimento;

7º) se não contiver os requisitos essenciais exigidos pelo art. 26 da Lei n. 9.307/96, a saber: o relatório, contendo nomes das partes e resumo do litígio; os fundamentos da decisão, mencionando-se expressamente se esta foi dada por equidade; o dispositivo em que os árbitros resolveram as questões que lhes foram submetidas, prazo para cumprimento da decisão; o dia, mês, ano e lugar em que foi prolatado;

8º) se proferido fora do prazo.

A demanda para a declaração de nulidade da sentença arbitral, parcial ou final, seguirá as normas do procedimento comum e deverá ser proposta no prazo de até 90 dias após o recebimento da notificação da respectiva sentença, parcial ou final, ou da decisão do pedido de esclarecimentos. A sentença que julgar procedente o pedido declarará a nulidade da sentença arbitral, nos casos do art. 32, acima arrolados, e determinará, se for o caso, que o árbitro ou tribunal profira nova sentença arbitral. A declaração de nulidade daquela decisão também poderá ser arguida mediante impugnação, conforme o art. 525 do CPC/2015, se houver execução judicial. A parte interessada poderá ingressar em juízo para requerer a prolação de sentença arbitral complementar, se o árbitro não decidir todos os pedidos submetidos à arbitragem.

c.9.8. Extinção do compromisso

Extinguir-se-á o compromisso (Lei n. 9.307/96, art. 12, I a III):

1º) escusando-se qualquer dos árbitros antes de aceitar a nomeação, desde que as partes tenham declarado, expressamente, não aceitar substituto;

2º) falecendo ou ficando impossibilitado de dar o seu voto algum dos árbitros, sem que tenha substituto aceito pelas partes;

3º) tendo expirado o prazo para apresentação da sentença arbitral, desde que a parte interessada tenha notificado o árbitro ou o presidente do tribunal arbitral, concedendo-lhe o prazo de dez dias para a prolação e apresentação do laudo.

Quadro Sinótico

COMPROMISSO

1. NOTÍCIA HISTÓRICA	• No direito romano era o compromisso uma forma de justiça privada, em que a execução do direito era feita sem a intervenção da autoridade pública, pois confiava-se a simples indivíduos a missão de solucionar controvérsias surgidas em torno de uma obrigação, caráter que se mantém em todas as legislações contemporâneas.

2. CONCEITO	• Compromisso é um acordo bilateral, em que as partes interessadas submetem suas controvérsias jurídicas à decisão de árbitros, comprometendo-se a acatá-la, subtraindo a demanda da jurisdição da justiça comum.

3. NATUREZA JURÍDICA	• É o compromisso um misto de contrato e pagamento.

4. ESPÉCIES	• Judicial	• Se se referir à controvérsia já ajuizada perante a justiça ordinária, celebrando-se por termo nos autos, perante o juízo ou tribunal por onde correr a demanda (CC, arts. 851 e 661, § 2º; CPC, art. 105, § 1º, e Lei n. 9.307/96, art. 9º, § 1º).
	• Extrajudicial	• Se não houver causa ajuizada, celebrar-se-á o compromisso por escritura pública ou particular, assinada pelas partes e por duas testemunhas (CC, art. 851, e Lei n. 9.307/96, art. 9º, § 2º).

5. PRESSUPOSTOS	• Subjetivos	• Capacidade de se comprometer. • Capacidade para ser árbitro (Lei n. 9.307/96, arts. 13 e 14).
	• Objetivos	• Em relação ao objeto do compromisso (Lei n. 9.307/96, art. 1º; CC, art. 852). • Atinente ao conteúdo do compromisso (Lei n. 9.307/96, arts. 10 e 11).

6. COMPROMISSO E INSTITUTOS AFINS	• Compromisso e cláusula compromissória	• *Cláusula compromissória* é um pacto contido num negócio jurídico, estabelecendo que, na eventualidade de uma divergência, os interessados deverão lançar mão do juízo arbitral. É um contrato preliminar, ou uma medida preventiva, em que as partes simplesmente prometem efetuar um contrato de compromisso se surgir desentendimento a ser resolvido (CC, art. 853). *Compromisso* é um contrato em que as partes se comprometem a submeter certa pendência à decisão de árbitros regularmente louvados.
	• Compromisso e transaçao	• Ambos os institutos têm: a natureza jurídica mista, sendo, ao mesmo tempo, contrato e pagamento; a função comum de pôr termo a um litígio ou dúvida; os mesmos princípios. Na *transação* os interessados previnem ou fazem cessar a controvérsia, enquanto no *compromisso* apenas a retiram da apreciação da justiça ordinária, submetendo-a ao juízo arbitral.

7. EFEITOS DO COMPROMISSO	• Em relação aos compromitentes	• Exclusão da intervenção do juiz estatal na solução do litígio. • Submissão dos compromitentes à sentença arbitral.
	• Entre as partes e o árbitro	• Lei n. 9.307/96, arts. 14, § 2º, 15, 16 e §§ 1º e 2º, 11, parágrafo único; CPC, art. 143.

8. NULIDADE DO LAUDO ARBITRAL	• Lei n. 9.307/96, art. 32, I (com redação da Lei n. 13.129/2015) a VIII.

9. EXTINÇÃO DO COMPROMISSO	• Lei n. 9.307/96, art. 12, I a III.

c.10. Confusão

c.10.1. Histórico

Quando as figuras do devedor e do credor se reuniam na mesma pessoa em razão de circunstância jurídica alheia à obrigação, o direito romano (D., Liv. 66, Tít. I, frag. 71) não admitia nesse caso a extinção da relação obrigacional, mas apenas aceitava a exoneração do devedor como consequência da paralisação da ação. Havia tão somente uma paralisação da ação inerente ao direito reunido num só titular, de forma que este ficava impossibilitado de mover ação. Dessa maneira, havia uma neutralização da relação jurídica, pois a obrigação não era cumprida nem se extinguia, deixando apenas de ser exigida na prática, ante a impossibilidade de o credor reclamá-la de si mesmo. Por esse motivo, alguns juristas não enquadram a confusão entre as causas extintivas do liame creditório, sustentando a sobrevivência da obrigação, mesmo que não possa ser exigida[234]. Entretanto, tal concepção é inexata, sofrendo acerbas críticas da doutrina[235], e os códigos modernos vêm admitindo que o fenômeno da confusão opera a extinção da relação obrigacional.

---

234. Caio M. S. Pereira (op. cit., p. 231), Silvio Rodrigues (op. cit., p. 305), Serpa Lopes (op. cit., p. 337) e Solazzi (*L'estinzione della obbligazione,* Napoli, 1931, p. 258 e s.) resumem essa noção romana de confusão. Os autores que seguem a esteira do direito romano são: Lacerda de Almeida (op. cit., p. 326), Planiol (op. cit., v. 2, n. 601), Giorgi (op. cit., v. 8, n. 105) e De Page (op. cit., v. 3, 2. parte, n. 694). Colin e Capitant (op. cit., v. 2, n. 123) escrevem: "*L'article 1.300 porte que la confusion éteint la créance. Mais cela n'est pas entièrement exact. En réalité, la confusion est moins une cause d'extinction de l'obligation qu'un obstacle à son exécution, obstacle qui durera autant que la réunion sur la même tête de la qualité de créancier et celle de débiteur. La confusion ne met pas fin à l'obligation, elle la paralyse*". Baudry-Lacantinerie e Barde (op. cit., v. 13, n. 1.897) entendem que a confusão é a "neutralização de um direito em virtude da reunião em uma única pessoa de duas qualidades incompatíveis".

235. Aubry e Rau, op. cit., v. 4, § 330; Colmo, op. cit., n. 851; Larenz, op. cit., v. 1, p. 322; Trabucchi, op. cit., n. 246; Carvalho de Mendonça, op. cit., v. 1, p. 681; Clóvis Beviláqua, *Código Civil,* cit., v. 4, obs. ao art. 1.049 do CC de 1916 (atual art. 381 do CC/ 2002); Judith Martins-Costa, *Comentários,* cit., v. 5, t. 1, p. 639-48.

c.10.2. Conceito e requisitos

O termo *confusão* advém da palavra latina *confusio, onis*, significando mistura, mescla, desordem, fusão, dentre outras acepções. *Confusio* descende do verbo latino *confundo, is, confudi, confusum, ere*, da terceira conjugação, indicando misturar, reunir, confundir, ajuntar, sendo formado pela união da preposição *cum* (com) e do verbo *fundo, ere*, da raiz *fud* (derramar, verter, fundir, derreter etc.). Assim sendo, confusão apresenta a ideia de fundir com, misturar, reunir[236].

Juridicamente, o termo *confusão* possui três acepções diversas[237]:

1ª) Representa a mescla de várias matérias líquidas pertencentes a pessoa diversa, de tal forma que seria impossível separá-las, caso em que se terá confusão propriamente dita, que constitui um dos modos derivados de aquisição e perda da propriedade móvel. P. ex.: a mistura de vinhos de dois tonéis, pertencentes cada um a um dono, impossibilitando sua separação ou tornando esta tão dispendiosa que aos proprietários não compense efetuá-la. Contudo, tal palavra poderá representar a mistura entre coisas secas ou sólidas, hipótese em que se configurará a comistão, ou a justaposição de uma coisa à outra, de forma que não seja mais possível destacar a acessória da principal sem deterioração, quando se dará a adjunção.

2ª) Indica a reunião, numa mesma pessoa, de diversos direitos sobre bem corpóreo ou incorpóreo, os quais anteriormente se encontravam separados. Isto é, na confusão ou consolidação reúnem-se no mesmo titular a propriedade e um direito real sobre coisa alheia, como é o caso, p. ex., do usufrutuário que sucede nos direitos do nu-proprietário (CC, art. 1.410, VI); do senhorio que adquire o domínio útil do foreiro; do proprietário do prédio serviente, que passa a ter a propriedade do dominante; do credor da renda constituída sobre imóvel, que passa a ser proprietário do imóvel vinculado; do credor pignoratício que adquire, por ato *inter vivos* ou *causa mortis*, o domínio do objeto gravado (CC, art. 1.436, IV e § 2º); do credor hipotecário que passa a ser proprietário do imóvel hipotecado.

3ª) Designa o concurso, na mesma pessoa, das qualidades de credor e devedor de uma obrigação.

Infere-se daí que a confusão, na seara jurídica, participa do direito das coisas no primeiro e no segundo sentido, e do direito das obrigações, na terceira acepção.

No direito obrigacional, portanto, confusão é a aglutinação, em uma única pessoa e relativamente à mesma relação jurídica, das qualidades de credor e devedor, por ato *inter vivos* ou *causa mortis*, operando a extinção do crédito[238]. Em razão do *impedimentum prestandi*, ou seja, da impossibilidade do exercício simultâneo da prestação e da ação creditória, ter-se-á a

---

236. Álvaro Villaça Azevedo, Confusão, in *Enciclopédia Saraiva do Direito*, v. 18, p. 156; Antunes Varela, *Noções fundamentais*, cit., v. 1, p. 410-1; Ramón Silva Alonso, *Derecho de las obligaciones*, cit., p. 374-5; *RJ*, *169*:101, *144*:72; *RT*, *104*:547, *660*:165, *883*:185.

237. Pothier, op. cit., v. 2, n. 641; Serpa Lopes, op. cit., p. 334; M. Helena Diniz, *Curso*, cit., v. 4, p. 195, 249, 250, 266, 285, 301, 336 e 370; Caio M. S. Pereira, op. cit., p. 231; Álvaro Villaça Azevedo, Confusão, cit., p. 156-7; R. Limongi França, *Manual*, cit., v. 3, p. 156. "A Defensoria Pública do Estado do Rio de Janeiro é órgão daquele Estado, não tendo personalidade jurídica própria, razão pela qual é incabível a condenação do Estado em prestar-lhe honorários advocatícios, ficando caracterizada a confusão entre credor e devedor, a teor do disposto no art. 1.049 do Código Civil de 1916 (art. 381 do atual Código Civil)" (STJ, AgRg no Ag. 767.073/RS, rel. Min. Francisco Falcão, Primeira Turma, j. 7-11-2006, *DJ*, 14-12-2006, p. 267).

238. Silvio Rodrigues, op. cit., p. 305; Álvaro Villaça Azevedo, Confusão, cit., p. 156; Orlando Gomes, op. cit., p. 155; Weill, *Droit civil;* les obligations, Paris, Dalloz, 1971, p. 971; Mário Luiz Delgado Régis, *Novo Código Civil*, cit., p. 381.

extinção da obrigação. Como ninguém pode ser credor e devedor de si mesmo, ou demandar contra si mesmo, pois o direito creditório reclama a coexistência de um sujeito ativo (credor) e de um sujeito passivo (devedor), qualidades que devem, irredutivelmente, recair em pessoas diversas, estatui o Código Civil, art. 381: "Extingue-se a obrigação, desde que na mesma pessoa se confundam as qualidades de credor e devedor"[239].

A confusão deriva de ato *causa mortis* ou *inter vivos*. Na sucessão hereditária, o credor poderá vir a ser o sucessor do devedor e vice-versa. P. ex.: "A" é credor de "B", porém "B" é herdeiro de "A". Com o óbito de "A", a herança, contendo o crédito, transmitir-se-á a "B", operando-se, então, a confusão das qualidades de credor e devedor, extinguindo-se o vínculo creditório.

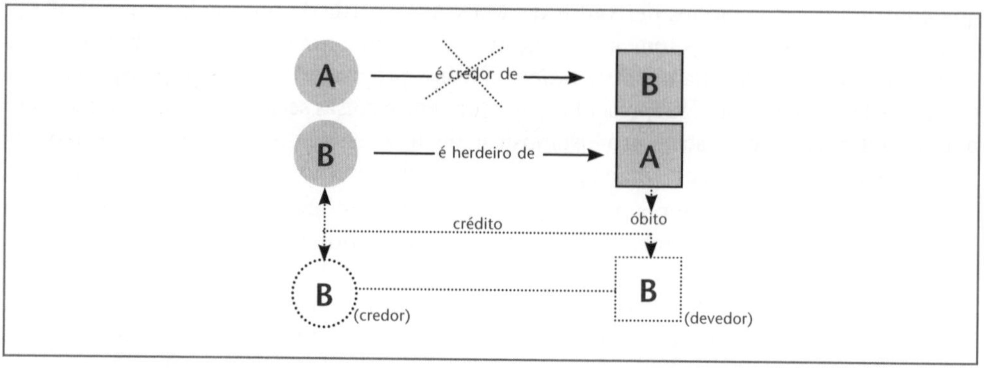

Pode ocorrer, ainda, a hipótese de uma terceira pessoa suceder ao mesmo tempo o credor e o devedor, dando origem à confusão e à extinção da obrigação. Portanto, se o herdeiro ou legatário receber do *de cujus* o título de crédito contra si mesmo, ter-se-á a configuração desse instituto. O casamento sob o regime da comunhão universal poderá acarretar confusão, quando marido e mulher, antes das núpcias, eram credor e devedor, dando-se, então, a comunicação dos patrimônios e consequentemente a extinção da relação obrigacional. O mesmo se dá se houver cessão de crédito, doação ou sociedade entre credor e devedor, verificando-se, então, a confusão se o devedor passar a ser titular do direito de crédito. Contudo, não se terá a extinção da relação creditória, por via da confusão, se o representante da pessoa jurídica se tornar credor e não esta isoladamente, uma vez que a confusão requer identidade de posições e a pessoa jurídica não se confunde com o seu representante (*RT, 104*:547)[240].

Caio Mário da Silva Pereira enumera, com muita propriedade, os *requisitos* essenciais da confusão[241]:

---

239. W. Barros Monteiro, op. cit., p. 323. Guilherme Alves Moreira (*Instituições do direito civil português*, Coimbra, 1925, v. 2, p. 277), com muita propriedade, pondera: "a confusão não determina, pois, a extinção do crédito, sempre que a existência deste seja compatível com ela. É assim que, ficando o devedor herdeiro do credor, o crédito do defunto deve ser computado para o efeito da quota disponível. Se, por exemplo, A, filho de B, deve a este 1.000$000 réis, e B deixar legados, para se verificar se a importância destes excede a metade da herança de que B podia dispor deve considerar-se subsistente o crédito dele contra A".

240. Sobre as causas determinantes da confusão, *vide* W. Barros Monteiro, op. cit., p. 324; Caio M. S. Pereira, op. cit., p. 230; Silvio Rodrigues, op. cit., p. 308; Clóvis Beviláqua, *Código Civil*, cit., v. 4, p. 161; Orlando Gomes, op. cit., p. 155; Álvaro Villaça Azevedo, Confusão, cit., p. 156; Serpa Lopes, op. cit., p. 336.

241. Caio M. S. Pereira, op. cit., p. 232.

1º) *unidade da relação obrigacional*, que pressupõe, portanto, a existência do mesmo crédito ou da mesma obrigação;

2º) *união, na mesma pessoa, das qualidades de credor e devedor*, pois apenas quando a pretensão e a obrigação concorrerem no mesmo titular é que se terá a confusão;

3º) *ausência de separação dos patrimônios*, de modo que, p. ex., aberta a sucessão, não se verificará a confusão enquanto os patrimônios do *de cujus* e do herdeiro permanecerem distintos, não incorporando o herdeiro, em definitivo, o crédito ao seu próprio patrimônio[242].

c.10.3. Espécies

O Código Civil, art. 382, ao prescrever que "a confusão pode verificar-se a respeito de toda a dívida, ou só de parte dela", está admitindo duas espécies para esse instituto[243]:

1ª) a *total* ou *própria*, se se realizar com relação a toda a dívida ou crédito;

2ª) a *parcial* ou *imprópria*, se se efetivar apenas em relação a uma parte do débito ou crédito. P. ex.: se o credor não receber a totalidade da dívida, por não ser o único herdeiro do devedor ou por não lhe ter sido transferido integralmente o débito, ou se o devedor não for o único herdeiro do credor. No caso, p. ex., de "A" ser credor de seu filho "B" da soma de R$ 200.000,00 e ter outro filho, "C", com a sua morte, ter-se-á confusão parcial, pois "B" teria de pagar à massa hereditária R$ 100.000,00, para que tal importância reverta em proveito de seu irmão "C", a título de pagamento de sua quota na herança.

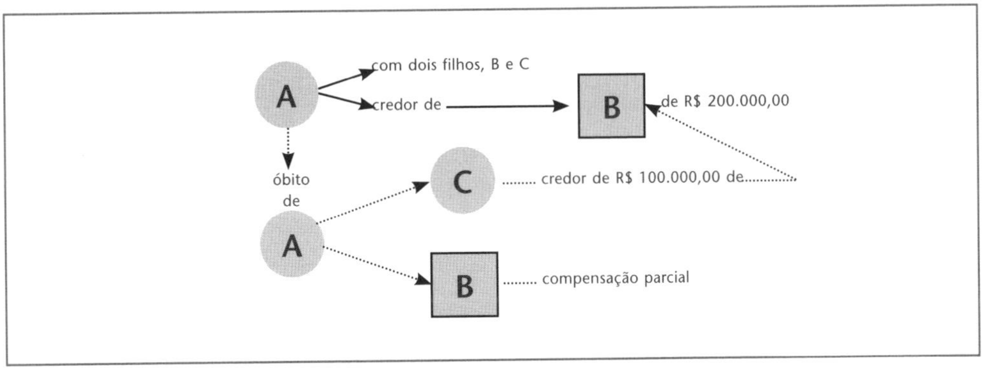

Reza o Código Civil, art. 383: "A confusão operada na pessoa do credor ou devedor solidário só extingue a obrigação até a concorrência da respectiva parte no crédito, ou na dívida, subsistindo quanto ao mais a solidariedade". Deduz-se desse artigo que a confusão se verifica parcialmente, apenas em relação à quota do credor ou devedor em que ela se deu, sem, contudo, extinguir a solidariedade quanto ao remanescente, de forma que os outros cocredores ou

242. De Page, op. cit., n. 692; Carvalho de Mendonça, op. cit., n. 399.

243. Relativamente às espécies de confusão, *vide* Orlando Gomes, op. cit., p. 156; Álvaro Villaça Azevedo, Confusão, cit., p. 157-8; W. Barros Monteiro, op. cit., p. 324; Bassil Dower, op. cit., p. 282; Serpa Lopes, op. cit., ns. 291 e 293, p. 336 e 339. *Vide* Código Civil português, art. 869, e Guilherme Alves Moreira, *Instituições do direito civil português*, cit., p. 280. Antunes Varela (*Das Obrigações*, cit., v. 2, p. 270) considera como *confusão imprópria* a reunião numa só pessoa da qualidade de fiador e devedor ou de proprietário do imóvel hipotecado e credor, porque em tais hipóteses não haverá extinção da obrigação principal, mas sim da acessória.

codevedores continuarão vinculados, deduzindo-se, obviamente, a parte alusiva ao cocredor ou codevedor na qual se operou a confusão. P. ex., se "A", "B" e "C" são codevedores solidários de "D" pela quantia de R$ 900.000,00 e "B" falece, nomeando "D" seu único herdeiro, "A" e "C", então, terão responsabilidade solidária perante "D" pelo *quantum* de R$ 600.000,00.

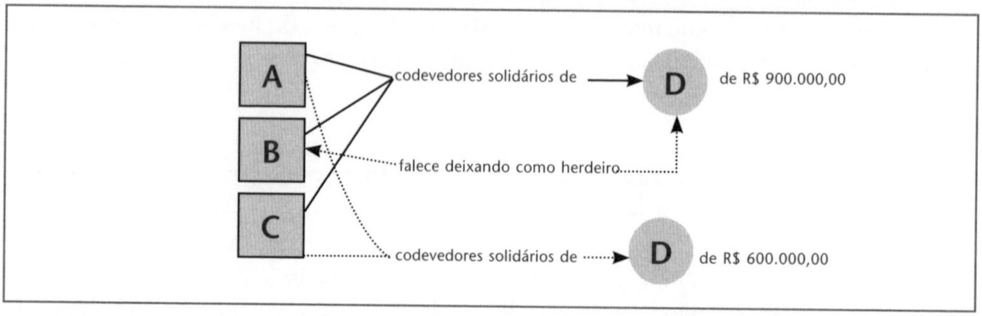

c.10.4. Efeitos

Claro está, pelo art. 381 do Código Civil, que um dos efeitos da confusão é operar a extinção da obrigação, desde que na mesma pessoa se aglutinem as qualidades de credor e devedor. Se acarretar a extinção da obrigação principal, *ipso facto* extinguir-se-á a relação acessória, já que *accessorium sequitur principale;* a recíproca, porém, não é verdadeira. P. ex.: se a confusão se der entre credor e fiador, ter-se-á como extinta a fiança (obrigação acessória), porque ninguém poderá ser fiador de si próprio; contudo, permanecerá a obrigação principal. O efeito da confusão – extinção do crédito e de seus acessórios – apenas se dará definitivamente se não houver nenhum meio que torne possível o desfazimento da confusão, visto que, se ela cessar, restabelecer-se-á *in totum* a obrigação, ou seja, na íntegra e com todos os acessórios (CC, art. 384)[244].

c.10.5. Extinção

Ter-se-á a extinção da confusão e consequentemente a restauração ou o restabelecimento da obrigação com todos os seus acessórios, em virtude de uma situação jurídica transitória ou de uma relação jurídica ineficaz, sendo esse princípio uma exceção à regra geral de ser a confusão um modo extintivo do vínculo obrigacional. Esse princípio se acha consignado no Código Civil, art. 384, que dispõe: "Cessando a confusão, para logo se restabelece, com todos os seus acessórios, a obrigação anterior". Se a confusão decorrer de uma situação jurídica transitória, como no caso, p. ex., do fiduciário que é credor do *de cujus*, uma vez resolvido o direito do fiduciário, cessará a confusão, pois os bens passarão ao fideicomissário, restabelecendo-se em pessoas diversas as qualidades de credor e devedor ou do herdeiro do declarado ausente, havendo, após a abertura da sucessão provisória, o retorno do presumidamente morto. Se o devedor for instituído herdeiro testamentário de seu credor, ter-se-á confusão e extinção da obrigação, mas se posteriormente se der a declaração de nulidade do testamento, cessará a confusão, porque a união adveio de ato

244. Serpa Lopes, op. cit., p. 337-40; W. Barros Monteiro, op. cit., p. 325; Orlando Gomes, op. cit., p. 156; Caio M. S. Pereira, op. cit., p. 232-3.

ineficaz, restaurando-se, então, a relação obrigacional retroativamente, com todos os seus acessórios, como se nunca tivesse havido confusão. Desse modo, o devedor (ex-herdeiro) continuará a ser devedor do espólio com todos os seus acessórios (juros, garantias reais, como, p. ex., a hipoteca ou o penhor, ou pessoais, como a fiança). Nessas hipóteses a confusão terá efeito meramente paralisante do exercício do direito pela impossibilidade de o credor exercê-lo contra si mesmo, pois não se operou a extinção do débito. Sendo assim, com a cessação do impedimento, restabelece-se a obrigação com todos os seus acessórios. Por isso, para Baudry-Lacantinerie e Barde, cuja esteira foi seguida por Silvio Rodrigues e Álvaro Villaça Azevedo, a confusão, na verdade, não extinguiria a obrigação, pois impossível seria seu restabelecimento se esta já tivesse sido extinta pela confusão. Logo, a confusão apenas operaria a neutralização ou paralisação de um direito, em virtude da reunião numa só pessoa das qualidades de credor e devedor. Consequentemente, paralisar-se-á a obrigação até que surja uma causa que a restabeleça juridicamente[245].

Quadro Sinótico

CONFUSÃO

1. HISTÓRICO	• No direito romano, havendo reunião, na mesma pessoa, das figuras do credor e do devedor, não se admitia a extinção da obrigação, mas apenas mera liberação do devedor, como consequência da paralisação da ação.

2. CONCEITO	• Confusão, no direito obrigacional, é a aglutinação, em uma única pessoa e relativamente à mesma relação jurídica, das qualidades de credor e devedor, por ato *inter vivos* ou *causa mortis*, operando a extinção do crédito (CC, art. 381).

3. REQUISITOS	• Unidade da relação obrigacional. • União, na mesma pessoa, das qualidades de credor e devedor. • Ausência de separação de patrimônios.

4. ESPÉCIES (CC, ARTS. 382 E 383)	• Confusão total ou própria	• Se se realizar relativamente a toda a dívida ou crédito.
	• Confusão parcial ou imprópria	• Se se efetivar apenas em relação a uma parte do débito ou crédito.

245. A respeito da cessação da confusão, *vide* Bassil Dower, op. cit., p. 283; Clóvis Beviláqua, *Código Civil*, cit., v. 4, p. 167; Caio M. S. Pereira, op. cit., p. 233-4; De Page, op. cit., n. 697; Serpa Lopes, op. cit., p. 340-2; Hudelot e Metmann, op. cit., n. 600; Álvaro Villaça Azevedo, Confusão, cit., p. 158; Demolombe, op. cit., t. 28, n. 740; Carvalho de Mendonça, op. cit., v. 1, n. 406; Mário Luiz Delgado Régis, *Novo Código Civil*, cit., p. 344; Carlos Roberto Gonçalves, *Direito civil*, cit., v. 2, p. 341. Com argúcia pondera Pontes de Miranda (*Tratado de direito privado*, v. 25, § 3009, p. 44) que, na verdade, não há ressurreição de crédito, "mas uma pós-ineficacização da confusão".

Enunciado n. 160 do Fórum Permanente de Processualistas Civis: "A sentença que reconhece a extinção da obrigação pela confusão é de mérito".

5. EFEITOS	• Extinguir não só a obrigação principal, desde que na mesma pessoa se reúnam as qualidades de credor e devedor, mas também a acessória, ante o princípio *accessorium sequitur principale;* a recíproca, porém, não é verdadeira.
6. EXTINÇÃO	• Cessará a confusão, operando-se a restauração da obrigação com todos os seus acessórios, se ela decorrer de uma situação jurídica transitória ou de uma relação jurídica ineficaz (CC, art. 384).

c.11. Remissão das dívidas

c.11.1. Origem histórica

No direito romano distinguiam-se duas modalidades de remissão das dívidas[246]:

1ª) A *acceptilatio,* que consistia numa *imaginaria solutio,* isto é, num pagamento irreal, com caráter convencional, requerendo a presença das duas partes, visto que o credor remitia verbalmente uma obrigação, declarando ter recebido o débito, que, na realidade, não havia recebido, extinguindo-se *ipso iure* o vínculo creditório.

2ª) O *pactum de non petendo,* que era um acordo em que o credor prometia ao devedor não demandar o seu crédito definitivamente, caso em que seria *pactum de non petendo in perpetuum*, ou temporariamente, hipótese em que se configurava o *pactum de non petendo ad tempus.* O credor podia, ainda, prometer não fazer valer o crédito de modo absoluto (*pactum in rem*) ou apenas contra certa pessoa (*pactum in personam*). Tais promessas importavam remissão.

Hodiernamente, desapareceram tais distinções.

c.11.2. Conceito e natureza jurídica

Remissão advém do latim *remissio, remittere,* significando perdão. Remissão seria o perdão da dívida pelo credor[247], colocando-se este na impossibilidade de reclamar o adimplemento da obrigação.

A *remissão das dívidas* é a liberação graciosa do devedor pelo credor, que voluntariamente abre mão de seus direitos creditórios, com o escopo de extinguir a obrigação, mediante o consentimento inequívoco, expresso ou tácito, do devedor[248], desde que não haja prejuízo a direitos de terceiro (CC, art. 385). Logo, credor, que deu em penhor seu crédito, não poderá perdoá-lo se prejudicar credor pignoratício.

---

246. Serpa Lopes, op. cit., p. 346; W. Barros Monteiro, op. cit., p. 326-7; Orlando Gomes, op. cit., p. 154-5.

247. Para Carvalho de Mendonça (apud Clóvis Beviláqua, *Código Civil comentado*, cit., p. 215) seria a "renúncia gratuita do crédito", incondicionalmente manifestada pelo credor em benefício do devedor. É uma espécie de que a renúncia é o gênero. Arlindo Bernart, Remissão da dívida – II, in *Enciclopédia Saraiva do Direito,* v. 64, p. 490. *Vide*: *RSTJ*, *83*:258. Remissão (perdão da dívida, extinguindo-a) não se confunde com remição (CPC, art. 651 – atual art. 826 – liberação do poder de outrem de bens ou de dívida executada; resgate).

248. Clóvis Beviláqua, *Código Civil,* cit., v. 4, obs. ao art. 1.053 do CC de 1916; Windscheid, op. cit., v. 2, § 357; Serpa Lopes, op. cit., p. 346; W. Barros Monteiro, op. cit., p. 326; Saleilles, op. cit., p. 61, n. 71; Orlando Gomes, op. cit., p. 152; Silvio Rodrigues, op. cit., p. 312; Carlo T. di Castelazzo, Rimessione del debito, in *Nuovo Digesto Italiano. Vide* Código Tributário Nacional, art. 172, e Código Civil, art. 324; Antunes Varela, *Noções fundamentais,* cit., v. 1, p. 412-4; Ramón Silva Alonso, *Derecho de las obligaciones*, cit., p. 376-7. *Vide* Código Civil uruguaio, art. 1.515.

Por consistir numa alienação, sua eficácia dependerá, de um lado, não só da capacidade ordinária de quem a faz, mas também de legitimação para dispor, uma vez que, diminuindo o patrimônio do credor, equivaleria a ato de disposição[249], e, de outro lado, da capacidade de adquirir do devedor. O remitente deverá ser capaz de alienar, tendo livre disponibilidade sobre seus bens, e o remitido, capaz de adquirir (CC, art. 386, *in fine*)[250].

A remissão é um direito exclusivo do credor de exonerar o devedor, visto ser a extinção dos direitos creditórios pela simples vontade do credor. Por essa razão todos os créditos, seja qual for a sua natureza, são suscetíveis de serem remitidos, desde que visem o interesse do credor e a remissão não prejudique interesse público ou de terceiro. Por outras palavras, só poderá haver perdão de dívidas patrimoniais de caráter privado, pois se se tratar de débitos que envolvem interesse de ordem pública, não serão suscetíveis de remissão[251]. Para tal liberação do débito, a lei não exige nenhuma formalidade especial para sua validade; logo, pode ela efetivar-se por negócio jurídico bilateral ou unilateral, seja ele *inter vivos* ou *mortis causa*[252]. Mas se estiver contida em outro negócio jurídico, deverá seguir a forma deste, como, p. ex., se for feita em testamento, deverá revestir-se dos requisitos formais deste, cuja inobservância acarretará sua nulidade[253].

A *natureza jurídica* do ato remissivo é questão prenhe de controvérsia, pois a doutrina contém amplas discussões a respeito de sua unilateralidade ou bilateralidade. Alguns juristas[254] se inclinam a considerá-lo como um negócio jurídico unilateral, por entenderem que, para remitir, o credor não precisará de declaração da vontade do devedor, visto que a essência do perdão está na vontade abdicativa do credor, independendo da aceitação do devedor. Outros[255], aos quais nos filiamos, nela vislumbram um negócio jurídico bilateral, entendendo que o credor não poderá exonerar o devedor sem a anuência deste, não lhe sendo lícito sobrepor-se à vontade do devedor de cumprir a relação obrigacional, uma vez que a obrigação é um vínculo jurídico que não se poderá desatar sem o concurso da vontade das partes que o constituíram. Imprescindível será que os interessados intervenham no ato extintivo da obrigação. O devedor não pode, portanto, ser obrigado a aceitar o perdão que lhe é oferecido pelo credor,

249. Silvio Rodrigues, op. cit., p. 312.

250. W. Barros Monteiro, op. cit., p. 326; Caio M. S. Pereira, op. cit., p. 243.

251. Windscheid, op. cit., § 357; Giorgi, op. cit., v. 7, n. 310; Serpa Lopes, op. cit., p. 350, n. 302; Caio M. S. Pereira, op. cit., p. 246.

252. R. Limongi França, Pagamento por remissão, in *Enciclopédia Saraiva do Direito*, v. 56, p. 493; Arlindo Bernart, op. cit., p. 492; Serpa Lopes, op. cit., p. 350, n. 301; Orlando Gomes, op. cit., p. 153; De Page, op. cit., p. 240; Von Tuhr, op. cit., v. 2, n. 74.

253. Caio M. S. Pereira, op. cit., p. 240; Judith Martins-Costa, *Comentários*, cit., v. 5, t. 1, p. 649-65. *Vide*: *RT*, *863*:76; *RSTJ*, *83*:258.

254. Dentre eles: Trabucchi, op. cit., n. 244; Caio M. S. Pereira, op. cit., p. 244; Carvalho de Mendonça, op. cit., v. 1, ns. 409 e 411; Atzeri-Vacca, *Delle rinuncie*, 2. ed., 1915, p. 102; Ruggiero, op. cit., v. 3, p. 294.

255. Larenz, op. cit., p. 439; W. Barros Monteiro, op. cit., p. 326; Planiol, op. cit., v. 2, p. 197; Arlindo Bernart, op. cit., p. 491; De Page, op. cit., n. 674; Clóvis Beviláqua, *Código Civil*, cit., v. 4, obs. ao art. 1.053 do CC de 1916 (hoje art. 386 do CC de 2002); Pothier, op. cit., n. 614; Lessona, Essai d'une théorie générale de la renonciation en droit civil, *Revue Trimestrielle de Droit Civil*, p. 376-7, 1912; Raynaud, La renonciation à un droit, *Revue Trimestrielle de Droit Civil*, p. 768 e s., 1936; Bassil Dower, op. cit., p. 286. Observam Orlando Gomes (op. cit., p. 154) e Von Tuhr (op. cit., p. 145) que não há como confundir a remissão com o contrato pelo qual as partes reconhecem e proclamam a inexistência de um débito. A convenção declaratória negativa do débito e a remissão distinguem-se porque a remissão é extinção de dívida certa, e a negatória de débito versa sobre dívida duvidosa, extinguindo-se, se porventura tiver existência.

de forma que a declaração feita pelo credor, resolvendo remitir o débito, será tão somente mera manifestação volitiva, sem caráter obrigatório, que poderá ser retirada enquanto não for aceita pelo devedor. E se o devedor não quiser aceitar o perdão, poderá consignar o valor do seu débito em juízo, havendo recusa do credor em receber o pagamento do que lhe é devido. Nítida é sua natureza contratual, visto que o Código Civil, art. 386, *in fine*, requer capacidade do remitente para alienar e do remido para consentir e adquirir.

Não há, pois, como confundir renúncia com remissão, embora a renúncia seja o gênero de que a remissão é a espécie. A renúncia pode incidir sobre determinados direitos pessoais sem caráter patrimonial, enquanto a remissão só diz respeito aos direitos creditórios. A renúncia é ato unilateral, aperfeiçoando-se sem anuência do beneficiado, ao passo que a remissão é convencional, dependendo da vontade do remitido que, como vimos, em caso de recusa poderá lançar mão da ação de consignação em pagamento[256].

c.11.3. Modalidades

A remissão poderá ser:

1º) *Total* ou *parcial.* Será *total* se tiver por objeto a completa extinção da obrigação, e *parcial* se o credor reduzir o débito, que subsistirá em parte e em parte será remitido[257].

2º) *Expressa* ou *tácita.* Será *expressa* quando firmada por ato escrito, isto é, se estiver contida num instrumento, público ou particular, *inter vivos* ou *causa mortis* (testamento ou codicilo), oriundo de formal manifestação de vontade do credor de remitir o devedor. Será *tácita* ou presumida se decorrer dos casos previstos em lei, como os dos arts. 386 e 387 do Código Civil, nos quais se presume a vontade do credor de remitir, por resultarem de atos que indicam o seu intento de perdoar o débito. Assim, se o ato de disposição advier de certa conduta do credor prevista em lei, incompatível com a conservação de sua qualidade creditória – p. ex., quando ele devolver, espontaneamente, ao devedor o título da dívida ou o inutilizar à sua vista, restituir o objeto empenhado, contentar-se com o pagamento de quantia inferior à devida etc. –, ter-se-á remissão tácita ou implícita[258].

c.11.4. Casos de remissão presumida

A remissão tácita ou presumida, convém repetir, é a que se dá quando ocorrer qualquer dos casos previstos em lei, como efeito de uma presunção firmada na aparência de certos fatos, que indicam o desinteresse do credor pelo seu crédito e sua intenção de liberar o devedor da dívida. Tais presunções legais estão contidas no Código Civil, arts. 386 e 387, e não comportam aplicação analógica, por serem suscetíveis unicamente de interpretação estrita[259].

Ter-se-á remissão de dívida presumida pela[260]:

---

256. W. Barros Monteiro, op. cit., p. 326; Serpa Lopes, op. cit., n. 300.

257. Caio M. S. Pereira, op. cit., p. 243; Serpa Lopes, op. cit., n. 303, p. 350.

258. Serpa Lopes, op. cit., n. 303, p. 350; W. Barros Monteiro, op. cit., p. 327; Arlindo Bernart, op. cit., p. 491; Orlando de Souza, Remissão da dívida – I, in *Enciclopédia Saraiva do Direito,* v. 64, p. 490; Silvio Rodrigues, op. cit., p. 312; Caio M. S. Pereira, op. cit., p. 241; Orlando Gomes, op. cit., p. 153. Observa Judith Martins-Costa (*Comentários*, cit., v. V, t. 1, p. 655) que a remissão tácita não se confunde com tolerância ou inércia do credor, exceto nas hipóteses de aplicação da *supressio*, como consequência da boa-fé.

259. Serpa Lopes, op. cit., p. 350-1; Baudry-Lacantinerie e Barde, op. cit., v. 3, n. 1.784.

260. Serpa Lopes, op. cit., p. 351-5; Hudelot e Metmann, op. cit., n. 568; Aubry e Rau, op. cit., v. 4, §§ 232 e 340; Caio M. S. Pereira, op. cit., p. 241-3; Giorgi, op. cit., v. 7, ns. 325 e 326; Carvalho Santos, op. cit.,

1º) *Devolução voluntária do título da obrigação por escrito particular*, ante o disposto no Código Civil, art. 386: "A devolução voluntária do título da obrigação, quando por escrito particular, prova desoneração do devedor e seus coobrigados, se o credor for capaz de alienar, e o devedor, capaz de adquirir". Infere-se daí que: *a*) a restituição do instrumento deverá ser feita pelo credor ou seu representante, pois se feita por terceiro não terá efeito liberatório; *b*) o devedor ou seu representante legal deverá receber o título do credor; *c*) a efetiva entrega deverá ser espontânea ou voluntária, abrigando a intenção de abdicar direito creditório; *d*) a entrega será restrita ao instrumento particular, sendo irrelevante a posse de uma escritura pública; *e*) a restituição do título da dívida principal extingue os acessórios, mas a entrega do título da fiança, p. ex., não terá o condão de extinguir a obrigação principal. Giorgi, com acerto, observa que a presunção legal de tácita remissão funda-se não na posse da original do título em mãos do devedor, mas na sua restituição voluntária pelo credor; as provas documentais serão admissíveis, conforme a natureza das obrigações, e as testemunhais também, para demonstrar que a posse do devedor não advém de uma entrega voluntária do credor; a prova tendente a excluir a liberação da dívida será inadmissível, se demonstrada a entrega voluntária ao devedor.

2º) *Restituição do objeto empenhado*, prevista no Código Civil, art. 387, que assim reza: "A restituição voluntária do objeto empenhado prova a renúncia do credor à garantia real, não a extinção da dívida". Fácil é denotar que, nessa hipótese, há presunção de que houve remissão da garantia real, isto é, do penhor, que consiste na tradição de uma coisa móvel ou mobilizável, suscetível de alienação, realizada pelo devedor ou por terceiro ao credor, a fim de garantir o pagamento do débito (CC, art. 1.431). O penhor é direito acessório da obrigação que gera a dívida que visa garantir, de forma que nada obsta que o credor abdique dele, sem perdoar a dívida, que é a obrigação principal. A remissão da obrigação principal atingirá a acessória, mas a da acessória não terá eficácia relativamente à principal. A remissão do penhor, pela restituição voluntária do objeto empenhado, não atingirá o débito, que restará simplesmente quirografário. Além da hipótese do art. 387, ter-se-á renúncia presumida ao penhor (CC, art. 1.436, III, e § 1º) quando: *a*) o credor aquiescer na venda do bem gravado sem reserva de preço para a solução do débito; *b*) o credor autorizar a substituição da coisa empenhada por outra garantia real ou fidejussória, caso em que a novação tem efeito extintivo da relação pignoratícia; se não houver intenção de extingui-la, entender-se-á que a nova garantia apenas se adere à obrigação, reforçando-a sem que haja extinção da anterior.

c.11.5. Efeitos

A remissão das dívidas produz os seguintes efeitos[261]:

1º) a extinção da obrigação, equivalendo ao pagamento e à quitação do débito, por liberar o devedor e seus coobrigados;

2º) a liberação do devedor principal extinguirá as garantias reais e fidejussórias, mas a recíproca não será verdadeira;

3º) a exoneração de um dos codevedores extinguirá a dívida na parte a ele correspondente, de modo que, ainda reservando o credor a solidariedade contra os outros, já lhes não

v. 14, p. 167; W. Barros Monteiro, op. cit., p. 327; Orlando de Souza, op. cit., p. 490; Colin e Capitant, op. cit., v. 2, n. 355; M. Helena Diniz, *Curso*, cit., v. 4, p. 457.

261. Sobre os efeitos da remissão, *vide* Caio M. S. Pereira, op. cit., p. 246-7; Serpa Lopes, op. cit., p. 355-6; Orlando de Souza, op. cit., p. 490; Carvalho de Mendonça, op. cit., ns. 411 e 416; Pontes de Miranda, *Comentários*, cit., t. 9, p. 566.

poderá cobrar o débito sem dedução da parte perdoada (CC, arts. 388, 277 e 282). Trata-se da remissão *in personam*. P. ex.: "A", "B" e "C" são devedores solidários de "D" de R$ 60.000,00. "D" perdoa o débito de "A". Os demais devedores "B" e "C" continuarão solidários pela quantia de R$ 40.000,00, abatendo-se a quota-parte de "D" (R$ 20.000,00), em razão do perdão recebido;

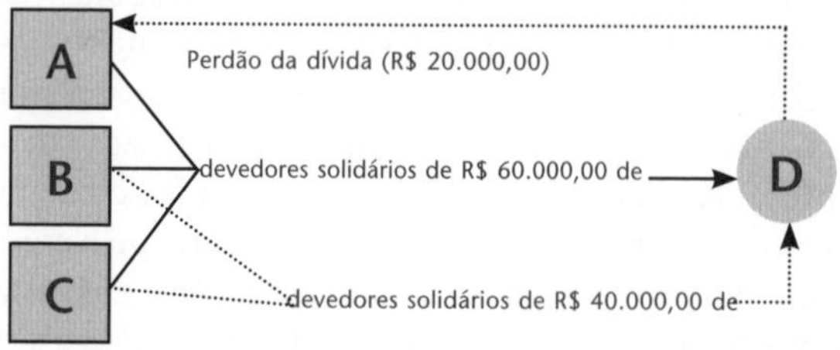

4º) a liberação graciosa do devedor, levada a efeito por um dos credores solidários, extinguirá inteiramente a dívida (CC, art. 269), e o credor que tiver remitido a dívida responderá aos outros pela parte que lhes caiba (CC, art. 272);

5º) a indivisibilidade da obrigação impedirá, mesmo se um dos credores remitir o débito, a extinção da relação obrigacional em relação aos demais credores, que, contudo, somente poderão exigir o pagamento com o desconto da quota do credor remitente (CC, art. 262);

6º) a extinção da execução se o credor perdoar toda a dívida (CPC, art. 924, III);

7º) a ausência de prejuízo a terceiro, com a extinção da obrigação por perdão do débito aceito pelo devedor (CC, art. 385).

Quadro Sinótico

REMISSÃO DAS DÍVIDAS

1. ORIGEM HISTÓRICA	• O direito romano distinguia duas espécies de remissão das dívidas: a *acceptilatio* e o *pactum de non petendo*, sendo que este último podia ser *in perpetuum* ou *ad tempus*, *in rem* ou *in personam*.
2. CONCEITO	• Remissão das dívidas é a liberação graciosa do devedor pelo credor, que voluntariamente abre mão de seus direitos creditórios, com o escopo de extinguir a obrigação, mediante o consentimento expresso ou tácito do devedor, desde que não haja prejuízo a terceiro.
3. NATUREZA JURÍDICA	• É negócio jurídico bilateral, pois o credor não pode exonerar o devedor sem a anuência deste, visto que, se não houver aceitação por parte do devedor, este poderá consignar o valor do débito em juízo.
4. MODALIDADES	• Total ou parcial. • Expressa ou tácita.

5. CASOS DE REMISSÃO PRESUMIDA	• Devolução voluntária do título da obrigação por escrito particular (CC, art. 386). • Restituição do objeto empenhado (CC, art. 387).
6. EFEITOS	• Extinção da obrigação. • Liberação do devedor principal extingue as garantias reais e fidejussórias. • Exoneração de um dos codevedores extingue a dívida apenas na parte a ele correspondente (CC, art. 388). • Liberação graciosa do devedor por um dos credores solidários extinguirá a dívida toda (CC, arts. 269 e 272). • Indivisibilidade da obrigação impede, mesmo se um dos credores remitir o débito, a extinção da obrigação em relação aos demais (CC, art. 262). • Extinção da execução (CPC, art. 924, III), se houver perdão de toda a dívida. • Ausência de prejuízo a terceiro, com a extinção da obrigação por perdão do débito aceito pelo devedor (CC, art. 385).

D. Extinção da relação obrigacional sem pagamento

d.1. Generalidades

Como já apontamos alhures, ter-se-á a extinção do vínculo obrigacional: *a*) pela prescrição; *b*) pela impossibilidade de execução do prometido sem culpa do devedor, isto é, em virtude de ocorrência de força maior ou de caso fortuito, e *c*) pelo implemento de condição ou termo extintivo. Todas essas hipóteses acarretam a cessação da obrigação, sem que o devedor cumpra a prestação, operando, consequentemente, a extinção do liame obrigacional sem que tenha havido pagamento.

d.2. Prescrição

A prescrição é um dos modos extintivos da obrigação sem que o devedor cumpra a prestação. A prescrição tem por objeto extinguir a pretensão de exigir, judicialmente, a prestação do inadimplente, por gerar uma exceção oposta ao exercício da ação, se o titular do direito subjetivo violado deixou escoar o lapso temporal, previsto em lei, para tanto[262]. Tem por fundamento um interesse jurídico-social. Realmente, esse instituto é uma medida de ordem pública para proporcionar segurança às relações jurídicas, que se comprometeriam ante a instabilidade decorrente do fato de se possibilitar o exercício da ação por tempo indeterminado. É, portanto, uma pena para o negligente, que deixa de exercer seu direito de ação dentro de certo prazo, diante de uma pretensão resistida. Trata-se de uma *sanção adveniente*. A prescrição é a extinção de uma pretensão em razão da inércia de seu titular durante certo lapso de tempo. Assim, p. ex., os profissionais liberais têm direito de cobrar seus honorários por ação judicial se os clientes se recusarem a pagá-los. Mas se dentro de cinco anos (CC, art. 206, § 5º, II) não formalizarem a demanda, perderão o direito de fazê-lo, por haver interesse social em não permitir que as pendências fiquem sempre em aberto. Por conseguinte, a prescrição, que extingue a ação (em sentido material), faz desaparecer, por via oblíqua, o direito de exigir em juízo a prestação do inadimplente, a que faz jus o titular do direito violado, que

262. Antônio Luís da Câmara Leal, *Da prescrição e decadência*, Rio de Janeiro, Forense, 1978, p. 9. O STJ (REsp 2088.100, 3ª T., rel. Min. Nancy Andrighi) entendeu que prescrição também impede cobrança não só judicial, mas também extrajudicial de dívida.

tinha tempo fixado em lei para ser exercido. Com isso extinguir-se-á a relação obrigacional entre o médico e seu cliente sem qualquer pagamento[263]. Infere-se daí que a prescrição tem o poder de extinguir o crédito, visto que a pretensão do credor perderá sua virtualidade, como nos ensina Orlando Gomes[264], pelo decurso do tempo fixado na lei, pois cessará a responsabilidade do devedor. Deveras, a prescrição impede que o titular do direito subjetivo violado mova, se deixou escoar o prazo legal, ação judicial com a pretensão de obter o cumprimento da obrigação, provocando, assim, óbvia e obliquamente, o fim do vínculo obrigacional, sem que o devedor efetue o pagamento da dívida[265].

d.3. Impossibilidade de execução sem culpa do devedor

d.3.1. Noções gerais

A impossibilidade de cumprir a obrigação sem culpa do devedor equivale ao caso fortuito e à força maior. Desde o direito romano há liberação do devedor quando o inadimplemento da obrigação decorre de acontecimento alheio ou estranho à sua vontade, cujo efeito não possa evitar ou impedir, isto é, de caso fortuito ou de força maior, ocasionando a extinção do vínculo obrigacional, sem que caiba ao credor qualquer ressarcimento, hipótese em que se configura, fatalmente, a cessação da obrigação sem que tenha havido pagamento[266]. Bastante expressivo a respeito é Carbonnier, ao lembrar que, ante circunstâncias que ultrapassam as forças humanas, as instituições jurídicas deverão ceder[267]. Realmente, o devedor está vinculado à relação obrigacional, exonerando-se dela pelo pagamento direto – forma normal de extinção da obrigação – ou indireto, ou, ainda, pelo caso fortuito ou força maior, oriundos de fato que não lhe seja imputável. Convém lembrar que a ausência de culpa aparece como elemento integrante da força maior e do caso fortuito, de tal sorte que se a execução da prestação se impossibilitar por fato imputável ao devedor, porque este agiu culposamente, não há que se falar de caso fortuito e força maior[268].

d.3.2. Caso fortuito e força maior

A impossibilidade, sem culpa do devedor, de cumprir a prestação devida equivaleria à força maior ou ao caso fortuito, que se caracterizam pela presença de dois requisitos: *a*) o *objetivo*, que se configura na inevitabilidade do acontecimento, sendo impossível evitá-lo ou

---

263. Antônio Luís da Câmara Leal, *Da prescrição*, cit., p. 12, 14 e 19; Pontes de Miranda, *Tratado*, cit., v. 6, p. 100; Silvio Rodrigues, op. cit., v. 1, p. 358; Orlando Gomes, *Introdução ao direito civil*, p. 452; M. Helena Diniz, *Curso*, cit., v. 1, p. 188.

264. Orlando Gomes, *Obrigações*, cit., p. 156-7.

265. Bassil Dower, op. cit., v. 2, p. 123-4. *Vide* prazos prescricionais: CC, arts. 205 e 206.
O TJSP (38ª Câm. Dir. Privado, rel. Des. Spencer A. Ferreira, Proc. 0020853-87.2008.8.26.0248) entendeu que dificuldade de localização de bens livres e desembaraçados passíveis de penhora, anula prescrição em ação de execução, visto que a paralisação temporária do processo não adveio de desídia.

266. *Vide* D., Liv. 19, Tít. 2, frag. 15; Colmo, op. cit., ns. 116 e s.; André Tunc, Force majeure et absence de faute en matière contractuelle, *Revue Trimestrielle de Droit Civil*, p. 235, 1945; Caio M. S. Pereira, op. cit., p. 298; Arnoldo Medeiros da Fonseca, *Caso fortuito e teoria da imprevisão*, 3. ed., Rio de Janeiro, Forense, 1958, ns. 89 e s.; Wigny, Responsabilité contractuelle et force majeure, *Revue Trimestrielle de Droit Civil*, p. 35, 1935; Giovanoli, *Force majeure et cas fortuit*, Genève, 1933.

267. Carbonnier, Parecer, *Revue Critique de Législation et de Jurisprudence*, *57*:191.

268. Arnoldo Medeiros da Fonseca, op. cit., ns. 66 e 67; Alves Moreira, *Instituições do direito civil português*, v. 2, n. 38; Josserand, op. cit., v. 2, n. 451.

impedi-lo (CC, art. 393, parágrafo único; *RT*, *444*:122); logo, no caso fortuito e na força maior há sempre um fato que produz prejuízo, e *b*) o *subjetivo*, que é a ausência de culpa na produção do evento[269]. Na *força maior* conhece-se o motivo ou a causa que dá origem ao acontecimento, pois se trata de um fato da natureza, como, p. ex., um raio que provoca incêndio, inundação, que danifica produtos ou intercepta as vias de comunicação, impedindo a entrega da mercadoria prometida, ou um terremoto que ocasiona grandes prejuízos etc. Implica, portanto, uma ideia de relatividade, já que a força do acontecimento é maior do que a suposta, devendo-se fazer uma consideração prévia do estado do sujeito e das circunstâncias espaciotemporais para que se caracterize como eficácia liberatória de responsabilidade civil. No *caso fortuito* o acidente que acarreta o dano advém de causa desconhecida, como o cabo elétrico aéreo que se rompe e cai sobre fios telefônicos, causando incêndio, explosão de caldeira de usina, e provocando morte. Pode ser ocasionado por fato de terceiro, como greve, que provoca a paralisação da fábrica e impede a entrega de certo produto prometido pelo industrial, motim, mudança de governo, colocação do bem fora do comércio, de modo a causar graves acidentes ou prejuízos, devido à impossibilidade do cumprimento de certas obrigações. Sendo absoluto, por ser totalmente imprevisível ou irreconhecível com alguma diligência, de modo que não se poderia cogitar da responsabilidade do sujeito, acarreta a extinção do vínculo obrigacional, salvo, como logo mais veremos, se se convencionou pagar os prejuízos ou se a norma jurídica o impuser ao devedor, como nos casos de responsabilidade objetiva. Infere-se daí que, na prática, pouca importância terá a distinção entre força maior e caso fortuito, ante o fato de ambos possuírem idêntica força liberatória[270], exonerando o devedor de qualquer responsabilidade.

---

269. Orlando Gomes, *Introdução*, cit., p. 236; Colmo, op. cit., n. 121; Arnoldo Medeiros da Fonseca, op. cit., ns. 68 e 81; W. Barros Monteiro, op. cit., p. 332; Giovene, *Caso fortuito*, Napoli, 1896, p. 6; Silvio Rodrigues, op. cit., p. 332-3; M. Helena Diniz, *Curso*, cit., v. 1, p. 187; Serpa Lopes, op. cit., p. 404-6; Caio M. S. Pereira, op. cit., p. 300-1. *Vide* Gustavo Tepedino, Milena D. Oliva e Antonio Pedro Dias (https://www.conjur.com.br/2020-abr-20/opiniao-efeitos-pandemia-covid-19-relacoes-patrimoniais/) observam que: a) a pandemia como fato de caso fortuito ou força maior pode acarretar inexecução voluntária da prestação gerando resolução contratual, na hipótese de impossibilidade permanente; exceção de contrato não cumprido, quando a impossibilidade for temporária ou abatimento no preço; se o inadimplemento da prestação for parcial; b) a pandemia como evento que pode gerar excessiva onerosidade aos contratos nas relações paritárias, autoriza revisão ou resolução contratual, se onerar muito uma das partes, outorgando vantagens para outra. Isto se o contrato for de execução continuada, houver evento superveniente e extraordinário que beneficie uma das partes; inexistir mora, salvo se ocasionada pelo referido evento. Existem contratos que não foram afetados pela pandemia e outros que, mesmo atingidos o foram em proporção que não se justifica revisão ou resolução da avença, por haver álea normal "ilimitada", propositalmente estabelecida pelas partes para operar mesmo em condições de imprevisibilidade e alto risco; c) a pandemia como evento que gera desequilíbrio na situação patrimonial do contratante, reduzindo sua capacidade para cumprir a obrigação assumida, sem que haja um desequilíbrio intrínseco comprometido pela Covid-19. Hipótese em que seria aconselhável a repactuação acomodando interesse durante a pandemia, tendo-se em conta a expectativa de recuperação da economia e das relações contratuais depois da crise. Parece-nos que qualquer avença feita durante o período pandêmico não leva à dissolução do pacto mas um novo pensar sobre a obrigação assumida.

270. W. Barros Monteiro, op. cit., p. 331-2; Huc, *Commentaire théorique et pratique du Code Civil*, v. 7, n. 143; Serpa Lopes, op. cit., p. 403-4; Clóvis Beviláqua, *Código Civil*, cit., v. 4, p. 216; Orlando Gomes, *Introdução*, cit., p. 237; Radouant, *Du cas fortuit et de la force majeure*, p. 200; R. Limongi França, Caso fortuito e força maior, in *Enciclopédia Saraiva do Direito*, v. 13, p. 475-9; José Cretella Jr., Caso fortuito, in *Enciclopédia Saraiva do Direito*, v. 13, p. 474-5; M. Helena Diniz, *Curso*, cit., v. 1, p. 187. Para Álvaro Villaça Azevedo (*Teoria*, cit., p. 270) *caso fortuito* é acontecimento natural e *força maior*, fato de terceiro ou do credor que impossibilita o cumprimento da obrigação. Gagliano e Pamplona Filho (*Novo curso*, cit., v. II, p. 291) entendem que: *força maior* é a inevitabilidade, mesmo sendo a causa

Mas, para que haja força maior ou caso fortuito como excludente de responsabilidade, será necessário verificar a objetiva impossibilidade de cumprimento da obrigação, seja pelo objeto (prestação não pode ser cumprida por fato inevitável) seja pelo sujeito (acometido por moléstia que o impede de realizar a obrigação assumida).

d.3.3. Efeitos da inexecução da obrigação por fato inimputável ao devedor

Consagra nosso Código Civil, no art. 393, *caput,* o princípio da exoneração do devedor pela impossibilidade de cumprir a obrigação sem culpa sua, visto que anuncia a sua irresponsabilidade pelos danos decorrentes de força maior ou de caso fortuito; consequentemente, o credor não terá direito a qualquer indenização (*RT, 493*:210, *491*:68 e 62, *448*:111, *451*:97, *453*:92), salvo se:

1º) As partes convencionarem expressamente que o devedor responderá pelo cumprimento da relação obrigacional, mesmo ocorrendo força maior ou caso fortuito, de forma que nessa hipótese prevalecerá a vontade dos contraentes.

2º) O devedor estiver em mora (CC, arts. 394 a 399), por não ter efetuado o pagamento no tempo, lugar e forma estipulados, devendo, então, responder não só pelos prejuízos causados pela sua mora, mas também pela impossibilidade da prestação, resultante de força maior ou caso fortuito ocorridos durante o atraso, exceto se provar isenção de culpa, ou que o dano sobreviria, mesmo que a obrigação tivesse sido desempenhada no momento oportuno.

3º) O mandatário, não obstante proibição do mandante, se fizer substituir na execução do mandato, pois pelo Código Civil, art. 667, § 1º, deverá responder ao seu constituinte pelos prejuízos ocorridos sob a gerência do substituto, embora provenientes de força maior ou caso fortuito, salvo se provar que os danos sobreviriam, ainda que não tivesse havido substabelecimento.

4º) O devedor tiver de cumprir obrigação de dar coisa incerta, antes da escolha não poderá alegar perda ou deterioração da coisa, ainda que por força maior ou caso fortuito (CC, art. 246)[271].

O caso fortuito e a força maior, portanto, nem sempre têm efeito extintivo do liame obrigacional, pois em certas circunstâncias o devedor não se exonerará, sob a alegação de perda ou deterioração da coisa devida por acontecimento inevitável.

---

conhecida, como, p. ex., um terremoto, e *caso fortuito*, a imprevisibilidade, ou seja, a ocorrência repentina (p. ex., atropelamento, roubo) e até, então, desconhecida do evento que vem a impossibilitar o adimplemento obrigacional. Já, para Sílvio Venosa (*Teoria geral*, cit., p. 254), não há qualquer interesse prático em distinguir a força maior do caso fortuito, porque o art. 393 não faz qualquer distinção entre tais conceitos. Alguns autores consideram as expressões *força maior* e *caso fortuito* como sinônimas, dentre eles Mazeaud e Mazeaud, *Traité théorique et pratique de la responsabilité civile*, 2. ed., v. 2, § 1.540; Antônio Chaves, Caso fortuito e força maior, *Revista da Faculdade de Direito de São Paulo, 61*(1):60, 1966; Aubry e Rau, op. cit., v. 4, p. 103; Demolombe, op. cit., t. 24, n. 553; Silvio Rodrigues, op. cit., n. 163, p. 335.

Vide Decreto n. 8.572/2015, que altera o art. 2º, parágrafo único, do Decreto n. 5.113/2004, ao prescrever que se considera, para fins do disposto no inciso XVI do *caput* do art. 20 da Lei n. 8.036/90, como natural desastre advindo do rompimento ou colapso de barragens que ocasione movimento de massa, com danos a unidades residenciais.

271. Relativamente aos efeitos da força maior e do caso fortuito, *vide* Carvalho de Mendonça, op. cit., ns. 462 e 465; Serpa Lopes, op. cit., p. 406; Caio M. S. Pereira, op. cit., p. 302; Bassil Dower, op. cit., p. 293; Orlando Gomes, *Obrigações,* cit., p. 183-4 e 225-6; Silvio Rodrigues, op. cit., p. 330. *Vide RT, 565*:191, *680*:132, *683*:93, *702*:66, *709*:210, *725*:258, *729*:224, *785*:208, *796*:344, *782*:375, *784*:197, *807*:239, *816*:204 e 232, *810*:255, *814*:227, *817*:231, *818*:218.

Se o acontecimento extraordinário não trouxer a impossibilidade total da prestação, eximir-se-á o devedor apenas da parte atingida, não podendo invocar a força maior ou o caso fortuito para sua liberação absoluta[272].

É preciso não olvidar que o julgador deverá examinar as peculiaridades de cada caso antes de decretar a exoneração do devedor, verificando se houve ocorrência de obstáculo inevitável e ausência de culpa, que impossibilitassem a execução da prestação devida[273].

d.4. Advento de condição resolutiva ou de termo extintivo

A condição resolutiva vem a ser uma cláusula que subordina a ineficácia da obrigação a um evento futuro e incerto (CC, arts. 121, 127 e 128). É um pacto inserido no negócio jurídico para modificar o efeito da relação obrigacional, de forma que, enquanto a condição não se realizar, vigorará a obrigação, mas a sua verificação extinguirá, para todos os efeitos, o liame obrigacional. Enquanto pendente a obrigação condicional, o credor poderá exigir seu cumprimento; no entanto, advindo o acontecimento futuro e incerto, desfazer-se-á o negócio retroativamente, como se nunca tivesse existido. Esse mesmo princípio será aplicado ao termo final ou resolutivo, que determina a data de cessação dos efeitos do negócio jurídico, extinguindo as obrigações dele provenientes[274].

Quadro Sinótico

EXTINÇÃO DA RELAÇÃO OBRIGACIONAL SEM PAGAMENTO

1. PRESCRIÇÃO	• É a extinção de uma pretensão em razão da inércia de seu titular, deixando escoar o prazo legal para exigir, em juízo, a prestação do inadimplente, tendo, portanto, o poder de extinguir o crédito, pois a pretensão do credor, havendo prescrição, perderá a virtualidade, cessando, então, a responsabilidade do devedor, sem que ele tenha efetuado qualquer pagamento.
2. CASO FORTUITO E FORÇA MAIOR	• O caso fortuito e a força maior liberam o devedor da obrigação, por ocasionarem a impossibilidade de cumprir a prestação devida, visto serem acontecimentos inevitáveis, estranhos à vontade do devedor, que impedem a execução da obrigação, acarretando, consequentemente, a sua extinção, sem que caiba ao credor qualquer ressarcimento, salvo se as partes convencionaram o contrário ou se se configurarem as hipóteses dos arts. 394 a 399, 667, § 1º, e 246 do CC.
3. ADVENTO DE CONDIÇÃO RESOLUTIVA OU DE TERMO EXTINTIVO	• A condição resolutiva (CC, arts. 121, 127 e 128) é a cláusula que subordina a ineficácia da obrigação a evento futuro e incerto, de modo que a sua verificação extinguirá, para todos os efeitos, o liame obrigacional. O termo final ou resolutivo determina a data de cessação dos efeitos do negócio jurídico, extinguindo as obrigações dele provenientes.

272. Caio M. S. Pereira, op. cit., p. 303.
273. Caio M. S. Pereira, op. cit., p. 301.
274. Bassil Dower, op. cit., p. 124-5; Orlando Gomes, *Obrigações*, cit., p. 232. Sobre o tema, *vide* o que escrevemos neste livro, Cap. III, item n. 1, letra E, e.2.2. e e.4.

E. Execução forçada por intermédio do Poder Judiciário

Quando o devedor não cumprir voluntariamente a obrigação assumida, o credor poderá obter seu adimplemento, havendo a exequibilidade da prestação por meio da execução forçada, isto é, mediante medidas aplicadas pelo Estado no exercício da atividade jurisdicional[275]. Tal ocorre ante o fato de o credor ter o direito subjetivo de defender seus direitos, visto que tem autorização de coagir o devedor inadimplente a cumprir a obrigação pela movimentação da máquina judiciária, indo buscar no patrimônio dele o *quantum* necessário à satisfação do crédito e à composição do dano causado, resolvendo, assim, o vínculo obrigacional. Há, portanto, responsabilidade patrimonial do devedor, uma vez que ele está sujeito ao poder coativo do credor. Esse direito de executar o devedor constitui uma sequela natural do crédito, pois se o credor não tivesse meios para exigir o cumprimento da obrigação, seu direito de crédito pouco valor teria[276].

---

275. Orlando Gomes, *Obrigações,* cit., p. 213. *Vide* Lei n. 9.492/97, que define competência e regulamenta os serviços concernentes ao protesto de títulos e outros documentos de dívida. Sobre alienação judicial eletrônica: CPC, art. 886, IV, 887, §§ 3º e 4º; Provimento CSM n. 1.625/2009 do Conselho Superior da Magistratura do TJSP. A Resolução n. 92/2009 do Conselho de Justiça Federal (STJ) dispõe sobre implantação, operacionalização e sistemática das hastas públicas (leilões públicos) virtuais no Conselho e na Justiça Federal de 1º e 2º graus. O Provimento GP-CR n. 11/2013 do TRT-15, que normatiza os procedimentos da Alienação Judicial Eletrônica na Justiça do Trabalho da 15ª Região, determina que os leilões passarão a ser realizados por Leiloeiros Públicos Oficiais na modalidade de LEILÃO ELETRÔNICO *ON LINE*. Previdência privada não pode ser penhorada enquanto tiver natureza alimentar (*Band News*, 8-4-2014). Pelo art. 790 do CPC são sujeitos à execução os bens: a) do sucessor, a título singular, tratando-se de execução fundada em direito real ou obrigação reipersecutória, ou seja, obrigação *propter rem* ou que segue a coisa; b) do sócio, nos termos da lei; c) do devedor, ainda que em poder de terceiros; d) do cônjuge ou companheiro, nos casos em que seus bens próprios, reservados ou de sua meação respondem pela dívida; e) alienados ou gravados com ônus real em fraude à execução; f) cuja alienação ou gravação com ônus real tenha sido anulada em razão do reconhecimento, em ação autônoma, de fraude contra credores; g) do responsável, nos casos de desconsideração da personalidade jurídica.

Devem ser registradas, no Registro de Títulos e Documentos, as constrições judiciais e administrativas sobre bens móveis corpóreos e sobre direitos de crédito, para valerem perante terceiros (Lei n. 6.015/73, art. 129, n. 11º, com a redação da Lei n. 14.382/2022).

Consulte: Res. CJF n. 587/2019; CPC, arts. 792, 836, 833, 834, 190; Lei n. 8.009/90; CC, art. 100; STJ, Súmula 251.

276. Von Tuhr, op. cit., v. 2, p. 76 e s.; Orlando Gomes, *Obrigações,* cit., p. 214; Rafael V. Server, *El cumplimiento forzoso de las obligaciones*, 1995; M. Helena Diniz, *Tratado teórico e prático dos contratos*, São Paulo, Saraiva, 2006, v. 1, p. 249-58. *ADCOAS,* 1982, n. 86.259: "Desde que a execução está calcada em documento contratual revestido das formalidades exigidas, cuja importância consolida-se na nota promissória emitida em razão do mesmo, documentada alegação de que o credor hesita em apontar o direito executório não pode, por si só, desconstituir a liquidez, certeza e exigibilidade comprovadas nos títulos executivos". *Vide,* ainda, CPC, arts. 778 e s., 784, I, II, V, VI, VII, IX e XII, 783, 509 e §§ 1º e 4º, 512, 524, §§ 1º e 5º, 510, 515, 771, 811 a 813, 824, 825, II, 879, II, 829, 830, §§ 1º e 2º, 831, 836, 835, I a XIII, 854, 843, 848, 847, §§ 2º e 3º, 845 e § 1º, 837, 847, 870 e parágrafo único, 876, §§ 4º, 5º, 6º e 7º, 877, §§ 1º e 2º, 880, §§ 1º a 4º, 910, 528, § 8º, 913, 914, 921, III, §§ 4º, 4º-A, 5º, 6º e 7º; *ADCOAS,* n. 86.092 e 86.094, 1982, n. 89.911, 90.030, 90.160, 90.304, 90.306, 91.077 e 91.078, 1983.

A 1ª Turma do Tribunal Regional do Trabalho da 2ª Região (rel. Des. Eliane Silva Pedroso) confirmou a penhora de um carro cuja posse e domínio comprovados eram exercidos pela parte executada no processo, mas que estava registrado no Departamento Estadual de Trânsito (Detran) em nome de terceiro (Processo 1000.752-61.2023.5.02.0391). A 3ª Turma do STJ decidiu que um imóvel utilizado como residência familiar, alienado por um devedor em situação de insolvência, pode ser penhorado, mesmo sem o registro formal de hipoteca (rel. Min. Nancy Andrighi, REsp 2134.847). TJ/SP – 14ª Câm. de Direito Privado mantém penhora de valores abaixo de 40 salários mínimos não sendo compro-

O crédito poderá ser satisfeito coativamente por meio de:

a) *execução específica*, se o credor tiver por escopo obter exatamente a prestação prometida, consista ela na entrega de coisa, na prática de ato não personalíssimo, mandando executá-lo por terceiro à custa do devedor, quando a obrigação não se resolve em perdas e danos, ou na abstenção de um comportamento a que o devedor se tenha obrigado, exigindo que o ato seja desfeito ou mandando desfazê-lo a expensas do devedor, resolvendo-se em perdas e danos, se impossíveis tais práticas, com o auxílio do Poder Judiciário. Para tanto, deverá acionar o devedor com o objetivo de conseguir uma sentença judicial, que o condene a efetuar a prestação a que se obrigara;

b) *execução genérica*, se o credor executar bens do devedor, para obter o valor da prestação não cumprida, por ser física ou juridicamente impossível. P. ex.: se a coisa que devia ter sido entregue não o foi, porque se perdeu em razão de negligência do devedor, será possível que o credor pretenda não só sua substituição pelo equivalente em dinheiro, mas também a indenização dos prejuízos causados pela inexecução da obrigação, decorrentes de mora ou

---

vado que os valores possuíam caráter de reserva financeira destinada à subsistência, justificando assim a manutenção da penhora (CPC, art. 833, X) – Processo 2137931-74-2024.8.26.0000. "O terreno cuja unidade habitacional está em fase de construção para fins de residência, está protegido pela impenhorabilidade por dívidas, por se considerar antecipadamente bem de família" (Informativo n. 753 do STJ, REsp 1.960.026-SP, rel. Min. Marco Buzzi, 4ª Turma, por unanimidade, j. 11-10-2022). "Para o bem de família instituído nos moldes da Lei n. 8.009/1990, a proteção conferida pelo instituto alcançará todas as obrigações do devedor, indistintamente, ainda que o imóvel tenha sido adquirido no curso de uma demanda executiva" (Informativo n. 723 do STJ, REsp 1.792.265-SP, rel. Min. Luis Felipe Salomão, 4ª Turma, por unanimidade, j. 14-12-2021).

Pelo Enunciado n. 48 (aprovado no seminário promovido em 2015 pela ENFAM): "O art. 139, IV do CPC/2015 traduz um poder geral de efetivação, permitindo a aplicação de medidas atípicas para garantir o cumprimento de qualquer ordem judicial, inclusive no âmbito do cumprimento de sentença e no processo de execução baseado em títulos extrajudiciais".

O TRT-MG da 4ª Vara do Trabalho de Betim, juíza Paola B. Melo, considerou inválida penhora de imóvel pertencente à esposa de um devedor do crédito trabalhista, ao verificar que o regime matrimonial de bens era o da separação de bens absoluta (Proc. 0010787-12.2023.5.0.3.00.87 – CETCIV).

Alienação em leilão judicial – CPC, arts. 159, 881, 886 a 925.

O CPC, art. 880, §§ 1º a 4º, admite a *alienação por iniciativa particular*, pois, se a adjudicação dos bens penhorados não se realizar, o exequente poderá requerer que eles sejam alienados por sua própria iniciativa ou por intermédio de corretor (ou leiloeiro) credenciado perante autoridade judiciária. Para tanto, o juiz fixará o prazo em que a alienação deve ser levada a efeito, a forma de publicidade, o preço mínimo, as condições de pagamento e as garantias e, ainda, se for o caso, a comissão de corretagem. A alienação será formalizada por termo nos autos, assinado pelo juiz, pelo exequente, pelo adquirente e, se for presente, pelo executado, expedindo-se carta de alienação e mandado de imissão de posse, se o bem for imóvel, para o devido registro imobiliário, ou, se bem móvel, mandado de entrega ao adquirente. Os tribunais poderão expedir provimento detalhando o procedimento da alienação acima referida, inclusive com o concurso de meios eletrônicos, e dispondo sobre o credenciamento dos corretores, os quais deverão estar em exercício profissional por não menos de 5 (cinco) anos. O STJ já decidiu que falta de bens em execução não dá margem à *supressio* (4ª T., REsp 1717.144). Já se decidiu que em execução, o juiz deve escolher meio menos prejudicial ao devedor (30ª Vara Cível de Maceió, juíza Isabelle Dantas Sampaio, Processo n. 0721296-03-2023.8.02.0001). Consulte Lei do Superendividamento (Lei n. 14.181/2021) que protege pessoas e famílias que acumularam dívidas excessivas e não têm saída para resolver o problema, ao prescrever normas que facilitam renegociação desses valores pendentes, de modo a diminuir o peso financeiro e não comprometer o sustento dos devedores e dependentes, desde que estejam de boa-fé, não tenham renda suficiente e tenham acumulado dívidas oriundas de necessidades básicas. A Lei n. 14.690/2023 institui o Programa Emergencial de Renegociação de Dívidas de Pessoas Físicas Inadimplentes, facilitando o acesso a crédito e mitigação de riscos de inadimplemento e superendividamento.

de inadimplemento. Nessa hipótese, havendo dano resultante de retardamento, o devedor deverá pagar juros moratórios. A parte equivalente em dinheiro é acrescida da importância representativa do ressarcimento dos danos causados pela inexecução da obrigação pelo devedor. As perdas e danos deverão ser arbitradas pelo juiz em atenção ao valor que tiverem no momento da condenação e não na ocasião do inadimplemento[277].

O patrimônio do devedor, com exceção dos bens arrolados na Lei n. 8.009/90, constitui a garantia do credor; assim sendo, será imprescindível, para haver execução forçada, a existência de bens livres, suficientes para pagar o débito, malogrando a execução se o devedor não os possuir em quantidade bastante para cobrir a dívida. Logo, a solvabilidade do executado é necessária para o êxito da execução coativa ou forçada. Se os bens forem insuficientes, ter-se-á a declaração de insolvência. Com isso o devedor perderá o direito de administrar seus bens e de deles dispor, até a liquidação da massa. Convocam-se os credores para o efeito de rateá-los. Caracterizado está o estado de insolvência[278], pois as dívidas, nesse caso, excedem à importância dos bens do devedor (CC, art. 955; Lei n. 4.839/65; Lei n. 6.830/80). Declarada a insolvência, cada um dos credores estará sujeito a um rateio, recebendo proporcionalmente ao *quantum* do seu crédito o que remanescer do patrimônio colocado à venda, conformando-se com a redução proporcional dele, a fim de que seja possível a participação de todos os credores[279].

---

277. Orlando Gomes, *Obrigações*, cit., p. 214-21 e 224; René Dekkers, *Précis de droit civil belge*, t. 2, p. 200; Messineo, *Manuale di diritto civile e commerciale*, v. 2, p. 370. Para Fábio Ulhoa Coelho (*Curso*, cit., v. 2, p. 8-9), havendo impossibilidade material de efetivação da *execução específica*, a lei procura assegurar ao credor o resultado mais próximo que adviria do cumprimento voluntário da obrigação, e caso em que se terá a *execução judicial subsidiária por prestação equivalente*, ou, então, não havendo como impor ao devedor a entrega de prestação conducente a resultado equivalente, o credor deverá ser compensado pecuniariamente pelo dano sofrido, hipótese em que se configurará a *execução judicial subsidiária por indenização*. *RJE*, *1*:296, 219, 353, 307, 33, 119, 297, 121, 230, 267, 109; *3*:23. Consulte art. 7º, *e*, da Lei n. 12.087/2009, acrescido pela Lei n. 14.690/2023, art. 35 e parágrafo único da Lei n. 14.690/2023.

O concurso singular de credores (CPC, art. 908, § 2º), decorrente de penhora de um bem, pressupõe que o devedor seja solvente, se for insolvente ter-se-á o concurso universal.

278. Orlando Gomes, *Obrigações*, cit., p. 219. Não haverá penhora no caso do art. 5º, XXVI, da Constituição Federal de 1988. O CPC, art. 1.052, mantém para as execuções contra devedor insolvente, em curso ou que venham a ser propostas, o disposto no Livro II, título IV, do CPC/73, até que seja editada lei específica.

O bem de família não pode ser penhorado para pagar débito: 21ª Vara Cível de São Paulo, juíza Maria Carolina de M. Bertoldo, Proc. 0045145-75.2020.8.26.0100. A juíza de direito Emirene M. Souza Alves, da 2ª Vara Cível de Três Lagoas/MS, autoriza penhora de 10% de aposentadoria para quitação de débito (Proc. 08054466-34.2021.8.12.0021). O juiz Daniel Teodoro M. da Silva, da Vara única de Cristina (MG), decidiu que pequeno imóvel rural (inferior a 4 módulos fiscais), desde que trabalhado pela família, não será objeto de penhora (Lei n. 8.629/93, Proc. 0021297-13.2011.8.13.0205). O Des. Lúcio R. da Silveira, do TJMS, suspendeu leilões extrajudiciais por falta de intimação do devedor (Proc. 1401070-23-2024.8.12.0000). O STJ (REsp 2092.980, 3ª T., rel. Min. Nancy Andrighi) decidiu que o banco pode ajuizar reintegração de posse antes da realização do leilão do imóvel. O TRT da 2ª Região (17ª T., rel. Min. Maria de Lourdes Antonio) anulou decisão de execução que permitia penhora de bens de sócios e ex-sócios, por violação da necessidade de um incidente de desconsideração da personalidade jurídica e da ordem da preferência estabelecida pelo art. 10 da CLT. A AGU (Advocacia Geral da União) aprovou a utilização de imóveis de devedores da União e de entidades federais, penhorados em processo de execução judicial, para fins de reforma agrária (https://www.canalrural.com.br/agricultura/agu-aprova-uso-de-imóveis-penhorados-para-reforma-agrária). Assim, tais devedores pagarão suas dívidas com a entrega do imóvel penhorado. Com a adjudicação, o AGU não precisará efetuar o leilão.

279. Serpa Lopes, op. cit., p. 434; Orlando Gomes, *Obrigações*, cit., p. 222. Pontes de Miranda (*Comentários*, cit., n. VI, p. 457) define concurso de credores como sendo o "procedimento judicial, em que se tem

O concurso de credores é regido pelo princípio contido no Código Civil, art. 957, de que todos os credores terão igual direito sobre os bens do devedor comum, salvo se houver, dentre eles, algum que possua título legal à preferência, que terá, então, a prerrogativa de ser pago preferencialmente com o produto dos bens do devedor, de modo que somente depois de satisfeito o seu crédito é que os outros credores serão pagos com o remanescente[280]. Não havendo crédito privilegiado, os credores quirografários, cujos créditos são comuns, concorrerão em igualdade de condições, respeitando-se, é óbvio, a proporcionalidade de seus créditos.

"Quando concorrerem aos mesmos bens, e por título igual, dois ou mais credores da mesma classe especialmente privilegiados, haverá entre eles rateio proporcional ao valor dos respectivos créditos, se o produto não bastar para o pagamento integral de todos" (CC, art. 962). "Os títulos legais de preferência são os privilégios e os direitos reais" (CC, art. 958). Os privilégios consistem em direito pessoal de preferência de o credor ser pago em primeiro lugar. Tanto o privilégio geral, atinente a todos os bens do devedor (CC, art. 965), como o especial alusivo a certos bens do devedor (CC, art. 964) decorrem de lei. As garantias reais são constituídas pelo penhor, pela anticrese e pela hipoteca.

Dispõe, ainda, o Código Civil que "a discussão entre os credores pode versar quer sobre a preferência entre eles disputada, quer sobre a nulidade, simulação, fraude, ou falsidade das dívidas e contratos" (CC, arts. 956, 166 e 171; Dec. n. 22.866/33; Lei n. 5.172/66, art. 185). "Conservam seus respectivos direitos os credores hipotecários ou privilegiados sobre: *a*) o preço do seguro da coisa gravada como hipoteca ou privilégio, ou sobre a indenização devida havendo responsável pela perda ou danificação da coisa (CC, arts. 959, I, e 1.425, IV; Lei n. 15.040/2024, art. 3º); *b*) o valor da indenização, se a coisa obrigada a hipoteca ou privilégio for desapropriada (CC, arts. 959, II, 1.425, V; Dec.-lei n. 3.365/41, art. 30; Lei n. 492/37, art. 5º; Dec.-lei n. 167/67). Nesses casos, "o devedor do seguro, ou da indenização, exonera-se pagando sem oposição dos credores hipotecários ou privilegiados" (CC, art. 960).

Conforme nosso Código Civil, art. 963, o *privilégio* pode ser:

a) *especial*, compreensivo de bens sujeitos, por disposição legal, ao pagamento do crédito, que visa favorecer. O privilégio especial sobre imóvel está previsto nos arts. 959, 964, 1.422 e 1.442 do CC, e o sobre móvel, no art. 964 do CC. Assim, p. ex. pelo Código Civil, art. 964, I a IX, o credor tem privilégio especial sobre: a coisa arrecadada e liquidada, o credor de

---

por fim distribuir bens ou soma de dinheiro, ou o produto da arrematação dos bens, quando não cheguem para pagar a todos os credores, sejam penhorantes ou não, e quando houver protesto por preferência ou rateio". M. H. Diniz, *Tratado teórico e prático dos contratos*, São Paulo, Saraiva, 1993, v. 1, p. 194-5; *RJE, 1*:309, 493, 233; *2*:130, 68, 70, 343, 333, 509, 510. O TJSP (20ª Câm. Dir. Privado, rel. Des. Rebello Pinho, Proc. 2309618-56-2023.8.26.0000) permite arresto *online* após devedor não localizado ser citado por AR, posteriormente convertido em penhora (CPC, art. 830, §§ 2º e 3º), sem necessidade de citação.

Sobre penhora de ativos financeiros, *vide* STJ, REsp 1660.671 e 1.677.144; CPC, art. 833, X. Sobre instauração de concurso singular de credores em processo de execução, *vide* STJ, 4ª T. Dir. Privado, REsp 1.839.608/SP, rel. Min. Antonio Carlos Ferreira, j. 20-2-2024.

Consulte sobre execução extrajudicial de garantia imobiliária em concurso de credores: Lei n. 14.711/2023, art. 10.

280. Orlando Gomes, *Obrigações*, cit., p. 222; Serpa Lopes, op. cit., p. 434. Em concurso de credores, é agravável a decisão que o admite e apelável a que o julga (*JB, 156*:141). "Sendo enorme a desproporção entre o irrisório valor do lanço e o valor do imóvel praceado, a oferta pode ser considerada economicamente inexistente. É preciso que o lanço tenha pelo menos algum significado econômico e que venha revestido de um mínimo de seriedade" (*RT, 594*:104). Sobre privilégio creditório: Código Civil português, art. 733, e Código Civil argentino, art. 3.875.

custas e despesas judiciais feitas com a arrecadação e liquidação; a coisa salvada, o credor por despesas de salvamento; a coisa beneficiada, o credor por benfeitorias necessárias ou úteis; os prédios rústicos ou urbanos, fábricas, oficinas ou quaisquer outras construções, o credor de materiais, dinheiro, ou serviços para a sua edificação, reconstrução ou melhoramento; os frutos agrícolas, o credor por sementes, instrumentos e serviços à cultura, ou à colheita; as alfaias (p. ex. objetos pessoais, roupas etc.) e utensílios de uso doméstico, nos prédios rústicos ou urbanos, o credor de aluguéis, quanto às prestações do ano corrente e do anterior; os exemplares da obra existente na massa do editor, o autor dela ou seus legítimos representantes, pelo crédito fundado contra aquele no contrato de edição; o produto da colheita, para a qual houver concorrido com o seu trabalho, e precipuamente a quaisquer outros créditos, o trabalhador agrícola, quanto à dívida dos seus salários. A dívida proveniente de salário do trabalhador agrícola será paga, precipuamente a quaisquer outros créditos ainda que hipotecários ou consistentes em outro ônus ou garantia real, pelo produto da colheita para a qual houver concorrido com o seu trabalho (CC, art. 964, VIII); os produtos do abate, se credor por animais (CC, art. 964, IX, acrescentado pela Lei n. 13.176/2015);

b) *geral*, abrangendo todos os bens não sujeitos a crédito real ou privilégio especial. Pelo Código Civil, art. 965, I a VIII, gozam de privilégio geral, na ordem seguinte, sobre os bens do devedor: o crédito por despesas do seu funeral (aquisição de jazigo e flores, locação de carro fúnebre etc.) feito segundo a condição do finado e o costume do lugar; o crédito por custas judiciais, inclusive honorários advocatícios, ou por despesas com a arrecadação e liquidação da massa; o crédito por despesas com o luto do cônjuge sobrevivente e dos filhos do devedor falecido, se forem moderadas; o crédito por despesas (contratação de enfermeiro; aquisição de remédios; assistência médico-hospitalar, pagamento de exames clínicos etc.) com a doença de que faleceu o devedor, no semestre anterior à sua morte; o crédito pelos gastos necessários à mantença do devedor falecido e sua família, no trimestre anterior ao falecimento; o crédito pelos impostos devidos à Fazenda Pública (Federal, Estadual ou Municipal), no ano corrente e no anterior; mas, pelo Decreto n. 22.866/33, e CTN, art. 186, o crédito tributário terá preferência sobre qualquer outro (*RF*, *61*:107); o crédito pelo salário dos empregados (jardineiro, faxineira, cozinheira, lavadeira, passadeira, arrumadeira e motorista) do serviço doméstico do devedor, nos seus derradeiros seis meses de vida[281], e os demais créditos de privilégio geral.

Não havendo qualquer preferência, todos os credores terão igual direito sobre os bens do devedor comum (CC, art. 957). Havendo preferência, pelo Código Civil, art. 961, o crédito

---

281. *Vide*, a título de remissão histórica, Decretos n. 22.866/33, 22.957/33, 23.055/33 (ora revogado pelo Decreto n. 11/91), Decreto-lei n. 960/38 (ora revogado pela Lei n. 5.869/73), art. 60, parágrafo único; Lei n. 5.172/66, arts. 186 e 187; Lei n. 11.101/2005, arts. 83, 84 e 149; Decreto n. 83.081/79, art. 150, revogado pelo Decreto n. 3.048/99; Lei n. 6.830/80; Código Civil, art. 1.998; consulte Lei n. 9.462/97, que requer maior publicidade aos editais, avisos, anúncios e quadro geral de credores na falência, concordata e insolvência civil; *RF*, *80*:98; *AJ*, *57*:340. Hector Lafaille (*Tratado de las obligaciones*, Buenos Aires, Ediar, 1947, v. 1, p. 568) esclarece que o privilégio creditório coloca o credor em situação de preferência em relação a outro. Para o Código Civil português, art. 733: "Privilégio creditório é a faculdade que a lei em atenção à causa do crédito concede a certos credores, independentemente do registro, de serem pagos com preferência a outros". No mesmo sentido o art. 3.875 do Código Civil argentino.

O STJ (REsp 1.717.144, 4ª T., rel. Min. Antonio Carlos Ferreira) concluiu que a ausência de bens em execução não dá margem à *supressio*, que não se confunde com a extinção de direitos que se dá na prescrição e decadência. A *supressio* é a perda da possibilidade de exercer um direito, em razão de seu não exercício por certo período, gerando a expectativa legítima de que não mais será exigido. Inexistência de bens na execução não gera tal expectativa.

real prefere ao pessoal de qualquer espécie, salvo a exceção estabelecida no art. 964, VIII, e no parágrafo único do art. 1.422; o crédito pessoal privilegiado (geral ou especial) que, por conter o privilégio, prefere ao simples ou quirografário, e o privilégio especial (CC, art. 964), que recai sobre coisa determinada, tendo preferência sobre o crédito com privilégio geral, decorrente de origem da dívida, que, por sua vez, prefere aos créditos quirografários (CC, arts. 965, 1.509, § 1º, e 963; Dec. n. 22.866/33, art. 1º).

Em relação à hipoteca a preferência se dá conforme a prioridade do registro, excluindo o penhor (CC, art. 1.422). Mas como o penhor rural é levado a assento no Registro Imobiliário da situação do bem empenhado (CC, art. 1.438), reconhece-se que a preferência relativamente aos credores pignoratícios baseia-se na data do registro do título. E pelo parágrafo único do art. 1.422 excetuam-se da preferência estabelecida no *caput* os débitos que, em razão de outras leis, devam ser pagos, precipuamente, a quaisquer outros créditos, como os p. ex. arrolados nos arts. 964 e 965 e os oriundos de acidente do trabalho, os dos trabalhadores em geral e os da Fazenda Pública.

Dessa maneira, pontifica Orlando Gomes que, no concurso de credores, dever-se-á verificar a existência de preferências, excludentes que são umas das outras, e, além disso, somente depois de satisfeitos os créditos privilegiados é que se procederá ao rateio entre os credores quirografários, que não têm quaisquer privilégios. P. ex.: se o valor apurado com os bens do devedor for de R$ 1.000.000,00 e os créditos montarem a R$ 3.000.000,00, sendo R$ 500.000,00 devidos a credor privilegiado e o restante distribuído entre três credores quirografários, dois com R$ 1.000.000,00 cada um e o terceiro com R$ 500.000,00, proceder-se-á ao rateio assim: o credor privilegiado receberá por inteiro os R$ 500.000,00, sobrando, portanto, R$ 500.000,00 para serem divididos entre os quirografários, na base de 20%, ou seja, aqueles cujo crédito era de R$ 1.000.000,00 receberão R$ 200.000,00 cada um, e o terceiro, R$ 100.000,00[282].

---

282. Orlando Gomes, *Obrigações*, cit., p. 223. Sobre penhora: CPC, arts. 831 a 869. *Vide* J. J. Calmon de Passos, Liquidação de sentença após o advento da Lei n. 8.898/94, *Ciência Jurídica*, *61*:27-32; Carlos Roberto Gonçalves, *Comentários ao Código Civil*, São Paulo, Saraiva, 2003, v. 11, p. 568-9; Felipe Scalabrin, Arrematação por preço civil na execução civil. *Revista Síntese*: *Direito Civil e Processual Civil*, *92*:107-31. Ordem preferencial: CC brasileiro: crédito real; crédito pessoal privilegiado especial; crédito pessoal privilegiado geral; crédito pessoal simples ou quirografário (Pablo S. Gagliano e Rodolfo Pamplona Filho, *Novo curso*, cit., v. 2, p. 381); CLT, art. 449, §§ 1º e 2º; CTN, art. 186 e Lei n. 11.101/2005, arts. 83, 84 e 149. O CPC/2015 (art. 882, § 1º) conferiu ao Conselho Nacional de Justiça a regulamentação da alienação judicial eletrônica, que foi feita pela Resolução n. 236/2016 e com isso facilitar-se-á a participação de licitantes e reduzirá os custos e agilizará os trâmites do processo de execução. Essa norma estabelece os requisitos mínimos para credenciamento de leiloeiros judiciais e de corretores públicos e também os procedimentos para nomeação e as responsabilidades do leiloeiro. A ordem efetiva de preferência no concurso de credores (Pablo S. Gagliano e Rodolfo Pamplona Filho, *Novo curso*, cit., v. 2, p. 382): crédito trabalhista oriundo de acidente de trabalho; crédito trabalhista em geral (salários e indenizações); créditos tributários (federal, estadual e municipal); crédito real; crédito pessoal privilegiado especial; crédito pessoal privilegiado geral e crédito quirografário.

Pela Súmula 478 do STJ: "Na execução de crédito relativo a cotas condominiais, este tem preferência sobre o hipotecário".

Enunciado n. 190 do Fórum Permanente de Processualistas Civis: "O art. 798, § 3º, não veda a inclusão extrajudicial do nome do executado em cadastros de inadimplentes, pelo credor ou diretamente pelo órgão de proteção ao crédito (art. 782, § 3º, do novo CPC).

Enunciado n. 193 do Fórum Permanente de Processualistas Civis: "Não justifica o adiamento do leilão, nem é causa de nulidade da arrematação, a falta de fixação, pelo juiz, do preço mínimo para a arrematação".

Quadro Sinótico

EXECUÇÃO FORÇADA POR INTERMÉDIO DO PODER JUDICIÁRIO

1. CONCEITO	• A execução forçada é a medida aplicada pelo Estado no exercício da atividade jurisdicional, que possibilita ao credor obter o adimplemento da obrigação e a consequente exequibilidade da prestação, quando o devedor não a cumprir espontaneamente, já que existe responsabilidade patrimonial sua a respeito.	
2. MODO DE EXECUÇÃO	• Execução específica	• Se o credor pretender receber exatamente a prestação prometida.
	• Execução genérica	• Se o credor executar bens do devedor para obter não só o valor da prestação não cumprida, por ser física ou juridicamente impossível, mas também a indenização dos prejuízos causados pela inexecução da obrigação, decorrentes de mora ou inadimplemento.
3. DECLARAÇÃO DE INSOLVÊNCIA	• A solvabilidade do executado é necessária para o êxito da execução forçada. Se os bens forem insuficientes, ter-se-á a declaração de insolvência, convocando-se credores para o efeito de rateá-los. Caracteriza-se estado de insolvência com observância do disposto no CC, arts. 955 a 965.	

Enunciados do CJF (II Jornada de Direito Processual Civil):

n. 153 – "A penhorabilidade dos bens, observados os critérios do art. 190 do CPC, pode ser objeto de convenção processual das partes."

n. 154 – "O exequente deve providenciar a intimação do coproprietário no caso da penhora de bem indivisível ou de direito real sobre bem indivisível."

n. 155 – "A penhora a que alude o art. 860 do CPC poderá recair sobre direito litigioso ainda não reconhecido por decisão transitada em julgado."

n. 156 – "O decurso de tempo entre a avaliação do bem penhorado e a sua alienação não importa, por si só, nova avaliação, a qual deve ser realizada se houver, nos autos, indícios de que houve majoração ou diminuição no valor."

n. 157 – "No leilão eletrônico, a proposta de pagamento parcelado (art. 895 do CPC), observado o valor mínimo fixado pelo juiz, deverá ser apresentada até o início do leilão, nos termos do art. 886, IV, do CPC".

Pelo Provimento da Corregedoria Nacional da Justiça n. 168/2024 quem tiver dívida protestada ou estiver com CPF ou CNPJ da empresa por inadimplemento pode renegociar tais débitos diretamente no cartório de protesto de sua cidade. Nada obsta a que o credor envie proposta de solução negocial ao devedor, que será notificado pelo cartório de protesto e terá 30 dias para proposta. Com isso o devedor protestado ficará, ao efetuar o pagamento, com o nome limpo. Esse processo pode ser feito *online* (*e-mail*, SMS, *WhatsApp*).

3. CONSEQUÊNCIAS DA INEXECUÇÃO DAS OBRIGAÇÕES POR FATO IMPUTÁVEL AO DEVEDOR

A. INADIMPLEMENTO VOLUNTÁRIO

a.1. Normas sobre inadimplemento da obrigação

As obrigações devem ser cumpridas; o devedor está obrigado a efetuar a prestação devida de modo completo, no tempo e lugar determinados na obrigação, assistindo ao credor o direito de exigir o seu cumprimento na forma convencionada. O adimplemento da obrigação é a regra, e o inadimplemento, a exceção, por ser uma patologia no direito obrigacional, que representa um rompimento da harmonia social, capaz de provocar a reação do credor, que poderá lançar mão de certos meios para satisfazer o seu crédito[283], visto que, pelo art. 391 do Código Civil, os bens do devedor respondem pelo inadimplemento das obrigações.

Ter-se-á o *inadimplemento* da obrigação quando faltar a prestação devida, isto é, quando o devedor não a cumprir, voluntária ou involuntariamente. Se o descumprimento da obrigação resultar de fato imputável ao devedor, haverá *inexecução voluntária*, pois o obrigado deixa de cumprir a prestação devida sem a dirimente do caso fortuito ou força maior. Pelo art. 390, o devedor que se obrigar a não praticar dado ato (obrigação negativa) será tido como inadimplente a partir da data em que veio a executar, culposamente, o ato de que devia abster-se, violando o dever de *non facere*. Desse dia, então, surgirão os efeitos (p. ex., perdas e danos e mora) do descumprimento da obrigação de não fazer. A infração do dever de cumprir a obrigação poderá ser intencional, caso em que se terá dolo, ou resultar de negligência, imprudência ou imperícia do devedor, hipótese em que haverá culpa. Esclarece-nos Orlando Gomes que, a rigor, somente a inexecução dolosa poderia ser qualificada como voluntária, embora a decorrente de culpa também seja assim classificada, por resultar de fato imputável ao devedor. A mora é, para alguns, aspecto de inexecução culposa, embora não se confundam, uma vez que a mora consiste no retardamento do pagamento, como logo mais veremos, e o inadimplemento voluntário consiste no descumprimento do dever jurídico, pois a indenização tem por escopo substituir o cumprimento, acarretando ao devedor a responsabilidade pelas

---

283. Valverde y Valverde, *Tratado de derecho civil español*, v. 3, p. 83; Silvio Rodrigues, op. cit., p. 316; Agostinho Alvim, *Da inexecução das obrigações e suas consequências*, São Paulo, Saraiva, 1980, p. 5-6; Araken de Assis, *Resolução do contrato por inadimplemento*, São Paulo, Revista dos Tribunais, 1999; Massimo Bianca, *Dell'inadempiemento delle obbligazioni*, Roma, 1967; Judith Martins-Costa, O adimplemento e o inadimplemento das obrigações no novo Código Civil e o seu sentido ético e solidarista, *O novo Código Civil*, cit., p. 331-59; Carlos Alberto R. de Paula, Do inadimplemento das obrigações, *O novo Código Civil*, cit., p. 360-78. *Vide* CC, arts. 390 e 391; Kaue da Cruz Oliveira, Impossibilidade do cumprimento das obrigações civis decorrentes de conduta culposa, *Revista Síntese – Direito Civil, Processual Civil*, 143:9 a 30 (2023).

perdas e danos. Se o descumprimento decorrer de evento estranho à vontade do devedor, será involuntário, por configurar-se caso fortuito ou força maior, não originando, em regra, a sua responsabilidade (*RT*, *493*:210, *435*:72)[284].

O Código Civil, art. 389 e parágrafo único, ao prescrever que, não cumprida a obrigação, responde o devedor por perdas e danos, mais juros e atualização monetária – segundo convenção ou lei ou variação do Índice Nacional de Preços ao Consumidor Amplo (IPCA), apurado e divulgado pelo IBGE ou do índice que vier a substituí-lo – e honorários de advogado[285], está admitindo o modo de inadimplemento voluntário *absoluto* que se dá se a obrigação não foi cumprida nem poderá sê-lo, e o credor não mais terá possibilidade de receber aquilo a que o devedor se obrigou, como, p. ex., no caso de ter havido perecimento, perda ou destruição do objeto devido por culpa deste. O inadimplemento absoluto será *total*, se a obrigação deixou de ser cumprida em sua totalidade, e será *parcial*, se a obrigação compreender, p. ex., vários objetos, sendo apenas um deles entregue, porque os demais pereceram por culpa do devedor. Havendo descumprimento total ou parcial, impossibilitando a prestação, a obrigação principal converter-se-á em dever de indenizar, na falta de tutela jurídica específica.

O inadimplemento *relativo* se dá quando a obrigação não for cumprida no tempo, lugar e forma devidos, porém poderá sê-lo, com proveito para o credor, hipótese em que se terá a mora[286] (CC, art. 394).

Nessas duas situações a sanção será a mesma, devendo o inadimplente responder por perdas e danos, para recompor o patrimônio do credor, lesado pelo descumprimento da obrigação. O devedor terá, então, a obrigação de indenizar, e o credor o direito de exigir o pagamento dessa indenização. Esse pagamento restringir-se-á ao equivalente pecuniário; se a inexecução foi completa, ter-se-á o ressarcimento total; se incompleta, parcial será a indenização, pois esta deverá ser proporcional ao prejuízo causado ao credor[287].

Todavia, como pondera Caio Mário da Silva Pereira, não se deve dizer, como regra geral e absoluta, que a prestação devida não cumprida se transforma em perdas e danos, pois somente quando não for possível obter o devido é que se dará a transformação da prestação no seu equivalente pecuniário, que suprirá a ausência de execução direta. Indenizar o prejuízo não é o mesmo que restaurar o objeto da prestação, nem implicaria a sua conversão no equivalente pecuniário. Às vezes tal ocorre; outras, porém, uma forma de indenizar não exclui a outra, de modo que nada obsta ao credor perseguir a coisa devida, se esta for possível, e as perdas e danos, caso em que estas serão postuladas juntamente com a obrigação principal[288].

---

284. Orlando Gomes, *Obrigações,* cit., p. 173-4 e 183; Caio M. S. Pereira, op. cit., p. 280.

285. Tais honorários advocatícios apenas têm cabimento quando ocorrer a efetiva atuação profissional do advogado (Enunciado n. 161 do Conselho da Justiça Federal, aprovado na III Jornada de Direito Civil).

Esses honorários não são, obviamente, os de sucumbência, mas os extrajudiciais, a serem pagos por quem contratou advogado para a defesa de seus direitos.

Consulte: Jones F. Alves e Mário Luiz Delgado, *Código*, cit., p. 203.

286. Agostinho Alvim, *Da inexecução,* cit., p. 7; Caio M. S. Pereira, op. cit., p. 281; Silvio Rodrigues, op. cit., p. 316; Espínola, *Sistema do direito civil brasileiro,* v. 2, p. 451, nota 255; Gagliano e Pamplona Filho, *Novo curso*, cit., v. II, p. 287; *RT, 493*:196; Código Civil, arts. 234, 394, 395, 409 e 475; Decreto-lei n. 32/66 (ora revogado pela Lei n. 7.565/86), arts. 97 a 108; Decreto-lei n. 15/66, art. 10; Código de Processo Civil, arts. 809, 810, 811, 812, 813, 815 e 816.

287. W. Barros Monteiro, op. cit., p. 329; Lacerda de Almeida, *Dos efeitos,* cit., p. 339.

288. Caio M. S. Pereira, op. cit., p. 282 e 290-1; De Page, op. cit., v. 3, n. 93; Carvalho de Mendonça, op. cit., n. 475.

a.2. Fundamento da responsabilidade contratual do inadimplente

Todo aquele que voluntariamente infringir dever jurídico, estabelecido em lei ou em relação negocial, causando prejuízo a alguém, ficará obrigado a ressarci-lo (CC, arts. 186 e 927), pois, uma vez vulnerado direito alheio, produzindo dano ao seu titular, imprescindível será uma reposição ao *statu quo ante* ou um reequilíbrio ao desajuste sofrido. A responsabilidade do infrator, havendo liame obrigacional oriundo de contrato ou de declaração unilateral de vontade, designar-se-á *responsabilidade contratual*; não havendo vínculo obrigacional, será denominada *responsabilidade extracontratual* ou *aquiliana*.

Deixando de lado a questão da responsabilidade sem culpa, ou seja, a responsabilidade civil objetiva (*RT, 448*:114), não se deve olvidar que a responsabilidade civil se funda na ocorrência de dolo ou culpa, nela se articulando dois fatores: o dever jurídico violado e a imputabilidade do agente. Entretanto, será preciso ressaltar que, aqui, nos iremos ater à responsabilidade contratual, visto que a extracontratual foi objeto de estudo nos volumes 1º e 3º de nosso *Curso de direito civil brasileiro,* no item referente a atos ilícitos.

Na responsabilidade extracontratual, a culpabilidade deve ser demonstrada pelo lesado, e na contratual, à vítima só compete a prova do descumprimento obrigacional, pois o devedor terá o ônus de provar que não agiu culposamente ou que houve ocorrência de força maior ou caso fortuito.

A responsabilidade contratual funda-se na culpa, entendida em sentido amplo, de modo que a inexecução culposa da obrigação se verifica quer pelo seu cumprimento intencional, havendo vontade consciente do devedor de não cumprir a prestação devida, com o intuito de prejudicar o credor (dolo), quer pelo inadimplemento do dever jurídico, sem a consciência da violação, sem a intenção deliberada de causar dano ao direito alheio, havendo apenas um procedimento negligente, imprudente ou omisso (culpa), prejudicial ao credor. Sendo a culpa, nesse sentido amplo, que abrange o dolo e a culpa em sentido estrito, o principal fundamento da responsabilidade contratual, o dever de indenizar apenas surgirá quando o inadimplemento for causado por ato imputável ao devedor; daí a necessidade de se apreciar o comportamento do obrigado, a fim de se verificar, para a exata fixação de sua responsabilidade, se houve dolo, negligência, imperícia ou imprudência de sua parte, que resultou em prejuízo para o credor. Para se provar se houve ou não fato que possa eximir o devedor da culpa, será imprescindível demonstrar se houve: *a*) obrigação violada; *b*) nexo de causalidade entre o fato e o dano produzido; *c*) culpa; e *d*) prejuízo ao credor (*RT, 451*:190, *491*:77). Verificados tais pressupostos essenciais à determinação do dever de reparar, armar-se-á uma equação em que o montante da indenização equivalerá ao valor do bem jurídico lesado, a fim de se evitar enriquecimento ilícito por parte do credor. Nosso Código Civil afastou as diferenças de tratamento ao transgressor que agiu por dolo do que agiu por culpa, e apenas excepcionalmente, no art. 392, distinguiu entre inadimplemento doloso e culposo para definir a responsabilidade do inadimplente. Deveras, o art. 392, 1ª parte, do Código Civil reza: "Nos contratos benéficos, responde por simples culpa o contratante, a quem o contrato aproveite, e por dolo aquele a quem não favoreça". Com isso, nosso Código entende que, nos negócios jurídicos benéficos, gratuitos ou não onerosos, o dolo, relativamente àquele que não tira nenhum proveito, poderá dar fundamento à responsabilidade por perdas e danos. P. ex.: o comodato (empréstimo gratuito de coisas infungíveis – CC, art. 579) é contrato benéfico, pois nele apenas uma das partes colhe proveito, de forma que seria injusto que a parte que favorece a outra reparasse danos ou prejuízos por simples culpa, devendo responder apenas quando agir dolosamente, descumprindo deliberadamente o negócio. Já o comodatário, o favorecido, responderá pelo ressarcimento dos danos que causar por simples culpa, de maneira que terá de conservar a coisa como se fosse sua, usando-a conforme estipulação negocial ou de acordo com sua natureza, sob pena de responder por perdas e danos (CC, art. 582).

Por outro lado, se o contrato for oneroso, cada uma das partes responderá, salvo as exceções previstas por lei (p. ex., CC, arts. 393 e 927, parágrafo único), por culpa (CC, art. 392, 2ª parte), devendo indenizar o prejudicado, visto que ambas têm direitos e deveres recíprocos, devendo responder em pé de igualdade por culpa ou dolo[289].

Quadro Sinótico

INADIMPLEMENTO VOLUNTÁRIO

1. CONCEITO DE INADIMPLEMENTO DA OBRIGAÇÃO	• Consiste na falta da prestação devida ou no descumprimento, voluntário ou involuntário, do dever jurídico por parte do devedor.	
2. NOÇÃO DE INEXECUÇÃO VOLUNTÁRIA	• Ocorre quando o obrigado deixa de cumprir, dolosa ou culposamente, a prestação devida, sem a dirimente do caso fortuito ou força maior.	
3. MODOS DE INADIMPLEMENTO VOLUNTÁRIO (CC, ARTS. 389 E 394)	• Absoluto	• Se a obrigação não foi cumprida, total ou parcialmente, nem poderá sê-lo.
	• Relativo	• Se a obrigação não foi cumprida no tempo, lugar e forma devidos, porém poderá sê-lo com proveito para o credor, hipótese em que se terá a mora.
4. FUNDAMENTO DA RESPONSABILIDADE CONTRATUAL DO INADIMPLENTE	• A responsabilidade do infrator, havendo liame obrigacional decorrente de contrato ou de declaração unilateral de vontade, será contratual, fundando-se na ocorrência da culpa em sentido amplo, que abrange o dolo e a culpa em sentido estrito, de tal forma que o dever de indenizar só surgirá quando o inadimplemento for causado por ato imputável ao devedor. Nosso Código Civil não trata diferenciadamente o transgressor que agiu por dolo do que agiu por culpa; apenas excepcionalmente, no art. 392, 1ª parte, distingue entre inadimplemento doloso e culposo para definir a responsabilidade do inadimplente.	

289. Sobre a responsabilidade do inadimplente, *vide* Clóvis Beviláqua, *Código Civil*, cit., v. 4, p. 172; Larenz, op. cit., v. 1, p. 284; Bassil Dower, op. cit., p. 288-90; W. Barros Monteiro, op. cit., p. 330; Carvalho de Mendonça, op. cit., n. 499; Orlando Gomes, *Obrigações*, cit., p. 175-6 e 186-8; Lafaille, op. cit., v. 1, n. 142; Mazeaud e Mazeaud, op. cit., v. 1, n. 336; Hedemann, *Tratado de derecho civil;* derecho de obligaciones, p. 157; Giorgi, op. cit., v. 2, n. 38; Chironi, *Colpa contrattuale*, 2. ed., 1897; Von Tuhr, op. cit., t. 2, p. 88; Serpa Lopes, op. cit., p. 360-79; João Luís Alves, op. cit., v. 2, p. 141; Esmein, Le fondement de la responsabilité contractuelle rapproché de la responsabilité délictuelle, *Revue Trimestrielle de Droit Civil*, 1933, p. 627; André Brun, *Rapports et domaine des responsabilités contractuelle et délictuelle*, Paris, 1931; Caio M. S. Pereira, op. cit., p. 283-90; Carnelutti, Sulla distinzione tra colpa contrattuale e extracontrattuale, *Rivista di Diritto Commerciale, 2*:743, 1912; De Page, op. cit., v. 3, p. 105; Baroncea, *Essai sur la faute et le fait du créancier*, Paris, 1930; Aguiar Dias, *Da responsabilidade civil*, 3. ed., v. 1, p. 101; Gagliano e Pamplona Filho, *Novo curso*, cit., v. II, p. 289; *RT, 443*:163, *444*:99, *458*:414.

B. Mora

b.1. Mora e inadimplemento absoluto

A mora requer, na seara da inexecução da obrigação, um exame mais demorado, por ser mais frequente que o inadimplemento absoluto[290], do qual se distingue nitidamente, pois: *a*) haverá mora quando o devedor ainda puder cumprir a obrigação, possibilitando ao credor receber a prestação que lhe interessa, e inadimplemento absoluto se não houver tal possibilidade, ou porque a coisa devida pereceu, ou porque já se tornou inútil ao credor (*RT, 496*:147); *b*) a mora poderá ser purgada (*RT, 487*:131, *466*:128, *469*:162, *458*:164), o mesmo não acontecendo com o inadimplemento absoluto (*RT, 482*:166).

Apesar disso, há semelhança entre esses dois institutos, já que geram a mesma consequência, pois, pelo Código Civil, arts. 389 e 394, o contratante moroso e o devedor absolutamente inadimplente responderão, havendo culpa, pela reparação do prejuízo causado ao credor pelo descumprimento da obrigação, pagando indenização por perdas e danos[291].

b.2. Conceito e espécies de mora

O Código Civil, art. 394, explicita a noção de mora, ao dispor: "Considera-se em mora o devedor que não efetuar o pagamento e o credor que não quiser recebê-lo no tempo, lugar e forma que a lei ou a convenção estabelecer". Portanto, a mora vem a ser, segundo R. Limongi França, não só a inexecução culposa da obrigação, mas também a injusta recusa de recebê-la no tempo, no lugar e na forma devidos[292].

A mora é, pois, mais do que simples retardamento[293], visto que o Código Civil considera como mora o cumprimento da obrigação fora do lugar e de forma diversa da ajustada legal ou contratualmente.

---

290. Agostinho Alvim, *Da inexecução*, cit., p. 10.

291. Sobre ambos os institutos, *vide* W. Barros Monteiro, op. cit., p. 266; Agostinho Alvim, *Da inexecução*, cit., p. 37-49; Serpa Lopes, op. cit., p. 384-6; Bassil Dower, op. cit., p. 171-5; Ricci, *Corso teorico-practico di diritto civile*, v. 6, n. 205; Carvalho de Mendonça, op. cit., v. 2, p. 72; Giorgi, op. cit., v. 2, n. 45; Chironi, op. cit., n. 325; Espínola, *Sistema*, cit., v. 2, p. 451-2, nota 230; Alves Moreira, op. cit., v. 2, p. 127; Walter Stern, Obbligazione, in *Nuovo Digesto Italiano*, v. 8, p. 1226, n. 73; Colin e Capitant, op. cit., v. 2, n. 99; Carvalho Santos, op. cit., v. 16, com. ao art. 955; Silvio Rodrigues, op. cit., p. 316-8; Josserand, op. cit., v. 2, n. 621; Huc, op. cit., v. 7, n. 141; Von Tuhr, op. cit., v. 2, § 72, n. II; Gema Diez-Picazo Gimenez, *La mora y la responsabilidad contractual*, 1996; José Ignacio Cano, *La mora*, 1978; Oswaldo e Silvia Opitz, *Mora no negócio jurídico*, 1984.

292. R. Limongi França, Mora, in *Enciclopédia Saraiva do Direito*, v. 53, p. 240. *Vide*, ainda, Giorgi, op. cit., v. 2, n. 43; Marcos Inácio Araújo e Oliveira, Mora, *Ciência Jurídica, 13*:22; Ugo Natoli e Lina Bigliazzi Geri, *Mora accipiendi e mora debendi*, Milano, Giuffrè, 1975; Agostinho Alvim, *Da inexecução*, cit., n. 13; Carvalho de Mendonça, op. cit., v. 1, n. 259; Clóvis Beviláqua, *Código Civil*, cit., v. 4, p. 108-9; Arlindo Felipe da Cunha, Correção monetária e juros de mora no pagamento de precatórios, *Jornal Síntese, 94*:9 e 10; Chironi (op. cit., n. 325, p. 715) observa: "*La mora, secondo la nozione ch'esattamente è data dalla legge, e ritardo nell'esecuzione: superfluo aggiungere alla voce ritardo l'attributo di legale, com'è pure superfluo ricordare la possibilità dell'adempimento ulteriore, per la miglior determinazione del concetto: considerata la mora come ritardo vien di necessità il presumere ancor possibile l'esecuzione*". *Vide* Código Civil, art. 396.

Pelo Enunciado n. 29 (aprovado no Seminário promovido em 2015 pela ENFAM): "Para a concessão da tutela de evidência prevista no art. 311, III, do CPC/2015, o pedido reipersecutório deve ser fundado em prova documental do contrato de depósito e também da mora".

293. Muitos autores definem mora como um retardamento na execução da obrigação; dentre eles, Lacerda de Almeida (*Obrigações*, cit., § 41), que escreve: "Mora é o injusto retardamento no cumprimento

Ter-se-á mora quando a obrigação não for cumprida no tempo, no lugar e no modo estabelecidos em disposição legal ou convencional, podendo sê-lo proveitosamente para o credor[294].

Percebe-se por essa definição que tanto o devedor como o credor poderão incorrer em mora, desde que não tenha ocorrido fato inimputável, isto é, caso fortuito ou força maior, impediente do adimplemento da relação obrigacional. Em regra, o devedor deverá pagar no momento certo, no lugar e na forma convencionados, e ao credor cabe receber oportunamente a prestação devida no local e na forma definidos legalmente ou pela vontade dos contratantes. O descumprimento da obrigação na hora, no lugar e na forma devidos induz a mora de um ou de outro. Aquele que tiver de suportar as suas consequências deverá provar a ocorrência do evento hábil a criar a escusativa[295].

Três são as *espécies* de mora admitidas em nosso direito: *a*) *mora solvendi*, *debendi* ou *debitoris* ou mora do devedor; *b*) *mora accipiendi*, *credendi* ou *creditores* ou mora do credor; e *c*) mora de ambos os contratantes, as quais passaremos a analisar.

b.3. Mora do devedor

b.3.1. Noção e modalidades

Configurar-se-á a *mora do devedor* quando este não cumprir, por culpa sua, a prestação devida na forma, tempo e lugar devidos em razão de lei ou contrato (*RT*, *478*:149, *597*:114; *BAASP*, *1.955*:46). Dois são, portanto, seus *elementos*: o *objetivo*, a não realização do pagamento no tempo, local e modo convencionados, e o *subjetivo*, inexecução culposa por parte do devedor.

A mora do devedor manifesta-se sob dois aspectos[296]:

1º) *Mora ex re*, se decorrer de lei, resultando do próprio fato do descumprimento da obrigação, independendo, portanto, de provocação do credor. A mora do devedor ocorrerá *pleno iure*, não sendo necessário qualquer ato ou iniciativa do credor se houver vencimento determinado para o adimplemento da obrigação. Aplicar-se-á, portanto, a regra *dies interpellat pro homine* (*RT*, *226*:179, *228*:200; *RSTJ*, *159*:264), ou seja, o termo interpela em lugar do credor, pois a *lex* ou o *dies* assumirão o papel de intimação. É o que se dá, p. ex.: *a*) nas obrigações positivas e líquidas, não cumpridas no seu termo. Vencidos os débitos contraídos com prazo certo, surgirá de pleno direito o dever de pagar que, se não for cumprido, terá por

---

da obrigação ou por parte do devedor, quando não satisfaz a tempo a obrigação, ou por parte do credor, quando não quer aceitar o pagamento"; Orlando Gomes, *Obrigações*, cit., p. 202-3; Demogue, *Obligations*, v. 5, p. 250, v. 6, n. 231; Albert Comment, *De la demeure du débiteur dans les contrats bilatéraux*, Courtelary, 1924.

294. Silvio Rodrigues, op. cit., p. 318-9.

295. Caio M. S. Pereira, op. cit., p. 267. Sobre mora, *vide RT*, *328*:469, *392*:260, *300*:169, *306*:558, *305*:855, *302*:157, *307*:628, *308*:203, *331*:352, *311*:327, *310*:495, *359*:344, *365*:128, *373*:74, *372*:271, *387*:317, *391*:257, *404*:226, *413*:240, *415*:183, *416*:208, *657*:84, *653*:193, *713*:179; *RJ*, *164*:152; *RJM*, *47*:93; *RTJ*, *94*:295, *100*:412, *82*:512; *RJTJRS*, *74*:385, *79*:446; Súmulas 282 e 356 do STF.

296. Serpa Lopes, op. cit., p. 386-7; Ruggiero e Maroi, op. cit., v. 2, § 131; W. Barros Monteiro, op. cit., p. 263-4; Bassil Dower, op. cit., p. 177-9; Agostinho Alvim, *Da inexecução*, cit., n. 89 a 118; Caio M. S. Pereira, op. cit., n. 173; Polacco, *Le obbligazioni nel diritto civile italiano*, p. 527-8 e 537; Carvalho de Mendonça, op. cit., v. 1, n. 260; Colin e Capitant, op. cit., v. 2, n. 98; Huc, op. cit., v. 7, n. 407; Acollas, *Manuel de droit civil*, v. 2, p. 800; Orlando Gomes, *Obrigações*, cit., p. 204-5; Angel Cristóbal Montes, *La mora del deudor en los contratos bilaterales*, 1984; Matiello, *Código*, cit., p. 270.

efeito a imediata constituição do devedor em mora (CC, art. 397, 1ª parte); *b*) nas obrigações negativas, o devedor é tido como inadimplente, desde o dia em que executar o ato de que se devia abster (CC, art. 390); *c*) nas obrigações provenientes de ato ilícito, que se considera o devedor em mora desde que o praticou (CC, art. 398), de forma que desde o instante em que cometeu o ilícito, em decorrência de violação de lei penal ou civil, correrão os riscos da coisa devida exclusivamente por conta do devedor, independentemente de qualquer interpelação.

2º) *Mora ex persona*, se não houver estipulação de termo certo para a execução da relação obrigacional; nesse caso, será imprescindível que o credor tome certas providências necessárias para constituir o devedor em mora, cientificando-o formalmente de sua inadimplência, tais como: interpelação judicial ou extrajudicial (*RF, 222*:177; *RT, 463*:209, *483*:139, *467*:171, *491*:143, *438*:245, *483*:133, *699*:74[297]; CC, art. 397, parágrafo único; CPC, arts. 726 e 729), ou citação ordenada por despacho judicial na própria causa principal, pelo credor ajuizada para discutir a relação jurídica (CPC, arts. 59, 240 e §§; CC, art. 202, I; *RT, 433*:177 e *781*:225). "A interpelação extrajudicial de que trata o parágrafo único do art. 397, do Código Civil, admite meios eletrônicos como *e-mail* ou aplicativos de conversa *online*, desde que demonstrada a ciência inequívoca do interpelado, salvo disposição em contrário no contrato" (Enunciado n. 619 da VIII Jornada de Direito Civil). A *mora ex persona* requer, portanto, a intervenção do credor na defesa de seu direito creditório, cientificando o devedor. Se o devedor cientificado quedar-se inerte, não cumprindo a prestação devida, os efeitos da mora produzir-se-ão.

b.3.2. Requisitos

A mora do devedor pressupõe a existência dos seguintes *requisitos*[298]:

1º) *Exigibilidade imediata da obrigação,* isto é, existência de dívida positiva, líquida (*RT, 434*:168) e vencida (*RT, 488*:157), uma vez que, na pendência de condição suspensiva ou antes do termo final, será impossível a incidência da mora. Entretanto, nosso Código Civil, art. 405, amenizando a rigidez do princípio *in illiquidis non fit mora,* admite que se contem os juros da mora desde a citação inicial.

2º) *Inexecução total ou parcial da obrigação por culpa do devedor*, pois se ele não cumprir a obrigação no tempo, forma e lugar estipulados, em razão de inundação que interceptou as vias de comunicação, naufrágio, acidente automobilístico, congestionamento imprevisto em via pública, doença grave, não incorrerá em mora, já que o inadimplemento da prestação devida se deu por fato alheio à sua vontade, isto é, pela verificação de um acontecimento de força maior, ou de caso fortuito, mesmo transitório. Deveras, estatui o Código Civil, art. 396, que: "Não havendo fato ou omissão imputável ao devedor, não incorre este em mora". Para haver *mora solvendi,* indispensável será o inadimplemento da obrigação imputável ao

---

297. "A mora do devedor, por alienação fiduciária, faculta ao credor considerar vencidas todas as obrigações contratuais, independente de interpelação" (*RT, 471*:137). "Não é função da notificação provocar dilação do prazo contratual, mas constituir o devedor em mora" (*RT, 613*:138). A constituição em mora do devedor de obrigação de fazer não se dá somente pela interpelação, notificação ou protesto, obtendo-se o mesmo efeito através da citação, conforme o CPC/73, art. 219 – hoje arts. 59 e 240 e §§ (*RT, 781*:225). A notificação mesmo extrajudicial comprova a mora e impede a revisão contratual (STJ, REsp n. 493.839-RS, rel. Min. Carlos Alberto Menezes Direito). *Vide RTJ, 102*:682; *RT, 584*:215, *776*:271, *711*:208, *717*:162, *781*:225, *809*:215, *681*:177, *680*:167; Súmula 76 do STJ.

298. W. Barros Monteiro, op. cit., p. 261-2; Caio M. S. Pereira, op. cit., p. 267-8; Orlando Gomes, *Obrigações*, cit., p. 204 e 206; Bassil Dower, op. cit., p. 168-9; Giorgi, op. cit., v. 2, n. 13; R. Limongi França, Mora, cit., p. 241; Serpa Lopes, op. cit., p. 381-2 e 386; Carvalho de Mendonça, op. cit., p. 386; Silvio Rodrigues, op. cit., p. 319-20.

devedor (*RT, 218*:223, *186*:723, *240*:273, *763*:160; *RJTJSP, 132*:134; *RSTJ, 151*:238). Os efeitos da mora requerem culpabilidade do devedor. Não haverá, portanto, *mora solvendi* se o descumprimento da obrigação ocorreu em virtude de força maior ou caso fortuito, hipótese em que o credor não poderá reclamar qualquer indenização, embora possa, se quiser, optar pela rescisão contratual ou pelo cumprimento da prestação, se útil, ainda, lhe for. E pelo Enunciado n. 354 do Conselho da Justiça Federal (aprovado pela IV Jornada de Direito Civil): "A cobrança de encargos e parcelas indevidas ou abusivas impede a caracterização da mora do devedor".

3º) *Interpelação judicial ou extrajudicial do devedor,* se a dívida não for a termo ou com data certa (CC, art. 397, parágrafo único). Trata-se da hipótese de *mora ex persona,* que só se constituirá se o credor a provocar por meios adequados[299]. Se a mora for *ex re,* o devedor ficará constituído em mora *pleno iure,* pois, se há prazo determinado para o vencimento da obrigação, não há necessidade de qualquer ato do credor que provoque a constituição em mora do devedor.

b.3.3. Efeitos jurídicos

A *mora solvendi* produz os seguintes efeitos jurídicos[300]:

1º) *Responsabilidade do devedor pelos prejuízos causados pela mora ao credor* (CC, art. 395), mediante pagamento de juros moratórios legais ou convencionais; indenização do lucro cessante, isto é, daquilo que o credor deixou de ganhar em razão da mora, compreendendo os frutos e rendimentos que poderia ter tirado da coisa devida; reembolso das despesas efetuadas em consequência da mora; satisfação da cláusula penal, resultante, *pleno iure,* do não pagamento e dos honorários de advogado (CPC, arts. 82, § 2º, 84 e 85 e §§), sem olvidar da atualização dos valores monetários pelo Estado, resultantes de aferição de fatores geradores da perda do valor da moeda. Trata-se da consagração do princípio da *perpetuatio obligationis.*

2º) *Possibilidade de o credor exigir a satisfação das perdas e danos, rejeitando a prestação, se devido à mora ela se tornou inútil* (CC, art. 395, parágrafo único) *ou perdeu seu valor.* P. ex.: "A" compra de "B" 1.000 sacas de café, para lhe serem entregues em determinado dia, véspera da partida de um navio em que serão embarcadas para a Europa. Esse navio é o único apto a chegar no tempo certo ao porto de destino. Se "B" entregar a mercadoria após a partida do navio, "A" poderá rejeitá-la, porque se tornou inútil, reclamando ressarcimento dos prejuízos[301].

---

299. Pelo Enunciado n. 427 do CJF, aprovado na V Jornada de Direito Civil: "É válida a notificação extrajudicial promovida em serviço de registro de títulos e documentos de circunscrição judiciária diversa da do domicílio do devedor". Urge lembrar que: "O verdadeiro sentido da norma do art. 1.071 do CPC/73 (sem similar no CPC/2015) não é determinar a imprescindibilidade do protesto, mas a indispensabilidade da documentação da mora. Imprescindível a comprovação da mora, segundo o art. 1.071 do CPC/73 (sem similar no CPC/2015), mas inexistente exclusividade do meio de comprová-la pelo protesto, em face do art. 397 do novo Código Civil, razão pela qual, para tanto, é possível optar pela realização do protesto ou pela interpelação judicial ou extrajudicial" (STJ, REsp 685.906/SP, rel. Min. Nancy Andrighi, Terceira Turma, j. 4-8-2005, *DJ*, 22-8-2005, p. 272).

300. Caio M. S. Pereira, op. cit., p. 269-70; Bassil Dower, op. cit., p. 169-70; Orlando Gomes, *Obrigações,* cit., p. 208; De Page, op. cit., v. 3, 2. parte, n. 83; Enneccerus, Kipp e Wolff, op. cit., p. 267; Silvio Rodrigues, op. cit., p. 321-2; Serpa Lopes, op. cit., p. 390-1; R. Limongi França, Mora, cit., p. 241; Carvalho de Mendonça, op. cit., n. 265, *A* e *B*; Agostinho Alvim, *Da inexecução,* cit., ns. 39 a 51; Matiello, *Código,* cit., p. 268; Rossel, *Manuel de droit fédéral des obligations,* p. 160. *Vide RJE, 1*:105.

"Os encargos moratórios atinentes ao crédito sub-rogado devem compor a condenação da ação de regresso, sob pena de enriquecimento sem causa do devedor" (Informativo n. 762 do STJ, REsp 1.848.369-MG, rel. Min. Marco Buzzi, rel. Acd. Min. Raul Araújo, 4ª Turma, por maioria, j. 13-12-2022).

301. Carvalho Santos, op. cit., v. 12, p. 323.

Competirá ao credor a prova da inutilidade, a menos que se tenha convencionado expressamente um termo certo ou este advenha inequivocamente das circunstâncias do negócio. "A inutilidade da prestação que autoriza a recusa da prestação por parte do credor deverá ser aferida objetivamente, consoante o princípio da boa-fé e a manutenção do sinalagma, e não de acordo com o mero interesse subjetivo do credor" (Enunciado n. 162 do Conselho da Justiça Federal, aprovado na III Jornada de Direito Civil). Se demonstrada, operar-se-á, então, a conversão da coisa devida no seu equivalente pecuniário, hipótese em que a mora se equiparará ao inadimplemento absoluto.

3º) *Responsabilidade do devedor moroso pela impossibilidade da prestação, mesmo decorrente de caso fortuito ou de força maior, se estes ocorrerem durante o atraso, salvo se provar isenção de culpa ou que o dano sobreviria, ainda que a obrigação fosse oportunamente desempenhada* (CC, arts. 393 e 399). Trata-se da *obligatio mora perpetuatur* (*perpetuatio obligationis*), na qual se prorroga a obrigação do devedor ocorrendo força maior ou caso fortuito durante o lapso temporal em que estava em mora. Isto é assim porque, se o devedor tivesse cumprido a obrigação em tempo, teria resguardado a coisa devida da força maior ou do caso fortuito, desaparecendo, no entanto, sua responsabilidade se provar isenção de culpa ou que a impossibilidade da execução da prestação se produziria, mesmo que tivesse havido o adimplemento da obrigação. P. ex.: se um raio destruir a casa do devedor moroso, onde se encontrava a coisa devida, nada acontecendo à casa do credor; nesse caso, se o objeto da dívida já estivesse em poder do credor, nada lhe teria sucedido. Entretanto, se o raio destruir as duas casas, a do devedor e a do credor, com todo o seu conteúdo, fica patente que o dano teria, de qualquer maneira, sobrevindo à coisa[302].

b.4. Mora do credor

b.4.1. Conceito e pressupostos

A *mora accipiendi, credendi,* ou *creditoris* é, segundo R. Limongi França[303], a injusta recusa de aceitar o adimplemento da obrigação no tempo, lugar e forma devidos (*RT, 150*:243, *484*:214, *495*:218).

São *pressupostos* da mora do credor[304]:

---

302. Van Wetter, *Les obligations en droit romain,* v. 1, p. 126, apud W. Barros Monteiro, op. cit., p. 263. Coviello escreveu e Polacco transcreveu (op. cit., p. 530): "É claro que também aqui não se responde pelo caso fortuito, mas, pela culpa, que constitui a essência da mora; o devedor responde pela perda da coisa, não porque isso acontece 'post moram' e sim 'propter moram'. De fato, entre a impossibilidade de prestação e a mora existe aquele nexo causal, que faz perder ao acontecimento o caráter de fortuito. Se não tivesse havido a mora, a perda não teria acontecido. Portanto, a verdadeira causa não é tanto o acontecimento, mas, principalmente, o inadimplemento culposo. A culpa, por conseguinte, existente na mora, bem que por via indireta e negativa, terá ocasionado a impossibilidade da prestação. Mas, quando a coisa teria perecido ainda que entregue a tempo, então, mesmo que exista a mora, e, portanto, a culpa, esta não terá tido nenhuma eficácia, nem mesmo indireta, para produzir o dano, precisamente porque teria sobrevindo, ainda sem ela; falta, por isso, o nexo causal entre a culpa e o dano, e, portanto, não pode haver aí responsabilidade, porque há um verdadeiro caso fortuito, isto é, falta completa de culpa, relativamente ao dano acontecido". Código Civil, arts. 552, 562, 1ª parte, e 862. *Vide RT, 749*:392.

303. R. Limongi França, Mora, cit., p. 241.

304. Agostinho Alvim, *Da inexecução,* cit., ns. 52 a 79; W. Barros Monteiro, op. cit., p. 260-1; Caio M. S. Pereira, op. cit., p. 270-2; Serpa Lopes, op. cit., ns. 323, 328, 329 e 330; Larenz, op. cit., v. 1, § 24; Carvalho de Mendonça, op. cit., v. 1, n. 264; Silvio Rodrigues, op. cit., p. 319; R. Limongi França, Mora, cit., p. 242;

1º) *Existência de dívida positiva, líquida e vencida*, pois o devedor tem o direito de liberar-se no tempo, local e forma devidos. Assim sendo, não havendo débito vencido e exigível, não há que se falar em direito do devedor de se desobrigar dele, já que não pode ainda ser molestado pelo credor, nem está exposto a qualquer risco. Mesmo se se tratar de prazo instituído em benefício do devedor, a antecipação do pagamento não pode ser imposta pelo credor, constituindo-o em mora, visto que, juridicamente, apenas no momento em que se vencer a obrigação é que se pode exigir o recebimento da prestação devida.

2º) *Estado de solvência do devedor*, por ser imprescindível que o obrigado se encontre em condições de efetuar o pagamento.

3º) *Oferta real e regular da prestação devida pelo devedor*; trata-se de requisito fundamental para originar a mora do credor, sendo insuficiente a simples afirmativa do devedor de que pretende cumpri-la. Não haverá mora do credor sem a efetiva oferta a ele da *res debita*. Logo, a oferta verbal só será idônea para constituir o credor em mora, se o devedor tiver meios de comprová-la. Será hábil para a constituição em mora do credor não só o pagamento feito por terceiro, interessado ou não (CC, arts. 304 e 305), mas também o realizado mediante procurador munido de poderes bastantes. A oferta, porém, só poderá ser feita ao credor ou a seu representante (CC, art. 308), salvo no caso de pagamento de boa-fé a credor putativo (CC, art. 309), que a lei tem como válido.

4º) *Recusa injustificada, expressa ou tácita, em receber o pagamento no tempo, lugar e modo indicados no título constitutivo da obrigação*. P. ex.: haverá *mora creditoris* se o vendedor não aceitar o pagamento oferecido pelo comprador, alegando haver-se desavindo com seu sócio (*RT, 150*:243). A recusa poderá ser expressa ou tácita. P. ex.: a omissão quanto a tomar as providências necessárias ao recebimento ou o fato do credor se ausentar do local em que a obrigação deve ser executada, sem deixar representante ou mandatário, constituem recusa implícita. Oferecido o pagamento oportunamente, havendo recusa expressa ou tácita do credor em recebê-lo, incidirá ele em mora, salvo se teve justo motivo para não aceitar a oferta, como no caso de a prestação não corresponder ao conteúdo da obrigação ou ter sido oferecida fora do tempo ou do local estipulados, hipótese em que a justa causa do credor para se recusar a recebê-la coincide com a culpa do devedor. A recusa injusta nada tem que ver com a noção de culpa, mas sim com o direito de recusa, que assiste ao credor se o oferecimento da prestação não atender aos requisitos fundamentais.

5º) *Constituição do credor em mora*, pois, havendo recusa injustificada, o devedor que quer solver a dívida não poderá suportar as consequências da omissão do credor, uma vez que a *solutio* depende da colaboração deste, competindo, então, a ele, devedor, constituir o credor em mora. Todavia, tal direito não é personalíssimo, podendo ser exercido por qualquer terceiro que possa efetuar pagamento válido. A constituição em mora do credor dependerá da comprovação da oferta que lhe foi feita, seguida de sua injustificada recusa em recebê-la, de forma que a consignação em pagamento (CC, art. 335) terá grande utilidade como efeito probatório, uma vez que pela sua propositura se tornará possível definir a conduta do credor, verificando-se se ele efetivamente pretendeu ou não recusar a oferta de pagamento. Além disso, o devedor, fazendo, p. ex., o depósito judicial, exonerar-se-á completamente do vínculo

---

Scuto, *La mora del creditore*, p. 88 e 90-1; Espínola, op. cit., v. 2, p. 483; Lomonaco, *Delle obbligazioni e dei contratti in genere*, v. 2, n. 116; Von Tuhr, op. cit., v. 2, § 65, n. II; Saleilles, *Cours de droit civil français*, v. 8, n. 93; Venzi, *Manuale di diritto civile italiano*, n. 491; Demolombe, op. cit., v. 28, ns. 138 a 140; Pacifici-Mazzoni, *Istituzioni di diritto civile italiano*, v. 4, n. 218; José Tavares, *Os princípios fundamentais do direito civil*, v. 1, p. 176. *Vide RT, 561*:150, *564*:161, *596*:210, *568*:191, *442*:261.

obrigacional, pois equivalerá a pagamento e fará cessar os juros e os riscos (CC, art. 337). Deveras, a simples oferta não libera o devedor da obrigação; exonera-o da falta[305]. Basta que se provem a oferta de pagamento do devedor e a recusa injustificada do credor em recebê-lo para que se configure a *mora accipiendi*.

b.4.2. Consequências jurídicas

A *mora accipiendi* acarreta, conforme o Código Civil, arts. 335 e 400, as seguintes consequências jurídicas[306]:

1ª) *Liberação do devedor, isento de dolo, da responsabilidade pela conservação da coisa.* Assim, os prejuízos a ela causados por negligência, imperícia ou imprudência do devedor serão irressarcíveis, por não haver a intenção de causar dano, assumindo o credor todos os riscos, de maneira que, se o objeto perecer ou se deteriorar, o credor em mora sofrerá a perda ou terá de recebê-lo no estado em que se achar.

2ª) *Obrigação do credor moroso de ressarcir ao devedor as despesas efetuadas com a conservação da coisa recusada*, pois o devedor deverá mantê-la em seu poder, a não ser que se alforrie dessa obrigação, mediante consignação. Isto é assim porque a mora do credor não extingue o vínculo obrigacional, sendo, então, impossível admitir-se o direito de abandono, incompatível com a subsistência da obrigação. Infere-se daí que o reembolso das despesas feitas pelo devedor incluirá tão somente as benfeitorias necessárias, isto é, aquelas que visam conservar o bem ou evitar sua deterioração (CC, art. 96, § 3º). Assim sendo, as benfeitorias úteis ou voluptuárias não autorizam o direito de reembolso, já que o Código Civil, art. 400, faz menção apenas às despesas de conservação.

3ª) *Obrigação do credor de receber a coisa pela sua estimação mais favorável ao devedor, se o valor oscilar entre o dia estabelecido para o pagamento* (vencimento), *e o da sua efetivação*, isto é, do recebimento efetivo da execução. P. ex.: se o devedor entregar 200 sacas de café e o credor se recusar, sem justa causa, a recebê-las, ficará este último responsável pelos prejuízos, e quando, posteriormente, tiver de recebê-las, ficará sujeito à estimativa mais favorável ao devedor. Assim, se no dia da entrega efetiva o preço se elevar, pagará de conformidade com a elevação e não de acordo com o preço anterior; porém, se o preço cair após a mora, pagará, obviamente, o do dia da mora, que é o convencionado, pois se assim não fosse, o devedor teria prejuízo injusto e o credor moroso, proveito indevido.

4ª) *Possibilidade da consignação judicial da "res debita" pelo devedor* (*RT*, *442*:261; CPC, arts. 539 a 549).

---

305. Chironi, op. cit., p. 556.

306. Lacerda de Almeida, *Dos efeitos*, cit., p. 164-7; Silvio Rodrigues, op. cit., p. 323-4; Serpa Lopes, op. cit., p. 391-2; R. Limongi França, Mora, cit., p. 242; Larenz, op. cit., § 24; Caio M. S. Pereira, op. cit., p. 272; W. Barros Monteiro, op. cit., p. 265; Windscheid, op. cit., v. 2, § 280; Scuto, *La mora*, cit., p. 163; Bassil Dower, op. cit., p. 170-1; Agostinho Alvim, *Da inexecução*, cit., ns. 80 a 88; Matiello, *Código*, cit., p. 271. Na hipótese de mútuo feneratício, entendem alguns que a mora do credor cessa a fluência dos juros (CC alemão, art. 301), pois se a dívida é produtiva de juros, cessam estes durante a mora do credor. Já Windscheid (*Pandettes*, II, § 346, nota 7), por sua vez, acha que eles são devidos, como frutos da coisa, porque o devedor goza do capital. Para Mommsen, não se pode cobrar juros de uma quantia que o devedor devia conservar à disposição do credor, para entregar a qualquer momento. Havendo consignação, cessam os juros (Clóvis Beviláqua, *Código Civil comentado*, cit., p. 118-9); *RT*, *495*:48, *487*:131, *491*:143; *RSTJ*, *105*:308.

b.5. Mora de ambos os contratantes

Ensina-nos Washington de Barros Monteiro que, verificando-se mora simultânea, isto é, de ambos os contratantes, como no caso, p. ex., de nenhum deles comparecer ao local ajustado para o pagamento, dá-se a sua compensação aniquilando-se reciprocamente ambas as moras, com a consequente liberação recíproca da pena pecuniária convencionada. Nessa hipótese, as coisas deverão permanecer no mesmo estado em que se achavam anteriormente, como se não tivesse havido mora quer do devedor, quer do credor. Imprescindível será a simultaneidade da mora, pois, se for sucessiva, apenas a última acarretará efeitos jurídicos[307]. Não havendo mora simultânea, do credor e do devedor concomitantemente, a mora de um excluirá a do outro[308].

b.6. Juros moratórios

b.6.1. Conceito e classificação dos juros

Os *juros* são o rendimento do capital, os frutos civis produzidos pelo dinheiro[309], sendo, portanto, considerados como bem acessório (CC, art. 92), visto que constituem o preço do uso do capital alheio, em razão da privação deste pelo dono, voluntária ou involuntariamente[310]. Os juros remuneram o credor por ficar privado de seu capital, pagando-lhe o risco em que incorre de não mais o receber de volta[311].

Suponhamos que "A" empreste de "B" certa quantia de dinheiro pelo prazo de noventa dias. Se no vencimento desse termo "A" não restituir a "B" a importância mutuada, os juros pagos durante os noventa dias, com o consentimento do dono do capital, serão diversos dos que deverão ser pagos, em virtude de atraso, na devolução daquele *quantum*[312].

Daí a *classificação* dos juros em[313]:

---

307. W. Barros Monteiro, op. cit., p. 265; Carvalho de Mendonça, op. cit., v. 1, p. 487; *RF, 161*:140; Serpa Lopes, op. cit., n. 336.

308. Scuto, *La mora*, cit., p. 246.

309. W. Barros Monteiro, op. cit., p. 337.

310. Lacerda de Almeida, *Dos efeitos*, cit., p. 175-6. No mesmo teor de ideias: Álvaro Villaça Azevedo, Juros, in *Enciclopédia Saraiva do Direito*, v. 47, p. 213.

311. Silvio Rodrigues, op. cit., p. 339; STJ, Súmulas 54, 70, 188 e 472; STF, Súmulas 163 e 618; *RSTJ, 101*:91, *102*:107 e 117 e *109*:239.

312. Álvaro Villaça Azevedo, Juros, cit., p. 214. Observa Fábio Ulhoa Coelho (*Curso*, cit., v. 2, p. 183) que: "Devem-se distinguir os *juros remuneratórios* dos devidos a título de consectário. Remuneratórios são os juros contratuais que o mutuário ou o devedor de valor parcelado devem pagar ao mutuante ou credor. Representam parte da obrigação principal objeto de contrato. Já os *juros devidos a título de consectário* são os que o inadimplente deve à parte inocente da relação obrigacional como um dos desdobramentos da indenização. Os juros devidos como consectário podem ser *contratuais* ou legais. Os contratuais são os estabelecidos pelas partes por acordo de vontade e não estão sujeitos a nenhum limite constitucional ou infraconstitucional. Os juros *legais* calculam-se pelas mesmas taxas devidas na hipótese de atraso no pagamento de tributos federais" (grifos nossos).

313. Bassil Dower, op. cit., p. 306-7; W. Barros Monteiro, op. cit., p. 337-8; Álvaro Villaça Azevedo, Juros, cit., p. 214; Silvio Rodrigues, op. cit., p. 339; Luiz Antonio Scavone Junior, *Juros no direito brasileiro*, São Paulo, Revista dos Tribunais, 2004; Leonardo de F. Beraldo, O novo regime dos juros no Código Civil de 2002, *A outra face do poder judiciário* (coord. Giselda Hironaka), Belo Horizonte, Del Rey, 2005, p. 73-103; Ricardo Castilho, Os juros no Código Civil de 2002, *Direito civil – direito patrimonial e direito existencial* (coord. Tartuce e Castilho), São Paulo, Método, 2006, p. 191-220; José Simões Patrício, Juros da mora nas obrigações valutárias, *Doutrinas essenciais – obrigações e contratos* (coord. G. Tepedino e Luiz E. Fachin), São Paulo, Revista dos Tribunais, 2011, v. II, p. 1003-40; Milton E. dos Santos, Os juros

legais de mora nos julgados omissos, *Doutrinas essenciais*, cit., p. 1063-70; Gustavo Filipe B. Garcia, Novas previsões sobre atualização monetária e juros decorrentes da Lei n. 14.905/2024, *Revista Síntese – Direito Civil e Processual Civil*, v. 152, p. 9-14, 2024; Luís Rodolfo Cruz e Creuz, Atualização monetária e juros – alterações do Código Civil – norma altera Código Civil e define regra de atualização monetária e juros, *Revista Síntese – Direito Civil e Processual Civil*, v. 152, p. 15-8, 2024; Francisco de Assis Viégas, Limites à autonomia privada na pactuação dos juros de mora –, *Revista Síntese – Direito Civil e Processual Civil*, v. 152, p. 19-26, 2024; Laura A. Albertacci, Juros nos contratos: entenda como a nova lei afeta o seu negócio, *Revista Síntese – Direito Civil e Processual Civil*, v. 152, p. 27-8, 2024; Gabriel S. Vassilopoulos, Lei n. 14.905/2024, uniformiza correção monetária e juros em pagamentos atrasados, *Revista Síntese – Direito Civil e Processual Civil*, v. 152, p. 29-32, 2024. Observam Salvador Beliz Abra Oliveira e Caio Fugiwara Garcia (Juros moratórios legais e convencionais com alterações da Lei n. 14.905/2024, *Consultor Jurídico*, 28-9-2024) que: é mister ressalvar que os novos critérios estabelecidos pela Lei n. 14.905/2024 não poderão retroagir para alterar títulos executivos judiciais, provenientes de condenações transitadas em julgado, em respeito à intangibilidade da coisa julgada, ou do mandamento mais amplo que lhe dá origem, que consiste na segurança jurídica, conforme o art. 6º da LINBD e o art. 5º, inciso XXXVI, da Constituição. O art. 3º da Lei Federal n. 14.905/2024 autoriza a pactuação de juros superiores ao teto legal (Decreto Federal, n. 22.626/1993, art. 5º) quando se tratar de obrigações: a) contratadas entre pessoas jurídicas; b) representadas por títulos de crédito ou valores mobiliários; c) realizadas nos mercados financeiros, de capitais ou de valores mobiliários. *Vide*: publicação do Banco Central, em 29 de agosto de 2024, que foi a Resolução CMN n. 5.171/2024, que dispõe sobre a forma de computo da "taxa legal" e apresenta a formula a ser adotada para a operacionalização dos cálculos. *Vide RT*, *779*:368, *778*:214, *430*:64, *361*:399; STF, Súmula 121. Os Decretos-lei n. 167/67 e 413/69 e a Lei n. 6.840/80 (normas especiais) permitem capitalização mensal nos mútuos rural, comercial e industrial. A capitalização no Sistema Financeiro Imobiliário é anual (Lei n. 9.514/97, art. 5º, II). O sistema *price*, consistente em colocar um capital a juros compostos capitalizados mensalmente a uma taxa anual (Walter Francisco, *Matemática financeira*, São Paulo, Atlas, 1976, p. 44), usado no crédito imobiliário, tem sido substituído, por ser ilegal, pelo Sistema de Amortização Constante (SAC), que não capitaliza juros e, como observa Scavone Junior, pelo critério do art. 6º do Decreto n. 22.626/33, não há pagamento de juros em valor superior ao cobrado sem capitalização, mesmo se houver antecipação. Continua o autor: bastará, para sua apuração, a divisão do capital pelo prazo, computando-se os juros em razão do saldo devedor amortizado; p. ex., ao se amortizar R$ 50.000,00 em 5 meses, o devedor pagará R$ 10.000,00 por mês de amortização e juros de R$ 500,00 no primeiro mês, R$ 400,00 no segundo, R$ 300,00 no terceiro, R$ 200,00 no quarto e R$ 100,00 no quinto, ocasião em que se amortizará, por inteiro seu débito. Urge não olvidar que, pela Súmula 596 do STF, a limitação de juros do Decreto n. 22.626/33 não é aplicável às *instituições financeiras*, visto que cobram *juros de mercado*, cujas taxas são determinadas pelo Conselho Monetário Nacional (Lei n. 4.595/64, art. 4º, IX), ou melhor, pelo Comitê de Política Monetária do BACEN. A MP n. 2.170-36/2001 permite às instituições financeiras a capitalização mensal de juros, contrariando a CF, arts. 48, XIII, 68, § 1º, e 192, e a LC n. 95/98, art. 7º, II.

Carlos Eduardo Elias de Oliveira (https://www.migalhas.com.br/coluna/migalhas-notariais-e-registrais/411357/juro-remuneratorio-moratorio-e-correcao-monetaria-apos-lei-14-905-24) observa que: "a) A lei dos juros legais (Lei n. 14.905/2024) promoveu alterações relevantes na sistemática dos juros remuneratórios, dos juros moratórios e da monetária. Buscou uniformizar essas regras para todas as dívidas civis, inclusive para as de contribuição condominial. Sua entrada em vigor dar-se-á em 30-8-2024 (capítulos 1 e 6). b) Convém que a calculadora interativa a ser criada pelo BACEN – Banco Central do Brasil seja mais completa do que a atual Calculadora do Cidadão e ofereça cálculos mais completos com diferentes marcos temporais e diferentes eventos, com funcionalidades até mais avançadas das tradicionais calculadoras disponibilizadas pelos *sites* de Tribunais. A ideia é permitir que o cidadão, com facilidade, obtenha um resultado rápido (capítulo 1). c) Juros remuneratórios são devidos no período da normalidade contratual. Já os juros moratórios são devidos no período da anormalidade. A permissão, em contratos bancários, de cobrança de juros remuneratórios no período da anormalidade é fruto de atecnia taxonômica e representa, na verdade, uma espécie de indenização por lucros cessantes (capítulo 2). d) O índice supletivo de correção monetária para as dívidas em geral é o IPCA – Índice Nacional de Preços ao Consumidor Amplo, índice que mede, de oficial, a inflação no país (capítulo 3). e) Convém que o CNJ esclareça que os débitos judiciais deverão

1º) *Juros compensatórios* (juros-frutos ou juros remuneratórios): decorrem de uma utilização consentida do capital alheio, pois estão, em regra, preestabelecidos no título constitutivo da obrigação, onde os contraentes fixam os limites de seu proveito, enquanto durar o negócio jurídico, ficando, portanto, fora do âmbito da inexecução. Realmente, o Código Civil, art. 591, estatui que se o mútuo tiver fins econômicos, os juros presumir-se-ão devidos. Permitida está

---

passar a ser corrigidos pelo IPCA, e não mais pelo INPC. Similar medida de esclarecimento pelo Poder Executivo mediante decreto seria bem-vinda (capítulo 3.2.). f) Os juros moratórios convencionais não podem exceder o dobro dos juros moratórios legais (capítulo 4.1.). g) Os juros moratórios legais é o resultado positivo da seguinte equação: Taxa Selic – IPCA (capítulo 4.2.). h) Em regra, os juros remuneratórios não podem exceder o dobro dos juros moratórios legais e não podem sujeitar-se a capitalização em periodicidade inferior à anual (capítulo 5.2.). i) Não se aplica o teto dos juros remuneratórios nem outras restrições da lei de usura (como a vedação de capitalização de juros em periodicidade inferior à anual) para obrigações entre pessoas jurídicas ou para obrigações no âmbito do mercado financeiro (capítulo 5.2.2.). j) No caso de alguma pessoa natural vier a ser considerada coobrigada ou corresponsável de uma dívida de pessoa jurídica com juros remuneratórios acima do teto dos juros remuneratórios (como nos casos de fiança ou de desconsideração da personalidade jurídica), há necessidade de recálculo da dívida. É que a pessoa natural só pode ser obrigada a juros remuneratórios acima do teto da lei de usura em obrigações no âmbito do mercado financeiro. A integralidade da dívida originária, sem a restrição do teto, só pode ser cobrada da pessoa jurídica (capítulo 5.2.3.). k) Mesmo nos casos de não incidência do teto da lei de usura, o índice pactuado de juros remuneratórios pode ser considerado nulo por abuso de direito se excederem colossalmente a média de mercado, sem qualquer justificativa da particularidade do caso concreto (capítulo 5.2.3.). l) É descabido invocar o teto da lei de usura em operações de *factoring* ou nas de antecipação de recebíveis de cartão de crédito, pois inexiste aí o fato gerador dos juros remuneratórios (capítulo 5.2.4.1.). m) As novas regras de juros remuneratórios não se aplicam a contratos anteriores, nem mesmo sobre prestações pendentes ou vincendas. É diferente do que se dá em relação às novas regras de juros moratórios, que atingirão as prestações pendentes ou vincendas de contratos anteriores (capítulo 6). (...) Averbamos que a nova lei preferiu adotar índice oscilante para lidar com o tema, o que inevitavelmente torna os cálculos mais complexos. Prova disso é que o art. 4.º da lei dos juros legais (Lei n. 14.905/2024) determina que o BACEN disponibilize ao público uma espécie de calculadora interativa. A nova lei não seguiu uma alternativa muito vantajosa em termos de simplificação e de sistematicidade (adoção de um percentual fixo de juros moratórios legais) sugerida no recente anteprojeto de reforma do Código Civil e tão magistralmente defendida pelo ministro Luis Felipe Salomão em recente voto perante o STJ por ocasião do julgamento do REsp 1.759.982/SP. Seja como for, o ideal é que, no mínimo, a calculadora interativa seja mais completa do que a atual Calculadora do Cidadão disponibilizada no *site* do BACEN e vá além para oferecer cálculos mais completos com diferentes marcos temporais e diferentes eventos, com funcionalidades até mais avançadas das tradicionais calculadoras disponibilizadas pelos *sites* de Tribunais. A ideia é permitir que o cidadão, com facilidade, obtenha um resultado rápido. Desde logo, fazemos uma ressalva de nomenclatura: Apesar de o texto legal referir-se a taxa de juros (arts. 406 e 591, CC), trata-se de atecnia jurídica, pois taxa é um tipo de tributo. Preferiremos o verbete índice em nome da adequada taxonomia jurídica". A Lei n. 14.905/2024 pretendeu: a) propor um novo marco legal para aplicação de juros em dívidas civis e obrigações extracontratuais tendo a taxa SELIC como padrão que seria aplicável no mútuo sem taxa convencionada, nos juros moratórios se não houver outra taxa estipulada, na responsabilidade civil por ilícito e nas perdas e danos; b) regularizar atualização monetária e juros determinando que a atualização monetária seja realizada mediante a aplicação do Índice Nacional de Preços ao Consumidor Amplo (IPCA), quando não for convencionado ou não estiver previsto em lei específica. Essa lei busca uniformizar as condições para a definição de taxas de juros nos contratos de mútuo praticados dentro e fora do sistema financeiro, com o escopo de viabilizar melhores condições de oferta de crédito aos tomadores. Mas também prever expressamente a liberdade de fixação da taxa de juros, com ou sem capitalização. Como consequência, a mudança viabiliza financiamentos entre empresas fora do sistema financeiro, atualmente restritas. *Vide* Beatriz Roscoe e Mariana Ribas, *Câmara aprova projeto que muda regras de atualização monetária e juros*. Crédito: Mario Agra/Câmara dos Deputados.

a capitalização anual, ou seja, a inclusão de juros vencidos depois de um ano ao capital para que, no ano seguinte, também rendam juros. Logo, esclarece Scavone Junior que os juros, mesmo mensais, deverão ser separados do capital, sendo nele incluídos ao término de cada ano, desde que haja convenção a respeito. Tais juros deverão ser convencionados com ou sem fixação de taxa. As partes interessadas combinam os juros pelo prazo da convenção, e, se porventura não os fixarem, a taxa será a constante da lei, ou seja, segundo a taxa SELIC (CC, art. 406, com a redação da Lei n. 14.905/2024), desde que haja estipulação a respeito. Todavia, é preciso lembrar que o Decreto n. 22.626/33 (norma especial), parcialmente alterado pelo Decreto-lei n. 182/38, ao reprimir os excessos da usura, proibiu a estipulação, em quaisquer contratos (p. ex. mútuo feneratício, financiamento de produtos e serviços etc.), de taxas superiores ao dobro da legal (art. 1º), cominando pena de nulidade para os negócios celebrados com infração da lei, assegurando ao devedor a repetição do que houvesse pagado a mais (art. 11). Assim sendo, a taxa de juros não poderá ultrapassar 12% ao ano, sendo vedado receber, a pretexto de comissão, taxas maiores que as permitidas pela lei (art. 2º) e, proibindo-se (art. 4º), ainda, contar juros dos juros; tal proibição, entretanto, não compreende a acumulação de juros vencidos aos saldos líquidos em conta corrente de ano a ano (*RF*, *146*:201, *156*:149, *140*:115, *144*:147, *203*:161, *353*:126)[314]. Pune-se a usura em todas as suas modalidades. A Lei n. 1.521/51, art. 4º, comina penas para o mesmo fato, expressamente incluído entre os crimes contra a economia popular[315].

2º) *Juros moratórios*: constituem pena imposta ao devedor pelo atraso no cumprimento da obrigação, atuando como se fosse uma indenização pelo retardamento no adimplemento da obrigação (*RT*, *435*:100 e 217, *440*:71, *444*:146, *432*:100 e 118, *446*:167, *436*:247, *398*:340, *483*:114, *437*:162, *610*:137, *611*:130, *792*:370, *795*:235; *RF*, *269*:188; Súmula 54 do STJ).

---

314. Sobre o anatocismo ou capitalização de juros, *vide* Andrea Torrente, *Manuale di diritto privato*, p. 309; a Súmula 121 do STF, que assim dispõe: "É vedada a capitalização dos juros, ainda que expressamente convencionada". A lei prevê a capitalização dos juros dos depositários, mencionados no art. 201 da Lei n. 5.107/66, que criou o Fundo de Garantia do Tempo de Serviço (art. 4º), contudo foi revogada pela Lei n. 7.839/89, que por sua vez foi revogada pelo art. 32 da Lei n. 8.036/90, que ao dispor sobre o FGTS, em cujos arts. 12, § 5º, e 13, §§ 1º e 2º, prevê capitalização de juros quando da centralização das contas vinculadas na CEF. *Vide* art. 8º, § 2º, do Decreto-lei n. 2.284/86, sobre taxa de juros. A EC n. 40/2003 suprimiu o limite de taxa de juros de 12% ao ano prevista no art. 192, § 3º, da CF/88. *Vide*: sobre juros compensatórios: *RT*, *700*:84, *771*:413, *674*:229, *590*:118. Relativamente aos juros no Sistema Financeiro de Habitação: Lei n. 8.692/93, art. 25. Sobre juros compensatórios: Paulo Eduardo Razuk, *Dos juros*, São Paulo, Ed. Juarez de Oliveira, 2005, p. 23-36.

315. W. Barros Monteiro, op. cit., p. 338; *RT*, *462*:170, *487*:125, *490*:142, *459*:229, *457*:250, *444*:216, *443*:223, *438*:182, *461*:150, *473*:117, *474*:118, *481*:114, *435*:231, *433*:158 e 219, *432*:234, *491*:214, *494*:103, *445*:175, *431*:214, *495*:109. Convém lembrar que os *juros compensatórios*: a) *legais* serão de 1% ao mês (aplicando-se o art. 406 do Código Civil e o art. 161, § 1º, do Código Tributário Nacional); b) *convencionais*, se o contrato for o de mútuo, serão de 1% ao mês (CC, arts. 406 e 591); e nas demais modalidades contratuais, 2% ao mês (Decreto n. 22.626/33, art. 1º, CC, art. 406; CTN, art. 161, § 1º), pois essa cobrança do dobro da taxa legal (1%), em, p. ex., financiamento de produto ou serviço, é permitida desde que convencionada.

Pela Súmula 382 do STJ, "A estipulação de juros remuneratórios superiores a 12% ao ano, por si só, não indica abusividade".

Súmula n. 539 do STJ: "É permitida a capitalização de juros com periodicidade inferior à anual em contratos celebrados com instituições integrantes do Sistema Financeiro Nacional".

A 3ª Turma do STJ (REsp 1.963.178) decidiu que magistrado pode inscrever devedor na Central Nacional de Indisponibilidade de Bens (CNIB) desde que esgotados os meios executivos típicos (CPC, art. 139, IV).

b.6.2. *Juros moratórios*

b.6.2.1. Noção e espécies

Os *juros moratórios* consistem na indenização pelo retardamento da execução do débito[316].

Os *juros moratórios* poderão ser[317]:

1º) *Convencionais*, caso em que as partes estipularão, para efeito de atraso no cumprimento da obrigação, a taxa dos juros moratórios até 12% anuais ou 1% ao mês (CC, art. 406 com a redação da Lei n. 14.905/2024; Dec. n. 22.626/33, art. 5º, em vigor, por força dos arts.

---

316. R. Limongi França, Mora, cit., v. 53, p. 246; Paulo Eduardo Razuk, *Dos juros*, cit., p. 37-56; STF, Súmulas 165, 254 e 255; Lei n. 7.088/83.

317. Clóvis Beviláqua, *Código Civil*, cit., v. 4, p. 219; Álvaro Villaça Azevedo, Juros, cit., p. 214; Paulo Carneiro Maia, Juros moratórios, in *Enciclopédia Saraiva do Direito*, v. 47, p. 218-24. Juros no processo trabalhista: Lei n. 8.177/91, art. 39, §§ 1º e 2º. Sobre juros moratórios: *RT*, *760*:262, *716*:174, *618*:235, *692*:97, *675*:232, *638*:112, *541*:256, *721*:216, *582*:212, *815*:277. Juros bancários regem-se por lei especial. *Vide* Súmula n. 596 do STF. Anatocismo é contagem de juros sobre juros e constitui uma forma de usura. A legislação sobre cédula de crédito rural, comercial e industrial permite pacto de capitalização de juros (Súmula n. 93 do STJ).

"Embargos declaratórios. Recurso especial. Indenização. Dano moral. Atualização da condenação. Omissão. Ocorrência. A correção monetária do valor do dano moral começa a correr da data em que fixado. Os juros legais devem ser calculados em 0,5% ao mês até a entrada do novo Código Civil e a partir daí de acordo com o respectivo art. 406. Nos termos da Súmula n. 54/STJ, os juros moratórios, *in casu*, devem fluir a partir do evento danoso" (STJ, EDcl no REsp 693.273/DF, rel. Min. Carlos Alberto Menezes Direito, Terceira Turma, j. 17-10-2006, *DJ*, 12-3-2007, p. 220).

"Como os juros de mora são regulados por normas de direito material, a regra geral é que as decisões judiciais a seu respeito devem se orientar pela lei vigente à data em que passaram a ser exigíveis, ou seja, à época de seus respectivos vencimentos. Logo, tendo a citação da recorrente se dado na vigência do Código Civil revogado, em princípio, os juros devem sujeitar-se à regra do artigo 1.062 do referido diploma. Todavia, com o advento do novo Código Civil, aquele dispositivo de lei deixou de existir, passando a matéria a ser disciplinada pelo artigo 406 da novel codificação. Diante disso, e também, principalmente, do fato de os juros moratórios renovarem-se mês a mês, já que prestação de trato sucessivo, tenho que, no caso concreto, devem ser regulados, até 11 de janeiro de 2003, data da entrada em vigor da Lei 10.406/02, pelo artigo 1.062 do Código de 1916, e, a partir de então, pelo artigo 406 do atual Código Civil. Qualquer outra solução que se pretendesse dar ao caso acarretaria a aplicação ultra-ativa do Código Civil revogado, ou então a retroatividade dos comandos do novo Código, o que seria inadmissível. É de se ter presente que a taxa de juros moratórios, à luz do antigo e do novo diploma civil, quando não convencionada, é a legal. Se é a legal, é a lei em vigor à época de incidência" (STJ, REsp 594.486, Terceira Turma, rel. Min. Castro Filho, *DJ* 13-6-05). Embargos declaratórios acolhidos, com efeitos infringentes, para, no ponto relativo aos juros de mora, negar provimento ao agravo de instrumento" (STJ, EDcl no AgRg no Ag. 710.225/RS, rel. Min. Hélio Quaglia Barbosa, Quarta Turma, j. 20-3-2007, *DJ*, 16-4-2007, p. 205).

"Conforme entendimento das Turmas que compõem a Segunda Seção desta Corte, após a entrada em vigor do Código Civil de 2002, a taxa dos juros moratórios a que se refere o art. 406 do CC/2002 é a taxa referencial do Sistema Especial de Liquidação e Custódia (Selic)" (Informativo n. 762 do STJ, REsp 1.848.369-MG, rel. Min. Marco Buzzi, rel. Acd. Min. Raul Araújo, 4ª Turma, por maioria, j. 13-12-2022). "O termo inicial dos juros de mora, em ação de cobrança de valores pretéritos ao ajuizamento de anterior mandado de segurança que reconheceu o direito, é a data da notificação da autoridade coatora no mandado de segurança, quando o devedor é constituído em mora (arts. 405 do Código Civil e 204 do CPC)" (Informativo n. 774 do STJ, REsp 1.925.235-SP, rel. Min. Assusete Magalhães, 1ª Seção, por unanimidade, j. 10-5-2023 – Tema 1133).

Não há incidência de Imposto de Renda sobre juros de mora (STJ, 2ª T., REsp 1037-452-SC, rel. Min. Eliana Calmon, j. 10-6-2008).

2.043 e 2.046 do Código Civil de 2002; *Ciência Jurídica*, *74*:141). Se convencionarem sobre juros moratórios sem taxa estipulada, esta será a legal (SELIC).

2º) *Legais*, se as partes não os convencionarem, pois, mesmo que não se estipulem, os juros moratórios serão sempre devidos, na taxa legal que estiver em vigor para a SELIC (CC, art. 406 com a redação da Lei n. 14.905/2024 – Sistema Especial de Liquidação e de Custódia, taxa de juros cujo cálculo é feito do Comitê de Política Monetária do BACEN – Leis n. 8.981/95, art. 84, I; 9.065/95, art. 13; 9.250/95, art. 39, § 4º e 9.779/99; Circulares BACEN n. 3.587/2012 e n. 3.593/2012; Carta-Circular BACEN n. 3.632/2014 – ora revogada pela Carta-Circular n. 3.988/2019 –, que estabelece horários e prazos referidos no Regulamento da SELIC), caso em que não haverá atualização monetária; Mário Luiz Delgado Régis defende a aplicação da SELIC, visto que "os juros moratórios de 0,5% ao mês sempre foram apontados como causa de morosidade da justiça, por constituir estímulo decisivo a que as partes, já condenadas ou sem possibilidade de êxito nas respectivas demandas, viessem a adiar o pagamento de seus débitos. Com o aumento dos juros de mora para a taxa SELIC, o devedor em mora, certamente, haverá de priorizar o pagamento". Continua ele: "O percentual que melhor se adapta aos fins da norma é o da taxa SELIC por submeter credor e devedor a um parâmetro sancionatório próximo ao praticado para remuneração no mercado financeiro. Logo, o percentual de 1% do CTN seria insuficiente, por isso o art. 406 (antes da alteração da Lei n. 14.905/2024) não definia o percentual, prescrevendo que a taxa deveria ser cobrada pela Fazenda Nacional que não irá exigir juros módicos, estimulando o inadimplemento". Mas houve quem achasse antes da alteração do art. 406 pela Lei n. 14.905/2024, que seria a do art. 161, § 1º, do CTN, por considerar que a taxa SELIC criava, como dizia Francisco José Gonçalves Costa, a figura anômala de tributo rentável, sendo uma mescla de juro moratório, remuneratório e compensatório, que visava neutralizar os efeitos da inflação monetária. Assim, a taxa SELIC devia ser, asseverava ele, substituída pelos juros de mora de 1% ao mês, nos termos do art. 161, § 1º, do Código Tributário Nacional.

A posição do STJ vinha sendo, o que acatávamos, mais favorável à aplicação do art. 161, § 1º, do CTN, entendendo que a taxa de juros moratórios sobre tributos devidos à Fazenda Nacional é de 1% ao mês e não a taxa SELIC, que tem natureza híbrida, constituindo ora índice de atualização monetária, ora de juros compensatórios (STJ, 2ª T., REsp 413.799/RS, rel. Min. Franciulli Netto, j. 8-10-2002; STJ, 2ª T., REsp 356.147/AL, rel. Min. Franciulli Netto, j. 11-3-2003).

A Lei n. 14.905/2024 ao alterar o art. 406, §§ 1º a 3º do Código Civil, acaba com tal controvérsia, estabelecendo que a taxa legal é a referencial da SELIC.

A própria lei pune o que se aproveita do alheio, impondo pagamento de juros moratórios para o caso de retardamento na execução da obrigação[318]. Para não serem devidos os juros

---

318. O princípio do Código Civil, art. 406 (com alteração da Lei n. 14.509/2024), aplicar-se-á aos casos dos arts. 670, 677, 869, 833 e 1.762 do Código Civil, como bem observa W. Barros Monteiro, op. cit., p. 338, e, sobretudo, no cálculo dos débitos judiciais e, ainda, sempre que as partes não estipularem os juros; Leonardo Mattietto, Juros legais e direito intertemporal, *Doutrinas essenciais – obrigações e contratos* (coord. G. Tepedino e Luiz E. Fachin), São Paulo, Revista dos Tribunais, 2011, v. II, p. 1041-54; Mário Luiz Delgado, *Problemas de direito intertemporal no Código Civil*, São Paulo, Saraiva, 2004, p. 112; Hélio R. B. Ribeiro Costa, A questão processual no julgamento da taxa Selic, *JSTJ*, *21*:41-50; Luiz Salem Varella, *Taxa Selic*, São Paulo, Leud, 2003; José Eduardo Loureiro, Os juros no novo Código Civil, *Revista do IASP*, *11*:942/05; Betina T. Grupenmacher, A taxa Selic e os juros de mora no novo Código Civil, in *Direito tributário e o novo Código Civil*, São Paulo, Quartier Latin, 2004, p. 121 a 146; Francisco José Gonçalves Costa, A taxa de juros no novo Código Civil, *Consulex*, *169*:32 e s.; Rogério

de Meneses Fialho Moreira, A nova disciplina dos juros de mora: aspectos polêmicos, in *Novo Código Civil – questões controvertidas*, São Paulo, Método, 2003, p. 269-84; Renato D. Franco de Moraes, Juros no Código Civil de 2002: a não incidência da taxa Selic e a ausência de limites dos juros cobrados por instituições financeiras, in *A outra face*, cit., p. 104-22. Para fins históricos, transcrevemos a opinião de Luiz Antonio Scavone Júnior (*Juros no direito brasileiro*, São Paulo, Revista dos Tribunais, 2003, p. 314-6) que ponderava:

"De fato, tratando-se de matéria tributária, a doutrina dominante (Ives Gandra da Silva Martins) aponta a inconstitucionalidade da aplicação da taxa Selic, vez que: a) não há definição legal da taxa Selic e inexiste gênese legal da taxa Selic para fins tributários, ou seja, 'não há lei instituindo, definindo e dizendo como deve ser calculada a taxa Selic' e deve o contribuinte, de antemão, saber como será apurado o *quantum debeatur*; b) a taxa Selic é direcionada; c) é impossível aferir o percentual de correção monetária *ante acta*, mesmo considerando alguma função de neutralização dos efeitos inflacionários contidos na taxa Selic; d) ocorre *bis in idem* na cobrança de taxa Selic e correção monetária; e) há aplicação de juros de natureza remuneratória em matéria tributária, mormente que os títulos podem gerar renda, os tributos não (tributo não é título e a taxa Selic foi criada para remunerar títulos públicos); f) além da ofensa ao princípio da legalidade (CF, art. 150, I), afrontam-se os princípios da anterioridade (CF, art. 150, III), segurança jurídica e indelegabilidade de competência tributária, esta na exata medida em que a taxa Selic é determinada por ato unilateral e potestativo de órgão do Poder Executivo em matéria exclusiva do Congresso Nacional (CF, art. 48, I); g) como o art. 161, § 1º, do Código Tributário Nacional (materialmente, Lei Complementar a teor do que dispõe o art. 34 do ADCT) estipula juros máximos de 1% ao mês contados desde o vencimento, lei ordinária jamais poderia estipular aplicação de juros superiores, como tem ocorrido com a taxa Selic (Vladimir Passos de Freitas)" (...). "Em decorrência dessas razões, impossível, também, aplicar a taxa Selic ao art. 406, do Código Civil de 2002, que determina a aplicação da taxa devida em razão da mora no pagamento de impostos à Fazenda Nacional como taxa legal de juros moratórios no direito privado. Portanto, aplica-se a taxa de 1% ao mês do art. 161, § 1º, do Código Tributário Nacional" (...). *Vide* Lei n. 4.591/64, art. 36; Decreto n. 22.626/33, com modificação do Decreto-lei n. 182/38; Lei n. 1.521/51, art. 4º; Lei n. 4.414/64; Lei n. 6.435/77 (revogada pela LC n. 109/2001), art. 66, IV; Código Tributário Nacional, art. 161, § 1º; e Lei n. 7.089/83, que veda a cobrança de juros de mora sobre título cujo vencimento se dê em feriado, sábado ou domingo, sob pena de incorrer nas sanções do art. 44 da Lei n. 4.595/64; *RT, 313*:616, *317*:411, *318*:478, *320*:134, *323*:129; Circular n. 3.587 de 26-3-2012, do BACEN, que aprovou novo Regulamento do Sistema Especial de Liquidação e de Custódia (Selic) e a Circular n. 3.593/2012, que divulgou o novo Regulamento do COPOM. A Constituição Federal de 1988 dizia em seu art. 192, § 3º (ora revogado pela EC n. 40/2003), que "as taxas de juros reais, nelas incluídas comissões e quaisquer outras remunerações direta ou indiretamente referidas à concessão de créditos, não poderão ser superiores a 12% (doze por cento) ao ano; a cobrança acima deste limite será conceituada como crime de usura, punido, em todas as suas modalidades, nos termos que a lei determinar". *Vide* STF, Súmula vinculante n. 7. Todavia, pelo Enunciado n. 20 (aprovado na *I Jornada de direito civil*, promovida, em setembro de 2002, pelo Centro de Estudos Judiciários do Conselho da Justiça Federal): "a taxa de juros moratórios a que se refere o art. 406 é a do art. 161, § 1º, do Código Tributário Nacional, ou seja, 1% (um por cento) ao mês. A utilização da taxa Selic como índice de apuração dos juros legais não é juridicamente segura, porque impede o prévio conhecimento dos juros; não é operacional, porque seu uso será inviável sempre que se calcularem somente juros ou somente correção monetária; é incompatível com a regra do art. 591 do novo Código Civil, que permite apenas a capitalização anual dos juros, e pode ser incompatível com o art. 192, § 3º, da Constituição Federal, se resultarem juros reais superiores a 12% (doze por cento) ao ano". Apesar de não haver prejuízo ao conteúdo desta interpretação e ao do Enunciado n. 20 do Conselho de Justiça Federal, será necessário lembrar que o art. 192 da Constituição Federal sofreu alteração pela Emenda Constitucional n. 40/2003, que revogou seus incisos e parágrafos, inclusive o § 3º, que limitava os juros em 12% ao ano. O art. 192 da CF/88 passa a ter a seguinte redação: "O sistema financeiro nacional, estruturado de forma a promover o desenvolvimento do País e a servir aos interesses da coletividade, em todas as partes, que o compõem, abrangendo as cooperativas de crédito, será regulado por leis complementares que disporão, inclusive, sobre a participação do capital estrangeiro nas instituições que o integram". Há, por isso, tendência doutrinária, como assevera Leonidas Cabral Albuquerque, em firmar a interpretação do art. 406 do Código Civil "no sentido de que os juros legais moratórios, quando não estiverem pactuados ou quando não houver taxa expressamente estipulada, serão de 1% ao mês; tal taxa também é válida para, nos contratos de mútuo civil, limitar os juros remuneratórios e compensatórios (art. 591 do novo CC) em 12% ao ano. Importante ressaltar, por fim, que: a) os juros moratórios são livremente pactuados, mas limitados a 1% ao mês quando sua incidência for decorrente de lei ou da ausência de previsão ou de definição (taxa) entre os sujeitos contratantes; b) os juros remuneratórios ou compensatórios nos contratos de mútuo civil estão limitados a 12% ao ano, com capitalização anual; c) os juros moratórios previstos na legislação especial não sofrem qualquer alteração em face do novo Código Civil, nem os decorrentes de relações negociais onde vigore o princípio da liberdade contratual; d) como corolário da conclusão acima, o novo Código não revoga, por exemplo, os juros moratórios de 1% ao ano, previstos nos Decretos-Leis n. 167/67 e 413/69 e Lei n. 6.840/80, respectivamente para operações de crédito rural, industrial e comercial; e e) os juros moratórios, remuneratórios ou compensatórios, no seio do Sistema Financeiro Nacional, permanecem submetidos ao regime da Lei n. 4.595, de 1964, com a livre pactuação da taxa de juros moratória e remuneratória ou compensatória nas operações bancárias e financeiras" (Considerações sobre os juros legais no novo Código Civil, *Jornal Síntese*, *77*:8-10 (2003). "Recurso Especial – Alínea *a* – Parcelamento de débito tributário – Juros de mora – Incidência – Artigo 161, § 1º, do CTN – Ilegalidade da taxa Selic. A taxa Selic para fins tributários é, a um tempo, inconstitucional e ilegal. Como não há pronunciamento de mérito da Corte Especial deste egrégio Tribunal que, em decisão relativamente recente, não conheceu da arguição de inconstitucionalidade correspectiva (cf. Incidente de Inconstitucionalidade no REsp n. 215.881/PR), permanecendo a mácula também na esfera infraconstitucional, nada está a empecer seja essa indigitada taxa proscrita do sistema e substituída pelos juros previstos no Código Tributário (artigo 161, § 1º, do CTN). A taxa Selic ora tem a conotação de juros moratórios, ora de remuneratórios, a par de neutralizar os efeitos da inflação, constituindo-se em correção monetária por vias oblíquas. Tanto a correção monetária como os juros, em matéria tributária, devem ser estipulados em lei, sem olvidar que os juros remuneratórios visam a remunerar o próprio capital ou o valor principal. A Taxa Selic cria a anômala figura de tributo rentável. Os títulos podem gerar renda; os tributos, *per se*, não. A lei não definiu o que é Taxa Selic. Portanto, mesmo nas hipóteses em que é dada a opção ao contribuinte pelo pagamento parcelado com quotas acrescidas com juros equivalentes à taxa referencial do Sistema Especial de Liquidação e de Custódia, tenho-a como ilegal. *O artigo 161, § 1º, do CTN, com força de lei complementar, diz que os juros serão de 1%, se a lei não dispuser em contrário. A lei ordinária não criou a Taxa Selic, mas, tão somente, estabeleceu seu uso, contrariando a lei complementar, pois esta só autorizou juros diversos de 1%, se lei estatuir em contrário. Para que lei estabeleça taxa de juros diversa, essa taxa deverá ser criada por lei, o que não é o caso da Taxa Selic. Recurso especial provido em parte para excluir a aplicação da taxa Selic e determinar a incidência de juros moratórios legais de 1% ao mês sobre os débitos objeto de parcelamento* (STJ – 2ª Turma – REsp n. 413.799/RS – Rel. Franciulli Netto, j. em 8-10-2002, *DJU* de 9-6-2003, p. 215).

Processual Civil – Embargos de declaração – Cabimento – Taxa Selic – Juros moratórios. 1. Inexistindo na decisão embargada quaisquer dos vícios elencados no art. 535 – atual art. 1.022 – do Código de Processo Civil, inviável é a oposição de Embargos de Declaração. 2. *Os valores recolhidos indevidamente devem sofrer a incidência de juros de mora até a aplicação da taxa Selic, ou seja, os juros de mora deverão ser aplicados no percentual de 1% (um por cento) ao mês, com incidência a partir do trânsito em julgado da decisão. Todavia, os juros pela taxa Selic devem incidir somente a partir de 1º-1-1996. Decisão que ainda não transitou em julgado implica a incidência, apenas, da taxa Selic.* 3. Embargos de declaração rejeitados (STJ – 1ª Turma – EDREsp n. 465.581/SP – Rel. Min. Luiz Fux, j. em 5-6-2003, *DJU* de 23-6-2003, p. 254).

Do voto proferido pelo Ministro Franciulli Netto, no julgamento do Recurso Especial n. 356.147/AL, que afasta a taxa Selic como taxa de juros moratórios para pagamento de impostos devidos à Fazenda Pública, dando plena vigência ao artigo 161, § 1º, do Código Tributário Nacional, transcreve-se a ementa e os seguintes trechos:

'Recurso Especial – Alínea *a* – Tributário – Embargos à Execução Fiscal – Arts. 106, II, *c*, e 110 do CTN – Ausência de Prequestionamento – Juros de Mora – Utilização da TR – Possibilidade – Taxa Selic – Ilegalidade – Aplicação do Percentual de 1% ao Mês – Art. 161 do CTN. É firme a orientação deste Sodalício no sentido da possibilidade de utilização da TR para o cálculo dos juros de mora sobre débitos tributários em atraso. A Taxa Selic para fins tributários é, a um tempo, inconstitucional e ilegal. Como não há pronunciamento de mérito da Corte Especial deste egrégio Tribunal que, em decisão relativamente recente, não conheceu da arguição de inconstitucionalidade correspectiva (cf. Incidente de Inconstitucionalidade no REsp n. 215.881/PR), permanecendo a mácula também na esfera infraconstitucional, nada está a empecer seja essa indigitada taxa proscrita do sistema e substituída pelos juros previstos no Código Tributário (artigo 161, § 1º, do CTN). *A Taxa Selic ora tem a conotação de juros moratórios, ora de remuneratórios, a par de neutralizar os efeitos da inflação, constituindo-se em correção monetária por vias oblíquas.* Tanto a correção monetária como os juros, em matéria tributária, devem ser estipulados em lei, sem olvidar que os juros remuneratórios visam a remunerar o próprio capital ou o valor principal. *A Taxa Selic cria a anômala figura de tributo rentável.* Os títulos podem gerar renda; os tributos, *per se*, não. *Devem se incidir na espécie os juros* de mora à razão de 1% ao mês, nos termos do artigo 161, § 1º, do CTN. Recurso especial provido, em parte (STJ – 2ª Turma – REsp n. 356.147/AL – Rel. Min. Franciulli Netto, j. em 11-3-2003, *DJU* de 9-6-2003, p. 211)'".

"A jurisprudência deste STJ é pacífica no sentido de que deve ser aplicada, a título de juros moratórios, a taxa de 0,5%, desde a citação, até o advento do novo Código Civil, quando a partir de então, serão calculados nos termos do artigo 406 desse Códex. (...) A jurisprudência majoritária desta Casa entende que o artigo 406 do novo Código Civil deve ser combinado com o artigo 13 da Lei n. 9.065/95, pelo que os juros de mora deverão incidir segundo a taxa SELIC, vedada a aplicação de quaisquer outros índices de atualização monetária" (STJ, REsp 832.887/RN, rel. Min. Denise Arruda, rel. p/ Acórdão Min. José Delgado, Primeira Turma, j. 12-12-2006, *DJ*, 22-3-2007, p. 297).

"Com o advento do novo Código Civil (aplicável à espécie porque ocorrida a citação a partir de sua vigência), incidem juros de mora pela taxa Selic a partir da citação, não podendo ser acumulada com qualquer outro índice de correção monetária, porque já embutida no indexador" (STJ, REsp 897.043/RN, rel. Min. Eliana Calmon, Segunda Turma, j. 3-5-2007, *DJ*, 11-5-2007, p. 392).

Súmula CARF n. 4: "A partir de 1º de abril de 1995, os juros incidentes sobre débitos tributários administrados pela Secretaria da Receita Federal são devidos no período de inadimplência, à taxa preferencial do Sistema Especial de Liquidação e Custódia – SELIC para títulos federais".

Historicamente aqui demonstramos a flutuação da taxa SELIC. A taxa Selic, por decisão do Comitê de Política Monetária do BACEN (COPOM), passou de 12,5% para 12%, sofrendo corte de 0,5%. Pelo Ato Declaratório Executivo n. 8/2008 da Coordenação-Geral de Arrecadação e Cobrança, passou a ser 0,93%, e o Copom manteve a taxa Selic em 11,25% ao ano, elevando-a no dia 16 de abril de 2008 para 11,75% ao ano e no dia 23 de agosto de 2008 aumentou de 12,25% para 13% ao ano. Os efeitos da crise internacional de crédito no Brasil levaram o COPOM a manter a taxa básica de juros em 13,75% ao ano (*Destak*, Em meio à crise, BC para ciclo de alta e mantém juros, 30-10-2008, p. 8). E, em janeiro de 2009, o COPOM resolve baixar tal taxa para 12,75%. Em janeiro de 2010 o Copom decidiu manter a taxa Selic em 8,75%, que ficou nesse patamar desde julho de 2009 e em outubro de 2011 passou a 11,5%. Em 11-7-2012, para dar prosseguimento à política de redução gradual da taxa de juros primários de economia, baixou-se a taxa Selic de 8,5% a 8% ao ano. Em agosto de 2023, o COPOM definiu a taxa em 13,25% ao ano, em 20 de setembro de 2023 em 12,75% ao ano, em 2024 o valor passou a ser 11,25% ao ano e em 2025 passou a ser 15% ao ano. Tal taxa, como se vê, é variável e determinada pelo COPOM (Circular BACEN n. 3.593/2012 e 3.802/2016).

A taxa Selic para títulos federais é estipulada pela Coordenação-geral de arrecadação e cobrança, sendo hoje de 1,14%. A Carta-Circular do BACEN n. 3.655, de 30-4-2014, divulga a relação dos tipos de conta do Sistema Especial de Liquidação e de Custódia (Selic). A Circular n. 3.587/2012 do BACEN aprova o novo regulamento do Selic. Súmula n. 14, de 19 de abril de 2002, da Advocacia-Geral da União – republicada no *DOU* de 8-2, 9-2 e 12-2-2007: "Aplica-se apenas a taxa Selic, em substituição à correção monetária e juros, a partir de 1º de janeiro de 1996, nas compensações ou restituições de contribuições previdenciárias". Súmula n. 27 do TJSP: "É constitucional e legal a aplicação da taxa Selic como índice de atualização monetária e juros de mora na inadimplência tributária".

O STJ, no REsp 1.795.982, considerou SELIC como índice adequado para correção monetária de débitos civis.

moratórios, será necessário que a lei estabeleça a isenção, como o fazem: *a*) o art. 552 do Código Civil, retirando do doador a responsabilidade pelo pagamento dos juros moratórios; *b*) o art. 124, *caput*, da Lei n. 11.101/2005, proibindo a exigência de juros vencidos contra a massa falida, previstos em lei ou em contrato, se o ativo apurado não bastar para o pagamento dos credores subordinados; *c*) o art. 66, IV, da Lei n. 6.435/77 (revogada pela LC n. 109/2001), estipulando que não corriam juros contra entidade previdenciária em liquidação[319].

Pela Lei n. 8.078/90, art. 52, § 1º (com a redação da Lei n. 9.298/96), as multas da mora decorrentes do inadimplemento da obrigação, sendo a relação de consumo, no seu vencimento não poderão ser superiores a 2% do valor da prestação.

A Lei n. 14.905/2024 veio a padronizar a aplicação de juros nos contratos privados que não preveem o pagamento de juros ou não estipulam a taxa a ser aplicada, estabelecendo uma taxa única: a SELIC, deduzida da inflação medida pelo Índice Nacional de Preços ao Consumidor Amplo (IPCA, arts. 389, parágrafo único, e 406, § 1º).

b.6.2.2. Extensão dos juros moratórios

Reza o Código Civil, art. 407, que, "ainda que se não alegue prejuízo, é obrigado o devedor aos juros da mora que se contarão assim às dívidas em dinheiro, como às prestações de outra natureza, uma vez que lhes esteja fixado o valor pecuniário por sentença judicial, arbitramento, ou acordo entre as partes". Daí os seguintes efeitos: *a*) os juros moratórios serão devidos independentemente da alegação de prejuízo, decorrendo da própria mora, isto é, do atraso culposo na execução da obrigação (CPC, arts. 59 e 240); e *b*) os juros moratórios deverão ser pagos, seja qual for a natureza da prestação, pecuniária ou não. Se o débito não for em dinheiro, contar-se-ão os juros sobre a estimação atribuída ao objeto da prestação por sentença judicial, arbitramento ou acordo entre as partes[320].

Se a parte interessada não pediu expressamente, na inicial, a condenação ao pagamento de juros moratórios, a sentença, ante o Código de Processo Civil, art. 322, § 1º (*RT, 444*:146), poderá condenar o vencido, pois os pedidos devem ser certos, compreendendo no principal os juros legais (*RT, 171*:316, *179*:137, *230*:161, *249*:155, *271*:354, *276*:297, *283*:368; *RF, 153*:155; Súmula 254 do STF) a correção monetária e as verbas de sucumbência, inclusive honorários advocatícios. Todavia, se a sentença for omissa a respeito dos juros moratórios, não se poderá, em execução, incluí-los (*RF, 147*:120; *RT, 177*:163; *AJ, 119*:222)[321].

b.6.2.3. Momento da fluência dos juros de mora

Os juros moratórios são devidos a partir da constituição da mora (*RT, 435*:119), independentemente da alegação de prejuízo (CC, art. 407). Nas obrigações negativas (CC, arts. 250 e 251), configurar-se-á a mora do devedor desde o dia em que executou o ato de que

---

Súmula n. 37, de 16 de setembro de 2008, da Advocacia-Geral da União: "Incidem juros de mora sobre débitos trabalhistas dos órgãos e entidades sucedidos pela União, que não estejam sujeitos ao regime de intervenção e liquidação extrajudicial previsto pela Lei n. 6.024/74, ou cuja liquidação não tenha sido decretada por iniciativa do Banco Central do Brasil".

319. Álvaro Villaça Azevedo, Juros, cit., p. 215. Convém lembrar que, contra a massa falida, são exigíveis os juros de debêntures e dos créditos com garantia real, mas por eles responde, exclusivamente, o produto dos bens que constituem a garantia (art. 124, parágrafo único, da Lei n. 11.101/2005).

320. W. Barros Monteiro, op. cit., p. 339.

321. W. Barros Monteiro, op. cit., p. 339 (*Bol. AASP, 1.866*:113). Os juros, nas obrigações ilíquidas, são contados da citação inicial da ação (STJ).

deveria abster-se (CC, art. 390). Nas obrigações a termo, caracterizar-se-á a mora pelo simples advento do vencimento (*mora ex re*), e nas obrigações sem fixação de prazo certo para seu cumprimento, ter-se-á mora (*ex persona*) com a interpelação judicial ou extrajudicial. Se a obrigação for positiva e líquida, os juros da mora contar-se-ão a partir do vencimento (CC, art. 397). Se a obrigação for decorrente de ato ilícito, tais juros deverão ser computados desde o momento em que aquele ato foi praticado (CC, art. 398), por tratar-se de responsabilidade extracontratual subjetiva. "A regra do art. 405 do novo Código Civil aplica-se somente à responsabilidade contratual, e não aos juros moratórios na responsabilidade extracontratual, em face do disposto no art. 398 do novo CC, não afastando, pois, o disposto na Súmula 54 do STJ" (Enunciado n. 163 do Conselho da Justiça Federal, aprovado na III Jornada de Direito Civil). Se a responsabilidade for contratual em razão de inadimplemento culposo do contrato, contar-se-ão os juros da mora, nas obrigações ilíquidas (cuja liquidação se faz por sentença judicial), nas obrigações sem termo de vencimento (por requererem interpelação, notificação, protesto ou citação do devedor para sua constituição em mora), e nas obrigações oriundas de ilícito extracontratual, gerador de responsabilidade objetiva (STJ, 3ª T., REsp 56.731, rel. Min. Carlos A. Menezes, j. 3-12-1996), desde a citação inicial para a causa (CC, art. 405), que é o *dies a quo* da contagem desses juros (*AJ*, *112*:261, *117*:468), salvo contra a Fazenda Pública (Súmula 163 do STF). Entretanto, há corrente doutrinária entendendo que tais juros são contados da citação, mas retroativamente à data em que se deu a mora, que será o dia do vencimento da obrigação, se *ex re*, ou o da interpelação, se *ex persona*. Todavia, é preciso esclarecer que a configuração da mora *ex re* e *ex persona* e suas consequências (atualização monetária, perdas e danos, cláusula penal, se houver, pagamento de honorários advocatícios), com exceção da dos juros (CC, art. 405), dependem do momento de sua ocorrência. Se a obrigação for de outra natureza que não dinheiro, os juros moratórios começarão a fluir desde que a sentença judicial, arbitramento ou acordo entre as partes lhes fixe o valor pecuniário. "Os juros da mora, nas reclamações trabalhistas, serão contados desde a notificação inicial" (Súmula 224 do STF). Relativamente à letra de câmbio, os juros serão devidos desde o protesto, ou, na falta, desde a propositura da ação (Dec. n. 22.626, art. 1º, § 3º; *RT*, *283*:628; *RF*, *179*:268)[322].

b.7. Purgação da mora

A emenda, reparação ou purgação da mora vem a ser um ato espontâneo do contratante moroso, que visa remediar a situação a que deu causa, evitando os efeitos dela decorrentes, reconduzindo a obrigação à normalidade. Purga-se, assim, o inadimplente de suas faltas[323].

---

322. "Os juros de mora, nas obrigações negociais, fluem a partir do advento do termo de prestação, estando a incidência do disposto no art. 405 da codificação limitada às hipóteses em que a citação representa o papel de notificação do devedor ou àquelas em que o objeto da prestação não tem liquidez" (Enunciado n. 428 do CJF, aprovado na V Jornada de Direito Civil). Bassil Dower, op. cit., p. 307-8; W. Barros Monteiro, op. cit., p. 340; Silvio Rodrigues, op. cit., p. 342; Luiz Antonio Scavone Junior, Juros no direito privado brasileiro, *O Código Civil e sua interdisciplinaridade*, Belo Horizonte, Del Rey, 2004, p. 551. "Tendo início a mora do devedor ainda na vigência do Código Civil de 1916, são devidos juros de mora de 6% ao ano, até 10 de janeiro de 2003; a partir de 11 de janeiro de 2003 (data de entrada em vigor do novo Código Civil), passa a incidir o art. 406 do Código Civil de 2002" (Enunciado n. 164 do Conselho de Justiça Federal, aprovado na III Jornada de Direito Civil).

323. Silvio Rodrigues, op. cit., p. 326; W. Barros Monteiro, op. cit., p. 266; Serpa Lopes, op. cit., p. 393; Chironi, op. cit., n. 339; Decreto-lei n. 70/66, arts. 32 e 34; Lei n. 8.245/91, art. 62, II e III; Decreto-lei n. 745/69; Lei n. 6.766/79, arts. 32 e 33.

Deveras, pondera Lacerda de Almeida, a mora perpetua a relação obrigacional, acrescentando-lhe certos encargos, como a responsabilidade por riscos, juros, frutos percebidos e *percipiendos,* perdas e danos etc., de modo que a sua purgação viria atenuar o princípio rigoroso da perpetuação da dívida em consequência de atraso no adimplemento da obrigação ou de seu não cumprimento no local ou na forma devidos[324]. Seria, portanto, um remédio jurídico colocado à disposição do moroso para extinguir os efeitos da mora.

A purgação da mora é sempre admitida, exceto se lei especial regulamentar diferentemente, indicando as condições de emendar a mora. Era o que se dava na alienação fiduciária, em que só era possível purgá-la se tivesse ocorrido o pagamento de 40% do preço financiado (Dec.-lei n. 911/69, art. 3º, § 1º; *RT, 459*:166, *481*:194, *434*:183)[325]. Não há mais tal exigência ante a alteração do art. 3º do Dec.-lei n. 911/69 pela Lei n. 13.043/2014. Logo, hodiernamente a purgação da mora, em caso de alienação fiduciária, independe do percentual do débito já pago.

O devedor terá direito à purga da mora, desde que a prestação não se torne inútil ao credor, hipótese em que se terá inadimplemento absoluto e não mora[326]; a *purgação da "mora debitoris"* se dá quando o devedor oferece a prestação devida, mais a importância dos prejuízos decorrentes do dia da oferta (CC, art. 401, I; STF, Súmula 122). O devedor poderá pagar, p. ex., a prestação em dinheiro, ainda que atrasada, acrescentando os juros moratórios.

Ocorrerá a *purgação da mora do credor* quando este se oferecer a receber o pagamento e se sujeitar aos efeitos da mora até a mesma data (CC, art. 401, II; *RT, 699*:106), como, p. ex., ao concordar em reembolsar o devedor das despesas efetuadas com a conservação da *res debita,* ressarcindo-o da eventual variação no preço etc.

Na hipótese de ocorrer *mora por parte de ambos*, ter-se-á tão somente a cessação da mora pela renúncia ao direito de ser indenizado, que tanto pode ser de um como de outro. Não há propriamente uma purgação da mora, mas sua extinção, sem que produza seus efeitos naturais[327].

b.8. Cessação da mora

Urge não confundir a purgação com a cessação da mora. A purgação da mora consiste em extinguir os efeitos advindos do estado moroso de um dos contratantes, referindo-se, obviamente, aos efeitos futuros e não aos pretéritos, isto é, a *emendatio morae* só produz efeitos para o futuro (*ex nunc*), não destruindo os efeitos jurídicos já produzidos (p. ex., juros moratórios até o dia da purgação), visto que estes constituem parte inerente ao prejuízo causado com a mora, podendo o prejudicado reclamar os danos sofridos desde o dia da incidência em mora até a execução tardia da obrigação. Logo, a purgação da mora se consuma com a

---

324. Clóvis Beviláqua, *Código Civil,* cit., v. 4, p. 114; Lacerda de Almeida, *Dos efeitos,* cit., p. 169.

325. *RT, 448*:225, *438*:255, *459*:156, *458*:119, *491*:169 e 200, *435*:223, *649*:142, *665*:120, *681*:197, *RJ, 153*:72, *172*:102. "Nos pagamentos parcelados a emenda da mora impede o vencimento antecipado da dívida e só abrange as prestações vencidas e os acessórios legais, nos termos do art. 3º, § 1º, do Decreto-Lei 911/69" (TJRJ, *ADCOAS,* n. 90042, 1983). A ação consignatória serve para prevenção e para emenda da mora (*RT, 685*:192; *RJTJSP, 125*:86).

326. Agostinho Alvim, *Da inexecução,* cit., n. 126; Carvalho de Mendonça, op. cit., v. 1, n. 267; Silvio Rodrigues, op. cit., p. 327; Caio M. S. Pereira, op. cit., p. 273; Bassil Dower, op. cit., p. 175; *RT, 473*:158, *433*:176, *482*:154, *486*:149, *487*:220, *482*:171, *467*:162, *469*:162, *464*:234, *446*:154, *440*:247, *466*:174, *420*:340, *489*:164, *474*:158, *472*:152, *470*:267, *458*:164, *493*:152, *484*:166, *439*:159, *434*:230, *684*:92, *665*:120, *785*:289, *602*:95, *548*:250, *778*:314, *714*:169, *717*:160, *738*:348; *JTACSP, 89*:395.

327. Caio M. S. Pereira, op. cit., p. 275; Serpa Lopes, op. cit., p. 392; Agostinho Alvim, *Da inexecução,* cit., ns. 121 a 123; Silvio Rodrigues, op. cit., p. 326-8. O art. 959, III, do Código Civil de 1916 previa a purgação da mora por ambos os contratantes, mas o novel Código Civil foi omisso a respeito por tratar-se, na verdade, de cessação da mora.

oferta da prestação. A *cessação da mora* ocorrerá por um fato extintivo de efeitos pretéritos e futuros (*ex tunc*), como sucede quando a obrigação se extingue com a novação, remissão de dívidas ou renúncia do credor[328].

Quadro Sinótico

MORA

1. MORA E INADIMPLEMENTO ABSOLUTO	• Haverá mora quando o devedor ainda puder cumprir a obrigação, e inadimplemento absoluto se não houver tal possibilidade, porque a *res debita* pereceu ou se tornou inútil ao credor. A mora pode ser purgada, o mesmo não sucedendo com o inadimplemento absoluto.

2. CONCEITO DE MORA	• A mora vem a ser, segundo R. Limongi França, não só a inexecução culposa da obrigação, mas também a injusta recusa de recebê-la no tempo, no lugar e no modo devidos.

3. ESPÉCIES DE MORA	• *Mora solvendi.* • *Mora accipiendi.* • Mora de ambos os contratantes.

4. MORA DO DEVEDOR	• Conceito	• Surgirá a mora do devedor quando este não cumprir, por culpa sua, a prestação devida na forma, tempo e lugar estipulados.
	• Modalidades	• *Mora ex re* (CC, arts. 397, 1ª parte, 390 e 398). • *Mora ex persona* (CC, art. 397, 2ª parte; CPC, arts. 726, 729, 59 e 240 e §§).
	• Requisitos	• Exigibilidade imediata da obrigação. • Inexecução total ou parcial da obrigação por culpa do devedor (CC, art. 396). • Interpelação judicial ou extrajudicial do devedor, se se tratar de *mora ex persona*.
	• Efeitos jurídicos	• Responsabilidade do devedor pelos danos causados pela mora ao credor (CC, art. 395). • Possibilidade de o credor exigir a satisfação das perdas e danos, rejeitando a prestação, se por causa da mora ele se tornou inútil (CC, art. 395, parágrafo único) ou perdeu seu valor. • Responsabilidade do devedor moroso pela impossibilidade da prestação, mesmo decorrente de caso fortuito e força maior, se estes ocorrerem durante o atraso, salvo se provar isenção de culpa ou que o dano sobreviria ainda que a obrigação fosse oportunamente desempenhada (CC, arts. 393 e 399).

5. MORA DO CREDOR	• Conceito	• *Mora accipiendi*, segundo R. Limongi França, é a injusta recusa de aceitar o adimplemento da obrigação no tempo, lugar e forma devidos.

328. Serpa Lopes, op. cit., p. 394; Lacerda de Almeida, *Dos efeitos*, cit., p. 170; Orlando Gomes, *Obrigações*, cit., p. 209-10; Agostinho Alvim, *Da inexecução*, cit., ns. 130, 131 e 136; Chironi, op. cit., ns. 339 e 340.

<table>
<tr><td rowspan="2">5. MORA DO CREDOR</td><td>• Pressupostos</td><td>• Existência de dívida positiva, líquida e vencida.
• Estado de solvabilidade do devedor.
• Oferta real e regular da prestação devida pelo devedor.
• Recusa injustificada, expressa ou tácita, em receber o pagamento no tempo, lugar e modo indicados no título constitutivo da obrigação.
• Constituição do credor em mora.</td></tr>
<tr><td>• Consequências jurídicas (CC, arts. 335 e 400)</td><td>• Liberação do devedor, isento de dolo, da responsabilidade pela conservação da coisa.
• Obrigação do credor moroso de ressarcir ao devedor as despesas efetuadas com a conservação da coisa recusada.
• Obrigação do credor de receber a coisa pela sua mais alta estimação, se o valor oscilar entre o tempo do contrato e o do pagamento.
• Possibilidade de consignação judicial da res debita pelo devedor.</td></tr>
</table>

<table>
<tr><td>6. MORA DE AMBOS OS CONTRATANTES</td><td>• Haverá mora simultânea, se ambos os contratantes, concomitantemente, não cumprirem a obrigação no tempo, lugar e modo avençados, ocasionando o aniquilamento recíproco de ambas as moras, tendo-se sua compensação e, por conseguinte, a liberação recíproca da pena pecuniária convencionada, permanecendo as coisas no mesmo estado em que se achavam anteriormente, como se não tivesse havido mora.</td></tr>
</table>

<table>
<tr><td rowspan="6">7. JUROS MORATÓRIOS</td><td>• Conceito de juros</td><td colspan="2">• Juros são o rendimento do capital, ou seja, o preço do uso do capital alheio, em razão da privação deste pelo dono, voluntária ou involuntariamente.</td></tr>
<tr><td>• Classificação de juros</td><td colspan="2">• Juros compensatórios (CC, art. 591); Dec. n. 22.626/33, parcialmente alterado pelo Dec.-lei n. 182/38, arts. 1º, 2º, 4º e 11; Lei n. 1.521/51, art. 4º).
• Juros moratórios.</td></tr>
<tr><td rowspan="4">• Juros moratórios</td><td>• Conceito</td><td>• Juros moratórios consistem na indenização pelo retardamento da execução do débito.</td></tr>
<tr><td>• Espécies</td><td>• Juros moratórios convencionais.
• Juros moratórios legais (CC, art. 406).</td></tr>
<tr><td>• Extensão</td><td>• CC, art. 407.</td></tr>
<tr><td>• Momento da sua fluência</td><td>• São devidos a partir da constituição em mora: a) se a obrigação for a termo, ter-se-á mora ex re pelo simples advento do vencimento (CC, art. 397); se não o for, caracterizar-se-á a mora ex persona com a interpelação judicial ou extrajudicial (CC, art. 397, parágrafo único), sendo computados desde a citação inicial (CC, art. 405); b) se a obrigação for positiva e líquida, os juros moratórios contar-se-ão a partir do vencimento (CC, art. 397); c) se a obrigação não for em dinheiro, os juros começarão a fluir desde que a sentença judicial, arbitramento ou acordo entre as partes lhes fixe o valor pecuniário; d) se se tratar de reclamação trabalhista, aplicar-se-á a Súmula 224 do STF; e) se atinente a letra de câmbio, obedecer-se-á ao disposto no Dec. n. 22.626, art. 1º, § 3º; f) se a obrigação for decorrente de ato ilícito, que envolva responsabilidade extracontratual subjetiva, tais juros deverão ser contados desde o</td></tr>
</table>

7. JUROS MORATÓRIOS	• Juros moratórios	• Momento da sua fluência	instante em que se o perpetrou (CC, art. 398); *g*) se a obrigação for ilíquida ou oriunda de ato ilícito extracontratual gerador de responsabilidade objetiva, os juros moratórios computar-se-ão desde a citação inicial; *h*) se a obrigação for negativa, ter-se-á mora desde o dia em que executou o ato de que deveria abster-se (CC, art. 390).

8. PURGAÇÃO DA MORA	• A emenda ou purgação da mora vem a ser um ato espontâneo do contratante moroso, que visa remediar a situação a que deu causa, evitando os efeitos dela decorrentes, reconduzindo a obrigação à normalidade (CC, art. 401, I e II).

9. CESSAÇÃO DA MORA	• A cessação da mora ocorrerá por um fato extintivo de efeitos pretéritos e futuros, como sucede quando a obrigação se extingue com a novação, remissão de dívidas ou renúncia do credor.

C. Perdas e danos

c.1. Noção de perdas e danos

Os arts. 389, parágrafo único (com alteração da Lei n. 14.905/2024), e 395 do Código Civil prescrevem que, não cumprindo a obrigação, ou deixando de cumpri-la pelo modo e no tempo devidos, responderá o devedor por perdas e danos mais juros, atualização monetária e honorários advocatícios, os quais "não se confundem com as verbas de sucumbência, que por força do art. 23 da Lei n. 8.906/94, pertencem ao advogado" (Enunciado n. 426 do CJF, aprovado na V Jornada de Direito Civil). Pelos prejuízos sujeitar-se-ão o inadimplente e o contratante moroso ao dever de reparar as *perdas* e *danos* sofridos pelo credor, inserindo o dano (material ou mora) como pressuposto da responsabilidade civil contratual, pois sem ele impossível será a ação de indenização (*RT, 728*:276, *714*:161, *661*:82, *454*:219, *464*:172 e 174, *394*:302, *492*:229, *433*:259; *RTRF*, 3ª, *35*:162). A responsabilidade civil consiste na obrigação de indenizar, e só haverá indenização quando existir prejuízo a reparar. É preciso não olvidar, porém, que há hipóteses, na seara da responsabilidade contratual, em que a lei presume a existência do dano, liberando o lesado do ônus de provar sua existência. É o que se dá, p. ex., com: *a*) a mora, nas obrigações pecuniárias, pois, independentemente de qualquer prova de prejuízo, o credor terá direito à indenização, segundo o Código Civil, arts. 404, com a redação da Lei n. 14.905/2024, e 407, como se tivesse havido efetivamente um dano; *b*) a cláusula penal (CC, art. 416), pois para exigir a pena convencional não será necessário que o devedor alegue dano; *c*) a reprodução fraudulenta de obra literária, científica ou artística; não se conhecendo o número de exemplares que constituem a edição fraudulenta, pagará o transgressor o valor de 3.000 exemplares, além dos apreendidos (Lei n. 9.610/98, art. 103, parágrafo único); *d*) aquele que demandar por dívida já paga, no todo ou em parte, sem ressalvar as quantias recebidas ou pedir mais do que lhe for devido, responderá às penas previstas no art. 940 do Código Civil; *e*) o segurador que, ao tempo do contrato, sabe estar passado o risco de que o segurado se pretende cobrir, e, não obstante, expede a apólice, pagará em dobro o prêmio estipulado (Lei n. 15.040/2024). Convém esclarecer que tais casos não são propriamente de indenização sem prejuízo, mas de dispensa da alegação ou da prova do dano, por haver presunção de prejuízo[329].

---

329. Yussef Said Cahali, Dano, in *Enciclopédia Saraiva do Direito*, v. 22, p. 204 e 207-8; Silvio Rodrigues, op. cit., p. 335; Mazeaud e Mazeaud, op. cit., v. 3, n. 2.078. Giorgi (op. cit., v. 2, p. 137, n. 95) escreve: *"nessuno dubbio sulla verità di questo principio: sia pura violata l'obbligazione, ma se il danno manca,*

O dano vem a ser a efetiva diminuição do patrimônio (material ou imaterial) do credor ao tempo em que ocorreu o inadimplemento da obrigação, consistindo na diferença entre o valor atual desse patrimônio e aquele que teria se a relação obrigacional fosse exatamente cumprida. É, portanto, a diferença entre a situação patrimonial atual, provocada pelo descumprimento da obrigação, e a situação em que o credor se encontraria, se não tivesse havido esse fato lesivo[330]. O dano corresponderia à perda de um valor patrimonial, pecuniariamente determinado[331]. Seriam as *perdas* e *danos* o equivalente do prejuízo ou do dano suportado pelo credor, em virtude de o devedor não ter cumprido, total ou parcialmente, absoluta ou relativamente, a obrigação, expressando-se numa soma de dinheiro correspondente ao desequilíbrio sofrido pelo lesado[332]. As perdas e danos são uma consequência do inadimplemento do devedor.

Havendo inexecução da obrigação, o prejudicado terá direito a uma reparação que possibilite reequilibrar a sua posição jurídica, ressarcindo-lhe todos os prejuízos, mediante a estimação das perdas e danos, realizando-se, então, a composição por meio de certa quantia em dinheiro, correspondente ao valor da prestação descumprida e aos danos sofridos com esse inadimplemento[333].

c.2. Fixação da indenização das perdas e danos

As perdas e danos devidos ao credor abrangerão, segundo o Código Civil, art. 402, além do que ele efetivamente perdeu, o que razoavelmente deixou de lucrar. Estabelece, ainda, esse diploma legal, no art. 403, que, "ainda que a inexecução resulte de dolo do devedor, as perdas e danos só incluem os prejuízos efetivos e os lucros cessantes por efeito dela direto e imediato, sem prejuízo do disposto na lei processual". Para conceder indenização de perdas e danos, o magistrado deverá considerar se houve[334]:

---

manca la materia del risarcimento". Antunes Varela, op. cit., p. 240; Agostinho Alvim, *Da inexecução,* cit., n. 143; W. Barros Monteiro, op. cit., p. 334-5.

330. Chironi, op. cit., n. 249; Polacco, op. cit., v. 1, n. 126, apud Yussef Said Cahali, op. cit., p. 205. No mesmo sentido: Antunes Varela, op. cit., p. 242.

331. Larenz, op. cit., n. 193; Consolo, *Il risarcimento del danno,* Milano, 1908, ns. 1 e 26; Fischer, *Los daños civiles y su reparación,* Madrid, 1928, p. 1; Giusiana, *Il concetto del danno giuridico,* Milano, 1944, n. 15, p. 39. *Vide* CC, art. 186, 1ª parte. Consulte: *RT, 661*:827, *695*:185, *726*:392.

332. Caio M. S. Pereira, op. cit., p. 291; *Ciência Jurídica, 29*:97, *31*:267, *42*:122. Sobre dano moral: CF, art. 5º, X; CC, art. 186, *in fine.*

333. Serpa Lopes, op. cit., p. 423-4 e 426.

Pelo Enunciado n. 658 da IX Jornada de Direito Civil: "As perdas e danos indenizáveis, na forma dos arts. 402 e 927, do Código Civil, pressupõem prática de atividade lícita, sendo inviável o ressarcimento pela interrupção de atividade contrária ao Direito".

A Lei n. 14.833/2024, ao alterar o CPC, art. 499, parágrafo único, confere ao réu a chance de cumprir a tutela específica antes de sua conversão em indenização de perdas e danos. Só após um novo inadimplemento ter-se-á tal conversão. Isso vale para processos relativos à aquisição de produto com vício oculto, aos casos de defeitos em construção, coberturas de seguros e às hipóteses de responsabilidade subsidiária ou solidária.

334. Orlando Gomes, *Obrigações,* cit., p. 188-9; Agostinho Alvim, *Da inexecução,* cit., ns. 140 e 142 a 154; W. Barros Monteiro, op. cit., p. 333-5; Tircier, *Contribution à l'étude du tort moral et de sa réparation en droit civil suisse,* 1971, p. 200; Aguiar Dias, op. cit., p. 764, n. 225; Antunes Varela, op. cit., p. 242; Bassil Dower, op. cit., p. 299-301; Yussef Said Cahali, op. cit., p. 206-7; Von Tuhr, op. cit., t. 2, p. 85; Pereira Coelho, *O nexo de causalidade na responsabilidade civil,* Coimbra, 1950, n. 104; Serpa Lopes, op. cit., ns. 349 e 350; Tepedino e outros, *Código,* cit., v. 1, p. 727. *Vide* Código Civil, art. 416; Código de Processo Civil, arts. 96, 500, 776 e 809; STF, Súmulas 345 e 412. "Não deve ser acolhido pedido de indenização por perdas e danos se a parte não descreve com precisão os prejuízos sofridos e os lucros cessantes, limitando-se a menção genérica e indefinida dos mesmos" (*RT, 613*:138).

1º) *Dano positivo ou emergente* (*damnum emergens*), que consiste num *deficit* real e efetivo no patrimônio do credor, isto é, numa concreta diminuição em sua fortuna, seja porque se depreciou o ativo, seja porque aumentou o passivo, sendo, pois, imprescindível que o credor tenha, efetivamente, experimentado um real prejuízo, visto que não são passíveis, nesse sentido, de indenização danos futuros, eventuais ou potenciais, *a não ser* que sejam consequência necessária, certa, inevitável e previsível da ação. *Certeza* e *atualidade* são os requisitos para que o dano seja indenizável. Na condenação relativa a dano emergente, a indenização poderá processar-se de duas formas: o autor do dano será condenado a proceder à restauração do bem danificado ou a pagar o valor das obras necessárias a essa reparação. A indenização relativa ao dano emergente pretende restaurar o patrimônio do lesado no estado em que anteriormente se encontrava. Se a obrigação não cumprida consistir em pagamento em dinheiro, a estimativa do dano emergente já estará previamente estabelecida pelos juros de mora e custas processuais, sem prejuízo da pena convencional (CC, art. 404). Os juros moratórios funcionam como uma espécie de prefixação das perdas e danos; o mesmo se diz das custas processuais e honorários advocatícios (CPC, arts. 82, § 2º, 84 e 85, §§ 2º, 8º e 9º).

2º) *Dano negativo ou lucro cessante* (*lucrum cessans*) *ou frustrado*, alusivo à privação de um ganho pelo credor, ou seja, ao lucro que ele, razoavelmente, deixou de auferir (CC, art. 402), em razão do descumprimento da obrigação pelo devedor. O lucro cessante deverá ser provado, visto que não se presume. Necessária será a demonstração de sua existência (*RJTJSP*, *99*:140). Para se computar o lucro cessante, recompondo o custo de oportunidade, a mera possibilidade é insuficiente, embora não se exija uma certeza absoluta, de forma que o critério mais acertado estaria em condicioná-lo a uma probabilidade objetiva, resultante do desenvolvimento normal dos acontecimentos conjugado às circunstâncias peculiares ao caso concreto (*RT*, *613*:138, *434*:163, *494*:133). Constitui lucro cessante o prejuízo que, para o credor, resultaria do retardamento culposo da obrigação, quando a inexistência do objeto da prestação devida no seu patrimônio o prive de certos lucros (juros de mora), de modo que os juros moratórios representariam uma compensação geral pelos lucros frustrados. O lucro cessante procura repor, no patrimônio do lesado (credor), a vantagem econômica que razoavelmente auferiria se o devedor tivesse cumprido a obrigação assumida.

O art. 402 do Código Civil acata o *princípio da razoabilidade* para quantificar o lucro cessante, visto que, se certeza e atualidade são requisitos para que o dano seja indenizável, apenas se poderá considerar, para fins indenizatórios, o que *razoavelmente* se deixou de lucrar. A *perda da chance* é indenizável, ante a *certeza* da existência da *chance* perdida pelo lesado por ato culposo, comissivo ou omissivo, do lesante, impedindo sua verificação.

3º) *Nexo de causalidade entre o prejuízo e a inexecução culposa ou dolosa da obrigação por parte do devedor*, pois o dano, além de efetivo, deverá ser um efeito direto e imediato do ato ilícito do devedor (CC, art. 403), de modo que, se o prejuízo decorrer de negligência do próprio credor, não haverá ressarcimento ou indenização por perdas e danos. Pelo Enunciado n. 659 da IX Jornada de Direito Civil: "O reconhecimento da dificuldade em identificar o nexo de causalidade não pode levar à prescindibilidade de sua análise".

A *perda de uma chance* não se confunde com o *lucro cessante*. A perda da chance caracteriza-se pela perda de uma oportunidade, indenizável se se puder calcular o grau de probabilidade de sua concretização. P. ex.: se um taxista sofrer dano em seu veículo, deixará de ter lucro por não poder oferecer seu serviço nas ruas; logo, ocorreu *perda de uma chance*. Mas, se, em razão disso, não puder conduzir o empresário "X", como sempre faz todas as quintas-feiras, à sede de seu estabelecimento em Campinas, ter-se-á lucro cessante. *Vide* a respeito Fábio V. Figueiredo, *Direito civil*, cit., p. 163-4.

Se a obrigação não cumprida for pecuniária, na estimativa do dano emergente e do lucro cessante, sem prejuízo da pena convencional fixada pelas partes (apesar de ser prefixação das perdas e danos), considerar-se-ão a atualização monetária, os juros moratórios, os honorários advocatícios (CPC, arts. 82, § 2º, 84 e 85, §§ 2º, 8º e 9º - Enunciado n. 161 do Conselho de Justiça Federal, aprovado na III Jornada de Direito Civil, requer para tanto efetiva atuação profissional do advogado) e as custas processuais (CC, art. 404 e parágrafo único). Ao apurar os danos oriundos do inadimplemento contratual, o juiz deverá agir com prudência (*RF, 224*:124), pois as perdas e danos não poderão ser arbitrários, de forma que será imprescindível que estipule uma indenização justa, correspondente, na apreciação do dano emergente, ao prejuízo real, efetivamente sofrido pelo lesado, recompondo a primitiva situação, e, na apreciação do lucro cessante, ao lucro *in potentia proxima,* procurando-se os ganhos mais prováveis e anulando-se, assim, os efeitos da lesão, de forma a restabelecer o credor na posição que teria, se o devedor tivesse cumprido a obrigação que lhe incumbia. A reparação das perdas e danos, sem prejuízo do disposto na lei processual, abrangerá, então, a restauração do que o credor efetivamente perdeu e a composição do que, razoavelmente, deixou de ganhar, apurado, conforme o princípio da razoabilidade, e um juízo de probabilidade, atendo-se o juiz, ao fixar o *quantum* das perdas e danos, ao tempo do julgamento, ao lugar da estimação, que será o daquele em que o pagamento teria de efetuar-se[335], e à pessoa do lesado, principalmente sua situação patrimonial, para poder estabelecer a repercussão que teve sobre ela a inexecução da obrigação. P. ex.: o prejuízo sofrido com a perda de um automóvel por um vendedor profissional não se compara ao sofrido com a perda de um carro semelhante por uma empresa de transporte[336].

Finalmente, é preciso lembrar que o inadimplente deverá suportar o ônus da inflação, pois: *a*) a Súmula 562 do STF dispõe: "Na reclamação de danos materiais decorrentes de ato ilícito cabe a atualização de seu valor, utilizando-se, para esse fim, dentre outros critérios, dos índices de correção monetária", e *b*) a Lei n. 6.899/81 determina a correção monetária em qualquer débito oriundo de decisão judicial, inclusive custas e honorários advocatícios[337]. A correção ou atualização monetária, na composição das perdas e danos consequentes de ato ilícito, visa tornar justa a indenização, ante a desvalorização da moeda, pois do contrário o lesado teria o seu patrimônio desfalcado (*RT, 446*:91; Dec.-lei n. 2.284/86, arts. 6º e 7º (artigo ora revogado pelo Dec. n. 2.290/86), e Dec. s/n., de 25-4-1991, que revogou o Decreto n. 92.592/86).

c.3. Modos de liquidação do dano

A liquidação tem por fim tornar possível a efetiva reparação do dano sofrido pelo lesado, fixando o montante da indenização das perdas e danos. Pelo Código Civil, art. 404 e parágrafo único, a indenização das perdas e danos nas obrigações pecuniárias será paga com atualização monetária, abrangendo juros, custas e honorários advocatícios, sem prejuízo da pena convencional, fixada pelas partes por ser prefixação das perdas e danos. Provando-se que os juros moratórios, contados desde a citação inicial (CC, art. 405), não cobrem o prejuízo, e não havendo pena convencional, poderá o juiz conceder ao credor indenização suplementar, que, tendo natureza reparatória, abranja todo o prejuízo por ele sofrido em razão do inadimplemento da obrigação pecuniária pelo devedor. Observa Luiz Antonio Scavone Jr. que: "a) se, além dos juros de mora, o credor exigir a cláusula penal não poderá ser concedida a

---

335. W. Barros Monteiro, op. cit., p. 336; Larenz, op. cit., p. 198; Hedemann, op. cit., v. 3, p. 126; Chironi, op. cit., v. 2, n. 418; Giorgi, op. cit., v. 2, n. 240; Caio M. S. Pereira, op. cit., p. 292.

336. Serpa Lopes, op. cit., p. 427; Orgaz, *El daño resarcible,* Buenos Aires, 1952, p. 145-6.

337. W. Barros Monteiro, op. cit., p. 336. *Vide* CPC, art. 500.

indenização suplementar; b) se, além dos juros de mora, não existir cláusula penal, poderá ser concedida indenização suplementar aos juros moratórios; e c) se, não obstante os juros de mora, o credor resolver provar prejuízos suplementares, poderá ignorar a cláusula penal estipulada no contrato e cobrar os prejuízos efetivos". Os prejuízos suplementares na obrigação pecuniária poderão ser exigidos, além dos juros moratórios, que valerão como indenização mínima, desde que não haja previsão contratual de cláusula penal e haja comprovação pelo credor da insuficiência daqueles juros. Donde se percebe que a liquidação se fará[338]:

1º) por *determinação legal*, se a própria lei fixar qual seja a indenização devida; p. ex.: Código Civil, arts. 407, 940 e 312; Lei n. 9.610/98, art. 103, parágrafo único;

2º) por *convenção das partes*, que, no momento em que contratam, prevendo inadimplemento ou retardamento culposo da obrigação, dispõem relativamente à liquidação do dano, estipulando, p. ex., cláusula penal, que funcionará como prefixação voluntária das perdas e danos, presumindo-se razoavelmente preestimada a indenização pelos contraentes. "Como instrumentos de gestão de riscos na prática negocial paritária, é lícita a estipulação de cláusula que exclui a reparação por perdas e danos decorrentes do inadimplemento (cláusula excludente do dever de indenizar) e de cláusula que fixa valor máximo de indenização (cláusula limitativa do dever de indenizar)" (Enunciado n. 631 da VIII Jornada de Direito Civil);

3º) por *sentença judicial*, nos casos ordinários, sempre que a liquidação das perdas e danos não tiver sido estabelecida por lei ou pelas partes contratantes.

Quadro Sinótico

PERDAS E DANOS

1. NOÇÃO DE PERDAS E DANOS	• Perdas e danos constituem o equivalente do prejuízo ou do dano suportado pelo credor, em virtude do devedor não ter cumprido, total ou parcialmente, absoluta ou relativamente, a obrigação, expressando-se numa soma de dinheiro correspondente ao desequilíbrio sofrido pelo lesado.
2. FIXAÇÃO DA INDENIZAÇÃO DAS PERDAS E DANOS	• O magistrado, com base no CC, arts. 402, 403 e 404, para conceder indenização de perdas e danos, deverá considerar se houve: dano positivo ou emergente; dano negativo ou lucro cessante; nexo de causalidade entre o prejuízo e a inexecução culposa ou dolosa da obrigação por parte do devedor. Deve ater-se, ao fixar o *quantum* das perdas e danos, ao tempo do julgamento, ao lugar da estimação, que será o daquele em que o pagamento teria de efetuar-se, e à pessoa do lesado, principalmente sua situação patrimonial.
3. MODOS DE LIQUIDAÇÃO DO DANO	• Por determinação legal. • Por convenção das partes. • Por sentença judicial.

338. Yussef Said Cahali, op. cit., p. 208-10; Luiz Antonio Scavone Junior, *Comentários*, cit., p. 420. Com o disposto no art. 404 e parágrafo único do Código Civil, não mais haverá a problemática da correção monetária nas indenizações, pois estas serão devidamente atualizadas, abrangendo juros contados desde a citação inicial (CC, art. 405; *AJ*, *112*: 261, *117*: 468; STF, Súmula 163) custas judiciais, honorários de advogado e cláusula penal, se houver. Para as demais obrigações, cujo objeto não seja dinheiro, aplicar-se-á o parágrafo único do art. 416 do Código Civil em vigor. *Vide* STF, Súmula 344. A Lei n. 14.833/2024, que acrescenta parágrafo único ao art. 499 do CPC, possibilita ao réu solicitar cumprimento de tutela específica antes da conversão da obrigação em perdas e danos.

D. Cláusula penal

d.1. Conceito e funções

Nosso Código Civil de 1916 disciplinava a cláusula penal no título concernente às modalidades das obrigações, por representar um dos modos pelos quais a obrigação se apresenta[339]. Seguindo a esteira de Roger Sécretan[340], preferimos, na época, incluí-la no capítulo relativo à inexecução das obrigações, como agora o fez o atual Código Civil, visto que uma de suas funções consiste em prever o seu inadimplemento, sendo uma predeterminação das perdas e danos estabelecidos *a priori*, e constituindo uma compensação dos prejuízos sofridos pelo credor com o descumprimento da obrigação principal.

A *cláusula penal* (*stipulatio poenae*) vem a ser um pacto acessório, pelo qual as próprias partes contratantes estipulam, de antemão, pena pecuniária ou não, contra a parte infringente da obrigação, como consequência de sua inexecução completa culposa, de alguma cláusula especial ou de seu retardamento (CC, art. 408), fixando, assim, o valor das perdas e danos, e garantindo o exato cumprimento da obrigação principal[341] (CC, art. 409, 2ª parte). Constitui uma estipulação acessória, pela qual uma pessoa, a fim de reforçar o cumprimento da obrigação, se compromete a satisfazer certa prestação indenizatória, seja ela uma prestação em dinheiro ou de outra natureza, como a entrega de um objeto, a realização de um serviço ou a abstenção de um fato (*RT, 172*:138; *RF, 146*:254, *120*:18), se não cumprir o devido ou o fizer tardia ou irregularmente[342], fixando o valor das perdas e danos devidos à parte inocente em caso de inexecução contratual.

---

339. Silvio Rodrigues, op. cit., p. 97; *RT, 543*:161, *587*:142, *524*:173, *304*: 250, *725*:370, *721*:216, *746*:288, *803*:320, *777*:408, *785*:197; *RSTJ, 82*:236; *JB, 158*:250, *150*:312, *166*:256; *EJSTJ, 11*:75, *12*:83 e 81; STF, Súmula 616.

340. Roger Sécretan, *Étude sur la clause penal en droit suisse,* Lausanne, 1917, p. 33.

341. Conceito baseado em Lacerda de Almeida, *Dos efeitos,* cit., p. 183; Orlando Gomes, *Obrigações,* cit., p. 192; Caio M. S. Pereira, op. cit., p. 128; Clóvis Beviláqua, *Código Civil,* cit., v. 4, p. 53; W. Barros Monteiro, op. cit., p. 196; R. Limongi França, Cláusula penal, in *Enciclopédia Saraiva do Direito,* v. 15, p. 116. "Sendo a cláusula penal uma convenção prévia sobre perdas e danos pode ser cumulada com os honorários advocatícios decorrentes da sucumbência (Súmula 616 do STF). Recurso provido em parte" (*EJSTJ, 3*:69). *Vide* CC francês, art. 1.229; CC alemão, art. 340, 2ª alínea; CC suíço, art. 161, 2ª parte; CC italiano, art. 1.382.

Christiano Cassettari (*Cláusula penal: uma releitura de acordo com o novo direito civil que se constrói* – dissertação de mestrado apresentada na PUCSP em 2007) esclarece: "A cláusula penal não se confunde com as *astreintes* nem com a multa descrita no art. 475–J – hoje arts. 523, §§ 1º a 3º, 524, VII – do Código de Processo Civil. A primeira tem natureza de multa cominatória processual, fixada pelo juiz sem limitação quanto ao seu valor, e a segunda de multa punitiva processual, cujo percentual estabelecido é descrito na lei".

342. Aída Kemelmajer de Carlucci, *La cláusula penal,* Buenos Aires, Depalma, 1981, p. 17; W. Barros Monteiro, op. cit., p. 197; R. Limongi França, *Raízes e dogmática da cláusula penal,* 1987; Continentino, *Da cláusula penal no direito civil brasileiro,* Saraiva, 1926; Renato A. Gomes de Souza, Multa contratual em empréstimos de dinheiro a juros, *RT, 610*:46; Lobato, *La cláusula penal en el derecho español,* Pamplona, 1974; Bicocca, *La pena convenzionale,* Milano, 1900; Colombo, Multas civiles y multas penales, in *La Ley,* Buenos Aires, t. 14, 1939; Jorge Americano, Cláusula penal, *RT, 146*:503; Roca Sastre e Puig Brutau, La cláusula penal en las obligaciones contractuales, in *Estudios de derecho privado,* Madrid, 1948; Marini, *La clausola penal*, 1984; Denis Mazeaud (*La notion de clause pénale*, Paris, LGDJ, 1992) assim leciona: "*...alors que la condamnation à une réparation suppose exclusivement la réalisation d'une préjudice, la condamnation à une peine privée suppose necessairement et uniquement l'existence d'une faute*"; 1992; Antonio Pinto Monteiro, *Cláusula penal e indemnização*, Coimbra, Livr. Almedina, 1990; Marcelo Benacchio, Cláusula penal: revisão crítica à luz do Código Civil de 2002, *Temas relevantes de*

A cláusula penal tem, segundo Mosset Iturraspe, Trabucchi, Savigny, Wendt, Sjoegren, uma *função compulsória,* por constituir um meio de forçar o cumprimento do avençado, consistindo numa pena que visa punir uma conduta ilícita e assegurar o adimplemento da obrigação, já que constrange psicologicamente o devedor, ao seu pagamento. Teria unicamente por escopo reforçar ou garantir o cumprimento de uma obrigação, sendo apenas uma sanção ao seu inadimplemento ou atraso, sem levar em consideração o ressarcimento do dano. Outros, como Orozimbo Nonato, Orlando Gomes, Laurent, Marcadé, Colin e Capitant, De Page, Polacco e Puig Peña, salientam sua *função indenizatória,* isto é, de estimar previamente as perdas e danos, constituindo uma liquidação convencional e antecipada das perdas e danos resultantes do inadimplemento da avença (*RT, 304*:250)[343].

Todavia, a razão parece estar com os juristas que, como Hugueney, R. Limongi França, Washington de Barros Monteiro, Mazeaud e Mazeaud, Salvat, Barassi, Larenz e Colmo, sustentam a sua *função ambivalente,* por reunir a compulsória e a indenizatória, sendo concomitantemente reforço do vínculo obrigacional, por punir seu inadimplemento, e liquidação antecipada das perdas e danos (*RT, 208*:268). Oferece, pois, dupla vantagem ao credor, por aumentar a possibilidade de cumprimento do contrato e por facilitar o pagamento da indenização das perdas e danos em caso de inadimplemento, poupando o trabalho de provar judicialmente o montante do prejuízo e de alegar qualquer dano, pois, pelo Código Civil, art. 416, *caput*, não será necessário que o credor alegue prejuízo para exigir a pena convencional. E o credor não

---

direito civil contemporâneo (coord. G. E. Nanni), São Paulo, Atlas, 2008, p. 371-99; Nelson Rosenvald, *Cláusula penal*, Rio de Janeiro, Lumen Juris, 2007; Aída K. de Carlucci, La liquidación de los daños y perjuicios derivados del incumplimiento que causó la resolución cuando el contrato contiene cláusulas penales, *Doutrinas essenciais – obrigações e contratos*, São Paulo, Revista dos Tribunais, 2011, v. II, p. 1087-90; Antonio Chaves, Cláusula penal, *Doutrinas essenciais*, cit., p. 1094-95; Fábio Maria de Mattia, Cláusula penal pura e cláusula penal não pura, *Doutrinas essenciais*, cit., p. 1117-50; José Alves Ferreira, Da cláusula penal, *Doutrinas essenciais*, cit., p. 1189-1202; Otavio Luiz Rodrigues Jr. e Rodrigo X. Leonardo. O novo "despertar" da cláusula penal no direito civil brasileiro: a crise da função indenizatória e a necessidade de reforma legislativa – *Direito civil. Diálogos entre a doutrina e a jurisprudência* (coord. Salomão e Tartuce), v. 2, São Paulo, Atlas, 2021, p. 289-308; Luis Felipe Salomão e Leonardo Morais da Rocha, Aspectos controversos sobre a cláusula penal contratual. *Direito civil – Diálogos entre a doutrina e a jurisprudência* (coord. Salomão e Tartuce), v. 2, São Paulo, Atlas, 2021, p. 269-88; Otavio Luiz Rodrigues Jr., *A misteriosa cláusula geral dos bons costumes no direito civil brasileiro*, tese para titular defendida na FDUSP em 2025. *Vide* Código Civil argentino, art. 666, uruguaio, art. 1.365, e português, art. 810.

343. Sobre as funções compulsória e indenizatória, *vide* Orlando Gomes, *Obrigações,* cit., p. 192; Serpa Lopes, op. cit., p. 169; Caio M. S. Pereira, op. cit., p. 128-9; Aída Kemelmajer de Carlucci, op. cit., p. 3-13; R. Limongi França, Cláusula penal, cit., p. 116-7; Tito Fulgêncio, *Modalidades das obrigações,* 2. ed., p. 413; Trabucchi, op. cit., n. 266; Jorge Mosset Iturraspe, *Medios compulsivos en derecho privado,* Buenos Aires, Ediar, 1978, p. 73 e s.; Colin e Capitant, op. cit., v. 3, p. 50; De Page, op. cit., t. 3, n. 119; Michel Trimarchi, *La clausola penale,* Milano, Giuffrè, 1954, p. 7; Antonio Pinto Monteiro, *Cláusula penal e indemnização*, Coimbra, Livr. Almedina, 1999, p. 5, 41 e 43; Laurent, op. cit., t. 17, n. 424; Savigny, *Le droit des obligations,* Paris, 1873, t. 2, p. 79; Andrea Magazzu, Clausola penale, in *Enciclopedia del Diritto,* Giuffrè, 1960, t. 7, p. 186 e s., nota 6; Puig Peña, *Tratado de derecho civil español,* Madrid, Revista de Derecho Privado, 1946, t. 4, p. 79; Marcadé, *Explication théorique et pratique du Code Civil,* 7. ed., Paris, Ed. Delamotte, 1873, t. 4, n. 649; Orozimbo Nonato, op. cit., v. 2, p. 304; Fábio Maria de Mattia, Cláusula penal pura e cláusula penal não pura, *RT, 383*:35-56; Jorge Peirano Facio, *La cláusula penal,* Montevideo, 1947, ns. 74 a 76; Christiano Chaves de Farias, Miradas sobre a cláusula penal no direito contemporâneo à luz do direito civil-constitucional, do novo Código Civil e do Código de Defesa do Consumidor, *Revista Síntese de Direito Civil e do Processual Civil*, n. *16* (2002); Anne Sinay-Cytermann, Clauses penales et clauses abusives: vers un rapprochement, *Les clauses abusives dans les contrats types en France et en Europe* (coord. Ghestin), Paris, LGDJ, 1991.

poderá exigir indenização suplementar, a pretexto de o prejuízo exceder a cláusula penal (CC, art. 416, parágrafo único), salvo se isso for convencionado, pois ela resulta de avença prévia, decorrente da vontade das partes, que a fixaram para reparar dano eventualmente oriundo de inadimplemento; deve-se, portanto, supô-la justa[344], valendo então como mínimo da indenização, competindo ao credor provar o prejuízo excedente, demonstrando a sua insuficiência para cobrir as perdas e danos.

d.2. Caracteres

Ante nosso direito e nossa doutrina, a cláusula penal, por sua função ambivalente, tem ao mesmo tempo feição ressarcitória de perdas e danos e índole penal; analisada, porém, teoricamente, possui origem e natureza contratual, requerendo capacidade para contratar, consentimento das partes contratantes e objeto lícito, nos mesmos termos das normas inerentes ao contrato, de forma que seus caracteres comuns não diferem dos da generalidade dos negócios jurídicos. Entretanto, possui *caracteres específicos,* tais como[345]:

1º) *Acessoriedade,* pois a cláusula penal é contrato acessório, estipulado, em regra, conjuntamente com a obrigação principal, embora nada obste que seja convencionado em apartado, em ato posterior (CC, art. 409, 1ª parte), antes, porém, do inadimplemento da obrigação principal. Apesar de ser mais frequente nos contratos, poderá também inserir-se em outros negócios jurídicos, como, p. ex., em testamentos, para estimular o herdeiro à fiel execução do legado. Como consequência desse caráter de acessoriedade, a nulidade da cláusula penal não acarretará a da obrigação principal, embora a nulidade do contrato principal importe a sua (CC, art. 92). Entretanto, para alguns autores, pode ocorrer que, em certos casos, a cláusula penal tenha validade, mesmo que a obrigação principal seja nula, desde que tal nulidade dê lugar a uma ação de indenização de perdas e danos; é o que ocorre, p. ex., com a cláusula

---

344. A respeito da *função ambivalente,* consulte Larenz, op. cit., v. 1, p. 369; Hugueney, *L'idée de peine privée en droit contemporain,* Paris, 1904; Silvio Rodrigues, op. cit., p. 104-5; Colmo, op. cit., n. 165; R. Limongi França, Cláusula penal, cit., p. 117; Caio M. S. Pereira, op. cit., p. 129; Salvat, *Tratado de derecho civil argentino;* obligaciones, 2. ed., Buenos Aires, Abeledo-Perrot, 1967, t. 1, n. 182; Cunha Gonçalves, op. cit., v. 4, t. 2, n. 531; W. Barros Monteiro, op. cit., p. 197; Barassi, *Teoria generale delle obbligazioni,* v. 3, p. 122; Giorgi, op. cit., v. 4, p. 528-9.

"No contrato de adesão, o prejuízo comprovado do aderente que exceder ao previsto na cláusula penal compensatória poderá ser exigido pelo credor independentemente de convenção" (Enunciado n. 430 do CJF, aprovado na V Jornada de Direito Civil).

345. Relativamente aos caracteres da cláusula penal, *vide* Aída Kemelmajer de Carlucci, op. cit., p. 59-159; Serpa Lopes, op. cit., ns. 115, 117, 118, 126 e 127; W. Barros Monteiro, op. cit., p. 196 e 204-15; Trimarchi, op. cit., ns. 3, 4 e 5, p. 21 e s.; De Page, op. cit., t. 3, n. 117; Colmo, op. cit., n. 169; Giorgi, op. cit., v. 4, n. 412; Mosset Iturraspe, op. cit., p. 1228-9; Laurent, op. cit., t. 17, n. 430; Valverde y Valverde, op. cit., t. 3, p. 79; Jorge J. Llambias, *Tratado de derecho civil;* obligaciones, Buenos Aires, Abeledo-Perrot, t. 1, n. 321; Emilio Betti, *Teoría general del negocio jurídico,* 2. ed., Madrid, Revista de Derecho Privado, 1959, p. 347 e s.; James Cox, Penal clauses and liquidated damages; a comparative survey, *Tulane Law Review, 33*(1):190, dez. 1958; Peirano Facio, op. cit., ns. 141, 144 e 151; Salvat, op. cit., t. 1, ns. 236 e s.; Rubén Compagnucci de Caso, *Inmutabilidad de la cláusula penal y la incidencia de la desvalorización monetaria,* La Plata, Ed. Lex, 1979, p. 42; Guillermo Diaz, *La inmutabilidad de la cláusula penal,* Buenos Aires, Ed. Ateneo, p. 89; Carlos E. Huberman, *La cláusula penal;* su reducción judicial, 1976; Bassil Dower, op. cit., p. 112-4; Orozimbo Nonato, op. cit., v. 2, p. 308; Caio M. S. Pereira, op. cit., p. 129-33 e 137-9; Mílton Evaristo dos Santos, Da redução da cláusula penal, *RT, 262*:12; Orlando Gomes, *Obrigações,* cit., p. 194-5; Silvio Rodrigues, op. cit., p. 111-6; Clóvis Beviláqua, *Código Civil comentado,* cit., p. 70; Fábio Ulhoa Coelho, *Curso,* cit., p. 189; Judith Martins-Costa, *Comentários ao novo Código Civil. Do inadimplemento das obrigações,* v. V, t. II, Rio de Janeiro, Forense, 2004, p. 468 e 469.

penal estipulada em contrato de compra e venda de coisa alheia, se esse fato era ignorado pelo comprador, visto que, nessa hipótese, a cláusula penal, sendo o equivalente do dano, será devida por se tratar de matéria inerente ao prejuízo e não ao contrato. Além do mais, em certos casos excepcionais, havendo anulabilidade da obrigação principal, prevalecerá a cláusula, se da anulabilidade decorrer uma obrigação de ressarcir perdas e danos, hipótese em que a cláusula representa seu equivalente. Todavia, entendemos que o Código Civil, art. 92, insitamente, contém preceito absoluto: nula a obrigação principal, ter-se-á a nulidade da cláusula penal. O credor, porém, não ficará sem indenização, mas deverá sujeitar-se ao direito comum, que rege o pagamento das perdas e danos, submetendo-se à prova dos danos causados e à apuração de seu montante por meio de processo judicial. Prescreve o Código Civil, art. 359, que se o credor for evicto da coisa recebida em pagamento, restabelecer-se-á a obrigação primitiva, ficando sem efeito a quitação dada, ressalvados os direitos de terceiro. Havendo evicção, restaurar-se-á a obrigação originária e a cláusula penal, dado seu caráter acessório.

2º) *Condicionalidade,* uma vez que o dever de pagar a cláusula penal está subordinado a um evento futuro e incerto: o inadimplemento total ou parcial da prestação principal ou o cumprimento tardio da obrigação, por força de fato imputável ao devedor (*RT, 468*:221), pois se resolvida a obrigação, não tendo culpa o devedor, resolver-se-á a cláusula penal (CC, art. 408; *RT, 103*:607 e 649).

3º) *Compulsoriedade,* visto que os contraentes a pactuam prevendo, de antemão, a possibilidade de eventual inexecução da obrigação, constrangendo, assim, o devedor a cumprir o contrato principal. Esse seu caráter intimidatório representa um reforço do vínculo obrigacional, assegurando sua execução. O devedor inadimplente sujeitar-se-á à cláusula penal, não podendo furtar-se a seus efeitos, alegando que não houve prejuízo. Os contraentes a convencionam, então, para compelir o devedor a preferir o cumprimento da obrigação a ser forçado a pagar determinada importância, além de que ela exime o credor do ônus de provar a ocorrência de dano. Deveras, o Código Civil, art. 416, dispõe: "Para exigir a pena convencional, não é necessário que o credor alegue prejuízo".

4º) *Subsidiariedade,* porque, salvo na hipótese da pena moratória, substitui a obrigação principal não cumprida por culpa do devedor, se o credor assim o preferir (*RF, 111*:375). Assim, se o devedor deixar de cumprir a prestação a que se obrigou, competirá ao credor escolher entre o cumprimento da obrigação e a pena convencionada. Realmente, se tal não ocorresse, tendo o devedor a opção entre a execução da obrigação e o pagamento da multa, a cláusula penal desfigurar-se-ia, passando a ser uma alternativa em benefício do devedor, perdendo sua função de reforço do liame obrigacional. Prescreve o Código Civil, no art. 410, que, "quando se estipular a cláusula penal para o caso de total inadimplemento da obrigação, esta converter-se-á em alternativa a benefício do credor". Se optar pela multa desaparecerá a obrigação originária, e com ela o direito de pleitear perdas e danos, que se encontram pré-fixados na pena. Se escolher o cumprimento da obrigação e não puder obtê-la, a pena funcionará como compensatória das perdas e danos. Impossível será cumular o recebimento da multa e cumprimento da prestação (*AJ, 107*:386). Assim, se, havendo inadimplemento total da obrigação, lhe parecer exígua cláusula penal compensatória ou a multa, poderá, se quiser, observa Silvio Rodrigues, abrir mão dela e pleitear indenização pelas perdas e danos (CC, art. 389). Acrescenta, ainda, o Código Civil, no art. 411, que, "quando se estipular a cláusula penal para o caso de mora, ou em segurança especial de outra cláusula determinada, terá o credor o arbítrio de exigir a satisfação da pena cominada, juntamente com o desempenho da obrigação principal".

5º) *Ressarcibilidade, por constituir prévia liquidação das perdas e danos*, que serão devidos ao credor pelo devedor no caso de inexecução da obrigação assumida. A cláusula penal representa uma preestimativa das perdas e danos que deverão ser pagos pelo devedor no caso de descumprimento do contrato principal. As partes contratantes serão livres para estabelecê-la; porém, essa autonomia não é ilimitada, já que o Código Civil, art. 412, estatui que "o valor da cominação imposta na cláusula penal não poderá exceder o da obrigação principal", com o escopo de coibir abusos e injustiças (*RT, 433*:236, *441*:226, *460*:228; *23*:33, *58*:385, *387*:170, *420*:220, *428*:256, *435*:162, *571*:139, *507*:93, *564*:172, *589*:142, *785*:197, *685*:194; *RSTJ*, *34*:311; *EJSTJ*, *3*:69; *ADCOAS*, n. 91.203, 1983). P. ex., se "A" deve a "B" R$ 200,00, a pena convencional poderá chegar até esse valor. Este é o seu limite máximo. Entretanto, reduzem o valor de sua cominação, dentre outros, o Decreto n. 22.626/33, que reprime a usura, preceituando, no art. 9º, a invalidade de cláusula penal superior à importância de 10% do valor da dívida; o Decreto-lei n. 58/37, art. 11, *f*, e o respectivo regulamento, aprovado pelo Decreto n. 3.079/38, art. 11, *f*; Lei n. 6.766/79, art. 26, V, limitando a 10% a pena convencional nos compromissos de compra e venda de terrenos loteados; o Código de Defesa do Consumidor, art. 52, § 1º, impondo a multa de 2% do valor da prestação, se o consumidor não pagar financiamento; e o Código Civil, art. 1.336, § 1º, prescrevendo multa de 2% sobre o débito de condômino inadimplente.

6º) *Imutabilidade relativa*, porque, embora em nosso direito prevaleça o princípio da imutabilidade da cláusula penal por importar pré-avaliação das perdas e danos, esta poderá ser modificada ou reduzida equitativamente pelo magistrado, ainda que não haja pedido a respeito, ou mesmo que os contratantes tenham estipulado seu pagamento por inteiro (*RT*, *453*:141), pois a norma do Código Civil, art. 413, é de *jus cogens*, não podendo ser alterada pelas partes (*RT*, *420*:220, *489*:60, *559*:173; *RSTJ*, *93*:250): *a*) quando o valor de sua cominação for manifestadamente excessivo, superando o do contrato principal (CC, art. 412), tendo-se em vista a natureza e finalidade do negócio (CC, art. 413, *in fine*), e *b*) quando houver cumprimento parcial da obrigação, hipótese em que se terá redução proporcional da pena estipulada (CC, art. 413, 1ª parte; *RT*, *297*:489, *485*:118, *437*:160, *463*:174, *433*:169, *435*:162; *RSTJ*, *58*:405; *RF*, *112*:379). O juiz só poderá reduzir a cláusula penal nessas duas circunstâncias, no firme propósito de evitar enriquecimento sem causa (CC, art. 884), pois, como ensina Judith Martins-Costa, tem o poder-dever de revisar o negócio.

Se a cláusula penal for inadequada ou não proporcional ao prejuízo, o juiz não poderá aumentá-la, visto que a pena convencional corresponde, presumidamente, em nosso direito, ao justo valor dos danos sofridos pelo credor, embora seja tolerado que, mediante ressalva especial e expressa, o devedor passe a responder também por custas processuais e honorários advocatícios. É impossível acumular a multa com as perdas e danos, salvo em caso de dolo do devedor, desfalcando, p. ex., a coisa a ser devolvida, hipótese em que a indenização cobrirá o ato lesivo em toda a sua extensão[346].

---

346. W. Barros Monteiro, op. cit., p. 212-3. Sobre o art. 413 do atual Código Civil, o CJF aprovou, na IV Jornada de Direito Civil, os Enunciados: a) n. 355 – "Não podem as partes renunciar à possibilidade de redução da cláusula penal se ocorrer qualquer das hipóteses previstas no art. 413 do Código Civil, por se tratar de preceito de ordem pública"; b) n. 356 – "Nas hipóteses previstas no art. 413 do Código Civil, o juiz deverá reduzir a cláusula penal de ofício"; c) n. 357 – "O art. 413 do Código Civil é o que complementa o art. 4º da Lei n. 8.245/91 (cujo *caput* foi alterado pela Lei n. 12.744/2012). Revogado o Enunciado 179 da III Jornada" (foi cancelado pelo Enunciado n. 357, da IV Jornada de Direito Civil); d) n. 358 – "O caráter manifestamente excessivo do valor da cláusula penal não se confunde com a alteração de circunstâncias, a excessiva onerosidade e a frustração do fim do negócio jurídico, que podem incidir autonomamente e possibilitar sua revisão para mais ou para menos"; e e) n. 359 – "A redação do art. 413 do Código Civil não impõe que a redução da penalidade seja proporcionalmente idêntica ao percentual adimplido".

d.3. Modalidades

Ante o Código Civil, art. 409, 2ª parte, que reza: a cláusula penal "pode referir-se à inexecução completa da obrigação, à de alguma cláusula especial ou simplesmente à mora", poder-se-ão identificar duas modalidades de pena convencional[347]:

1ª) A *compensatória* (*RT, 257*:91, *206*:217, *203*:221), se estipulada: *a*) para a hipótese de total inadimplemento da obrigação, quando o credor, pelo Código Civil, art. 410, poderá, ao recorrer às vias judiciais, optar livremente entre a exigência da cláusula penal e o adimplemento da obrigação, visto que a cláusula penal se converterá em alternativa em seu benefício. O credor, ao optar, concentrará o vínculo, não tendo mais direito de recuar, ante a irretratabilidade de sua escolha; se esta, p. ex., recair sobre a pena, desaparecerá a prestação principal, embora o credor não fique privado de receber as custas processuais e as despesas com honorários advocatícios (CPC, arts. 82, § 2º e § 3º – acrescentado pela Lei n. 15.109/2025 –, 84 e 85, §§ 2º, 8º e 9º). Com isso, vedado está acumular o recebimento da multa e o cumprimento da obrigação (*AJ, 107*:386); *b*) para garantir a execução de alguma cláusula especial do título obrigacional, possibilitando ao credor o direito de exigir a satisfação da pena cominada juntamente com o desempenho da obrigação principal (CC, art. 411; *RT, 143*:187).

2ª) A *moratória*, se convencionada para o caso de simples mora ou retardamento culposo da prestação; ao credor, então, assistirá o direito de demandar cumulativamente a pena convencional e a prestação principal (CC, art. 411). Tem por escopo fazer com que o devedor cumpra a obrigação e respeite o tempo, modo e local convencionados (CC, art. 394).

d.4. Requisitos para sua exigibilidade

Para que a cláusula penal seja passível de exigibilidade, imprescindível será a ocorrência de certos requisitos, tais como[348]:

1º) *Existência de uma obrigação principal*, anterior ao fato que motiva a aplicação da pena convencional por ela prevista.

2º) *Inexecução total da obrigação* (CC, arts. 409 e 410), pois se a cláusula for compensatória, necessário será que a obrigação garantida por cláusula penal seja descumprida para que ela possa ser exigida.

3º) *Constituição em mora* (CC, arts. 408, 409 e 411). Sendo moratória, quanto à sua exigibilidade convém verificar: *a*) se há prazo convencionado para seu adimplemento, pois se houver o simples vencimento do termo, sem cumprimento da prestação devida, induz o devedor, *pleno iure*, à mora (*ex re*); logo, a pena convencional poderá ser exigida desde logo (CC, art. 397); *b*) se não há prazo certo de vencimento, o credor terá de constituir o devedor em mora, mediante interpelação judicial ou extrajudicial (CC, art. 397, parágrafo único; CPC, arts. 726 e 729), cientificando o devedor de que não abrirá mão de seus direitos (mora *ex persona*), sujeitando-o aos efeitos da cláusula penal, que se tornará, então, devida e exigível.

---

347. Caio M. S. Pereira, op. cit., p. 133-5; Silvio Rodrigues, op. cit., p. 107-10; W. Barros Monteiro, op. cit., p. 201-4; Orozimbo Nonato, op. cit., p. 368; Colmo, op. cit., n. 178; Clóvis Beviláqua, *Obrigações*, cit., § 20; Tito Fulgêncio, op. cit., n. 400; Serpa Lopes, op. cit., p. 175-8; *RT, 432*:196, *149*:681, *142*:624; *RF, 88*:147.

348. Aída Kemelmajer de Carlucci, op. cit., p. 175-214; W. Barros Monteiro, op. cit., p. 207; Caio M. S. Pereira, op. cit., p. 136; Saul Litvinoff, Cláusulas relativas a la exclusión y a la limitación de responsabilidad, *Revista de la Asociación de Derecho Comparado, 1*:97, 1977; Mosset Iturraspe, op. cit., p. 1246; Trimarchi, op. cit., p. 37, nota 35; Orozimbo Nonato, op. cit., v. 2, 2. parte, p. 58; Atilio A. Alterini, *Mora, enriquecimento sin causa, responsabilidad*, Buenos Aires, Abeledo-Perrot, 1971. Nada obsta a que a cláusula penal reverta em favor de terceiro, que, então, poderá fazer a cobrança. Por exemplo: Havendo estipulação na hipótese de "A" não cumprir a obrigação no prazo a "B", "A" (devedor) deverá pagar a "C" a quantia "x".

4º) *Imputabilidade do devedor* (CC, art. 408, 1ª parte), pois se o inadimplemento do contrato principal se deu por caso fortuito ou força maior, ter-se-á a extinção da obrigação e, por conseguinte, da cláusula penal (CC, arts. 92 e 393, parágrafo único).

d.5. Paralelo com institutos afins

Não há que se confundir:

1º) *Cláusula penal* e *perdas e danos*, pois na pena convencional o *quantum* já está antecipadamente fixado pelos contratantes, e nas perdas e danos o juiz é que fixará seu montante, após regular a liquidação ou comprovação[349].

2º) *Cláusula penal* e *multa penitencial*, porque: *a*) a cláusula penal é instituída em benefício do credor, ao passo que a multa o é em vantagem do devedor, que terá opção entre cumprir a prestação devida ou pagar a multa; *b*) a cláusula penal constitui um reforço da obrigação, e a multa, um enfraquecimento[350].

3º) *Cláusula penal* e *arras* (CC, arts. 417 e s.), pois, apesar de terem por finalidade garantir o adimplemento da obrigação e a indenização de danos e serem ambas pactos acessórios, apresentam nítidas diferenças: *a*) a cláusula penal só é exigível em caso de inadimplemento da obrigação e mora, enquanto as arras se pagam por antecipação no ato constitutivo da obrigação, sendo por isso denominadas *sinal*; *b*) a cláusula penal visa beneficiar o credor, e as arras, o devedor; *c*) a cláusula penal poderá ser reduzida, equitativamente, pelo juiz (CC, art. 413), o que não se dá com as arras, que podem ser estipuladas livremente pelas partes[351].

4º) *Cláusula penal* e *obrigação alternativa*, pois: *a*) na obrigação alternativa há duas prestações *in obligatione*; p. ex.: "A" obriga-se a entregar a "B" um relógio de ouro ou a pagar R$ 500.000,00, liberando-se pela entrega de um desses objetos, escolhidos por ele ou pelo credor, enquanto na obrigação com cláusula penal o devedor deve uma única prestação, já que a pena convencional só será devida se houver inadimplemento da obrigação principal. P. ex.: "A" se compromete a entregar a "B" o cavalo de corrida Faraó, sob pena de pagar certa quantia; *b*) na alternativa, se uma das prestações se perder sem culpa do devedor, a obrigação concentrar-se-á na remanescente (CC, art. 253), ao passo que, na obrigação com cláusula penal, a impossibilidade de cumprir a prestação principal, sem que tenha havido culpa do devedor, extingue a obrigação e consequentemente a pena convencional, ante o seu caráter acessório (CC, arts. 92 e 393, parágrafo único)[352].

5º) *Cláusula penal* e *obrigação facultativa*. Embora em ambas o objeto devido seja um só, possibilitando a exoneração do devedor mediante prestação diversa, e o perecimento da prestação principal acarrete a extinção da obrigação de entregar o objeto ou de pagar a pena convencional, diferenciam-se tais institutos, visto que: *a*) na obrigação facultativa, o credor só poderá exigir a coisa que constitui objeto da obrigação, enquanto na obrigação, com cláusula penal, na hipótese do Código Civil, art. 410, ele poderá reclamar a pena; *b*) na obrigação facultativa, o devedor liberar-se-á mediante a entrega do objeto principal, permitindo-se-lhe

349. W. Barros Monteiro, op. cit., p. 198.

350. R. Limongi França, Cláusula penal, cit., p. 117-8.

351. Scuto, *Istituzioni*, cit., v. 2, p. 46; R. Limongi França, Cláusula penal, cit., p. 118; W. Barros Monteiro, op. cit., p. 198-9; Serpa Lopes, op. cit., p. 174. "Em caso de penalidade, aplica-se a regra do art. 413 ao sinal, sejam as arras confirmatórias ou penitenciais" (Enunciado n. 165 do Conselho da Justiça Federal, aprovado na III Jornada de Direito Civil).

352. Salvat, op. cit., v. 3, 1. parte, p. 117-8; Serpa Lopes, op. cit., p. 174; W. Barros Monteiro, op. cit., p. 199-200.

a substituição por outro no ato do pagamento; na obrigação com cláusula penal, o devedor não poderá oferecer a pena em resgate da obrigação principal[353].

6º) *Obrigação com cláusula penal* e *obrigação condicional*, pois na obrigação condicional o evento previsto pelos contraentes permanece em suspenso, podendo efetivar-se ou não; p. ex.: "A" se compromete a pagar a "B" certa soma em dinheiro, se ele se casar. Já na obrigação com cláusula penal, o direito do credor existe plenamente, desde o momento em que se constitui a relação obrigacional; a pena convencional é que somente será devida se o devedor não cumprir a obrigação e é apenas nesse sentido que se diz que a cláusula corresponde a uma condição; p. ex.: "A" se obriga perante "B" a construir uma ponte, sob pena de pagar multa de R$ 600.000,00[354].

d.6. Efeitos

O efeito primordial da cláusula penal é o de sua exigibilidade *pleno iure*, no sentido de que independerá de qualquer alegação de prejuízo por parte do credor (CC, art. 416), que não terá de provar que foi prejudicado pela inexecução culposa da obrigação ou pela mora. A única coisa que o credor terá de demonstrar será a ocorrência do inadimplemento da obrigação e a constituição do devedor em mora[355] (*Revista Jurídica*, *57*:217). Tornando-se inadimplente ou moroso o devedor, por culpa sua, a cláusula penal passará a ser exigível por meio de ação judicial. Desempenha, indubitavelmente, o mesmo papel das perdas e danos, com a diferença de dispensar a prova do dano[356]. O credor pode optar entre as perdas e danos e a cláusula penal, e, uma vez feita a opção, prevendo, p. ex., no contrato, a cláusula penal não mais poderá pleitear as perdas e danos. Por isso, se o prejuízo causado ao credor for maior do que a pena convencional, impossível será exigir indenização suplementar (perdas e danos), se assim não estiver convencionado no contrato. Se tal indenização suplementar foi estipulada para a hipótese de a multa avençada ser insuficiente para reparar prejuízo sofrido, a pena imposta valerá como mínimo de indenização, devendo o credor demonstrar que o prejuízo excedeu à cláusula penal para ter direito àquela diferença, visando a complementação dos valores para a obtenção da reparação integral a que faz jus (CC, art. 416, parágrafo único).

Pelo Enunciado n. 67: "Na locação *built to suit*, é válida a estipulação contratual que estabeleça cláusula penal compensatória equivalente à totalidade dos alugueres a vencer, sem prejuízo da aplicação do art. 416, parágrafo único, do Código Civil" (aprovado na II Jornada de Direito Comercial).

O art. 416, parágrafo único, do Código Civil de 2002, autorizou que as partes estipulem a cláusula como *minus* indenizatório, permitindo-se buscar em ação própria a reparação excedente. Sendo assim, na locação *built to suit*, a cláusula penal pode ser cobrada até a "soma dos valores dos aluguéis a receber até o termo final da locação" (Lei n. 8.245/91, art. 54-A).

O credor, todavia, não está obrigado a reclamar a cláusula penal, podendo optar pela execução da prestação (*RT*, *591*:151, *596*:220), exceto: *a*) se a execução específica se tornar impossível; *b*) se a cláusula for moratória, pois o credor, pelo Código Civil, art. 411, tem o direito de cumular a satisfação da pena convencional com o desempenho da obrigação principal; *c*) se se convencionar cláusula penal para assegurar outra cláusula, caso em que o credor poderá cumular a execução da obrigação e a pena (CC, art. 411).

---

353. W. Barros Monteiro, op. cit., p. 200.

354. W. Barros Monteiro, op. cit., p. 200-1; Serpa Lopes, op. cit., p. 173-4; Salvat, op. cit., p. 119.

355. Caio M. S. Pereira, op. cit., p. 136-7. Pela Lei n. 11.101/2005, art. 83, § 3º: "As cláusulas penais dos contratos unilaterais não serão atendidas se as obrigações neles estipuladas se vencerem em virtude de falência".

356. Serpa Lopes, op. cit., p. 180; António Pinto Monteiro, Cláusula penal e comportamento abusivo do credor, *Revista Brasileira de Direito Comparado*, *25*:113-142.

Quanto ao efeito da obrigação com cláusula penal, havendo pluralidade de devedores e sendo indivisível a obrigação, todos os devedores, caindo em falta um deles, incorrerão na pena; esta, porém, só se poderá demandar integralmente do culpado, de modo que cada um dos outros apenas responderá, se o credor optou pela cobrança individual de cada devedor, pela sua quota, tendo, contudo, ação regressiva contra o codevedor faltoso, que deu causa à aplicação da pena convencional (CC, art. 414, parágrafo único). Isto é assim porque a pena convencional representa as perdas e danos. Por conseguinte, com o descumprimento da obrigação indivisível, esta resolver-se-á em perdas e danos, passando a ser divisível, exigindo que cada um dos devedores responda somente por sua quota-parte, sendo que poderão mover ação regressiva contra o culpado, para reaver o *quantum* pago a título de indenização das perdas e danos.

Se a obrigação for divisível, contendo pluralidade de devedores, só incorrerá na pena aquele devedor, ou o herdeiro do devedor, que a infringir, e proporcionalmente à sua quota na obrigação (CC, art. 415), porque o credor apenas foi prejudicado em relação a essa parte[357].

Quadro Sinótico

CLÁUSULA PENAL

1. CONCEITO	• Cláusula penal é um pacto acessório, pelo qual as próprias partes contratantes estipulam, de antemão, pena pecuniária ou não, contra a parte infringente da obrigação, como consequência de sua inexecução culposa ou de seu retardamento, fixando o valor das perdas e danos e garantindo o exato cumprimento da obrigação principal.
2. FUNÇÃO	• Exerce função ambivalente, sendo, ao mesmo tempo, reforço do vínculo obrigacional, por punir seu inadimplemento, e liquidação antecipada das perdas e danos.
3. CARACTERES	• Acessoriedade (CC, arts. 92 e 409). • Condicionalidade (CC, art. 408; *RT, 163*:607 e 649). • Compulsoriedade. • Subsidiariedade (CC, arts. 410 e 411; *RF, 111*:375). • Ressarcibilidade por constituir prévia liquidação das perdas e danos (CC, art. 412). • Imutabilidade relativa (CC, art. 413).

357. Clóvis Beviláqua, *Código Civil*, cit., v. 4, p. 61; *RT, 264*:370, *255*:316, *304*:315 e 251, *441*:226, *485*:118, *310*:160, *316*:506, *326*:295, *374*:294, *376*:227, *505*:224, *506*:186 e *524*:173; *RF, 146*:254. Interessante é o seguinte julgado: "Apelação cível. Responsabilidade civil. Ação declaratória de inexistência de dívida e indenizatória de danos morais. Inscrição indevida no SPC. Contrato de prestação de serviços. Curso técnico de informática firmado por relativamente incapaz. Possibilidade de confirmação ao atingir a maioridade. Validade da cláusula penal prevista para o caso de desistência do curso após o início das aulas. Ato lícito da ré. Dano moral inexistente. I – O negócio jurídico celebrado com pessoa relativamente incapaz é anulável, sendo possível a sua convalidação. Confirmação tácita caracterizada pela frequência ao curso quando a autora já havia atingido a maioridade. Validade de contratação. II – É válida a cláusula penal compensatória estipulada para o caso de cancelamento da matrícula após o início das aulas, especialmente se considerada a impossibilidade de preenchimento da vaga por outro aluno. III – Não havendo irregularidade, seja na formação do contrato, seja na cláusula que estabelece o pagamento da cláusula penal, bem como tendo havido a efetiva prestação do que foi contratado, até o cancelamento, é lícito o cadastramento do nome da autora no SPC, não havendo danos morais a serem ressarcidos. IV – Ônus sucumbenciais invertidos. Proveram a apelação. Unânime" (TJRS, AC 70022155600, Bom Jesus, Sexta Câmara Cível – Regime de Exceção, Rel. Des. Odone Sanguiné, j. 17-9-2008, *DOERS* 29-9-2008, p. 36).

4. MODALIDADES	• Cláusula penal compensatória. • Cláusula penal moratória.

5. REQUISITOS PARA SUA EXIGIBILIDADE	• Existência de uma obrigação principal. • Inexecução total da obrigação. • Constituição em mora. • Imputabilidade do devedor.

6. PARALELO COM INSTITUTOS AFINS	• Cláusula penal e perdas e danos	• Na *pena convencional*, o *quantum* é previsto antecipadamente pelos contraentes, e, nas *perdas e danos, o juiz é que o fixará, após regular a liquidação.*
	• Cláusula penal e multa penitencial	*a*) A *cláusula penal* é instituída em benefício do credor, e a *multa*, em vantagem do devedor. *b*) A *cláusula penal* reforça a obrigação, enquanto a *multa* a enfraquece.
	• Cláusula penal e arras	*a*) A *cláusula penal* é exigível em caso de inadimplemento ou mora, e as *arras* são pagas por antecipação. *b*) A *cláusula penal* beneficia o credor, e as *arras*, o devedor. *c*) A *cláusula penal* pode ser reduzida pelo juiz, o que não se dá com as *arras*, livremente pactuadas pelas partes.
	• Cláusula penal e obrigação alternativa	*a*) Na *obrigação alternativa*, há duas prestações *in obligatione*, liberando-se o devedor pela entrega de uma delas, ao passo que, na *obrigação com cláusula penal*, o devedor deve uma única prestação, já que a pena só será paga se houver inadimplemento da obrigação. *b*) Na *alternativa*, se uma das prestações se perder, sem culpa do devedor, a obrigação concentrar-se-á na remanescente, enquanto na *obrigação com cláusula penal* a impossibilidade de cumprir a prestação, sem culpa do devedor, extingue a obrigação e a pena.
	• Cláusula penal e obrigação facultativa	*a*) Na *obrigação facultativa*, o credor só pode exigir a coisa que constitui o objeto da obrigação, ao passo que na *obrigação com cláusula penal*, na hipótese do CC, art. 410, ele poderá reclamar a pena. *b*) Na *facultativa*, libera-se o devedor com a entrega do objeto principal, permitindo-se-lhe a substituição por outro no ato do pagamento; na *obrigação com cláusula penal*, o devedor não poderá ofertar a pena em resgate da obrigação principal.
	• Cláusula penal e obrigação condicional	• Na *obrigação condicional* o evento previsto pelos contraentes permanece em suspenso, podendo efetivar-se ou não, ao passo que na *obrigação com cláusula penal* o direito do credor existe plenamente, desde o momento da constituição da obrigação, e a pena convencional só será devida se o devedor não cumprir a prestação.

7. EFEITOS	• Sua exigibilidade independerá da alegação de prejuízo por parte do credor, que apenas terá de provar a ocorrência do inadimplemento da obrigação e a constituição em mora do devedor. • Possibilidade de o credor optar pela execução da prestação, sem reclamar a pena, exceto se houver impossibilidade da prestação e se se configurar a hipótese do CC, art. 411. • Aplicação do CC, arts. 414, parágrafo único, e 415, no caso de pluralidade de devedores, sendo indivisível ou divisível a obrigação.

CAPÍTULO V

Transmissão das Obrigações

1. NOÇÕES GERAIS SOBRE A TRANSMISSÃO DAS OBRIGAÇÕES

A. Conceito de cessão

A transmissão das obrigações é uma conquista do direito moderno, representando uma sucessão ativa, se em relação ao credor, ou passiva, se atinente ao devedor, que não altera, de modo algum, a substância da relação jurídica, que permanecerá intacta, pois impõe que o novo sujeito (cessionário) derive do sujeito primitivo (cedente) a relação jurídica transmitida. A relação obrigacional é passível de alteração na composição de seu elemento pessoal, sem que esse fato atinja sua individualidade, de tal sorte que o vínculo subsistirá na sua identidade, apesar das modificações operadas pela sucessão singular ativa ou passiva. Juridicamente, portanto, suceder é colocar-se no lugar do sujeito de direito, ativa ou passivamente, uma outra pessoa, de tal forma que o direito deixe de integrar o patrimônio de um (cedente) para ingressar no do outro (cessionário). O ato determinante dessa transmissibilidade das obrigações designa-se *cessão*[1], que vem a ser a transferência negocial, a título gratuito ou oneroso, de um direito, de um dever, de uma ação ou de um complexo de direitos, deveres e bens, com conteúdo predominantemente obrigatório, de modo que o adquirente (cessionário) exerça posição jurídica idêntica à do antecessor (cedente)[2].

B. Espécies de cessão

Para haver transmissibilidade das várias posições obrigacionais, será preciso verificar[3]: 1º) se a posição do credor é suscetível de transmissão; se o for ter-se-á a *cessão de crédito*, desde que se configurem os requisitos necessários para sua eficácia; 2º) se há possibilidade de se transferir a posição de devedor, hipótese em que surgirá a *cessão de débito*, estando presentes as condições imprescindíveis para tanto, e 3º) se as partes, nos contratos com prestações correspectivas, que implicam direitos e deveres recíprocos, podem transmitir, como um todo, sua inteira posição contratual, visto ser cada uma delas credora e devedora de prestações, caso em que se teria cessão de crédito e de débito, ou, como preferem muitos autores, *cessão de contrato*.

---

1. Serpa Lopes, *Curso de direito civil*, 4. ed., Freitas Bastos, 1966, v. 2, p. 450-1; Barbero, *Sistema istituzionale del diritto privato italiano*, t. 2, p. 198; Orlando Gomes, *Obrigações*, 4. ed., Rio de Janeiro, Forense, 1976, p. 238 e 240.
2. Sérgio Stogia, Cessione, in *Nuovo Digesto Italiano*, n. 1.
3. Silvio Rodrigues, *Direito civil*, 3. ed., São Paulo, Max Limonad, 1968, v. 2, p. 345-6; Ramón Silva Alonso, *Derecho de las obligaciones*, cit., p. 321-34; Munir Karam, A transmissão das obrigações, *O novo Código Civil – estudos em homenagem a Miguel Reale*, São Paulo, LTr, 2003, p. 313-20.

Quadro Sinótico

NOÇÕES GERAIS SOBRE A TRANSMISSÃO DAS OBRIGAÇÕES

1. CONCEITO DE CESSÃO	• A cessão é a transferência negocial, a título gratuito ou oneroso, de um direito, de um dever, de uma ação ou de um complexo de direitos, deveres e bens, com conteúdo predominantemente obrigatório, de modo que o adquirente (cessionário) exerça posição jurídica idêntica à do antecessor (cedente).

2. ESPÉCIES DE CESSÃO	• Cessão de crédito. • Cessão de débito. • Cessão de contrato ou, mais propriamente, cessão de crédito e débito.

2. CESSÃO DE CRÉDITO

A. Conceito e modalidades

A *cessão de crédito* é um negócio jurídico bilateral, gratuito ou oneroso, pelo qual o credor de uma obrigação (cedente) transfere, no todo ou em parte, a terceiro (cessionário), independentemente do consentimento do devedor (cedido), sua posição na relação obrigacional, com todos os acessórios e garantias, salvo disposição em contrário, sem que se opere a extinção do vínculo obrigacional[4].

Trata-se de um negócio jurídico bilateral, ou melhor, de um contrato, visto que nela devem figurar, imprescindivelmente, o *cedente*, que transmite seu direito de crédito no todo ou em parte, e o *cessionário*, que os adquire, assumindo sua titularidade. Além da manifestação da vontade de quem pretende transferir um crédito, será necessária a aceitação expressa ou tácita de quem o recebe. O cedido (devedor) não intervém no negócio jurídico, pois sua anuência é dispensável, sendo suficiente que se lhe comunique a cessão, para que ele possa saber quem é o legítimo detentor do crédito, para poder pagar-lhe a prestação devida no momento oportuno[5].

A cessão de crédito justifica-se plenamente, pois o direito de crédito representa, sob o prisma econômico, um valor patrimonial; daí a sua disponibilidade, podendo ser negociado ou transferido, já que representa promessa de pagamento futuro. Pode ser, indubitavelmente, objeto de contrato, pois sempre haverá quem ofereça por ele certo valor. A moderna conceituação de obrigação, que a concebe como um vínculo pessoal entre sujeitos substituíveis, foi

---

4. Conceito baseado em Orlando Gomes, op. cit., p. 249; Silvio Rodrigues, op. cit., p. 347; Caio M. S. Pereira, *Instituições de direito civil*, 6. ed., Rio de Janeiro, Forense, 1981, v. 2, p. 309-10; Antunes Varela, Cessão de direitos e de créditos, in *Enciclopédia Saraiva do Direito*, v. 14, p. 195. *Vide* Resolução BACEN n. 2.836, de 30-5-2001, que altera e consolida normas sobre cessão de crédito. *RT*, *755*:277, *749*:365, *726*:327, *651*:159, *620*:244, *720*:137, *644*:154, *469*:55, *463*:131, *430*:156; *JTACSP*, *119*:45; *RJ*, *180*:58, *177*:53, *173*:78, *165*:82, *139*:116; *JTJ*, *207*:151.

Esclarece Luiz Manuel Telles de Menezes Leitão (*Direito das obrigações*, Coimbra, Almedina, 2002, v. II, p. 14) que para haver cessão de crédito será necessário o cumprimento dos seguintes requisitos: a) existência de negócio jurídico estabelecendo a transmissão total ou parcial do crédito; b) inexistência de impedimentos legais ou contratuais a essa transmissão e c) não ligação do crédito à pessoa do credor como decorrência da própria natureza da prestação.

Pela Lei n. 6.015/73, art. 129, n. 10º, acrescentado pela Lei n. 14.382/2022, a cessão de direitos deve ser registrada no Registro de Títulos e Documentos para valer em relação a terceiros.

5. W. Barros Monteiro, *Curso de direito civil*, 17. ed., São Paulo, Saraiva, 1982, v. 4, p. 343; Orlando Gomes, op. cit., p. 249; Sebastião José Roque, *Direito das obrigações*, cit., p. 163 a 174.

determinada pelo novo estilo da vida econômica, que impôs a circulação do crédito, de forma que será permitido ao credor dispor dele, realizando negócios para transferi-lo a outrem[6].

Pela Lei n. 6.015/73, art. 129, n. 10º, acrescentado pela Lei n. 14.382/2022, requer-se registro, no Registro de Títulos e Documentos, da cessão de crédito, para surtir efeitos em relação a terceiros.

A cessão de crédito poderá ser:

1º) *Gratuita* ou *onerosa*, conforme o cedente a realize com ou sem uma contraprestação do cessionário[7]. P. ex., se "A" cede a "C" o crédito de R$ 2.000,00 que tem com "B", mas convenciona que, para tanto, apenas receberá R$ 1.900,00, com isso "C" lucraria R$ 100,00, quando, no vencimento do débito, vier a receber de "B" a totalidade do *quantum* devido.

Assim temos:

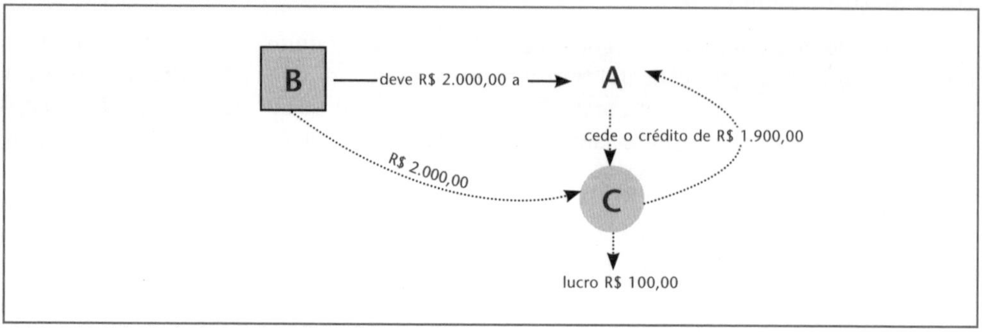

Ter-se-á aqui uma cessão onerosa, pois na gratuita (comum entre familiares e amigos) receberia "A" de "C" o mesmo valor que este cobraria de "B" na data do vencimento da dívida, deixando, portanto, o cessionário de perceber qualquer vantagem econômica ou remuneração pelo capital desembolsado por ocasião da cessão.

2º) *Total* ou *parcial*. Se total, o cedente transferirá todo o crédito; se parcial, o cedente poderá permanecer na relação obrigacional, se retiver parte do crédito, ou então poderá retirar-se, se ceder a outrem a remanescente. Embora nosso Código Civil não faça menção à cessão parcial, ela é admissível, ante as vantagens da disposição parcial do crédito não só para o credor, mas também para o comércio jurídico, apesar dos incômodos que possa acarretar ao devedor, pelo fato de ter de pagar a dois ou mais credores a prestação inicialmente devida a um só[8].

---

6. Silvio Rodrigues, op. cit., p. 347; Larenz, *Derecho de obligaciones*, v. 1, p. 444; Orlando Gomes, op. cit., p. 241 e 246; Bassil Dower, *Curso moderno de direito civil*, São Paulo, Nelpa, v. 2, p. 313; Clóvis do Couto e Silva, Cessão de crédito, *Doutrinas essenciais – obrigações e contratos* (coord. G. Tepedino e Luiz E. Fachin), São Paulo, Revista dos Tribunais, 2011, v. II, p. 71-80; Galeno Lacerda, Cessão de crédito e legitimação no sistema bancário, *Doutrinas essenciais*, cit., v. II, p. 105-30.

"A sociedade de advocacia é parte legítima para cobrar honorários contratuais na hipótese de expressa cessão de crédito operada por advogado ingressante" (Informativo n. 749 do STJ, REsp 2.004.335-SP, rel. Min. Moura Ribeiro, 3ª Turma, por unanimidade, j. 9-8-2022, *DJe* 18-8-2022).

Sobre averbação de cessão de crédito com garantia real sobre imóvel: Lei n. 6.015, art. 167, II, n. 21º (com a redação da Lei n. 14.382/2022).

7. Caio M. S. Pereira, op. cit., p. 313; Fábio Ulhoa Coelho, *Curso*, cit., v. 2, p. 95.

8. Antunes Varela, op. cit., p. 195; Vaz Serra, *Cessão de créditos ou de outros direitos*, Lisboa, 1955, p. 107, nota 221; Orlando Gomes, op. cit., p. 253.

3º) *Convencional, legal* ou *judicial* (CC, art. 286, 1ª parte)[9]. A *convencional* é a que decorre de livre e espontânea declaração de vontade entre cedente e cessionário, ou seja, de contrato entre os interessados, podendo ser gratuita ou onerosa. A *legal* resulta de lei que, independentemente de qualquer declaração de vontade, determina a substituição do credor. Seriam casos de cessão legal, p. ex.: *a*) os de cessão dos acessórios (cláusula penal, juros, garantias reais ou pessoais), em consequência de cessão da dívida principal, salvo disposição em contrário (CC, art. 287; *RF, 110*:148); *b*) os de sub-rogação legal, especificados no art. 346 do Código Civil, pois o sub-rogado adquire os direitos do credor primitivo; *c*) o de cessão do depositário ao depositante da ação prevista no Código Civil, art. 636; *d*) o de transmissão de pleno direito, no contrato de seguro a terceiro com alienação ou cessão do interesse segurado (Lei n. 15.040/2024, art. 3º). A *judicial* advém de sentença judicial, como o é a hipótese: *a*) de adjudicação no juízo divisório; uma de suas formas é a oriunda da partilha, quando os créditos forem atribuídos aos herdeiros do credor; *b*) de sentença condenatória, que supra declaração de cessão por parte de quem era obrigado a fazê-la, e *c*) de assinação ao credor de crédito do devedor. A penhora vincula o crédito ao pagamento do débito do exequente; logo, o crédito, objeto da penhora, não mais fará parte do patrimônio do executado, que, por isso, não mais poderá ser cedido, sob pena de fraude à execução. O credor ciente da penhora de seu crédito estará impedido de transferi-lo a outrem. Se o devedor, por não ter sido notificado da penhora, vier a pagar a dívida ao credor primitivo, liberar-se-á do vínculo obrigacional, subsistindo somente contra o credor os direitos de terceiro (CC, art. 298).

4º) "*Pro soluto*" e "*pro solvendo*"[10]. Ter-se-á cessão *pro soluto* quando houver quitação plena do débito do cedente para com o cessionário, operando-se a transferência do crédito, que inclui a exoneração do cedente. O cedente transfere seu crédito com a intenção de extinguir imediatamente uma obrigação preexistente, liberando-se dela independentemente do resgate da obrigação cedida. O cessionário correrá o risco da insolvência do devedor (cedido), desde que o crédito exista e pertença ao cedente, considerando-se extinta a dívida antiga desde o instante da cessão. A cessão *pro solvendo* é a transferência de um direito de crédito, feita com intuito de extinguir uma obrigação, que, no entanto, não se extinguirá de imediato, mas apenas se e na medida em que o crédito cedido for efetivamente cobrado. P. ex.: "A", que comprou de "B" uma joia, poderá pagar mediante a entrega do dinheiro correspondente ao preço, ou

---

9. W. Barros Monteiro, op. cit., p. 345; Caio M. S. Pereira, op. cit., p. 313; Clóvis Beviláqua, *Código Civil comentado,* Rio de Janeiro, 1955, v. 4, p. 229; Serpa Lopes, op. cit., p. 454 e 472; Orlando Gomes, op. cit., p. 259; Carvalho Santos, *Código Civil brasileiro interpretado,* 9. ed., Freitas Bastos, 1974, v. 14, p. 352; M. Helena Diniz, *Código Civil anotado*, São Paulo, Saraiva, 2004, p. 278-9.

10. Antunes Varela, Cessão "pro solvendo", in *Enciclopédia Saraiva do Direito,* v. 14, p. 199 e 201; Caio M. S. Pereira, op. cit., p. 313; Serpa Lopes, op. cit., p. 454-5. Temos, portanto, cessões *pro soluto* e cessões *pro solvendo*, a esse respeito Diez-Picazo (*Fundamentos del derecho civil patrimonial*, Madrid, Tecnos, 1970, v. 1, p. 797-8) pondera: "*La cesión es 'pro soluto' cuando el cesionario se da por pagado de la deuda que con él mantiene el cedente, por el puro hecho de recibir en pago el crédito cedido. La cesión 'pro soluto' se asemeja a la dación en pago. Opera la extinción de la deuda pagada, con independencia de la posterior efectividad del crédito cedido. El cedente asume la garantía de la 'veritas nominis'. (...) Cuando la cesión es 'pro solvendo', la deuda que se pretende extinguir con la cesión sólo queda extinguida cuando el crédito cedido haya sido efectivamente cobrado o realizado por el cesionario. La efectiva liberación del cedente queda sujeita al buen fin del crédito cedido. Como la deuda que se pretende pagar subsiste, el cesionario queda a cubierto no sólo de la falta de existencia o de legitimidad del crédito cedido, sino también de la falta de solvencia del deudor, puesto que el efecto solutorio no se producirá*". Para Gustavo Tepedino e outros (*Código Civil*, cit., v. 1, p. 570), a cessão *pro solvendo* ocorre quando alguém transferir a outrem, de quem é devedor, o direito de receber o valor de um crédito de terceiro, seu devedor, permanecendo obrigado perante o cessionário pelo cumprimento da obrigação.

poderá, se "B" anuir, ceder-lhe um crédito que tenha contra "C". A cessão é, pois, feita não para extinguir *in continenti* o débito, mas para facilitar a realização do crédito por parte do cessionário, de modo que cedente correrá o risco da insolvência do devedor cedido, mesmo existindo crédito que lhe seja pertencente no momento da cessão.

B. Cessão de crédito e institutos similares

A *cessão de crédito* se distingue da *novação* pelo simples fato desta se caracterizar pelo *aliquid novi,* havendo extinção da dívida anterior em razão da criação de um novo débito, tanto na novação subjetiva como na objetiva, enquanto na cessão de crédito há somente uma alteração subjetiva, permanecendo a mesma dívida, que apenas se transmite ao cessionário. Igualmente, não há como confundir a *cessão de crédito* com a *sub-rogação,* porque: *a*) na cessão há propósito de lucro e o cessionário poderá exercer os direitos cedidos em toda a sua plenitude, ao passo que na sub-rogação legal não há caráter especulativo, pois o sub-rogado (CC, art. 350) não poderá exercer os direitos e ações do credor além dos limites da soma que tiver desembolsado para desobrigar o devedor; *b*) o cedente assume, em regra, a responsabilidade pela existência do crédito cedido, o que já não ocorre com o sub-rogante; *c*) o cessionário não será assim considerado por terceiros, a não ser a partir do instante em que se notifica a cessão; já o sub-rogado sê-lo-á perante terceiros, sem que seja preciso tomar qualquer medida de publicidade[11].

C. Requisitos

Sendo um negócio jurídico, requer a presença dos requisitos do Código Civil, art. 104: capacidade das partes, objeto lícito, possível, determinado ou determinável e forma prescrita ou não defesa em lei[12].

A cessão é um negócio jurídico bilateral que, além de não prescindir de consentimento, representa ato de disposição, por força do qual o crédito sai do patrimônio do cedente para se incorporar ao do cessionário[13]. Logo, por induzir alienação, exige não só a *capacidade* genérica para os atos comuns da vida civil, como também a especial, reclamada para os atos de alienação, tanto do *cedente* como do *cessionário.* O cedente deverá ter o poder de disposição, que supõe a titularidade do crédito. Se o cedente for incapaz, a cessão só será possível com prévia autorização judicial (CC, art. 1.691), por ser ato que ultrapassa os limites da mera administração do representante legal. Se porventura o cedente estiver sendo representado, no ato da cessão, por procurador, este deverá estar munido de instrumento de procuração que contenha poderes especiais e expressos (CC, art. 661, § 1º; *RT, 144*:595). Se o crédito a ser cedido envolver direito real de garantia, como, p. ex., hipoteca, imprescindível será, se casado o cedente, a anuência do outro consorte (*RT, 267*:443). O falido não terá qualidade para efetivar cessão de crédito, o mesmo ocorrendo com o inventariante, exceto se houver autorização judicial. Não poderá, ainda, efetuar a cessão o credor de crédito já penhorado, desde que tenha conhecimento da penhora (CC, art. 298). É preciso que haja boa-fé do credor-cedente, logo ele não deverá saber de sua penhora, e ser solvente. Observa Villaça Azevedo: "O credor, ao executar o patrimônio de seu devedor, o fará, não prevalecendo qualquer cessão que este tenha feito, sendo insolvente. Se solvente, quando o exequente for penhorar o crédito cedido, não

---

11. Silvio Rodrigues, op. cit., p. 348; Caio M. S. Pereira, op. cit., p. 310; Serpa Lopes, op. cit., p. 456-7.
12. Silvio Rodrigues, op. cit., p. 352.
13. Serpa Lopes, op. cit., p. 459.

mais o encontrará no patrimônio de seu devedor-cedente, devendo buscar outro bem para satisfazer-se de seu crédito. Por outro lado, reza a segunda parte do citado art. 298, se o devedor pagar, não tendo sido notificado da penhora, ficará exonerado, subsistindo tão somente contra o credor os direitos de terceiro. O que não pode, sob pena de pagar mal, é o devedor fazê-lo depois de notificado da penhora, ou tendo ciência dela. Nesse caso, não poderá ser considerado de boa-fé". O *cessionário* deverá ter o poder de tomar o lugar do cedente, visto a cessão importar aquisição de um direito creditório. O cessionário deverá estar, portanto, legitimado a adquirir o crédito; p. ex.: o tutor, mesmo autorizado judicialmente, não poderá, sob pena de nulidade, constituir-se cessionário de crédito ou de direito contra o tutelado (CC, art. 1.749, III). Igualmente, pelos arts. 497 e parágrafo único e 498 do Código Civil, não poderão adquirir crédito os curadores, testamenteiros e administradores, se sob sua administração estiver o direito correspondente, salvo se o contrato se estipular entre coerdeiros, em pagamento de débitos, ou para a garantia de bens já pertencentes a essas pessoas[14].

Quanto ao *objeto* da cessão[15], é preciso lembrar que qualquer crédito poderá ser cedido, conste ou não de um título, esteja vencido ou por vencer, se a isso não se opuser (CC, art. 286): *a*) a *natureza da obrigação*, pois é óbvio que serão incedíveis os créditos oriundos dos direitos personalíssimos; os créditos vinculados a fins assistenciais, como o crédito alimentício; os créditos atinentes aos vencimentos de funcionários ou os créditos por salários; os créditos decorrentes de direitos sem valor patrimonial; os créditos acessórios, enquanto tais, sem a transferência do principal; os créditos que não possam ser individualizados, pois a cessão é negócio dispositivo, devendo ser seu objeto determinado, de forma que não valerá a cessão de todos os créditos futuros, procedentes de negócios, por ser imoral; *b*) a *lei*, visto que não serão cedíveis a herança de pessoa viva (CC, art. 426); créditos já penhorados (CC, art. 298); a obrigação de fazer, se infungível a prestação (CC, art. 247); a preempção ou direito de preferência (CC, art. 520); a obrigação resultante de ingratidão do donatário (CC, art. 560); a do locador de serviço (CC, art. 607); a do mandatário, salvo se houver possibilidade de substabelecimento (CC, art. 682, II); o usufruto, com exceção do caso do art. 1.393 do Código Civil; o benefício

---

14. Larenz, op. cit., t. 1, p. 453; Bassil Dower, op. cit., p. 314-5; Orlando Gomes, op. cit., p. 250-1; W. Barros Monteiro, op. cit., p. 343-4; Serpa Lopes, op. cit., p. 459; Caio M. S. Pereira, op. cit., p. 314; Álvaro Villaça Azevedo, *Teoria Geral das Obrigações*, cit., p. 116.

15. A respeito do objeto da cessão de crédito, *vide* Alfredo Colmo, *De las obligaciones en general,* n. 1.027; Caio M. S. Pereira, op. cit., p. 313; Silvio Rodrigues, op. cit., p. 352-3; Serpa Lopes, op. cit., p. 461; Larenz, op. cit., v. 1, p. 457 e 461; Bassil Dower, op. cit., p. 315-8; Orlando Gomes, op. cit., p. 251-4. O Projeto de Lei n. 6.960/2002, assim, visava alterar o art. 286: "O credor pode ceder o seu crédito, inclusive o compensável com dívidas fiscais e parafiscais (art. 374), se a isso não se opuser a natureza da obrigação, a lei, ou a convenção com o devedor; a cláusula proibitiva da cessão não poderá ser oposta ao cessionário de boa-fé, se não constar do instrumento da obrigação", baseando-se no seguinte: "Tendo em vista a modificação que se operou no art. 374, que trouxe para o âmbito do Código Civil a disciplina da compensação de dívidas fiscais, há necessidade de se alterar o art. 369, a fim de compatibilizá-lo com o CTN, que já permite a compensação de dívidas vincendas. Também no art. 286 houve necessidade de se incluir a cláusula 'inclusive o compensável com dívidas fiscais e parafiscais (art. 374)' para deixar expresso que a cessão do crédito tributário, operação das mais correntes nos dias atuais, deve receber o mesmo tratamento dado à cessão de qualquer outro crédito. Presentes os requisitos legais, não cabe à Fazenda Pública apor obstáculos à cessão do crédito tributário pelo contribuinte que a ele eventualmente fizer jus". Mas, tal modificação fica sem sentido ante a revogação do art. 374. Deveras, o Parecer Vicente Arruda não a acatou por tal razão, como se pode ver pela justificação dada: "A alteração cogitada pelo PL está prejudicada pela revogação do art. 374. Ademais não se deve confundir cessão de crédito e compensação: esta é meio de extinção de obrigação; aquela, de sua transmissão". O Projeto de Lei n. 699/2011 não prevê, por isso, alteração ao art. 286 do Código Civil.

da justiça gratuita (Lei n. 1.060/50, art. 10); o direito de remir (*RF, 66*:548, *73*:107, *104*:292). Entretanto, poderão ser cedidos: o direito do autor de ligar o nome a todos os seus produtos intelectuais (Lei n. 9.610/98, art. 49); o exercício do usufruto (CC, art. 1.393); o direito de haver reparação do dano causado pelo delito (*RT, 198*:155); as indenizações que não tenham caráter alimentar, como despesas de tratamento médico e hospitalar (*RT, 158*:143)[16]; *c*) a *convenção com o devedor*, pois não poderão ser cedidos os créditos quando as partes ajustaram a sua intransmissibilidade (*pacto de non cedendo*). Até mesmo o crédito tributário poderá ser cedido, desde que presentes os requisitos legais. Mário Luiz Delgado Régis ensina que a Fazenda Pública não pode impedir a cessão de crédito fiscal pelo contribuinte, mesmo que tal crédito conste do precatório judicial. Nada obsta que, pela natureza da dívida ou por convenção das partes, se estabeleça cláusula proibitiva da cessão, que terá o condão de tornar personalíssima a obrigação. "A cláusula proibitiva da cessão não poderá ser oposta ao cessionário de boa-fé, se não constar do instrumento da obrigação" (CC, art. 286, 2ª parte).

A *extensão* do objeto da cessão, pelo Código Civil, art. 287, exceto disposição em contrário, abrangerá todos os acessórios do crédito cedido. Não havendo convenção em contrário, além do direito à prestação principal, transmitir-se-ão ao cessionário todos os acessórios do crédito, isto é, os direitos pessoais e os reais de garantia, os direitos de preferência, não concedidos em atenção à pessoa do credor o direito a juros compensatórios ou moratórios e a correção monetária; cláusula penal; cláusulas relativas ao modo, tempo e lugar de pagamento; cláusula de compromisso arbitral; estipulação de foro convencional; direitos potestativos inerentes ao crédito, como, p. ex., o direito de escolha nas obrigações alternativas, o de constituir o devedor em mora etc. Não haverá transferência dos acessórios, se as partes o tiverem estipulado, como, p. ex., se houver cessão de crédito pecuniário com reserva dos juros; se se convencionar transferência de direito de crédito com exclusão expressa da garantia que o assegura[17].

A nossa legislação não exige *forma* específica para que se efetue a cessão de crédito; logo, esta se configura como um negócio não solene ou consensual, por independer de forma determinada, aperfeiçoando-se com a simples declaração de vontade do cedente e do cessionário[18]. Porém, para que possa ter eficácia contra terceiros, exceto nos casos de transferência de créditos, operados por lei ou sentença, prescreve o Código Civil, art. 288, que será necessário que seja celebrada mediante instrumento público ou particular, revestido das solenidades do § 1º do art. 654 desse mesmo diploma legal. Deverá, portanto, conter: local da celebração; qualificação do cedente e do cessionário; data e objetivo do ato com a designação e extensão de seus efeitos.

Pelo Enunciado n. 618 da VIII Jornada de Direito Civil: "O devedor não é terceiro para fins de aplicação do art. 288 do Código Civil, bastando a notificação prevista no art. 290 para que a cessão de crédito seja eficaz perante ele".

Se efetuada por instrumento particular, este deverá ser subscrito por quem esteja na livre disposição e administração de seus bens e registrado no Cartório de Registro de Títulos e Documentos competente (CC, art. 221; Lei n. 6.015/73, arts. 127, I, 129, n. 9 – com a redação da Lei n. 14.382/2022), para valer contra terceiros, adquirindo eficácia *erga omnes*, visto que terá, independentemente do registro, validade entre as partes. "A cessão de crédito não inscrita

---

16. W. Barros Monteiro, op. cit., p. 344-5. *Vide* Decreto-lei n. 70/66, art. 16; Código Civil, arts. 347, 348, 358, 428, III, 497, I a IV, e parágrafo único, 498, e 1.749, III.

17. Orlando Gomes, op. cit., p. 253-4; Serpa Lopes, op. cit., p. 461; Antunes Varela, Cessão "pro solvendo", cit., p. 195; Caio M. S. Pereira, op. cit., p. 314.

18. Silvio Rodrigues, op. cit., p. 353.

no registro de títulos, conquanto válida entre os contratantes, não é oponível a terceiros para excluir o crédito da constrição judicial" (REsp n. 19.661/SP, 4ª T., rel. min. Sálvio de Figueiredo, *DJ*, 8/6/92). O cessionário de crédito hipotecário, por sua vez, terá o direito de fazer averbar a cessão à margem do registro do imóvel (CC, art. 289), para assegurar os direitos transferidos pela cessão (Lei n. 6.015/73, art. 246, com a redação da Lei n. 14.382/2022).

Entretanto, a formalidade do registro de documento particular será desnecessária em relação ao devedor-cedido[19], embora relativamente a ele a lei prescreva um outro requisito: a realização da notificação com o intuito de lhe dar ciência da cessão, evitando que pague ao credor primitivo[20]. Realmente, dispõe o Código Civil, art. 290, que: "A cessão do crédito não tem eficácia em relação ao devedor, senão quando a este notificada; mas por notificado se tem o devedor que, em escrito público ou particular, se declarou ciente da cessão feita". Se não houver tal notificação, a cessão não produzirá efeito jurídico e o devedor não terá obrigação de pagar ao novo credor. Notificação é, portanto, condição *sine qua non* para eficácia da cessão, mas estará dispensada se o devedor, por instrumento público ou particular, se declarar ciente da cessão que foi feita. Ante o fato de o Código Civil não fixar prazo para a notificação, deverá ela ser providenciada pelo cessionário ou pelo cedente, a qualquer tempo, mas antes do pagamento do débito, sob pena de ver o devedor exonerado da obrigação ao pagar ao credor primitivo ou que, no caso de mais de uma cessão notificada, paga ao cessionário que lhe apresenta, com o título de cessão, o da obrigação cedida; quando o crédito constar de escritura pública, prevalecerá a prioridade da notificação, por indicar a quem o devedor deve pagar (CC, art. 292, *in fine*). Assim, se forem feitas várias cessões de crédito, mediante instrumento público, receberá a prestação o cessionário cujo negócio foi o primeiro a ser notificado ao devedor; para tanto será preciso conferir a data e a hora da referida notificação. A notificação poderá ser judicial ou extrajudicial. Tanto o cessionário como o cedente estão qualificados para levá-la a efeito. Se o devedor for incapaz, seu representante legal será notificado. Se se tratar de solidariedade passiva, todos os coobrigados deverão ser notificados. Contudo, há créditos que dispensam notificação, porque sua transferência obedece a forma especial; é o que sucede, p. ex., com o título ao portador, transferível por simples tradição; as ações nominativas de sociedades anônimas, transmissíveis pela inscrição nos livros de emissão, mediante termo a que se refere a Lei n. 6.404/76, art. 31, § 1º; e os títulos à ordem, transferíveis por endosso[21].

---

19. W. Barros Monteiro, op. cit., p. 346.

20. Orlando Gomes, op. cit., p. 255 e na p. 209 esclarece: a notificação equipara-se à declaração receptícia, considerando-se feita apenas quando o devedor tomar ciência do fato. Possível será também a revogação da notificação, que produzirá efeitos *ex nunc*; Bassil Dower, op. cit., p. 316; Silvio Rodrigues, op. cit., p. 353-4; Yvon Hannequart (Transmission des obligations, in *Droit civil*, Bruxelles, 1958, v. 2, t. 4, n. 30) estuda o tema sob o regime francês; *RT*, *430*:156.

    BAASP, *2908*:12 Cessão de crédito. Ação declaratória de validade de cessão de crédito. Ausência de notificação não invalida a cessão de crédito, mas preserva o direito do devedor quanto às exceções pessoais que pudesse opor ao credor cedente, conforme ao que já decidiu o STJ. Na espécie, a falta da notificação do devedor foi suprida pela citação. Ausência de provas, no caso, que demonstrem a origem do crédito que se diz cedido. Improcedência da ação. Apelação Cível n. 1.0024.11.110563-1/004-Belo Horizonte-MG.

21. W. Barros Monteiro, op. cit., p. 347-8; Pablo S. Gagliano e Rodolfo Pamplona Filho, *Novo Curso*, cit., v. 2, p. 269-70.

    "Execução – Cessão de crédito – Inteligência do art. 290 do CC/2002 – Houve, pelo Instrumento de cessão, a transmissão de todos os direitos fincados na ação de execução. A citação inicial para a ação de cobrança equivale à notificação da cessão, produzindo os mesmos efeitos desta. No caso, o arrendatário não tem preferência na cessão de crédito, nos termos da Lei n. 8.245, de 18/10/1991,

Já foi dito que, em regra, a cessão convencional não requer forma especial. Todavia, nos contratos em que a escritura pública for da substância do ato, a cessão deverá efetuar-se mediante esse instrumento público; é o que ocorre com a cessão de crédito hipotecário ou de direitos hereditários[22].

D. Efeitos

A cessão de crédito produz efeitos[23]:

1º) *Entre as partes contratantes*, isto é, entre o cedente e o cessionário. O *cedente*, apesar de não responder pela solvabilidade do devedor (*nomen bonum*), assumirá uma obrigação de garantia, tendo, então, *responsabilidade* perante o cessionário *pela existência do crédito* (*nomen*

---

pois é estranho ao negócio. Recurso não provido. Adjudicação. O arrendatário não tem direito de preferência assegurado por lei. Inteligência do art. 32 da Lei n. 8.245/1991. O direito de preferência do arrendatário na adjudicação não prevalece em se tratando de venda judicial, como o é a adjudicação. Também, o arrendatário ofertou valor bem inferior ao da adjudicação, que foi o mesmo da avaliação (R$ 4.523.250,00). Recurso desprovido" (TJSP, 19ª Câm. Dir. Privado; AI n. 7.303.934-6-Jaú-SP; Rel. Des. Paulo Hatanaka; j. 16-3-2009; *Bol. AASP, 2672*:5521).

22. W. Barros Monteiro, op. cit., p. 346.

23. Sobre os efeitos consulte Serpa Lopes, op. cit., p. 462-6; Clóvis Beviláqua, op. cit., v. 4, p. 188; Orlando Gomes, op. cit., p. 231 e 256-8; De Page, *Traité élémentaire de droit civil belge,* v. 4, 1. parte, n. 427; Bassil Dower, op. cit., p. 318-9; W. Barros Monteiro, op. cit., p. 348-50; Huc, *Cession et transmission des créances,* Paris, 2 v.; Caio M. S. Pereira, op. cit., p. 319-24 e 375; Trabucchi, *Istituzioni di diritto civile,* 15. ed., Padova, 1966, p. 558; Von Tuhr, *Tratado de las obligaciones,* t. 2, p. 313; Silvio Rodrigues, op. cit., p. 354-9; Mário Luiz Delgado Régis, *Novo Código Civil*, cit., p. 276; Renan Lotufo, *Código*, cit., v. 2, p. 154; Gagliano e Pamplona Filho, *Novo Curso*, cit., v. II, p. 271; Tepedino e outros, *Código*, cit., v. 1, p. 577 e 582. No que atina à atualização ou correção monetária *vide* Constituição Federal de 1988, art. 46, parágrafo único, II, do Ato das Disposições Transitórias. *Vide* art. 28 da Lei n. 9.514/97, sobre os efeitos da cessão de crédito, objeto de alienação fiduciária de bem imóvel, Resolução n. 2.836/2001 do BACEN, sobre cessão de créditos oriundos de operações de empréstimo, de financiamento e de arrendamento mercantil, e Lei n. 6.015/73, art. 167, II, n. 21, com redação da Lei n. 14.382/2022. *Vide* Lei n. 9.514/97, arts. 31, parágrafo único, 33-A a 33-F, acrescentados pela Lei n. 12.810/2013, sobre refinanciamento com transferência de credor, sendo a dívida imobiliária com garantia real, que não se aplicam (segundo o art. 33-F, acrescido pela Lei n. 12.810/2013) às operações de transferência de dívida decorrente de cessão de crédito entre entidades que compõem o SFH, desde que a citada transferência independa de manifestação do mutuário. *Vide Ciência Jurídica, 62*:83. "Embargos à execução. Cessão de crédito. Notificação do devedor. Legitimidade ativa para execução. 1. Na cessão de crédito a ausência de notificação do devedor (CC, art. 290) não afasta a legitimidade ativa do cessionário para a execução do crédito cedido (CPC, art. 778, § 1º, III). 2. A necessidade da notificação na cessão de crédito é para evitar que se pague quem já não é mais credor. 3. Alegação de excesso de execução, em razão de pagamento parcial da dívida, que deve ser analisada pelo juízo de origem. 4. Extinção da execução, por ilegitimidade ativa do cessionário, afastada, com determinação de prosseguimento, para análise das demais questões, no juízo de origem. 5. Apelação do embargado provida" (TJSP, Ap. 990100613200, Rel. Des. Alexandre Lazzarini, j. em 22-6-2010).

Bol. AASP, 2.777:11. "O autor não foi notificado da cessão de crédito. Ineficácia perante o devedor, na forma do art. 292 do Código Civil. O débito é inexigível. A ausência de tal formalidade torna o apontamento junto aos órgãos de proteção ao crédito indevido e ilegal. Dano moral evidenciado. Recurso provido".

"Ação de cobrança. Cessão de crédito. Hipótese em que o cedente assumiu plena, total e incondicional responsabilidade pelo pagamento do crédito cedido. Inexigência de prova do não pagamento pelos devedores. Recurso provido para condenar a ré a pagar ao autor o valor do crédito cedido" (TJSP, Ap. 991050449177, Rel. Des. Renato Rangel Desinano, j. em 30-7-2009).

verum) ao tempo em que lho cedeu, assegurando não só sua titularidade como também sua validade, mesmo que o contrato nada diga a respeito, se se tratar de cessão por título oneroso; entretanto, terá a mesma responsabilidade nas cessões por título gratuito, se procedeu de má-fé (CC, art. 295). Tal se dá porque a cessão gratuita equivale à doação, logo, pelo art. 295, *in fine*, o cedente apenas responderá se agir dolosamente ao transferir crédito a cessionário mesmo sabendo de sua inexistência. O cessionário, então, terá direito a uma indenização pelos danos sofridos na cessão, por título gratuito, feita de má-fé. Isso é comum na cessão *pro soluto*. Ter-se-á, assim, a responsabilidade do cedente pela existência do crédito: *a*) quando o crédito por ele cedido não existir no momento da cessão, que será, então, nula por falta de objeto; *b*) quando o cedente não for o seu legítimo titular, em razão de uma exceção qualquer ou de um modo extintivo da obrigação (novação, compensação etc.), pois, se o crédito existir em favor de terceiro, ter-se-á cessão de crédito alheio; *c*) quando o crédito estiver inquinado de vício idôneo a torná-lo suscetível de anulação ou de nulidade; *d*) quando pender sobre o crédito direito impeditivo de sua transferência plena. Convém lembrar que a responsabilidade do cedente abrange, além do crédito, os seus acessórios, de modo que o cedente deverá assegurar a existência de garantias reais ou fidejussórias, mas não a sua eficácia. Contudo, para constatar tal fato, o cessionário somente poderá demandar o cedente depois de ter agido contra o devedor (*RT*, *463*:131, *427*:205, *222*:210, *218*:216, *107*:144), para ressarcir-se de prejuízo sofrido pela conduta ilícita do cedente. O cedente não responderá pela solvência do devedor (*nomem bonum*), salvo estipulação em contrário (CC, art. 296). Se, expressamente, o cedente vier a assumir, em prévia estipulação contratual, a obrigação de responder pela solvabilidade do devedor, tornar-se-á corresponsável pelo pagamento do débito e garantirá a existência do crédito, mas, mesmo assim, a sua responsabilidade pela solvência do devedor, em regra, na cessão *pro solvendo*, não irá além do que o cessionário recebeu no tempo da cessão, com os respectivos juros, acrescido das despesas da cessão, e das que houverem sido feitas com a cobrança promovida contra o devedor insolvente (CC, art. 297). O cessionário não poderá pleitear qualquer indenização a título de perdas e danos pelo fato de ser o devedor-cedido insolvente, pois o cedente não agiu culposamente. Exemplificativamente: "A" é credor de "B" de R$ 60.000,00 e cede a "C" R$ 55.000,00; o cessionário ("C"), que adquiriu o crédito por valor menor, buscando vantagem econômica, veio a assumir um risco negocial. Se assim é, "C" apenas fará jus ao *quantum* que lhe foi cedido por "A" (cedente), acrescido de juros, das despesas que, por ocasião da cessão, veio a fazer para receber o crédito e das que teve de efetuar, ocorrida a inadimplência, para cobrá-lo de "B" (devedor-cedido). Com isso, evitar-se-á o enriquecimento indevido do cessionário e a usura do cedente ou do devedor. Se o art. 297 assim não dispusesse, ter-se-ia uma "porta aberta" para que, como pondera Silvio Rodrigues, o cessionário venha a emprestar dinheiro à taxa usurária, comprando crédito abaixo da quantia devida para receber depois a totalidade de seu valor. O cedente terá, ainda, a *obrigação* de: *a*) prestar informações necessárias ao exercício do direito de crédito, solicitadas pelo cessionário; *b*) entregar os documentos indispensáveis para que o cessionário possa realizar o crédito, e *c*) fornecer documento hábil para provar a cessão, se o crédito não for titulado.

O principal efeito da cessão é transmitir para o cessionário a titularidade da relação jurídica cedida. O *cessionário* terá os mesmos *direitos do credor* a quem substituiu na obrigação, com todos os seus acessórios, vantagens e ônus, podendo, independentemente do conhecimento da cessão pelo devedor, exercer os atos conservatórios do direito cedido (CC, art. 293), p. ex., efetivando notificação ou averbação de crédito hipotecário, requerendo interrupção de prazo prescricional, tomando providências processuais (como ação pauliana, arrolamento de bens pertencentes ao devedor cedido, arresto). Tais medidas conservatórias são legalmente admitidas porque a cessão produz efeito *inter partes* desde o instante de sua celebração. O cessionário passará a ocupar a mesma posição do cedente, pois, ante a mutação subjetiva operada, poderá proceder em relação ao crédito como se fosse credor originário. Como a cessão não atinge a substância da obrigação transmitida, se esta era a termo ou condicional, o cessionário deverá aguardar o vencimento do prazo e sujeitar-se aos efeitos do implemento da condição suspensiva ou resolutiva. E responderá *pela solvência* do *devedor*, correndo, como apontamos alhures, os riscos da insolvência do devedor-cedido na cessão *pro soluto*.

Com o óbito do cedente, o cessionário poderá *prosseguir na causa*, juntando aos autos o respectivo título e provando sua identidade. O cessionário terá *direito de promover a execução* ou nela prosseguir (CPC, art. 778, § 1º, III).

2º) *Em relação ao devedor*: *a*) *antes da notificação*, pois neste caso o devedor poderá pagar válida e legitimamente ao credor originário, como se não tivesse havido a cessão, uma vez que não foi notificado, exonerando-se da obrigação, de modo que o cessionário nenhuma ação terá contra o devedor não notificado, mas sim contra o cedente (CC, art. 292, 1ª parte). Se o crédito tiver sido penhorado, o credor, sabendo da penhora, não mais poderá transferi-lo, porque ficará submetido à execução judicial, devendo notificar o devedor a respeito, pois, se não o fizer, o devedor que o pagar liberar-se-á, subsistindo somente contra o credor os direitos de terceiro (CC, art. 298). A cessão de crédito penhorado por credor que sabia da penhora constitui fraude à execução (TJDF, 2ª T. Cív., Ap. Cív. 200.007.100.293.25, rel. Des. Adelith de Carvalho Lopes, *DJ*, 19-9-2001). Se o devedor não for notificado da penhora e vier a pagar ao credor, válido é o pagamento, ante sua boa-fé. O cedente terá responsabilidade perante terceiro, assim, se receber notificação da penhora do crédito e fizer o pagamento ao cessionário ou ao cedente, deverá pagar novamente, resguardando direito de terceiro, mas poderá pedir devolução a quem, indevidamente, pagou, por força dos arts. 876 e 884, que vedam enriquecimento sem causa; *b*) *após a notificação*, hipótese em que a cessão vinculará o devedor ao cessionário (CC, art. 290), de tal forma que deverá pagar o débito a ele. Se, porventura, mais de uma cessão for notificada, pagará ao cessionário que lhe apresentar, com o título da cessão, o da obrigação cedida (CC, art. 292, 2ª parte). Pagará bem o devedor que o fizer a quem estiver munido do instrumento representativo da cessão e do crédito. Se não for notificado das várias cessões do mesmo crédito, desobrigar-se-á pagando àquele dos cessionários que lhe mostrar, com o instrumento da cessão, o título da obrigação transmitida, porque a cessão se completa com a tradição do título do crédito cedido (CC, art. 291). Em caso de ocorrência de pluralidade de cessões, o devedor deverá pagar ao detentor do título. Isto é assim porque o crédito está contido em um título representativo, logo somente poderá prevalecer, ensina Caio Mário da Silva Pereira, a cessão seguida da tradição daquele título e pagará bem o devedor que o fizer a quem se encontrar na posse do título, visto ser o único cessionário-credor. Se nenhum cessionário se apresentar com o título da dívida, o devedor deverá lançar mão da ação consignatória para obter a sua exoneração (CC, art. 335, IV).

Sem embargo, não se cortam todas as relações entre o credor originário e o devedor cedido, pois, pelo Código Civil, art. 294, este poderá opor ao cessionário as exceções pessoais (defesas – PL n. 699/2011) que lhe competirem e as que tinha contra o cedente até o momento em que tiver ciência da cessão. Tendo conhecimento da cessão, o devedor-cedido não perderá o direito de oferecer oposição ao cedente; pelo contrário, como diz Renan Lotufo, "abre-se o prazo para excepcionar a relação creditícia relativamente a ele". Assim sendo, as defesas contra o cedente que teria o devedor, no instante da notificação, jamais as ulteriores, poderão ser opostas ao credor primitivo e ao cessionário. Isto porque no instante da cientificação feita ao cedido da ocorrência da cessão, o cedente não mais se vincula à relação obrigacional, visto que há inserção de um novo titular do crédito. E as suas exceções pessoais poderão, a qualquer tempo, após a notícia da cessão, ser opostas ao cessionário. Logo, se o crédito foi obtido, em razão de erro, dolo ou lesão, o devedor poderá opor tais exceções, defendendo-se. Suprimiu-se a parte final do art. 1.072 do Código Civil de 1916 de que não se poderá opor ao cessionário de boa-fé a simulação do cedente, ante sua desnecessidade, visto que tal proibição já se encontra consignada no princípio geral de direito de que ninguém pode beneficiar-se da própria torpeza. Será conveniente que o devedor, ao ser notificado, ressalve o seu direito de oponibilidade. Assim sendo, se a obrigação for passível de anulação por erro, dolo ou incapacidade relativa do agente, ou se já houve pagamento do débito ou mesmo compensação, o devedor só poderá arguir tal exceção ou esses vícios contra o cedente ou contra o cessionário, se reclamou ao ser notificado, porque seu silêncio equivalerá a anuência com os termos do negócio, indicando seu propósito de pagar ao cessionário a prestação devida. Mas, se não foi notificado da cessão, poderá opor ao cessionário aquelas exceções que contra o cedente tinha antes da transferência.

Quadro Sinótico

CESSÃO DE CRÉDITO

1. CONCEITO	• A cessão de crédito é um negócio jurídico bilateral, gratuito ou oneroso, pelo qual o credor de uma obrigação (cedente) transfere, no todo ou em parte, a terceiro (cessionário), independentemente do consentimento do devedor (cedido), sua posição na relação obrigacional, com todos os acessórios e garantias, salvo disposição em contrário, sem que se opere a extinção do vínculo obrigacional.

2. MODALIDADES	• Gratuita ou onerosa. • Total ou parcial. • Convencional, legal e judicial. • *Pro soluto* e *pro solvendo.*

3. CESSÃO DE CRÉDITO E INSTITUTOS SIMILARES	• Cessão e novação	• Na *novação* há extinção da dívida anterior, em razão da criação de um novo débito; na *cessão de crédito* há uma alteração subjetiva, permanecendo a mesma dívida.
	• Cessão e sub-rogação	*a*) O *cessionário* pode exercer os direitos cedidos em toda a sua plenitude, enquanto o *sub-rogado* não pode exercer os direitos e ações do credor além dos limites da soma que desembolsou para liberar o devedor. *b*) O *cedente* assume a responsabilidade pela existência do crédito cedido, o que não ocorre com o *sub-rogante.* *c*) O *cessionário* só o será perante terceiro a partir do instante em que se notificar a cessão; já o *sub-rogado* o será sem qualquer medida de publicidade.

4. REQUISITOS	• Capacidade genérica para os atos comuns da vida civil e capacidade especial, reclamada para os atos de alienação, tanto do cedente como do cessionário. • Objeto lícito e possível, de modo que qualquer crédito poderá ser cedido, constante ou não de um título, esteja vencido ou por vencer, se a isso não se opuser (CC, art. 286) a natureza da obrigação, a lei e a convenção com o devedor. • Forma legal (CC, arts. 288, 289, 290 e 292; Lei n. 6.015/73, arts. 127, I, 129, n. 9, com a redação da Lei n. 14.382/2022).

5. EFEITOS	• Entre as partes contratantes	*a*) O cedente terá responsabilidade pela existência do crédito (CC, art. 295) e pela solvência do devedor, havendo estipulação nesse sentido (CC, arts. 296 e 297), exceto se a transferência do crédito se operou por força de lei. *b*) O cessionário terá os mesmos direitos do credor a quem substituiu, com todos os seus acessórios, vantagens e ônus; assumirá os riscos pela insolvência do devedor; poderá prosseguir na causa, com o óbito do cedente, juntando aos autos o respectivo título, e terá direito de promover a execução ou nela prosseguir (CPC, art. 778, § 1º, III).
	• Em relação ao devedor	*a*) Antes da notificação: CC, arts. 292, 1ª parte, e 298. *b*) Depois da notificação: CC, arts. 292, 2ª parte, 291 e 294.

3. CESSÃO DE DÉBITO

A. Conceito e pressupostos

O direito moderno vem admitindo a substituição do devedor na relação obrigacional, validando a sucessão singular passiva na obrigação. O direito brasileiro não a regulava, mas nem por isso essa lacuna era interpretada como inadmissibilidade da cessão de débito, que era aceita pela doutrina e admitida implicitamente pelo próprio Código Civil de 1916, ante o princípio da liberdade das convenções. Atualmente, o Código Civil a prevê expressamente nos arts. 299 a 303. Realmente, nada impede que os contratantes estipulem, mediante negócio jurídico, que se modifique o sujeito passivo da obrigação, pois nenhuma incompatibilidade haverá com os princípios vigentes no ordenamento jurídico brasileiro[24]. Além do mais, a ideia de transferência de débito se encontra integrada na normalidade da vida jurídica, quando ocorrer por força de transmissão *mortis causa*, já que, dentro das forças da herança, o credor tem direito de exigir do herdeiro a prestação que o falecido lhe devia; com isso, fácil é denotar que nosso direito reconhece a possibilidade de substituição do devedor pelos seus sucessores, sem que haja alteração na substância do liame obrigacional. Permite, ainda, a lei a novação subjetiva passiva, na qual se opera a mudança do devedor e também da obrigação, pois há extinção da primitiva relação obrigacional pela criação de uma nova; assim, se é possível o mais, o menos também o será, visto que a cessão de débito implica tão somente a substituição do devedor, sobrevivendo o vínculo obrigacional. A cessão de débito vem sendo largamente praticada na transferência de fundo de comércio, quando o novo devedor assumirá todos os compromissos do contrato ou do giro mercantil, colocando-se na posição do devedor primitivo[25], e no financiamento de construções, pois nesse caso o devedor, ao alienar o imóvel, passa seu débito ao adquirente[26]. Mas para que se

24. Orlando Gomes, op. cit., p. 262 e 274-6; Silvio Rodrigues, Cessão de débito, in *Enciclopédia Saraiva do Direito*, v. 14, p. 193; De Page, op. cit., v. 3, n. 386; Colmo, op. cit., n. 1.090; Schneider e Fick, *Commentaire du Code Fédéral des Obligations*, v. 1, n. 309; Caio M. S. Pereira, op. cit., p. 325; Carvalho de Mendonça, *Doutrina e prática das obrigações*, 4. ed., Rio de Janeiro, 1956, v. 2, n. 523; Sebastião José Roque, *Direito das obrigações*, cit., p. 183-4; Luiz Roldão de Freitas Gomes, *Da assunção de dívida e sua estrutura negocial*, 1998; Fernando R. Martins, Assunção de dívida no direito civil constitucional: aspectos relevantes da modalidade obrigacional. *Temas relevantes de direito civil contemporâneo* (coord. G. E. Nanni), São Paulo, Atlas, 2008, p. 322-51; Iacyr de A. Vieira, Cessão de direitos e cessão de pretensões no direito brasileiro, *Doutrinas essenciais – obrigações e contratos* (coord. G. Tepedino e Luiz E. Fachin), São Paulo, Revista dos Tribunais, 2011, v. II, p. 201-36; Pontes de Miranda, Francisco de Campos e Orozimbo Nonato, Cessão de direitos. Mora. Cessão de dívida. Contrato. Sociedade mercantil. Doação. *Doutrinas essenciais*, cit., v. II, p. 317-66.

25. Esta é a lição de Caio M. S. Pereira, op. cit., p. 325-6.

26. Dimas de Oliveira Cesar, *Estudo sobre a cessão de contrato*, São Paulo, 1954, n. 22.

tenha a cessão de débito será necessário o consentimento expresso do credor, dos fiadores e dos terceiros proprietários dos bens dados em garantia[27].

Ante o exposto, a cessão de débito é uma realidade de direito; há possibilidade jurídica de o débito ser transferido da pessoa do devedor para a de um terceiro, que tomará o seu lugar na relação obrigacional, sem que haja alteração na substância ou extinção da obrigação[28].

A *cessão de débito* ou assunção de dívida (*Die Schuldübernahme*) é um negócio jurídico bilateral, pelo qual o devedor (cedente), com anuência expressa do credor (cedido), transfere a um terceiro (assuntor ou cessionário) os encargos obrigacionais, de modo que este assume sua posição na relação obrigacional, substituindo-o[29], responsabilizando-se pela dívida, que subsiste com todos os seus acessórios. O débito originário permanecerá, portanto, inalterado.

Dessa definição poder-se-ão inferir seus *pressupostos*[30]:

1º) Existência e validade da obrigação transferida.

---

27. Silvio Rodrigues, Cessão de débito, cit., p. 193.

28. Caio M. S. Pereira, op. cit., p. 326; Pontes de Miranda, *Tratado de direito privado*, Rio de Janeiro, Borsoi, v. 13, p. 254.

29. Conceito baseado nas definições de Silvio Rodrigues, Cessão de débito, cit., p. 191; Caio M. S. Pereira, op. cit., p. 327.

30. De Page, op. cit., v. 3, n. 384; Silvio Rodrigues, Cessão de débito, cit., p. 191-3; Orlando Gomes, op. cit., p. 263 e 265; Von Tuhr, op. cit., t. 2, p. 331, § 98, p. 335; Caio M. S. Pereira, op. cit., p. 327; Yvon Hannequart, op. cit., n. 288; Ruggiero e Maroi, *Istituzioni di diritto privato*, v. 2, §§ 133 e 134; Luiz Roldão de Freitas Gomes, *Da assunção de dívida*, cit., p. 288; Emílio E. Encinas, *Código Civil alemán comentado*, Madrid, 1998, p. 156. *Vide* art. 415 do Código Civil alemão. O Projeto de Lei n. 699/2011 visa alterar a redação do art. 299, para a seguinte: "É facultado a terceiro assumir a obrigação do devedor, podendo a assunção verificar-se: I. Por contrato com o credor, independentemente do assentimento do devedor; II. Por contrato com o devedor, com o consentimento expresso do credor. § 1º Em qualquer das hipóteses referidas neste artigo, a assunção só exonera o devedor primitivo se houver declaração expressa do credor. Do contrário, o novo devedor responderá solidariamente com o antigo; § 2º Mesmo havendo declaração expressa do credor, tem-se como insubsistente a exoneração do primitivo devedor sempre que o novo devedor, ao tempo da assunção, era insolvente e o credor o ignorava, salvo previsão em contrário no instrumento contratual; § 3º Qualquer das partes pode assinar prazo ao credor para que consinta na assunção da dívida, interpretando-se o seu silêncio como recusa; § 4º Enquanto não for ratificado pelo credor, podem as partes livremente distratar o contrato a que se refere o inciso II deste artigo".

A sugestão de alteração desse artigo é de Mário Luiz Delgado Régis, para quem: "o art. 299, em sua redação original, não dispôs sobre as modalidades de assunção, querendo parecer referir-se apenas à segunda modalidade de assunção da dívida (forma delegatória), onde o consentimento expresso do credor constitui requisito de eficácia do ato. Na forma expromissória não haveria que se falar em consentimento do credor, uma vez que é o próprio credor quem celebra o negócio com o terceiro que vai assumir a posição do primitivo devedor. O artigo também se omitiu de mencionar os efeitos da assunção delegatória antes do assentimento do credor, além de se abster completamente de tratar da assunção cumulativa. Sem falar que o artigo está a exigir, ainda, que a aceitação do credor seja expressa, não admitindo, em regra, a aceitação tácita. Ocorrendo a insolvência do novo devedor, fica sem efeito a exoneração do antigo. Nesse aspecto, o dispositivo é também criticado por Luiz Roldão de Freitas Gomes (*Da assunção de dívida e sua estrutura negocial*, 2ª ed., Rio de Janeiro, Lumen Juris, 1998), por não haver ressalvado a hipótese de que as partes, aceitando correr o risco, exonerem o primitivo devedor mesmo se o novo for insolvente à época da celebração do contrato. A redação original do então parágrafo único do artigo 299, apesar de praticamente copiada do Código Civil Alemão (art. 415), apresenta-se sem utilidade, 'pois se assunção de dívida não for concertada, de comum acordo, com o credor, de nada vale sua interpelação para que manifeste a sua anuência. Se ele não a deu, na fase dos entendimentos, ou se o devedor não a obteve, não será a interpelação que mudará seus propósitos' (Luiz Roldão de Freitas Gomes, ob. cit., p. 288)". *Vide* comentário do Parecer Vicente Arruda na nota 33.

2º) Substituição do devedor sem alteração na substância do vínculo obrigacional, salvo se o novo devedor, ao tempo da assunção da dívida, era insolvente e o credor o ignorava (CC, art. 299, *caput*, *in fine*). A cessão é substituição na mesma relação jurídica, pois do contrário configurar-se-ia novação.

3º) Concordância expressa do credor, uma vez que a pessoa do devedor é muito importante para ele, pois o valor do crédito dependerá da sua solvência ou idoneidade patrimonial, de forma que não seria conveniente ao credor de pessoa solvente vê-la substituída por outra com menos possibilidade de resgatar a dívida. O consentimento do credor precisará ser expresso e inequívoco (CC, art. 299, 1ª parte). "Qualquer das partes pode assinar prazo ao credor para que consinta na assunção da dívida, interpretando-se o seu silêncio como recusa" (CC, art. 299, parágrafo único). Poderá o devedor ou o terceiro (assuntor) estipular, judicial ou extrajudicialmente, um prazo (na praxe, 15 a 30 dias) para que, dentro dele, o credor anua na cessão do débito e, se ele ficar silente, durante tal lapso temporal, configurada estará sua não concordância na substituição do devedor primitivo pelo terceiro; logo, credor que cala não consente. Nisto está a diferença entre cessão de débito e de crédito, pois nessa dispensa-se a anuência do devedor, porque lhe é indiferente a pessoa do credor; seja este quem for, o montante devido será sempre o mesmo. Silvio Rodrigues, antes da vigência do Código Civil atual, diante da lacuna da lei admitia hipótese em que a cessão de débito fosse feita sem o assentimento do credor; tratava-se de débito assegurado por garantia real de comprovada eficácia, como, p. ex., quando o valor da garantia é muito superior ao do débito. Nesse caso a cessão poderia efetivar-se por mero acordo entre o devedor e o cessionário, já que o interesse do credor não sofreria ameaça alguma, por força da excelência da garantia. E era admitido também o consenso tácito, se, p. ex., o credor recebesse um pagamento parcial ou de juros ou praticasse qualquer ato que induzisse aceitação da transferência do devedor. O Código Civil vigente, como veremos mais adiante, excepcionalmente, veio a admitir, no art. 303, a aceitação tácita do credor hipotecário que, notificado do pagamento do crédito garantido pelo adquirente do imóvel gravado, não o impugnar dentro de trinta dias.

4º) Observância dos requisitos atinentes aos atos negociais, por ser esta a sua natureza jurídica. Necessários serão: *a*) capacidade dos contraentes, que manifestam consentimento livre e espontâneo; *b*) objeto lícito e possível, podendo abranger todos os débitos, presentes e futuros, exceto os que deverão ser cumpridos pessoalmente pelo devedor, e *c*) forma legal que, em regra, será livre, mas se a prestação devida consistir na entrega de bem imóvel para a transmissão de seu domínio, a escritura pública será imprescindível.

B. Modos de realização

A cessão de débito realizar-se-á mediante[31]:

---

31. Orlando Gomes, op. cit., p. 263 e 267-74; Barbero, op. cit., t. 2, p. 206; Munir Karam, A transmissão das obrigações, cessão de crédito e assunção da dívida, in *O novo Código Civil, estudos em homenagem a Miguel Reale*, São Paulo, LTr, 2003. Observa Mário Luiz Delgado Régis (*Código Civil*, cit., p. 251) que duas são as suas "espécies: a) expromissão: é modalidade de assunção caracterizada pelo contrato entre credor e um terceiro, que assume a posição de novo devedor, sem necessidade de comparecimento do antigo devedor; e b) delegação: caracterizada pelo acordo entre o devedor originário e o terceiro que vai assumir a dívida, cuja validade depende da aquiescência do credor. As duas modalidades podem, ainda, possuir efeitos liberatórios ou cumulativos. Na assunção liberatória ocorre a liberação do primitivo devedor. Na cumulativa, dá-se o ingresso do terceiro no polo passivo da obrigação, sem que ocorra a liberação do antigo devedor, que permanece na relação, com liame de solidariedade com o novo. Aqui, diz Luiz Roldão de Freitas Gomes: "o assuntor se vincula, solidariamente, ao lado

1º) *Expromissão*, que é o negócio jurídico pelo qual uma pessoa assume espontaneamente o débito de outra. Por outras palavras, consiste no contrato entre terceiro (expromitente) e o credor, pois o devedor originário não toma parte nesta convenção. O expromitente não assume a dívida por ordem do devedor, mas espontaneamente. A expromissão poderá ser: *a*) *liberatória*, se houver perfeita sucessão no débito, pela substituição do devedor na relação *obrigacional pelo expromitente*, ficando exonerado o devedor primitivo, exceto se o terceiro que assumiu sua dívida era insolvente e o credor o ignorava (CC, art. 299, 2ª parte); *b*) *cumulativa*, se o expromitente entrar na obrigação como novo devedor, ao lado do devedor primitivo, passando a ser devedor solidário (CC, art. 265), de forma que o credor poderá reclamar o pagamento de qualquer deles. Luiz Roldão de Freitas Gomes observa, a esse respeito, que "o assuntor se vincula, solidariamente, ao lado do primitivo devedor, pela mesma obrigação deste, diante do credor, que pode cobrar a prestação quer de um, quer de outro, de modo indistinto". O assuntor cumulativo é titular do débito em nome próprio. Trata-se da coassunção de dívida.

2º) *Delegação*, se o devedor transferir a terceiro, com a anuência do credor, o débito com este contraído. Haverá, pois, um contrato entre terceiro e o devedor. O devedor-cedente designar-se-á *delegante*; aquele a quem se transfere o débito (terceiro-cessionário) é o *delegado*, e o credor, *delegatário*. Trata-se de delegação imperfeita, por não operar a extinção do débito, e poderá ser: *a*) *privativa*, se o delegante se exonerar, de maneira que o delegado assuma toda a responsabilidade pelo débito, sem responder pela insolvência deste; *b*) *simples* ou *cumulativa*, se o novo devedor entrar na relação obrigacional unindo-se ao devedor primitivo, que continuará vinculado; não poderá, contudo, ser compelido a pagar senão quando o novo devedor deixar de cumprir a obrigação que assumiu, não havendo, portanto, entre eles nenhum vínculo de solidariedade.

É mister ressaltar que a expromissão e a delegação, ora examinadas, não se confundem com as formas de novação designadas pelos mesmos nomes. São institutos jurídicos autônomos,

---

do primitivo devedor, pela mesma obrigação deste, diante do credor, que pode cobrar a prestação quer de um, quer de outro, de modo indistinto" (*Da assunção de dívida e sua estrutura negocial*, cit., p. 306). Não se confunde com a fiança, em que o fiador responde por dívida alheia, enquanto o assuntor cumulativo é titular do débito, em nome próprio. É também chamada de coassunção, adesão ou adjunção à dívida". Interessante a respeito é o quadro apresentado por Álvaro Villaça Azevedo (*Teoria geral*, cit., p. 119):

- Assunção de dívida (espécie) (ambas podem ser privativa ou liberatória ou cumulativa)
  - quanto ao polo passivo
    - **privativa** ou **liberatória** = substituição do devedor — direito brasileiro
    - **cumulativa** ou **de reforço** (mais um devedor) (pode ser adotada pelos interessados)
  - quanto à participação do credor
    - **expromissão** (pessoa assume a dívida de outrem) (devedor originário não participa, pois é beneficiado; pode ser liberado ou não)
    - **delegação**
      - 3º substitui o devedor — direito brasileiro — ou não (somatório) pode ser adotada

que têm campo funcional independente da novação; logo, nada obsta que haja expromissão e delegação sem novação[32].

C. Efeitos

Se o débito transferido é o mesmo primitivo, por haver identidade de relação jurídica e de objeto, ter-se-á a mesma obrigação, que não se extinguirá, passando ao novo devedor, que assumirá a mesma posição do devedor originário. Assim sendo, a cessão de débito produz os seguintes efeitos[33]:

---

32. Orlando Gomes, op. cit., p. 263 e 267. Observa o mesmo autor (op. cit., p. 216 e 217) que a cessão de débito não se confunde com a "promessa de liberação", nem com o "reforço pessoal da obrigação", porque, no primeiro caso, terceiro se obriga perante o devedor a saldar seu débito, sendo totalmente alheia a participação ou anuência do credor, e, no segundo caso, o devedor não se exime da obrigação, apenas ela se torna solidária pelo ingresso de outro obrigado, como uma garantia de caráter pessoal mesmo. Consulte: Barbero, op. cit., p. 211; Luiz Roldão de Freitas Gomes, *Da assunção de dívida*, cit., p. 306. Pondera, como já vimos na nota 30, Mário Luiz Delgado Régis que: o art. 299 não dispôs sobre as modalidades de assunção, pois se refere apenas à forma delegatória de assunção de dívida, na qual o consentimento expresso do credor constitui requisito de eficácia do ato. Na forma expromissória, não há consentimento do credor, pois celebra o negócio com terceiro que assumirá a posição do primitivo devedor. O artigo não faz menção aos efeitos da assunção delegatória antes da anuência do credor, nem à assunção cumulativa (*Novo Código Civil comentado*, coord. Ricardo Fiuza, São Paulo, Saraiva, 2002, com. ao art. 299). "O art. 299 do Código Civil não exclui a possibilidade da assunção cumulativa da dívida, quando dois ou mais devedores se tornam responsáveis pelo débito com a concordância do credor" (Enunciado n. 16, aprovado na *I Jornada de direito civil*, promovida, em setembro de 2002, pelo Centro de Estudos Judiciários do Conselho da Justiça Federal).

33. Caio M. S. Pereira, op. cit., p. 328; Fábio Ulhoa Coelho, *Curso*, cit., v. 2, p. 103; Ruggiero e Maroi, op. cit., § 133; De Page, op. cit., n. 384. O Parecer Vicente Arruda votou, ao analisar o PL n. 6.960/2002 (atual PL n. 699/2011), pela rejeição das propostas modificativas aos arts. 299 e 300, alegando que "os dispositivos em questão estão inseridos em capítulo inédito do novo diploma civil, no título referente à transmissão das obrigações, porquanto o Código de 1916 regulava somente a cessão de crédito, não havendo capítulo expresso regulando a cessão de débito, ou assunção de dívida. A cessão de dívida, conceitualmente, é o negócio pelo qual o devedor transfere para outra pessoa sua posição na relação jurídica, de modo que este o substitua na obrigação. Trata-se, em rigor, de substituição na mesma relação jurídica, caso contrário, haveria novação. E é condição de sua eficácia o consentimento do credor. Todavia, a hipótese aventada pelo inciso I do art. 299 do texto proposto pelo PL não pode ser admitido, pois 'contrato com o credor, independentemente do assentimento do devedor', que configura a chamada 'forma expromissória', constitui novação e está prevista no art. 362. A sua reprodução no artigo, além de conceitualmente inadmissível, constituiria um *bis in idem*. Quanto à nova redação sugerida para o art. 300, é de ser também rejeitada, porque, com a assunção da dívida por outrem, o devedor primitivo fica dela exonerado e, como o acessório segue o principal, as garantias também se extinguem, salvo assentimento expresso primitivo, como estabelece o texto atual do art. 300".

A respeito do art. 300, pondera Mário Luiz Delgado Régis (*Código Civil*, cit., p. 301): "Controverte-se a doutrina sobre quais seriam essas 'garantias especiais' consideradas extintas a partir da assunção. Seriam as garantias pessoais? As garantias prestadas por terceiros? O vocábulo parece que não foi bem empregado. Na verdade refere-se a todas as garantias, quaisquer delas, reais ou fidejussórias, que tenham sido prestadas voluntária e originariamente pelo devedor primitivo ou por terceiro, vale dizer, aquelas que dependeram da vontade do garantidor, devedor ou terceiro, para se constituírem. Tais garantias se extinguem, desde que um ou outro não tenha dado o seu consentimento para a transmissão. Assim, se o antigo devedor garantiu a dívida com a hipoteca de seu imóvel, e o credor, sem o seu assentimento (*expromissão*), o substitui no polo passivo da obrigação, a garantia real não se transmitirá ao novo devedor. Presume-se que o credor, ao 'abrir mão' do primitivo devedor, também 'dispensou' a garantia por ele prestada. Todas as outras garantias, como '(as nascidas diretamente da lei, as constituídas pelo terceiro assuntor, ou por terceiro ou pelo antigo devedor, que tenham

1º) Liberação do devedor primitivo, com subsistência do vínculo obrigacional, salvo se o novo devedor, ao tempo da assunção da dívida, era insolvente e o credor o ignorava (CC, art. 299, *caput*, *in fine*).

2º) Transferência do débito a terceiro, que se investirá na *conditio debitoris*.

3º) Cessação dos privilégios e garantias pessoais do devedor primitivo, de forma que o novo devedor não terá o direito de invocar as exceções (defesas – PL n. 699/2011) pessoais (p. ex., incapacidade, vício de consentimento) do antigo sujeito passivo (CC, art. 302 e CPC, art. 787). Se é assim, somente poderá opor as exceções preexistentes à cessão do débito (pagamento, nulidade ou extinção da obrigação) ou as exceções pessoais que lhe disserem respeito, ou decorrentes da própria relação jurídica (p. ex., compensação, novação etc.).

4º) Sobrevivência das garantias reais (penhor, hipoteca), prestadas pelo devedor originário, que acediam à dívida, com exceção das garantias especiais (fiança, aval, hipoteca de terceiro) que foram constituídas, em atenção à pessoa do devedor, por terceiro alheio à relação obrigacional, a não ser que ele consinta na sua permanência. Salvo anuência expressa do devedor originário ter-se-á a extinção, a partir da assunção da dívida, das garantias especiais que deu ao credor (CC, art. 300). Pelo Projeto de Lei n. 699/2011, o art. 300 deveria ter a seguinte redação: "Com a assunção da dívida transmitem-se ao novo devedor todas as garantias e acessórios do débito, com exceção das garantias especiais originariamente dadas ao credor pelo primitivo devedor e inseparáveis da pessoa deste. Parágrafo único. As garantias do crédito que tiverem sido prestadas por terceiro só subsistirão com o assentimento deste". Baseia-se na argumentação de Mário Luiz Delgado Régis de que "as chamadas garantias especiais dadas pelo devedor primitivo ao credor, vale dizer aquelas garantias que não são da essência da dívida e que foram prestadas em atenção à pessoa do devedor, como, por exemplo, as garantias dadas por terceiros (fiança, aval, hipoteca de terceiro), só subsistirão se houver concordância expressa do devedor primitivo e, em alguns casos, também do terceiro que houver prestado a garantia. Isso porque várias das garantias prestadas por terceiros só poderão subsistir com a ressalva destes. Nesse ponto merece correção o dispositivo. Já as garantias reais prestadas pelo próprio devedor originário não são atingidas pela assunção. Vale dizer, continuam válidas, a não ser que o credor abra mão delas expressamente. O artigo também silencia no tocante aos acessórios da dívida".

"Salvo expressa concordância dos terceiros, as garantias por eles prestadas se extinguem com a assunção de dívida; já as garantias prestadas pelo devedor primitivo somente são mantidas no caso em que este concorde com a assunção" (Enunciado n. 352 do CJF, aprovado na IV Jornada de Direito Civil).

Pelo Enunciado n. 422 do CJF (aprovado na V Jornada de Direito Civil): "A expressão 'garantias especiais' constante do art. 300 do CC/2002 refere-se a todas as garantias, quaisquer delas, reais ou fidejussórias, que tenham sido prestadas voluntária e originariamente pelo devedor primitivo ou por terceiro, vale dizer, aquelas que dependeram da vontade do garantidor, devedor ou terceiro para se constituírem".

---

consentido na transmissão) se mantêm, a despeito da alteração registrada na relação obrigacional' (VARELA, João de Matos Antunes. *Das obrigações em geral*, vol. II, 7. ed., Coimbra: Almedina, 1997, p. 382-383). No tocante às garantias legais (p. ex. a hipoteca legal, o direito de retenção etc.), porquanto impostas por lei, 'devem subsistir enquanto sobreviver a obrigação que guarnecem. De outra feita, desde que não se auscultou a vontade do garantidor ao se efetivarem, não haveria razão maior para fazê-lo, quando da transmissão da dívida' (GOMES, Luiz Roldão. *Da assunção de dívida e sua estrutura negocial*, cit., p. 212). Portanto, continuam válidas, a não ser que o credor abra mão delas expressamente".

5º) Anulação da substituição do devedor, acarretando a restauração da dívida, ou melhor, o retorno das partes ao *status quo ante*, com todas as suas garantias, salvo as prestadas por terceiro, a não ser que ele tivesse ciência do vício que inquinava a obrigação, pondo fim à assunção (CC, art. 301). P. ex., "A" deve a "B", sendo "C" e "D" seus fiadores. "A" e "C" forçam "E" a assumir o débito. "B" e "D" desconhecem a coação sofrida por "E". "B" aceita a cessão de débito feita a "E", com isso "A", "C" e "D" liberar-se-ão. "E" consegue anular a assunção de dívida, alegando vício de consentimento. Com isso, revigorar-se-á o débito de "A" e todas as garantias, menos a fiança dada por "D", já que não tinha ciência daquela coação.

"O art. 301 do CC deve ser interpretado de forma a também abranger os negócios jurídicos nulos e a significar a continuidade da relação obrigacional originária em vez de 'restauração', porque, envolvendo hipótese de transmissão, aquela relação nunca deixou de existir" (Enunciado n. 423 do CJF, aprovado na V Jornada de Direito Civil).

6º) Possibilidade de o adquirente de imóvel hipotecado tomar a seu cargo o pagamento do crédito garantido; se o credor notificado não impugnar em 30 dias a transferência do débito, entender-se-á dado o assentimento (CC, art. 303). Trata-se de hipótese de presunção *juris tantum* de anuência tácita do credor hipotecário, que, apesar de ter recebido notificação da assunção da dívida, fica inerte, deixando escoar aquele prazo legal. Se, contudo, o credor demonstrar que não foi notificado da cessão do débito, esta ser-lhe-á ineficaz. Mas, se a impugnação da transferência do débito se der, o credor deverá manifestá-la de forma expressa (p. ex., por meio de instrumento particular ou público); consequentemente, o devedor primitivo continuará a ele vinculado, em nada alterando a aquisição do imóvel hipotecado por terceiro, que apenas será atingido se a obrigação garantida pela hipoteca não for paga, em razão de excussão judicial do imóvel gravado. Pelo Enunciado n. 353 do CJF (aprovado na IV Jornada de Direito Civil): "A recusa do credor, quando notificado pelo adquirente de imóvel hipotecado, comunicando-lhe o interesse em assumir a obrigação, deve ser justificada". "A comprovada ciência de que o reiterado pagamento é feito por terceiro no interesse próprio produz efeitos equivalentes aos da notificação de que trata o art. 303, segunda parte" (Enunciado n. 424 do CJF, aprovado na V Jornada de Direito Civil).

Quadro Sinótico

CESSÃO DE DÉBITO

1. DEFINIÇÃO	• A cessão de débito é um negócio jurídico bilateral, pelo qual o devedor, com anuência expressa ou tácita do credor, transfere a um terceiro os encargos obrigacionais, de modo que este assume a sua posição na relação obrigacional, substituindo-o.	
2. PRESSUPOSTOS	• Existência e validade da obrigação transferida. • Substituição do devedor sem alteração na substância do vínculo obrigacional. • Concordância do credor. • Observância dos requisitos atinentes aos negócios jurídicos.	
3. MODOS DE REALIZAÇÃO	• Expromissão	*a*) Liberatória. *b*) Cumulativa.
	• Delegação	*a*) Privativa. *b*) Simples.

4. EFEITOS	• Liberação do devedor primitivo, com subsistência do vínculo obrigacional. • Transferência do débito a terceiro, que se investirá na *conditio debitoris*. • Cessação dos privilégios e garantias pessoais do devedor primitivo. • Sobrevivência das garantias reais. • Restauração da dívida, ou melhor, retorno das partes ao *status quo ante*, com todas as suas garantias, havendo anulação da substituição do devedor. • Possibilidade de o adquirente do imóvel hipotecado tomar a seu cargo o pagamento do crédito garantido.

4. CESSÃO DE CONTRATO

A. Conceito

Apesar de não ser regulamentada pelo direito brasileiro, a cessão de contrato[34] tem existência jurídica como negócio jurídico inominado, por decorrer do princípio da autonomia negocial, pois desde que os contraentes tenham capacidade, sendo lícito e possível o objeto e não recorrendo a forma proibida legalmente, as partes poderão estipular o que quiserem. Além disso, é preciso lembrar que, se a cessão de crédito e a de débito são permitidas, não há por que vedar a cessão do contrato, já que se do contrato defluem créditos e débitos para os interessados, que os podem transmitir separadamente, não há razão para que não tenham o direito de os transferir no todo[35]. Portanto, na cessão de contrato transmitem-se ao cessionário não só os direitos, mas também as obrigações do cedente.

A *cessão de contrato* é, segundo Silvio Rodrigues[36], a transferência da inteira posição ativa e passiva, do conjunto de direitos e obrigações de que é titular uma pessoa, derivados de contrato bilateral já ultimado, mas de execução ainda não concluída. Logo, haverá, na verdade, uma transferência de titularidade jurídica contratual, sem que se altere o teor do contrato; ter-se-á somente uma substituição subjetiva no contrato ativa e passivamente (CC, arts. 286 e 299, aplicados analogicamente ante a LINDB, art. 4º).

Segundo Enunciado n. 648 da IX Jornada de Direito Civil: "Aplica-se à cessão da posição contratual, no que couber, a disciplina da transmissão das obrigações prevista no CC, em particular a expressa anuência do cedido, *ex vi* do art. 299 do CC".

A cessão de contrato possibilita a circulação do contrato em sua integralidade, permitindo que um estranho ingresse na relação contratual, substituindo um dos contratantes primitivos,

---

34. Sobre cessão de contrato, *vide* Carresi, *La cessione del contratto*, Milano, 1950; Silvio Rodrigues, *Direito Civil*, cit., p. 369-79; Andreoli, *La cesión de contrato*, Madrid, 1956, n. 1, §§ 6 e 7; Puleo, *La cessione del contratto*, Milano, 1939; Messineo, *Doctrina general del contrato*, t. 2, p. 235; Dimas de Oliveira Cesar, op. cit., ns. 38 e 39; *Ciência Jurídica*, *45*:136; Ivo Waisberg, Autorização prévia da cessão de contrato nos contratos de adesão, *Revista do Instituto dos Advogados de São Paulo*, n. 6, p. 71-101; Antonio da Silva Cabral, *Cessão de contratos*, 1987; Manuel Garcia Amigo, *La cesión de contratos en el derecho español*, 1964; Laurent Aynès, *La cession de contrat* (Les opérations juridiques à trois personnes), 1984; Antônio da S. Cabral, Cessão de contratos, *Doutrinas essenciais – obrigações e contratos* (coord. G. Tepedino e Luiz E. Fachin), São Paulo, Revista dos Tribunais, 2011, v. II, p. 39-54; Ivo Waisberg, Autorização prévia da cessão de contrato nos contratos de adesão, *Doutrinas essenciais*, cit., p. 237-74.

35. Silvio Rodrigues, *Direito Civil*, cit., p. 377 e 369.

36. Silvio Rodrigues, *Direito Civil*, cit., p. 369. Hipótese comum de cessão de contrato é a que ocorre no compromisso de compra e venda (Lei n. 6.766/79, art. 31). *Vide* Código Civil português, art. 424 (cessão da posição contratual); Código Civil italiano, art. 1.406. Trata-se da cessão de direitos e deveres emergentes da posição do contratante.

assumindo todos os seus direitos (créditos) e deveres[37] (débitos). O cedente transfere, portanto, sua posição contratual na íntegra a um terceiro (cessionário), que o substituirá na relação jurídica, havendo anuência expressa do cedido. Ter-se-á uma *cessão global*. Há, portanto, uma transferência da posição ativa e passiva de uma das partes a terceiro, que passará a fazer parte da relação jurídica, como, p. ex., nos contratos de cessão de locação, de empreitada, de compromisso de compra e venda, de mandato, em que, por meio do substabelecimento, o contrato-base é transferido, transmitindo-se ao cessionário todos os direitos e deveres dele decorrentes[38].

B. Requisitos

Efetivar-se-á a cessão de contrato somente e se[39]:

1º) O contrato transferido for bilateral, isto é, de prestações correspectivas, pois se for contrato unilateral, ou seja, em que a vantagem ou o ônus se encontra com uma das partes contratantes, a hipótese será de cessão de crédito ou de débito.

2º) O contrato for suscetível de ser cedido de maneira global, pois só poderá ser transferido depois de sua formação e antes de sua execução.

3º) Houver transferência ao cessionário não só dos direitos como também dos deveres do cedente.

4º) O cedido consentir, prévia ou posteriormente, pois uma vez que a cessão de contrato implica, concomitantemente, uma cessão de crédito e uma cessão de débito, a anuência do cedido será indispensável para a eficácia desse negócio, sob pena de nulidade (*Ciência Jurídica, 45*:136). Isto é assim porque para o cedido é muito importante a pessoa do cessionário, que passará a ser seu devedor.

5º) Houver observância dos requisitos do negócio jurídico, ou seja, capacidade das partes, objeto lícito e forma legal.

6º) A obrigação não for *intuitu personae*, nem houver estipulação de cláusula vedando a cessão.

C. Efeitos

A cessão de contrato produz as seguintes consequências jurídicas[40]:

---

37. Messineo, op. cit., v. 2, p. 235.

38. Silvio Rodrigues, *Direito Civil*, cit., p. 377-8. É comum também em contrato de transferência de estabelecimento empresarial, fornecimento, mútuo hipotecário para fins de aquisição de casa própria, financiamento (Carlos R. Gonçalves, *Curso*, cit., v. 2, p. 223 e 232).

Pela Lei n. 6.015/73, art. 129, n. 10º, acrescentado pela Lei n. 14.382/2022, requer-se registro da cessão de direitos, no Registro de Títulos e Documentos, para produzir efeitos relativamente a terceiros.

39. Dimas de Oliveira Cesar, op. cit., n. 38; Andreoli, op. cit., n. 1, §§ 6 e 7; Messineo, op. cit., t. 2, p. 235; Silvio Rodrigues, *Direito Civil*, cit., p. 372; Gagliano e Pamplona Filho, *Novo curso*, cit., v. II, p. 276.

40. Silvio Rodrigues, *Direito Civil*, cit., p. 373-5; Dimas de Oliveira Cesar, op. cit., n. 40. *Vide RT, 797*:313; *RSTJ, 134*:236, *156*:291.

"A cessão, pelo arrendatário do imóvel, de posição contratual ou de direitos decorrentes de contrato de arrendamento residencial no âmbito do PAR, somente será válida se forem cumpridos os seguintes requisitos: I) atendimento, pelo novo arrendatário, dos critérios para ingresso no PAR; II) respeito de eventual fila para ingresso no PAR; e III) consentimento prévio pela Caixa Econômica Federal, na condição de agente operadora do Programa" (Informativo n. 731 do STJ, REsp 1.950.000-SP, rel. Min. Nancy Andrighi, 3ª Turma, por unanimidade, j. 22-3-2022, *DJe* 25-3-2022).

1ª) *Transferência do crédito e do débito de um dos contraentes a um terceiro*, que ingressa na relação negocial, substituindo-o e assumindo sua posição ativa e passiva na obrigação.

2ª) *Subsistência da obrigação*, que não sofrerá nenhuma alteração substancial.

3ª) *Liberação do cedente do liame contratual se houver consentimento do credor*, externado previamente por ocasião do contrato-base, numa disposição contratual expressa ou numa cláusula à ordem, ou dado ao tempo da cessão, ou *se se configurar hipótese em que a lei dispensa tal anuência*, como, p. ex., na cessão de contrato de compromisso de imóvel loteado (Lei n. 6.766/79, arts. 25 a 36). Casos há de cessão de contrato sem exoneração do cedente, que continuará vinculado ao negócio não apenas como garantia de seu adimplemento, mas como principal pagador, embora o cessionário assuma a responsabilidade pelas obrigações oriundas do contrato.

Quadro Sinótico

CESSÃO DE CONTRATO

1. CONCEITO	• Cessão de contrato, segundo Silvio Rodrigues, é a transferência da inteira posição ativa e passiva, do conjunto de direitos e obrigações de que é titular uma pessoa, derivados de contrato bilateral já ultimado, mas de execução ainda não concluída.
2. REQUISITOS	• Contrato bilateral, desde que a obrigação não seja personalíssima. • Contrato suscetível de ser cedido globalmente, pois só poderá ser transferido depois de sua formação e antes de sua execução. • Transferência ao cessionário dos direitos e deveres do cedente. • Anuência do cedido. • Observância dos requisitos do negócio jurídico. • Ausência de cláusula contratual proibindo a cessão.
3. EFEITOS	• Transferência do crédito e do débito de um dos contraentes a um terceiro. • Subsistência da obrigação. • Liberação do cedente do liame contratual se houver consentimento do credor ou se se configurar hipótese em que a lei dispense tal assentimento.

Bibliografia

ACOLLAS. *Manuel de droit civil.* [S.l.: s.n., s.d.]. v. 2.

AGUIAR DIAS, José de. *Da responsabilidade civil.* 4. ed. Rio de Janeiro: Forense, 1960. v. 1.

ALARCÃO, Rui de; DOMINGUES DE ANDRADE, Manuel A. *Teoria geral das obrigações.* 3. ed. Coimbra: Almedina, 1966.

ALBERTACCI, Laura A. Juros nos contratos: entenda como a nova lei afeta o seu negócio. *Revista Síntese - Direito Civil e Processual Civil,* v. 152, p. 27-28, 2024.

ALLARA. *Nozioni fondamentali di diritto civile.* [S.l.: s.n., s.d.].

ALTERINI, Atilio A. *Mora, enriquecimiento sin causa, responsabilidad.* Buenos Aires: Abeledo-Perrot, 1971.

ALVES, João Luís. *Código Civil anotado.* [S.l.: s.n., s.d.]. v. 2.

ALVES MOREIRA. *Direito civil português.* [S.l.: s.n., s.d.].

ALVIM, Agostinho. *Da inexecução das obrigações e suas consequências.* São Paulo: Saraiva, [s.d.].

AMERICANO, Jorge. *Ensaio sobre enriquecimento sem causa.* São Paulo: [s.n.], 1932.

ANDRADE, Luiz Antônio de. *Aspectos e inovações do Código de Processo Civil.* Rio de Janeiro: [s.n.], 1974.

ANDRADE, Manuel. *Teoria geral da relação jurídica.* [S.l.: s.n., s.d.].

ANDREOLI, Giuseppe. *Contributo alla teoria dell'adempimento.* Padova: [s.n.], 1937.

ANDREOLI, Giuseppe. *La cesión de contrato.* Madrid: [s.n.], 1956.

ANTUNES VARELA. *Direito das obrigações.* Rio de Janeiro: Forense, 1977.

ANTUNES VARELA. Cessão de direitos e de créditos. In: LIMONGI FRANÇA, R. (org.). *Enciclopédia Saraiva do Direito.* [S.l.: s.n., s.d.]. v. 14.

ANTUNES VARELA. Cessão "pro solvendo". In: LIMONGI FRANÇA, R. (org.). *Enciclopédia Saraiva do Direito.* [S.l.: s.n., s.d.]. v. 14.

ARRUDA MIRANDA, Darcy. *Jurisprudência das obrigações.* São Paulo: Revista dos Tribunais. v. 3.

ATZERI-VACCA. *Delle rinuncie.* 2. ed. Torino: [s.n.], 1915.

AUBRY; RAU. *Cours de droit civil français.* 5. ed. Paris: [s.n.]. v. 4 e 6.

AZEVEDO, Laurentino. *Da compensação.* São Paulo: [s.n.], 1920.

BALBI, Giovanni. Le obbligazioni "propter rem". *Memorie delle Istitute Giuridici della Università di Torino*, série II, 1950.

BALEEIRO, Aliomar. *Direito tributário brasileiro.* 5. ed. Rio de Janeiro: Forense, 1973.

BARASSI. *Teoria generale delle obbligazioni.* [S.l.: s.n., s.d.]. v. 1.

BARBERO. *Sistema istituzionale del diritto privato italiano.* [S.l.: s.n., s.d.]. t. 2.

BARONCEA. *Essai sur la faute et le fait du créancier.* Paris: [s.n.], 1930.

BARROS MONTEIRO, Washington de. *Curso de direito civil.* São Paulo: Saraiva, 1982. v. 3 e 4.

BAUDRY-LACANTINERIE. *Précis de droit civil.* 5. ed. [S.l.: s.n., s.d.]. v. 2.

BAUDRY-LACANTINERIE; BARDE. *Traité théorique et pratique de droit civil:* des obligations. 3. ed. [S.l.: s.n., s.d.]. v. 2.

BAUDRY-LACANTINERIE; WAHL. *Dei contratti aleatori, del mandato, della fideiussione e della transacione.* [S.l.: s.n., s.d.]. t. 24.

BEAUDANT. *Traité de droit civil:* des contrats. [S.l.: s.n., s.d.].

BELMONTE, Guido. *Il nuovo Codice Civile commentato.* [S.l.: s.n., s.d.]. Liv. 4.

BERMUDES, Sergio. *Comentários ao Código de Processo Civil.* São Paulo: Revista dos Tribunais, 1975. v. 7.

BERNART. Remissão da dívida – II. In: LIMONGI FRANÇA, R. (org.). *Enciclopédia Saraiva do Direito.* [S.l.: s.n., s.d.]. v. 64.

BETTI, Emilio. *Teoria generale delle obbligazioni in diritto romano.* Milano: [s.n.], 1953. v. 1.

BEVILÁQUA, Clóvis. *Código Civil comentado.* [S.l.: s.n., s.d.]. v. 3 e 4.

BEVILÁQUA, Clóvis. *Direito das coisas.* [S.l.: s.n., s.d.]. v. 1.

BIONDI. *Istituzioni di diritto romano.* Catania: [s.n.], 1929.

BOFFI BOGGERO, Luis M. *La declaración unilateral de voluntad como fuente de las obligaciones.* Buenos Aires: [s.n.], 1942.

BONFANTE. *Lezioni sulle obbligazioni.* [S.l.: s.n., s.d.].

BONJEAN. *Explication méthodique des Institutes de Justinien.* Paris: Pedone, 1880. v. 2.

BONNECASE. *Elementos de derecho civil.* México: [s.n.]. t. 1 e 2.

BOYER, Louis. *La notion de transaction.* Paris: [s.n.], 1947.

BRANDÃO LIMA, Domingos S. Consignação em pagamento. In: LIMONGI FRANÇA, R. (org.). *Enciclopédia Saraiva do Direito.* [S.l.: s.n., s.d.]. v. 18.

BRANDÃO LIMA, Domingos S. Novação. In: LIMONGI FRANÇA, R. (org.). *Enciclopédia Saraiva do Direito.* [S.l.: s.n., s.d.]. v. 55.

BRUGI. *Instituciones de derecho civil.* [S.l.: s.n., s.d.].

BRUN, André. *Rapport et domaine des responsabilités contractuelle et délictuelle.* Paris: [s.n.], 1931.

BUTERA. *Codice Civile italiano commentato.* [S.l.: s.n., s.d.]. v. 1.

BUZAID, Alfredo. *Ação declaratória no direito brasileiro.* São Paulo: Saraiva, [s.d.].

CALASTRENG. *La relativité des conventions.* Toulouse: [s.n.], 1939.

CAMARA LEAL, Antonio Luiz da. *Da prescrição e decadência.* Rio de Janeiro: Forense, 1978.

CAMPELO, José Cid. Correção monetária e jurisprudência. *O Estado de S. Paulo*, 25 out. 1981.

CANOVAS. Apuntes sobre la obligación natural en nuestro Código Civil. *Anales de la Universidad de Murcia*, v. 11.

CAPITANT. *De la cause des obligations.* 3. ed. [S.l.: s.n., s.d.].

CARBONI. *Dell'obbligazione.* Torino: [s.n.], 1912.

CARBONNIER. *Droit civil:* les obligations. 6. ed. Paris: PUF, 1969. v. 4.

CARNEIRO MAIA, Paulo. Obrigação "propter rem". In: LIMONGI FRANÇA, R. (org.). *Enciclopédia Saraiva do Direito.* [S.l.: s.n., s.d.]. v. 55.

CARNELUTTI. *Studi di diritto processuale.* [S.l.: s.n., s.d.]. v. 2.

CARPENTER. *Da prescrição.* [S.l.: s.n., s.d.].

CARRESI. L'obbligazione naturale nella più recente letteratura giuridica italiana. *Rivista Trimestrale di Diritto Processuale Civile*, 1948.

CARVALHO, Luís C. Pinto de. Relativização da quitação e do recibo de pagamento na órbita civil. In: CASSETTARI, Christiano (coord.). *10 anos de vigência do Código Civil brasileiro de 2002.* São Paulo: Saraiva, 2013.

CARVALHO DE MENDONÇA. *Introdução aos direitos reais*. Rio de Janeiro: [s.n.], 1915.

CARVALHO DE MENDONÇA. *Tratado de direito comercial*. [S.l.: s.n., s.d.]. v. 7.

CARVALHO DE MENDONÇA. *Doutrina e prática das obrigações*. 4. ed. [s.l.: s.n.], 1956. t. 1.

CARVALHO SANTOS. *Código Civil brasileiro interpretado*. 9. ed. Rio de Janeiro: [s.n.], 1974. v. 3, 19 e 12.

CASSATTI; RUSSO. *Manuale di diritto civile italiano*. [S.l.: s.n., s.d.].

CASTELAZZO, Carlo T. di. Rimessione del debito. In: *Nuovo Digesto Italiano*. [S.l.: s.n., s.d.].

CASTELAZZO, Carlo T. di. Compensazione. In: *Nuovo Digesto Italiano*. [S.l.: s.n., s.d.].

CASTRO, Amílcar de. *Comentários ao Código de Processo Civil*. São Paulo: Revista dos Tribunais. v. 8.

CAVALCANTI LANA, João Bosco. *Teoria geral das obrigações*. [S.l.: s.n., s.d.].

CECCOPIERI MARUFFI. Servitù prediali ed oneri reali. *Rivista di Diritto Commerciale*, v. 2, 1946.

CENDRIER. *L'obligation naturelle, les effets à l'égard du créancier*. Rennes: [s.n.], 1932.

CHAVES, Antônio. *Lições de direito civil*: direito das obrigações. São Paulo: Bushatsky, 1973. v. 1.

CHIRONI. *La colpa nel diritto civile odierno*. [S.l.: s.n., s.d.].

CHIRONI; ABELLO. *Trattato di diritto civile italiano*. [S.l.: s.n., s.d.]. v. 1.

CICALA. *Concetto di divisibilità e di indivisibilità dell'obbligazione*. Napoli: [s.n.], 1953.

CODOVILLA, Egídio. *Del compromesso e del giudizio arbitrale*. 2. ed. Torino: UTET, 1915.

COELHO, Celso Barros. Obrigação civil. In: LIMONGI FRANÇA, R. (org.). *Enciclopédia Saraiva do Direito*. [S.l.: s.n., s.d.]. v. 55.

COELHO DA ROCHA. *Instituições de direito civil português*: das obrigações em geral. [S.l.: s.n.], 1973.

COGLIOLO. *Filosofia do direito privado*. Lisboa: [s.n.], 1915.

COLAGROSSO. *Libro delle obbligazioni*. [S.l.: s.n., s.d.].

COLIN; CAPITANT. *Cours élémentaire de droit civil*. 4. ed. Paris: [s.n.], 1924.

COLMO, Alfredo. *De las obligaciones en general*. [S.l.: s.n., s.d.].

COMMENT, Albert. *De la demeure du débiteur dans les contrats bilatéraux*. Coutelary: [s.n.], 1924.

COMPAGNUCCI DE CASO, Rubén. *Inmutabilidad de la cláusula penal y la incidencia de la desvalorización monetaria*. La Plata: Lex, 1979.

CONSOLO. *Il risarcimento dal danno*. Milano: [s.n.], 1908.

CORREIA; SCIASCIA. *Manual de direito romano*. São Paulo, 1951. v. 2.

COULANGES, Fustel de. *A cidade antiga*. 9. ed. Lisboa: [s.n.]. v. 2.

COX, James. Penal clauses and liquidated damages: a comparative survey. *Tulane Law Review*, v. 33, p. 190, 1953.

CRETELLA JR., José. Caso fortuito. In: LIMONGI FRANÇA, R. (org.). *Enciclopédia Saraiva do Direito*. [S.l.: s.n., s.d.]. v. 13.

CREUZ, Luís Rodolfo Cruz e. Atualização monetária e juros – alterações do Código Civil – norma altera Código Civil e define regra de atualização monetária e juros. *Revista Síntese – Direito Civil e Processual Civil*, v. 152, p. 15-18, 2024.

CROME. *Manuale di diritto civile francese*. [S.l.: s.n., s.d.]. v. 2.

CROME. *Teoria fondamentale delle obbligazioni nel diritto francese*. Trad. Ascoli; Cameo.

CUNHA GONÇALVES. *Tratado de direito civil*. 2. ed. São Paulo: Max Limonad. v. 4, t. 2.

CUQ, Édouard. *Les institutions juridiques des romains*. Paris: [s.n.], 1902. v. 2.

CUTURI. *La vendita*. [S.l.: s.n., s.d.].

DAIBERT. *Direito das coisas*. 2. ed. Rio de Janeiro: Forense, 1979.

DE FELIPPIS. *Diritto civile italiano comparato*. [S.l.: s.n., s.d.]. v. 8.

DE GASPERI. *Tratado de las obligaciones.* [S.l.: s.n., s.d.]. v. 1.

DEGNI. *Studi sul diritto delle obbligazioni.* Napoli: [s.n.], 1926.

DEKKERS, René. *Précis de droit civil belge.* [S.l.: s.n., s.d.]. t. 2.

DEMOGUE. *Traité des obligations.* [S.l.: s.n., s.d.]. v. 1.

DEMOLOMBE. *Cours de Code Napoléon:* traité de la distinction des biens. Paris: [s.n.]. v. 9.

DE PAGE, Henri. *Traité élémentaire de droit civil belge.* [S.l.: s.n., s.d.]. v. 2.

DERNBURG. *Diritto delle obbligazioni.* [S.l.: s.n., s.d.].

DERRUPÉ. *La nature juridique du droit de preneur à bail et la distinction des droits réels et des droits de créance.* Paris: [s.n.], 1952.

DEVOTO, Luigi. *L'obbligazione ed esecuzione continuata.* Padova: CEDAM, 1943.

DÍAZ, Guillermo. *La inmutabilidad de la cláusula penal.* Buenos Aires: Ateneo, [s.d.].

DIDIER-PAILHÉ. *Cours élémentaire de droit romain.* Paris: Larose & Marcel, 1887. v. 2.

DIEGO. *Instituciones de derecho civil español.* [S.l.: s.n., s.d.]. v. 2.

DINIZ, Maria Helena. *Curso de direito civil brasileiro.* São Paulo: Saraiva, 1981. v. 4; 1982. v. 1.

DINIZ, Maria Helena. *A ciência jurídica.* Resenha Universitária, 1977.

DINIZ, Maria Helena. *As lacunas no direito.* São Paulo: Revista dos Tribunais, 1981.

DINIZ, Maria Helena. Obrigações de dar. In: LIMONGI FRANÇA, R. (org.). *Enciclopédia Saraiva do Direito.* [S.l.: s.n., s.d.]. v. 55.

DOMINGUES DE ANDRADE, Manuel A. *Teoria geral das obrigações.* 3. ed. Coimbra: Almedina, 1966.

D'ORS, Álvaro. *Elementos de derecho romano.* Pamplona: [s.n.], 1960.

DOWER, Nelson G. Bassil. *Curso moderno de direito civil.* São Paulo: Nelpa. v. 2.

DRAKIDIS. La subsidiarité, caractère spécifique et international de l'action d'enrichissement sans cause. *Revue Trimestrielle de Droit Civil,* 1961.

DURANT, Will. *História da civilização.* São Paulo: Nacional, 1957. v. 1.

DUSI. *Istituzioni di diritto civile.* v. 2.

ENGISCH, Karl. *Introdução ao pensamento jurídico.* 2. ed. Lisboa: Fundação Calouste Gulbenkian, 1964.

ENNECCERUS; KIPP; WOLFF. *Tratado de derecho civil:* derecho de obligaciones. [S.l.: s.n., s.d.]. v. 1.

ESMEIN. Le fondement de la responsabilité contractuelle rapproché de la responsabilité délictuelle. *Revue Trimestrielle,* 1933.

ESPÍNOLA, Eduardo. *Garantia e extinção das obrigações.* Rio de Janeiro: [s.n.], 1951.

ESPÍNOLA, Eduardo. *Sistema do direito civil brasileiro.* [S.l.: s.n., s.d.]. v. 2.

ESSER, Josef. *Principio y norma en la elaboración jurisprudencial del derecho privado.* Barcelona: Bosch, 1961.

FALCÃO, Alcino P. Conceito de obrigação. *Revista Forense,* v. 128, p. 23, [s.d.].

FALZEA, Angelo. *Le condizioni e gli elementi dell'atto giuridico.* Milano: [s.n.], 1941.

FARHI, Alfredo. *La cláusula compromisoria.* Buenos Aires: [s.n.], 1945.

FENGHI. Sulla sussidiarità dell'azione d'arrichimento senza causa. *Rivista di Diritto Commerciale,* v. 2, p. 121 e segs., 1962.

FERRARA, Luigi. *Diritto privato attuale.* [S.l.: s.n., s.d.].

FERRAZ JR., Tercio S. *Teoria da norma jurídica.* Rio de Janeiro: Forense, 1978.

FISCHER. *Los daños civiles y su reparación.* Madrid: [s.n.], 1928.

FOIGNET; DUPONT. *Le droit romain des obligations.* Paris: [s.n.], 1945.

FRAGA, Afonso. *Da transação ante o Código Civil brasileiro.* [S.l.: s.n., s.d.].

FRANZEN DE LIMA, João. *Curso de direito civil brasileiro.* [S.l.: s.n., s.d.]. v. 1.

FREDERICO MARQUES, José. *Instituições de direito processual civil.* v. 5.

FRONTINI, Paulo Salvador. Direito das obrigações: por uma atualização autenticadora. *Revista da Fundação Instituto de Ensino para Osasco*, n. 1, 1973.

FULGÊNCIO, Tito. *Das modalidades das obrigações.* 2. ed. Rio de Janeiro: Forense, 1958.

FUNAIOLI. Debiti di giuoco o di scommessa. *Rivista di Diritto Civile*, 1956.

GARCIA, Gustavo Filipe B. Novas previsões sobre atualização monetária e juros decorrentes da Lei n. 14.905/2024. *Revista Síntese – Direito Civil e Processual Civil*, v. 152, p. 9-14, 2024.

GAUDEMET. *Théorie générale des obligations.* Paris: Sirey, 1965.

GIANTURCO. *Diritto delle obbligazioni.* Napoli: [s.n.], 1894.

GIDES, Paul. *Études sur la novation et le transport des créances en droit romain.* Paris: [s.n.], 1879.

GIL, Otto. Correção monetária. In: LIMONGI FRANÇA, R. (org.). *Enciclopédia Saraiva do Direito.* [S.l.: s.n., s.d.]. v. 20.

GIORDINA. *Studi sulla novazione nella dottrina del diritto intermedio.* Milano: [s.n.], 1937.

GIORGI. *Teoria delle obbligazioni.* [S.l.: s.n., s.d.]. v. 3.

GIOVANOLI. *Force majeure et cas fortuit.* Genève: [s.n.], 1933.

GIOVENE. *Caso fortuito.* Napoli: [s.n.], 1896.

GIRARD. *Manuel élémentaire de droit romain.* 6. ed. Paris: [s.n.].

GIUSIANA, Enrico. *Istituzioni di diritto privato.* 8. ed. [S.l.: s.n., s.d.]. v. 2.

GIUSIANA, Enrico. *Il concetto del danno giuridico.* Milano: [s.n.], 1944.

GOBERT. *Essai sur le rôle de l'obligation naturelle.* [s.l.: s.n.], 1957.

GOMES, Orlando. *Obrigações.* 4. ed. Rio de Janeiro: Forense, 1976.

GOMES, Orlando. *Direitos reais.* 6. ed. Rio de Janeiro: Forense, 1978.

GONDIM, Regina. *Natureza jurídica da solidariedade.* Rio de Janeiro: [s.n.], 1958.

GORÉ, François. *Enrichissement au dépens d'autrui.* Paris: [s.n.], 1949.

GOROSTIAGA, Norberto. *La causa de las obligaciones.* Buenos Aires: [s.n.], 1944.

GRECO, Marco Aurélio. Dinâmica da tributação e procedimento. *Revista dos Tribunais*, 1979.

GROSS, Bernard. *La notion d'obligation de garantie dans le droit des contrats.* Paris: [s.n.], 1964.

GROSSO. Servitù ed obbligazioni "propter rem". *Rivista di Diritto Commerciale*, v. 1, 1939.

HANNEQUART, Yvon. Transmission des obligations. In: *Droit civil.* Bruxelles, 1958. v. 2, t. 4.

HASSEN ABERKANE. *Essai d'une théorie générale de l'obligation "propter rem" en droit positif français.* Paris: [s.n.], 1957.

HEDEMANN. *Derecho de obligaciones.* [S.l.: s.n., s.d.].

HENRI, A. *De la subrogation réelle, conventionelle et légale.* Paris: [s.n.], 1913.

HEREDIA y CASTAÑO. *El cumplimiento de las obligaciones.* Madrid: [s.n.], 1956.

HUBERMAN. *La cláusula penal:* su reducción judicial. [s.l.: s.n.], 1976.

HUBRECHT. *Stabilisation du franc et valorisation des créances.*

HUC. *Cession et transmission des créances.* Paris: [s.n.]. v. 1 e 2.

HUDELOT; METMANN. *Des obligations.* 4. ed. [S.l.: s.n., s.d.].

HUGUENEY. *L'idée de peine privée en droit contemporain.* Paris: [s.n.], 1904.

IBARGUREN. *Las obligaciones y el contrato.* Buenos Aires: [s.n.].

IGLESIAS, Juan. *Derecho romano.* Barcelona: [s.n.], 1963.

IHERING, Rudolf von. *Oeuvres choisies.* [S.l.: s.n., s.d.]. v. 2.

ITURRASPE, Jorge Mosset. *Medios compulsivos en derecho privado*. Buenos Aires: Ediar, 1978.

JÖRS; KUNKEL. *Derecho privado romano*. Barcelona: [s.n.], 1965.

JOSSERAND. *Cours de droit civil positif français*. Paris: [s.n.]. v. 2.

JUGLART. *Obligations réeles et servitudes en droit privé français*. Bordeaux: [s.n.], 1937.

KALINOWSKY. *Introduction à la logique juridique*. Paris: [s.n.], 1965.

KELSEN, Hans. *Teoria pura do direito*. Trad. J. B. Machado. 2. ed. Coimbra: Arménio Amado, 1962. v. 1.

KEMELMAJER DE CARLUCCI, Aída. *La cláusula penal*. Buenos Aires: Depalma, 1981.

KONDER COMPARATO, Fábio. *Essai d'analyse dualiste de l'obligation en droit privé*. Paris: Dalloz, 1964.

LABORDE-LACOSTE. *Introduction générale à l'étude du droit*. Paris: [s.n.].

LACERDA DE ALMEIDA. *Obrigações*. 2. ed. [S.l.: s.n., s.d.].

LAFAILLE. *Derecho civil:* tratado de las obligaciones. [S.l.: s.n., s.d.]. v. 2.

LARA CAMPOS JR., A. *Princípios gerais de direito processual*. São Paulo: Bushatsky, 1963.

LARENZ, Karl. *Derecho de obligaciones*. [S.l.: s.n., s.d.]. t. 1.

LARENZ, Karl. *Metodología de la ciencia del derecho*. Barcelona: Ariel, 1966.

LAROMBIÈRE. *Théorie et pratique des obligations*. [S.l.: s.n., s.d.]. v. 1.

LAURENT, François. *Principes de droit civil français*. 5. ed. Bruxelles: Bruylant, 1893. t. 17.

LESSONA. Essai d'une théorie générale de la renonciation en droit civil. *Revue Trimestrielle*, 1912.

LIEBMAN, Enrico Tullio. *Processo de execução*. [S.l.: s.n., s.d.].

LIGEROPOULO. *Le problème de fraude à la loi*. [S.l.: s.n., s.d.].

LIMONGI FRANÇA, R. *Manual de direito civil*. São Paulo: Revista dos Tribunais, 1976. v. 4, t. 1.

LIMONGI FRANÇA, R. Direito das obrigações. *Enciclopédia Saraiva do Direito*. [S.l.: s.n., s.d.]. v. 26.

LIMONGI FRANÇA, R. Fato jurídico. *Enciclopédia Saraiva do Direito*. [S.l.: s.n., s.d.]. v. 36.

LIMONGI FRANÇA, R. Obrigação (Classificação). *Enciclopédia Saraiva do Direito*. [S.l.: s.n., s.d.]. v. 55.

LITVINOFF, Saul. Cláusulas relativas a la exclusión y a la limitación de responsabilidad. *Revista de la Asociación de Derecho Comparado*, 1977.

LLAMBIAS, Jorge J. *Tratado de derecho civil:* obligaciones. Buenos Aires: Abeledo-Perrot. t. 1.

LÔBO, Paulo. *Direito civil:* Obrigações. São Paulo: Saraiva, 2011.

LOMONACO. *Istituzioni di diritto civile italiano*. [S.l.: s.n., s.d.]. v. 5.

LOMONACO. *Delle obbligazioni e dei contratti in genere*. [S.l.: s.n., s.d.]. v. 2.

LOPES, Helvécio. *Os acidentes do trabalho*. [S.l.: s.n., s.d.].

MACHELARD. *Des obligations naturelles en droit romain*. [S.l.: s.n., s.d.].

MACKELDEY. *Manuel de droit romain*. Bruxelles: [s.n.], 1837.

MAGAZZU, Andrea. Clausola penale. In: *Enciclopédia del Diritto*. Milano: Giuffrè, 1960. t. 7.

MARCADÉ. *Explication théorique et pratique du Code Civil*. 7. ed. Paris: Delamotte, 1873. t. 4.

MAROI, Fulvio. Obbligazione. In: *Dizionario pratico del diritto privato*. Milano: Vallardi, 1934. v. 4.

MARTIN-BALLESTEROS. L'obligation naturelle. In: *Annales de la Faculté de Droit de Toulouse*, t. 8, 1960.

MARTIN DE LA MOUTTE, J. *L'acte juridique unilateral*. Paris: [s.n.], 1951.

MATOS PEIXOTO, José Carlos. *Curso de direito romano*. Rio de Janeiro: [s.n.], 1955. v. 1.

MATTIA, Fábio M. Ato jurídico em sentido estrito e negócio jurídico. In: LIMONGI FRANÇA, R. (org.). *Enciclopédia Saraiva do Direito*. [S.l.: s.n., s.d.]. v. 9.

MAYNZ, Charles. *Cours de droit romain*. Bruxelles: Bruylant, 1891. v. 2.

MAZEAUD; MAZEAUD. *Leçons de droit civil*. Paris: [s.n.]. t. 1.

MAZEAUD; TUNC. *Traité théorique et pratique de la responsabilité civile délictuelle et contractuelle*. 5. ed. Paris: [s.n.]. t. 1.

MEDEIROS DA FONSECA, Arnoldo. *Caso fortuito e teoria da imprevisão*. 3. ed. Rio de Janeiro: Forense, 1958.

MEIRA, Silvio A. B. *Instituições de direito romano*. 2. ed. São Paulo: Max Limonad, [s.d.].

MELO, Diogo Leonardo Machado de; ZULIANI, Ênio Santarelli. *Curso de direito civil* – parte geral e direito das obrigações. São Paulo: Revista dos Tribunais, 2025. v. 1.

MELO, Nehemias Domingos de. *Obrigações e responsabilidade civil*. São Paulo: Atlas, 2014.

MENDES PIMENTEL, Álvaro. Da cláusula compromissória. In: LIMONGI FRANÇA, R. (org.). *Enciclopédia Saraiva do Direito*. [S.l.: s.n., s.d.]. v. 16.

MENDONÇA LIMA. *Comentários ao Código de Processo Civil*. v. 6, t. 2.

MENGONI. Obbligazioni di risultato ed obbligazioni di mezzi. *Rivista del Diritto Commerciale e del Diritto Generale delle Obbligazioni*, v. 1, 1954.

MERÊA, Paulo. *Código Civil brasileiro*. [S.l.: s.n., s.d.].

MERLÉ, Roger. *Essai de contribution à la théorie générale de l'acte déclaratif*. [S.l.: s.n., s.d.].

MESSINEO, Francesco. *Manuale di diritto civile e commerciale*. [S.l.: s.n., s.d.]. v. 1.

MESSINEO, Francesco. *Istituzioni di diritto privato*. [S.l.: s.n., s.d.].

MEULENAERE. *Code Civil allemand*. [S.l.: s.n., s.d.].

MONTES, Angel Cristobal. *Curso de derecho romano:* derecho de obligaciones. Caracas: s.n., 1964.

MORAES, Hamilton de; BARROS, Hamilton de. *Comentários ao Código de Processo Civil*. Rio de Janeiro: Forense, [s.d.]. v. 9.

MORATO, Antônio Carlos. A aplicação dos princípios contratuais no enriquecimento sem causa. In: CASSETTARI, Christiano (coord.). *10 anos de vigência do Código Civil brasileiro de 2002*. São Paulo: Saraiva, 2013.

MOSCATO, Giuseppe. *L'obbligazione naturale nel diritto romano e nel diritto moderno*. Torino: s.n., 1897.

MOURA BITTENCOURT. Honorários de advogado (Obrigação de meio e de resultado). *Folha de S. Paulo*, 2 jan. 1966.

MOURA ROCHA, José de. Compensação. In: LIMONGI FRANÇA, R. (org.). *Enciclopédia Saraiva do Direito*. [S.l.: s.n., s.d.]. v. 16.

MOURA ROCHA, José de. Da compensação; sua problemática ante os direitos civil e processual. *Revista de Direito Civil, Imobiliário, Agrário e Empresarial*, v. 1, 1977.

NANNI, Giovane Ettore. Honorários pela atuação como árbitro e exercício da advocacia: possibilidade de recebimento pela sociedade de advogados. *Letrado – IASP*, 105:46-49.

NANNI, Giovanni Ettore. Responsabilidade patrimonial do devedor: conceito e evolução histórica. *Revista do Direito Privado*, v. 123, p. 149-188, 2025.

NASCIMENTO FRANCO, J. Inexigibilidade das obrigações naturais. *Revista de Direito Civil*, n. 5.

NICOLÒ. *L'adempimento dell'obbligo altrui*. [S.l.: s.n., s.d.].

NONATO, Orozimbo. *Curso de obrigações*. Rio de Janeiro: Forense, 1959. v. 1 e 2.

OLIVEIRA, Salvador Beliz Abra; GARCIA, Caio Fugiwara. Juros moratórios legais e convencionais com alterações da Lei n. 14.905/2024. *Consultor Jurídico*, 28 set. 2024.

OLIVEIRA CESAR, Dimas de. *Estudo sobre a cessão de contrato*. São Paulo: [s.n.], 1954.

OPPO. *Adempimento e liberalità*. [S.l.: s.n.], 1947.

ORGAZ. *El daño resarcible*. Buenos Aires: [s.n.], 1952.

PACCHIONI. *Elementi di diritto civile*. [S.l.: s.n., s.d.].

PACCHIONI. *Delle obbligazioni in generale*. 3. ed. [S.l.: s.n.], 1941. v. 1.

PACCHIONI. *Trattato delle obbligazioni*. Torino: Fratelli Bocca, 1927.

PACCHIONI. *Diritto civile italiano*. v. 1. [S.l.: s.n., s.d.].

PACCHIONI. *Obbligazioni e contratti*. [S.l.: s.n., s.d.].

PACIFICI-MAZZONI. *Istituzioni di diritto civile*. v. 4. [S.l.: s.n., s.d.].

PACIFICI-MAZZONI. *Trattato di diritto civile*. v. 12. [S.l.: s.n., s.d.].

PEIRANO FACIO, Jorge. *La cláusula penal*. Montevideo: [s.n.], 1947.

PEREIRA COELHO. *O nexo de causalidade na responsabilidade civil*. Coimbra: [s.n.], 1950.

PEROZZI. La distinzione fra debito ed obbligazione. *Rivista di Diritto Commerciale*, v. 1, 1917.

PETIT, Eugène. *Tratado elementar de derecho romano*. Buenos Aires: Albatroz, 1958.

PEZZELLA. *L'obbligazione in solido nei riguardi del creditore*. Milano: [s.n.], 1934.

PLANIOL. *Traité élémentaire de droit civil*. 10. ed. Paris: [s.n.], 1926. v. 2.

PLANIOL, M.; RIPERT, G. *Traité pratique de droit civil*. Paris: [s.n.], 1931. t. 7.

POLACCO. *L'obbligazione nel diritto civile italiano*. v. 1. [S.l.: s.n., s.d.].

PONT, Paul. *Petits contrats*. [S.l.: s.n., s.d.]. v. 1.

PONTES DE MIRANDA. *Comentários ao Código de Processo Civil*. Rio de Janeiro: Forense, t. 4, 6 e 9.

PONTES DE MIRANDA. *Tratado de direito privado*. [S.l.: s.n., s.d.]. v. 6, 44 e 45.

POTHIER. *Traité des obligations*. In: *Oeuvres*. Paris: Depelafol, 1835. v. 1.

PUGLIATTI. *Introducción al estudio del derecho civil*. [S.l.: s.n., s.d.].

PUIG BRUTAU. *Fundamentos de derecho civil; derecho de cosas*. Barcelona: Bosch, 1953. v. 3.

PUIG PEÑA. *Tratado de derecho civil español*. Madrid: Revista de Derecho Privado, 1946. t. 4.

PULEO. *La cessione del contratto*. Milano: [s.n.], 1939.

RADOUANT. *Du cas fortuit et de la force majeure*. [S.l.: s.n., s.d.].

RAFAELLI. Sull'incidenza del rischio nella falsificazione degli assegni. *Banca Borsa e Titoli di Credito*, 17:185, nota 3, 1938.

RÁO, Vicente. *Ato jurídico*. Max Limonad, 1961.

RAYNAUD. *La renonciation à un droit*. *Revue Trimestrielle*, 1936.

REALE, Miguel. *Lições preliminares de direito*. São Paulo: Bushatsky, 1973.

REALE, Miguel. *Nos quadrantes do direito positivo*. Ed. Michalany, 1960.

REDENTI, E. Compromesso. In: *Nuovo Digesto Italiano*. [S.l.: s.n., s.d.].

REIS, José Alberto dos. *Processo de execução*. [S.l.: s.n., s.d.].

RENARD, Jean. L'action d'enrichissement sans cause dans le droit français moderne. *Revue Trimestrielle de Droit Civil*, 1920.

RIBEIRO, Renato. Configuração do enriquecimento injustificado. In: CASSETTARI, Christiano (coord.). *10 anos de vigência do Código Civil brasileiro de 2002*. São Paulo: Saraiva, 2013.

RICCI. *Corso tecnico-pratico di diritto civile*. [S.l.: s.n., s.d.]. v. 9.

RIGAUD. *Le droit réel*. Toulouse: [s.n.], 1912.

RIPERT. *La règle morale dans les obligations civiles*. Paris: [s.n.], 1935.

ROCAMORA. Contribuciones al estudio de las obligaciones naturales. *Revista de Derecho Privado*, 29:485 e 546, 1945.

ROCA SASTRE. *Derecho hipotecario*. Barcelona: [s.n.], 1948. v. 2.

ROCHA, Sílvio Luís F. da. *Obrigações*. São Paulo: Malheiros, 2010.

RODIÈRE. *La solidarité et l'indivisibilité*. [S.l.: s.n., s.d.].

RODRIGUES, Silvio. *Direito civil*. 3. ed. São Paulo: Max Limonad, 1968. v. 2.

RODRIGUES JR., Otavio Luiz. *A misteriosa cláusula geral dos bons costumes no direito civil brasileiro.* Tese (titular) – Faculdade de Direito da Universidade de São Paulo, 2025.

ROMOLO-TOSETTO. Solidarietà. In: *Nuovo Digesto Italiano.* [S.l.: s.n., s.d.]. v. 12.

ROSA, Alcides. *Noções de direito civil; teoria geral das obrigações.* 8. ed. [S.l.]: Ed. Aurora, 1957.

ROSENBERG. *Tratado de derecho procesal civil.* [S.l.: s.n., s.d.]. v. 2.

ROSSEL. *Manuel de droit fédéral des obligations.* [S.l.: s.n., s.d.].

ROTONDI, Mario. *Istituzioni di diritto privato.* 8. ed. 1965. [S.l.: s.n.].

ROUAST. L'enrichissement sans cause. *Revue Trimestrielle de Droit Civil,* 1922.

RUGGIERO, [Nome]; MAROI, [Nome]. *Istituzioni di diritto privato.* 8. ed. [S.l.: s.n., s.d.]. v. 2.

SÁ, Hermano de. Não se entende transação sem ônus para as partes. *Atualidades Forense,* n. 31, p. 7-8, 1980.

SAID CAHALI, Yussef. Dano. In: LIMONGI FRANÇA, R. (org.). *Enciclopédia Saraiva do Direito.* [S.l.: s.n., s.d.]. v. 22.

SAIGET. *Le contrat immoral.* [S.l.: s.n., s.d.].

SALDANHA, Nelson. Fontes do direito – I. In: LIMONGI FRANÇA, R. (org.). *Enciclopédia Saraiva do Direito.* [S.l.: s.n., s.d.]. v. 38.

SALEILLES. *Théorie générale de l'obligation.* 3. ed. [S.l.: s.n.], 1925.

SALEILLES. *Cours de droit civil français.* [S.l.: s.n., s.d.]. v. 7.

SALVAT. *Tratado de derecho civil argentino; obligaciones.* 2. ed. Buenos Aires: Abeledo-Perrot, 1967.

SANSEVERINO, Milton. A compensação e sua regulamentação legal. *Revista de Direito Civil, Imobiliário, Agrário e Empresarial,* v. 5, 1978.

SAN TIAGO DANTAS. *O conflito de vizinhança e sua composição.* Rio de Janeiro: Borsoi, 1939.

SANTOS, Mílton E. dos. Da redução da cláusula penal. *Revista dos Tribunais,* 262:12.

SARAIVA, José Hermano. Para uma visão coerente do ordenamento jurídico. *Revista Brasileira de Filosofia,* fasc. 91, 1973.

SAVATIER. *Théorie des obligations.* Paris: [s.n.], 1967.

SAVIGNY. *Le droit des obligations.* Paris: [s.n.], 1873.

SCHNEIDER, [Nome]; FICK, [Nome]. *Commentaire du Code Fédéral des Obligations.* Trad. Parret. [S.l.: s.n., s.d.]. v. 1.

SCOGNAMIGLIO. *Contributo alla teoria del negozio giuridico.* Napoli: [s.n.], 1950.

SCUTO. *Istituzioni di diritto privato.* [S.l.: s.n., s.d.]. v. 1.

SCUTO. *Teoria generale delle obbligazioni con riguardo al nuovo Codice Civile.* [S.l.: s.n., s.d.].

SÉCRETAN, Roger. *Étude sur la clause penal en droit suisse.* Lausanne: [s.n.], 1917.

SERAFINI, Filippo. *Istituzioni di diritto romano.* Firenze: Giuseppe Pallas, 1873. v. 2.

SERPA LOPES. *Curso de direito civil.* 4. ed. Rio de Janeiro: Freitas Bastos, 1966. v. 2.

SILVA PEREIRA, Caio M. da. *Instituições de direito civil.* 6. ed. Rio de Janeiro: Forense, 1981. v. 2.

SILVEIRA BUENO FILHO, Edgard. Termo inicial para aplicação da correção monetária em face da Lei n. 6.899/81. *Vox Legis,* 149:100-102.

SIMONE, Mario de. *Il nuovo Codice Civile commentato.* [S.l.: s.n., s.d.]. Liv. 4.

SOLAZZI. *L'estimazioni della obbligazione.* Napoli: [s.n.], 1931.

SORIANO DE SOUZA NETO, José. *Novação.* 2. ed. 1937. [S.l.: s.n.].

SOUZA, Orlando de. Remissão da dívida – I. In: LIMONGI FRANÇA, R. (org.). *Enciclopédia Saraiva do Direito.* [S.l.: s.n., s.d.]. v. 64.

SOUZA CARVALHO, Theophilo B. *A novação em direito romano e em direito civil.* São Paulo: Duprat, 1914.

SOUZA SAMPAIO, Nelson. Fontes do direito – II. In: LIMONGI FRANÇA, R. (org.). *Enciclopédia Saraiva do Direito.* [S.l.: s.n., s.d.]. v. 38.

STERN, Walter. Obbligazioni. In: *Nuovo Digesto Italiano.* v. 8. [S.l.: s.n., s.d.].

STOGIA, Sérgio. Cessione. In: *Nuovo Digesto Italiano.* [S.l.: s.n., s.d.].

STOLFI. *Diritto civile.* v. 3. [S.l.: s.n., s.d.].

TAVARES, José. *Os princípios fundamentais do direito civil.* v. 1. [S.l.: s.n., s.d.].

TELLES JR., Goffredo. *O direito quântico.* 5. ed. Rio de Janeiro: Max Limonad, 1980.

TESAURO, Alfonso. *Atti e negozi giuridici.* Padova: CEDAM, 1933.

THEODORO JR., Humberto. A correção monetária segundo a Lei n. 6.899/81. *Revista do Curso de Direito da Universidade Federal de Uberlândia,* v. 11, 1982.

TIRCIER. *Contribution à l'étude du tort moral et de sa réparation en droit civil suisse.* [S.l.: s.n.], 1971.

TORNAGHI, Hélio. Comentários ao Código de Processo Civil. *Revista dos Tribunais,* v. 1, 1974.

TORRENTE, Andrea. *Manuale di diritto privato.* Milano: Giuffrè, 1965.

TRABUCCHI. *Istituzioni di diritto civile.* 15. ed. Padova, 1966.

TRIMARCHI, Michel. *La clausola penale.* Milano: Giuffrè, 1954.

TROPLONG. *Des transactions.* [S.l.: s.n., s.d.].

TUNC, André. La distinction des obligations de résultat et des obligations de diligence. *Juris-Classeur Périodique,* v. 1, n. 449, 1945.

TUNC, André. Force majeure et absence de faute en matière contractuelle. *Revue Trimestrielle de Droit Civil,* 1945.

TUOZZI. *L'autorità della cosa giudicata.* [S.l.: s.n., s.d.].

VALLIMARESCO. *La justice privé en droit moderne.* [S.l.: s.n., s.d.].

VALVERDE y VALVERDE. *Tratado de derecho civil español.* 2. ed. Valladolid, 1920. v. 2.

VAN DER MADE, Raoul. Les obligations complexes. In: *Droit civil,* 1958. v. 1, t. 4.

VAN WETTER. *Les obligations en droit romain.* v. 1. [S.l.: s.n., s.d.].

VASSEUR, Michel. Le droit des clauses monétaires et les enseignements de l'économie politique. *Revue Trimestrielle de Droit Civil,* 1952.

VASSILOPOULOS, Gabriel S. Lei n. 14.905/2024, uniformiza correção monetária e juros em pagamentos atrasados. *Revista Síntese – Direito Civil e Processual Civil,* v. 152, p. 29-32, 2024.

VAZ SERRA. *Cessão de crédito ou de outros direitos.* Lisboa: [s.n.], 1955.

VENOSA, Silvio de Salvo. Obrigações de fazer e a obra sob encomenda. In: CASSETTARI, Christiano (coord.). *10 anos de vigência do Código Civil brasileiro de 2002.* São Paulo: Saraiva, 2013.

VENZI, Giulio. *Manuale del diritto civile italiano.* Firenze: Fratelli Cammelli, 1922.

VERNENGO. *Curso de teoría general del derecho.* Buenos Aires: [s.n.], 1972.

VIEGAS, Cláudia M. de A. Rabelo; SOUZA, Adriano S. R. de; FERREIRA, Vitor K. R. A impenhorabilidade das verbas salariais: uma análise sob a égide da jurisprudência do STJ e a ponderação de Robert Alexy. *Revista Síntese – Direito Civil e Processual Civil,* v. 153, p. 19-36, 2025.

VIÉGAS, Francisco de Assis. Limites à autonomia privada na pactuação dos juros de mora. *Revista Síntese – Direito Civil e Processual Civil,* v. 152, p. 19-26, 2024.

VIEIRA DE SOUZA, Ernani. *Obrigação.* In: LIMONGI FRANÇA, R. (org.). *Enciclopédia Saraiva do Direito.* [S.l.: s.n., s.d.]. v. 55.

VILLAÇA AZEVEDO, Álvaro. *Direito civil; teoria geral das obrigações.* 1. ed. Bushatsky, 1973.

VILLAÇA AZEVEDO, Álvaro. Liquidação das obrigações. In: LIMONGI FRANÇA, R. (org.). *Enciclopédia Saraiva do Direito.* [S.l.: s.n., s.d.]. v. 50.

VILLAR PALASI, José. *La interpretación y los apotegmas jurídico-lógicos.* Madrid: Technos, 1975.

VILLERO, Robert. *Droit romain; les obligations.* 1953. [S.l.: s.n.].

VINCENT, M. Jean. L'extension en jurisprudence de la notion de solidarité passive. *Revue Trimestrielle*, 1939.

VISINTINI, Giovanna. Obbligazioni naturali. *Rivista di Diritto Civile*, 2:45-83, 1962.

VON TUHR. *Tratado de las obligaciones.* v. 1. [S.l.: s.n., s.d.].

VON WRIGHT. Deontic logic. In: *Logical studies.* London, 1965.

VON WRIGHT. An essay in deontic logic and the general theory of action. *Acta Philosophica Fennica*, Amsterdam, 1968. v. 21.

WALD, Arnoldo. Cláusula de escala móvel nas obrigações em dinheiro. *Revista dos Tribunais*, 234:3; *Revista Forense*, 157:50.

WALD, Arnoldo. A correção monetária na jurisprudência do STF. *Revista Forense*, 270:361.

WEILL. *Droit civi;* les obligations. Paris: Dalloz, 1971.

WIGNY. Responsabilité contractuelle et force majeure. *Revue Trimestrielle de Droit Civil*, 1935.

WINDSCHEID. *Diritto delle Pandette.* v. 2. [S.l.: s.n., s.d.].

10 1 2 3 4 5 6 7 8 9
2026